U0692680

中华经典名著

全本全注全译丛书

杨寄林◎译注

太平经 上

中華書局

图书在版编目(CIP)数据

太平经/杨寄林译注. —北京:中华书局,2013.4
(2024.2 重印)
(中华经典名著全本全注全译丛书)
ISBN 978-7-101-09216-5

Ⅰ.太… Ⅱ.杨… Ⅲ.①道藏②《太平经》-译文③《太平经》-注释 Ⅳ.B956.1

中国版本图书馆 CIP 数据核字(2013)第 037885 号

书　　名　太平经(全三册)
译 注 者　杨寄林
丛 书 名　中华经典名著全本全注全译丛书
责任编辑　张彩梅　刘胜利　王水涣
责任印制　陈丽娜
出版发行　中华书局
(北京市丰台区太平桥西里 38 号　100073)
http://www.zhbc.com.cn
E-mail:zhbc@zhbc.com.cn
印　　刷　北京盛通印刷股份有限公司
版　　次　2013 年 4 月第 1 版
2024 年 2 月第 9 次印刷
规　　格　开本/880×1230 毫米　1/32
印张 82⅛　插页 1　字数 1200 千字
印　　数　26001-28000 册
国际书号　ISBN 978-7-101-09216-5
定　　价　198.00 元

目 录

上 册

中　册

下 册

附录

附图

前言

在东方文化和世界文化之林中，中国文化以其博大精深的内涵和摇曳多姿的形式独树一帜。在中国文化的宝库中，道教文化又同儒家文化、佛教文化鼎立而三，各领风骚。从汗牛充栋的道教典籍，灿若群星的道教人物，各有宗奉的道教派别，到被视为洞天福地的道教名山，按阴阳五行布局的道教宫观，充满瑰丽神奇色彩的道教胜迹；从崇道、重玄、贵生的道教教义，追求长生仙度的道教方术，禳灾祈福的道教礼仪，到体裁多样的道教文学，超逸玄妙的道教美术，缥缈静穆的道教音乐……凡此种种，蔚然构建起土生土长又别开生面的道教文化体系。这一文化体系在其创立和孳乳衍化的过程中，既对中国历史上的王朝嬗递、政权维系、社会变迁与中华民族的心理结构、风俗习惯、精神面貌乃至礼仪规范和家庭生活方式，都释放出了其他宗教所不可替代的牵动力和熔铸锻造的能量；又对封建时代的哲学思想、伦理学说、文学艺术以及天文学、地理学、养生学、医药学、化学的发展作出了独特的贡献；并给予东亚地区以深远影响。时至今日，道教犹存于世，得到国家尊重与保护，在爱国活动、民俗事象、养生健身、旅游资源利用和对外交往等方面，发挥着积极作用。而所有这一切，果真沿流讨源，《太平经》便突兀而立，颇具筚路蓝缕、大辂椎轮之功。

《太平经》的编著与流传

《太平经》是中国宗教史和思想文化史上真正映现出道教特质与特色的第一部原始经典。这部经典的问世，标志着中国道教的正式产生，然则决非出于偶然。谓之为三历乱世、杂采九流百术、始创并传承自家"太平学"学脉的最终产物，于史足征。西汉元帝、成帝、哀帝、平帝时期(前48—5)，刘氏王朝由衰落趋向崩溃。在这五十三年中，土地兼并愈演愈烈，赋税徭役日益沉重，自然灾害有加无已，奴婢和流民的数量恶性膨胀，武装暴动此起彼伏，刑罚越发严酷苛刻，宦官得到重用，外戚把持朝政，在中央权力大为削弱的同时，各级官僚又贪残成风，天下民众陷入了"有七亡而无一得"，"有七死而无一生"的境地。王莽代汉、建立"新"朝后，托古改制，但没有也不可能解决土地和奴婢这两个当时最主要的社会矛盾的焦点问题，反而引起了更大的混乱。随着对匈奴、西域、东方高句丽、西南句町国的侵略战争的频繁发动，更把人民推入了绝境，于是绿林、赤眉大起义终于爆发。在起义的漫天烽火中，西汉宗室刘秀获取了胜利果实，建立起东汉王朝。迤至和帝、安帝、顺帝、桓帝时期(89—167)，整个社会的状况又出现了与西汉后期、新莽末叶惊人的相似之处，而太后接连临朝称制，帝王陆续失子绝嗣，又是前所未有的；外戚与宦官两大集团迭相专权，误国殃民，更是变本加厉；地方豪强势力扩张，农民人身依附加强，动辄丧失生路，都是有过之而无不及，这些标志着东汉政权已经处在行将崩塌的火山口上。似此三度乱世的纷至沓来，递次把如何避难脱险的人生大事摆到了世人尤其是下层民众的面前，也向思想界和知识层提出了如何挽救社会危机的严峻课题。而方士和道流作为知识层的一翼，直欲"危更安，乱更理，败更成，凶更吉"，同样著书立说，径予解答，于是《太平经》便应运而生，随之道教实体——五斗米道和张角组建的太平道也以贫民庇护所的面貌先后出现。

汉代的三度乱世为《太平经》及道教的应运而生创设了温床，而最高统治者所奉行的思想文化政策又为它们的破土而出添加了催化剂。西汉王朝建立之初，崇黄老而兼用诸子；自汉武帝时起，尊儒术而罢黜百家；由成、哀历王莽以迄东汉桓、灵，重谶纬而道、佛兼容（通常认为佛教自东汉明帝永平年间开始传入中国内地）。桓帝于延熹八年（165）、九年（166）遣使去陈国苦县又亲自在京师濯龙宫祠祀老子的升格化举动，更显示出神化老子、推崇修道益寿的倾向。这等思想文化政策的演变乃至蜕变，导致神学说教愈益盛行，方士和道流亦向风而从，与之浮沉，历时一百八十年左右乃使《太平经》得以完整面世。

众所周知，任何一种学说的产生，无不赖有相关的先行思想成果为其前导。《太平经》在创制过程中始终以构建"洞极"太平学为己任，而殷商两周以来特别是战国秦汉时期先后涌现与发展变化的九流十家、术数、方技俱臻成熟形态，两汉经学更步入昌明和极盛阶段，致使方士和道流足可紧扣其"洞极"太平学之需而左右采获，锐意取舍，因而贯穿其间的诸如道家的理论精华，黄老道和方仙道的主要因素，汉代谶纬的内学，自《周易》和《尚书·洪范》以降的阴阳五行说，阴阳家邹衍的五德终始论和大九州说，《管子》以下的气论，儒家的仁论和忠孝伦理观以及董仲舒的天人感应论与灾异说，墨家的反映下层民众利益的某些主张，杂家的刑德论，传统的以天神、地祇、人鬼为系统的鬼神思想，用种种神秘手段祈福禳灾的巫术，专门决疑难、断吉凶的占卜遗法，星占家的天文学，律历家的历数说，汉《易》入于机祥的象数学，医家的人体构造论和养生论以及针灸术、药物学与房中术，诸家所抱持的太平义和皇帝王霸优劣论暨音乐观，直至汉代的民俗禁忌事项和"人口诀辞"等，都被包纳进来而在今存《太平经》中依旧可以考见。

《太平经》环绕其"洞极"太平学的构建尽管在思想上渊源有自，但绝非照抄照搬，无一不予以发挥和改造，由此经历了一个由十二卷蓝本到一百七十卷大道经的完备化过程。时值西汉成帝永始元年（前16），齐人甘忠可撰就《天官历包元太平经》十二卷，托名"赤精子"造作符谶，宣扬汉当火德，亟须应天命，改制度，化解灾异谴告，实现天下太平和帝王长寿有嗣。书成后遂私相传授，但被加上“假鬼神罔上惑众”的罪名关入监狱，病死牢中。到哀帝即位后，由司隶校尉解光将甘氏之书奏呈给朝廷。哀帝接受甘氏弟子夏贺良等人的重新受命说，布告天下，改建平二年(前5)为太初元年，自号“陈圣刘太平皇帝”，漏刻以一百二十刻为标准。时过月余因无效验，便将夏贺良等人全部处死。究其实，哀帝“更受命”之举，无异于《天官历包元太平经》授受者即术士集团的知国尝试，其书从思想到书名亦直接成为《太平经》的蓝本和嚆矢，且仍在秘密流传，并持续被后世信徒予以扩展、充实和完善。待至东汉顺帝之际，乃有琅邪(今山东胶南西南)人宫崇来到京师洛阳，特向朝廷进呈“其师于吉于曲阳泉(今江苏连云港西南境内)水上所得神书”——《太平清领书》一百七十卷。嗣后隰阴(今山东临邑西)人、方士化的儒生襄楷又在桓帝延熹九年(166)“诣阙”再献此书。此书即为现今仍可见其崖略的《太平经》。据《太平经·己部·神人自序出书图服色诀》和《庚部·不忘诫长得福诀》所述，本经的绝对成书年代为延熹八年(165)。既非一时之作，又非一人之作，前后历时“三甲子”即一百八十年，出自众手而成完璧。众手之中，于吉或称干吉，宫崇又作宫嵩，均系早期较著名的道士，殆为本经的主要编著者。

在编著中，则如《丙部·件古文名书诀》和《己部·拘校三古文法》所言：汇集校理那纵贯“上古、中古、下古”，横包“天文、地文、人文”的“众文诸书”以及民间“口辞诀事”，勒成“洞极之经”、“大洞极天之政事”。具体化便是：“一事分为万一千五百二十字，然后天道小耳，而王道小备。”全经到底涉及到多少宗事体，并无确切交代，但据保存基本完整的庚部四十六篇经文已达十万言来作推断，纵使十扣其三，《太平经》总字数亦不少于七十万言，较比儒家整套十三经白文六十五万言尚绰绰有余。其篇幅之巨，卷帙之繁，在东汉以前的全部理论性著述中首屈一指。难怪当时学道真人也在惊讶：“天师陈此法教，文何一众多也？”

书成而意在热切入世和全力经世，决非出世、遁世。规模如此宏大的一百七十卷《太平经》据其自述，则通过亲授弟子、骨干道徒和世间“克志一介之人”或奉道“邮客”之手，以专篇独传、合帙另传、全经付传的方式，分别献呈给“上火精道德之君”，宣达给贤明人士，传布给道团组织，推广至民间，并以“舟流”之势辗转播扬到“万二千国”，亦即使之全球化和世界化。为此而特地定立起“妒道不传”、私匿闭绝经文必遭天罚的“大戒”。于是宫崇和襄楷两番献书之举，虽先后被视为“妖妄不经”或“不合明听”，但“乃收藏之”，则当时皇家图书馆肯定已有《太平经》的完整藏本了。与此相并行，太平道领袖、巨鹿（今河北宁晋）人张角“颇有其书焉”，即得到了本经的完本或多本。此前五斗米道（天师道）的创立者张陵亦奉持《太平洞极之经》，卷数为一百四十四卷，当属本经尚且处于编撰过程当中的未定本。牟子于汉献帝初年所撰《理惑论》曾论及“神书百七十卷”，则表明士大夫亦见或亦有其书。

迤至三国两晋南北朝时期，身为《太平经》主要编著者之一的干吉已近百岁，仍在东吴孙策开基之地传布本经并创立“干君道”。魏晋时尊奉地仙帛和为教祖的帛家道活动于北方中原和江浙一带，亦致力于《太平经》的承传。东晋著名道教学者葛洪在《抱朴子·遐览篇》中登载“《太平经》五十卷。又《甲乙经》一百七十卷”，是为道教书目著录本经之始。刘宋著名道士陆修静所撰《三洞经书目录》和萧梁道士孟法师所撰《玉纬七部经书目》，均以显赫位置标举《太平经》。由刘宋至萧齐，山林高士如褚伯玉者“好读《太平经》，兼修其道”，以致齐高帝敕命当地官府在白石山为他营筑道馆，特意命名为“太平馆”。到梁初，昆仑山（在今浙江上虞境内）渚平沙中“有三古漆筒，内有黄素，写干君所出《太平经》三部，村人惊异，广于经所起静（道教活动处所专称）供养”。而陈朝道士周智响代表朝廷特至海隅山（在今常熟境内）“祝请”《太平经》并“具礼”供奉于至真观中，且常奉命“开敷讲说，利安天下”，经文自此“盛矣”。显而易见，《太平经》逢遇中国历史上的分裂时期越发在朝野内外得到广泛流传，折射出社会各阶层对太平景象和统一局面的渴望与期待。

终唐之世，忠州（今重庆忠县）平都山仙都观于唐高祖武德中即以《太平经》“镇山”。从《太平经复文序》可知，本经四篇复文于唐太宗贞观六年(632)被道士“缮写宝持”，冀求得到行用而“睹太平至理（极治局面）”。其余三百六十二篇经文则与复文“并行于世”，“相辅成教”。而武则天所生章怀太子李贤组织人力在唐高宗上元三年(676)十二月注毕《后汉书》，屡引《太平经》，并称“神书即今道家《太平经》也。其经以甲乙丙丁戊己庚辛壬癸为部，每部一十七卷也”。可证本经仍以全本面貌庋藏于皇家图书馆。敦煌写本《太平经》残卷载有完整的总目录，足见本经在民间亦有全本流传。直至唐末天复二年(902)之前，杭州道士闾丘方远始将全经节录诠次为十卷本《太平经钞》，并编成《太平经圣君秘旨》（又称《太上经秘旨》或《太平秘旨》），使本经由“卷帙浩繁，复文隐秘”变成“备尽枢要”，“文约旨博”，给方外和方内人士提供了莫大便利，同时也丰富了《太平经》的版本类型。

不言而喻，《太平经》在唐代以前自以写本传世。虽已进入雕版印刷术兴盛发达的北宋前期，因其部头过大，迄未付梓，作为秘阁道书的组成部分又被收入宋真宗天禧三年(1019)编竣的《大宋天宫宝藏》，张君房《云笈七签》仍加选录，并说明“甲乙十部合一百七十卷”为“今世所行”。至宋徽宗政和末年(1117—1118)，始有刊印《万寿道藏》之举，本经当随之而有完整刻本首次面世。吴曾于宋高宗绍兴二十四年至二十七年(1154—1157)撰成《能改斋漫录》，其卷十《议论·论皇字》专引本经丙部《三合相通诀》的经文特作反驳，表明《太平经》在南宋初期仍被士大夫所目睹。四十年后，洪迈写成《容斋四笔》，其卷一《十十钱》已称：“其书不传于今。”至宋末元初，马端临撰就《文献通考》，其《经籍考·神仙家》亦谓：“今此经世所不见。”洪、马二氏囿于见闻，不免出言武断，但也证明当时本经流传面确已变得相当狭窄了，而此前金元《玄都宝藏》经板亦先后遭焚毁，无疑也给本经带来了重大损失，因而到明英宗敕命通妙真人邵以正等校刻《正统道藏》，本经尚存七十七卷，已远非完本，但毕竟属于现存最早的刻本。然而《正统道藏》经板后又惨遭八国联军侵入北京的浩劫也荡然无存，英宗钦赐刊本在北京白云观庋藏期间又出现了散失现象，结果涵芬楼于1923—1926年影印白云观《道藏》庋藏本时，本经实存五十七卷，约二十二万言。1988年，文物出版社、上海书店、天津古籍出版社重新影印《正统道藏》，使本经更加易觅易得。

面对《太平经》散佚严重的客观状况，当代著名道教学者王明先生于1960年以前广事搜采，精加考校，妥予编排，以《正统道藏》本《太平经》、《太平经钞》、《太平经圣君秘旨》为主，以征引过本经经文的其他二十六种古籍为辅，按"并、附、补、存"四例，撰成三十八万言的《太平经合校》，基本恢复了本经一百七十卷的原始面貌，凸显了本经的主体内容，至今已由中华书局印行了几次，可见其学术价值之高，委实对道教文化研究作出了一大贡献。

合而观之，《太平经》计其流传年代，则自东汉后期以迄当今，历时一千八百五十年之久而不绝如缕。验其流传形式，既有写本、刻本、刻本影印本、现代点校本、丛书本、单行本之分，又有全本、节本、残本、基本恢复原貌本之别。审其流传范围，既有皇家图书馆藏本、道教团体和道观藏本、知识界私家藏本、民间藏本之异，又有鲁豫冀、川陕、苏浙诸多地区即北方与南方之殊。此无他，实由本经颇具生命力而使然。

《太平经》的体例与内容

《太平经》适值东汉的乱离之世而以"主为天谈"、纯系"天语"的名义"应感而现"，专就"世衰乃更为大兴"而出，特为"理天地、安帝王"而生，遂对编撰体例煞费苦心予以设计，使其别具一格。

在书名拟定上，本经或从功效着眼，或从表象出发，或从底蕴切入，对其涵义做出过七八处自我解说。其中最为完整的一条是:"'太'者,大也,天也,天能覆育万物,其功最大。'平'者,地也,地平,然能养育万物。'经'者,常也。天以日月五星为经,地以岳渎山川为经,天地失常道,即万物悉受灾。帝王上法皇天,下法后地,中法经纬星辰岳渎,育养万物,故曰大顺之道。"这条解说强调帝王要如天之大,似地之平,守行并绝对顺适天生地养的常道,达成天地万物和人类社会极度协和安平的状态,俨然已给全经所凸现的"太平"主题确立起标尺,定下了基调。循此而进,又名之为"洞极天地阴阳之经"、"洞极之经"、"大乐之经"或"皇天洞极政事之文"、"大洞极天之政事"、"天之洞极正道"、"止奸伪兴天地道之书"。

在书写规则和装帧形式上,本经以《神书青下丹目决》为题(《敦煌目录》另有《书用丹青决》),宣布"吾书中善者,悉使青首而丹目"。青首即在月白色缣帛上特用青绢包头(犹今绢画"护首"),借青色代表流布于东方和春季的少阳木行之气,昭示其"道"主"生"且"仁而有心"。丹目即专用红色书写标题,凭红色代表弥漫于南方和夏季的太阳火行之气和外苍内赤的皇天"正色",彰显其"道"主"养"而"不欲伤害"。"青首"与"丹目"联为一体乃如"丹青之信",适成"太阳仁政之道"的象征与标志。对此《后汉书·襄楷传》则载作:"皆缥白素(月白色缣帛)、朱介(界格行线)、青首、朱目。"这种从文字载体质料的择取到书写规则和装帧形式的设计,的确都非常考究,也相当精美,闪映出原始道教的特有格调与神韵,恰恰是对书名涵义中所称天生地养之永恒常道的直接体现,恰恰是对全经"太平"主题的外在张布,无怪乎时人或后人仅凭其书呈现的直观形态便赋之以"清领书"、"青领道"、"青道"、"青箓书"等别称了。

在部帙卷数区定上,本经特辟专篇《经文部数所应诀》(凡两见),申说其理据。即:天数"从天下地八方,十而备",十乃"二干(天干)之始,五行之本",故分全经为甲乙丙丁戊己庚辛壬癸十部。而"一以成十(十乘十)”,得数为“百”,百已满数,遂与“春响百日”万物俱生相吻合;北斗星斗柄又每年由东向西依次旋转,指向与春、夏相对应的位居前列的东、南空间坐标方位,是为“建”,即万物处于天生地养的阶段。斗柄所指同时便以对冲之势构成斗魁“所系”,系于同秋、冬相对应的位居后列的西、北空间坐标方位,是为“破”,即万物处于成熟和枯死的阶段。其间“阴阳建破,以七往来”,即斗柄依次旋转“七”位恰恰成为“建”“破”在全年内交替循环的分界线,第“七”位又适值申位和农历七月,形成夏秋之交或者说生养与杀藏的临界点。着眼于斯,以“七”乘以天数“十”,再同满数一百相加,故定全经为一百七十卷。如此便“象天地为数,应阴阳为法,顺四时五行以为行”,“随天斗所指以明事”,适可“除恶致善消灾害”,否则便“无益于理世之用”。本经对部帙卷数区定所作的这番专项说明,带有模仿《易》学象数和建除家言的痕迹,但却鲜明地显示出一条实现“太平”的世人务依天法而行的必由之路与既定程式。之所以《太平经》又被称作《甲乙经》,即来自其以天干定十部的部帙划分法。

在篇目组成和文体类型上,本经以其十部一百七十卷的总体架构为基托,撰就经文三百六十六篇,逐篇标列篇数次第,这显然是仿照全年天数而设定的。其中三篇篇目已佚,所余三百六十三篇,若按各自所占比例而论,绝大多数为“法”为“诀(决)”,“法”乃侧重阐发太平学的原理、准则、定律、规制、基本主张、重要举措、行事规范等,但也谈“术”;“诀(决)”则主要对太平学题中应有之义特别是对亟需排抑的诸多事体事项以及处于疑似之间的各种问题,作出裁决,给出定论,归于“真道正术”。其次为“戒(诫)”,系就修道重大事项和世人恶行劣迹而发,既指点迷津,又予以当头棒喝。再次为“文”为“图”,“文”则属于需要力加申说和特予彰显的紧切文字,“图”则属于图文组配、相得益彰的重在修炼和修身的重要篇章。复次为“敕”,即借至高天神之口所发布的命令,带有人间帝王诏书的性质。此外尚有述“急”举“要”的“记”、究诘辩驳的“难”、综括条贯的“集”,以及不缀文体字样而据义以命篇、因事以拟题的专篇经文。如此诸体兼具，又在内容表现上交参互涵，且于单篇或两篇或整卷数篇篇末，例作篇旨概括，其措辞几乎均如戊部《天谶支干相配法》"右以天谶长安、国家以治、妖臣绝、奸伪猾灭"这类语句，闪射出异常浓烈的政治色彩。对全经三百六十六篇的具体厝置，又讲求"卷投一善方，始善养性之术于书卷，下使众贤诵读，此当为洞极之经竟者"，随而呈现出单元化与格局化相映互衬、有伦有脊的整体编排特色。正是赖有三百六十六篇经文连镳并轸，拱立互持，致使本经的"太平"主题落到实处并充分得以展开和宣示。

在表述方式上，本经大都采用授道天师答六方真人问的对话体，也不乏直述体或韵语。往往俚辞纷呈又谶言竞出，显豁得如叙家常，隐晦得令人直入五里雾中。还屡引自然界、社会与日常生活中的浅显事象，多方作譬喻；更每每情激语切，唯恐言不尽意而前后反复申说之处甚多，时而夹杂三两句兴至意到的附带性话语，甚且正在纵论道法，忽又跳出格言，形成一种神乎其神又质直朴实的"重明天谶格法"与"随俗作字"交织融汇的宣讲风格。这种表述方式的独到之处，在很大程度上给本经显扬其"太平"主题，带来了"易敕"、"易晓"的预期效果。

在图像配列上，本经于"已部之十"末尾附有一幅特写式插图，并对画面作扼要解说。于已部绘有三幅蝉联而下的长轴式专题画作，或图自成卷，即《乘云驾龙图》；或图文兼备，即《东壁图》、《西壁图》；三幅图内又均带画面各组成部分的提示说明文字。又于庚部《虚无无为自然图道毕成诫》列有三幅图示，以济文字之穷。这七幅美术作品同已出土的以长生驱邪、成仙升天为题材和主题的汉代墓室壁画、帛画、漆画、画像石、画像砖相较，则别成洞天，凭其所显现出的较高艺术观赏性，进一步深化了本经的"太平"主题。

在复文造作上，完全出自本经首创。总计四篇，共二千一百三十三个。复文即符箓秘文，又称"天书累积之字"，均用两个以上的隶书汉字重叠而成，虽已似篆非篆，化为非字之符，但文字形迹依稀仍可辨认，非如后世云篆符书那样繁杂神秘。其中撷取了先秦以来君主发兵或传令所用符节的元素,采掇了民间所制避邪物的成分,透泻出古代文字崇拜的意蕴,贯注着天神的威灵之气。每个复文的意义究系如何,现已殊难作出精确剖断,但其篇题以"兴上除害"开其端,"令尊者无忧"承其绪,"德行吉昌"张其帜,"神祐"殿其后,可知是向帝王宣授为政之道和治国之术的,是向臣民晓谕奉道行德而获皇天善报和密持精修而得神灵佑助的。这与本经的"太平"主题密合无间,且自成单元并玄秘奇异,故而唐初道流便将四篇复文视为"皇天金阙后圣太平帝君"(老子化身之一)创制的"太平本文",亦即最原始的灵文秘诀,且谓汉代干吉据此"本文"推演成《太平经》这部"一百七十卷"和"三百六十章"的大道经,其实仅可聊备一说而已。

编撰体例是为更系统、更周密、更详明、更恰切、更深邃、更别致地表达思想内容服务的。《太平经》旨在解承负,致太平,如车两轮般构成了一个问题的两个方面。承负乃系本经创设的乱象险象根源论,即先人罪过递相给后人造成了累积式的蔓延于家族和社会各个方面的流灾余殃,非但远而复远、广而复广,抑且深而又深、重而又重,灾变万种不绝,百姓手足无措,社会恶性运行,国家濒临崩溃,直至"烈病而死者,天伐除之;水而死者,地伐除之;兵而死者,人伐除也"。较比基督教、伊斯兰教的"末日审判"还要酷烈。与这种"承负之厄"截然相反,"治致太平"则天安地宁、气和时良、物富年丰、家给人足、兵弭刑措,善兴恶止,"六合同文,万邦共轨",瑞应悉出,仙寿兼得,整个国家和社会极其清明,极其公平,极其均平,极其纯正。

实现两极对立局面的彻底转化而互易其位,来他个三百六十度大转弯,则朝廷所"案用"的"一家法"即儒家学说根本无能为力,其他"义、礼、文、法、武、辩"更无济于事,即如"德",也仅能起到"章句"式的辅助作用而已。果欲确奏其效,乃非"道"莫属,舍"道"无由。这个"道",便是本经所构筑和演述的"太平道"。"太平道,其文约,其国富,天之命,身之宝。近在胸心,周流天下。此文行之,国可安,家可富。”可见太平道同“太平经”、“太平文”、“太平学”实属同义语,一事四名罢了。为使之言而有物,更具针对性,既“大信”、“无价”又试用“立应”,达成“洞竟之政”,堪称“万万岁宝器”,便锐意“上为皇天陈道德,下为山川别度数,中为帝王设法度”,由此破天荒第一次创建起中国道教初生草创阶段的独特而又异常庞杂的以“道”为统摄的思想理论体系。其荦荦大者为:

第一,气化气运之道与太平。“气”在本经中层现叠出,俯拾即是,主要指元气及其衍化派生的“众气”而言。“元气”一词最早在《鹖冠子·泰录》中仅见一次,至西汉方使用渐多,本经赋之以宇宙最高和唯一本原的新意义,遂称元气由“恍惚自然”、“上下洞冥”的原始状态,通过“守道”和“行道”,分为“三处:一气为天,一气为地,一气为人,余气散备万物”。又谓“气生精,精生神”,随之“天地亦因初始,乃成精神”,即在天、地、人、物构成的物质世界之上复有神灵世界高踞顶端,于是整个宇宙世界便撑立起来。

与元气化生宇宙世界的这一过程相始终,在天、地、人三个层面上便分别被注入并凝聚成“主生”、“好生”的太阳气,“主养”、“好杀”的太阴气,“主治理”、“好成”的中和气。继续扩散开来,“皇天乃以四时为枝,厚地以五行为体,枝主衰盛,体主规矩”。四时气遂交替推移,“传养凡物”;五行气亦递次流转,“传成凡物”。而中和气因由太阳气同太阴气交合而成,屡会“变易,或前或退,故下上无常”。随而诸如“正气”与“邪气”、“善气”与“恶气”、“生气”与“杀气”、“德气”与“刑气”、“悦乐气”与“急怒气”,乃至“灾气”、“凶气”、“害气”、“乱气”、“武气”、“凶年气”、“愁苦气”、“冤结气”、“金钱气”、“财货气”、“寇贼之气”、“逋亡之气”、“小人之气”等,便流布甚且负面充斥于人间世上。

在万物层面上,非仅万物“悉受”太阳、太阴“二气以成形,合为情性”,还“皆含元气”,随元气而春生,夏长,秋收,冬藏,并且被“上皇气”、“中皇气”、“下皇气”即强度不同的施生阳气决定着“具生”、“小减”、“复少”的命运。

在神灵层面上，则“神气”化生而兴作。包括反映面容润泽、气力康强的“神气”，周流于心灵脑海间的“疾于雷电”的“神气”，奉天之命“应时而往来，绝洞而无间”的“神气”，“助治”的“四时神气”，象征太平提前到来的“五帝神气”，以及天神仙士所食的“精华气”等，都各尽其用，适得其所。

元气之化及其主要展布形态既已逻辑地组成序列和系统，而元气的动态运行模式也赫然跃出：“天生凡物者，阳气因元气，从太阴合萌生，生当出达，故茂生于东；既生当茂盛，故盛于南；既茂盛当成实，故杀成于西。”或更简单地讲：“阳气起于北，而出于东，盛于南，而衰消于西。”在此周而复始、循环不已的过程中，位居“上三部”的“帝气、王气、相气、微气”便首当其冲，列于“下三部”的“死破之气、囚废之气、衰休之气”遂接踵而至，形成生死寿夭、善恶安危、吉凶灾祥的分水岭。而“帝气”纯系“元气建位”，“最尊无上”，为“众气所系属”。众气亦或此消彼长，甲盛乙衰，非进即退，非存即亡。

更有甚者，尚且“远近悉以同象气类相应”并“遥相感动”，俱属“不失铢分”的天地“格法”。言气应，则“王气与帝王相通，相气与宰辅相应，微气与小吏相应，休气与后宫相同，废气与民相应，刑死囚气与狱罪人相应”。言气感，则“好行道者，天地道气出助之；好行德者，德气助之；行仁者，天与仁气助之；行义者，天与义气助之；行礼者，天与礼气助之；行文者，天与文气助之；行辩者，亦辩气助之；行法律者，亦法律气助之”。

从气感、气应上推到气运、气化，便不能不深明元气包天裹地，“所以通天地万物之命也”，非独持其命纲，又“主养以通和”，故须优中择优地把“元气治”置于首位。同时洞悉“天理乃以气为语言”，因人随治出辞，“见于四时”，使人“思惟得失之理”。特别是在“上皇太平气”降临的当代，更要念本根，返太初，绝对“顺气”，牢固“守气”，通盘“调气”，即太平“至矣”。

第二,阴阳之道与太平。阴阳学说远自殷周之际便已发轫,本经将其列为元气的主要展布形态而力加播扬,续予发挥,紧紧围绕太平进行道教化的总体概括和具体阐发。

阴阳本指物体对日光的向背,后被抽象、提升为表示对立统一关系的一对哲学基本范畴。本经将其形象地比喻成“两手”,既断言“吉凶安危,一由此两手”;又点明“道无奇辞,一阴一阳,为其用也”。故在阴阳所涵纳配隶的对象上,反复标揭“阳者为天,为男,为君,为父,为长,为师”,为日,为万物中的雄牡之物,为道,为善,为刚,为贵,为富,为正;“阴者为地,为女,为臣,为子,为民”,为弟子,为月,为万物中的雌牝之物,为德,为恶,为柔,为贱,为贫,为邪。这显然已把社会和政治领域内两种相互对立又相互关联的代表性事物或现象均已包纳到阴阳的范畴以内,使之进一步细密化了。

细密再细密,本经又加意申明:“天虽上行无极,亦自有阴阳,两两为合。”“地亦自下行何极,亦自有阴阳,两两为合。如是一阴一阳,上下无穷,傍行无竟。”即是说,阳中复有阴阳,阴中复有阴阳,直至无限可分又可配属。以古往今来的君主而论,君主固然为阳,但“第一之君纯生,第二之君纯养,第三之君纯施,第四之君纯刑,第五之君纯杀”。则前三类君主即属阳中之阳,后两类君主即属阳中之阴。这被本经视为“大道”的“喉衿”所在,也成为“无极之政”得以“无有穷已”即持续发展变化的根源所在。

对阴阳的属性与功能,本经也将其愈加社会化了。阳者好生,阴者好养又好杀(此由阴中含阴所致),故而阳者常正,阴者常邪;阳者常在,阴者常无;阳者常息,阴者常消;阳者常实,阴者常虚;阳者常善,阴者常恶;阳者常乐,阴者常怒;阳者常吉,阴者常凶。

由阳者好生、阴者好养的主要属性所决定,势必形成阳施阴化、阳生阴养的基本功能。随而阴阳之间固有的五种关系也确立起来。一则相互依存，即“孤阳无双”便“致枯”，“亦致凶”，而“重阴无阳，命自不长”，造成“治亦绝灭”；二则彼此交和，即“阴阳相得”而“两为一合”；三则发生转化，即“阳极者能生阴，阴极者能生阳”；四则互为进退，即“阳始起于北，而阴始起于南”，阴阳“相薄（搏）”，周而复始；五则有主有从，即“阳尊阴卑”。

阴阳所涵纳配隶的对象及其属性、功能和关系既已昭然若揭，不可移易，那就必须也只能以“兴阳为至，降阴为事”，并设法“悦阴以兴阳”，如此便“王治”和平“神且明”；果真去兴阴压阳，盛阴衰阳，强阴弱阳，以阴乘阳，则“治失政反”而“祸大”。

本经论阴阳之道，特以“天地二事为祖”。天属“极阳”，高而清明又无不覆盖，“主生称父”，遂以“至道为行”，实乃“道之纲”。地属“极阴”，平且忍辱又无不托载，“主养称母”，遂以“至德为家”，实乃“德之纪”。连而系之，人间帝王与皇后则为天地“第一贵子”和“第一贵女”，亦为“天之心”和“地之心”，共为“天地第一神气”，因而务须“正心”而“为阴阳六合八方持统首”，执定以“道德”为轴心的“家道”和身为天下父母的“慈爱之法”，即帝王象天而行，“但常欲利不害，不负一物”；皇后效地而行，“无不包养，无不可忍，无不有常（恪守阳尊阴卑的准则）”。倘若帝王“从（放纵）女政大从其言使其王”，后必大乱而有凶害。抑或“寡妇（隐指皇太后）在室，常苦悲伤，良臣无从得前也”。这类说法均有为而发，系借天地阴阳径直对东汉中后期女主干政擅权行径的强力反拨。

第三，五行之道与太平。五行同阴阳密切相连，宛若孪生。如果说阴阳实属五行之合，亦即阴阳中各具五行，那么，五行便实属阴阳之分，亦即五行分属阴阳又各含阴阳。行乃“为天行气”之义，五气各于五方常行，故曰五行，本经则统称其为“五行固法”。在今天看来，也就是凭借木、火、土、金、水所代表的五种物质元素及其典型属性和相互间生克循环的规程与定式，用以揭示自然界与人类社会中各种事物或现象的性质、作用、联结关系和演变规律，阐释王朝兴替、历史嬗变的原因和周期性过程。

“五行乃得兴生于元气”。其配属对象除被本经一如既往地扩及到自然界、神灵、人体、社会、历史诸领域外，还增列了五童子、五玉女、五骑神等，并用“明”取代“五常”中的“火为礼”，又在“土为信”中加进“柔和”的因子。具体到木行，尚为少阳、日之所出、心宿之起、君之始生、君王之家及父母、道和真文等；火行尚为太阳、日和心宿之位、君王之身和君位、德和真文之彰显等；金行尚为少阴、月之初生、臣僚、兵革武部等；水行尚为太阴、月之盛明、后宫、民众、市井和酒等；土行尚为京师、太皇后之宫等。木、火又共为北斗斗柄所向和君长师父、贤明圣人等，金、水又共为北斗斗魁所系和妖臣、奸伪狡猾及盗贼等。更强调：“帝王仁明，生于木火；武智，生于金水；柔和，生土。”似此配属，“五行字乃转而相足，以具天下凡事”。很明显，这等相足具事，更多地集纳了社会政治尤其是统治者内部矛盾方面的诸般征象，也强化了天人之间的对应关系。

五行生克，至关重要。在本经所作择定和倡导中，五行相生和母子相及最显紧切。木生火，火生土，土生金，金生水，水生木，生者称母，被生者称子，母子依序递生即为母子相及，由此构成一行对另一行发挥资生、促进和助长作用并彼此转化的关系。因而本经倡言：“五行不可无一也，皆转相生成”，同时盛称：“其母盛多而王，则其子相；其子相，则受气久长，得延年。”尤其重在“木也，乃受命生于元气太阴水中”，而“天道因木而出，以兴火行”，火行则“常倚木而居”，“木火相荣”，适成“生养之道”，突出表现为“春生荣华，夏长其实，无所不施，莫不被德”。

然而五行相克——木克土，土克水，水克火，火克金，金克木，亦构成一行对另一行发挥克胜、制约作用的对立关系，根本无法回避，本经转而把反克为害作为重诫予以陈示。“水火各以其道守其行，皆相得，乃立功成事。”此系指明五行相克的单向关系决不可打破，更不能遭到破坏。但像人所兴用而自生的“二水重王”之类的反常现象，便会引起五行相克力量的改变，导致失衡，即：“水王则火少气，火少气则化成灰，化成灰则变成土，便名为火付气于土也。土得王起……后生妖臣。巳气复得作，后宫犯事复动，而起其灾，致偷盗贼无解时。”同样的道理：人为造成的“金王，则厌（压）木而衰火，令甲乙木行无气，木断乙气则火不明。木王则土不得生火不明则土气日兴，地气数动，有袄祥”。

明眼人一眼即可看出，本经言五行则必称“火”。之所以如此，源于东汉创建者光武帝刘秀“始正火德”，即按五行相生的顺序，以汉继周而振兴，周为木德，木生火，故汉国运、时运、气运恰值火德。对官方这一定论和决策，本经从天道循环定律的高度极力进行强化和提升。非但宣布当今“火气最盛，上皇气至，乃凡陪古者火行太平之气后，天地开辟以来未尝有也”，真真处在“赤初受符更始”和“五火”——赤天、赤日、心星、赤气、赤心再度相通互动的崭新阶段，而且彰明火行“能化四行”、“又得照察明彻”的统率作用和“君象”证验，进而疾呼上下施行旨在化生的“纯阳治”、“火治”。

“火治”首先仰仗当代“火君”来施行，而能否施行这等“神圣之法，乃一从心起”。以人体五脏配五行，心属火行，主宰着世人的意识活动与思维活动，决定着社会各阶层对万事万物的认知程度和自身行动的价值取向。故而本经于“心”甚为关注，达到了无以复加的地步。论其质性，则“心者纯阳”，为火行之精，“最尊真善”又“圣而明”，无所不能预判且可“照察”一切是非；论其地位，则心乃五藏（脏）之王，神灵“本根”，一身之至，腹中天子，“位属天”；论其功用，则使人“精明”，构成“造作凡事”和“执正凡事”的“初元首”即源泉和开端，尽自“无不解说（破解）”；论其效能，则心归“至诚”足以感天地，动神灵，尚且心明之光“主正明堂（心宿），通日月之光”，而“名三明成道”；论其独具的特征，则“倚仁而明，复有神光”。所以“火君”尤须心清、心静、心专、心明、心正、心纯，心至诚，由内而知外，以内而正外，便“瑞应反从胸中来”，达成“火治”天下安，使“心生于火，还以付火”。本经这番五行之“心”论，远远超越于客观物质世界的制约之外了，但也突现了“兴衰由人”即主观能动性极应充分发挥出的作用。对此不必苛求。

第四，三合相通之道与太平。本经自明其书以“三一为主”，又辟专篇《三合相通诀》、《和三气兴帝王法》详加阐绎，在他篇也连带述及。究其实，系对阴阳交和关系所作的一种推衍和深化。“三”指各类事物所构成的三种基本要素，“合”谓合三为一，“相通”即相互融通，“合”与“通”最终取得或形成的那等高度协调的整体状态或理想结果便为“一”。

从气态来看，天气悦喜下生，地气顺喜上养。阴阳相得，交而为和，与中和气三合，共为一家共治生，相爱相通，共养万物，便达成并保持一种“太和”形态了。这种“太和”形态的政治结晶体，即为“上皇太平气”或“洞极上平气”的降临。

从天象和地理来看，天象由日、月、星组成，三者相通共照，便无有“懈息”和“绝时”。地理由山、川、平土组成，三者相通，便共“出养天地之物”。

从生命体来看，人有一身，而形体、气息、体内精灵与神灵，则分别构成生命的依托和外壳，生命的动力和能量，生命的主宰和统帅。三者“共一位”而“共成一神器”，欲寿者便应“守气而合神精，不去其形。念此三合以为一”。

从社会细胞家庭来看，仅有父、母，不称其为家，端赖“男女相通”共生子，方成名副其实的一个完整家庭；而父、母、子“三人相通”，家业乃立。

从政治主体来看，君、臣、民缺一不可。帝王如同“天下心”，群臣如同“股肱”，百姓如同“手足”，三者上下相通，故能相治，“共成一国”。

从统治术来看，“至道、大德、盛仁”不可或缺。至道主生，大德主养，盛仁主施主成，三者形同头部、腹部、足部，遂必“苞道德行仁”，恃此而撑起这条“天地人之大纲”，铺就“无穷之路”。既然“天道乃生德，德乃生仁”，君主便要“法道”，其臣随即“德矣”，而民取法于臣，“臣德则民仁矣”。

从宇宙构成来看，天地人三统“相须而立，相形而成”。如若“一统凶灭，三统反俱毁败”；三统果真“灭亡，更冥冥愦愦，万物因而亡矣”。反之，“天明下照黄泉之下，土明照上天间，中和之明上下合同，故三明相得乃合和”。

一言以蔽之：“凡事悉皆三相通，乃道可成也，共生和。”然则究竟怎样去“合”，如何去“通”？不外乎“三者常当腹心，不失铢分”，同命运，同吉凶，同大忧而并力同心，共治一职，共成一事，“共成一体也”，结果乃“立致太平”，大乐无灾，“延年不疑矣”。

第五，治国之道与太平。从气化气运、阴阳五行到三合相通之道，无不在为当代“火君”治民除害、超前实现“纯阳”大治奠立起基石。将其锐意拓展扩充到治国理政的方方面面和诸多环节上，本经便又推出了一整套与久占主导地位的儒家经术相抗衡的治国之道。

着眼于统揽全局的治国指导思想，本经敦促当代“火君”一解积迷，惟道是奉，惟道是用，惟道是顺，惟道是合。此缘“太平者，以道行”，国家的出路、命运与前途完全栓系在这里。其所以然者，大道“上下无穷，周流六方”，“尊则极其上，卑则极其下”，包无表，内无里，出无间，入无孔，既为“生之端首”，皇天之师，万事之长，大化之根，众民父母，又为“古今圣贤所得之长，今帝王之所以得天心以自安，凡化之所从起”，足可“出以规阳，入以规阴；出以规行，入以规神；出以规众书，入以规众图；出以消灾，入以正身；出以规朝廷之学，其内以规入室，凡事皆使有限”。终至度厄救四海，悉解承负致太平。

大道的性能和功效既然如此巨大，就远非儒家经术所可同日而语，当代“火君”从治国指导思想上便亟应改弦易辙，奉道、用道、顺道、合道。而其要结又在于：抱根保元正始，尊天重地贵人，尊道重德倚仁，乐生喜养好施，趋吉避凶兴和，守本戒中弃末。

着眼于安危所系的治国基本方针，本经重中尤重地开列五条：一要以道治大法统领和驾驭为政群术。为政群术被定为八种，即德治、仁治、义治、礼治、文治、辩治、法治、武治。道治大法又分三个等次，即元气治、自然治、道治，称其各"应天地人谶"。这与道、德、仁"三合相通说"不免牴牾，但归根结底终竟未离道治。鉴于德治"行之，其国富；吏民行之，无所不理"；仁治施行开来，亦会"天下悉仁"，"莫不相亲"。因而德治与仁治对于道治来说，便形同"章句"，颇具辅助作用，故经中尚予首肯，但同时强调"亦不可纯行"即单一施用。至于义治以下，多以"伤难为意"，遂即一蟹不如一蟹地痛加贬抑甚至斥退，但也有保留地承认，它们"各有所长，亦不可废"，然则只能"备穷乃后用之耳"。为走活治国路，形成一盘棋，尤要切切握定道治大法，高屋建瓴地去统御为政群术，"合以守一，分而无极"，运作起来"深乎不可测"，便"名为洞照之式"。似此"深得其诀"地摆正和理顺道治与德治、仁治等凡"九事"的关系，也就抓住了"理乱之本"，定立起"太平之基"了。惟对九事中道治同法治的关系处置更须措意，务必"服人以道不以威"，即崇道黜刑。纵使不得已而行之，亦应"刑从其刑"，公正施用，决不可深文周纳，更不可妄行连坐法而枉夭人命。最为紧要的是：帝王象天常欲生，后妃象地常欲养，大臣象人常欲思成，"欲象平之道为法者，必当如此矣"。

二要以方术即治术取代经术即治术。身为"火君"，自宜深思"为化民臣之大义当奈何"，须知"俗教道上有仁王"，仁王搜求并陈布"妙术殊方"，"化下流行"，便令庶民"各养其性安其身"而永无祸殃。庶民好道又好仙，才更显示出帝王的英明；天见其治，恩遂"下行"。所谓妙术殊方，也就是各种与"功邪淫法"相对立的修炼方术，诸如意守身中神等多种形式的守一术，从节食通肠到胎息以及精念八卦字象、行顺四时气的诸种食气法，丹书吞字的符箓开神御邪诀，草木和动物三等方药的索验法，针灸神咒等除病救急术，男女反形的兴国广嗣房中术，以及建除择吉、飞明占验、三气卜问、地支刑冲、葬宅勘选等。对这些修炼方术，本经迥异于前代和后世的是，决非将它们游离于治国施政的范围之外，相反则把它们自觉地纳入“君国子民”的轨道以内，作为化民大义和道治的重要组成部分来大力倡行，妥加配置。以守一术而论，其能“令人父慈、母爱、子孝、妻顺、兄良、弟恭，邻里悉思乐为善，无复阴贼好窃相灾害”。这等于统括了儒家伦理教化的全部功能。以食气法而论，经中直谓之为饥馑袭来时的“富国存民之道”。以丹书吞字而论，亦使“人立自正，有益于上政明矣”。医与政通，自古为然，而候脉又被经中视作“所以安国、养身、全形者也”。房中术多以邪术目之，但本经却将它列为人口增殖、帝王广有嫡传继位人的有效手段，并告诫谨防入邪，既不可过度纵欲，“亡种竭气而无所生成”，又不可过度节欲，“中断天地之统”。应按人体发育成熟后的不同年龄段，阴阳互悦地进行房事活动，广生与优生兼顾，维系并加快“传类”即人类的自身再生产。至于“斋戒思神救死术”，经中更把它能否推行提到了这样的高度：“救吉凶之源，安不忘危，存不忘亡，理不忘乱，则可长久矣。”方术即治术，恰与儒家所倡行的经术即治术双峰对峙，其功效远在后者之上，则取而代之便势在必行了。这一点在本经中宣示得异常活跃又极为突出，恰恰构成了道教经典《太平经》之所以为《太平经》的一个基本标志。

三要清静无为。“欲正大事者，当以无事正之。夫无事，乃生无事。”这就要“以寡而御众”，谨守三实法，即解决好吃饭、穿衣、人口繁殖三大社会基本问题；“自治劳病”，不事“多端玄黄”，即杜绝政令烦多、典制细密和醉心金玉珠宝等“奇伪”之物的做法与举措。

四要均财。须知“三统共生、长、养凡物，名为财。财共生欲，欲共生邪，邪共生奸，奸共生猾，猾共生害而不止，则乱败，败而不止，不可复理”。为彻底铲除这万恶之源和乱败之根，朝廷和“火君”万万不可“聚财货”而为之火上浇油，相反应明确：“少内（皇室金库）之钱财，本非独以给一人也；其有不足者，悉当从其取也”，见饥者赐食，遇寒者赐衣，切实给整个天下“周穷救急”形成风气起到表率作用。同时“深计远虑”地掌握好另外一种“用财法”——“极以财物自辅，求索真道异闻也”。

五要确立新三纲。即保留君为臣纲，父为子纲，径以师长为弟子之纲取代夫为妻纲。由此而使天下明了：父乃“生之根”，君乃“授荣尊之门”，师乃“智之所出，不穷之业”，三者端端形同“天下命门”和“道德之门户”，可不“敬事”乎？而师长既为弟子之纲，则奇文神书“造之者天，明之者师，行之者帝王。此三事者，相须而成”。特别是在天道大周、火气再度盛明之际，皇天“命师，使出除凶，德覆民臣，光被四表，恩及草木”，随后帝王便顺理成章地以弟子身份拜倒在“皇天上洞极之师”的脚下了。这种新三纲的变动，既是对社会控制的加强，也是对至上皇权的凌驾，明显表现出早期道教活动家直欲参政知国、争做无冕之王的强烈愿望。

除上列五条外，还有调整君臣关系准则，即“父事师事”熟谙“第一上道”的臣僚，“友事”身怀“要德”的臣僚；改变选官署职标准，即遴选“三贤”——道人、德人、仁人入仕，依照有无“瑞应”提拔重用官员；以民为本；尚善闭奸等。

着眼于行之有效的治国重要措施，本经批隙导窾地提出六项：一是候导疏通时气。既要筑灵台，修黄钟，建明堂，举行五郊迎气礼，制定和颁降精密的历法，使天地八方四时之气畅通无碍；又要充分发挥音乐“以无形身召有形身”的独特作用，全力营造欢乐祥和的社会氛围。尤须注意“太平乐乃从宫中出”，为全天下做出榜样来。

二是通上三道文书。即仿照“日以察阳，月以察阴，星以察中央”的上天法象，由帝王诏命各地官吏、邑民、来往行人分别向朝廷进呈意见书，反映本人耳闻目睹的大小灾异现象，民间素所疾苦的事项，亟待得到申理的冤结，尤须献纳秘道善策、奇方异术等。为此而置“封”（专用意见箱），辟设“太平来善之宅”，委派专官守宅清理，组织男女老少“集议”，由中央政府紧急或定期审核与批复，逐年加强监控效果，对三年言事尽信诚者和献策有功者授以官职等。似此“相通辞语”，便使“天下善恶毕见”，“聋盲之治”顿除，奸猾人心“转而都正也”。

三是厉行“太皇天道教化”。即首先让天下人皆知守一专善，然后入道守道，敢下茆（茅）室精修；继而知神、睹神、驱使神；接下来“案行”正文正言。在此基础上，选官署职各得其人，鼓励通上三道文书，辅以“大集之难”，即组织臣民按类逐项地对“疑深”的事项展开大范围的集议辩难，将结论形诸文字。如此循序而进，联为一体，便名为“六极六竟”，合称“七竟”或“六属一大集”，形成“太皇天道教化”了。帝王一旦推行实施这套教化，便“名为天之神子也，号曰上皇”，全天下则“共一心”，“相爱利，若同父母而生”并大获“洞极之吉”了。

四是拘校众文邪正。众文即古今一切具有理论色彩的著述。这些著述出自不同学派、不同人物之手，数逾“亿卷”，辗转流传，但都不能化解当代“火君”所承受的“流灾委毒之谪”，甚至“乱治”。即使是儒家经典，也充其量“知达一面”，“长于一事”，无力更无法“悉除”天地对人间乱象所蓄积的“剧病”。因此便要按照统一的标准对所有著述进行汇集校核。标准则定为：凡内洽于人心，外应于神祇，行用起来确能免天谴、增人寿、平王治者，即属正文正言，否则便为邪文邪言孤佞辞。依此标准而互校比勘、析殊会同、类聚删重、相证相补，上下整合，精选统编，归于一揆，定于一尊，使天地开辟以来的全部存世之“天经、地经、人经、道经、德经、圣经、贤经、吉经、凶经、生经、死经”的论断完全统一到《太平经》这等“上皇兴平第一之道”上来，形成万万世“不可易”的“安王者之大术”。既由朝廷掌握，又择要颁行民间，令百姓诵习，奠定下并夯实执政施治的牢不可破的理论基础。

五是以延命道法征服边区异族。基于东汉自和帝以降，民族矛盾、民族冲突愈趋尖锐和激烈的现状，本经亦提出解决的途径和方法：“圣人之教，非须鞭揣击而成，因其自然性立教。”也就是根据和利用异族同样渴望生存、长寿乃至不死的普遍心理，向他们宣付延命成真的“大顺之道”。随着此道所独有的心理征服力的渐次扬布，自然就“夷狄自伏”、“凶祸自伏”了。

六是革除时政和社会弊端。这突出表现在：戒荒淫，正后宫，绝妖臣，去猾子，惩酷吏，断欺诳，废峻刑，止争讼，煞住天下纵酒、趣利射禄、厚葬炽祀、大兴土木、溺杀女婴的风气等。

总起来看，本经辐射到内政边务诸方面的治国之道，萦旋着大顺天地阴阳四时五行的理念，贯穿着重生贵生和省刑黜武的精神，凸显出道术政治化的取向，表达出疏通民意的要求，腾现出拯弊救偏的意图，首次以道治的完整体系和崭新面貌轩豁呈露在历史舞台上和政治领域内。认真将它置于中国政治思想发展的长河中详加考察，便会毫不夸张地说：非独空前，抑且绝后。

第六，善恶之道与太平。这从社会行为的畛域发蒙解蔽，净化升华，适同属于国家行为的治国之道双管齐下，二水合流，底定于众民皆善，“泽及”万物扰扰之属。

究竟何者为善？又何者为恶？本经给出的答案是：“夫为善者，乃事合天心，不逆人意，名为善。善者，乃绝洞无上，与道同称，天之所爱，地之所养，帝王所当急，仕人君所当与同心并力也。夫恶者，事逆天心，常伤人意，好反天道，不顺四时，令神祇所憎，人所不欲见，父母之大害，君子所得愁苦也，最天下绝凋凶败之名字也。”这种善恶标准，突出三点，即：世人的行为是否为促成天人一体作出了贡献，是否完全符合最高统治者的愿望与要求，是否在顺道、行道上达到固有的水准线。具体衡量，善则突出表现在：“助天地生成，助帝王理乱”，进而向神仙天国自觉迈进；反之即为恶。

执此善恶标准，本经把审视的目光投向“平平人”即普通人，遂有“六大罪”和“六大善”的区定。身为平平人，生活在炎汉的一统江山之下，有道却妒道而不传道，有德却妒德而不布德，有财却吝财而不施舍，有良好天赋却不学真道，有足够能力却不修善德，有充沛体力却游手好闲，是为六大罪。反其道而行之，则变六大罪为“六大善”：传道布德堪称百姓之先；上有益于天而天大悦，下有益于地而地大喜，在人间协助帝王修政和化民养民而使帝王大乐无忧;赢得“大仁”的美名而位至朝廷“鼎辅”;转为“众人师”;变成“盛德之人”;跃升为当地富无不有的“长家”即头等人家。在后四善中,鲜明地崭现出周穷救急、兴办慈善事业以及自求发展、自食其力、劳动致富的思想。

针对臣下、子辈、弟子这三大群体,论其“善”则“忠、孝、顺”自不待言,然而本经所开示者却层楼更上,解答如何方属最忠、最孝、最顺的问题,即“上善三行”——为君父师得仙方。依此作裁断,臣下最忠乃忠在:旦夕心焦如焚地忧念君王,无不“自治”其身,使君王垂拱长游;惜君衰老,设法为他访求、进献奇方殊术和希见的道经神文,令其治理深得天心,感动得天地特命神灵“持负仙药”赐给君王服用,永无寿终命尽之时。眼见君将衰乱,便力加拯救,化衰乱为重新振兴;发现君有过失,便力加补救,转为“无凶害”;觉察君主施治已失要意,便力加挽救,消弭天谴“灾害”;明知君主年少而能力有限,便力加扶助,使其增广智慧变贤能。子辈最孝乃孝在:惟念父母虽老而宜“不死”,殚财尽力使其“入道”,替他们求索到复“得丁强”的奇方道术,凭此孝行而赢得朝野尊崇的“传孝之家”的盛名,获取到天、神钟爱的“孝善神人”的专称,而孝感所至,特为帝王在各地“生出慈孝之臣”来,给汉代以孝治天下的国策增光添彩。弟子最顺乃顺在:眷眷顾念师恩,向业师敬献其所未闻的异文奇说,四处宣传师法和师道,使业师荣登“国家良辅”的高位,“长有益帝王之治”。

与“上善三行”背道而驰,即为“最恶下行”。诸如臣下眼见君已衰乱反倒离去并散布衰乱之象,“名为倡妖”;发现君有过失却任其恶性膨胀,“名为倡凶”;而“尸禄邪恶贪贼,欺上害下大佞,名为官贼”和“乱经”,纯属“天地之害,国家之贼,民之虎狼”。子辈见父母面临死难却置之不理,或故意让二老纵情享乐而迅即离世,或自身作恶入罪,使双亲老无所依,穷愁至死,“此乃与禽兽同”。弟子“智过其师”竟“还害其师”,则罪大恶极。身为臣下、子辈、弟子却“不从君父师教令,皆应大逆罪,不可复名也”。为人下级却“以恶为善,以善为恶”,招来灾异和凶殃,反去上责皇天,下责后土,中责国君,乃系“天下绝洞凶民臣无状之人也”。

针对“太上善人”和“恶子少年”这人间楷模与害群之马的善恶行为,本经更对角线式地予以极度褒奖和猛烈抨击。太上善人其善至顶点之处为:“凡事为忧”,惟务“阴利祐人及凡物”而始终“专阴行善”,即事事处处替对方和世道着想,积行阴德、暗做好事以“致正”。已在人间多历年所,“时见宠荣”,志向则更为高远:“复贪得长游,复贪得神仙,复贪得不死位,复贪使众神”,为此又全面了解“天地当行之事”和“无极去来之事”,出入阴阳,循其纲纪,时刻履行好自身的天然职守。各有所主,各有其辞,各修其事,各名其功,各行其忠,各理其文,各得天地腹心,各不失四时五行之生成,终于实现了既定的目标。而“恶子少年”则恶在:蔑天诬地、诅咒神书,笑道谤善、呵骂一切;口欲得美,衣欲得好,酒家歌舞,游放行戏;阴贼巧弄,斗命试才;锁闭妇女,共行凌辱;陷人于罪而敲诈勒索,尚武持兵而恐畏乡里;结伙打劫,起为盗贼;给天子带来重重忧虑,“纷纷不可胜理”。

针对“悔过从善者”这一教化攸归的重点争取对象,本经甚为留意,将其类型和表现综括为四种:一为“悔过自责”,即日夜长息,特在清静处所反省违犯天禁神戒的“大逆不道”之行,自损威怒狰狞的面目,还就儒雅,改易其恶,广采众善,在内心作出妥善的处置。二为“悔过弃兵”,即从小生活在穷乡僻壤,绝少训诲,不懂善恶,遂致行不合天,有过天下,到成年后赖有明君,使我就善,悔恨从前之所为,堂堂五尺男儿终于有了出路。三为“悔过更合善”,即入室学道未成,祸乱悉生,赖有明君,知我情由,令我悔过,最后反倒成为“人师”了。四为“除过复正悔事”,即自幼没有良善的心念,灾害频频降临到自己的头上,由此改行易心,朝过暮改,便名为善人。

针对上至王公贵族、豪门富室,下至黎民百姓恣意破坏生态环境的恶行，本经谓之为“犯地之禁”而怒加痛斥：漫无节制地多打深井，修筑高宅大屋，兴建陵区丘陵冢，开山采矿，烧制陶瓦；随心所欲地穿水泉，掘沟渎，截水流，纯属取“地血”、破“地骨”、穿“地肉”，凶残毁伤“地母”的天然形体。树木被“犯时令”乱砍滥伐，茎根俱尽；动物怀胎胞中或在幼雏阶段，即遭畋射渔猎，成为愚戆万民的口中食，纯属戕害芸芸“有知”众生的“剧过大恶”。为解除这种“天地冤结”，经中反复告诫世人：必须按太阳、太阴、中和三气“相与为一家”的自然之术，动土“不过三尺”；水乡“作室庐”，宜应宅基更浅，免伤地母“经脉”；旱区饮用水，尤须旧井共用；打新井，亦应填塞故井，剔除井中瓦石材木，以塞地气，谨防地衰。烧山破石，切莫“延及草木”，更绝对“禁烧山林”；须草自给，也只取“枯落不滋者”；捕猎动物或取动物某一部位入药，均应等到动物发育成熟之后。如此方能尽到人为天地之子和“万物之长”的责任。这番痛斥和告诫，固然触击到东汉中后期的奢靡世风，但更反映出早期道教关于环境保护的思想，集中表现为勿对自然环境和自然资源进行严重损毁和掠夺性开发，其涉猎面除生物资源保护之外，又连及到水资源保护、矿物资源保护、土地资源保护，水资源保护还区分出地表水和地下水来。这不能不说是本经别开户牖的地方，具有特识灼见的地方，超迈古说时论的地方。

按所定标准而审视、宣达的善恶类象既已纲举目张，行善作恶的两极果报便迎刃而上。经中遂称：行善即大吉，作恶辄大凶。吉凶扑向和归于当事人及其家族两个方面。但凡向善不渝者，定可“竟年之寿”且“增算”，或得升入天国成神仙，更能泽流后代，福及满门。但凡怙恶不悛者，非徒恶鬼缠其身、减年除算入鬼门、复受地府拷问并株连到父母亲属受刑罚，还“灾及胞中”，殃及子孙，乃至“灭门”。这一整套以两极果报作结的善恶之道，创设出中国早期道教的伦理观和社会问题论，据以扭转当时社会失范和社会失控的危情险状，致使国家“长安旷旷恢恢”。

第七，自养之道与太平。如前所述，本经在编著体例上是颇有深意地“始善养性之术于书卷”的。究其个中三昧，实由善恶之道俯视社会群体，旨在彰显其普适性，延宕其涵盖面，冀得全面开花之效；自养之道则洞察社会个体，意在突现其特殊性，强化其专指度，冀得一枝独秀之效。社会群体给个体以带动，社会个体给群体以引领，个体既知自养，群体何患善恶！故于善恶之道历历可辨之际，自养之道也和盘托出。

自养之道在经中又称养性之道或修身正己之道。对于帝王和众贤臣来说，“能养其性，即能养其民”。关键则在于“爱清爱静”，养气端神，安身靖身，精思“初一，以自治劳病”，深知并牢固抱守“元气自然之根”，浑沌“如胞中之子而无职事”，只管“朝常念道，昼常念德，暮常念仁”。如此修成“至要”自养之道，便可“以内正外，万万相应，亿亿不脱也”，竟至“比与神俱语”即面对面交谈。

对于世人来说，“能深自养，乃能养人”。然而诸如调剂饮食，超脱俗事，安贫乐贱，读书自娱，都只不过还在通常将养修持的范围和方式内徘徊蹀躞，裹足不前。其实只有“求念本根，未曾有小不善之界”而“身得长保”，方为真正的“自惜”之道；只有“常谨常信”而神明精气“不得去离其身”，方为真正的“自亲”之道；只有“力求奇殊方”而逢遇灾厄依旧独存，方为真正的“自重”之道；只有“以至道绳邪去奸”而独寿“比若神矣”，方为真正的“自治”之道；只有精诚至极、契合天心地意而向登仙成神的目标持续迈进，方为真正的“自爱”之道；只有修炼成睹神方术和突破生死大限的“肉飞”之身，方为真正的“自好”之道。这番升格与提振，显然把自养之道同仙道、神道串接并贯通起来了，而“各集此方以自养，诵此术以自全”，便“天下大乐悦也，为善无双，无复恶人也”。

第八，神道仙道与太平。无神仙则不成道教。神仙神仙，析言之有别，统言之无殊，既此神而彼仙，又亦仙而亦神，何其相似乃尔！于是乎神道、仙道便如朝阳午日，在本经中喷薄而出，且与人间太平息息相关。

经中讲神道，往往兼含二义，即神灵所奉守行用的皇天道法或天庭定制。谈仙道，则为通常所理解的成仙之道，但复分三等：小度、中度、大度，即长寿、登仙、成神，又统称“长生久活之道”。仙道同神道的区别亦非判若云泥，在特定语境或情境下间或重合，殊难也不可强作剥分。

既已开宗明义，则神、仙之有无，之人格化或意志化，对本经来说俱已先入为主地悉予承认并愈加强力标揭，根本就不在话下了，症结是它们究竟以何种形态而存在，而活动。既然由气化之道衍生出一个高踞宇宙顶端的神灵世界来，从天上、地下到人间，直至凡事凡物“各自有精神”，则其内部组合与相互关系便须明确，给出解答，本经随而拟构出一个天庭实体和神仙等级序列来。张布其中枢重地、职能机构或部门，遂有宛如皇宫的“北极紫宫”，酷似朝廷的“太阳明堂（心宿）”和“无极之殿”，掌管世人生籍的“寿曹”，对世人进行化导和考察的“使曹”，负责世人升天授职的“升曹”，保管神仙簿的“昆仑墟”，惩办世间恶人的“太阴法曹”及“土府”和“天狱”，掌领天庭财政的“计曹”，分布于六极八远的“传舍”即神灵驻所等。厘定其等级序列，遂有身为元气化身的“尊无上”的至高神“天君”，辅弼集团“九君”或者说“比如国家忠臣，治辅公位”又“如帝王太子”而职在掌理元气的无形委气大神人（又简称大神），依然“有形”而职在掌理自然之天的“神人”，职在掌理大地的“真人”，职在掌理四时的“仙人”，职在掌理五行的“道人”。依此等级序列，便将受之于天的诸神，受之于地的群精，受之于中和的百鬼，无论其为“无形象、变化无穷极之物”，还是身长“二尺五寸”者，悉行归入到各级神仙的辖领之下，形成了一副庞大而又严密的天国仙界的统治网，即“天地之尊位，为神灵所因任，上下洞极”。

天国必具权能。其与尘世上下对应，“和（连成一体）以为经（常法）”，“天上理，念中和”，既决定“人种类”的吉凶存亡，又辅正人间皇朝，“为洞极皇平也”。故其权能一则为爱人惠民，非仅“广哀不伤”，而且“布恩施惠”，遣神“行气”，给人“调和平均”地提供衣食之源，令人“各从其愿”地择取到理想的社会职业并掌握相应的技艺或方术。二则执命持禄，举凡生籍、死籍，善人之籍、恶人之籍和神仙名录莫不在人生前为之注定，并随其生后所作所为加以适当改换，且有“命树”特别是“长生树”耸立在“天门”前。寿命则通常分为三品：“百二十上寿，八十中寿，六十下寿，过此者皆夭折。”三则赏善罚恶，更对改恶从善者特予“大分之施”，即尽享天年。四则垂象施教，通过降示“瑞应”或显现“灾异”，给帝王施政注射兴奋剂或强心针，常常灾异多于瑞应。五则助治调气，天君和大神“乃与元气合形并力，与四时五行共生”，“有音声教化而无形”，共忧天上事。神人以下则各调一气，教告人君。而诸神、群精、百鬼一方面协助天地生、养、长“万二千物”，一方面出助人治，兴利帝王。

天庭必立制度。用本经的话来说，便是：“天上禁神法令，亦如中和地下，四流傍行，皆同法象。”一为天君发号施令，群神无不迅即照办，“重规合矩”地落实到位，尤其要万无一失地定期向太阳明堂奏呈监视世人善恶行为的详尽举报书。二为每隔一千三百二十天，辄于当年八月晦日（三十日）勘合神仙簿与举报书，据以相当精准地择定仙度人选。三为新入天庭者一律“自状其能”，先授“闲职”试用，“视事”出色，则予“补真”，有功复进，“部主非一”，即拥有的实权越来越大。四为群神位有尊卑，均“带紫艾青黄”诸印绶，上下相事，各行其职，务成其功。五为群神必须“更相案举”，“革谏”相补。六为群神例于每月十五日到天庭小上对，一月中上对，一岁而大对，据以确定进退和“击治”的对象。七为群神举报世人善恶失实，辄视情节轻重贬至凡间，在京师洛阳义务卖药治病十年或按原价卖菜十年至四十年；过高至死，则发配到河梁山海，罚做苦役。八为群神朝天谒见，无论如何要各明部署，各有所明，各正其仪。九为群神公事外出，辄有“符传”证件为凭，严禁在天上“传舍”擅自“强诈”，一旦“恶闻”传来，便“退与鬼为伍”。

神仙必有训条。诸如“天无二诺”、“义不相欺”；“持心射心，亦无间私”，“思从心出，发愤尽精诚”；精进趣志，“无有小失，助天地有功”；以荐善为“神福”，对求仙者“善善亦当惠成名，宜卒竟其功”等。

统而观之，全面而持久地发挥出、履行好天国所秉持的各种权能，严守并审慎缜密地执行好天庭所建立健全的诸项定制，贯心结胸地铭记并竭力循用神仙所宗奉的每一训条，便聚合成本经所标举的“神道”了。这一整套神道把此前道家、神仙家、杂家、神话传说和此后道教、神魔小说所标榜、所夸示的神仙极乐胜境遽然变成了凌驾人间之上、全盘干预尘世事务的最高统治实体，将逍遥其中的快活神仙蓦地变成了佐治神仙，昭示着神仙天国及其基本成员自此在发生质变。尽管天国中枢重地和各机构的设置，无异于东汉宫禁到三公九卿、尚书六曹、郡县邮亭的移植和翻版，但天国已从权能施布上给人间王朝架设起后盾；尽管天庭诸项制度的定立，终不免保留着比照已有朝廷制度而再行强化的印迹，但天庭已从如何真正使其得到贯彻落实上给人间王朝确立起样板；尽管由超级神仙“天君”→特级神仙“无形委气大神人”→梯级正牌神仙“神人、真人、仙人、道人”的拟列，不啻封建社会等级结构在天上的投影，但佐治神仙已从履行岗位职责、恪守官德上给王朝内外群臣树立起典范。总之一句话，天国、天庭和神仙完全以“神道”为支撑而存在，而活动，而“传治不失”，步步落在协和人间王朝的“皇平治”上，同时对“火君”也不无约束，对皇权也颇有抑制。但万变不离其宗：越是令世人匍匐在紫宫天门前，就越是叫他们拜倒在帝王廷阙下。

然则在“神道”中既无洞天福地三神山、瑶堂瑰室黄金阙的踪影，又无“肌肤若冰雪，绰约若处子”和“览观县（悬）圃，浮游蓬莱”的神仙形迹，实际上业已弱化了对秦皇汉武这类帝王用权求仙的诱惑力，也降低了对知识层和平民大众矢志成仙的吸引力，但惟其如此，《太平经》才称之为《太平经》！其为取得天下信奉与行用而另辟蹊径加以弥补的则是：张扬佐治神仙“状若太一（混沌恍惚之元气）”、“象如循环”，出窈入冥，丝发无间，得上“九天，周历二十五天”的神性与神通，炫示佐治神仙“饮食天厨，衣服精华”亦即吸纳天际精粹生气又精光、神光罩身的“荣华”光景，渲染佐治神仙乘云驾龙、代天施化而胜过帝王出巡的赫赫灵威，夸耀佐治神仙亦欣赏天庭“倡乐（歌舞伎工）”表演和依功蒙获“粗细靡物金银彩帛珠玉之宝”赐赠的独乐之享，彰明佐治神仙“春行生气，夏成长，秋收，使民得以供祭，冬藏余粮”直至“恩及蚑行草木”的莫大功业，更宣示“上天度世者，以万岁为一日，其次千岁为一日，其次百岁为一日，其次乃至十日为一日也”，愈见长生之可贵与可羡。凡此种种，足证佐治神仙远非逍遥神仙、快活神仙所可望其项背，更遑论步其后尘了。这与天国支配王朝、天庭掌控“帝廷”、天治优于人治、“仙治”高于“俗治”的总判定遂珠联璧合，第一次正式确立起了中国早期道教的核心崇拜对象——半具神性又半具人性、获享长生权利和尽到施化义务的统一体：佐治神仙。

面对核心崇拜对象，经中进而申明两点：“三万六千天地之间，寿最为善”，“生为第一”。因而在人生价值和终极目标的选定上，便应将根深蒂固的传统的求富搏贵观念置于“求生索活”的明智认知之下，“求生索活”更须向登仙成神的方向继续挺进。果若既富且贵又登仙成神，则最为理想；即使家徒四壁，一贫如洗，也不可动摇登仙成神的信念与追求。此其一。其二，天国仙界永远向世人既慷慨又决非廉价地敞开步入彼岸世界的大门，非徒帝王、辅臣、众官、圣人、贤人，连最卑贱的“奴婢”和“承地统”的女子也同样可以登仙成神。

登仙成神既为“道业”、“福业”的极致所在，则“仙道”便不可不重，不可不求。本经将其集中锁定在：积善积功成仙和入室精修成仙或者说“守一”成仙。前者侧重于社会行为，后者侧重于方术修炼。二者虽有侧重，又互为条件，彼此促进，即“积德不止道致仙”。

经中断言：只要至诚感动大神人，得其戒饬，从尽忠、奉孝、持顺到输诚、守信、行善完全达到符合天心神意的地步，便可蒙受天报，届期跻身于神仙的行列。

由积善积功转向入室精修，便是在清幽僻静的专用场所炼就“守一”方术。“一”被经中视为数之始、道之根、元气所起、天之纲纪、万物枢机、命所系属、众心之主、至道喉襟，而守一，质言之，即为高度集中和控制意念力的一整套功夫。或存思体内神灵，或默识元气无为，或专意凝静虚无等。其具体形式多达“三百首（种）”，但大要在于“真合为一”以体道，步入一种“洞明绝远”的心理幻觉与幻境当中。按照本经的说法，恃此术“可以消灾，可以事君，可以事神明，可以理家，可以不穷困，可以理病”，更“可以长生，可以久视，可以度世”，终“能形化为神”，“忽上天门，到于太初”。既为“除祸之法”和“致福之门”，又为“长寿之根”和“万岁之术”。效用之大，无逾于斯。

经过苦苦积善积功或入室精修，待到天国仙界果真接纳之时，登仙成神的具体方式便像特写镜头般闪跃跳动。属于初等低级者为尸解，即：“骨体以分，尸在，一身精神为人（仙人），尸使人见之，皆言已死，后有知者，见其在也，此尸解人也。”属于中等中级者为形去，即：先期身“日自轻”，食日少，润泽生光。届时天神持符来到，在其心前御视，并反复教戒，夜暮时给他饮药，骨节随之开炼，“成精光耀多”，升到天门之外，等候安排。属于上等高级者为白日升天。即：天神前来承迎，“其化生，光耀日中，所见洞彻，正神相随，浮游八表”，在众目睽睽之下，出尽风头，显尽荣耀，使人看到至善所获得的重大天报。

已然登仙成神，遂按森严至极的天庭内制和奖惩条例供职行事，“乃助天地，复还助帝王化恶，恩下及草木小微，莫不被蒙其德化者”。

连而一之，本经所列示的仙道和神道的内在联系便跃然纸上：仙道专为世人如何升入天国、跻身天庭而设，属于通过助天“大化”、安定“王治”而获得个人长生不死的跨越型的初级方式，是对神道所作的先行铺垫；神道特为神仙如何栖身天国、供职天庭而设，属于通过代天“大化”、辅正王朝而完成自身既定使命的回馈型的高等方式，是对仙道所作的逻辑延伸。神道统率仙道，仙道从属神道，二者前后衔接，层级推进，组成了实现“天人一体”的完整链条。

《太平经》内容庞杂，庞杂得不免出现自相龃龉之处。以上所述，仅举其要而已。他如自然之道、史鉴之道、精思之道、浮华之道等，限于篇幅，则不复缕述，欲知其详，请参见诸篇“题解”和“说明”。

“道”、“道”、“道”，令人目不暇接，谱就了本经的主旋律；“平”、“平”、“平”，令人如雷贯耳，迸发出本经的最强音。“道”为“平”出为“平”用，“平”由“道”获由“道”成，“道”似手段、途径和定律，“平”乃目的、后果与结局，本经恰在二者的完整结合与高度统一上，打造出一个道治“大优”的太平王朝范本，展示出一幅“道化美极”的太平图景。其标志则为：“三五气和，日月常光明”；“阴阳悦矣，万物茂盛矣”；“民慈爱谨良，皆以出焉”；“明王圣主，皆以昌焉”；“兵革绝乎？杖策绞无声乎？”“复反于太初，天地位乎？”“中国盛兴矣，称上三皇矣”；“天下幸甚矣，皆称万岁矣”。其内核在于：“太”谓“积大行（大化之行）如天”，“其治最优，大无上”；“平”谓“其治太平均，凡事悉理，无复奸私”，比若地居下，“主执平”，无一伤物，无一人自冤，悉得其所，均遂其愿，“正也”。这种理想社会政治模式，既有《礼记》“大同”世界的色彩，又有孟子“王道”乐土的痕迹；既与韩非的“法治”国家大相径庭、又同墨家的“平民”社会前后辉映。既充满大一统的规模气象，又推出人寿仙成的特殊形态。虽然夹带着乌托邦的幻想成分，但却浸透着“功高德正”的拯救意识。与其谓之为早期道教的原始经典和方术集成，毋宁谓之为衰世乱世的重振蓝图和反拨方案；与其称之为神学原理宣言书，毋宁称之为现实问题仲裁书；与其视之为宗教狂热的倾泻，毋宁视之为政治智慧的迸射；与其誉之为“败政”批判，毋宁誉之为太平礼赞。

《太平经》的作用与价值

《太平经》在东汉后期这一中国封建社会由全国统一行将陷入天下分裂的历史转折关头，处于道家与道教的连结点上，倡行“太平之道”，讴歌太平盛况，阐说“太平”实质，非仅切合并在很大程度上表达了病入膏肓又急欲起死回生的刘氏王朝最高统治集团的愿望，故“及灵帝即位，以楷书为然”。四百多年后，南朝陈宣帝又异常青睐本经，除鼓励道士广加“讲习”外，本人也“略知经旨”，但未能付诸实行。这表明，《太平经》对帝王治国施政至少起到了参照物的作用，在动乱年代的政坛上也曾不容小觑。

与帝廷反响毕竟有限相反，《太平经》对太平理想的遐思与憧憬及其所演述的太平道，各有所适地拨动了当时下层民众的心弦，引起了社会人士的共鸣，特别是吸引了宗教活动家的目光，推动了规模盛大的道教实体——天师道和太平道的相继崛起，促进了其他小道团在江南地区的传播。

自东汉顺帝以迄三国初期，沛国丰（今江苏丰县）人张陵、张衡、张鲁祖孙三代递次在川北陕南一带创建和振兴天师道，直至形成了一支“户出十万”而在诸葛亮《隆中对》中都不得不予以重视的政治力量与军事力量，转成了政教合一的“治垂三十年”的地方割据政权。其间从教理、教义到教法，教规，均与《太平经》渊源深厚。例如太平符瑞、贵中和、合五行、毋犯王气、春夏禁杀生、守一食气、得仙寿、臣忠子孝、境内禁酒、儒家五经半入邪等，无不直接取自《太平经》。这从张鲁所撰《老子想尔注》（敦煌六朝写本）中显现得晔若明镜。

晚于天师道，张角在中原地区又创建了太平道，时值灵帝熹平初年（172 年左右），即襄楷向朝廷进献《太平经》大约六年以后。后又经过十余年的宣传组织工作，使道徒达到数十万人，遍布青、徐、幽、冀、荆、扬、兖、豫八州之地，遂于灵帝中平元年（184）二月发动了中国历史上第一次以宗教为号召的举世震惊的黄巾大起义。在由宗教领袖、信道道徒分别变成起义领袖、“皆着黄巾为标帜”的强大武装力量，特别是由“以善道教化天下”转为暴力夺取天下的过程中，由于张角“颇有”《太平经》全书或多本，起码从“太平道”这一道教组织名称的定立，“苍天已死，黄天当立，岁在甲子，天下大吉”这一起义口号的提出，都得自《太平经》的启发。如果把张角太平道视为披在黄巾大起义上的宗教外衣，那么，

《太平经》之太平义便形同别在这件外衣上的胸针。

《太平经》对民间道教实体组织的建立和发展壮大发挥出显著的催生与导向作用，成为引领道教各派以其自认正确的方式或手段去开创太平局面的首出巨著，遂在客观上给道教典籍叠出不穷开辟了一条执意高举太平大旗的独特创制道路，营设出一块宗旨相同著述累积叠加的竞秀园地。逮至民间道教于南朝宋梁时期完成向官方道教的彻底转变，对数量繁多又纷披歧出的道书进行全面梳理和系统分类便刻不容缓，于是高道陆修静“总括三洞”于前，孟法师复分“七部”于后，确立了“三洞四辅”的道教典籍分类体系，被历代纂修“道藏”所承袭。“三洞”即递次占据统率地位的洞真部、洞玄部、洞神部三大类别，“四辅”即各自发挥辅助功能的太玄部、太平部、太清部、正一部四大类别。其中太平部的弁冕之作，便为《太平经》；部名“太平”，亦据本经之称而拟定，乃系“六合共行正道之号也”。

《太平经》为道教典籍“三洞四辅”分类法的形成起到了支柱作用，在此前后也为中国道教随同历代王朝既扶植崇奉又限制打击的两手宗教政策的交替施行，基本沿着符箓派和丹鼎派两大分野和路数发展演变下去而张其本，充当了奠基者和规范者的角色。就符箓派而言，本经无疑始清其源；从丹鼎派来看，内丹术亦由本经正式开其先河，促使讲论外丹术的东汉末叶魏伯阳之“万古丹经王”——《周易参同契》异军突起，适与本经殊途同归。

一个耐人寻味的历史现象是：自《太平经》面世后，写刻著录者有之，摘抄节引者有之，论说评介者有之，可谓代不乏人，而且时代越往后，就越将本经极具政治意义的那部分内容给淡化削弱了，把富有文化色彩的那部分内容给抉剔扬布了。这正体现出古人对本经所起作用的多方首肯，也反映出其自身固有的多重价值。

价值取决于思想内容并借助实际所起作用得到进一步映现。鲁迅先生曾独具慧眼地指出：“中国根柢全在道教。”(《致许寿裳》)“懂得此理者，懂得中国大半。”(《而已集·小杂感》)效而言之，道教根柢全在《太平经》，懂得了《太平经》，也就懂得了道教的大半。此即本经主要价值之所在。毋庸讳言，本经固然存在着自神其书、自神其道的地方，但它按照自定的“神道书、核事文、去浮华记”的总体内容结构层面，特“为德君更制作法”，专向百姓“都开太平学之路”，又对道徒“陈法言义”，径以帝王师、救世主、教主集于一身的姿态登上思想前沿，显露出必成国教、堪称“道母”与“道王”而凌驾皇权之上的企图，导致其囊括面之广，专题论之多，孤诣独造而仅见“吾书”所“大言”者之珍贵，远非汉末诸子著述所可比拟，不由人不刮目相看。完全可以说，它为中国道教史和其他专门史乃至断代史、通史上许多重要问题的迎刃而解，若干缺环断层的填补弥缝，提供了资斧，创设了渊薮。迄今华夏道教徒依然在选取本经中的至理名言作为“祖师语录”来加以榻櫫和宣示，可见其对现代道教建设也颇有裨益。

不宁唯是，本经凭其纷繁错杂的思想内容特别是所谓“皇天上和与第一之道”，亦为社会各界人士饶有兴趣地扩展研究新课题，开拓探索新领域，准备下历史依据和思维空间。其实只要掀去蒙在《太平经》表层的神秘面纱，放开眼光来看，无论在宗教学、哲学、政治学、养生学抑或在历史学、教育学、社会学、民俗学、俗语学、未来预测学、文献学和音乐美术上，都能从中钩稽出数量大体可观的珍贵原始素材与典型例证，开掘出蕴含其中的思想意义来。即使有意创立一门道教政治学，也并非绝无可能。凡此证明，在千载之下对这部“内则治身长生，外则治国太平”的道教开山巨著和周秦两汉诸子群书之外的理论遗产进行较为全面系统地整理加工，的确就很有必要了。

此次标校注译，以明刻《正统道藏》本为底本，汲取了王明先生《太平经合校》(中华书局 1997 年第 5 次印本)的重要编校成果，另按整练原则划分段落，客观上给读者以较清晰的层次感、衔接感和通体感；标点则在“明训诂、审辞气”上反复斟酌，遂与《合校》多有不同。凡诸篇篇题犹存者,悉加“题解”,原题惜已阙失或不明者,例作“说明”,冀收提要钩玄之效。注释则重在通过稽核诸书以溯“源”,究明其字词本意之所从出;凭借经文互证以求“真”,判定其语句原意究系何在;祛通常理解之实谬,得歧义纷纭之确解。全部译文,乃以“信、达、雅”为悬鹄,力求保证“信”,做到“达”,接近“雅”。由于本经讹、脱、衍、倒之处所在多有,原文中不时出现即如当时学道真人在聆听天师宣讲中也对某些表述“未得其意”而生“眩冥”之感的方术隐语,兼之向无古注可资甄采,更受译注者学力所限,难免未达一间,甚或出现谬误。倘蒙方家和读者不吝赐教,则如获至宝,于此翘首以待。

令人铭感的是,中华书局责任编辑刘胜利、张彩梅、王水涣三位先生在标校、题解、注译和全书体例厘定诸方面,多有指教和匡正,付出了大量的学术心血和一丝不苟的升华性审订劳动,而中华书局领导对本书出版工作的异常重视和高标准要求,也为注译者在力所能及的范围内朝“精益求精”的目标迈进注入了强劲动力,谨此并致谢忱。饮水固当思源,敬以此书祭享授业恩师——著名史学家和古籍整理大师王树民先生、著名文献学家和隋唐史大家吴枫先生熠熠生辉的九天英灵。

杨寄林

二〇一三年元月

于河北师范大学寓庐

卷一至十七　甲部(不分卷)

太平金阙帝晨后圣帝君师辅历纪岁次平气去来兆候贤圣功行种民定法本起

【题解】

《太平经》甲部经文，依据《敦煌目录》，实际上基本保存在癸部中。这里所列首篇及其他数节文字，乃系《合校》本搜采《太平经钞》、《三洞珠囊》、《云笈七签》等书辑录而成的。首篇题目确切与否，尚存争议。其中“太平金阙帝晨后圣帝君”，属于道教尊神的位号，实即老子的化身之一，故别称李君，李为其姓，名曜景。所谓“师辅”，则指李君的五大护领神——一师四辅，即太师、上相、上保、上傅、上宰，且各有名号。“历纪岁次”，是说李君从降生到位登后圣、递次修道传道的灵迹，以及太师、上相的略历。“平气去来”，乃谓太平气隐没复出的周期性循环过程。“兆候贤圣”，是说太平气隐，劫厄降临，从而对有志学道的贤圣之士显现的预兆。“功行种民”，乃谓李君及其僚属开劫度人，使贤圣步入种民即长生行列。“定法”指定立登仙成真的典则妙法而言。“本起”原为佛教术语，此处则被转用为本末原委之义。通观全篇，借助学道弟子和授道明师的对话，一则宣传“三统转轮”的历史循环论和“阳九百六”的劫运论，由此强调奉道学道的极端重要性；二则基于人间政体来构建神仙天国的等级序列，盛言真境仙界的威严气势和极乐情景；三则开示行善精进、守真悟玄、恪遵戒律、食气饵丹、吞符佩箓等道法与道术。对

《太平经钞》甲部这篇文字，《合校》辑校者王明先生从其材料来源、具体内容、文体风格、名词术语诸方面详加考证，断为赝作，认为它不是节录《太平经》，而是用其他晚出道书抵补而成的。这一看法，得到了学术界的基本认同。

问曰："三统转轮①，有去有来，民必有主，姓字可得知乎②？""善哉！子何为复问此乎？""明师难遭，良时易过，不胜喁喁③，愿欲请闻。愚暗冒昧，过厚惧深④。"

【注释】

①三统：指夏朝以正月为岁首所代表的黑统或人统；商朝以十二月为岁首所代表的白统或地统；周朝以十一月为岁首所代表的赤统或天统。转轮：交替循环，终而复始。

②姓字：姓名，指应合三统转轮之顺序而新兴的人间主宰。

③喁喁（yóng）：形容仰望期待十分热切的样子。

④过厚：过失甚重之意。

【译文】

学道弟子敬拜发问说："天统、地统和人统交替循环，有去有来，而众百姓必定要有主宰者，这个主宰者能够知道是谁吗？"授道明师对答说："太好了！你为何又要询问这个问题呢？""因为明师很难遇到，大好时机容易错过，我对明师您仰望至极，期待甚高，心中特想承受教诲。只可惜我本人愚昧无知又特冒昧，这真是过失太重，让我害怕极了。"

"噫！非过也。天使子问，以开后人①，今悟者识正②，去伪得真。吾欲不言，恐天悒悒③，乱不时平④。行安坐⑤，当为子道之，自当了然，无有疑也。

【注释】

①开：开启、开导。

②今悟者识正：此五字中“今”当作“令”。形近而讹。识正，意谓识知纯正的大道。

③悒悒(yì)：忧闷不舒畅。

④时平：应运平安。时，谓时运，际会。

⑤行安坐：犹言近前来慢慢坐定。此系抚慰语。

【译文】

“嘿嘿！这可不是过失。实际上是上天在让你发问，用来开导后人，叫那些内心觉悟的人识知纯正的大道，去除掉假玩艺，获得真东西。我打算不讲授，却担心上天忧闷不乐，祸乱不能应运转为平安。近前来慢慢坐定，我为你好好讲讲这个问题，你自然就会弄明白，没有疑问了。

“昔之天地与今天地，有始有终，同无异矣。初善后恶，中间兴衰，一成一败。阳九百六①，六九乃周②，周则大坏。天地混齑③，人物糜溃④，唯积善者免之，长为种民⑤。种民智识，尚有差降，未同浃一⑥，犹须师君。君圣师明，教化不死，积炼成圣⑦，故号种民。种民，圣贤长生之类也。

【注释】

①阳九百六：汉代《易纬》以四千六百一十七年为一元，初入元一百零六年，简称百六。其中有旱灾之年九，谓为阳九。一元终始，共有九厄，即阳厄五，阴厄四，阳为旱灾，阴为水灾。其水旱灾年份合计五十七个，而一元常岁为四千五百六十年，则每平均八十年，即有一灾年。道教则谓天厄为阳九，地亏为百六。

②周：周期之谓。道教以三千三百年为小阳九、小百六，以九千九

百年为大阳九、大百六。

③混齑(jī):形容天崩地裂的极其严重的破碎情状。

④人物:指人类和万物。糜溃:烂成一团泥。

⑤种民:据下文所述,乃指修道成圣而获得长生的人。道教宣扬三十六天说,在圣境四天之下,为四梵天,即太虚无上常融天、太释玉隆腾胜天、龙变梵度天、太极平育贾奕天。此四天为第二十九天至三十二天,统称种民天,又名圣弟子天,为大小三灾所不及。

⑥浃(jiā)一:普遍相等,完全一致。

⑦积炼:持续修炼。

【译文】

"以往的天地和当今的天地,既有起始的状态,又有终结的情形,彼此相同而没有什么不同。刚开始挺美好,到最后成凶害,中间存在着兴盛和衰落,一个成功一个败亡。阳九百六这灾厄,循环来循环去就形成一个周期,周期一到就天崩地裂。天和地破碎得分不清,人类和万物烂成一团泥,只有积累善行的人才会躲过这场大劫厄,永久变为种民。但种民的内心觉悟程度,还存在着差别,没有完全一致,普遍对等,仍然有待师长和君主出世训诲。君主神圣,师长英明,教育化导他们不死亡,一直坚持修炼,成为圣仙,所以称之为种民。所谓种民,也就是圣贤长生这类人。

"长生大主①,号太平真正太一妙气皇天上清金阙后圣九玄帝君②,姓李,是高上太之胄③,玉皇虚无之胤④,玄元帝君时太皇十五年⑤,太岁丙子兆气⑥,皇平元年甲申成形⑦,上和七年庚寅九月三日甲子卯时⑧,刑德相制⑨,直合之辰⑩,育于北玄玉国天冈灵境人鸟阁蓬莱山中李谷之间⑪。

【注释】

①大主：最高宗主。

②号：号称。指道教位号。太一妙气：谓元气。

③高上太：指上清高圣太上玉晨大道君，即灵宝天尊，为万道之主，地位仅次于元始天尊。胄：后嗣。此处为继承人之意。

④玉皇虚无：道教尊神名。胤：后裔，后代。

⑤玄元帝君：道教尊神名。太皇：道教年号。

⑥太岁：古代假设的用来纪年的理想天体。丙子：六十甲子中的第十三位。兆气：显露胎气。

⑦皇平：道教年号。甲申：六十甲子中的第二十一位。

⑧上和：道教年号。庚寅：六十甲子中的第二十七位。自此以上，俱为干支纪年。甲子：此系干支纪日。卯时：又称日出，指清晨五时至七时。

⑨刑：指阴气。德：指阳气。相制：交互制衡。

⑩直合之辰：意谓构成了阴阳相得的最佳时刻。

⑪北玄玉国：洲国名。“天冈”至“李谷”：均为仙山名。其中的“人鸟阁”，道教有云：“无数诸天，各有人鸟之山，有人之象，有鸟之形，峰岩峻极，不可胜言。”

【译文】

“让人长生的最高宗主，号称太平真正太一妙气皇天上清金阙后圣九玄帝君。他姓李，是灵宝天尊的继承人，是玉皇虚无的后裔。他在玄元帝君太皇十五年也就是太岁恰值丙子那年开始在母体内显露胎气，到皇平元年甲申之岁形成胎体，延至上和七年庚寅之岁的九月三日甲子这天卯时，阴气与阳气恰恰交相制衡，构成了阴阳相得的最佳时刻，他在北玄玉国天冈灵境人鸟阁蓬莱山中的李谷之间降生下来了。

“有上玄虚生之母[①]，九玄之房[②]，处在谷阴。玄虚母之始孕,梦玄云日月缠其形[③],六气之电动其神[④],乃冥感阳道[⑤],遂怀胎真人。既诞之旦,有三日出东方;既育之后,有九龙吐神水[⑥]。故因灵谷而氏族[⑦],用曜景为名字[⑧]。

【注释】

①上玄虚生之母:道教造设的一名女仙所持有的天界尊号。

②九玄之房:指该女仙独成境域的居止处所。

③玄云:赤黑色的云团。缠:笼罩、卷裹之意。

④六气:古以平旦朝霞、日中正阳、日入飞泉、夜半沆瀣,连同天玄、地黄为六气。电:谓飞速闪动的气光。

⑤乃冥感阳道:意为产生神秘恍惚的两性交合感。阳道,男子生殖器官。

⑥九龙吐神水:原为佛祖释迦牟尼的降诞瑞应之一。道教于此予以袭用。

⑦故因灵谷而氏族:意谓根据妊娠地和出生地以李为姓。

⑧用曜(yào)景为名字:意谓依凭瑞应起名叫曜景。

【译文】

"最初是有位上玄虚生之母,她那居所九玄之房正处在李谷的北面。这位上玄虚生之母开始怀孕时,梦见赤黑的云团和日月笼罩住自己的形体,六气的气光牵动了自己的神智,于是暗暗产生了一种两性交合的神秘感觉,随后就怀上真人胎了。在真人降生的那天早晨,有三个太阳一起出现在东方;生下以后,又有九条神龙同时喷吐出神水。所以就根据灵异的李谷以李为姓,特用'曜景'这两个字作为名字。

"厥年三岁,体道凝真[①],言成金华[②]。五岁[③],常仰日欣初[④],对月叹终。上观阳气之焕赫[⑤],下睹阴道以亏残[⑥]。于是敛魂和魄⑦,守胎宝神⑧,录精填血⑨,固液凝筋⑩。七岁,乃学吞光服霞⑪,咀嚼日根⑫。

【注释】

①体道:体悟大道。凝真:凝识真谛。

②金华:喻指所出之言,字字如同炼丹所结成的精华。

③五岁:《上清后圣道君列纪》(下称《列纪》)在“岁”下尚有九字:“仍好道,乐真言,颂成章。”

④欣初:为初生的蓬勃气象而感到欣悦。

⑤焕赫:鲜亮显赫。

⑥阴道:指月亮运行和变化的定律。古代认为月球沿内外朱道、内外白道、内外黑道、内外青道和中黄道运行,称作九道或九行。

⑦敛魂:敛聚魂神。和魄:调和精魄。

⑧守胎:固守胎体元气。宝神:极为珍重地保养神根。

⑨录精填血:谓充实和调理精血。录,纳。填,通“镇”。

⑩固液凝筋:谓存贮津液,将息筋脉。

⑪吞光服霞:“食气”方术之一。谓采吸霞光,润入口内腹中。

⑫咀嚼日根:亦属“食气”方术之一。日根指日光中大如目瞳的紫气团。

【译文】

“三岁时,就能体悟大道,识知真谛,出言不凡,字字如同炼丹所结成的精华。五岁时,经常头朝太阳,为初生的蓬勃气象而欣悦;面对月亮,感叹事物的消亡结局。往上观望太阳之气的盛壮景象,往下察看月亮变化的残缺规律,于是敛聚魂神,调和精魄,固守元气,保养神根,充实并调理精血,存贮津液并将息筋脉。七岁时,就学习采吸霞光、吞咽日根的食气仙术。

“行年二七[①]，而有金姿玉颜，弃俗离情[②]，拥化救世[③]，精感太素[④]，受教三元[⑤]，习以三洞[⑥]，业以九方[⑦]。三七之岁，以孤栖挫锐[⑧]。四七之岁，以伉会和光[⑨]。五七之岁，流布玄津[⑩]，功德遐畅[⑪]。

【注释】

①行年：达到的年龄。二七：十四岁。即所言两数的乘积。下文“三七”云云，俱系此意。

②情：指七情六欲。

③拥化：意为秉持教化的重任。

④太素：指构成宇宙万物始基的最初物质形态。道教谓：“太素者，万物之素。”

⑤三元：指混洞太无元、赤混太无元、冥迹玄通元，为道教三清境至高神元始天尊、灵宝天尊、道德天尊之所从出。

⑥三洞：指洞真、洞玄、洞神三大教理和教义。三者皆以通玄达妙为指归，故均取“洞”字为名。洞，通彻。

⑦九方：指洞真所讲的九圣之道，洞玄所讲的九真之道，洞神所讲的九仙之道。

⑧孤栖挫锐：意谓采用独处的方式，磨去自身的棱角。

⑨伉(kàng)会：以对等身份与世俗混同，不露锋芒。伉，通“抗”。和光：含敛光耀，即怀才不露。《老子·五十六章》有云：“挫其锐，解其纷，和其光，同其尘，是谓玄同(玄妙齐同的境界)。”

⑩玄津：指入道的津逮、途径。

⑪遐畅：远扬。

【译文】

“到了十四岁，长成金铸玉雕般的仪容，抛弃世俗，摆脱常人的七情六欲，肩负起教化的重任而去拯救社会，精诚感动了宇宙万物的元素，承受三元这至高尊神的化导，熟悉洞真、洞玄、洞神三大教理和教义，修炼九圣、九真、九仙的道业。二十一岁时，又采用独处的方式，磨掉自身的棱角。二十八岁时，又以对等身份去和世俗混同，不显露个人的锋芒。三十五岁时，传播入道的途径，功德远扬。

“六七之岁，受书为后圣帝君①，与前天得道为帝君者②，同无异也。受记在今③，故号后圣。前圣后圣，其道一焉。上升上清之殿④，中游太极之宫⑤，下治十方之天⑥，封掌亿万兆庶⑦，鉴察诸天河海、地源山林，无不仰从。总领九重十叠⑧，故号九玄也⑨。

【注释】

①书：指上清经典。即下文所谓宝经符图。

②前天：先天。系指高上太而言。

③受记：佛教术语，意谓接受“记别”。记别属于佛教经典十二部（分类形式）之一，内容包括佛为弟子预记死后生处，特别是预记未来成佛的劫数、国土、佛名、寿命等事。此处为道教所借用。

④上清：道教三清境之一，又称禹余天，为灵宝天尊治所所在。其中有逸域宫、八景城、黄金殿、焕明台等。

⑤太极：道教所谓宇宙三界之一。其上为无极界，其下为现世界。

⑥十方：原为佛教术语，指上下八方。

⑦兆庶：众百姓。兆，极言其多。

⑧九重：指天。道教有九霄之说，即神霄、青霄、碧霄、绛霄、景霄、玉霄、琅霄、紫霄、太霄。十叠：指地。道教有九垒地之说，即色润地、刚色地、石脂色泽地、润泽地、金粟泽地、金刚铁泽地、水制泽地、大风泽地、洞渊无色刚维地。

⑨九玄：犹言九天。指天空最高处。

【译文】

“到四十二岁，领受上清境的经典，成为后圣帝君，与在此之前得道而做帝君的尊神完全相同，没有什么两样。由于在当今领受具有身份象征意义的道记，所以号称后圣。前圣和后圣，他们奉持同一个道法。于是往上升入那上清灵境的殿台，在中层游历那太极界的宫室，往下治理那被皇天覆盖的十方区域，掌管亿万众百姓，明晰地督察每个区域所属的河流海洋、大地源头和山林，这些地区无不尊仰顺从。正因统辖九重天和十层地，所以号称九玄帝君。

“七十之岁，定无极之寿，适隐显之宜①，删不死之术②，撰长生之方③。宝经符图④，三古妙法⑤，秘之玉函⑥，侍以神吏，传受有科⑦，行藏有候⑧，垂谟立典⑨，施之种民。不能行者，非种民也。

【注释】

①适：恰切处置。隐显：指居身不出和下凡救世。

②删：删正，厘定。

③撰：排纂，勒定。

④宝经：指道经本文。符图：指所谓龙章凤篆之类的符箓、画像、灵图等。

⑤三古：上古、中古、下古的合称。上古指天皇、地皇、人皇所谓三皇时代，中古指以黄帝为首的五帝时代，下古指夏商周三王时代。

⑥玉函：玉制书匣。

⑦科：谓戒规和仪式之类。

⑧行藏：行谓行用，藏谓收藏。候：指特定的机运、时势。

⑨谟：谋略。此处指法式、条规等。

【译文】

“七十岁时，定立永无尽头的寿龄，恰切处置隐遁不出和下凡救世的合适做法，删正不会死亡的道术，勒定长生久存的方法。有关道经原始本文和符箓灵图，上古、中古与下古的神妙道法，全把它们秘密装在玉制的书匣中，责成神吏来看护，传付和承受立有戒规和仪式，行用与收藏设有特定的时机，垂示法式，确立典则，施布给种民。对此不能行用的人，就不属于种民。

“今天地开辟，淳风稍远①，皇平气隐②，灾厉横流③。上皇之后④，三五以来⑤，兵疫水火，更互竞兴，皆由亿兆心邪形伪⑥，破坏五德⑦，争任六情⑧，肆凶逞暴，更相侵凌，尊卑长少⑨，贵贱乱离，致二仪失序⑩，七曜违经⑪，三才变异⑫，妖讹纷纶⑬。神鬼交伤，人物凋丧，眚祸荐至⑭，不悟不悛，万毒恣行，不可胜数。

【注释】

①淳风：淳正质朴的风尚。稍：逐渐。

②皇平：太平。

③厉：谓瘟疫等烈性传染病。

④上皇：道教所称五劫年号之一。五劫年号依次为：龙汉、延康、赤明、开皇、上皇。

⑤三五：指三皇五帝。三皇谓天皇、地皇、人皇；五帝谓黄帝、颛顼(zhuān xū)、帝喾(kù)、尧、舜。

⑥亿兆：指人间众百姓。

⑦五德：即五常。谓仁、义、礼、智、信。

⑧六情：人的六种感情。即喜、怒、哀、乐、爱、恶。

⑨尊卑长少：意谓以卑下者为尊贵者，以年少者为年长者。

⑩二仪：又称两仪，指天地阴阳。

⑪七曜(yào)：日、月和金、木、水、火、土五大行星的总称。经：谓运行轨道和运行定律。

⑫三才：天、地、人。

⑬妖讹：指各种虚妄怪诞的传言、谣言。

⑭眚(shěng)：眼疾。引申为灾祸。荐至：接连到来。荐，通“洊”。

【译文】

“天地开辟到如今，淳正质朴的风尚逐渐离世人越来越远，最盛明的太平气隐没不出现了，可灾害瘟疫却四处蔓延。从上皇那次劫运以后，迤至三皇五帝以来，兵祸、瘟疫、水灾、旱灾轮番争着发生，这都因为天下众百姓内心邪恶，外表虚伪，破坏仁义礼智信，竞相随顺自己的性情干，放肆地逞用凶暴，彼此间你侵犯欺凌我，我侵犯欺凌你，把卑贱者奉为尊贵者，将年少者当成年长者，贵贱关系全被颠倒了，致使天地阴阳失去了固有的次序，日月和五大行星背离了运行的轨道和定律，天地人这三才呈现出畸形的状态，虚妄怪诞的传言五花八门。神灵与鬼物交相受到损伤，人类和万物凋敝丧亡，灾祸一个接一个到来，可世人既不觉悟，更不悔改，各种毒害就任意兴行，简直数不过来。

“大恶有四：兵、病、水、火。阳九一周，阴孤盛则水溢；百六一匝[①]，阳偏兴则火起。自尧以前，不复须述，从唐以来[②]，今略陈之，宜谛忆识[③]，急营防避。

【注释】

①一匝：指三千三百年。道教谓，天运三千六百周为阳勃，地转三

千三百度为阴蚀。天气极于太阴，地气穷于太阳，故阳激则勃，阴否则蚀。阴阳勃蚀，天地气反，乃谓之小劫。

②唐：即尧。相传尧为远古部落陶唐氏的首领，初居陶邑（地名），故称唐尧。

③谛：仔细、审慎。

【译文】

“最严重的凶害有四种：兵祸、疾病、水灾、旱灾。旱灾满一轮，阴气单方面旺盛就大水漫溢；水灾满一轮，阳气单方面旺盛就干旱大起。从唐尧往上，没必要再追述，从唐尧以来，在眼下大略讲一讲，应当仔细记住并体会它，赶紧谋求预防和躲避。

“尧水之后①，汤火为灾②，此后遍地小小水火③，罪重随招，非大阳九、大百六也。大九六中④，必有大小甲申⑤。甲申为期，鬼对人也。灾有重轻，罪福厚薄，年地既异，推移不同。中人之中⑥，依期自至。中之上下⑦，可上可下，上下进退，升降无定。为恶则促⑧，为善则延。未能精进⑨，不能得道。正可申期⑩，随功多少。是以百六阳九，或先或后，常数大历⑪，准拟浅深。

【注释】

①尧水：相传尧时洪水滔天，为害甚烈。尧命大禹之父鲧（gǔn）去治水，鲧用堵塞方法行事，历时九年而告失败，结果被杀。大禹受命完成其父的未竟之业，遂变堵塞为疏导，经过十三年苦战，终获成功，水患悉平。详见《尚书·尧典》、《孟子·滕文公》所述。

②汤火：汤为商朝的建立者。相传汤灭夏后，天大旱，五年不收。汤乃以身代民祈祷，民甚悦，雨亦大降。详见《国语·周语上》、

《吕氏春秋·顺民》所述。

③小小：意为局部性的。

④大九六中：谓在九千九百年之内。

⑤甲申：按照汉代三统历，天统（一千五百三十九年为一统）始于甲子，地统始于甲辰，人统始于甲申。甲申为六十甲子中的第二十一位。

⑥中人：犹言中士，即中等人。中等人又分上、中、下三等，故有“中人之中”的说法。

⑦上：指中等人中闻道若存者。下：指中等人中闻道若亡者。

⑧促：短命，早亡。

⑨精进：精勤上进。

⑩申期：犹言增寿。

⑪常数大历：固定不变的厄运劫数。

【译文】

“尧时大水过后，到商汤时干旱又形成严重灾害，此后遍地都是局部性的水灾和旱灾，这还仅仅属于世人罪过深重，随之招引来的，尚且够不上大阳九、大百六的灾厄。在大阳九、大百六的灾厄中，必定会出现大小甲申的年份。甲申年构成劫数，这是恶鬼对待人类。灾厄有重有轻，而罪孽与福分的厚薄，由于年月和地域本来就存在差异，所以在此过程中的变化移动也不相同。对普通人中的中等人来说，按照既定的期限必定会自然降临躲不过去。对普通人中的上等人和下等人来说，既可以脱离灾厄，也可以陷入灾厄，是上是下，是进是退，是升是降都不固定。干坏事就早亡，做善事就命长。不能够精勤上进，就无法获得大道。其实这正表明：逢灾也能增寿，然而要随道功的多少而定。所以像百六和阳九这种水旱灾厄，有的出现在前面，有的发生在后面，但此类固定不变的厄运劫数，却也按照道功来设定每个人所该遭受的深浅程度。

“计唐时丁亥后[①]，又四十有六[②]，前后中间，甲申之岁，是小甲申，兵病及火，更互为灾，未大水也，小水遍冲，年地稍甚。又五十五丁亥[③]，前后中间，有甲申之年，是大甲申，三灾俱行，又大水荡之也。凡大小甲申之至也，除凶民，度善人，善人为种民，凶民为混齑。未至少时[④]，众妖纵横互起，疫毒冲其上，兵火绕其下，洪水出无定方，凶恶以次沉没。此时十五年中，远至三十年内，岁灾剧，贤圣隐沦[⑤]。大道神人更遣真仙上士，出经行化，委曲导之[⑥]，劝上励下，从者为种民，不从者沉没，沉没成混齑，凶恶皆荡尽。种民上善，十分余一。中下善者，天灭半余，余半滋长日兴，须圣君、明师、大臣于是降现。

【注释】

①唐时丁亥：谓尧时水灾发生的年份。道教以其为小劫。参见《云笈七签》卷二引《上清三天正法经》所述。

②又四十有六：又历经四十六个甲子年，即二千七百六十年。道教称其为三劫之周。

③又五十五丁亥：再历经五十五个甲子年，即三千三百年。道教称其为大劫之周。五十五，乃系天数与地数的总和。即1+3+5+7+9+2+4+6+8+10。其中奇数为天数，偶数为地数。

④未至少时：指大小甲申年到来之前的短暂岁月。

⑤隐沦：隐遁沉沦。

⑥委曲：意谓用尽各种方式和办法。

【译文】

“计算起来，唐尧时丁亥大水之年以后，再历经二千七百六十年，在此阶段的前后中间，碰上甲申年，就是大阳九、大百六灾厄中的小甲申。这时兵祸、疾病以及干旱，轮番形成灾害，只不过还没发大水，但小水灾却到处都是，而且发生的年份和地域又日益加重。之后又历经三千三百年，在此阶段的前后中间，又有甲申年，那就是大阳九、大百六灾厄中的大甲申了。这时兵祸、疾病、旱灾同时发生，还有大水冲毁一切。但凡大小甲申灾厄来到，就会铲除掉凶恶的百姓，超度良善的人，良善的人成为种民，凶恶的百姓变成烂泥。在大小甲申灾厄到来之前的岁月里，众多的妖孽便已经从上下四方相互兴起，疫病的毒气在它们上面弥漫，兵祸与旱灾在它们下面发威，洪水大泛滥，没有固定的方位，凶恶的百姓按次序在一个个沉没。此时十五年中，远至三十年内，灾厄一年比一年厉害，贤人圣人隐遁沉沦。大道神人则轮番派遣真仙上士，出示道经，施行化度，采用各种方式和办法引导世人，既劝勉普通人中的上等人，又激励普通人中的下等人，顺从的就成为种民，不顺从的就沉没，沉没就变成烂泥，凶恶的百姓全被扫荡干净。种民中最良善的人，剩下十分之一。种民中属于中等良善和下等良善的人，上天要灭掉他们当中的一半，而让剩下的另一半重新获得滋生成长，变得一天比一天更兴旺，这都要仰仗神圣的君主、英明的师长、重要的臣僚于此时降临出现。

“小甲申之后、壬申之前[①]，小甲申之君圣贤，严明仁慈，无害理乱[②]。延年长寿，精学可得神仙；不能深学《太平》之经，不能久行太平之事，太平少时姓名[③]，不可定也。行之司命注青录[④]，不可司录记黑文[⑤]。黑文者死，青录者生。生死名簿，在天明堂[⑥]。天道无亲，唯善是与[⑦]。善者修行太平，成太平也。成小太平，与大太平君合德。

【注释】

①壬申：六十甲子中的第九位。上文所云丁亥后又四十有六，适为壬申。此谓三劫中。

②理乱：犹言治乱。

③少时：指尚未盛兴之时。姓名：即篇首所谓应合三统转轮之顺序而新起的人间主宰。

④司命：神名。相传担负人间生死，辅天行化，诛恶护善之责。青录：天庭所立的生存簿。

⑤司录：神名。相传掌管世人增寿、功赏、食禄、官爵诸事。黑文：天庭所立的死亡册。

⑥明堂：帝王宣明政教的场所。古以二十八宿中东方苍龙七宿中的心宿，为天之明堂所在，即天王布政之宫。

⑦"天道"二句：语出《老子·七十九章》。亲，偏私，偏爱。与，赞许。

【译文】

"在小甲申之后、壬申年之前的三劫中，身逢小甲申的人间君主如果神圣贤德又严明仁慈，就不会对国家治乱造成妨害。进一步追求延年益寿，通过专精学道便可以成为神仙。倘若不能够精深地研习《太平经》这部经典，不能够长久行用实现太平的诸多事体，在太平尚未盛兴的阶段，要问谁是人间主宰，那还是无法确定下来的。行用太平大道，司命神就把他的姓名注录在天庭的生存簿上；不认可太平大道，司录神就把他的姓名标记在天庭的死亡册上。姓名登在死亡册上的人，就必死无疑；姓名登在生存簿上的人，就必生无疑。决定生死的花名册，就收藏在天庭施布政令的明堂上。皇天的道法是没有任何偏私的，它只赞许那些积德行善的人。积德行善的人修持行用太平大道，就能成就太平。成就人间小太平，就与大太平帝君的德业相吻合了。

"大太平君定姓名者，李君也，以壬辰之年三月六日显然出世[①]。乘三素景舆[②]，从飞軿万龙[③]。举善者为种民，学者为仙官，设科立典，奖善杜恶，防遏罪根[④]，督进福业之人[⑤]。不怠而精进[⑥]，得成神真，与帝合德；懈退陷恶，恶相日籍[⑦]，充后盾混也。至士高士[⑧]，智慧明达，了然无疑，勤加精进，存习帝训，忆识大神君之辅相[⑨]，皆无敢忘。圣君明辅，灵官祐人[⑩]，自得不死，永为种民，升为仙真之官，遂登后圣之位矣[⑪]。

【注释】

①壬辰：六十甲子第二十九位。道教设定本年为大劫之终，时运既已步入劫厄达成周期的新阶段，乃始转一仙阶。但此时又道德方明，仍有群凶肆虐者，故而后圣帝君在壬辰年受命出世。

②三素景舆：由紫、青、绛三色云气组成的神车。素，指云气。景，同"影"，光影。

③軿(píng)：带帷幕的车辆。

④罪根：原为佛教术语，指罪恶之根源。

⑤福业：原为佛教术语，指布施行善、慈悲利生等造福于人的功德业绩。

⑥精进：原为佛教术语，谓在修善断恶、去染转净的过程中，一直不懈怠地努力。

⑦日籍：意为日益增多与明显。

⑧至士：指道德修养达到最高境界的人。高士：谓志行高尚之士。

⑨辅相：指天国仙界的辅佐重臣。即下文所称述的"一师四辅"。

⑩灵官：泛指供大神驱使的小神。道教有十天灵官、九地灵官等名目。祐：保佑、佑护。

⑪后圣之位：指后圣李君属下的仙界位号。

【译文】

“大太平帝君被确定下姓名的，是李君，李君在大劫终结的壬辰年三月六日显赫地出世。他乘坐由紫、青、绛三色云气组成的神车，后面跟随着万条神龙驾挽的飞驰帷幕车。选取良善的人成为种民，提拔学道的人担任仙官，设布科仪，定立典则，奖励良善，杜绝凶恶，防止并遏制住罪恶的根源，督导并进升修持福业的人们。谁能一直不懈怠且精勤上进，就能成为神仙真人，与大太平帝君的德业相吻合；如若松懈下滑而陷入罪恶，罪恶的表现日益增多并越来越明显，就会跌入劫后碎为齑粉、朽成烂泥的行列。道德达到最高境界或志行高尚的人士，富有智慧，开明通达，对此自然非常清楚，毫无疑虑，只管勤奋地专精上进，牢记并熟悉大太平帝君的训条，追忆并念识大神君的辅佐重臣，一个都不敢忘怀。反过来神圣的帝君和贤明的辅臣以及天地灵官都佑护世人，自然就获得不死的结局，永远成为种民，上升为仙真官吏，于是就登入后圣李君属下的仙界位号了。

“后圣李君太师姓彭[①]，君学道在李君前，位为太微左真[②]，人皇时保皇道君[③]，并常命封授兆民[④]，为李君太师，治在太微北塘宫灵上光台[⑤]，二千五百年转易名字，展转太虚[⑥]，周旋八冥[⑦]，上至无上，下至无下，真官希有得见其光颜者矣[⑧]。后圣李君上相方诸宫青童君[⑨]；后圣李君上保太丹宫南极元君[⑩]；后圣李君上傅白山宫太素真君[⑪]；后圣李君上宰西城宫总真王君[⑫]。

【注释】

①太师：官名，位居三公之首。道教以人间官制拟构神仙谱系，故

有太师之称。据《列纪》，此处所说的彭太师，名广渊，又名玄虚，字大椿，一字正阳。

②太微左真：仙界位号。太微，指紫晨太微天帝道君。左真，谓左部真人。

③人皇：三皇之一。保皇道君：亦为位号之称。

④常：《列纪》作“受”，于义为长。

⑤治：治所。北塘宫：仙官名。塘，《列纪》作“墉”。灵上光台：宝台名。道教多以宝台为神仙行道作法的场所。

⑥太虚：空寂之境。

⑦八冥：犹言八极。即东极、东南极、南极、西南极、西极、西北极、北极、东北极。

⑧真官：真仙有位业者的泛称。光颜：犹言尊容。

⑨上相：本为丞相的尊称。此处径予借用移植，且横插在三公之间。方诸宫：仙官名。位于东华山，以其诸面皆为方形，故称方诸。青童君：尊神上仙的特称与名号。

⑩上保：由太保转变而来。太保为官名，位居三公之末。此处既略变其称，又改移其位次。太丹宫：仙官名，位于勃阳丹海长离山。南极元君：尊神上仙的特称与名号。《真灵位业图》则说他是女真仙。

⑪上傅：由太傅转变而来。太傅为官名，位于太保之上。此处则改“太”为“上”，降至太保之下。白山宫：仙官名，位于白水沙洲中山。太素真君：尊神上仙的特称与名号。《真灵位业图》则说他是女真仙。

⑫上宰：由太宰转变而来。太宰又称冢宰，即后世丞相的前身。此处则改其原称，又与上相分立。西城宫：仙官名。西城本为仙山名，这里因山名官，又称总真官。总真王君：尊神上仙的特称与名号。《真灵位业图》则谓其姓王，名远，字方平，为紫阳君弟子。

【译文】

“后圣李君的太师姓彭，彭君在李君之前就学道，位号被封为太微左真，到人皇时又被封为保皇道君，并且承受天庭命令掌管封赐和授付人间众百姓的福禄事宜。他担任后圣李君的太师，治所在太微北塘宫灵上光台，每隔两千五百年就改换一次名字，在太虚中转来绕去，在八极内周旋往来，往上达到无可再上的境界，往下达到无可再下的地步，以至真仙官吏很少有能见到他那尊容的了。后圣李君上相方诸宫青童君；后圣李君上保太丹宫南极元君；后圣李君上傅白山宫太素真君；后圣李君上宰西城宫总真王君。

右五人，一师四辅①，辅者，父也，扶也。尊之如父，持之得行，总号为辅。分而别之，左辅右弼，前疑后承。承者，发言举事，拾遗充足，制断宣扬，即是宰也②。疑者，向思未得，启发成明，即是傅也③。弼者，必定犹预④，即是保也⑤。扶君顺师，周匝入道⑥，即是相也⑦。四五占候⑧，俱详可否，赞弘正化⑨，总曰辅师。

【注释】

①四辅：官名。因环绕天子身边，又称四邻。前曰疑，后曰丞，左曰辅，右曰弼。疑、丞备天子咨询，属于顾问官。辅、弼协助天子决策，身当宰相之任。在这里，道教则做了裁并式的改造，统隶于太师。

②宰：此处系将后丞、太宰糅合成上宰。

③傅：此处系将前疑、太傅糅合成上傅。

④犹预：即犹豫。

⑤保：此处系将右弼、太保糅合成上保。

⑥周匝：周全、完密。

⑦相：此处系将左辅、丞相糅合成上相。

⑧四五：四指四时，即春夏秋冬。五指五行，即木火土金水。占候：谓据天象推测吉凶祸福。

⑨赞弘：赞助弘扬。正化：纯正的教化。

【译文】

右面所列五人，是后圣李君的一师四辅。所谓辅，就像父亲，扶持孩儿走路。尊敬他们如同父亲，赖有他们扶持而使自己能走路，所以统称为辅。再细加区分，就是左辅、右弼，前疑、后承了。后承负责对帝君讲的话和办的事捡拾遗漏，加以补充完善，使帝君做出裁断，自身再进行宣导和播扬，这也就是履行了上宰的职责。前疑负责对帝君长久思虑但未能得出答案的问题加以启发，使帝君形成明断，这也就是履行了上傅的职责。右弼负责无论如何也要让帝君排除犹豫之处，这也就是履行了上保的职责；而左辅负责扶持帝君，顺从太师，完全进入大道，这也就是履行了上相的职责。他们对四时五行的变化做出占测，都在适宜可行或理应废止的事务上特别用心，赞助弘扬那纯正的教化，因而统称为辅师。

“闲居之时，前向有疑，问之傅；后顾虑遗，问之承；右有所昧，问之弼；左有未明，问之辅。咨询四辅，相、保、傅、宰，成功在师，不可阙也。圣帝垂范，使后遵行。入有保，保用事也，阴属右，静宝真也①。出有师，师用事也，阳属左，动归寂也②。至此最难。故略辅相而言师也。望有傅，傅在前，敷说议趣也③。顾有宰，宰在后，决断是非也。其余公卿有司、仙真圣品、大夫官等三百六十④，一从属三万六千人⑤，部领三十六万人⑥，民则十百千万亿倍也。常使二十四真人⑦，密教有心之子，皆隶方诸上相。不可具说，但谛存其大⑧，自究其小也。”“善哉！今日问疑，更闻命矣。”

【注释】

①静：虚静、静定。宝真：以真为宝，即把守真置于最重要的地位。《老子·十六章》云：“致虚极，守静笃（求取和执守虚静，达到极限）。”乃系此处所云之本。

②动：行动、举措。寂：沉寂。指悄无声响、如同从未发生过的那种状态。《老子·十五章》云：“浊以静之徐清（动时继之以静，徐徐而澄清）。”乃系此处所云之本。

③敷说：陈述。议趣（qū）：意为指明事物的演化趋势及其归宿。趣，趋向、趋势。

④有司：古代设官分职，各有专司，故称官吏或官署为有司。仙真圣品：道教谓三清之境，各有阶位，仙登太清，真登上清，圣登玉清，又俱分九品。三百六十：系由《周礼》按天地四时设官分职、取法全年天数转用而来。三百六十加一师四辅，适与三百六十五天相合。

⑤一：指每一仙署。

⑥部领：统辖率领。

⑦二十四真人：据《列纪》，系指求道布道而登仙位者，以及洞台清虚天七真人、八老先生等。

⑧谛存：细加存念。

【译文】

“帝君在平常无事的时候，朝前走产生了疑问，就向上傅询问；往后看担心遗漏了什么，就向后承询问；在右边有闹不清的问题，就向右弼询问；在左边有不明了的事情，就向左辅询问。咨询四辅，投注在上相、上保、上傅、上宰身上，而成功更在太师，这是不可缺少的。神圣的帝君垂示风范，让继承人遵守行用。入内有上保，上保履行职责，由于右侧属阴，就要虚静，始终把守真放在第一位。出外有太师，太师履行职责，由于左侧属阳，就要一切举措都返归到沉寂无形。处理好动与静的关系最困难，所以略去辅相而专讲太师。朝前望去，上傅正在前面，职在做陈述并指明事物的演化趋势及其归宿；回过头来，上宰正在身后，职在决断是非。至于其他的公卿官署、仙真圣阶、大夫官等共计三百六十个，每一官署有从属吏员三万六千名，领辖三十六万人，人间百姓则为十百千万亿倍。经常派遣二十四真人，秘密教导有心求道的世人，全都归方诸宫上相管辖。实在没办法对此详尽述说，你只管仔细存念那些大的方面，自己再去究寻那些细小的东西。”“真是太好了！今天敬问疑惑不解的问题，重新受到教诲了。”

问曰：“李君何所常行①，而得此高真②？太师四辅，学业可闻乎？”“善哉！子为愚者，迷不信道，学不坚固，进退失常，堕卑贱苦，故勤勤问之乎？今为子说之。夫无始中来③，积行久久，一善一恶，不可具言，言之无益。今取近所行、得成高贵者，《灵书紫文》为要④。

【注释】

①何所常行：意为通常都采用什么方式。

②高真：指一师四辅。

③无始：无指太无，始指太始，均为天地未分之前的混沌形态。

④《灵书紫文》：道经名。今存三部，各一卷。三部原来或系一书。书称紫文，道教谓以紫笔缮文，故名。

【译文】

学道弟子又敬拜发问说：“李君通常都采用什么方式而得到这样的

一师四辅？一师四辅的学业可以让弟子听一听吗？”“好哇好！你这是身为愚昧的人，迷惘而不信奉大道，学习而不坚实牢靠，进退失去准绳，堕入卑贱苦海当中，所以才一个劲儿地询问这种问题吗？如今为你讲讲它们。从那太无、太始的混沌状态中生发出来，积累道行历时特长久，一善一恶交互争锋，无法对此详尽讲述，讲述了，也没有什么益处。如今择取近世所行用而最终得以修炼成品级高贵的仙真的经典，要数《灵书紫文》最为重要。

“东华玉保高晨师青童大君①，大君清斋寒灵丹殿黄房之内三年②，上诣上清金阙③。金阙有四天帝，太平道君处其左右④，居太空琼台洞真之殿、平玉之房金华之内⑤，侍女众真五万人。毒龙电虎，玃天之狩⑥，罗毒作态⑦，备门抱关。巨蚪千寻⑧，卫于墙堓⑨。飞龙奔雀，溟鹏异鸟⑩，叩啄奋爪，陈于广庭。天威焕赫，流光八朗⑪，风鼓玄旌⑫，回舞旄盖⑬；玉树激音，琳枝自籁⑭；众吹灵歌，凤鸣玄泰⑮；神妃合唱，麟儛鸾迈；天钧八响⑯，九和百会⑰。

【注释】

①东华玉保高晨师：方诸上相的另一尊号。

②清斋：意谓修炼上清斋戒法。此处指心斋而言，即疏瀹心志，澡雪精神。寒灵丹殿：指方诸宫内的主建筑。黄房：仙房名。房为神仙藏置真文秘籍和修炼居止的处所。道教称，方诸宫有丹阙黄房、云景阙、琳霄室、那拂台等。

③金阙：黄金铸就的城阙。道教称，上清境有玉京玄都紫微宫、金晨华阙太和殿。

④太平道君：即后圣李君。左右：《灵书紫文上经》无“右”字。

⑤太空：三清境下为太空。琼台：仙台名。洞真之殿：指金辉紫殿。平玉之房：指琼房玉室。金华：仙楼名。

⑥玃(jué)天：极言神兽的狰狞凶猛貌。玃，通"攫"。狩：通"兽"。

⑦罗毒：张布毒气。

⑧巨蚪千寻：此四字中"蚪"当作"虬"。形近而讹。虬，传说中的一种无角龙。千寻，八百丈。古以八尺为寻。

⑨墙垾(àn)：墙壁凸起挺出之处。

⑩溟鹏：跨海遮天的巨型大鹏鸟。溟，海。

⑪八朗：指日月星所可照临的地方。

⑫玄旌：神旗名，又称玄上之幡或反华之幡。用来招集众仙及四海五岳诸神主。

⑬旄盖：指玄旌竿头上挂穗的伞状装饰物。

⑭自籁：自动发出音响来。

⑮玄泰：最吉祥的声音。

⑯天钧：即钧天广乐。古传钧天为天帝所居，广乐为天庭大型音乐。八响：指八音，即金、石、土、革、丝、木、匏、竹八类乐器所奏出的乐调。

⑰九和百会：此系盛称演奏程序之周备和场面之宏大。

【译文】

"试看东华玉保高晨师青童大君，大君在他寒灵丹殿的黄房里面，修炼上清斋戒法术长达三年，然后到上清境金阙去朝拜。金阙里共有四位天帝，太平道君位于他们的左边，居住在太空琼台洞真殿的平玉房金华楼内，侍女和众仙真有五万人。喷毒的神龙和快如闪电的猛虎，极其狰狞凶猛的神兽，都张布毒气，摆出各自的姿态，守卫着宫门入口。巨大的无角龙身长八百丈，卫护在墙壁凸起挺出的地方。飞舞的神龙和奔跃的孔雀，跨海遮天的大鹏和各种奇异的神鸟，都叩击利嘴，奋张利爪，按方位布列在宽广的庭苑间。上天的威灵鲜亮显赫，流泻的光辉照耀到日月星辰所能照耀到的各个角落。和风吹动那招集众仙以及四海五岳众神主的神幡，神幡顶部的伞状带穗装饰物来回地飘舞。玉树激荡起此起彼应的清音，琼枝自动地发出声响；众仙官吹奏起灵妙的乐歌，凤凰鸣叫出最吉祥的声音；神妃应和着来歌唱，麒麟和鸾鸟伴随着节拍在舞动；天庭的盛大音乐众声齐备，极有程序和节奏。

“青童匍匐而前[①]，请受《灵书紫文》口口传诀在经者二十有四[②]：一者真记谛[③]，冥谙忆[④]；二者仙忌详存无忘[⑤]；三者采飞根[⑥]，吞日精[⑦]；四者服开明灵符[⑧]；五者服月华[⑨]；六者服阴生符[⑩]；七者拘三魂[⑪]；八者制七魄[⑫]；九者佩皇象符[⑬]；十者服华丹[⑭]；十一者服黄水[⑮]；十二者服回水[⑯]；十三者食镮刚[⑰]；十四者食凤脑[⑱]；十五者食松梨[⑲]；十六者食李枣[⑳]；十七者服水汤[㉑]；十八者镇白银紫金[㉒]；十九者服云腴[㉓]；二十者作白银紫金[㉔]；二十一者作镇[㉕]；二十二者食竹笋[㉖]；二十三者食鸿脯[㉗]；二十四者佩五神符[㉘]。

【注释】

①匍匐：爬行。形容极度敬畏。

②口口传诀：道教的仙经及至要之言，大多不形诸文字；遇有确可传授者，亦须登坛歃血，仅传口诀。《素问·三部九候论》已称：“歃血而受，不敢妄泄。”本经卷九十四至九十五《阙题》亦云：“道不饮血，无语要文。”晋葛洪《抱朴子》之《明本篇》、《勤求篇》则述之尤详。

③真记谛：意谓铭记守真之道。真，指守真之道。

④冥谙忆：意谓熟记冥通之本。冥，指冥通之本。谙，精熟。

⑤仙忌：指防止毁败仙相的十条戒律。即：勿好淫，勿阴恶，勿醉

酒,勿秽污,勿食父母属相兽肉,勿食自身生肖兽肉,勿食六畜肉,勿食五种辛味蔬菜,勿杀生,勿犯朝北梳发等天人大禁。

⑥飞根:道教所称的日势神威,由日中五色流霞和霞光中数十重大如瞳仁的紫气所构成。

⑦日精:太阳的精光。又称日华或日魂。

⑧开明灵符:符箓名。全称为太微服日气开明灵符。开明谓东方日出之处,日出东方,则天下大明,故称开明。道教谓此符用红色书写于青色丝帛上,配有四言咒语。吞服后则与采飞根、吞日精互相促进。

⑨月华:月亮的华彩。又称月精、月黄或黄精。道教称月亮中有五色流精,精光中又有黄气,大如瞳仁,累累数十团,即是所谓飞黄月华之精。

⑩阴生符:符箓名。全称为太微服月精太玄阴生符。道教谓此符用黄色书写于青色丝帛上,配有四言咒语。吞服后则与服月华互相促进。

⑪三魂:道教称人体内有三魂,一名胎光,为太清阳和之气,属天;二名爽灵,为阴气之变,属五行;三名幽精,为阴气之杂,属地。人对三魂要予以制衡。

⑫七魄:道教称人体内有七魄,一名尸狗,二名伏矢,三名雀阴,四名吞贼,五名非毒,六名除秽,七名臭肺,均属身中浊鬼。人要御而正之,摄而威之。

⑬皇象符:符箓名。道教称佩带此符,可合元气,与拘制三魂七魄相适应。

⑭华丹:指琅玕华丹。道教谓此丹表层具有三十七种颜色,飞流映郁,紫霞玄涣。

⑮黄水:指黄水月华丹。道教称此丹在琅玕华丹基础上炼成。其精华仰于上釜,结幕,幕中有黄水,水有黄华,华似芙蓉,故称黄

水月华。

⑯回水:又作"徊水",指回水玉精丹。道教称此丹在黄水月华丹基础上炼成。其精华乃结苞,苞中有白水,状如玉膏,自动由左向右流动,而水中更有三颗明珠,大如鸡蛋,百味俱全,香软如饴,故称回水玉精丹。

⑰镮刚:仙药名。又称镮刚之果。道教谓此果由琅玕华丹同回水化合而成。将二者置于坑内,覆土历三年,则有树生。树高三四尺,树皮呈枣红色,果实如环,故称其树为镮刚树,其果为镮刚之果。

⑱凤脑:仙药名。道教称此药由环刚果同黄水化合而成。亦将二者埋入地中,三年乃有草生。草为葫芦形,草籽大如桃,上具五色。食之可升太极,唾出则化为凤凰,故称凤脑。

⑲松梨:仙药名。又称赤树白子。道教称此药由凤脑同黄水化合而成。入地三年则生赤树,树高五六尺,形状像松树。树果似梨,雪白如玉,故称松梨。

⑳李枣:仙药名。又称绛木青实。道教称此药由松梨同回水化合而成。三年出土,长成绛树。树形似李树,高六七尺。结青果,果如枣,色青如翠,故称李枣。

㉑水汤:指水阳青映液。道教称,将黄水同回水拌合熬煮,则成青水,名曰水阳青映液。

㉒镇白银紫金:此系外丹术之一种。或与烧炼、饵食金丹相关。

㉓云腴:由胡麻汁同白石英等混合制成的所谓仙药。道教谓其香甘异美,可强骨补精,镇生五脏,守气凝液,长魂养魄。

㉔作白银紫金:此系外丹术之一种。较上文所云"镇白银紫金",当更进一层。作,运作。

㉕作镇:疑谓摄取星辰精气。土星别名镇星。

㉖竹笋:又称大明。道教谓其为日华之胎,对采飞根、吞日精有运

气之助。

㉗鸿脯：又称月鹭。道教谓其为月胎之羽乌，对餐吸日精、月华有气感、气运之用。

㉘五神符：符箓名。全称为召五神混合符。五神指上元太一，居人脑；中元司命，居心脏；下元桃康，居脐下；无英公子，居肝部；白元尊神，居肺部。道教谓吞服此符，即得五神护身。

【译文】

"青童大君极度敬畏地一步步爬到太平道君的面前，请求领受载录在《灵书紫文》上的只可当面口授的二十四条秘诀。这就是：第一条必须铭记守真之道，熟记冥通的根基所在；第二条必须对仙家的禁忌仔细存念，决不可忘掉；第三条是采吸飞根，吞咽日精；第四条是服用开明灵符；第五条是吸食月华；第六条是服用阴生符；第七条是控制住体内的三魂；第八条是威慑住体内的七魄；第九条是佩带皇象符；第十条是服用琅玕华丹；第十一条是服用黄水月华丹；第十二条是服用回水玉精丹；第十三条是食用镮刚果；第十四条是食用凤脑；第十五条是食用松梨；第十六条是食用李枣；第十七条是服用水阳青映液；第十八条是服用白银紫金烧炼物来强身壮阳；第十九条是服用云腴；第二十条是运作起白银紫金烧炼物的内力；第二十一条是摄取星辰精气；第二十二条是食用竹笋；第二十三条是食用鸿脯；第二十四条是佩带召五神混合符。

"备此二十四，变化无穷，超凌三界之外①，游浪六合之中②，灾害不能伤，魔邪不敢难，皆自降伏，位极道宗③，恩流一切，幽显荷赖④。不信不从，不知不见，自是任暗⑤，永与道乖，涂炭凶毒，烦恼混齑⑥，大慈悲念⑦，不可奈何。哀哉！有志之士，早计早计，无负今言。"曰："善哉善哉！今日问疑，更闻命矣。"

【注释】

①三界：佛教术语。道教用来转指修道所达到的初级境界。即：欲界、色界、无色界。此三界处于种民天之下。

②六合：天地四方。

③道宗：道教宗主。

④幽显：幽指隐居遁世的人，显谓居官在位的人。荷赖：所蒙受、所依赖。

⑤任暗：执迷不悟之意。

⑥烦恼：佛教术语。指贪、瞋、痴、慢、疑、见。并认为此六者构成了人生一切苦恼的根源。

⑦大慈悲念：与众生同乐为慈，度众生苦难为悲。原系佛教术语，道教则用来显示仙圣神灵俱有开劫度人的广大无边的慈悲心。

【译文】

“把这二十四条秘诀全部掌握住，就会变化无穷，超越在难免死亡的三界以外，任意遨游在天地四方之中，灾害无法损伤到，妖魔邪物也不敢来侵扰，全都会自动顺服，位号能达到大道宗主的最高地步，从而把恩泽施布给所有的生物，隐居遁世或居官在位的人无不依赖它了。然而既不相信又不奉从，既不了解又观看不到，自身只管照老样子执迷不悟，那就永远与大道违逆，结果是凶险恶毒的人变成灰烬，烦恼在身的人化作烂泥。圣帝仙君原本都有开劫度人的广大无边的慈悲心念，可对这号人却无可奈何，只好随他去了。这可真是让人痛惜啊！怀有学道志向的人士，早做打算，早做打算，切莫辜负了今天所讲的这番话语。”学道弟子说：“太好了！太好了！今日敬问疑惑不解的问题，重新受到教诲了。”

【说明】

下列五节经文，前一节出自《道教义枢》卷二《七部义》和《云笈七签》卷六《四辅》所征引；后四节则均为《云笈七签》卷六《四辅》所征引，分别申明了《太平经》的内容主旨和社会效应之所在。

甲部第一云："学士习用其书，寻得其根[①]，根之本宗，三一为主[②]。"

【注释】

①根：指大道的根基。

②三一：谓天、地、人，道、德、仁，精、气、神等三合为一，形成高度协调的整体状态。

【译文】

本经甲部第一说："学道的人士研习行用这部天书，寻究并获取到真道的根基，而根基最原始和最重要的东西，是以精、气、神合成一体为主。"

甲部第一又云："诵吾书，灾害不起，此古贤圣所以候得失之文也[①]。"

【注释】

①候：测断，验知。

【译文】

本经甲部第一又说："诵读我这部天书，灾害就不会发生，这是古代圣贤用来测断得失的神文。"

又云："书有三等[①]：一曰神道书[②]，二曰核事文[③]，三曰浮华记[④]。神道书者，精一不离[⑤]，实守本根，与阴阳合[⑥]，与神同门[7]。核事文者,核事异同,疑误不失。浮华记者,离本已远,错乱不可常用,时时可记[8],故名浮华记也。"

【注释】

①书:指《太平经》而言。三等:三个层次。此等区分,系按"守本、戒中、弃末"做出的。自此以下云云,详见本经卷九十一《拘校三古文法》、癸部首段经文即《神人真人圣人贤人自占可行是与非法》所述。

②神道书:指本经中具有根本性、主导性的思想内容,即对守元气、奉天地、顺五行、驭神灵等根本道法所作的通盘阐说。因其灵验如神,故称"神道书"。

③核事文:指本经中具有辅助性、借鉴性的思想内容,即对诸多事象、事类所作的通贯古今又究洽内外的辨析与验定。核,考核,验证。

④浮华记:指本经中具有否定性、反衬性的思想内容,即对某些学派包括儒家官学的理论或世行方术所作的批驳、排斥与摒除。本经丙部卷五十列有专篇《去浮华诀》。

⑤精:谓精思事象及其义理。本经卷五十《诸乐古文是非诀》云:"故古者名学为往精,精者,乃精念其事象可宜,复思其言也。极思惟此,书策凡事毕矣。"一:指化生宇宙万物的元气、自然真道或精气神的统一体等。

⑥阴阳:原指物体对日光的向背,即向日为阳,背日为阴。引申而有寒暖、暗明等反对之义。后遂用以指天地之间生成万物的二气,进而抽象为一切事物既相互对立又彼此依存的两个方面或属性。其与五行密切相连,属于五行之合,即阴阳中各具五行。本经卷五十六至六十四《阙题》(六)、癸部《和合阴阳法》对阴阳之分,述之甚详。《易传·系辞上》云:"一阴一阳之谓道。"《素

问·阴阳应象大论》曰:"阴阳者,天地之道也,万物之纲纪,变化之父母,生杀之本始,神明之府也。"《春秋繁露·阴阳义》称:"天道之常,一阴一阳。阳者,天之德也;阴者,天之刑也。"

⑦同门:喻在同一行列。

⑧时时可记:意谓毕竟还有这么一说,不妨随时记述下来做参照,当成反面教材用。

【译文】

本经又说:"这部天书包括层次不同的三个组成部分:属于第一层次的叫做神道书,属于第二层次的叫做核事文,属于第三层次的叫做理应摒弃的浮华记。说起神道书,它是精念那个'一',绝不偏离,坚实地执守本根,与阴阳相切合,与神灵在同一个行列。说起核事文,它是验核事物不同及相同的地方,有关疑难或谬误之处都不遗漏掉。说起浮华记,它就脱离根基已经很远了,颠倒错乱,不能让人经常行用,但随时可以记述下来作为反面教材,所以称之为浮华记。"

又云:"澄清大乱,功高德正,故号太平。若此法流行①,即是太平之时。"故此经云②:"应感而现③,事已即藏④。"

【注释】

①流行:流布行用。

②故此经云:此四字为《云笈七签》编者施加的缀连之语。

③应感:指天庭对人间帝王图治求安之所为做出的自然回应。

④事已:实现太平之意。

【译文】

本经又说:"澄清大乱,功绩异乎寻常又德业纯正,所以特称太平。假如这一道法流布行用,也就形成太平的年代了。"所以这部道经强调说:"与那人间帝王图治求安之所为相对应,它就出现在世上;世上已经实现太平了，它就归藏到天庭。”

又云："圣主为治，谨用兹文；凡君在位[①]，轻忽斯典。”

【注释】

①凡君：平庸的君主。

【译文】

本经又说："圣明的君主治理天下，就恭谨地行用这些神文；平庸的君主在位执政，就轻视这部经典。”

【说明】

下列两节文字，出自《三洞珠囊》卷九《老子为帝师品》所征引，主要称颂和神化老子的非凡经历、至尊地位和垂示教义教理的功业。验之《太平经》，仅就文例而言，即不类本经经文，姑存俟考。

《太平部》卷第八《老子传授经戒仪注诀》云[①]："老子者，得道之大圣，幽显所共师者也。应感则变化随方[②]，功成则隐沦常住[③]。住无所住，常无不在[④]；不在之在[⑤]，在乎无极[⑥]；无极之极，极乎太玄。太玄者，太宗极主之所都也[⑦]。老子都此，化应十方，敷有无之妙[⑧]，应接无穷，不可称述。

【注释】

①太平部：道书分类的类目之一，与"太清、太玄、正一”合称四辅。之所以选用"太平”二字来拟定本类目，即源于并取自《太平经》这部行世已久的大道经。唯其如此，此处亦用"太平部”指代本

经书名。仪注:指道教的成套科仪。

②随方:意为以各地各处实际需要为转移。方,泛指各个地区、不同处所。

③隐沦:意为再也叫人看不见。亦即形变身易,恢复高仙尊神的原有形状。常住:永存。

④“住无”二句:其意犹言无处不存,无时不在。

⑤不在之在:指最终归宿。

⑥无极:指宇宙迷蒙浩莽的原始形态。《老子·二十八章》云:“常德不忒(变更),复归于无极。”

⑦太宗极主:道教的至尊天神。都:建立仙都的地方。道教有“太玄都”之说。

⑧敷:播扬。有:指天地万物等具体存在。无:指天地万物的本源。妙:指有生于无,无归于有,有转为无,二者是一切变化的总门径。详见《老子·一章》所述。

【译文】

《太平部》卷第八《老子传授经戒仪注诀》上说:“老子是得道的大圣人,是隐士和显贵人物所共同师法的人。与那天人感应相切合,他就根据各地各处的实际需要变换身份形貌去救厄;功德告成之后,他就形变身易,作为高仙尊神而永存。既无处不存,又无时不在;最终的归宿正在于迷蒙浩莽的那种原始形态;原始形态的最高止境,又穷尽在太玄。太玄是至尊宗主建立仙都的地方。老子把这里作为仙都,化度应合十方,播扬具体存在和最终本原的奥妙所在,什么都能应接得了,简直无法用话语对此做出表述来。”

“近出世化,生乎周初①,降迹和光,诞于庶类,示明胎育②,可以学真,虽居下贱,无累得道③。周流六虚④,教化三界,出世间法,在世间法,有为无为⑤,莫不毕究。文王之时[⑥],仕为守藏史[⑦]。或云处世二百余载,至平王四十三年[⑧],太岁癸丑十二月二十八日[⑨],为关令尹喜说五千文也[⑩]。”

【注释】

①周:指西周王朝。

②胎育:谓凡夫俗子。

③无累:不妨碍。

④六虚:指上下四方极远之处。

⑤无为:顺应自然变化、不加人为干涉之意。老子从帝王治国到个人活动,都强调无为而无不为,亦即:无为反而会无所不能为,即有为。

⑥文王:西周王朝的奠基人。姬姓,名昌。

⑦守藏史:官名。掌管王室藏书。

⑧平王:指西周灭亡后迁都洛阳的周平王。平王东迁,遂为东周亦即春秋之始。

⑨癸丑:六十甲子的第五十位。用以纪年。本年为公元前728年。

⑩关令尹:官名。负责接待四方宾客。喜:人名。五千文:即《道德经》。以其总字数为五千左右,故名。相传喜任函谷关尹时,恰逢老子西游途经该地,便强予挽留。老子遂授之以《道德经》,喜乃随同西去。后被道教尊奉为“无上真人”、“文始先生”。

【译文】

“老子近代下凡,化导人间,降生在西周初年。灵迹显现却收敛光芒,出生在普通人群中,借此显示并宣明凡夫俗子可以学做仙真,尽管处于低下卑贱的地位,但并不妨碍获取到大道。他遍及上下四方,教化处于三界之内不免死亡的人们。有关超脱世间的法术和身在世间的行事准则,人为地采取举措或顺应自然不加干涉,没有哪一条不彻底把它究明的。在周文王时，他供职朝廷，担任守藏史。有人说他在世上存活了二百多年，到周平王四十三年也就是太岁恰值癸丑年的十二月二十八日，特意为关令尹名字叫喜的人讲授《道德经》。”

卷十八至三十四　乙部(不分卷)

合阴阳顺道法

【题解】

《太平经》乙部经文，据《敦煌目录》所列，原有二十三篇，但均已佚失。《合校》本主要依据《太平经钞》予以缀补，略得存其梗概者十四篇。本篇篇题，《敦煌目录》作“顺道还年法”。“道”在这里，意为普遍法则，最高真理。它通过“阴阳”亦即相互依存又相互作用而分别代表刚柔、动静等属性的两个对立面表现出来。这两个对立面所达到的和谐统一的状态，即为篇题中所标举的“合”。已“合”也就“顺”道了。既已“顺道”，便会长治久安，又可益寿还年，因而篇中描述了内视这种修真之术的最佳“候验”情形，以作证明。此篇宜与本经癸部《以自防却不祥法》、《分别形容邪自消清身行法》合观并读。

还年不老[①]，大道将还人年，皆将候验[②]。瞑目还自视[③]，正白彬彬[④]，若且向旦时[⑤]；身为安著席[⑥]，若居温蒸中[⑦]。于此时，筋骨不欲见动，口不欲言语，每屈伸者益快意，心中忻忻[⑧]，有混润之意[⑨]，鼻中通风，口中生甘[⑩]，是其候也[⑪]。

【注释】

①还年：即世俗所称返老还童。

②候验：必有征兆会应验之意。

③瞑目还自视：自此以下，乃系讲说内观或内视的修真方术。在本经属于守一术的一种具体表现形式。

④彬彬：鲜亮纯盛的样子。

⑤旦时：黎明之际。

⑥席：古代用苇蒲或竹篾编成的铺垫用具。

⑦温蒸：温暖的蒸笼。《周易参同契·二土全功章》谓："熏蒸达四肢，颜色悦泽好。"

⑧忻忻(xīn)：欣喜愉悦的样子。

⑨混润：混濛爽润。

⑩甘：指香甜的味觉。《春秋繁露·五行之义》谓："甘者，五味之本也。"《春秋元命苞》云："甘者食常，言安其味也。"甘味为五味之主，犹土之和成于四行也。

⑪候：指还年的症候。

【译文】

变年轻而不衰老，大道将要使人变年轻，全都事先会有征兆叫它应验。闭上眼睛反转来自己再往深处看，腹内一片正白，鲜亮纯盛，好像面对黎明之际的景象一样。身体不由自主稳稳坐在铺垫上，好像置身于温暖的蒸笼当中。在这时，筋骨不想被闪摆，口中不想说话，只要下意识地弯弯腰，挺挺身，就更感到舒适，心中异常欣喜愉悦，产生混濛爽润的一种特殊感觉，鼻中通风，口中涌出甜味，这就是变年轻的症候。

故顺天地者，其治长久；顺四时者[①]，其王日兴[②]。道无奇辞[③]，一阴一阳[④]，为其用也[⑤]。得其治者昌，失其治者乱；

得其治者神且明⑥，失其治者道不可行。详思此意，与道合同⑦。

【注释】

①四时：四季。即春夏秋冬。《管子·四时》云："阴阳者，天地之大理也；四时者，阴阳之大经也。"《礼记·乡饮酒义》曰："东方者春，春之为言蠢也，产万物者圣也。南方者夏，夏之为言假也，养之、长之、假之，仁也。西方者秋，秋之为言愁也，愁之以时察，守义者也。北方者冬，冬之为言中也，中者，藏也。"《春秋繁露·四时之副》谓："天之道，春暖以生，夏暑以养，秋清以杀，冬寒以藏。暖暑清寒，异气而同功，皆天之所以成岁也。"《释名·释天》云："春，蠢也，动而生也。夏，假也，宽假万物，使生长也。秋，緧也，緧迫品物，使时成也。冬，终也，物终成也。四时，四方各一时。时，期也，物之生死，各应节期而止也。"本经卷五十六至六十四《阙题》(六)称："春夏，阳也，主生；秋冬，阴也，主养。"

②王：主宰天下之意。

③奇辞：奇谲诡怪的说法。

④一阴一阳：阴、阳本指物体对于日光的向背，向日为阳，背日为阴。引申而有寒暖、暗明等反对之义。

⑤用：意为施用的具体形态。《老子·四十二章》谓："万物负阴而抱阳，冲气以为和(阴阳二气相互激荡而成就的和谐体)。"《易传·系辞上》称："一阴一阳之谓道，阴阳不测之谓神(神妙)。"《素问·阴阳应象大论》曰："阴阳者，天地之道也，万物之纲纪，变化之父母，生杀之本始，神明之府也。"《淮南子·原道训》云："(至高之道)与刚柔卷舒兮，与阴阳俯仰兮。"本经癸部《和合阴阳法》则谓："自天有地，自日有月……自雄有雌，自山有阜。此道之根柄也，阴阳之枢机，神灵之至意也。"

⑥神且明:神妙又圣明。

⑦合同:吻合一致。

【译文】

所以顺随天地的人,他那治理就长久;顺随四季变化规律的人,他主宰天下就一天比一天更兴盛。大道并没有什么稀奇古怪的说法,只不过是一阴一阳,构成它那施用的具体形态。获取到这种治国奥妙的人就昌盛,丧失掉这种治国奥妙的人就大乱;获取到这种治国奥妙的人就神妙又圣明,丧失掉这种治国奥妙的人,大道在他那里就根本行不通。仔细思考这一要意,就与大道吻合一致了。

录身正神令人自知法

【题解】

本篇标题,《敦煌目录》作《录身正神法》。其所谓"录",意为检束、持养。"录身"即检束自身,持养自身。"正神"则指端正"身中神"即体内神灵而言。围绕这种形神关系,篇中既用阴阳来解说人体构造,又借人体构造赋予阴阳以好生、好杀,为道、为刑,为善、为恶的社会属性,进而强调只有积善、无为、贵道德,才能神存形安。由此提出了"人乃道之根柄、神之长"的命题,发出了"端神靖身,乃治之本、寿之征"的呼吁。而这正是"令人自知"的要害所在。

天之使道生人也①,且受一法:一身七纵横②,阴阳半阴半阳③,乃能相成。故上者象阳④,下者法阴⑤;左法阳⑥,右法阴⑦。阳者好生⑧,阴者好杀⑨;阳者为道⑩,阴者为刑⑪。阳者为善,阳神助之⑫;阴者为恶,阴神助之⑬。积善不止,道福起⑭,令人日吉。

【注释】

①生人:化生人体。古以人禀天地精气而生,故曰"使道生人"。

②七纵横：指头部、腹部、下部和四肢。

③阴阳半阴半阳：犹言阴阳各占一半。指人体各部位均具阴阳属性和对等的比例关系。《素问·金匮真言论》云："夫言人之阴阳，则外为阳，内为阴。言人身之阴阳，则背为阳，腹为阴。言人身之藏府中阴阳，则藏者为阴，府者为阳，肝、心、脾、肺、肾五藏皆为阴，胆、胃、大肠、小肠、膀胱、三焦六府皆为阳。"

④上者：指人体上部。其分界线为腰部。象：象征。《春秋元命苞》谓："腰上者为天尊，高阳之状；腰而下者为阴丰，厚地之象。"

⑤法：取法，效仿。

⑥左：指左部肢体。

⑦右：指右部肢体。以上所云，并参《灵枢·阴阳系日月》所述。

⑧生：施生。

⑨杀：克杀。

⑩阳者为道：道好生，故出此语。

⑪阴者为刑：刑以杀罚为务，故出此语。

⑫阳神：指体内魂神。

⑬阴神：指体内精魄。

⑭道福：修道获得的福业。

【译文】

上天通过真道来化生人体，承受那同一个法则：全身从上到下、从左到右分为七个基本部位，阴阳各占一半，这样才能够相互构成一副完整的人体。所以人体的上部取法阳，下部取法阴；左部取法阳，右部取法阴。阳则喜好施生，阴则喜好克杀；阳乃属于真道，阴乃属于刑法。阳又构成良善，所以体内的魂神就去协助它；阴又构成凶恶，所以体内的精魄就去协助它。积累善行而不止息，修道获得的福业就会降临，让人一天比一天吉利。

阳处首,阴处足,故君贵道德,下刑罚,取法于此。小人反下道德,上刑罚,亦取法于此,故人乃道之根柄,神之长也[①]。当知其意,善自持养之[②],可得寿老。不善养身,为诸神所咎[③]。神叛人去[④],身安得善乎?

【注释】

①“故人”二句:道由人来行守,神随人之所为而决定其去留,一切取决于人,故而将人推尊为“道之根柄,神之长”。

②持养:持守和保养。

③诸神:即上文所谓阳神、阴神。咎:憎恨。

④去:谓离开人的形体。

【译文】

阳乃位于头部,阴则处在脚部,所以君主重视道德,把刑罚放在末位,恰恰取法于此。小人反而把道德放在末位,把刑罚放在首位,也是取法于此。所以人才属于真道的根本和关键,跃居为体内神灵的主宰。应当明了这一要意,妥善地自行持守和保养它,就可以获得长寿。不妥善养身,就会被体内众神灵所憎恨。体内众神灵背叛人,离人而去了,人的形体怎么能有好结果呢?

为善不敢失绳缠[①],不敢自欺。为善亦神自知之,恶亦神自知之,非为他神,乃身中神也[②]。夫言语自从心腹中出,傍人反得知之,是身中神告也。故端神靖身[③],乃治之本也,寿之征也。无为之事[④],从是兴也。先学其身[⑤],以知吉凶,是故贤圣明者,但学其身,不学他人,深思道意[⑥],故能太平也。君子得之以兴,小人行之以倾[⑦]。

【注释】

①失绳缠:此三字中“缠”当作“墨”。绳墨,工匠以绳濡墨打直线的工具。喻指界线、法度。

②身中神:指寄居在人体各部位、诸器官内并起主宰作用的人格化的精灵与神灵。如五脏神之类。

③端:端正。靖:安定。

④无为:即顺应自然而不加以人为干涉。此系老子学说的重要组成部分,在汉初被奉为治国的指导思想。

⑤学:修持之意。身:谓自身。

⑥道意:真道的奥义妙旨。

⑦倾:倾覆,败毁。

【译文】

做善事不敢偏离法度,不敢自己骗自己。做善事,神灵自动就一清二楚;干坏事,神灵也自动就一清二楚。这并不是别的什么神灵,而是人体内的神灵。话语本来是自己从心里暗暗发出的,可旁人反而会知道,这是身中神告知的。所以端正神思,安定身形,这是治国的根本,也是长寿的征象。顺应自然而不加以人为干涉的举措,正从这里产生出来。首先修持好自身,用来预知吉凶,所以圣贤中把什么都看得很透彻的人,只是修持好自身,不去学别人,深深思索真道的奥义妙旨,所以能够实现太平。君子掌握了这一条就兴盛,小人去施行就败毁。

修一却邪法

【题解】

本篇标题,《敦煌目录》与此相同。其所谓“修一”,又称守一,乃系本经所着力阐扬的最重要的精神修炼方术。“却邪”,则是对这种方术既可避凶防乱、消灾弭祸,又能令人归仁延命的治国治身双重效用的总说明。篇中言称:“一”乃道之根,气之始,命之所系属,众心之主。四者归一,均为“根基”所在,故修一必须“念本思根”,“治内治近”。具体到人体,则应“坚守”,即把意念专注在各部位的主要器官上,这含有气功修炼的合理成分在内。

天地开辟贵本根①,乃气之元也②。欲致太平,念本根也;不思其根名大烦③,举事不得,灾并来也;此非人过也,失根基也。离本求末祸不治,故当深思之。

【注释】

①本根:谓天地得以分立的根源所在。

②气之元:气的基元,亦即元气,属于化生宇宙万物的无形实体。元,基元。本经卷五十六至六十四《阙题》(六)称:“元气,阳也,主生。”又卷九十八《核文寿长诀》谓:“天道广从,无复穷极,不若

一元气与天持其命纲也。”

③大烦：意谓极其琐细繁苛。指人为订立的各种制度和人为制造的诸多事端。

【译文】

天地开辟就看重它们得以分立的根源，这根源也就是浑沌元气的基元。打算实现太平，就要追念本根；不思索那本根，也就专门被叫做“大烦”了，做起事情都不会达到预期的效果，灾异还一起降临；这并不是哪个人的过错，而是丧失了根基。离开根基去追逐末节，灾祸就会无法挽救，所以应当深深思索这个问题。

夫一者，乃道之根也①，气之始也②，命之所系属，众心之主也③。当欲知其实，在中央为根，命之府也④。故当深知之，归仁归贤使之行。

【注释】

①“夫一”二句：《老子·二十二章》谓：“圣人抱一为天下式。”《老子想尔注》云：“一，道也。圣人行之为抱一，常教天下为法式。”

②气之始也：《老子·四十二章》谓：“道生一（浑沌之气）。”

③众心之主：本经辛部称：“天有五气（五行之气），地有五位（五方），其一气主行为王者（占主导地位），主执正凡事。居人腹中，自名为心。心则五脏之王，神之本根，一身之至。”

④府：喻指系结之处。

【译文】

所说的那个“一”，属于真道的根基，元气的起始，性命的维系物，五行之气轮流起支配作用的那个人心的主宰。想要明了那情实：正是在中央构成那根本，成为性命的系结处啊。所以应当深深了解这一点，付归给仁人贤士，让他们去行用。

人之根处内①，枝叶在外②，令守一皆使还其外，急使治其内；追其远，治其近。守一者，天神助之；守二者，地神助之；守三者，人鬼助之；四五者，物祐助之③。故守一者延命，二者与凶为期，三者为乱治，守四五者祸日来。深思其意，谓之知道④。

【注释】

①根：即下文所言称的顶、跻、心、脊等人体主要器官。

②枝叶：即下文所言称的头、腹、四肢等人体部位。

③"四五"二句：四五指离本已远、等而下之的属于细枝末节的东西。本经卷七十三至八十五《阙题》（三）及癸部《利尊上延命法》称："元气恍惚自然，共凝成天，名为一也；分而成阴而成地，名为二也；因为上天下地，阴阳相合施生人，名为三也。""余气散备万物。"适与此处"物祐助之"云云相对应。

④知道：通晓真道之意。

【译文】

人体的根本凝聚在里面，枝叶分布在外面。让人守一，都是叫他复还体外的部位，用力去整治体内的部位；挽回距离远的部位，整治好距离近的部位。守一的人，天神协助他；守二的人，地神协助他；守三的人，人鬼协助他；守四、五的人，万物佑护协助他。所以守一的人就延长性命，守二的人便与凶害连在一起，守三的人纯属搅乱政治，守四、五的人，灾祸每天都降临到头上。深深思索这一要意，也就称得上通晓真道。

故头之一者，顶也；七正之一者①，目也；腹之一者，脐也②；脉之一者，气也③；五藏之一者④，心也；四肢之一者，手足心也[5]；骨之一者，脊也[6]；肉之一者，肠胃也[7]。能坚守，知其道意，得道者令人仁，失道者令人贪[8]。

【注释】

①七正：即七窍。指两耳、双目、一口、二鼻孔。汉刘熙《释名·释形体》云："目，默也，默而内识也。眼，限也，童子限限而出也。"

②脐：肚脐。汉刘熙《释名·释形体》云："腹，复也，富也。肠胃之属，以自裹盛，复于外复之，其中多品，似富者也。""脐，济也，肠端之所限剂也。"

③气：指气血。

④五藏（zàng）：即五脏。指心、肝、脾、肺、肾。藏，内脏。按照阴阳五行说，则肝属木行，心属火行，脾属土行，肺属金行，肾属水行。《素问·五脏别论》称："所谓五藏者，藏精气而不写（泻）也。"《灵枢·本藏》谓："五藏者，所以藏精神、血气、魂魄者也。所以参天地、副阴阳而连四时、化五节者也。"《白虎通义·情性》云："肝象木色青而有枝叶。肺象金色白也。心象火，色赤而锐也。北方水，故肾色黑。脾象土，色黄也。"《释名·释形体》云："心，纤也，所识纤微，无物不贯心也。肝，干也，五行属木，故其体状有枝干也。凡物以大为干也。肺，勃也，言其气勃郁也。脾，裨也，在胃下裨助胃气，主化谷也。肾，引也，肾属水，主引水气，灌注诸脉也。"

⑤手足心：手心和脚心。

⑥"骨之一"二句：脊，脊梁。汉刘熙《释名·释形体》云："骨，滑也，骨坚而滑也。""脊，积也，积续骨节，终上下也。"

⑦"肉之一"二句：肉谓肌肉。肠胃则属消化器官，被视为水谷之海，故而此处将它当作"肉之一"。参见《灵枢·海论》所作阐述。汉刘熙《释名·释形体》云："肉，柔也。""胃，围也，围受食物

也。肠，畅也，通畅胃气，去滓秽也。”

⑧“得道者”二句：此乃依据汉代谶纬之情性论为说。《孝经钩命决》谓：“情生于阴，性生于阳，阳气者仁，阴气者贪，故情有利欲，性有仁。”参见《白虎通义·情性》所作阐述。

【译文】

因而头部的那个“一”，是头顶；耳目口鼻七窍的那个“一”，是眼睛；腹部的那个“一”，是肚脐；脉搏的那个“一”，是气血；五脏的那个“一”，是心脏；四肢的那个“一”，是手心脚心；骨骼的那个“一”，是脊梁；肌肉的那个“一”，是肠胃。能够意念专注地加以守持，了解那真道的奥义妙旨，得道的人会让他仁惠，失道的人会让他贪婪。

以乐却灾法

【题解】

本篇标题,《敦煌目录》与此相同。其所谓“乐”,意谓和乐,系指自然界到人类社会所呈现的一种高度协调和谐的理想状态而言。这种状态,篇中把它视为“天地善气精”的直接产物。为使其真正降现,篇中一则开列悬象思神的守一术;二则构设君宜清心入道、臣宜守德的君臣关系调整法;三则针对东汉中晚期女主专权的政治局面,申张帝王法天、皇后象地、共同包养万民万物的执持家天下之道;其间则贯穿着阴阳相须互变、保持二者平衡的观点。如此便能驱凶神,退夷狄,瑞应来,此即篇题中“却灾”之义。本篇同卷一百十三《乐怒吉凶诀》、卷一百十五至一百十六《阙题》(二)内容相通,宜互参证。需要指出的是,本篇中后三节文字,似应另属他篇,或与《敦煌目录》乙部所题《神真行宽柔法》相关联。

以乐治身守形、顺念致思却灾[①]。夫乐于道,何为者也?乐乃可和合阴阳。凡事默作也[②],使人得道本也[③]。故元气乐[④],即生大昌;自然乐,则物强;天乐,即三光明[⑤];地乐,则成有常[⑥];五行乐[⑦],则不相伤;四时乐,则所生王[⑧];王者乐,则天下无病[⑨];蚑行乐[⑩],则不相害伤;万物乐,则守其常[⑪];

人乐,则不愁易心肠;鬼神乐,即利帝王。故乐者,天地之善气精为之[12],以致神明[13]。故静以生光明,光明所以候神也。能通神明,有以道为邻,且得长生久存。

【注释】

①"以乐"句:本句十二字颇似对全篇内容主旨所作的概括语,当置篇末。致思,极思。思谓思神,主要指体内五脏神。

②默作:意为非人为干预地进行。

③道本:真道的根基。

④元气:化生宇宙万物的无形实体。本经卷五十六至六十四《阙题》(六)称:"元气,阳也,主生。"又卷九十八《核文寿长诀》谓:"天道广从,无复穷极,不若一元气与天持其命纲也。"

⑤三光:指日、月、星。本经乙部《和三气兴帝王法》云:"天有三名:日、月、星,北极为中也。"又卷一百十二《不忘诫长得福诀》谓:"天以三明名日月星,下照中和及地下,无有懈息。"又卷五十六至六十四《阙题》(六)称:"日与昼,阳也,主生;月星夜,阴也,主养。"

⑥成有常:意谓使万物各得其所而不发生反常情况。

⑦五行:木火土金水。古代以之代表五种物质元素及其典型属性和相互间生克循环的动态系统与模式。行谓运行。五行与阴阳密切相连,属于阴阳之分,即五行分属阴阳又各含阴阳。《素问·五常政大论》曰:"木曰敷和,火曰升明,土曰备化,金曰审平,水曰静顺。"《春秋繁露·五行之义》云:"木居左,金居右,火居前,水居后,土居中央。"《春秋繁露·五行之义》云:"木居左,金居右,火居前,水居后,土居中央。"《白虎通义·五行》谓:"言行者,欲为天行气之义也。五行所以更王何?以其转相生,故有终始也。木生火,火生土,土生金,金生水,水生木。五行所以相

害者，天地之性众胜寡，故水胜火也；精胜坚，故火胜金；刚胜柔，故金胜木；专胜散，故木胜土；实胜虚，故土胜水也。”《汉书·艺文志·数术》称：“五行者，五常之形气也。”《淮南子·本经训》高诱注：“水属阴行，火为阳行，木为燠行，金为寒行，土为风行，五气常行，故曰五行。”刘熙《释名·释天》曰：“五行者，五气也，于其方各施行也。金，禁也，其气刚严，能禁制也。木，冒也，华叶自覆冒也。水，准也，准平物也。火，化也，消化物也，亦言毁也，物入中，皆毁坏也。土，吐也，能吐生万物也。”本经卷六十九《天谶支干相配法》谓：“夫皇天乃以四时为枝，厚地以五行为体，枝主衰盛，体主规矩。”又卷四十二《四行本末诀》云：“五行乃得兴生于元气。”又卷九十六《六极六竟孝顺忠诀》称：“天地乃是四时五行之父母也。”又卷八十八《作来善宅法》云：“天有五行，亦自有阴阳；地有五行，亦自有阴阳；人有五行，亦自有阴阳也。”

⑧王（wàng）：通“旺”，兴旺，茂盛。

⑨病：指灾异。

⑩蚑（qí）行：泛指用脚行走的动物。

⑪常：谓生长规律。

⑫善气精：吉善之气的精灵。本经卷一百十五至一百十六《阙题》（二）谓：“乐为天之经，太阳之精。”“乐者，天也，阳精也。”

⑬神明：神灵之明。本经佚文谓：“气转为精，精转为神，神转为明。”

【译文】

依仗和乐，修养自身，守持形体，理顺意念，极尽精思，却除灾害。和乐对于真道来说，是起什么作用的东西呢？只有和乐，才能够使阴阳协调和谐。任何事情都不人为地强加干预来进行，就会使人获取到真道的根基。所以元气和乐，就会施生，异常繁盛；自然和乐，就会万物茁壮；上天和乐，就会日、月、星大放光明；大地和乐，就会使万物各得其所而不发生反常的情况；五行和乐，就会彼此不相妨害；春夏秋冬和乐，就会使所生长的东西茂盛；帝王和乐，就会天下没有灾异；动物和乐，就会相互之间不伤害；万物和乐，就会遵循各自的生长规律；世人和乐，就会内心不忧愁也不变来变去；鬼神和乐，就会有利帝王。所以和乐是天地的善气精灵所造就的，用来达到神明的境地。故而通过虚静，生出光明，光明用来迎候神灵。能够同神明相沟通，把真道作为近邻，那就获取到长生永存了。

夫求道，常苦不能还其心念。今移风易俗，趋其心指①，谁复与之争者？太平乐乃从宫中出②，邪固以清。靖国安身入道，夷狄却③，神瑞应来④。

【注释】

①心指：心愿。

②太平乐：天下太平的和乐景象。宫：谓皇宫。

③夷狄：古代对边疆少数民族的蔑称。

④瑞应：吉祥的兆应。如凤凰至、芝草生、甘露降、醴泉出之类。汉刘歆《西京杂记》卷三谓："瑞者，宝也，信也。天以宝为信，应人之德，故曰瑞应。"本经卷一百八《瑞议训诀》称："瑞者，清也，静也，端也，正也，专也，一也，心与天地同，不犯时令也。"

【译文】

求取真道，困难经常出在不能把那心念掉转回来。如今移风易俗，使世人的心愿归向一致，谁还能与他相争呢？太平时代的和乐景象，是从皇宫里营造出来的，邪恶固然也就随之肃清了。要使国家宁静，安定住自身，便须进入真道，这样一来，边区各部族就会退走，神灵所主导的吉祥兆应就会降现了。

悬象还[1]，凶神往。夫人神乃生内[2]，反游于外，游不以时还，为身害；即能追之以还，自治不败也。追之如何？使空室内傍无人，画象随其藏色[3]，与四时气相应[4]，悬之窗光之中而思之。上有藏象，下有十乡[5]，卧即念，以近悬象，思之不止，五藏神能报二十四时气[6]，五行神且来救助之[7]。万疾皆愈。男思男[8]，女思女[9]，皆以一尺为法[10]，随四时转移。春，青童子十[11]；夏，赤童子十[12]；秋，白童子十[13]；冬，黑童子十[14]；四季[15]，黄童子十二[16]。

【注释】

①象：即下文所谓神灵图像。还：谓还神。

②人神：指身中神。

③藏(zàng)色：谓五脏的颜色。即肝青、心赤、肺白、肾黑、脾黄。汉刘熙《释名·释彩帛》云："青，生也，象物生时色也。赤，赫也，太阳之色也。黄，晃也，犹晃晃象日光色也。白，启也，如冰启时色也。黑，晦也，如晦冥时色也。"

④四时气：指春之少阳气，夏之太阳气，秋之少阴气，冬之太阴气，以及每季季末后十八日特别是季夏六月后十八日之中和气。换言之，即五行之气。《白虎通义·五行》谓："行有五，时有四何？四时为时，五行为节，故木王即谓之春，金王即谓之秋，土尊不任职，君不居部，故时有四也。"本经卷六十九《天谶支干相配法》称："夫皇天乃以四时为枝，厚地以五行为体，枝主衰盛，体主规矩。"

⑤十乡：指上下八方。如东南为长养之乡，西南为阳衰阴起之乡等。详参本经卷三十五《兴善止恶法》。

⑥五藏神：即下文所谓青、赤、白、黑、黄童子，分主肝、心、肺、肾、

脾。二十四时气：即二十四节气。

⑦五行神：指随五脏神分布在外的东方木神、南方火神、西方金神、北方水神、中央土神。参见本经卷七十二《斋戒思神救死诀》所述。

⑧男思男：后一“男”字，指五脏男神。

⑨女思女：后一“女”字，指五脏女神。参见本部《悬象还神法》所述。

⑩一尺：指神像的长度。

⑪青童子：以颜色配五行，青色属木行，故其肝神在春季为青童子。

⑫赤童子：以颜色配五行，赤色属火行，故其心神在夏季为赤童子。

⑬白童子：以颜色配五行，白色属金行，故其肺神在秋季为白童子。

⑭黑童子：以颜色配五行，黑色属水行，故其肾神在冬季为白童子。

⑮四季：指春夏秋冬每季的后十八天，合计则为七十二日。五行家有土旺四季之说，即在以上时段内，均属土行占据统治地位，发挥主导作用。《白虎通义·五行》谓：“土所以王四季何？木非土不生，火非土不荣，金非土不成，水无土不高。土扶微助衰，历成其道，故五行更王，亦须土也。王四季，居中央，不名时。”

⑯黄童子：以颜色配五行，黄色属土行，故其脾神在每季后十八天俱为黄童子。上列诸童子，后世道教将其合称为五方五灵童。

【译文】

悬挂神像使体内神灵回到体内，迫使凶神离去。主宰人命的神灵寄居在人体的内部，反而游荡到体外去，游荡又不按时回到体内，就对人身造成危害；立刻能把它们追索回来，自行整治自身，就不会毁败。追索它们该怎样做呢？让室内空净，旁边没有任何人，绘制神像，依从它们所代表的五脏颜色，并且同四时之气相应合，悬挂在窗户透光的正中，精思它们。上面有五脏形状，下面有十个方位，躺卧就去专念，以便同悬挂的神像逐渐贴近。这样精思不止，体内五脏神会报知二十四节气，体外五行神也前来相助，各种疾病就全都治愈了。男子要精思五脏男神，女子要精思五脏女神，都按一尺作为神像的长度标准，随顺四时变化做转移。春季为十名青衣童子，夏季为十名赤衣童子，秋季为十名白衣童子，冬季为十名黑衣童子，每季最后十八天为十二名黄衣童子。

二十五神人真人共是道德正行法①。阳变于阴，阴变于阳，阴阳相得，道乃可行。天须地乃有所生，地须天乃有所成；春夏须秋冬，昼须夜；君须臣，乃能成治②；臣须君，乃能行其事③。故甲须乙④，子须丑⑤，皆相成。作道治正⑥，当如天行，不与人相应，皆为逆天道。比若东海居下而好水，百川皆归之，因得其道，鲸鱼出其中，明月珠生焉⑦，是其得道之效也。

【注释】

①二十五神人真人：盖系分布于二十五天之神仙的总称。本经卷七十一《致善除邪令人受道戒文》谓："神人言：'子持心志坚如此，何忧不得上九天，周历二十五天乎哉？'"二十五当指五行同五方相乘所得的积数或《周易·系辞上》所称"天数"而言，即一、三、五、七、九共五个奇数相加之和。"神人真人"分别为本经所构设的神仙等级序列中的一等正牌神仙和二等正牌神仙。前者职在理天，后者职在理地。详参本经丙部《九天消先王灾法》、卷五十六至六十四《阙题》(六)、卷七十一《致善除邪令人受道戒文》所述。是：认同，认可。正行：端正行为。全句当为篇题，或即《敦煌目录》乙部之《神真行宽柔法》。

②成治：意谓形成治理的局面。

③行其事：履行各自职责之意。

④甲：天干第一位，属阳干。乙：天干第二位，属阴干。《史记·律书》谓："甲者，言万物剖符甲而出也。乙者，言万物生轧轧也。"《释名·释天》云："甲，孚也，万物解孚甲而生也。乙，轧也，自抽轧而出也。"

⑤子：地支第一位，属阳支。丑：地支第二位，属阴支。《史记·律书》谓："子者，滋也。滋者，言万物滋于下也。……丑者，纽也。言阳气在上未降，万物厄纽未敢出。"《释名·释天》云："子，孳也，阳气始萌孳生于下也。于《易》为《坎》，坎，险也。丑，纽也，寒气自屈纽也。于《易》为《艮》，艮，限也，时未可听物生，限止之也。"

⑥治正：政治清正之意。

⑦"鲸鱼"二句：古以鲸鱼在海中鼓浪成雷，喷沫成雨。其雌曰鲵，大者亦长千里，眼为明月珠。参见《古今注》卷中《鱼虫第五》。

【译文】

二十五神人真人全都认同道德、端正行为的道法。阳从阴变生出来，阴从阳变生出来，阴阳彼此协和，真道才能施行。上天依赖大地，才会有所施生，大地仰仗上天，才会有所成就；春夏离不开秋冬，白天离不开黑夜；君主依赖臣下，才能形成治理的局面；臣下仰仗君主，才能履行各自的职责。所以甲离不开乙，子离不开丑，全都是相互促成。施用真道，使政治清正，就应当效仿上天的所作所为，而上天不向世人做出回应，世人的所作所为就都属于违逆天道。这好比东海处在地势低的位置，喜好水，各条河流就全流向它，因为获取到它那真道，鲸鱼就在它那里面化生出来，明月珠也产生了，这正是东海获取到真道的证验。

道人聚者①，必得延年奇方出②，大瑞应之③。众贤聚，致治平；众文聚④，则治小乱；五兵聚⑤，其治大败。君宜守道，臣宜守德，道之与德，若衣之表里。

【注释】

①道人：指身怀道术的人。本经卷一百十七《天咎四人辱道诫》称："天上亦尊贵善道人，言其可与和风气，顺四时，承五行，调风雨，助日月星宿为光明也，而使万物兴也。"

②延年奇方：如本经卷五十《草木方诀》、《生物方诀》之类。

③大瑞：罕见的吉祥兆应。如景星现之类。详参《白虎通义·封禅》所述。

④文：指浮华之士。

⑤五兵：谓矛、戟、斧、盾、剑。详参本经卷七十二《五神所持诀》所述。

【译文】

身怀道术的人聚集在一起，必定会使延年的奇方涌现出来，罕见的吉祥征兆也对此做出回应。众多的贤人聚集在一起，就能实现天下太平；众多的浮华之士聚集在一起，国家的治理就会逐渐混乱。各种武力聚集在一起，国家的治理就会彻底毁败。君主应当守道，臣下应当守德，道与德就像衣服的外层和里层。

天不广，不能包含万物。万物皆半好半恶[①]，皆令忍之[②]。人君象之[③]，次皇后后宫之象也[④]。此二者，慈爱父母之法也。故父母养子，善者爱之，恶者怜之，然后能和调家道[⑤]。日象人君[⑥]，月象大臣[⑦]，星象百官众贤[⑧]，共照万物和生。故清者著天[⑨]，浊者著地[⑩]，中和著人[⑪]。

【注释】

①半好半恶：意谓好坏各占一半。

②忍：容忍，宽容。

③象：意谓取法于皇天之博大。本经卷五十六至六十四《阙题》（五）谓："帝王为行，应象天欲利不害，不负一物。"

④皇后后宫之象：本经卷五十六至六十四《阙题》（五）又称："皇后将有为，皆先念后土，无不包养也，无不可忍，无不有常。"《礼记·昏义》则云："故天子之与后，犹日之与月，阴之与阳，相须而后成者也。"汉刘熙《释名·释长幼》云："天子之妃曰后，后，后也，言在后，不敢以副言也。"

⑤家道：成家之道。指家庭赖以成立与维持的规则和道理。《周易·家人》谓："父父，子子，兄兄，弟弟，夫夫，妇妇而家道正。"

⑥日象人君：《汉书》卷七十五《李寻传》谓："夫日者，众阳之长，辉光所烛，万里同晷，人君之表也。"又卷八十一《孔光传》称："日者，众阳之宗，人君之表，至尊之象。"又卷九十七下《外戚列传下》云："夫日者，众阳之宗，天光之贵，王者之象，人君之位也。"《春秋潜潭巴》曰："王者德象日光，所照无不及也。"本经卷六十九《天谶支干相配法》称："日者，天之精也，阳之明也，故曰为君，位在南方。"又辛部云："日者，君德也。"

⑦月象大臣：《汉书》卷七十五《李寻传》谓："月者，众阴之长，销息见伏，百里为品，千里立表，万里连纪，妃后、大臣、诸侯之象也。"《后汉书·丁鸿传》云："月者阴精，盈毁有常，臣之表也。"又《李固传》称："月者，大臣之体也。"《春秋感精符》谓："三纲之义，日为君，月为臣也。"本经卷六十九《天谶支干相配法》称："月者，地之精也，阴之明也，故月为臣，位在北方。"

⑧星象百官众贤：《盐铁论·论灾》谓："星列于天而人象其行。常星犹公卿也，众星犹万民也。"《晋书·天文志下》引《星传》曰："按刘向说天官列宿，在位之象。其众小星无名者，众庶之类。"《汉书》卷二十六《天文志》称："凡天文在图籍昭昭可知者，经星常宿中外官凡百一十八名，积数七百八十三星，皆有州国官宫物

类之象。”《后汉书·天文志》云：“天者，北辰星合元垂耀，建帝形，运机授度，张百精，三阶九列，二十七大夫，八十一元士，斗衡、太微、摄提之属百二十官，二十八宿各布列，下应十二子。”

⑨清者著天：意谓轻清阳气上凝为天。著，同“着”，附着。

⑩浊者著地：意谓重浊阴气下降成地。

⑪中和著人：意谓阳气与阴气交合而成的中和气聚结在人体之内。

【译文】

天不广大，就不能包容万物。万物都是好坏各占一半，但对它们，天仍全都容忍。君主恰应效法天的博大，其次则是皇后后宫的取象。这两条，属于慈爱的父母所奉用的法则。所以父母养育子女，对好看的孩儿喜爱他，对丑陋的孩儿可怜他，然后能调理好家道。太阳象征着君主，月亮象征着大臣，星辰象征着百官和众位贤人，共同照耀万物，使它们和谐生长。所以轻清的阳气附着于天，重浊的阴气附着于地，阴阳交合之气附着于人体之内。

调神灵法

【题解】

本篇标题,《敦煌目录》作《圣真食神法》。其所谓“调”,意为调召。“神灵”则指天吏百神、地吏群精、人间百鬼而言。篇中强调,只要守道,就能调召这些“阴阳中和使者”自动来至案前对语,共同兴利帝王。

吾欲使天下万神和亲①,不复妄行害人,天地长悦,百神皆喜,令人无所苦,帝王得天之力,举事有福,岂可间哉②?

【注释】

①和亲:谓与世人和谐亲近。

②间(jiàn):隔绝。

【译文】

我要让天下的所有神灵与世人和谐亲近,不再随便就去殃害世人,天地长久喜悦,各种神灵都高兴,使世人没有感到痛苦的事情,帝王得到上天的力量,采取什么举措都有好结果,哪里能够再隔绝开呢?

故圣人能守道①,清静之时,旦食诸神皆呼与语言②,比若今人呼客耳。百神自言为天吏，为天使；群精为地吏，为地使；百鬼为中和使。此三者，阴阳中和之使也③，助天地为理，共兴利帝王。

【注释】

①圣人：此二字《道要灵祇神鬼品经》引作“神圣真人”。

②旦食：早饭。古代规定天子一日四食，诸侯一日三食，卿大夫及士一日二食。其旦食，寓有少阳之始的意义。暮食，寓有太阴之始的意义。详参《白虎通义·礼乐》所述。“旦”字《道要灵祇神鬼品经》引作“且”字。且食，将要用饭之际。

③中和：天之阳气与地之阴气交合而成者为中和。指世间和世人。

【译文】

因而圣人能够奉守真道，达到清静的地步，早饭时众神灵都能被召至前来，与它们对话，就好像当今世上人呼请来客罢了。百神自称是天庭的官吏，是天庭的使者；群精自称是地界的官吏，是地界的使者；百鬼自称是人间的使者。这三类神灵，属于阴阳中和的使者，协助天地进行治理，共同给帝王带来好处。

守一明法

【题解】

本篇标题,《敦煌目录》作《守一明之法》。其所谓"守一明法",乃系全经着力阐扬的守一这种精神修炼方术的最主要的表现方式。"明"之为言,特谓守气而合精、神,使三者为一,从而产生的"洞明绝远"的一种心理幻觉与幻境。对此,篇中描述了其修炼要领和功效,称之为"长寿之根"和"万岁之术"。此篇与本部《修一却邪法》各有侧重,转相发明。

守一明之法,长寿之根也,万神可祖[①],出光明之门[②]。守一精明之时,若火始生时,急守之勿失。始正赤[③],终正白[④],久久正青[⑤],洞明绝远复远,还以治一[⑥],内无不明也[⑦],百病除去。守之无懈,可谓万岁之术也[⑧]。守一明之法,明有日出之光[⑨],日中之明[⑩],此第一善得天之寿也。安居闲处,万世无失守一时之法[⑪]。

【注释】

①祖:主宰、驾驭之意。《太平经圣君秘旨》(下称《秘旨》)"祖"作"御"字。

②出光明之门:意谓从极其光明的入口处迈出跨入。

③始正赤:《秘旨》谓:“明正赤若火光者度世。”

④终正白:《秘旨》谓:“正白如清水,此少阴之明也。”

⑤久久正青:《秘旨》谓:“明有正青,青而清明者,少阳之明也。”

⑥一:指精、气、神的统一体。

⑦内无不明也:《秘旨》谓:“四方皆暗,腹中洞照,此太和之明也。”

⑧可谓万岁之术也:此七字《秘旨》作“度世超腾矣”。

⑨明有日出之光:此六字《秘旨》作“若日出之明”。

⑩日中:太阳最高时。即运行到天空正中间之际。

⑪万世无失守一时之法:此九字中“时”当作“明”。形近而讹。

【译文】

意守一明的这种道术,是长寿的根基,所有的神灵都可以驾驭,从那极其光明的入口处迈出跨入。守一到了精明的时候,就像火刚燃起时,要赶紧去守持住它,不要丧失掉。开始时是纯红一团,到最后是纯白一片,久而久之,变成纯青的境界。通明到极远处而又远上加远,收拢回来去整治精、气、神的统一体,腹内就没有不通明的了,各种疾病都会消除掉。意守而不松懈,可以称得上是万岁之术。意守一明的道术,那种精明境界具有太阳初升般的光采和如日中天般的盛明,这属于第一等妙术,能够获取到与上天同样的寿命。安居闲处,永远不要丢掉意守一明的道术。

行道有优劣法

【题解】

本篇标题,《敦煌目录》与此相同。其所谓“行道有优劣”,特就帝王而发。篇中强调:道为万物元首,从元气到天地三光无不行道,帝王更不例外。确能遵循四时五行气的兴衰变化定律来详察政治得失的证象,做出深得其意的反应与处理,则为行道之“优”,反之为“劣”。值得注意的是篇中对天人感应说的播扬特别是对“五行休王说”和“八卦休王说”的糅合与改造。

夫道何等也?万物之元首,不可得名者①。六极之中②,无道不能变化。元气行道,以生万物,天地大小,无不由道而生者也。故元气无形,以制有形,以舒元气③。不缘道而生自然者④,乃万物之自然也⑤。不行道,不能包裹天地各得其所,能使高者不知危⑥。

【注释】

①得名:意谓叫出具体名称来。《老子·二十五章》谓:“有物混成,先天地生,寂兮寥兮,独立而不改,周行而不殆(息),可以为天地

母。吾不知其名，强字（叫）之曰‘道’，强为之名曰‘大’。”

②六极：上下四方。

③以舒元气：意谓元气循道而将自身施布到有形的物体上。舒，施布，散发。关于道和自然的关系，《太平经》一方面强调自然亦须守道，另方面强调道也不能违背自然。参见壬部首段经文所述。

④不缘道而生自然者：意谓自生自灭的东西。缘，遵循，经由。自然，谓本来如此的那种情状和态势。

⑤万物之自然：意谓万物自身也就原本那样罢了。本部《安乐王者法》称：“比若地上生草木，岂有类也？”

⑥高者不知危：此系隐指当朝天子而言。汉代习用语有云：“峣峣者（极高者）易缺，皦皦者（极白者）易污。”见《后汉书·黄琼传》。

【译文】

真道究竟是什么呢？它是万物的基元和首脑，根本就没办法叫出具体的名称来。六极之中，没有真道就不能够变化。元气行用真道，来化生万物。天地等大小物体，没有不是经由真道才出现的。所以元气没有具体的形状，凭这去创造有形的物体，并把元气散布到有形物体的体内去。不遵循真道而自生自灭的东西，只不过是万物自身原本也就那个样罢了。不行用真道，就不能包裹天地而各得其所，还会让高高在上的人不知道危险。

天行道，昼夜不懈，疾于风雨，尚恐失道意，况王者乎？三光行道不懈，故著于天而照八极[①]，失道光灭矣。王者，百官万物相应，众生同居，五星察其过失[②]。王者复德[③]，德星往守之[④]。行武，武星往守之[⑤]。行柔，柔星往守之[⑥]。行强，强星往守之[⑦]。行信，信星往守之[⑧]。相去远，应之近。天人一体，可不慎哉！

【注释】

①著：鲜明显现之意。八极：指八方极远之地。

②五星：指水、木、金、火、土五大行星。亦即东方岁星（木星）、南方荧惑（火星）、中央镇星（土星）、西方太白（金星）、北方辰星（水星）。《史记·天官书》载："水、火、金、木、填星，此五星者，天之五佐。"《说苑·辨物》云："所谓五星者，一曰岁星，二曰荧惑，三曰镇星，四曰太白，五曰辰星。"

③复德：意为对道德反复行用。

④德星：即木星。古以木星所在有道有德有福，故称之为德星。

⑤武星：即金星。金性坚刚，代表物又为兵器，故称金星为武星。

⑥柔星：即水星。水性柔和，故称水星为柔星。

⑦强星：即火星。古以火星明察善恶之事而予以惩治，故称之为强星。亦名罚星。

⑧信星：即土星。人伦五常之"信"属土行，故称土星为信星。

【译文】

皇天行用真道，昼夜不懈，比风雨还来得快，尚且仍旧担心失去真道的奥义妙旨，何况人间帝王呢？日月星行用真道不懈怠，所以鲜明地显现在天空中，照耀到八方的边际；失去真道，也就光芒消失了。作为人间帝王，百官及万物与他相应，众百姓与他居住在同一个寰球上，五大行星察照他的过失。帝王对道德行用又行用，木星就前去守护它；一旦行用武力，金星就前去守护它；行用柔和，水星就前去守护它；行用刚强，火星就前去守护它；行用诚信，土星就前去守护它。人间的举措和天上看似距离很遥远，但回应却很近捷。天人一体，能不慎重对待吗？

春王当温①，夏王当暑，秋王当凉，冬王当寒，是王德也②。夫王气与帝王气相通③，相气与宰辅相应，微气与小吏相应④，休气与后宫相同⑤，废气与民相应，刑死囚气与狱罪人相应[⑥]，以类遥相感动。

【注释】

①王：指五行之气在一年流转过程中处于旺盛状态、占据统治地位者。

②王德：王气之所得。德，通“得”。汉代五行说认为，五行在一年之内，其运转状态递有变化，并借用王、相、死、囚、休来加以描述。王，表示旺盛；相，表示强壮；死，表示死亡；囚，表示困囚；休，表示休退。按照五行生克原理，春则木王、火相、土死、金囚、水休。其余可依次类推。

③帝王气：据上下文义，“气”字当系衍文。

④微气：相当于“八卦休王说”中的“胎”。八卦休王说由五行休王说推衍而来。其说以艮卦居东北，配立春；以震卦居正东，配春分；以巽卦居东南，配立夏；以离卦居正南，配夏至；以坤卦居西南，配立秋；以兑卦居正西，配秋分；以乾卦居西北，配立冬；以坎卦居正北，配冬至。每卦依节气主事四十五日，并用王、相、胎、没、死、囚、废、休来描述其间的地位变化。其中在五行之外增加的“胎”，表示孕育；“没”，表示没落；废，表示废弃。如立春，则艮王、震相、巽胎、离没、坤死、兑囚、乾废、坎休。余可类推。

⑤休气与后宫相同：此系针对东汉中晚期女主专政的情况而设定的对应关系。本经在其他地方言及后宫，则与此处说法不同。

⑥刑死囚气：刑死气和困囚气。以上所列七气，与本经卷六十九《天谶支干相配法》、卷一百十五至一百十六《某诀》所述，互有出入，但都是对五行休王说和八卦休王说的糅合与改造。

【译文】

春季木行占据统治地位，就应温暖；夏季火行占据统治地位，就应炎热；秋季金行占据统治地位，就应清凉；冬季水行占据统治地位，就应寒冷。这都是王气所在的地方。王气与帝王相融通，相气与宰辅相对应，微气与低级官吏相对应，休气与后宫妃嫔相一致，废气与众百姓相对应，刑死气和困囚气与犯案被判罪的人相对应，全都按照类属，遥相感应和引动。

其道也，王气不来，王恩不得施也。古者圣王以是思道，故得失之象，详察其意。王者行道，天地喜悦；失道，天地为灾异①。夫王者静思道德，行道安身，求长生自养，和合夫妇之道②，阴阳俱得其所，天地为安。天与帝王相去万万余里，反与道相应，岂不神哉！

【注释】

①灾异：谓自然灾害和奇异反常的自然现象。《春秋繁露·必仁且智》云："天地之物有不常之变者，谓之异，小者谓之灾。灾常先至，而异乃随之。灾者，天之谴也；异者，天之威也。谴之而不知，乃畏之以威。……凡灾异之本，尽生于国家之失。"《白虎通义·灾变》云："灾异者，何谓也？"《春秋潜潭巴》曰："灾之言伤也，随事而诛；异之言怪也，先发感动之也。"本经卷五十《天文记诀》云："水旱气乖迕，流灾积成，变怪不可止，名为灾异。"其具体表现，本经卷四十三《大小谏正法》述之甚详。

②夫妇之道：指夫为妻纲、夫义妇听的原则。参见《礼记·礼运》及《白虎通义·三纲》所述。

【译文】

那个真道，如果王气不降临，帝王的恩德就无法施布。古代圣明的帝王因此精思真道，所以对政治得失的证象，仔细体察那其中的寓意。帝王行用真道，天地就喜悦；丧失真道，天地就降现灾异。帝王静思道德，行用真道，使自身安平，求取长生，自我养护，协调好夫妇之道，阴阳全都各得其所，天地就为他安稳下来了。皇天与帝王距离万万余里，反而与真道相回应，这难道还不神妙吗？

名为神诀书

【题解】

本篇标题,《敦煌目录》作《行神诀书法》。所谓“神诀书”,意为神灵所做出的决断性的书文。之所以如此命名,凸现其决断性,是因为篇中倡言:天之照人,与镜无异。人能乐生恶死,尊上爱下,则“太和”盛气应之而出;人能守一养性,则“真神”为其安而不露;统治者能求取天地中和之心,通合“三统”,则治致太平。

元气自然,共为天地之性也[①]。六合八方悦喜[②],则善应矣;不悦喜,则恶应矣。状类景象其形、响和其声也。太阴、太阳、中和三气[③],共为理,更相感动,人为枢机[④],故当深知之。皆知重其命,养其躯,即知尊其上,爱其下,乐生恶死,三气以悦喜,共为太和[⑤],乃应并出也。但聚众贤,唯思长寿之道,乃安其上,为国宝器。能养其性,即能养其民。

【注释】

①性:质性,特性。本经壬部谓:自然元气,同职共行。

②六合:天地四方。

③三气：此指元气的三种分化形态而言。本经卷四十八《三合相通诀》云："气者，乃言天气悦喜下生，地气顺喜上养。气之法，行于天下地上，阴阳相得，交而为和，与中和气三合，共养凡物。三气相爱相通，无复有害者。……气者，主养以通和也。"

④枢机：谓起关键作用。

⑤太和：指三气高度协调统一的状态。

【译文】

元气和自然，共同构成天地的固有特性。天地八方悦喜，良善就作出回应了；不悦喜，凶害也作出回应了。这种情状就如同影随其形、回音应和原声那样快速又无误。太阴、太阳、中和这三气，共同形成治理，递相感应和引动，而人发挥着最关键的作用，因而应当深深了解这一点。世人全都懂得看重本人的寿命，养护自己的身躯，也就懂得尊敬他的上司，爱护他的下属了。乐意生存，厌恶死亡，三气由此而悦喜，共同构成高度协调一致的状态，于是良善作出的回应就纷纷涌现出来了。只管聚集起众贤人，专门精思长寿之道，就使帝王平安无事，成为国家的栋梁。能涵养自己的情性，也就能养护他的百姓。

夫天无私祐[①]，祐之有信[②]；夫神无私亲，善人为效[③]。一身之中，能为贤，能为神[④]，能为不肖[⑤]，其何故也？误也，神灵露也[⑥]。故守一之道[⑦]，养其性，在学之也。众中多瑞应者，信人也；无瑞应者，行误人也[⑧]，占而是非即可知矣。夫斤两所察，人情也。天之照人，与镜无异。审详此意，与天同愿，与真神为其安，得不吉哉？

【注释】

①私祐：谓出自私心而予以保佑的对象。

②有信：指专诚守道的人。

③效：意为验定的标准。

④能为神：意为可以做出神人的措置来。

⑤不肖：子不似父曰不肖。此谓恶徒的行径。

⑥神灵露：意谓寄居在人体内的神灵叛人出游，使人想入非非。

⑦守一之道：高度集中和控制意念力的一套精神修炼术。本经述及守一多处，具体所指非一。此处则侧重于存思体内神灵。

⑧行误人：意为自身存在失误行为的人。

【译文】

上天并没有出自私心而要保佑的对象，它只保佑那些专诚守道的人；神灵也没有出自私心而要偏爱的对象，它只把善人作为验定的标准。同一副身躯之中，能够做出贤人的举动来，也能够做出神人的措置来，更能够做出歹徒的行径来，而最后这种行径出现的原因是什么呢？原因是自身失误，是体内神灵出游外露。所以守一的道术，要求人们涵养各自的情性，这全在于学习。在众人中获得吉祥兆应多的人，就是那专诚守道的人；没有获得吉祥兆应的人，就是那自身存在失误行为的人。据此来做占验，是非也就一清二楚了。买东西要计较斤两，这是人之常情。而皇天察照世人，与镜子没有任何差异。仔细思忖这种要意，与上天的意愿相一致，让真神为自己本人而保持它那安定的状态，能够不吉利吗？

成事□□[①]，不失铢分[②]。欲得天、地、中和意，故天地调则万物安，县官平则万民治[③]。故纯行阳[④]，则地不肯尽成；纯行阴，则天不肯尽生。当合三统[⑤]，阴阳相得，乃和在中也。古者圣人治致太平，皆求天、地、中和之心，一气不通，百事乖错[⑥]。

【注释】

①成事□□：此句原缺二字。成事，汉代惯用语，即旧有事例之意。

②不失铢分：犹言不差毫厘。铢、分均为重量单位。十二粟为一分，十二分为一铢，十二铢为半两。

③县官：汉称天子为县官。平：谓均平，公平。

④纯：意为单方面，一味地。

⑤三统：指职在施生的天统，职在养长的地统，职在成就的人统。本经卷九十二《万二千国始火始气诀》谓："夫天地人三统，相须而立，相形而成，比若人有头足腹身；一统凶灭，三统反俱毁败，若人无头足腹，有一亡者，便三凶矣。"

⑥乖错：违逆错乱。

【译文】

旧有的事例，不差毫厘。要获取到天、地、中和的心意才对。所以天地协调就万物平安，帝王公平就万民实现治理。因而一味地行用阳，大地就不肯让所有的物体都成就；一味地行用阴，皇天就不肯让所有的物体都化生。应当融合天统、地统和人统，阴阳相得，于是协和的状态就在里面形成了。古代的圣人治理国家实现太平，全都求取天、地、中和的心意，一气不融通，各种政事就违逆错乱。

和三气兴帝王法

【题解】

本篇标题,《敦煌目录》作《和三五与帝王法》,"五与"显系"气兴"之讹。其所谓"和",意为和合、融通。"三气"则指由元气分化而成的天之太阳气、地之太阴气,人之中和气而言。环绕"兴帝王"这一政治目标,篇中着力阐发天地人、日月星、山川平土、父母子、君臣民必须合三为一、三名同心的调和论。这种调和论,又是建立在道教化的元气论和气化论的基础之上的。本篇适与丙部《三合相通诀》交相发明。

通天地中和谭,顺大业,和三气,游王者,使无事,贤人悉出,辅兴帝王,天大喜[①]。真人问神人曰[②]:"吾欲使帝王立致太平,岂可闻邪?"神人言:"但大顺天地,不失铢分,立致太平,瑞应并兴。元气有三名:太阳、太阴、中和。形体有三名:天、地、人。天有三名:日、月、星,北极为中也[③]。地有三名,为山、川、平土[④]。人有三名:父、母、子。治有三名:君、臣、民。欲太平也,此三者常当腹心[⑤],不失铢分,使同一忧,合成一家,立致太平,延年不疑矣。

【注释】

①"通天地"八句:此八句二十九字颇似对全篇内容主旨所作的概括语,当置篇末。谭,同"谈",指相互要讲的话,实谓沟通彼此之间的关系。大业,盛大的功业。《周易·系辞上》云:"富有之谓大业。"游,意为使其游乐。无事,无所事事。

②神人:对授道天师的尊称。

③北极:指北极星。中:中心所在。古称北极星区为紫宫,属于至高天神的居所。《史记·天官书》载:"中宫天极星。其一明者,太一常居也。"《春秋元命苞》谓:"北者,极也;极者,藏也。言太一之星高居深藏,故名北极。"《春秋演孔图》称:"天皇大帝,北辰星也。含元秉阳,舒精吐光,其星有五,居紫宫中,制驭四方,冠有五采。"本经卷五十六至六十四《阙题》(六)云:"上神人乃与皇天同形,舍于北极紫宫中,与天上帝同象,名天心神。"

④平土:平地,平原。

⑤常当腹心:比喻结成最密切的关系。

【译文】

沟通天、地、中和之间的话语,顺应盛大的功业,使三气融为一体,让帝王只管游乐,无所事事,贤人全部出世,辅佐振兴帝王,皇天为此而万分喜悦。真人向神人询问说:"我打算让帝王立即实现太平,能否听一听这方面的秘诀呢?"神人回答说:"只要大顺天地,不差毫厘,立刻就会实现太平,吉祥的兆应也一起涌现。元气具有三个方面的具体名称:太阳气、太阴气、中和气。形体具有三个方面的具体名称:天、地、人。上天具有三个方面的具体名称:太阳、月亮、星辰,而北极星区则为中心所在。大地具有三个方面的具体名称:山脉、河流、平地。世人具有三个方面的具体名称:父亲、母亲、儿子。治体具有三个方面的具体名称:君主、臣下、民众。要想太平,这三个方面应当结成最密切的永恒关系,分毫也不差,使各自的忧虑对象都完全相同,组合成一个家庭似地,立刻就会实现太平，延长寿命，这是无可怀疑的了。

“故男者象天，故心念在女也，是天使人之明效也。臣者为地通谭，地者常欲上行①，与天合心，故万物生出地，即上向而不止，云气靡天而成雨②，故忠臣忧常在上，汲汲不忘其君③，此地使之明效也。民者主为中和谭，中和者，主调和万物者也。中和为赤子④，子者乃因父母而生，其命属父，其统在上⑤，托生于母，故冤则想君父也。此三乃夫妇父子之象也⑥，宜当相通辞语，并力共忧，则三气合，并为太和也。太和即出太平之气。断绝此三气，一气绝不达，太和不至，太平不出。阴阳者，要在中和。中和气得，万物滋生，人民和调，王治太平。

【注释】

①上行：谓朝向天空长养万物。

②靡天：迫近苍天。靡，通“摩”，触及。《素问·阴阳应象大论》谓：“地气上为云，天气下为雨。雨出地气，云出天气。”《春秋元命苞》称：“阴阳聚而为云，阴阳和而为雨。”

③汲汲：心情急切的样子。

④赤子：婴儿。婴儿初生，体为赤色，故言。此处则谓人属天地之子。《老子·五十五章》谓：“含德之厚，比于赤子。”本经卷三十五《分别贫富法》称：“人者，乃是天地之子。”又卷四十九《急学真法》云：“人者，天之子也。”

⑤统：统系。

⑥三：指天父、地母、人子三方面的关系。

【译文】

“所以男子效法上天，因而心念投注在女子身上，这是皇天支配世人的明显证验。臣下为大地沟通所要讲的话语，大地时常希望朝天长养万物，与天同心，所以万物从地里生长出来，就一直往上长而不停止，云气迫近苍天就变成雨，因而忠臣忧虑经常集中在君主的身上，内心殷切地不忘记自己的君主，这是大地在指使他们的明显证验。平民百姓职在为人间沟通所要讲的话语。人间是负责调和万物的主体。人间属于天地的婴儿，婴儿是通过父母而降生的，他那本命属于父亲，他那统系归属皇天，只不过是从母亲体内托生下来，所以一有冤枉事，就首先想到君主和父亲。这种天父、地母、人子三方面的关系，正是人间夫妇父子的证象，应当彼此沟通要讲的话语，齐心协力，共同忧虑，这样就三气融合，聚集成高度协调一致的状态。这种状态一形成，也就涌发出太平气了。断绝太阳、太阴、中和这三气，三气有一气断绝而不通，高度协调一致的状态就形成不了，太平气也涌发不出来。阴阳的关键，在于二者相交相合。中和气被营造出来，就万物滋生，人民和谐，帝王治国达到太平了。

“人君，天也，其恩施不下至，物无由生，人不得延年。人君之心不畅达，天心不得通于下。妻子不得君父之敕[①]，为逆家也[②]。臣气不得达，地气不得成，忠臣何从得助明王为治哉？伤地之心，寡妇在室，常苦悲伤[③]，良臣无从得前也。民气不上达，和气何从得兴？中和乃当和帝王治、调万物者，各当得治。今三气不善相通，太平安得成哉？”

【注释】

①敕：自上告下之词。汉代凡尊长告诫后辈或下属皆称敕。刘熙

《释名·释书契》云:“敕,饰也,使自警饰,不敢废慢也。”

②逆家:叛逆的家庭。

③“寡妇”二句:隐指太后听政的情状。古礼有寡妇不夜哭的规定。见《礼记·坊记》所述。

【译文】

“君主是皇天的代表,他那恩德施布推广不到最下面,万物就没有办法生长,世人就不能够延长寿命。君主的心意不畅达,皇天的心意也无法通到人间。妻室和儿女拒不服从君主和父亲的命令,就是叛逆的家庭。臣气通达不了,地气也成就不了,忠臣会从哪里得以辅助圣明的君主进行治理呢?使大地感到伤心,寡妇在后宫一个劲儿地苦楚悲伤,贤臣是没有办法得到信用的。民气通达不到上面,协和气会从哪里得以兴起呢?中和气本应是使帝王之治和谐并使万物协调的,各自理应得到各自的治理。如今三气不能很好地相互沟通,太平怎么会实现呢?”

安乐王者法

【题解】

本篇标题,《敦煌目录》与此相同。其所谓“安乐王者法”,就是诱导帝王效法元气、自然、天地、三光、雷电、四时五行乃至阴阳雌雄,守道而行,做到无所不能生养,无所不能制化,使万物人民各得其所。为此,篇中极力突出帝王的神圣地位,既肯定帝王和皇后实为“天地第一神气”的化身,又依据生产和生活经验,申明火行足可改变木、金、水、土四行的综合效能与统率作用,替当时盛行的汉为火德、火为君长的五行说讲出了一番道理。

君者当以道德化万物,令各得其所也。不能变化万物,不能称君也。比若一夫一妇共生一子,则称为人父母,亦一家之象。无可生子,何名为父母乎?故不能化生万物者,不得称为人父母也。故火能化四行①,自与五②,故得称君象也③。本性和而专④,得火而散成灰;金性坚刚,得火而柔⑤;土性大柔⑥,得火而坚成瓦;水性寒,得火而温。火自与五行同,又能变化无常,其性动而上行⑦。阴顺于阳,臣顺于君,又得照察明彻,分别是非,故得称君,其余不能也。土者不即化[⑧],久久即化,故称后土。三者佐职[⑨],臣象也[⑩]。

【注释】

①火:指火行。四行:指木行、金行、土行、水行。

②自与五:自身也再加入五行之列。与,参预。

③君象:君主的拟象。

④本性和而专:此五字中"本"当作"木"。形近而讹。性,属性。和而专,木可曲直,故曰和;木形圆实,故曰专。专,与"散"相对而言。

⑤柔:谓变软或熔化。

⑥土性大柔:土松散,可含吐万物,故曰大柔。

⑦动而上行:谓火苗火焰火光无论闪耀或跃动、滚动俱往上窜。本经卷九十六《忍辱象天地至诚与神相应大戒》云:"火者,动而上行,与天同光。"

⑧即化:立刻化育。

⑨三者:指木、金、水。

⑩臣象:臣民的拟象。

【译文】

君主应当依靠道德化生万物,让它们各得其所。不能使万物发生变化,就没资格称为君主。这好比一夫一妇共同生下一个儿子,就被称为那个人的父母,也构成了一个家庭的表象。没能力生下儿子,根据什么能被称为父母呢?所以不能化生万物的人,就没有资格被称为世人的父母。因而火行能够让木行、金行、土行、水行发生变化,并且自身也在五行的范畴之内,所以得以称为君主的拟象。木头的特性是随和又分不开,遇到火就被焚化,变成灰烬。金属的特性是坚固刚硬,遇到火就变软或熔化。土的特性是特别柔和,遇到火就变得坚固,被烧成砖瓦。水的特性是寒凉,遇到火就变热。火本身既和其他各行一样,都在五行以内,又能够变化无常,它那特性是滚动或闪动都火焰往上窜。阴要顺从阳,臣下要顺从君主,而火行又能照察明彻,分别是非,所以得以称为五行的主宰,其他各行是不具备这种资格的。土行做不到立刻就化育,经过很长时间才完成化育,所以被称为后土。而木行、金行与水行,职在辅助火行,属于臣民的拟象。

道无所不能化,故元气守道,乃行其气,乃生天地,无柱而立①。万物无动②,类而生③,遂及其后,世相传,言有类也。比若地上生草木,岂有类也?是元气守道而生如此矣。自然守道而行,万物皆得其所矣。天守道而行,即称神而无方④。上象人君父,无所不能制化⑤,实得道意。地守道而行,五方合中央⑥,万物归焉。三光守道而行,即无所不照察。雷电守道而行,故能感动天下,乘气而往来。四时五行守道而行,故能变化万物,使其有常也⑦。阴阳雌雄守道而行,故能世相传。凡事无大无小,皆守道而行,故无凶。

【注释】

①柱:指传说中支撑天地的四柱。古有共工怒触不周山、天维绝、地柱折的传说,又有女娲炼五色石填补苍天、断鳌足以立四极的神话。

②无动:谓在原地。

③类而生:按类繁衍之意。类,类属、种类。

④神:神妙。无方:没有固定框框的限制,即无所不适之意。参见《周易·系辞上》。

⑤制化:制克为制,化生为化。《素问·六微旨大论》称:"制则生化。"

⑥五方:东西南北中。其中东属木行,西属金行,南属火行,北属水行,中属土行。

⑦常:指春生、夏长、秋获、冬藏的规律。本经卷一百十六《阙题》(二)云:"四时顺行,春乐生,夏乐长,秋乐收,冬乐藏。"

【译文】

真道无所不能化生,因而元气守行真道,于是化生出天地,没有支撑它们的物体也仍然分立。万物位于原地,按照种类繁衍,于是延续起各自的后代,代代相传,这正表明具有类属。好比地上生草木,原本哪里会有什么类属呢?有类属正是元气守行真道才化生出这一形态的。自然守行真道,万物就全都各得其所了。皇天守行真道,就特别神妙而无所不适。它在上面象征着人间的君主和父亲,没有什么不能够制克与化生的,确实获取到了真道的奥义妙旨。大地守行真道,五方聚集到中央,万物也全都归向那里了。日月星守行真道,就没有不能照察到的地方。雷鸣与闪电守行真道,因而能够感应和引动天下,乘气而往来。春夏秋冬和五行守行真道,因而能使万物发生变化,让它们生长起来具有规律。阴阳雌雄守行真道,因而能代代相传。各种事情无论大小,全都守行真道,所以就没有凶害存在了。

今日失道,即致大乱。故阳安即万物自生,阴安即万物自成。阴阳治道[①],教及其臣,化流其民,受命于天,受体于地,受教于师,乃闻天下要道[②]。守根者王[③],守茎者相[④],守浮华者善则乱而无常[⑤]。帝王,天之子也[⑥];皇后,地之子也[⑦],是天地第一神气也[⑧],天地常欲使乐,不得愁苦,怜之如此。天地之心意,气第一者也,故王者愁苦,四时五行气乖错,杀生无常也。

【注释】

①阴阳治道:谓阴阳交互治理的准则与方式。

②要道:指近在胸心、散满四海的真道。详见本经卷六十八《戒六子诀》所述。

③根:根须。以喻道德治国。王:谓占据主宰地位。此据"五行休王"为说。参见本部《行道有优劣法》所述。

④茎:枝干。以喻仁义治国。相:谓处于强壮的状态。此亦据"五行休王"为说。

⑤浮华:与"根"、"茎"相对而言,义为叶片花朵。以喻礼、法或武力治国等。本经癸部《神人真人圣人贤人自占可行是与非法》云:"浮者,表也;华者,末也。"

⑥天之子:古以君权为天为神所授,故称帝王为天子。《庄子·庚桑楚》云:"天之所助,谓之天子。"《吕氏春秋·本生》曰:"能养天之所始生而勿撄之,谓天子。"《春秋繁露·三代改制质文》云:"德侔天地者称皇帝,天祐而子之,号称天子。故圣王生,则称天子。"《易纬坤灵图》谓:"天子者,继天治物,改正一统,各得其宜,父天母地,以养生人,至尊之号也。"《孝经援神契》曰:"天覆地载,谓之天子,上法斗极。"《白虎通义·爵》谓:"天子者,爵称也。爵所以称天子者何?王者父天母地,为天之子也。"本经卷九十《冤流灾求奇方诀》称:"帝王乃最天之所贵子也。"

⑦地之子:子谓女儿。女属阴,地亦属阴。地为众阴之长,皇后身为天子的正妻,亦为后宫之长和女性之长,故称其为"地之子"。《礼记·曲礼下》谓:"天子之妃曰后。"《白虎通义·嫁娶》云:"天子之妃谓之后何?后者,君也。天子妃至尊,故谓后也。明配至尊,为海内小君,天下尊之,故系王言之。"《释名·释长幼》云:"天子之妃曰后,后,后也,言在后,不敢以副言也。"本经卷七十三至八十五《阙题》(三)称:"皇后乃地之第一贵女也。"

⑧第一神气：指与最高天神相融通的精纯之气。《春秋孔演图》谓："正气为帝，间气为臣。"又《春秋保乾图》称："天子之尊也，神精与天地通，血气含五帝精，天爱之、子之也。"

【译文】

现今如果哪一天丧失了真道，立刻就会引来大乱。所以阳气安定，万物就自然生长；阴气安定，万物就自然成就。阴阳交互治理的准则与方式，教诲到臣僚，化导到百姓，从上天那里承受本命，从大地那里承受躯体，从明师那里承受教导，这才会闻知天下要道究竟是什么。守行本根的人，就能占据主宰地位；守行茎干的人，就能处于强壮的状态；守行叶片花朵的人，即使很妥善，也会混乱而无常态。帝王是上天的嫡子，皇后是大地的长女，二者都属于天地的第一神气。天地经常想让他们和乐，不遇到愁苦，对他们爱怜到了这样的地步。天地的心意，正是各种气体中的第一气，所以帝王愁苦，四时五行气就违逆错乱，生杀没有固定的规律了。

悬象还神法

【题解】

本篇标题,《敦煌目录》作《悬象神》,似有脱误。其所谓“悬象”,指在静室悬立并念思五脏神的精美画像。“还神”则谓追回出游在人体之外的魂神。此法属于本经所标举的守一术的具体方式之一,侧重在意守脏器,随同五行盛气的变化而为之转移。此篇与本部《以乐却灾法》所述,虽有微殊,但基本雷同。

夫神生于内[①]:春,青童子十;夏,赤童子十;秋,白童子十;冬,黑童子十;四季,黄童子十二。此男子藏神也[②],女神亦如此数。男思男,女思女,皆以一尺为法。画使好[③],令人爱之,不能乐禁[④],即魂神速还。

【注释】

①神:指体内神灵。

②藏神:谓五脏神。

③好:画像美观之意。

④不能乐禁:意谓人之观感与意念达到了欣欣然的最佳状态。

【译文】

魂神寄居在人的身体里面，这就是：春季为十名青衣童子，夏季为十名赤衣童子，秋季为十名白衣童子，冬季为十名黑衣童子，每季最后十八天为十二名黄衣童子。以上是男子体内的五脏神，女神也和这个数目相同。男子要精思五脏男神，女子要精思五脏女神，男女五脏神都按一尺作为长度标准。神像要画得美观漂亮，让人喜爱它们，达到观感与意念简直使人欣悦得无法控制的地步，魂神就会迅速地返回到人体体内。

解承负诀

【题解】

本篇标题,《敦煌目录》卷第卅四作《解承负法》,其上还另有专篇《救承负法》。所谓"承负",乃是《太平经》编著者为宣传其善恶报应论所独创的一种特殊表述方式。它在全经中层现迭出,形成了紧锣密鼓之势。具体到"承",则指后人递相承受先人的过失之责或功德之祐,而"负",又转指先人有过失或功德而遗其恶果或恩泽于后人。"承"在先,"负"在后,二者迭为因果,乃至后人行善反而得祸,行恶反而得福,纯由先人功过报应之故。这种承负说,与《周易·文言》、《论衡·感类》及《辨祟》所述,具有一定的渊源关系,但重在流恶余殃,并由个人独户扩大到国家帝王乃至万事万物。相形之下,由此构成了天师和真人赖以传道布道的出发点及现实依据。其解除办法,篇中则归结为:人非行大功"万万倍"不可,帝王非用道德、仁善万里不可。为论证这种解除办法的绝对灵验性,篇中又阐述人有三寿论、邪气致病论和地支刑冲说;并用大圣人"仅具一长"来反衬和凸现《太平经》兼具毕备的特征。本篇须与丙部《五事解承负法》、《解师策书诀》、全经第三十二条佚文合观并读,参稽互察。

天地开辟已来,凶气不绝,绝者而后复起,何也?夫寿命，天之重宝也[①]，所以私有德[②]，不可伪致[③]。欲知其宝[④]，乃天地六合八远万物[⑤]，都得无所冤结[⑥]，悉大喜，乃得增寿也。一事不悦，辄有伤死亡者。

【注释】

①天之重宝：意谓天对世人寿命掌握得异常严格。

②私：特赐之意。

③伪致：骗取到。

④宝：谓贵重性、难得性。

⑤八远：犹言八极。指八方极远之地。

⑥冤结：冤气聚结之意。

【译文】

自从天地开辟以来，凶气连绵不断，其中偶或断绝的，到后来又重新煽起，这是为什么呢？寿命，属于上天掌握得异常严格的东西，用来特赐给确有道德的人，根本无法骗取到。真想弄清它的贵重性和难得性，必须是天地和八方极远之地的万物一律没有冤气聚结，全都万分喜悦，这才得以增加寿命。有一宗事存在让天感到不高兴的地方，就出现伤病或死亡的人。

凡人之行，或有力行善反常得恶，或有力行恶反得善，因自言为贤者非也[①]。力行善反得恶者，是承负先人之过[②]，流灾前后积，来害此人也；其行恶反得善者，是先人深有积畜大功，来流及此人也。能行大功，万万倍之，先人虽有余殃，不能及此人也。因复过去[③]，流其后世，成承五祖一小周[④]，十世而一反初[⑤]。或有小行善，不能厌囹圄其先人流恶承负之灾[⑥]，中世灭绝无后[⑦]，诚冤哉！承负者，天有三部[⑧]：

帝王三万岁相流，臣承负三千岁，民三百岁，皆承负相及，一伏一起，随人政衰盛不绝。今能法此，以天上皇治而断绝⑨，深思之而勿忘。

【注释】

①为贤者非：意谓做贤人和不做贤人并无区别，事实上都一样。

②承负：意谓先人罪过递相给后人造成了累积式的极其深重的流恶余殃。既为历史的重压，又为现实的苦果，属于社会恶性运行的根源，国家濒临崩溃的前兆。此说来源于《周易·坤卦·文言》："积善之家必有余庆，积不善之家必有余殃"，同时又糅入了东汉的世俗观念。即《论衡·感类篇》所言："阴阳不和，灾变发起，或时先世遗咎。"《辨祟篇》又谓，时人触犯刑法，"不曰过所致，而曰家有负"。

③复：免除，解除。

④五祖：五代祖先。指父、祖父、曾祖父、高祖父、高祖父之父。

⑤世：古以三十年为一世。十世则为三百年，而一祖六十岁，五祖则为三百岁，俱与下文所称民承负"三百岁"之周期数相合。

⑥厌：通"压"，遏制，制止。囹圄（líng yǔ）：牢狱。此处为陷身之意。

⑦中世：谓中间阶段。

⑧三部：三大类别。

⑨上皇治：最盛明的治理。亦即道治。

【译文】

在世人的社会活动中，有的人大力做善事却反而常常遭祸殃，有的人一味干坏事却反而有福气，由此而使做善事的人自己对自己说：努力做贤人，看来是不值得的。其实大力做善事却反而遭祸殃的人，这是承负了自家先人的过恶，流行的灾殃前后聚集，到此时来危害这个人；那些干坏事却反而有福气的人，这是他的先人对皇天立有积累起来的大功劳，到此时把那种泽惠施布给这个人。能够对皇天建立起大功劳，达到先人过恶的万万倍，尽管先人积有余殃，却也不能再降临到这个人的身上了。随后就解除了过去的一切，还延及到他的后代。五代祖先递相承续，构成一个小轮次，历经三百年就回复到未有承负时的状态。有的人具有行善的小功绩，但却不能遏止住本身陷入自家先人流恶承负的灾殃，中期就家门灭绝，没有后代，确实是太冤枉了呀！上天对承负划定了三个类别：帝王三万年递相沿袭，臣下承负要历经三千年，平民百姓承负要历经三百年，全是承负接连延续，一伏一起，随同人间政治的盛衰而不断绝。如今能够执持这种区定，凭借上天最盛明的道治就会把它一下子断绝了。要深思这一点，切切不可忘记。

凡人有三寿，应三气：太阳、太阴、中和之命也①。上寿一百二十，中寿八十，下寿六十。百二十者，应天大历一岁②，竟终天地界也③。八十者，应阴阳分别八偶等应地④，分别应地，分别万物⑤，死者去，生者留。六十者，应中和气，得六月《遁》卦⑥。遁者，逃亡也，故主死生之会也⑦。如行善不止，过此寿谓之度世⑧。行恶不止，不及三寿，皆夭也⑨。

【注释】

①“应三气”二句：此言元气的三种分化形态及与之相应的寿龄区定结果。即：太阳气为天，太阴气为地，由太阳气与太阴气交合而成的中和气为人，人之寿命遂因之而定。

②大历：指阴阳二气在全年内消长升降的全过程。其中缘自极阴而生阳，遂阳始于亥（夏历当年十月），阳生于子（夏历当年十一月冬至），阳形于丑（夏历当年十二月），直至来年夏历四月，便渐次构成了阳气上升的阶段。而由“阳生于子”到夏历四月，则被

《易》学家称作六阳。反之,阳极而生阴,遂阴始于巳(夏历四月),阴生于午(夏历五月夏至),阴形于未(夏历六月),直至夏历十月,便渐次构成了阴气上升的阶段。而由"阴生于午"到夏历十月,则被《易》学家称作六阴。其间具体变化情形,详见本经卷四十四《案书明刑德法》所述。一岁:即十二个月。本经卷九十三《国不可胜数诀》谓:"岁月数,独十二。此十二月者,乃元气幽冥,阴阳更建始之数也。"

③天地界:指天地的界位或界域。即空间位所的区分及其属性的确定。本经卷六十九《天谶支干相配法》称:"天之格谶,东方南方位尊,上属天。……西方、北方位卑,属地。"是故大部:以东、南为天,西、北为地。本经已部《经文部数所应诀》后附遗文云:"三正(历法名,即天正——周历、地正——殷历、人正——夏历)起于东方,天之首端也;岁月极于东北,天极也。夫天寿者,数之刚也;东北,物之始也,一年大数终于此,故百二十为象天也。"又辛部称:"其次百二十,谓岁数除纪也。"实与本处所云意合意同。质言之,即把十二个月扩大十倍,再变"月"为"年",遂成一百二十岁。

④八偶:"偶"系"隅"字之讹。八隅,指八卦所代表的地理方位和空间坐标,即西北乾卦、正北坎卦、东北艮卦、正东震卦、东南巽卦、正南离卦、西南坤卦、正西兑卦。前四卦属阳卦,后四卦属阴卦,故曰"等"。等:对等。本经卷六十九《天谶支干相配法》有天地八界阴阳位之说,即:"日之界者,以日出于卯,入于酉,以南为阳,北为阴。天门地户界者,以巽初生东南角,乾初生西北角,以东北为阳,以西南为阴。子初九,午初六,以东为阳,西为阴。立春于东北角,立秋于西北(南)角,以东南为阳,西北为阴。此名为天地八界分别阴阳位。"

⑤分别万物:谓万物生长的过程与周期。即本经卷四十《分解本末

法》所云：(万物)始萌于北，元气起于子；转而东北，布根于角；转在东方，生出达；转在东南，而悉生枝叶；转在南方，而茂盛；转在西南，而向盛；转在西方，而成熟；转在西北，而终。以上所云，质言之，即把八方扩大十倍，再变“方”为“年”，遂成八十岁。本经己部《经文部数所应诀》后附遗文称：“八十者，方立秋，秋者白气、白虎持事”，则着眼时令作说解而同此处着眼方位作说解有异。

⑥六月《遁》卦：《遁》卦为六十四卦中的第三十三卦。卦形为艮下乾上，有退避之象，故名为《遁》。在汉代《易》学中，《遁》卦是孟喜、京房氏十二消息卦之一，配以建未之月，即夏历六月。本经缘此六月，故定下寿为六十岁。即把六个月扩大十倍，再变“月”为“年”，遂成六十岁。本经己部《经文部数所应诀》后附遗文称：“六十者，阳止阴起”，则着眼时令作说解而同此处着眼《遁》卦卦性作说解有异。以上所定三寿，与辛部经文所定头等寿命一百三十岁，二等寿命一百二十岁，三等寿命一百岁；己部《经文部数所应诀》后附遗文所定天寿一百二十岁，地寿一百岁，人寿八十岁，霸寿六十岁，仵寿五十岁，显然不同。

⑦会：交会处，转折点。俗谓六十为人生一大坎，即此意。

⑧此寿：指上寿一百二十岁。度世：超凡成仙。本经佚文有云：“上天度世者，以万岁为一日，其次千岁为一日，其次百岁为一日，其次乃至十日为一日。”

⑨夭：早亡。汉刘熙《释名·释丧制》云：“少壮而死曰夭，如取物，中夭折也。”

【译文】

世人计有三种寿命，分别应合三气，也就是太阳气、太阴气、中和气所赋予的本命。上寿为一百二十岁，中寿为八十岁，下寿为六十岁。一百二十岁，这是应合上天历经阴阳二气消长升降的全过程而用时一年十二个月，沿天地部界转了一整圈。八十岁，这是应合地上按阴阳分成八个方位，万物顺应这地上八个方位展开生命周期，死的就消亡而去，生的就留存下来。六十岁，这是应合中和气，与六月《遁》卦相对应。所谓遁，是说逃亡，所以本卦就构成了死生的交会处。如果做善事不止息，超过上寿一百二十岁，那就叫做度世成仙了。倘若干坏事不止息，根本活不到三寿的既定寿龄，都会早早就死去。

胞胎及未成人而死者①，谓之无辜承负先人之过。多头疾者②，天气不悦也；多足疾者③，地气不悦也；多五内疾者④，是五行气战也；多病四肢者⑤，四时气不和也；多病聋盲者⑥，三光失度也；多病寒热者⑦，阴阳气忿争也；多病愦乱者⑧，万物失所也；多病鬼物者⑨，天地神灵怒也；多病温而死者⑩，太阳气杀也；多病寒死者⑪，太阴气害也；多病卒死者⑫，刑气太急也⑬；多病气胀或少气者⑭，八节乖错也⑮。

【注释】

①胞胎：即胎儿。指胎死腹中或落地即死者。

②多头疾：此缘头圆象天为说。

③多足疾：此缘足方象地为说。

④多五内疾：此缘五脏与五行相配法为说。五内即五脏。

⑤多病四肢：此缘四肢象四时为说。春季少阳气，夏季太阳气，秋季少阴气，冬季太阴气，共同组成四时气。

⑥多病聋盲：此缘耳目口鼻七窍象日月星为说。

⑦寒热：谓同一病人身上寒象、热象同时并见，如表热里寒、表寒里热、上热下寒、上寒下热之类。

⑧愦(kuì)乱：昏聩迷乱。谓神志不清患者等。

⑨多病鬼物者：谓邪病、怪病患者。

⑩温：指因热邪偏盛或由阴液亏耗所引起的以火热为主要临床特征的一类病。

⑪寒：指由感受寒湿之邪或因内伤久病、阳气亏虚，或过服生冷、阴寒内盛所致并以寒冷为主要临床特征的一类病。

⑫卒死：暴亡。卒，后多作“猝”，突然，猛然。

⑬刑气：刑罚克杀之气。

⑭少气：犹言短气。谓呼吸短促，难以接续。

⑮八节：指立春、立夏、立秋、立冬、春分、夏至、秋分、冬至。

【译文】

还没生下来以及尚未成年就死去的人，都叫做无辜承负先人的罪过。世上出现很多头部疾病患者，这是由天气不悦引发和造成的；世上出现很多足部疾病患者，这是由地气不悦引发和造成的；世上出现很多五脏疾病患者，这是由五行气乱斗引发和造成的；世上出现很多四肢疾病患者，这是由四时气不和谐引发和造成的；世上出现很多聋盲病患者，这是由日月星偏离天体位置和运行轨道引发和造成的；世上出现很多寒热并发症患者，这是由阴阳二气忿怒相争引发和造成的；世上出现很多神志不清患者，这是由万物失去生长空间引发和造成的；世上出现很多邪病怪病患者，这是由天地神灵勃然大怒引发和造成的；世上出现很多因患热症而死去的人，这是被太阳气克杀的；世上出现很多因患寒症而死去的人，这是被太阴气戕害的；世上出现很多刚得病就突然死去的人，这是由刑杀气太猛烈引发和造成的；世上出现许多气胀或气短病患者，这是由立春等八个主要节气错乱引发和造成的。

今天地阴阳，内独尽失其所，故病害万物。帝王其治不和，水旱无常，盗贼数起，反更急其刑罚，或增之重益纷纷①，连结不解，民皆上呼天，县官治乖乱，失节无常，万物失伤，上感动苍天，三光勃乱多变[②]，列星乱行[③]。故与至道[④]，可以救之者也。吾知天意，不欺子也。天威一发[⑤]，不可禁也，获罪于天，令人夭死。

【注释】

①重益纷纷：意谓把律条订得越来越繁苛。

②勃乱：违背常规，突生错乱。指日月蚀等。

③乱行：谓行星脱离既定的运行轨道而恒星又不在原来的天体位置上。

④与：赞许、认同之意。至道：最高真道，至高无上之道。

⑤天威：上天的威怒。

【译文】

如今天地阴阳，偏偏在内部全都失去了它们固有的方位和处所，因而就伤残祸害万物。帝王的治理不协和，水灾旱灾随时发生，盗贼频繁出现，反而进一步加重刑罚，把律条增订得越来越繁苛，交相并用而不放松，老百姓全都仰面呼叫苍天，当朝天子的治理一片混乱，失去次序而无常规，万物死去或受损伤，都往上感召引动苍天，日月星勃乱多变，众星辰脱离既定的天体位置和运行轨道。所以面对这一切，认同最高真道，才是能够挽救的办法。我了解上天的心意，决不欺哄你们。天威一旦发作，根本就无法阻止，获罪于天，让人早死。

初天地开辟，自太圣人各通达于一面[①]，诚真知之，不复有疑也。故能各作一大业[②]，令后世修之，无有过误也。故圣人尚各长于一大业，不能必知天道，故各异其德，比若天，而况及人乎！天地各长于一，故天长于高而清明，地长于下而重浊，中和长养万物也，犹不能兼[③]，而况凡人乎！

【注释】

①太圣人：地位最高的圣人。“太”为“大”的今字，意为极大。古人但凡言大而犹以为形容未尽，则作太。通达于一面：意谓只对某个方面的事理通晓洞达。

②大业：指理论学说。古以立言为人生的重大建树，将其视作“三不朽”的重要组成部分。《左传·襄公二十四年》称：“大上有立德，其次有立功，其次有立言，虽久不废，此之谓不朽。”

③兼：同时具备或涉及数种事物或若干方面。

【译文】

天地开辟之初，大圣人各自对某个方面的事理既通晓又洞达，确实熟谙那个方面的真谛所在，不会让人再提出什么值得怀疑的问题。所以能够各自创立起一种学说，使后世研习它，别再产生过失和错误。所以大圣人尚且只在他所创立的那种学说上各自占优势，但却必定做不到通晓天道，所以他们独有所得的学说就各不相同。拿天来做比拟也是如此，何况推及到人呢！天地只在一个方面各占优势，所以天的优势在于高远而又轻清明彻，地的优势在于低下而又凝重浑浊，天地必须通过交合形成人间才能化生和养长万物，仍然做不到独自兼备，何况凡人呢！

亥为天地西北极也①，巳为天地东南极也②，亥寒不以时收闭，来年巳反伤③。子乃天地之北极也④，午为天地之南极也⑤，子今冬不善顺藏，午反承负而亡也⑥。丑乃天地东北极也⑦，未乃天地西南极也⑧，丑不以时且生，六月反被其刑⑨。天地性运⑩，皆如此矣。

【注释】

①亥：十二地支第十二位。《史记·律书》谓：“亥者，该也，言阳气

藏于下，故该也。”《释名·释天》云：“亥，核也，收藏百物，核取其好恶直伪也。亦言物成，皆坚核也。”

②巳：十二地支第六位。《史记·律书》谓：“巳者，言阳气之已尽也。”《释名·释天》云：“巳，已也，阳气毕布已也。于《易》为《巽》，巽，散也，物皆生，布散也。”

③“亥寒”二句：此系申说地支相冲（又称六冲）的一组情形。亥、巳互为对位，亥属水，巳属火，水克火，故相冲。

④子：十二地支第一位。

⑤午：十二地支第七位。《史记·律书》谓：“午者，阴阳交，故曰午。”《释名·释天》云：“午，仵也，阴气从下上，与阳相仵逆也。于《易》为《离》，离，丽也，物皆附丽阳气以茂也。”

⑥“子今”二句：此系申说地支相冲的另一组情形。子、午互为对位，子属水，午属火，水克火，故相冲。

⑦丑：十二地支第二位。

⑧未：十二地支第八位。《史记·律书》谓：“未者，言万物皆成有滋味也。”《释名·释天》云：“未，昧也，日中则昃，向幽昧也。”

⑨“丑不”二句：此系申说地支相刑（又称三刑）的一种情形，即丑刑（残伤、刑杀）未。丑属金，未属木，金克木，故相刑。

⑩性运：性谓固有的属性，运谓运转的定律。

【译文】

亥位构成天地的西北极，巳位构成天地的东南极，然而亥属水行，其所执持的寒气如果不按天时将它收拢闭藏起来，到了来年，巳作为火行反而会受到伤害。子位构成天地的北极，午位构成天地的南极，然而子属水行，如果在今年冬季不好好顺从天时予以闭藏，到了来年，午作为火行反倒承负而消亡。丑位构成天地的东北极，未位构成天地的西南极，然而丑属金行，如果不按天时让万物在地下生成，到了来年六月，未作为木行反而会遭克杀。天地的固有属性和运转的定律，全都像这个样子啊。

今帝王居百重之内[1]，其用道德，仁善万里，百姓蒙其恩，父为慈，子为孝，家足人给，不为邪恶。帝王居内，失其道德，万里之外，民臣失其职。是皆相去远万万里，其由一也[2]。习善言，不若习行于身也。

【注释】

①百重：指规模宏伟、戒备森严的皇宫建筑群。即深宫。

②由：缘由，来由。

【译文】

如今帝王居住在深宫里面，只要行用道德，仁惠就能施布到万里之外，众百姓全都蒙受到恩德，做父亲的只知道讲求慈爱，当儿子的只知道讲求孝顺，家家富足，人人充裕，不干邪恶事。帝王居住在深宫里面，如果失去道德，万里以外的众百姓和众官吏就不按各自的职守行事了。这都是距离遥远得万万里，可那缘由却都来自是否行用道德。熟知美好的治国主张，比不上亲身去熟练地推行。

阙题一

【说明】

本篇文字，相对完整，不妨独立成篇，但篇题已佚，同《敦煌目录》又殊难比勘酌定，故《合校》本标作阙题。篇中着重强调的是：精思并常保真道，方能获得长生之乐和垂拱之治。其间用作例证的关于神人、真人、仙人、霸者递相为治的史迹，纯属对先秦以来特别是汉代谶纬有关三皇五帝、三王五霸优劣论的宗教改造，聊可将它视为早期道教所拟构的上古史纲。

真人问神人："吾生不知可谓何等而常喜乎①？"神人言："子犹观昔者博大真人邪②？所以先生而后老者，以其废邪人而独好真道，真道常保而邪者消。凡人尽困穷，而我独长存，即是常喜也。昭昭独乐③，何忿之哉？"

【注释】

①可谓何等：意为究竟把它可以称作什么的那件事情。何等，什么。

②博大真人：语出《庄子·天下》。系对老子和关尹子的赞语。

③昭昭：显著之意。实乃化自《老子·二十章》："俗人昭昭，我独昏

昏。"《老子想尔注》谓:"俗人不信道,但见邪恶利得,昭昭甚明。仙士闭心,不思虑邪恶利得,若昏昏冥冥。"

【译文】

真人向神人询问说:"我活在世上,不知道究竟把它可以称作什么的那件事情能够让人经常喜悦呢?"神人回答说:"你已经观察到从前的博大真人了吧?他降生在前面又活到最后面,原因就在于他能废弃邪僻人的那套把戏而独自喜好真道,真道时常保有而邪僻的那套把戏就被消除了。世人个个困顿,陷入绝境,而我却独自长存,这也就是能让人经常喜悦的事情。异常显著地独自欢乐,还有什么忿恨的呢?"

"卒为不能长生[①],当奈何?"神人言:"积习近成,思善近生。夫道者,乃无极之经也[②]。前古神人治之[③],以真人为臣[④],以治其民,故民不知上之有天子也,而以道自然无为自治。其次真人为治,以仙人为臣[⑤],不见其民,时将知有天子也,闻其教敕[⑥],而尊其主也。其次仙人为治,以道人为臣[⑦],其治学微有刑被[⑧],法令彰也,而民心动,而有畏惧,巧诈将生也。其次霸治[⑨],不详择其臣,民多冤而乱生焉,去治渐远,去乱渐近,不可复制也。

【注释】

①卒:最终,到头来。

②无极之经:意为永无极点的常法定律。

③前古:即远古。神人:通常指神妙莫测、奇异至极的人。《庄子·天地》云:"愿闻神人。曰:上神乘光,与形灭亡,此谓照旷。致命尽情,天地乐而万事销亡,万物复情,此之谓混冥。"本经在其所构设的神仙序列中,将"神人"列为正牌神仙中的一等神仙。职

在掌理皇天。有关“神人”及下文所称“真人”、“仙人”、“道人”,详见本经卷四十二《九天消先王灾法》、卷五十六至六十四《阙题》(六)、卷七十一《致善除邪令人受道戒文》所述。

④真人:通常指炼养天性而悟道归真的人。《庄子·刻意》称:“能体纯素,谓之真人。”《文子·微明》引中黄子曰:“真人者,不视而明,不听而聪,不行而从,不言而公。”《素问·上古天真论》谓:“上古有真人者,提挈天地,把握阴阳,呼吸精气,独立守神,肌肉若一,故能寿敝天地,无有终时,此其道生。”《淮南子·本经训》云:“莫死莫生,莫虚莫盈,是谓真人。”《周易参同契·二土全功章》谓:“改形免世厄,号之曰真人。”本经在其所构设的神仙序列中,将“真人”列为正牌神仙中的二等神仙。职在掌理大地。卷一百十二《不忘诫常得福诀》云:“昆仑之墟有真人,上下有常。”

⑤仙人:指超脱尘世而身变形易、长生不死的人。《论衡·无形篇》云:“图仙人之形,体生毛,臂变为翼,行于云,则年增矣,千岁不死。此虚图也。”《释名·释长幼》云:“老而不死曰仙。仙,迁也,迁入山也。故其制字,人旁作山也。”本经在其所构设的神仙序列中,将“仙人”列为正牌神仙中的三等神仙。职在掌理四时,主管风雨。

⑥教敕:教诫训饬。敕为自上告下之词。汉代凡尊长告诫后辈或下属皆称敕。

⑦道人:指怀有道法方术的人。《庄子·天下》云:“古之道人,至于莫之是、莫之非而已矣。”汉严遵《道德指归论·上德不德篇》谓:“庄子曰:虚无无为,开导万物,谓之道人。”《文子·微明》引中黄子曰:“所谓道者,无前无后,无左无右,万物玄同,无是无非。”本经在其所构设的神仙序列中,将“道人”列为正牌神仙中的四等神仙。职在掌理五行,主管教化吉凶。卷一百十七《天咎四人辱道诫》云:“天上亦尊贵善道人,言其可与和风气,顺四时,承五

行，调风雨，助日月星宿为光明也，而使万物兴也。"

⑧刑被：刑罚加于人身之意。

⑨霸治：谓霸主所施行的统治状态。以上云云，系本《老子》和先秦以来特别是汉代谶纬关于三皇五帝、三王五霸优劣论并予以道教之改造而成。《老子·三十八章》谓："失道而后德，失德而后仁，失仁而后义，失义而后礼。"又《五十七章》云："以正治国，以奇用兵……法令滋彰，盗贼多有。"《管子·兵法》则称："明一者皇，察道者帝，通德者王，谋得兵胜者霸。"《孝经钩命决》则曰："三皇设言民不违，五帝画象（象刑）世顺机，三王肉刑揆（法）渐加，应世黠巧奸伪多。"本经卷六十六设有《三五优劣诀》专篇。

【译文】

"到头来还是不能落得个长生，对此应当怎么办呢?"神人回答说："不断践行就会接近于功成道毕，总想做善事就会接近于长生。真道是永无极点的常法定律。远古由神人治理天下，把真人作为臣属，去治理民众，所以民众不知道上面还有一位天子，也就只管仰仗真道，自然无为而自己治理自己。接下来真人施行统治，把仙人作为臣属，自身不接触民众，当时就知道将会出现天子了，也就听受他的教诫训诲，开始尊崇自己的领袖了。再接下来仙人施行统治，把道人作为臣属，从治理到学说稍有刑罚加于人身的做法被添进来，法令随之明确了，而民众的内心也就开始琢磨了，形成了畏惧感，奸巧欺诈也眼看着产生出来了。再接下来是霸主施行统治，不审慎选任手下的臣属，平民百姓大多蒙受冤屈，而动乱也就出现了。距离大治逐渐遥远，距离大乱却逐渐靠近，没办法再控制住了。

"是故思神致神，思真致真，思仙致仙，思道致道，思智致智①。圣人之精思贤人，致贤人之神来祐之；思邪，致愚人之鬼来惑之。人可思念②，皆有可致，在可思者优劣而已。

故上士为君[3]，乃思神真；中士为君[4]，乃心通而多智；下士为君[5]，无可能思，随命可为。”

【注释】

①智：谓智诈之术，即施用权术和暴力手段等。参见本经卷四十七《服人以道不以威诀》所述。

②可：随顺心愿之意。

③上士：高明的人。

④中士：中等人。

⑤下士：低劣的人。

【译文】

“所以一味地思量神人，就招来神人；一味地思量真人，就招来真人；一味地思量仙人，就招来仙人；一味地思量真道，就招来真道；一味地思量智诈之术，就招来智诈之术。圣人精思贤人，就招来贤人的神灵来佑助他；相反却去思量邪僻手段，就招来愚人的鬼魂来迷惑他。世人随顺心愿去做思量，都有能被招来的对象，区别只在于思量的对象各有优劣罢了。所以高明的人当上君主，就精思神人和真人；中等人当上君主，就内心开通而智诈之术也塞满一脑瓜子；低劣的人当上君主，什么都思量不了，只能随顺命运，弄成啥样是啥样了。”

阙题二

【说明】

本篇文字，较上篇略显凌杂，验之《敦煌目录》，究系哪篇或哪几篇的遗文，亦已殊难勘定，故《合校》本亦标作阙题。篇中旨在说明：帝王性行，乃与五行相应；极思仁善，则瑞应自来；获取到奇文殊方，则治致太平；掌握住"万道之端"，亦即无杂思，不多语，清静安神，默识内观，则内明外暗，类相感动，长吉乐而无祸乱。真道"道效"，高在使人"身变形易"，上登"神真"，而其实现的捷径，则决之于明师，行之于自身；修道目的，非为他人，各为本身。

真人问："何以知帝王思善思恶邪？"神人言："易言邪！帝王思仁善者，瑞应独为其出，图书独为其生①。帝王仁明，生于木火②；武智，生于金水③；柔和，生土④。天之垂象⑤，无误者也。"

【注释】

①图书：指灵图神书。古传黄河曾有龙马出图，伏羲氏依照它创制八卦。洛水曾有神龟出书，大禹根据它制作《洪范》(《尚书》篇名)，确立九条治国安民的根本大法。此类图、书，在汉代谶纬中

愈演愈奇，越来越多。

②木火：指木行、火行。木始生万物，火照察一切，故与上文所称“仁明”恰相匹配。

③金水：指金行、水行。金性坚刚，水能无孔不入，故与上文所称“武智”恰相匹配。

④土：指土行。土质疏松，能含吐万物，故与上文所称“柔和”恰相匹配。

⑤垂象：垂示征象。

【译文】

真人发问说：“通过什么能够知道帝王思善思恶呢？”神人回答说：“这太好讲了！帝王专念仁惠慈善的，吉祥的兆应就唯独为他显现，灵图神书也唯独为他降示。帝王仁德英明，是从木行、火行生发出来的；帝王勇武机智，是从金行、水行生发出来的；帝王柔和，是从土行生发出来的。上天垂示法象，是从来没有差错的。”

真人问：“古者特生之图奇方①，谁当得者乎？”“其吏民得之，献王者、帝王者，时气即为和良②，政治益明，道术贤哲出为辅弼之③，帝王之道，日强盛矣。夷狄灭息，垂拱而治④，刑罚自绝，民无兵革。帝王思善之证，可不知哉？不睹其人，已知之矣。”

【注释】

①特生：单独出现之意。图奇方：指神图仙方。参见本经卷四十七《上善臣子弟子为君父师得仙方诀》所述。

②时气：谓时令节气的流转变化。本经卷一百十五至一百十六《某诀》（《敦煌目录》作《音声儛曲吉凶》）云：“时气者，即天地之所响

（向），所兴为也。时气者，正天之时气也。”和良：协和正常。

③道术贤哲：指贤明睿智的有道之士。辅弼：辅佐，辅助。

④垂拱：垂衣拱手。极言天下大治之甚。

【译文】

真人又问："古代单独出现的图箓和神奇的仙方，应该由谁得到它们呢？""发现地所在的官吏和百姓得到后，就应献给称得上'王'、够得上'帝'的那些人，时气由此便为之协和正常，国家政治也更加清明，贤明睿智的有道之士都自动出来辅佐他，帝王之道就一天比一天强盛了。边区各部族灭亡止息，垂衣拱手实现大治，刑罚自行断绝，众百姓碰不上战争。这样一来，帝王思索并求取美好政治的证验，还能不清楚吗？即使看不到他本人，也已经知道他怎么样了。"

真人问神人："何以能知此乎？"神人言："以无声致之[①]。君欲仁好生，象天道也；臣欲柔而顺好养，法地道也，即善应出矣[②]。故天地不语而长存，其治独神[③]；神灵不语而长仙，皆以内明而外暗，故为万道之端[④]。夫神灵出入[⑤]，无有穴窠[⑥]，清静而无声，安枕而卧，神光自生[⑦]，安得不吉乐之哉？夫用口多者竭其精[⑧]，用力多者苦其形，用武多者贼其身[⑨]。此者凶祸所生也[⑩]。

【注释】

①无声：意谓默默施用真道来治国理民修身。《老子·四十一章》云："大音希声（真正洪亮的音响反而是无声的）。"

②善应：犹言瑞应。即吉祥的兆应。

③神：神奇，神妙。本经卷九十八《为道败成戒》云："是故天之为象法也，乃尊无上，反卑无下，大无外，反小无内，包养万二千物，善

恶大小，皆利祐之，授以元气而生之，终之不害伤也。故能为天，最称神也，最名无上之君也。”

④端：端首，基始。

⑤神灵：指寄居在人体各部位、诸器官内并起主宰作用的人格化的精灵与神灵。

⑥穴窠(kē)：谓具体处所与通道。

⑦神光：《太平经圣君秘旨》谓：“安卧无为，反求腹中。今日为善清静，神明渐光，始如萤光，久似电光。”

⑧夫用口多者竭其精：《老子·五章》谓：“多言数(屡)穷。”

⑨贼：戕害之意。

⑩此者：据上下文意，“者”上宜补“三”字。

【译文】

真人接着又问神人说：“凭借什么能知道这一点呢？”神人回答说：“通过默默施用真道来实现它。君主希望自己仁慈好施生，这是效仿天道；臣下希望自己柔和顺从又好养护，这是取法地道；美好的兆应也就随之涌现了。所以天地不语而永久存在，它那治理特别神妙；神灵不语而让人长生成仙，都靠内心通明而体外幽暗，所以静默无声就成为所有道术的基始。神灵在人体内外出入，没有具体的处所和通道，清静而无声，安枕而卧，神光自动就生出，怎么能够不吉利和乐呢？用嘴说东道西太多的人，会耗尽他的精神；用力做这干那太多的人，会糟踏他的身体；用武南征北伐太多的人，会戕害他的性命。这三种表现，是凶害祸殃产生的根源。

“子慎吾之言，不可妄思。思之善或有德[①]，思之恶还自贼，安危之间，相错若发髻[②]。子戒之，无杂思也。夫人失道命即绝，审知道意命可活，勉养子精[③]，无自煎也[④]。学得明师事之，祸乱不得发也。”真人不敢失神人之辞也。

【注释】

①有德:谓有收获。德,通“得”。汉刘熙《释名·释言语》云:“德,得也,得事宜也。”

②相错:交错。发髻(jì):指盘发挽结在头部两侧。

③精:谓精气。

④自煎:意谓思绪纷繁杂乱,陷入自我煎熬的境地。

【译文】

“你要慎重对待我所讲论的事情,不可胡乱思量。思量美好的事物或许还有收获,思量邪恶的勾当反过来是自己害自己,安危之间就像盘起头发挽结在两侧那样交错在一起。你要引以为戒,不要有繁杂的念头。世人丧失掉真道,性命就断绝;详确了解真道的奥义妙旨,性命就能保住,勉力养护你那精气,不要自己煎熬自己。学道得遇明师,恭敬地侍奉他,祸乱就没办法兴起。”真人对神人的话语不敢漏掉一点点。

神人言:“夫学者各为其身,不为他人也。故当各自爱而自亲,学道积久,成神真也①,与众绝殊②,是其言也。”

【注释】

①神真:指神人和真人。

②绝殊:迥然不同之意。

【译文】

神人又说:“学道的人,各自是为本身,不是为他人。所以应当分别自己爱惜自己,自己亲近自己。学道积累时间一长久,就会成为神人或真人,与普通人绝对不一样,这才属于那种实实在在的正确讲法。”

真人问："何以知道效乎[①]？"神人曰："决之于明师，行之于身，身变形易[②]，与神道同门[③]，与真为邻，与神人同户[④]。求之子身，何不睹？患其失道意，反求之四野，索之不得，便至穷老矣。遂离其根，言天下无道也[⑤]，常独愁苦。离其根，是为大灾。大人失之不能平其治[⑥]，中士失之乱其君[⑦]，仁人失之无从为贤，小人失之灭其身。古之贤圣所行，与今同耳；古之小人所穷，亦与今同耳，明证若此。"

【注释】

①道效：真道的效应。

②身变形易：谓由俗骨凡胎变成神仙。

③神道：指神灵所奉守行用的皇天道法。参见本经卷九十二《火气正神道诀》所述。同门：喻一起出入。

④同户：喻同一行列。

⑤无道：意谓无有真道存在。

⑥大人：圣人在位者。指以帝王为首的最高统治集团的核心成员。

⑦中士：指一般官吏。

【译文】

真人接着问："通过什么能够知晓真道的效应呢？"神人回答说："从明师那里得到裁断，在自家这里付诸施行，由俗骨凡胎变成神仙，与神灵奉行的真道一起出入，与真人成为近邻，与神人站在同一行列。从你自身去求索，还有什么不能够察知的呢？弊病就出在有人失却真道的奥义妙旨，反而到四处荒僻的地方去求索，还没求索到，就已经人老快入土了。于是离开那根基，声称天下就不存在什么真道，经常一个人在那里忧愁苦恼。离开了根基，这可是大灾祸。最高统治者失掉它，就不能使天下的治理获得太平。一般官吏失掉它，就会扰乱他的君主。仁人失掉它，就没有办法成为贤人。普通百姓失掉它，就会断送自己的性命。古代贤圣所施行的，与当今相同；古代普通百姓所困穷的，也与当今相同，明证就像这样摆在人们的面前。”

真人问：“何以知人将兴将衰乎？”神人言：“大人将兴，奇文出[①]，贤者助之为治；家人将兴，求者得生其子，善可知矣。”真人问：“何以致是贤者？”神人言：“皆以思也。精思不止[②]，其事皆来。神哉！道之为治，可不力行哉？”

【注释】

①奇文：指奇异的天书。

②精思：谓精思事象及其义理。本经卷五十《诸乐古文是非诀》云：“故古者名学为往精，精者，乃精念其事象可宜，复思其言也。极思惟此，书策凡事毕矣。”

【译文】

真人又发问说：“通过什么能够知道世人将要兴盛和将要衰亡呢？”神人回答说：“最高统治者将要兴盛，奇异的天书就会降现，贤人辅助他进行治理。一家人将要兴盛，向天祈求就会生下自己的儿子，这类好结果是可以预知的了。”真人接着问：“凭借什么能把这些贤人招引来呢？”神人回答说：“都靠精思。精思不止，所有事情就全都来到。用真道进行治理，真是太神妙了，能不极力行用吗？”

神人言：“三纲六纪所以能长吉者[①]，以其守道也，不失其治，故常吉。天之寿命[②]，不夺人之愿。木性仁，思仁故致东方，东方主仁[③]。五方皆如斯也[④]。天下之事，各从其类。故帝王思靖，其治亦静，以类召也[⑤]。古之学者，效之于身；

今之学者，反效之于人。古之学者以安身，今之学者浮华文⑥。不积精于身，反积精于文，是为不知其根矣。”

【注释】

①三纲：指君为臣纲，父为子纲、夫为妻纲。六纪：谓诸父（伯叔父）有善，诸舅有义，族人有序，昆弟有亲，师长有尊，朋友有旧。三纲六纪属于封建时代的基本道德原则与规范。《白虎通义·三纲六纪》云：“所以称三纲何？一阴一阳谓之道，阳得阴而成，阴得阳而序，刚柔相配，故六人为三纲。三纲法天地人。六纪法六合，君臣法天，取象日月屈信，归功天也。父子法地，取象五行转相生也。夫妇法人，取象六合阴阳，有施化端也。六纪为三纲之纪者也。师长，君臣之纪也，以其皆成已也。诸父、兄弟，父子之纪也，以其有亲恩连也。诸舅、朋友，夫妇之纪也，以其皆有同志为纪助也。”

②天之寿命：指皇天为世人所注定的存活年限。即上寿一百二十岁，中寿八十岁，下寿六十岁。详参本部《解承负诀》所述。

③“木性仁”三句：木谓木行。依照五行相配法，人伦五常之“仁”，五方之“东”，俱属木行。故而这里作此描述。

④五方皆如斯：意谓南方主礼，西方主义，北方主信，中央主智。

⑤类召：类相感召之意。

⑥浮华文：指《太平经》编著者所排斥的离本已远的其他理论或方术。本经丙部卷五十列有专篇《去浮华诀》。又癸部《神人真人圣人贤人自占可行是与非法》云：“浮者，表也；华者，末也。”

【译文】

神人又说：“三纲六纪这些人伦准则，能够让人长久吉利的原因，就在于它们守行真道，不偏离固有的施治方式，所以让人经常吉利。上天赐给世人寿命，决不改变哪个人的意愿。木行的属性表现为仁慈，所以思量仁慈，就指向东方，而东方正执守仁慈。五方全都像这个样子。天下的事体，各自归从各自的类属。因而帝王精思安静，他那治理也安静，这是按类属相互感召。古代学道的人，只在本人这里取得效验；如今学道的人，却拿来给别人看。古代学道的人是用它来立身，如今学道的人却鼓弄浮华文。不在自身上精思又精思，反而在虚浮那一套上精思又精思，这纯属不知道根基所在了。”

【说明】

下列两节经文，出自《三洞珠囊》卷一《救导品》所征引，系以人体内各器官的神灵出游于外来解释各种疾病的成因，由此宣示香室斋戒、思像还神的除病法。

真人问曰："凡人何故数有病乎？"神人答曰："故肝神去，出游不时还①，目无明也②；心神去不在，其唇青白也③；肺神去不在，其鼻不通也④；肾神去不在，其耳聋也⑤；脾神去不在，令人口不知甘也⑥；头神去不在，令人眴冥也⑦；腹神去不在，令人腹中央甚不调，无所能化也⑧；四肢神去，令人不能自移也⑨。

【注释】

①时还：谓正常返归人体。

②目无明：此缘目为肝之官，肝为目之主而为说。

③唇青白：此缘舌为心之官，心为舌之主而为说。

④鼻不通：此缘鼻为肺之官，肺为鼻之主而为说。

⑤耳聋：此缘耳为肾之官，肾为耳之主而为说。

⑥口不知甘：此缘口为脾之官，脾为口之主而为说。以上所云，详

参《灵枢·五官五阅》、《素问·阴阳应象大论》、《白虎通义·情性》所述。

⑦眴(xuàn)冥:头晕目眩。脑为人之髓海,故出此语。

⑧无所能化:意谓对食物不能消化吸收。胃为水谷之海,故出此语。以上所云,详参《灵枢·海论》。

⑨不能自移:意谓瘫痪。

【译文】

真人发问说:"世人为什么常常有病呢?"神人回答说:"原因是人体中的肝神离开肝部,游荡到体外却不按时返回到肝部,人的眼睛就看不清了;心神离去而不在心室,人的唇舌就发青变白了;肺神离去而不在肺部,人的鼻孔就不通气了;肾神离去而不在肾部,人的耳朵就变聋了;脾神离去而不在脾部,就让人嘴里辨别不出甜味来;头神离去而不在头部,就让人头晕目眩;腹神离去而不在腹部,就让人腹部正中间特别不舒服,对任何食物也无法消化吸收了;四肢神离去,就让人不能再动弹而瘫痪在床。

"夫神、精,其性常居空闲之处,不居污浊之处也①。欲思还神,皆当斋戒②,悬象香室中③,百病消亡。不斋不戒,精、神不肯还反人也,皆上天共诉人也④,所以人病积多,死者不绝。"

【注释】

①不居污浊之处:《太平经圣君秘旨》谓:"真神好洁,粪秽气昏。"

②斋戒:洗心曰斋,防患曰戒。道教将其列为重要的修持仪式。

③象:指神、精的画像。详参本部《以乐却灾法》和卷七十二《斋戒思神救死诀》所述。香室:谓设有香炉、香灯等物的雅洁的修道

处所。

④诉人:意谓举报世人的渎神罪过。

【译文】

“神灵和精灵,它们的习性是经常留驻在空闲的地方,决不留驻在污浊的地方。要想精思,让神灵返归到体内,都应实行斋戒,在香室中悬挂神灵和精灵的画像进行观照,这样各种疾病就会全消亡。不斋不戒,精灵和神灵不肯返回到人体内,全都跑到天上去,一起告发世人的渎神罪过,所以世人得病越来越多,死去的人一个接一个。”

【说明】

下列一节经文,出自《五行大义》卷三《论杂配》所征引。具体内容则与《三洞珠囊》第一节引文部分重合,字句亦有省略之处。对本节引文《合校》本未予收录,兹补列。

道家《太平经》云:肝神不在,目无光明。心神不在,唇青白。肺神不在,鼻不通。肾神不在,耳聋。脾神不在,舌不知甘味。

【译文】

道家《太平经》上说:肝神不在肝部,人的眼睛就没有光彩。心神不在心室,人的唇舌就发青变白。肺神不在肺部,人的鼻孔就不通气。肾神不在肾部,人的耳朵就变聋。脾神不在脾部,人的舌头就品不出甜味来。

【说明】

下列一节经文,出自北宋官修大型类书《太平御览》卷六百六十七所征引。具体内容则与《三洞珠囊》第二节引文相同，惟字句存在些许出入。此由古人引书，每有省改所致。

《太平经》曰：真人云：人之精、神，常居空闲之处，不居污浊之间也。欲思还精，皆当斋戒香室中，百病自除。不斋戒，则精、神不肯返人也，皆上天共诉人，所以人病积多，死者不绝。

【译文】

《太平经》上说：真人讲：人体内的精灵与神灵，经常留驻在空闲的地方，决不留驻在污浊的地方。打算精思，让精灵回到体内，都要在香室中实行斋戒，各种疾病自动就会消除。不斋戒，精灵和神灵就不肯返回到人体内，全都跑到天上去，共同告发世人的渎神罪过，所以世人得病越来越多，死去的人一个接一个。

卷三十五　丙部之一

分别贫富法第四十一

【题解】

《太平经》丙部经文，今仍基本存世。《合校》本据《太平经钞》补卷三十八所缺《师策文》，尤释遗珠之憾。本篇作为丙部的首出之作，其所标举的“贫富”，实与“多所有者为富，少所有者为贫”的通行观念迥然不同。“富”之真正内涵，乃谓天地所生养的“万二千物”包括瑞应之物“毕备足”；与此相反则为“贫”。在这两极对立中，主要又有“上富”、“中富”、“下富”之分，“小贫”、“大贫”、“极下贫”之别。而这，完全取决于帝王奉行何种治国方针，从而招致与之相应又起主宰作用的各色神灵的“出助”而自食其果。只有力行道、德、仁，方可有望跃入三等太平“富家”的范围，跻身“上君”、“中君”、“下君”的行列；倘若推崇礼治文饰或武力刑罚，等待帝王的，只能是陷入“下贫”甚至“衰家”、“极下贫家”的窘境，落得个“乱君”或“衰败之君”的下场。凡此，都旨在“幸哀”帝王行有得失，并与世俗“妄语”贫富划清界限，斯即篇题中所谓“分别”之意。与社会财富问题紧相联系，篇中依照阴阳相须、孤阳“致枯”和人副天数、天人一体的“天法”及最重人命的“天地之性”，对残害妇女尤其是溺女婴、堕女胎的“天下恶过”，进行了猛烈抨击。又据阳一阴二、阳奇阴偶的“天数”和阳尊阴卑的法则，提出一男应娶二女的主张，以求共传天统地统，消除王治“一大深害”。其间把缺乏衣食，归结为虐杀戕害女子竟成“常俗”的原因之一，触击到当时的社会实质问题。

“真人前。子连时来学道，实已毕足未邪[1]？”“今天师不复为其说也，以为已足；复见天师言，乃知其有不足也。今意极讫[2]，不知所当复问，唯天师更开示其所不及也。”“行，真人来。天下何者称富足，何者称贫也？”“然。多所有者为富，少所有者为贫。”“然。子言是也，又实非也。”

【注释】

①毕足：谓已达到完全通晓和充分掌握的地步。

②极讫：已至极限之意。

【译文】

“真人你过来。你天天到我这里来学道，实际上已经达到完全通晓和充分掌握的地步了，还是仍有差距呢？”“如今天师不再为弟子做讲说，还以为已经充分掌握了；又见到天师做讲说，才明白自己还有不足。眼下思绪已到极限了，不晓得还应敬问些什么，只请天师再向弟子开示所不知道的事体。”“真人你到前面来。天下把什么称作富足呢？又把什么称作贫困呢？”“当然是拥有物品众多的，便够上富足；拥有物品稀少的，便够上贫困。”“好的。你说的听起来很对，可实际上是错误的。”

“何谓也？”“今若多邪伪佞盗贼，岂可以为富邪？今若凡人多也[1]，君王少，岂可称贫邪？”“愚暗生见天师有教，不敢不言，不及有过。”“子尚自言不及，俗人安知贫富之处哉[2]？”“今唯天师令弟子之无知，比若婴儿之无知也，须父母教授之，乃后有知也。”

【注释】

①多：指财物拥有量。

②处：谓区别之所在。

【译文】

“这样讲可是什么意思呢？”“现今如果邪伪滑巧的人和盗贼数量很多，难道可以够上富足吗？现今倘若百姓财物多，君主少，难道可以说成是贫困吗？”“愚暗弟子看到天师要有教诲，不敢不做回答，可却答不到点子上，真真犯下罪过。”“你自己尚且说答不到点子上，普通百姓又哪里会清楚贫富的区别所在呢？”“如今只请天师把弟子的无知当成是婴儿的无知，需要父母教导他，然后才会懂事。”

“善哉！子之言也。太谦，亦不失之也。诺，真人自精①，为子具言之。富之为言者，乃毕备足也。天以凡物悉生出为富足，故上皇气出②，万二千物具生出③，名为富足；中皇物小减④，不能备足万二千物，故为小贫；下皇物复少于中皇，为大贫；无瑞应，善物不生⑤，为极下贫。子欲知其大效，实比若田家，无有奇物珍宝，为贫家也。万物不能备足，为下极贫家，此天地之贫也。

【注释】

①精：谓精思事象及其义理。本经卷五十《诸乐古文是非诀》云：“故古者名学为往精，精者，乃精念其事象可宜，复思其言也。极思惟此，书策凡事毕矣。”

②上皇气：指最盛明的施生阳气。上皇，最盛明。

③万二千物：此系《太平经》编著者用术数推导出来的世界物种总数目。其中有二千物属于嘉瑞善物。其理据与“万二千国”相

同，即一年为十二个月，扩大千倍即得此数。参见本经卷三十五《分别贫富法》、丁部《阙题》(四)、卷九十三《国不可胜数诀》所述。

④中皇：指介乎于上皇和下皇之间的施生阳气。

⑤善物：指自身生命力天然便极强的动植物。

【译文】

“真是太好了！你所讲的这番话。不过你又太谦恭了，但也不算错。好的。真人自行精思，为你详尽讲解这宗事体。富足说的是，一样不缺又数量充足。皇天把万物全部生长出来看成是富足，所以最盛明的施生阳气降现了，一万两千种动植物就没有一种不生长出来，这就称之为富足；如果降现的是中等施生阳气，生物就略微减少，不能使一万两千种动植物全都齐备又数量充足，所以就构成程度稍轻的贫困了；倘若降现的是下等施生阳气，生物比中等施生阳气降现时还少，这就构成严重的贫困了；没有吉祥的兆应，生命力天然便极强的动植物生不出来，就构成极度的贫困了。你想了解那最明显的证验，也就好比农家，家中没有奇物珍宝，就属于贫困的人家。万物不能全都齐备又数量充足，就酷似极度贫困的人家，属于天地降示的贫困。

“万二千物俱出，地养之不中伤，为地富；不而善养令小伤[①]，为地小贫；大伤，为地大贫；善物畏见伤于地形[②]，而不生至，为下极贫；无珍宝物，万物半伤，为大因贫也[③]；悉伤，为虚空贫家。此以天为父，以地为母，此父母贫极，则子愁贫矣[④]，与王治相应。

【注释】

①而：能。

②形：通“刑”，指刑杀之气。

③为大因贫也：此五字中“因”当作“困”。形近而讹。

④则子愁贫矣：此五字中“愁”字《太平经钞》作“日”。于义为长。

【译文】

“一万二千种动植物全部生出，大地养护它们，中途不伤害它们，就构成大地出产富足；不能很好地养护它们，却让它们受到较轻的伤害，就构成大地出产稍显贫困；若使它们受到严重的伤害，就构成大地出产异常贫困；生命力天然便极强的动植物害怕被大地的刑杀气所伤残而不生长出来，就构成大地出产极度贫困；看不到珍贵的生物，万物有一半遭受伤残，就构成大地出产更为极度贫困；全部遭受伤残，就构成一无所有的贫家。这是世人把天当成父亲，把地看作母亲，而天父地母竟像这样贫困到无法再贫困的地步，做儿子的也就一天比一天更加贫困了，这与帝王的治理恰相对应。

“是故古者圣王治[①]，能致万二千物，为上富君也；善物不足三分之二，为中富之君也；不足三分之一，为下富之君也；无有珍奇善物，为下贫君也；万物半伤，为衰家也；悉伤，为下贫人。古者圣贤乃深居幽室[②]，而自思道德所及[③]，贫富何须问之？坐自知之矣。”

【注释】

①是故古者圣王治：此七字中《太平经钞》于“治”上有“以道”二字，“治”下有“天下”二字。

②古者圣贤乃深居幽室：此九字中“圣贤”二字《太平经钞》作“有道帝王”四字。幽室，清幽的居室。

③所及：指波及面和深入的程度。详见本经卷六十六《三五优劣

诀》所述。

【译文】

“所以古代圣明的君主治理天下，能使一万二千种动植物全部生齐又量大，就属于第一等富足的君主；而生命力天然便极强的动植物达不到三分之二，就属于中等富足的君主；达不到三分之一，就属于下等富足的君主；看不到珍贵和生命力天然便极强的动植物，就属于非常贫困的君主；万物有一半受到伤残，就属于衰败的人家；全部受到伤残，就属于最贫困的人。古代的圣贤深居在清幽的屋室当中，自行思索道德教化所波及的范围和深度，贫富还哪里需要再去询问别人呢？端坐在那里就自己很清楚了。”

“善哉善哉！今唯天师幸哀帝王久愁苦，不得行意[①]，以何能致此贫富乎？”“善哉善哉！子之难问也，已入微言要矣[②]。然。所行得失致之也。力行真道者，乃天生神助其化[③]，故天神善物备足也[④]；行德者，地之阳养神出[⑤]，辅助其治，故半富也；行仁者，中和仁神出[⑥]，助其治，故小富也。行文者[⑦]，隐欺之阶也[⑧]，故欺神出助之[⑨]，故其治小乱也；行武者[⑩]，得盗贼神出助之[⑪]，故其治逆于天心，而伤害善人也。

【注释】

①行意：指治国大法的要意。

②微言要：即精微深远之言的要领所在。

③天生神：泛指分布在天界的职在施生的众神灵。参见本经卷九十三《敬事神十五年太平诀》所述。

④天：犹言自然界。神善物：即上文所称瑞应之物及自身生命力天然便极强之物。

⑤阳养神：泛指助天养育万物的地神。地性好养，本身又分阴阳，即阴中之阳和阴中之阴，前者主养，后者主杀，故此处遂有“阳养神”之称。本经卷六十九《天谶支干相配法》谓：“地者但比于天，为纯阴独居，同自有阴阳耳。”

⑥中和：天之阳气与地之阴气交合而成者为中和，指世间。仁神：职在施布仁惠的神灵。

⑦文：文饰。指繁冗的条文教令和奏章、诗文、歌赋等。汉刘熙《释名・释言语》云：“文者，会集众彩以成锦绣，会集众字以成辞义，如文绣然也。”

⑧阶：台阶。喻起因。

⑨欺神：职在进行欺诈的神灵。

⑩武：指武力镇压和刑罚惩治。详参本经辛部第六条经文及癸部《七事解迷法》所述。

⑪盗贼神：职在驱使世人为盗作贼的神灵。以上诸类神灵，系由本经极力宣扬万事万物有神论而致其然。如卷五十六至六十四丁部《阙题》（四）谓：“夫万二千物，各自存精神。”又辛部称：“故凡事大小，皆有精神，巨者有巨精神，小者有小精神。真事有真神，邪事有邪神，善事有善精神，恶事有恶精神。”丁部《阙题》（六）复称：“神也者，皇天之吏也。”卷九十八《神司人守本阴祐诀》云：“夫神，乃无形象、变化无穷极之物也。”

【译文】

“这太好了！这太好了！如今天师只管对帝王长久地愁苦，获取不到治国大法的要意而幸予哀怜，可却因何缘故竟能造成这种贫富悬殊的局面呢？”“真是太好了！真是太好了！你这诘难性的发问啊，已经触及到精微深远言论的要领所在了。好的。这全是由他们所行用的治国大法的得失造成的。大力行用真道的帝王，天上职在化生的众神灵于是就帮助他化生，所以自然界的祥瑞物和生命力天然便极强的动植物就都齐备又数量充足；行用真德的帝王，大地职在助天养育万物的神灵就会出来，辅助他治理，所以便形成一半富足的局面；行用仁政的帝王，世间职在施布仁惠的神灵就会出来，帮助他治理，所以便形成稍略富足的局面。行用文饰那套做法的帝王，文饰构成隐瞒欺诈的源头，所以职在进行欺诈的神灵就出来帮助他，因而他那治理便逐渐陷入混乱；行用武力那套做法的帝王，就招引职在驱使世人为盗作贼的神灵出来帮助他，所以他那治理便与天心相违逆，以至伤害善人。

“道者，乃天所案行也①。天者最神②，故真神出助其化也；地者养，故德神出助其化也；人者仁③，故仁神出助其化也；文者主相文欺④，失其本根，故欺神出助之也，上下相文，其事乱也；武者以刑杀伤服人⑤，盗贼亦以刑杀伤服人。夫以怒喜猛威服人者，盗贼也，故盗贼多出，其治凶也。盗贼多以财物为害⑥，故其治失于财货也。

【注释】

①案行：查照遵行。天缘道而生，依道而行，道废不行，则天道乱毁，故而此处以“道”为天“案行”的依据。参见本经乙部《守一明法》、壬部首段经文所述。

②神：神妙，神验。本经卷五十六至六十四《阙题》（六）称：“故天称神，能使神也。”又卷九十二《万二千国始火始气诀》谓：“天者为神主，神灵之长也。”

③人者仁：此据汉代谶纬为说。《春秋元命苞》谓：“仁者，情志好生爱人，故其为人以仁。其立字，二人为仁。”又《释名·释形体》云：“人，仁也。仁，生物也。故《易》曰：立人之道曰仁与义。”

④文欺：指冠冕堂皇、带有蒙蔽性的欺诈行径。

⑤服人：迫使人们顺服之意。详见本经卷四十七《服人以道不以威诀》所述。

⑥害：谓杀人越货。以上所云诸神出助之理据，本经辛部第六条经文则一言以蔽之云："天地各以类行神灵也，天将助之，神灵趋之。"

【译文】

"真道是皇天所查照遵行的依据。皇天最神验，所以真神就出来协助他化生；大地职在养护，所以德神就出来协助他化育；世人本性便仁惠，所以世间职在施布仁惠的神灵就出来协助他化导；文饰专门发挥让人彼此冠冕堂皇地施行欺诈的作用，失去了治国的根本，所以职在进行欺诈的神灵就出来协助世人，上下只管相互文过饰非，政事便混乱了；武力专靠刑罚、杀害和伤残迫使人们顺服，盗贼也依仗刑罚、杀害和伤残迫使人们顺服。只凭个人喜怒和狞猛凶暴迫使人们顺服的，正是那盗贼，所以盗贼四处出现，帝王的治理就凶险。盗贼大都因为财物来杀人越货，所以帝王的治理便在财政上出现大窟窿。

"故古者上君，以道服人，大得天心，其治若神而不愁者，以真道服人也。中君以德服人，下君以仁服人，乱君以文服人，凶败之君将以刑杀伤服人。是以古者上君，以道、德、仁治服人也，不以文刑杀伤服人也，所以然者，乃鄙用之也[①]。

【注释】

①鄙用：不屑于行用。鄙，轻视，鄙视。

【译文】

"故而古代的第一等君主，凭仗真道使人们心悦诚服，完全获取到天心，他那治理就神妙如神而不愁苦，正因凭仗真道而使人们心悦诚服。中等君主凭仗真德使人们顺服，下等君主凭仗仁惠使人们顺服，昏乱的君主凭仗文饰使人们顺服，凶败的君主更打算凭仗刑罚、杀害和伤残迫使人们顺服。所以古代的第一等君主，专靠道治、德治、仁治来使人顺服，不靠文饰、刑罚、杀害、伤残来使人们顺服，之所以如此，正因不屑行用这套做法。

“上君子乃与天地相似，故天乃好生不伤也，故称君称父也；地以好养万物，故称良臣称母也①；人者当用心仁而爱育，似于天地，故称仁也。此三者善也，故得共治万物，为其师长也②。夫欺、刑者，不可以治，日致凶矣，不能为帝王致太平也，故当断之也。今真人以吾书付有道德之君力行之，令效立与天相应，而致太平，可名为富家，不疑也，可无使帝王愁苦，反名为贫家也。”

【注释】

①良臣：优秀的臣僚。本经卷四十八《三合相通诀》云：“地者，臣也。”

②师长：喻指帝王所应奉行的治国方针和根本举措。

【译文】

“第一流的君子正与天地特相像，所以皇天喜好施生而不伤害，因而被称为大地的君主，世人的父亲；大地由于喜好养护万物，因而被称为皇天的良臣，世人的母亲；世人本应用心仁慈又喜爱化育，和天地相类似，因而被称为人即仁。这三个方面都属于美好的东西，因而得以共同治理万物，也就成为帝王治国理政的师长。文饰和刑罚那套做法，达不到治理的目的，反而会一天比一天招来凶害，不能为帝王造成天下太平的局面，所以便应废弃它们。如今真人把我这书文授付给具有道德的君主，大力行用它，使效验立刻就与皇天相应合，实现那番天下太平的景象，有资格被称为富家，绝对毫无疑义，真能不让帝王再愁苦，而反倒被称为贫家。”

“今民间时相谓为富家，何等也？”“是者，但俗人妄语耳。富之为言者，乃悉备足也。一事不具，辄为不具足也。故古者圣贤不责备于一人者，言其不能备之也，故不具责之也。今八十一域国①，物各少，不备足也，不能常足也，故从他国取之也。今一家，有何等富哉？真人其好随俗人妄言邪？”“不敢不敢。”“子既学，慎言无妄谈也。夫妄谈，乃乱天地之正文，不可为人法②，慎之！”

【注释】

①八十一域国：指东汉王朝的统治区域。八十一域乃据大九州说为言。战国阴阳家邹衍认为，中国名为赤县神州，九个像赤县神州那样的州组成一大州，周围有小海环绕；这样的大州又有九个，周围有大海环绕；再往外，才是天地的边际。这种地理假说，史称大九州说。由于赤县神州之内又分九州，九九相乘，则一大州计有八十一域。参见本经卷九十三《国不可胜数诀》所述。

②人法：意为世人必定遵行的法则。详参本经卷九十七《事师如事父言当成法诀》所述。

【译文】

“如今民间经常互相说谁谁家是富家，这究竟该用什么做出判定呢？”“这类富家，纯属庸俗的人在那里妄作评议罢了。富足讲的是，天下所有的出产全都齐备又数量充足。若有一种事项未被包括在内，就够不上全都齐备又数量充足。所以古代的圣贤对某个人并不求全责备，这是说他不可能什么都行，因而也不要求他哪样都好。如今八十一域内的各个封国，财物分别有所缺，并非全都齐备又数量充足，做不到总够自身使用，所以还设法从其他封国谋取一些。而当今的某户人家，又有什么富足可言呢？真人竟要喜好随顺庸俗人妄作评议吗？”“不敢不敢。”“你既然学道，就该出言谨慎，不去胡乱谈论。胡乱谈论属于扰乱天地的正文，形不成世人必定遵行的法则，对此要慎重！”

“唯唯。今天师既加恩爱，乃怜帝王在位用心愁苦，不得天意，为其每具开说可以致上皇太平之路。愚生受书众多，大眩童蒙[①]，不知当复问何等哉，唯天明师，悉具陈列其诫。”“善哉善哉！然。天法阳数一[②]，阴数二，故阳者奇[③]，阴者偶，是故君少而臣多。阳者尊[④]，阴者卑，故二阴当共事一阳，故天数一而地数二也[⑤]，故当二女共事一男也。”

【注释】

①大眩：极为迷乱之意。童蒙：幼稚愚昧。语出《周易·蒙》卦。此系自谦之辞。

②阳数：代表阳性事物的抽象数目字。下文“阴数”，与此相对而称。数指自然基数。

③奇(jī)：单数。下文“偶”，与此相对而称，即双数。

④尊：尊贵。下文“卑”与此相对而称，谓卑贱。本经卷九十三设有专篇《阳尊阴卑诀》，起首即称：“阳所以独名尊而贵者，守本常盈满而有实也；阴所以独名卑且贱者，以其虚空而无实也，故见恶见贱也。”

⑤天数：指一、三、五、七、九诸奇数。该五数相加为二十五。此处

所称“一”，谓其起始数。地数：指二、四、六、八、十诸偶数。该五数相加为三十。此处所称“二”，谓其起始数。

【译文】

“是是。如今天师既然施加仁爱，专去哀怜帝王在位，用心愁苦，获取不到皇天的心意，为他每每开示和阐说确能实现最盛明太平局面的途径。愚生承受所赐书文众多，但却幼稚愚昧，极为迷乱，真不晓得应再询问什么事情才好，只请皇天明师，完整详尽地指陈列示那些道诫。”“你这请求太好了！太好了！是的。皇天的法则规定，阳数为一，阴数为二，所以阳数全属单数，阴数全属双数。因而使君主极少而臣僚众多。阳显尊贵，阴显卑贱，所以二阴就应共同侍奉一阳，因而天数是一而地数是二，所以就该两个女子共同侍奉一名男子。”

“何必二人共养一人乎？”“尊者之傍，不可空为①。一人行，一人当立坐其傍，给侍其不足。故一者，乃象天也；二者，乃象地也；人者，乃是天地之子②，故当象其父母。今天下失道以来，多贱女子，而反贼杀之③，令使女子少于男，故使阴气绝，不与天地法相应。天道法：孤阳无双④，致枯⑤，令天不时雨⑥。女者应地，独见贱，天下共贱其真母⑦，共贼害杀地气，令使地气绝也不生，地大怒不悦，灾害益多，使王治不得平。”

【注释】

①空为（wéi）：意为没有供役使的人。

②天地之子：人由天生地养而存在，故出此语。《素问·宝命全形论》云：“人能应四时者，天地为之父母；知万物者，谓之天子。”本经卷四十五《起土出书诀》谓：“天者养人命，地者养人形，人则大

愚蔽且暗，不知重尊其父母。”

③贼杀：虐杀，戕杀。

④孤阳：单一的阳气。双：指与阳气相配的阴气。

⑤枯：枯竭。

⑥时雨：谓按节气时令应期降雨。汉代谶纬有八风三十六雨的说法。详见《春秋说题辞》所述。

⑦真母：生母。指大地。本经卷九十六《忍辱象天地至诚与神相应大戒》云：“地者，乃德之长，德之纪，德之所因缘而止也；故能长为万物之母也。”

【译文】

“为什么必定要两个人共同侍奉一个人呢？”“因为在尊贵者的身旁，不能没有供役使的人。其中一个人跑前跑后，另一个人就应站立或坐在他旁边，给他拿这拿那。所以一，象征着皇天；二，象征着大地；人是天地的儿子，所以就应效法自己父母的所作所为。如今天下丧失真道以来，大多把女子看得很低贱，反而虐杀她们，致使女子少于男子，因而让阴气断绝，不与天地的法则相适应。天道的法则是：单一的阳气没有与它相配的阴气，就造成枯竭，导致皇天无法按节气时令降下雨水来。女子与大地相对应，偏偏被轻视，天下共同轻视他们的真母，一起伤害戕杀地气，致使地气断绝而不生育，地母由此大怒不悦，灾害随之越来越多，使帝王的治理得不到安平。”

“何也？”“夫男者，乃天之精神也；女者，乃地之精神也①。物以类相感动，王治不平，本非独王者之过也，乃凡人失道轻事，共为非，其得过非一也，乃万端，故使治难平乖错也②。天地之性，万二千物，人命最重③，此贼杀女，深乱王者之治，大咎在此也④。”

【注释】

①"夫男者"四句:本经以人禀天地阴阳二气而生,受天之阳气多者为男,受地之阴气多者为女。男属天,女属地,体内俱有人格化的神灵与精灵在起主宰作用。故于此处谓男为"天之精神",谓女为"地之精神"。参见本经卷九十三《阳尊阴卑诀》、卷九十六《忍辱象天地至诚与神相应大戒》所述。

②乖错:乖逆错乱。

③人命最重:此系标揭人在生物世界中所占据的固有地位。《老子·二十五章》谓:"道大,天大,地大,王亦大。域中有四大,而王居其一焉。"伪《古文尚书·泰誓》云:"惟天地,万物父母;惟人,万物之灵。"《素问·宝命全形论》曰:"天覆地载,万物悉备,莫贵于人。"《礼记·礼运》称:"人者,五行之秀气也。"《孝经·圣治章》谓:"天地之性人为贵。"《风俗通义》称:"万类之中,唯人为贵。"本经癸部《利尊上延命法》云:"元气分成三处,一气为天,一气为地,一气为人,余气散备万物,是故尊天重地贵人也。"

④大咎:大祸患。

【译文】

"这是为什么呢?""因为男子属于皇天精灵与神灵的聚合凝结体,女子属于大地精灵与神灵的聚合凝结体。物体按类属彼此感应和引动,帝王的治理不太平,原本上也不单单是帝王的过错,更在于世人丧失真道,轻率行事,共同为非作歹,造成的罪过并非仅仅一两种,简直多极了,所以便使国家政治难太平而乖逆错乱。天地的本性是,在一万二千种动植物中,人命最贵重,而虐杀女子的行径,正深深搅乱了帝王的治理,大祸患恰恰出在这上面。"

"今天师为王者开辟太平之阶路,太平之真经出,为王者但当游而无事①。今是伤女,为其致大灾,当奈何之乎?"

"善哉！子之问也，得天心矣。然。天下所以贱恶女者，本恶过在其行[②]。""何谓也？愿闻之，试得记于竹帛[③]，万万世不敢去也。""善哉，子今能记之，天下无复杀女者也。""唯唯。愿记之，以除帝王之灾，吾所乐也，以救冤女之命。""善哉，子已得益天算矣[④]。""何谓也?""然。活人名为自活，杀人名为自杀。天爱子可为[⑤]，已得增算于天，司命易子籍矣[⑥]。""不敢也，不敢也。"

【注释】

①游：谓四处游乐。

②其行：指女子日后无益于父母，而在婚前又须父母养育。详见下文所言。

③竹帛：竹简与缣帛。为汉代所使用的主要书写材料。

④天算：指皇天在人生前为之注定的寿龄。其享寿未尽者，所余部分则由皇天另行掌握，转赐给其他对皇天立有大功的人。本经以一年为一算，与《抱朴子》百日一算不同。详见辛部第十三条经文所述。

⑤可为：指内心乐意做的事情。

⑥司命：掌管世人生死寿夭的神灵。本经卷一百十二《写书不用徒自苦诫》称："故令司命，近在胸心。"又本经佚文称："常有六司命神，共议人过失。"易：改换。籍：命籍。指天庭所设置的长生簿。

【译文】

"如今天师为帝王开辟天下太平的阶梯与道路，太平真经一问世，帝王只应终日游乐而无所事事。可现下伤害女子，却为帝王招来大灾祸，到底应该怎么办呢?""你这提问太好了！获取到皇天的心意了。好的。天下轻视厌恶女子，源于人们厌恶那类过失正出在女子的一生行迹上。""这话是什么意思呢?希望听到其中的奥秘,能让弟子把它尝试着记载在竹简缣帛上,万万世不敢偏离它。""这太好了,你眼下能把它载录下来,全天下就没有再虐杀女子的了。""是是。愿意载录下来,用它去消除帝王的灾祸,这是我所高兴做的,以便救护女子的性命。""这太好了,你已经获取到皇天给你增加的寿龄了。""这话怎么讲呢?""好的。让别人活命,叫做自己得活命;杀害别人,叫做自己杀害自己。皇天喜爱你心里愿做这种事情,你已经从皇天那里获取到增加的寿龄了,司命神已经改换你那命籍了。""我可不敢当,我可不敢当。"

"无可复让,此乃天自然之法也①。然。天下所以杀女者,凡人少小之时,父母自愁苦,绝其衣食共养之②。非独人也,跂行亦皆然③。至于老长巨细④,各当随其力而求衣食,故万物尚皆去其父母而自衣食也。贤者得乐,不肖得苦⑤。又子者年少,力日强有余;父母者日衰老,力日少不足也。夫子何男何女⑥,智贤力有余者,尚乃当还报复其父母功恩而供养之也,故父母不当随衣食之也⑦。是者名为弱养强,不足筋力养有余也⑧,名为逆政⑨。少者还愁苦老者⑩,无益其父母⑪,父母故多杀之也。今但为乏衣食而杀伤之,孰若养活之者,而使各自衣食乎?真人,是诚冤绝地统⑫,民之愚甚剧也。"

【注释】

①自然之法:意为原本如此的常规定法。

②共(gōng)养:养活。此谓父母付出代价之艰。共,通"供"。

③跂(qí)行:泛指用脚行走的动物。跂,通"蚑"。

④老长巨细:谓成年以后。

⑤不肖：子不似父曰不肖。即不贤。

⑥夫子何男何女：意谓做子女的无论是谁。

⑦随衣食之：谓对子女一直进行供养。

⑧筋力：体力。

⑨逆政：违逆的家政。

⑩愁苦：指女子出生后凭空给父母增添了沉重负担。

⑪无益其父母：此就女子长大后所面临的窘境而言。汉制规定，凡民女十五至三十岁不嫁者，征收五倍人口税。

⑫地统：与天统、人统相对而称，亦即大地的统系。

【译文】

"不必再推让，这是皇天原本就那样的常规定法。好的。天下虐杀女子的原因在于，但凡人在小时候，父母宁可自己愁苦，不吃不穿也要供养他们。不单单人是这样，动物也都是这样。等到长大成人，各自应当依靠自己的力量去谋取衣食，所以万物尚且都离开它们的父母，自己去谋取衣食。其中有能力的人，就得到快乐；没能力的人，就落个苦楚。再者，做儿女的年纪轻，体力日益强壮使不完；而父母日益变衰老，体力日益减弱不够用。做儿女的无论是谁，包括机智、贤能、体力壮的，尚且都应报答父母的养育之恩而去供养父母，所以父母不该一直对儿女进行供养。一直进行供养就被叫做弱养强，体力不足养体力有余，就被称为违逆的家政。女子从一生下来就给父母带来了沉重负担，长大后又对父母没有什么帮助，所以父母就大多溺杀她们。如今只为缺吃少穿而溺杀伤害她们，哪里比得上养活她们，让她们长大后分别去自谋衣食呢？真人，这可确实是使地统遭受冤屈和断绝，众百姓对此愚昧不解，简直太厉害了。"

"今小生闻是，心大悲而恐骇[①]，知冤者诚多，当奈何哉？""然。夫好学而不得衣食之者，其学必懈而道止也[②]；而得衣食焉，则贤者学而不止也。当使各有所利，不当使其还反相愁穷也。""何谓也?""夫女者无宫[3]，女之就夫，比若男子之就官也，当得衣食焉。女之就夫家，乃当相与并力，同心治生[4]，乃共传天地统[5]，到死尚复骨肉同处[6]。当相与并力，而因得衣食之，令使贤且乐[7]，令使不肖者且苦[8]。比若土地，良土其物善，天亦付归之；薄土其物恶，天亦付归之，不夺其材力所生长也。天地尚不夺汝功[9]，何况人乎哉！如是，则凡人无复杀其女者也。"

【注释】

①悈(hài)：愁苦。

②道止：中途废止之意。

③宫：古代对屋室的通称。此指女子终身独栖的处所。

④治生：谋划生计，经营家业。

⑤共传天地统：意为生儿育女，繁衍后代。生儿则属传天统，育女即为传地统。天统职在施生，地统职在养长。

⑥骨肉同处：指夫妻合葬。

⑦贤：指贤妇。

⑧不肖者：指拙妇、蠢妇。

⑨功：指劳作的成效。

【译文】

"如今小生我听到这种讲说，内心十分悲哀而又愁苦，领悟到冤死的女子确实很多，应当对此怎么办呢?""好的。喜好学习但衣食无着的人，他那学习必定会松懈而中途废止；果真衣食不愁，贤能的人就会坚持学习而不止息。应当使各自得到好处，不该让他们掉转身来相互愁苦。""这话讲的是什么意思呢?""女子没有终身独居的处所，女子嫁给丈夫，就好像男子去做官，理应获取到本人的吃穿用品。女子嫁到夫家，应与丈夫一起用力，同心谋划生计，共同生儿育女，传续天统地统，到死尚且夫妻合葬。应当共同用力，随即有吃有穿，结果让那贤妇眼看着享受欢乐，迫使拙妇眼看着遭受苦楚。这就好比土地，土地肥沃，在它上面种下的庄稼就长得好，皇天也把一切收成都付归给它；土地瘠薄，在它上面种下的庄稼就长得差，皇天也把一切收成都付归给它，决不强力改变两种土质所生所长的东西。天地尚且不强力改变你劳作的成效，何况人呢！像这样，世人就没有再虐杀他女儿的了。”

“善哉善哉！一大深害除矣，帝王太平已至矣。”“真人何以知之乎？”“然。夫父母与子，极天下之厚也①，不得困愁焉，不宜杀之也。母乃杀其子，是应寇贼之气，大逆甚无道也，故其乱帝王治最深。夫女，今得生，不见贼杀伤，故大乐到矣②。”

【注释】

①厚：指感情亲近。

②大乐：谓自然界到人类社会所呈现的一种高度协调和谐的理想状态与欢乐景象。详参本经乙部《以乐却灾法》、卷一百十三《乐怒吉凶诀》、卷一百十五至一百十六《阙题》(二)所述。

【译文】

“这太好了！这太好了！一大深害除去了，帝王太平已经来到了。”“真人根据什么知道会这样呢？”“是的。父母和儿女，属于天下感情最亲近的人，不能因穷困就愁苦，更不应虐杀他们。做母亲的竟然虐杀女儿，这正与强盗的恶气相对应，大逆无道得很，所以这种行径搅乱帝王治理最严重。如今女子获得生存，不被虐杀残害，所以全天下极为和乐的景象就来到了。”

“然。子说是也，可谓知之矣。今天下一家杀一女，天下几亿家哉？或有一家乃杀十数女者，或有妊之未生出，反就伤之者，其气冤结上动天①，奈何无道理乎！故吾诚□□重知之也②。夫人各自衣食其力，则令妇人无两心，则其意专，作事不复狐疑也③；苦而无功，则令使人意常不和调。此者，乃天性自然之术也。真人慎之，无去此书，以付仁贤之君，可以除一大冤结灾害也。慎吾书言，以示凡人，无肯复去女者也，是则且应天地之法也，一男者得二女也。

【注释】

①冤结：冤情聚结之意。

②故吾诚□□重知之也：此句原缺二字。

③狐疑：猜疑，怀疑。《汉书·文帝纪》唐颜师古注：“狐之为兽，其性多疑，每渡冰河，且听且渡。故言疑者，而称狐疑。”

【译文】

“是的，你的说法很正确，称得上完全明了这宗事体了。如今天下一家虐杀一名女婴，天下共有几亿家呢？还有一家竟然虐杀十几名女婴的，甚至竟有怀胎尚未生出就打掉她的，那股冤气在聚结，往上直冲，感动皇天，怎么这样惨无人道呢？所以我对皇天的这种反应是清楚又清楚的。世人在衣食上分别自食其力，便使妇人不再生二心，她那用心特专一，就去想办法做事情而没有什么疑虑了；辛苦却无收效，就会使人们心中常常感到不平衡了。这正属于皇天的本性和原本就那样的定律呀。真人要慎重对待它，不要废弃这篇书文，把它授付给仁慈贤明的君主，可以除掉一大冤结灾害。慎重对待我这篇书文所讲的道理，把它亮给世人看，也就没有再忍心灭除女子的人了，这与天地的法则恰相应合，所以一名男子要娶两个女子。

“故天制法，阳数者奇，阴数者偶。大中古以来[①]，人失天道意，多贼杀之，乃反使男多而女少不足也，大反天道，令使更相承负，以为常俗。后世者剧天下恶过，甚痛无道也。夫男者乃承天统，女者承地统，今乃断绝地统，令使不得复相传生，其后多出，绝灭无后世，其罪何重也！此皆当相生传类，今乃绝地统，灭人类，故天久久，绝其世类也[②]。

【注释】

①大：指上古。即天皇、地皇、人皇所谓三皇时代。中古：指以黄帝为首的五帝时代。

②世类：指代代传衍的家族世系。

【译文】

“所以皇天创制法则，阳数便为单数，阴数便为双数。从上古、中古以来，世人失掉天道的意旨，大多虐杀她们，反而使男子多而女子少，构不成比例数，严重违反天道，致使递相承负，形成了一种相沿成习的恶俗。后世人加重天下各地的这类罪过，特别残忍无道。男子原本去承续天统，女子原本去承续地统，如今竟断绝地统，致使无法再递相传生而叫后代繁衍越来越多，直至灭绝无后世，这一罪过是多么深重啊！那些被虐杀的女子本应递相生育，传衍族类，如今竟断绝地统，灭掉人类，所以时间一长，皇天就要灭绝虐杀女子那些人的家族世系啊。

“又人生皆含怀天气具乃出[①]，头圆，天也[②]；足方，地也[③]；四支，四时也[④]；五藏，五行也；耳目口鼻七政，三光也⑤。此不可胜纪，独圣人知之耳。

【注释】

①天气：指源于元气的阴阳精气。此处言“天”则赅地，示阳乃含阴。具：完备，充足。

②“头圆”二句：意谓天为圆形，人体构造取法于天，故其头部遂成圆形。

③“足方”二句：意谓地为方形，人体构造取法于地，故其足部遂成方形。

④“四支”二句：意谓天有春夏秋冬四季，故人体亦生就四肢各部位。支，同“肢”。四时，即四季。

⑤“耳目”二句：意谓天有日月星辰，故人体亦生就五官诸器官。七政，即七窍。指两耳、双目、一口、二鼻孔。三光，指日月星。其中日为目所由生的取法对象，月为耳所由生的取法对象。以上所云，乃系沿用汉代流行的人副天数说、天人一体论而为言。详见《素问·阴阳应象大论》、《灵枢·邪客》、《淮南子·精神训》、《春秋繁露·人副天数》及《孝经援神契》、《白虎通义·情性》所述。

【译文】

“再者说来，人们降生前一律在母体内含怀阴阳精气完备之后才来到世间。头成圆形，正是取法皇天的形状；脚成方形，正是取法大地的形状；生有四肢，正是取法天有春夏秋冬四季；生有五脏，正是取法天有木火土金水五行；生有两耳、双目、一口、二鼻孔，正是取法天有日月星辰。像这类人体部位和器官的来由简直记述不过来，只有圣人了解它们罢了。

“人生皆具阴阳①，日月满乃开胞而出户②，视天地当复长，共传其先人统，助天生物也，助地养形也。今天地神信此家，故天地神统来寄生于此人[③]，人反害之，天大咎之[④]，而人不相禁止，故天使吾出此书，以示后世也。事已发觉而复故为者，名为故犯天法，其罪增倍，灭世不疑[⑤]。真人慎之，自励自励。""唯唯。""子今既已发觉此事，而逃亡其书[⑥]，子代人得罪坐之矣[⑦]。""不敢不敢。""行去，各为身计。""唯唯。"

右分别说贫富、君王行之立吉、禁人断绝地统、以兴男女、平复王政。

【注释】

①皆具阴阳：意谓完全具备阴阳的各种要素及其属性与特质。

②日月满乃开胞而出户：犹言十月怀胎，一朝分娩。《春秋繁露·阳尊阴卑》称："阳气以正月始出于地，生育养长于上，至其功必成也，而积十月。人亦十月而生，合于天数也。是故十月而成，人亦十月而成，合于天道也。"《文子·九守》云："（人在母体内）受天地变化而生，一月而膏（呈粘稠状），二月血脉，三月而肧（胚），四月而胎，五月而筋，六月而骨，七月而成形，八月而动（抽动），九月而躁（躁动即产前预兆），十月而生。"《淮南子·精神训》则谓："二月而胅（跌落于胎盘上）……四月而肌。"

③天地神统：指天地神灵与精灵的统系。人禀元气分化而成的阴阳二气，由天施生，由地养育，而天地神、精又迭相寄居在人体之内，故而此处称其为"神统"。本经卷四十《乐生得天心法》谓："夫人者，乃天地之神统也。"寄生：寄托并使其存续之意。

④大咎：极其憎恶。

⑤灭世：谓断子绝孙。此系重惩之一。《孟子·离娄上》已云："不

孝有三，无后为大。”

⑥逃亡：谓不授付、不传布。

⑦坐：受天惩罚之意。

【译文】

“世人降生都已具备阴阳的各种要素及其属性与特质，待至怀胎期满便从母体内呱呱坠地，比照天地还应继续生长发育，共同传接自家先人的统系，协助皇天化生万物，协助大地养育万物。如今天神地神相信这户人家，所以就前来把天地神灵的统系寄托并存续在这个女子身上，可世人反而虐杀她，皇天对此行径极其憎恨，但世人却不相互禁阻制止，所以皇天便让我出示这篇书文，特向后来降生的人进行训导。事情已作阐发并使人觉悟了，但仍旧像过去那样干的人，就被称作故意触犯天法，他那罪过增重一倍，断子绝孙是毫无疑问的。真人对此要谨慎，自我勉励呀自我勉励。”“是是。”“你眼下已经觉察到这宗事体了，却不授付、不传布这篇书文，你就代人获罪，受天惩罚了。”“不敢不敢。”“回去吧，各自为自身做打算。”“是是。”

以上为分别说贫富、君主行之立吉、禁人断绝地统、以兴男女、平复王政。

一男二女法第四十二

【题解】

本篇所谓“一男二女法”，犹言实行一夫二妻制。这种主张，在上篇业已提出，复于此处特设专篇，续加论证。论证中，其理据依然为阴阳之数，阳奇阴偶；孤阳“无双无法”则导致天不时雨，地不生物，王治大凶。据此遂强调，人当纯与天地相应，变阴阳隔绝、男女冤结为阴阳和合、男女相配，确保“太和平气”的到来。如若执守“贞男贞女”论，则名为“绝理大逆之人”。其中带有为当时受伤害、遭虐杀的妇女寻找出路和归宿的考虑，也含有为国家解决人口增长问题探求途径和方法的计虑。篇末对帝王妃嫔制的辩解，显系为其悬罩神学光环。而关于世人不可过度节欲的规戒，则不乏道教养生术的合理因素。

“真人前。今天太和平气方至①，王治且太平，人当贞邪不当贞②？何以当贞？”“夫贞者，少情欲不妄为也。”“噫！真人之说，纯大中古以来俗人之失也。其师内妒③，反教民妄为也。”

【注释】

①太和平气：指太阳、太阴、中和亦即天、地、人三气的统一体。本

经卷四十八《三合相通诀》云："气者，乃言天气悦喜下生，地气顺喜上养。气之法，行于天下地上，阴阳相得，交而为和，与中和气三合，共养凡物。三气相爱相通，无复有害者。气者，主养以通和也。"

②贞：纯正，贞洁。指在两性关系上恪守传统准则及规范。

③妒：谓妒嫉真道。

【译文】

"真人你到前面来。如今皇天高度和谐统一的太平气正要到来，帝王的治理眼看着就实现太平了，世人应当贞洁呢，还是不应贞洁呢？应当贞洁的话，原因又在哪里呢？""所谓贞洁，也就是节制情欲不乱来。""嘿嘿！真人你这说法纯属上古、中古以来俗人过失之所在。那些师长从内心里妒嫉真道，反而教唆百姓违反常规胡乱干。"

真人曰："何谓也？""夫贞男乃不施①，贞女乃不化也②。阴阳不交，乃出绝灭无世类也③。二人共断天地之统，贪小虚伪之名④，反无后世，失其实核⑤，此天下之大害也。汝向不得父母传生，汝于何得有汝乎？而反断绝之，此乃天地共恶之，名为绝理大逆之人也。其应乃使天地隔绝⑥，天不肯雨，地不肯化生⑦。"

【注释】

①施：施生。指排精射精。

②化：化育。指受孕作胎。

③出：造成之意。

④贪小虚伪之名：古传春秋鲁人柳下惠（即展禽），仕为士师，曾夜宿郭门，遇到一位失去住处的女子，怕她受冻，抱住她，用衣裹

住，整整坐了一夜，迄未发生非礼行为，由此赢得坐怀不乱的美名。此处所云，盖就这类举动而发。

⑤实核：指男施女化的新生命。

⑥应：回应。指造成的结果。

⑦“天不”二句：本经上篇称：“天道法：孤阳无双，致枯，令天不时雨。”《春秋元命苞》曰：“阴阳和而为雨。”《春秋说题辞》谓：“阳制阴，故水为雨。”《初学记·天部》引《释名》云：“雨，水从云下也。雨者，辅也，言辅时生养。”

【译文】

真人说：“这话讲的是什么意思呢？”“贞男竟不施生，贞女竟不化育。阴阳硬行不去交合，于是造成断绝灭亡而没有家族延续的恶果。这两种人共同断绝天地的统系，贪求微小的虚假名声，反而没有后代，丧失掉男施女化的新生命，这正构成天下的大祸害。你当初若没经过父母的传生，可在哪里能有你呢？然而反倒断绝这种传生，这正是天地共同憎恶的行径，把他们称为灭绝天理大逆不道的人。这号人造成的结果，竟使天地隔绝，天不乐意下雨，地不乐意化生。”

“何也乎？”“夫天不雨，即其贞不施也；夫地不生万物，即其贞不化也；夫天乃不雨，地乃无所生物，天下之大凶咎也，何以为善哉？观真人之说也，不顺天地之教，令逆天道，不乐助天地生化，反欲断绝之。子之吐口出辞，曾无负于皇天后土乎[①]？”“无壮不及[②]，有过。见天师说，自知罪重不也[③]。”“为子言事无当，反天道，而以俗人之言，不顺天意！阴阳所以多隔绝者，本由男女不和[④]。男女者，乃阴阳之本也[⑤]。夫治事乃失其本，安得吉哉？”

【注释】

①后土:对大地的尊称。本经乙部《安乐王者法》云:“土者不即化,久久即化,故称后土。”

②无壮:犹言乳臭未干。表自谦。不及:指对问题的认识尚未达到应有的高度。

③不:下不为例之义。

④和:谓性交行为。

⑤“男女”二句:《周易·系辞下》云:“男女构精,万物化生。”本经卷九十三《阳尊阴卑诀》谓:“天名阴阳男女者,本元气之所始起,阴阳之门户也。”

【译文】

“这话怎么讲呢?”“天不下雨,恰恰反衬那贞男不施生;地不生长万物,恰恰反衬那贞女不化育。天不下雨,地就生长不出万物来,径直造成天下的大凶祸,还能依仗什么构成美好的景象呢?察看真人的说法,竟然拒不顺从天地的教令,让世人违逆天道,不愿去协助天地施生化育,反而想叫它们断绝。你刚才开口便说的那类话,竟对皇天后土没什么辜负的地方吗?”“弟子乳臭未干,认识跟不上去,真真有罪。见到天师的讲说,自知罪过深重,一定下不为例了。”“只因你讲说事体不恰当,违逆天道,竟拿世俗人的说法做判断而不顺从天意,这还了得!须知阴阳大多被隔绝,原因压根就出在男女不交合上。男女属于阴阳的根基所在。做事却失去根基,怎么会吉利呢?”

“今唯天师,当云何乎?”“然。太皇天上平气将到,当纯法天,故令一男者当得二女,以象阴阳:阳数奇,阴数偶也,乃太和之气到也。如大多女,则阴气兴;如大多男,则阳气无双无法[①],亦致凶。”“何也?”“人之数,当与天地相应;不相应，力而不及，故得凶害也。"

【注释】

①法：指阳尊阴卑等。

【译文】

"如今只照天师所讲的去做，又该怎么做呢？""好的。最盛明的皇天那片太平气眼看就要来到，应当完全效法皇天，所以要让一名男子娶两个女子为妻，用来效法阴阳：阳数为单数，阴数为双数，于是太平气就来到了。如果女子人数过多，就会阴气占据上风；倘若男子人数过多，就会阳气没有与之相配的对方，同时失去了固定的准则，也招来凶殃祸害。""这是为什么呢？""因为人口的数量比例，应当与天地相应合；不相应合，力量就达不到均衡，所以就蒙受到凶殃祸害。"

"夫帝王后宫①，乃应土地，意云何哉？""今真人所言，即助吾语也。夫女，即土地之精神也，王者，天之精神也，主恐土地不得阳之精神②，王气不合也③，令使土地有不化生者④，故州取其一女⑤，以通其气也。乐其化生者，恐其施恩不及，王施不洽⑥，故应土地而取之也。遍施焉，乃天气通⑦，得时雨也，地得化生万物。令太平气至，不可贵贞人也。内独为过甚深⑧，使王治不和良。凡人亦不可过节度也，故使一男二女也。""善哉善哉！"

右顺天地法、合阴阳、使男女无冤者、致时雨、令地化生、王治和平⑨。

【注释】

①后宫：指王后群妃。

②主：谓自身职责。

③王气：指占据统治地位的施生阳气。本经卷七十三至八十五《阙题》(三)称："王气乃为无气之长也，众气所系属，诸尊贵之君也。"合：谓与阴气交接融合。

④化生：化育和生养。

⑤州：指九州中的每个州。《白虎通义·嫁娶》云："天子诸侯，一娶九女何？重国广继嗣也。适也者何？法地有九州，承天之施，无所不生也。娶九女，亦足以成君施也。九而无子，百亦无益也。……或曰：天子娶十二女，法天有十二月，万物必生也。"本经卷六十九《天谶支干相配法》云："独男则共聚(娶)，女则共嫁，何也？""天者极阳，地者极阴也。地众，凡阴之长也，阴者常偶数，故并(共从一夫)也。"

⑥洽：周遍。

⑦天气：气候。

⑧内独：意谓推崇单身独居的生活方式。

⑨使男女无冤者：此六字中"冤"下《太平经钞》有"结"字。和平：和谐太平。

【译文】

"帝王那些王后群妃正与土地相应合，这句话蕴含的意思是指什么说的呢？""真人这一问话，恰恰在配合我所讲论的事体。女子属于土地精灵与神灵的聚合凝结体，帝王属于皇天精灵与神灵的聚合凝结体，本身职责叫他忧虑土地或许得不到皇天阳气之精灵与神灵的普遍输注，占据统治地位的施生阳气未与阴气交接融合，致使土地出现不化育不生养的现象，所以便在九州中每州各娶一女，用来疏通那占据统治地位的施生阳气。随之盼望土地阴气化育生养，唯恐自身施布皇天化生阳气的恩分还有没达到的地方，帝王施布这一天恩还不周遍，所以就应合土地的划分区域而娶她们。娶后便将这一天恩施布周遍了，于是气候就顺畅了，能按节气时令降雨了，土地也得以化育和生养万物了。因而要让太平气来到，决不可看重那些不施生、不化育的人。推崇单身独居，构成的罪过特别深重，导致帝王的治理不和谐，不美好。作为人，也不能过度节制性欲，所以就让一男娶二女。”“这太好了！这太好了！”

以上为顺天地法、合阴阳、使男女无冤者、致时雨、令地化生、王治和平。

兴善止恶法第四十三

【题解】

本篇所谓“兴善止恶法”，乃系按照汉代《易纬》八卦方位聚众就坐、隔户呼问的一种教化与镇压双管齐下的处理突发事件的方式和方法。对这种方式和方法，篇中首先冠以“天道顺人立善”的名义，然后通过东西南北坐向、东南与西南坐向各有特定象征意义的空间布局设计，以及居前、居后应召言事的顺序安排，来动员故臣旧吏、儒生方士、孝悌人和佃家顺民各方面的社会力量，检举揭发并孤立打击“不谨子与恶子少年”，特别是“逐捕”盗贼。为此又强调必须创造一个官民背靠背、使“阴阳相得”、愿进“密言”的环境与氛围；对言而属实者，尤应赐官褒奖。出于防患于未然的需要，篇中又依凭天将兴雨、必先有风云的“自然之法”，极力敦促“上德之君”把这一“兴善止恶”的对策公诸于世，否则名为“暗昧政”。

“真人前。今太平气临到，欲使谨善者日益兴[①]，恶者日衰却也。为其有伤杀人，盗贼发，为作政当云何乎[②]？”“何谓也？”“谓临发所知也[③]，如人君坐有所疑[④]，而欲使善者大兴，恶者立衰也，盗贼起，使即时得也，其为政当奈何乎？今真人宜善记之。”“今天师使之，敢不言！每言不中天师法。”

“何谦？为言之。自古大圣人不责备于一人也，今子言不中，何谦乎？”“唯唯。但当赏善罚恶，令使其分明□□[5]，即善者日兴，恶者日衰矣。”“子言是也，其赏罚独无名字邪[6]？”“不及勤能壹言[7]，不敢复重。今唯天师，大开示之。”

【注释】

①谨善：谨慎善良。

②为作政：意谓相应采取的对付办法。

③临发：身临出事地点或抵达现场之意。

④坐：谓坐镇天下。

⑤令使其分明□□：此句原缺二字。

⑥名字：名目，专称。

⑦勤(jǐn)：通“仅”，仅仅，只不过。

【译文】

“真人你到前面来。如今太平气即将来到，要让恭谨善良的人一天比一天更兴盛，叫那些为非作歹的人一天比一天衰败退回去。因为存在着伤人杀人、盗贼造反的情况，对此应当采取什么相应的对付办法呢？”“您这具体是指什么说的呢？”“是说身临出事地点，所该采取的有效应急措施，就像君主坐镇天下，产生疑虑，想让良善的人大规模兴起，让邪恶的人立刻衰败，盗贼造反当即就把他们捉拿归案，为此施政到底该怎么办？如今真人应当很好地记取这一点。”“眼下天师命令我，哪敢不说！可每次一说，都不切合天师的道法。”“何必谦恭？只管讲讲它。自古大圣人不对哪个人求全责备，如今你讲的即使未切中要害，也不必谦恭。”“是是。只应奖赏良善，惩罚邪恶，让彼此区分得特别鲜明，良善的人也就一天比一天兴起，邪恶的人一天比一天衰败了。”“你讲的很对，可那赏罚偏偏就没有一种概括的说法吗？”“弟子闹不清楚，只不过能谈一点点看法，不敢再多说。如今只请天师彻底开示弟子。”

“然。子主记之,为子具言之。长吏到其发所[①],悉召其部里人民[②],故大臣故吏使其东向坐[③],明经及道德人使北向坐[④],孝悌人使西向坐[⑤],佃家谨子使居东南角中[⑥],西北向坐[⑦],恶子少年使居西南角中,东北向坐[⑧],君自南向坐[⑨]。”

【注释】

①长吏:指郡守县令以及中央派往各地的监察官员等。

②部里:所在辖区之意。部谓总领、管辖。里系汉代基层行政组织之一,由百户居民组成,设里魁负责管理日常事务。

③故:原曾任职而退休的。东向:谓坐西朝东。

④明经及道德人:均为汉代选举科目。前者主要指精通儒家一经者,后者包括有道、敦厚质直、仁贤等。此处将明经、道德共举并列,系因当时经学已被谶纬内学所支配之故。《后汉书·陈忠传》载:“安帝诏举有道,公卿百僚各上封事。陈忠上疏言:嘉谋异策,宜辄纳用。若有道之士对问高者,宜垂省览,以广直言之路。”又《左雄传·论》:“中兴以后,复增淳朴有道、仁贤、独行高节、质直清白敦厚之属。”北向:谓坐南朝北。

⑤孝悌人:亦为汉代选举科目。包括孝廉、至孝等。俱属国家赐民爵位的直接对象。《后汉书·章帝纪》载元和二年诏令曰:“孝悌,淑行也。”西向:谓坐东朝西。

⑥佃家:即农家。

⑦西北向:谓面朝西北。

⑧东北向:谓面朝东北。

⑨君:指官府的主管官员。在汉代,“君”非帝王专用之称,郡守亦得称君。南向:谓坐北朝南。

【译文】

“好的。你负责记下它,为你详尽讲论一番。主管官员到达出事地点，便将所在辖区的居民全部召集在一起，退休在家的大臣和官吏，让他们面朝东坐定；明经及道德人，让他们面朝北坐定；孝悌人，让他们面朝西坐定；农家的老实人，让他们位于东南角，面朝西北坐定；恶子少年，让他们位于西南角，面朝东北坐定；主管官员则自身面朝南坐定。”

“何必正如此坐乎？”“各从其类，乃天道顺人立善也，盗贼易得。”“何谓也？”“大臣故吏投义处①，此人去不仕②，欲乐使以义相助也。明经道德投明处③，欲使明其经道④，相助察恶也。孝悌投本乡⑤，至孝者用心⑥，故使归木乡也；孝悌者欲使常谨敬如朝时也⑦，物生于东，乐其日进也⑧。谨力之子投东南角者⑨，东南长养之乡⑩，欲乐其修治万物⑪，而不懈怠也。恶子少年投西南，西南者，阳衰阴起之乡⑫，恶欲相巧弄，刑罚罪起焉，故猴猿便巧，处向衰之地置焉⑬。

【注释】

①义处：依照八卦方位，兑卦居西，属金行，代表人伦五常中的义，故称西方为“义处”。西方乃万物成熟衰萎之地，属阴，属金行，好杀主杀亦主义，而“大臣故吏”富有从政经验，颇可仗义执言，提出恰当的处置意见，故本经于此遂作这一空间坐向的设计。本经卷四十《分解本末法》称：“（万物）转在西方，而成熟。”又卷六十六《三五优劣诀》丁部《三五优劣诀》云：“既茂盛当成实，故杀成于西。”卷八十九《八卦还精念文》谓：“申酉（兑卦之位）义诛，猾邪盗贼不起，邪不得害人。”卷九十一《拘校三古文法》云：“传校于君之西。当以义断除之。”

②去不仕：谓退休家居。

③明处：依照八卦方位，离卦居南，属火行，代表人伦五常中的礼。

火性明耀，故称南方为“明处”。南方乃万物繁茂生长之地，属阳，属火行，主养长主光明，代表君主和人心圣明，而明经及道德人各自熟谙经典，精通道法德术，负有居高临下教化世人之责，故本经于此遂作这一空间坐向的设计。本经卷四十《分解本末法》称：“（万物）转在南方，而茂盛。”又卷五十六至六十四《阙题》（一）谓：“惟天地之明，为在南方，巳午同家，离为正目。”又卷六十五《断金兵法》云：“南方，火也，火为君。南方为夏，夏最四时养长，怀妊盛兴处也，其为德最大，故为君也。”又卷六十九《天谶支干相配法》称：“南方者，火明也。”“东、南者，养长诸物，贤圣柔明亦养诸物，不伤之也。故夫圣贤柔明为性，悉仁而明，仁者象木，明者象火，故悉在东、南也。”

④经道：经典与真道。

⑤本乡：意为初起始生之乡。初起始生乃系生物之根本所在，而东方适为万物始生之地，故称其为“本乡”。依照八卦方位，震卦居东，属木行，代表人伦五常中的仁。故下文又谓之为“木乡”。东方属阳，属木行，好生主生亦主仁，而“孝悌”恰为仁的最高表现之一，故本经于此遂作这一空间坐向的设计。本经乙部《阙题》（二）谓：“东方主仁。”又卷四十《分解本末法》云：“万物转在东方，生出达。”又卷六十五《断金兵法》称：“天地以东方为少阳，君之始生也，故日出东方。”又卷六十九《天谶支干相配法》云：“以东为阳。东方者好生。”

⑥用心：动用心力。指如何对天父地母、帝父皇母、生身父母尽孝。

⑦朝：谓入朝拜见。

⑧日进：意为万物一天天得到成长。

⑨力：指致力农耕。

⑩东南长养之乡：依照八卦方位，巽卦居东南，属木行，时值立夏所在的农历四月，为万物随阳气全部生齐的阶段。既已全部生齐，

便亟需养护而继续成长，故称巽卦所在的东南为“长养之乡”。而万物在东南长养，惟赖农家子弟辛勤耘耨，尽其天职，即下文所谓“修治万物”，故本经于此遂作这一空间坐向的设计。本经卷四十《分解本末法》称：“（万物）转在东南，而悉生枝叶。”又卷一百二《经文部数所应诀》谓：“（万物）毕生东南。”又卷八十九《八卦还精念文》云：“巳午（巽卦与离卦之位）养位。”又壬部称：“故东南生。故人象天为行，以东南种而生之。”

⑪修治：犹言培植。

⑫阳衰阴起之乡：依照八卦方位，坤卦居西南，属土行，时值农历季夏六月，为万物趋于成熟的阶段。在此阶段内，阴气在地下正式形成，阳气在地面上由极盛而转入衰降的状态，故称坤卦所在的西南为“阳衰阴起之乡”。阴起代表着肃杀气、刑杀气、克杀气的到来，即下文所谓“刑罚罪起焉”，而恶子少年恰为阴杀气和刑罚指向的目标与对象，故本经于此遂作这一空间坐向的设计。本经卷四十《分解本末法》称：“（万物）转在西南，而向盛。”又卷一百二《经文部数所应诀》谓：“（万物）向老西南。”又卷四十四《案书明刑德法》云：“六月刑居六二，在未，居土之中，未出达也。时刑气在内，德气在外，扰扰之属莫不乐露其身，归盛德者也。”

⑬“故猴猿”二句：此系专以猿猴习性便巧且属金行而与恶子少年之本命特作比附，示其下场凶危。在十二生肖中，猴为申；申属地支第九位，在空间坐标方位上则代表西南。《论衡·物势篇》云：“申，猴也。猕猴，金也。”《春秋元命苞》谓：“象猴者多捷便。”本经卷一百十一《有德人禄命诀》称：“申为其冲，了不相亡，多恶畏夜，但能缘木上下，所畏众多。其命在金，行害伤人，故令小寿，是为可知。”《五行大义·论三十六禽》引《拭经》云：“金气盛时，能老万物，猴猿貌也。”

【译文】

“为什么一定要这样坐定呢?”“各自依从各自的类属,正显出天道顺从世人的固有差别而树立良善,盗贼由此容易捉拿到。”“这话讲的是什么意思呢?”“特地把大臣故吏安顿在代表正义的西方方位上,是因为这些人退休家居,想让他们乐意用正义来相助。特地把明经和道德人安顿在象征光明的南方方位上,是因为想叫他们宣明各自的经典与真道,协助察见那邪恶行径。特地把孝悌人安顿在代表始生的东方方位上,是因为最孝敬的人特会动用心思去尽孝,所以让他们归就木行所在的地方,想叫他们谨慎恭敬得总像入朝拜见时那个样,万物在东方出生,而他们也更高兴看到万物一天天得到成长。特地把致力农耕的老实人安顿在东南角,是因为东南属于长养万物的方位,想让他们乐意培植万物而不懈怠。特地把恶子少年安顿在西南角,是因为西南属于阳衰阴起的方位,尽管恶人企图勾结起来设法干坏事,但与阴气相应的刑罚与罪名也就同时施加到他们的头上,鉴于他们像猿猴那样奸猾灵巧命不济,所以便把他们安顿在趋向衰败的方位上做处置。

“东向、西向、北向悉居前①,不谨子与恶子居其后。有酒者赐其各一器②,无酒者赐其善言者③,使相助为聪明④。已毕也,君坐间处⑤,居户内自闭也⑥,一一而呼此众人,以尊卑始,教其各言一⑦,各记主名也⑧。所言所记,后当相应,后不相应者坐之⑨。言而不相应者,大佞伪人也,后即知佞伪人处矣。言而相应者,久久乃赐之;进其人⑩,毋即时也。”

【注释】

①东向:指故大臣故吏。西向:指孝悌人。北向:指明经和道德人。

②一器:犹今言一大杯。

③善言者：谓官府用好言进行抚慰和激励。

④聪明：耳聪目明。指对具体情况的详尽了解与准确判断。

⑤间处：指坐北朝南、带有隔离设施的特设处所。按照八卦方位，坎卦居北，属水行，代表人伦五常中的信。而召见问事务在得实，故本经于此遂作这一设计。

⑥户：双扇门。

⑦言一：谓告知一桩事情或某种情况。

⑧主名：指当事人。

⑨坐：定罪判罚之意。

⑩进：提拔使用。汉制规定，朝臣和地方长官有权自辟属吏。故出此语。

【译文】

"面朝东、面朝西、面朝北的人都依次安排在召见顺序的前面，不恭谨的家伙和歹恶分子都依次安排在召见顺序的后面。由官府备酒的，就赐给前三类人每人一大杯；未备酒的，便由官府用好言进行抚慰和激励，让他们出力相助，以便形成官府的详察明断。一切安排就绪后，主管官员在代表信实的北方特设处所内坐定，关紧双扇门不露面，逐个召唤这些排好顺序的人，按其地位尊卑上来下去，让每个人告发一件事情，分别记下当事人的姓名。所告发与所记录的，经查证理应彼此对上号，对不上号的，就给他定罪判罚。既告发却对不上号，就证明这个告发人一定是非常奸巧虚伪的人，事后也就知道奸巧虚伪的人究竟是谁了。告发而都对上号的，经过一段时间就奖赏他；并且提拔使用这个人，但不要当场就提拔使用。"

"何乎？""将致怨[①]。为人君父，而使其臣子致怨，非慈父贤君也。故已毕，悉遣诸善人去，恶子少年，与吏俱逐捕[②]，不得贼者，不得止也。真人用此书，以付上德之君，以示凡人，各知有此教，善者日兴，恶者日衰矣，盗贼邪奸得矣。”

【注释】

①致怨：谓告发属实者会被被告发者所怨恨，或招来未被提拔者的嫉恨。

②与：责成，责令。

【译文】

“为什么这样做呢？”“因为会给他招来怨恨。身为治下众人的君长与父亲，却叫他统领的下属与子民招来别人的怨恨，也就够不上慈祥的父亲和贤明的君长。所以召问完毕以后，便把良善人全部打发走，剩下的在场或不在场的恶子少年，责令属吏一一逮捕归案，没抓获盗贼，决不可罢休。真人把这篇书文授付给具有第一等道德的君主，拿来向世人公布，分别叫他们知道朝廷还有这样一种教令，也就良善的人一天比一天兴起，邪恶的人一天比一天衰败，盗贼和奸邪分子一个也跑不掉了。”

“善哉善哉！何故先示之乎？”“夫天将兴雨，必先有风云，使人知之。所以然者，欲乐其收藏也。所以先示者，乐其为善者日兴，为恶者日止也。今太平气当至，恐人为恶，乱其治，故先觉之也。为政当象天。夫天不掩人之短，太古圣人不为也①，名为暗昧政②，反复致凶，不得天地心意，故先示之也。”

【注释】

①太古：即远古。

②暗昧政：意为使人什么都闹不清的政治。

【译文】

“这太好了！这太好了！为什么要先向世人公布呢？”“天上将要下雨，必定先起风掀云，让人知道雨快来了。之所以如此，是高兴看到人把怕淋的东西都收藏起来。先向世人公布这种教令，目的是高兴看到人们做善事的一天比一天兴起，干坏事的一天比一天止息。如今太平气本该到来，忧虑世人干坏事，搅乱它那治理，所以就先让世人警觉起来。施政应当效法皇天。皇天并不掩盖世人的短处，远古圣人也不这样做，果真这样做，就被称为使人什么都闹不清的政治，翻来覆去地招来凶殃祸害，获取不到天地的心意，所以要先向世人公布。”

“善哉善哉！君何故必居户内自闭，而使言者居户外乎哉？”“然。夫人将闻密言者，必心不自知前也[①]。头面相近，傍人知之，令为言者得害矣。夫为人君长，受人聪明，后使其人得害，名为中伤忠信贤良股肱[②]，后无肯复言者也。聪明闭绝，其政乱危者矣。又君者，阳也，居阴中[③]；臣者，阴也，处阳中也[④]；阴阳相得者，使人悦，所言进必尽信也，此天自然之法也。真人宁知之邪？”“唯唯。”“行去，勿妄言。此致太平之书也。”“唯唯。”

右兴善止恶聪明达、立得盗贼、忠信者得诀法[⑤]。

【注释】

①前：指事后的结果。

②中伤：中途伤害之意。股肱：大腿与胳膊。以喻得力的助手。

③居阴中：意谓处在众多下属的围护服从当中。阴指下属。

④处阳中：意谓处在顶头上司的统领支配之下。阳指君长。

⑤诀：通“决”，决断。

【译文】

“这太好了！这太好了！官府的主管官员为什么一定要坐在双扇门内不露面，偏让告发的人站在双扇门外头呢？”“是的。人们想把秘密话告诉给对方听，心里必定不清楚后果将会怎么样。面对面交谈，旁边的人就会偷听到，让那告发的人不免遭受祸害了。身为人们的君长，蒙获人们提供情况的莫大帮助，却让那些人遭受到祸害，这被叫作中途伤害忠信贤良股肱，后面就没有再乐意告发的人了。具体的情况了解不到和判断不清，政务就混乱危险了。再者说来，君长属于阳，处在众多下属这‘群阴’的围护服从当中；臣下属于阴，处在君长这‘孤阳’的统领支配之下；阴阳彼此和谐，叫人感到高兴，随之提供的情况必定都属实。这是皇天原本就那样的常规定法，真人到底清楚这一点了吗？”“是是。”“回去吧，不要胡乱就发表意见。这可属于实现太平的书文。”“是是。”

以上为兴善止恶聪明达、立得盗贼、忠信者得诀法。

卷三十六　丙部之二

守三实法第四十四

【题解】

本篇所谓“三实”，系就吃饭、人口、穿衣三大社会基本问题而发。对这三大问题，篇中称之为“天道大急”与“半急”（指穿衣），吁请帝王紧紧抓住不放，依靠无为而治，妥予解决，以求太平气真正降临。为此则尤须摒弃足以“召凶致祸”、生邪奸、乱王治的“奇伪之物”。这既是对当时奢靡世风的挞伐，也是对人们多方面物质文化需求的片面否定。值得重视的，当属贯穿全篇中的关于阴阳相须迭相生的观点。至于对人类起源和物种起源（详下篇）的说解，则颇具道教气化论的特色。

“真人前。”“唯唯。”“天下凡人行①，有几何者大急②？有几何者小急？有几何者日益祸凶而不急乎？真人宜自精，具言之。”“唯唯。诚言心所及，不敢有可匿。”“行言之。”“凡天下之事，用者为急，不用者为不急。”

【注释】

①凡人行：指人类各项活动。

②几何者：犹言多少项。大急：意谓最紧迫的方面。

【译文】

“真人你到前面来。”“是是。”“天下人的活动都包括在内，其中有几项是属于最紧迫的？有几项是属于不太紧迫的？有几项是属于只会一天比一天增加祸殃凶害而不紧迫的？真人对此应自行精思，详尽地谈谈它。”“是是。一定如实说说自己内心所认识到的，不敢有什么隐匿。”“随即讲来。”“只要是天下的事情，用得上的就属于紧迫的事情，用不上的就属于不紧迫的事情。”

“子言是也，虽然非也。欲得其常急而不可废者，废之天下绝灭无人，天文并合无名字者①，故为大急。今子所言，但当前小合于人意，反长候致诸祸凶所从起也②。真人前，吾今所问于子，乃问其常急而不可废置者谁也？”“今唯天师为其陈列，分别解示之。愚生自强过壹言③，不中，不敢复言。”

【注释】

①“废之”二句：意谓废弃便天下绝灭无人，使天象失去比较的对象，混成一团而叫不出哪是日、哪是月、哪是星的名称来的。天文，指由日月星构成的天象。《周易·贲·彖传》谓：“刚柔交错，天文也。”本经卷四十八《三合相通诀》谓：“天法，凡事三并力同心，故天以三光为文，三光常相通共照，无复绝时也。”又卷五十四《使能无争讼法》称：“天者，以三光为书文记。”又卷六十五《王者赐下法》云：“故三光为文，日最大明。故文者生于东，盛于南。”又卷六十九《天谶支干相配法》称：“故天文者，赤也；赤者，火也。”此处“天文”二字《太平经钞》作“理”。并合，混成一团之意。名字，专称，名目。

②长候致:常等来、总招致之意。

③强过:意谓硬行顶着罪过。

【译文】

“你讲的听起来很对,尽管听起来很对,但实际上却是错误的。其实我要你给出答案的,是指以下这样的活动:永远显得紧迫而不可废弃,废弃便天下绝灭无人,使天象失去比较的对象,混成一团叫不出哪是日、哪是月、哪是星的名称来的。所以它们才够得上最紧迫。而你刚才所讲的活动,仅仅是摆到眼前稍微切合人们的一般想法,但反而却总会招致各种祸殃凶害从那里面产生出来的活动。真人近前来,我现在问你的,是问那永远显得紧迫而不可废弃的活动该有哪几项?”“如今只请天师为弟子指陈列示,逐项讲解宣明它们。愚生勉强顶着罪过擅自谈了一点看法,却抓不到要害,不敢再瞎说了。”

“然。子言是也。知之乃可说,不知而强说之,会自穷矣。凡人所不及也,事无大小,不可强知也①。及之无难,不及无易也②。”“是故唯天师既开示浅暗不达之生,愿为开辟其端首③。”“诺,听之。天下大急有二,小急有一,其余悉不急,反厌人耳目④,当前善而长⑤,为人召祸,凡人皆得穷败焉⑥。”

【注释】

①强知:谓硬充知道。即不懂装懂之意。《老子·七十一章》云:“不知却自以为知,病也。”

②“及之”二句:犹言懂者不难,难者不懂。

③端首:指首要部分。

④厌人耳目:意谓给人带来感官上的满足和享受。厌,满足。耳

目，指听觉、视觉等。

⑤当前善而长：意谓把不急之务视为最美好的事情而去恶性扩充它。

⑥凡人皆得穷败焉：此七字《太平经钞》作下列二十字："亡家丧国，若身绝后，坐不急之务而致此祸患若此。"

【译文】

"好的。你的话很对。心里真明白才可以谈出来，不明白却硬行去讲论它，到最后就连自己都无话可说了。但凡人们所不懂的事情，无论大小，不能硬充多明白。懂者不难，难者不懂。""因此只请天师既已开示浅陋昏暗不通达的弟子，希望再为弟子指明这宗事的首要部分在哪里。""好的，你听我讲。天下最紧迫的活动有两项，不太紧迫的活动有一项，其余全都属于不紧迫的事情，反倒只会给人带来感官上的满足和享受，如果把它们视为最美好的事情而去恶性扩充，必定给人招来灾祸，无论是谁，准都在这上面陷入绝境而败亡。"

"何谓也？""愚哉！然。天下人本生受命之时①，与天地分身②，抱元气于自然③，不饮不食，嘘吸阴阳气而活④，不知饥渴，久久离神道远⑤，小小失其指意⑥。后生者不得复知，真道空虚⑦，日流就伪，更生饥渴，不饥不食便死⑧，是一大急也。

【注释】

①本生：谓最初诞生。受命：谓获得性命。

②分身：剥离开形体联系之意。即自成一大生物群。本经癸部《利尊上延命法》谓："人本生时乃名神也，乃与天地分权、分体、分形、分神、分精、分气、分事、分业、分居，故为三处：一气为天，一

气为地，一气为人。”

③元气：化生宇宙万物的无形实体。自然：原本固有的情状与态势。本经卷六十六《三五优劣诀》称：“夫天、地、人，本同一元气。”又卷五十六至六十四《阙题》(六)云：“元气，阳也，主生；自然而化，阴也，主养凡物。”又壬部谓：“自然元气，同职共行。”

④嘘吸：呼吸。阴阳气：指天地间的精粹生气。本经卷一百十四《大寿诫》谓：“天食精华气。”又佚文称：“古者上真睹天神食气，象之为行，乃学食气。”又辛部云：“食气者神明达，不饮不食，与天地相卒也。”以上所云，盖系对《庄子·逍遥游》及《刻意》篇有关真人生活情状所做描述的改造。

⑤神道：指神灵所奉守行用的皇天道法。本经卷四十二《四行本末诀》谓：“神乃与元气并，同身并行。”故此处遂称“久久离神道远”。本经卷九十二辟有《火气正神道诀》专篇，可参阅。

⑥指意：即旨意。

⑦空虚：空无所有。

⑧不饥不食便死：此六字中“饥”字《太平经钞》作“饮”。于义为长，当从。

【译文】

“这话讲的是什么意思呢？”“哎呀呀！你也太愚昧了。好的。天下人在最初诞生、获得性命的时候，便与天地分离开形体，在自然状态下抱持元气，不喝水，不进食，专靠呼吸天地间的精粹生气来存活，根本不知道饥渴，时间越过越长，偏离神灵所奉守行用的皇天道法也就越来越远了，逐渐失去了它那旨意。后来降生的人，不再了解最初的情形，致使真道空无所有，反而一天比一天陷入邪伪，轮番产生饥饿感和干渴感，不喝点什么，不吃些什么，就会死去，这就构成了第一项最紧迫的事情。

“天地怜哀之，共为生可饮食[①]，既饮既食，天统阴阳当见传，不得中断天地之统也。传之当象天地，一阴一阳，故天使其有一男一女，色相好[②]，然后能生也[③]。”

【注释】

①共为生可饮食：此六字中“食”下《太平经钞》有“之物”二字。

②色相好：意谓彼此容颜姣美而相互爱慕。

③然后能生也：此五字中“生”字《太平经钞》作“生生”二字。于义为长。生生，迭相传生之意。

【译文】

“天地哀怜世人面临的这种困境，共同为他们生长出可以饮用和食用的东西。既已有那喝的了，既已有那吃的了，皇天的统系应当通过阴阳相交得到传续，决不能中断天地的统系。而传续便应取法天地，一阴一阳，所以皇天便叫世人有一半是男的，有一半是女的，容颜姣美而相互爱慕，然后能生出新一代。”

“何乃正使一阴一阳？”“夫阳极者能生阴，阴极者能生阳，此两者相传，比若寒尽反热，热尽反寒，自然之术也，故能长相生也，世世不绝天地统也。如男女不相得，便绝无后世。天下无人，何有夫妇、父子、君臣、师弟子乎？以何相生而相治哉？天地之间无牝牡[①]，以何相传？寂然便空[②]，二大急也。

【注释】

①牝(pìn)牡：鸟兽雌性曰牝，雄性称牡。《墨子·辞过》云：“凡周于天地之间，包于四海之内，天壤之情，阴阳之和，莫不有也，虽至

圣不能更也。何以知其然？圣人有传：天地也，则曰上下；四时也，则曰阴阳；人情也，则曰男女；禽兽也，则曰牝牡、雄雌也。真天壤之情，虽有先王不能更也。”

②寂然：毫无声息之意。

【译文】

“为什么恰恰就让世人一阴一阳呢？”“阳到极限就能生阴，阴到极限就能生阳，二者迭相传生，就如同天寒抵达尽头便返归到天热，天热抵达尽头便返归到天寒，这正属于原本就那样的定律呀，所以便能永久地迭相传生，一代接一代而不断绝天地的统系。如果男女不彼此和谐，就中途灭绝，没有后代了。天下没有人存在，又哪里会有夫妇父子、君主臣下、师长弟子呢？还仰赖什么去迭相传生又递相治理呢？天地之间没有雌性和雄性动植物，又依仗什么去迭相传生呢？一切生物都不复存在，那就成为空荡荡的世界了，所以这便构成了第二项最紧迫的事情。

“故阴阳者，传天地统，使无穷极也。君臣者，治其乱。圣人师弟子，主通天教①，助帝王化天下。故此饮食与男女相须，二者大急。

【注释】

①主：职在之意。天教：皇天的教令。本经卷五十六至六十四《阙题》(三)谓：“夫师，阳也，爱其弟子，导教以善道，使知重天爱地，尊上利下；弟子敬事其师，顺勤忠信不欺。二人并力同心，图画古今旧法度，行圣人之言，明天地部界分理，万物使各得其所，积贤不止，因为帝王良辅，相与合策，共理致太平。”又卷一百九《两手策字要记》云：“师弟子者，主传相教通达凡事文书道德之两手也。”

【译文】

“因而男女阴阳，正职在传续天地的统系，使它们永无尽头。君主和臣下，正职在整治混乱的局面。圣人明师和贤弟子，正职在宣达皇天的教令，辅助帝王化导天下。所以饮食和男女相互依存这两件事情，正属于最紧迫的事情。

“天道有寒热，不自障隐①，半伤杀人。故天为生万物，可以衣之；不衣但穴处②，隐同活耳③，愁半伤，不尽灭死也，此名为半急也。

【注释】

①不自障隐：意谓人类若不自身采取御寒避暑的防护手段。

②穴处：犹言穴居。即营窟而居，属于原始居住方式。《墨子·辞过》云：“古之民未知为宫室时，就陵阜而居，穴而处，下润湿伤民。”《周易·系辞下》谓：“上古穴居而野处。”《礼记·礼运》称：“昔者先王未有宫室，冬则居营窟，夏则居橧巢。”本经卷四十五《起土出书诀》云：“多就依山谷，作其岩穴，因地中又少木梁柱于地中，地中少柱，又多倚流水。”

③隐同活：意为躲着不出来同勉强算活着并无二致。

【译文】

“天道生出严寒酷暑来，世人如果自身不采取御寒避暑的防护手段，就会有一半人被晒死冻死。所以皇天特为世人生长出万物来，可以把它们制成衣服穿戴在身上；光着身子只住在洞穴里，躲着不出来同勉强算活着并没有什么两样，尽管要为一半人被晒死或冻死而犯愁，但不会全部灭绝死掉，因而穿衣就被称作半为紧迫的事情。

“所谓天道大急者，乃谓绝灭死亡也，急无过此也。夫人不衣，固不能饮食，合阴阳不为其善[①]。衣则生贤[②]，无衣则生不肖也。故衣者，有以御害而已，故古者圣贤[③]，不效玄黄也[④]。饮食、阴阳不可绝[⑤]，绝之天下无人不可治也[⑥]。守此三者，足以竟其天年[⑦]，传其天统，终者复始，无有穷已。故古者圣人以此为治也，其余不急召凶祸物者，悉已去矣。”

【注释】

①善：指天赋优异的新生儿、新一代。

②衣则生贤：此四字中“衣”上《太平经钞》尚有六字：“夫衣者，依也，有。”

③圣贤：此二字《太平经钞》作“圣帝明王”四字。

④不效玄黄也：此五字《太平经钞》作下列十二字：“不效玄黄之色，但御寒暑而已。”效，取用。玄黄，天地的正色。玄即深青色，为天色；黄为地色。此处用以指代各种色彩华美的衣饰。对天地正色，本经卷六十九《天谶支干相配法》则描述为：“故天为之色，外苍象木，内赤象火。”“故地之为色也，外黄白象土金，内含水而黑，象北行也。”

⑤阴阳：指男女交配以繁衍人类。

⑥无人不可治也：此六字《太平经钞》作下列八字：“无复君臣父子之道。”

⑦天年：指皇天为世人在其生前所注定的寿龄。本经分人寿为三类，即：乙部《解承负诀》、癸部《盛身却灾法》所云上寿一百二十岁，中寿八十岁，下寿六十岁；辛部经文所云头等寿命一百三十岁，二等寿命一百二十岁，三等寿命一百岁；已部《经文部数所应诀》后附遗文所云天寿一百二十岁，地寿一百岁，人寿八十岁，霸

寿六十岁，仵寿五十岁。

【译文】

“所谓天道最感紧迫的事情，是说绝灭死亡啊，再也没有比这更为紧迫的了。人们不穿衣服，固然难以很好地喝水吃东西，男女交配也生不出天赋优异的后代来。一有衣服穿，就会生下贤能的人；没有衣服穿，就会生下愚蠢的人。所以穿衣这件事，只在于能有办法防御外界带来的害处罢了。因而古代的圣贤，并不讲究衣服该怎样华美。饮食和男女交配，却绝对不可断绝，一旦断绝，天下就没有世人了，也失去治理的对象了。守持住这三件大事，便足以尽享天年，传续天统，循环往复，永无尽头。所以古代的圣人抓住这三件大事施行治理，其余不紧迫又只会招来凶害祸殃的玩艺，全把它们排斥到旁边去了。”

“何谓也？”“此三者应天行：男者，天也；女者，地也；衣者，依也，天地父母所以依养人形身也。过此三者①，其余奇伪之物②，不必须之而活，传类相生也，反多以致伪奸③，使治不平，皇气不得至④，天道乖错，为君子重忧。

【注释】

①过此三者：意为在三者范围以外的。

②奇伪之物：指金玉玩好等。

③以致伪奸：意本《老子·十二章》：“难得之货，令人行妨。”

④皇气不得至：此五字中“皇”字《太平经钞》作“和”。

【译文】

“这话讲的是什么意思呢？”“三件大事与皇天的所作所为相应合：男子属天，女子属地，而所谓穿衣，是说依养，也就是天父地母用来依附在并且靠它养护世人躯体的东西。除去这三者，其余精巧珍奇却招来奸伪的物品，并非必须要有它们才能使人存活下去，才能传衍族类，生生不息，反过来却大多因它们而引出奸诈邪伪来，致使政治不稳定，最盛明的太平气没办法降临，天道颠倒错乱，给君子造成一连串的忧虑。

“六情所好[①]，人人嬉之，而不自禁止，意转乐之，因以致祸，君子失其政令，小人盗劫刺[②]，皆由此不急之物为召之也。天下贫困愁苦，灾变连起[③]，下极欺其上，皆以此为大害。所从来者久，亦非独今下古后世之人过也[④]。传相承负，失其本真实，悉就浮华[⑤]，因还自愁自害，不得竟其天年也。后生多事纷纷，但以其为不急之事，以致凶事，故常趋走不得止也[⑥]。

【注释】

①六情：指人的六种感情。即喜、怒、哀、乐、爱、恶。《白虎通义·情性》谓：“故《礼运》记曰：六情，所以扶成五性也。……喜在西方，怒在东方，好在北方，恶在南方，哀在下，乐在上何？以西方万物之成，故喜；东方万物之生，故怒；北方阳气始施，故好；南方阴气始起，故恶；上多乐，下多哀也。”

②盗劫刺：此三字《太平经钞》作下列八字：“盗劫心生，家亡国败。”刺，谓杀人伤人。

③灾变：由自然现象反常而引起的灾害。《白虎通义·灾变》云：“天所以有灾变何？所以谴告人君，觉悟其行，欲令悔过修德，深思虑也。”《援神契》曰：“行有点缺，气逆于天，情感变出，以戒人也。”本经卷四十三《大小谏正法》对此述之甚详。

④下古：三古之一。指夏商周以下的历史时期。

⑤浮华：指虚浮不实的行为。本经癸部《神人真人圣人贤人自占可行是与非法》云："浮者，表也；华者，末也。"

⑥趋走：快步曰趋，跑动曰走。指为消灾避祸而奔波忙碌。

【译文】

"人人对六情所喜好的玩艺习以为常，不自行遏制，心里变得更喜爱它们，由此便造成祸殃，君子贯彻不了他那政令，小人偷盗、抢劫又杀人伤人，这全是由那并不紧迫的物品给世上招惹来的。天下贫困愁苦，灾变接连出现，下面的人千方百计欺骗上面的人，全都因这类物品而构成大祸害。这种情况由来已久了，也不单单是现今下古后世人的罪过。一代接一代承负，丧失了本该致力于真确实在的大事的根基，全都趋向浮华，反转来又落得个自愁自害，不能尽享天年。后来出生的人干这又干那，乱个不得了，都只因为他们致力于不紧迫的事情，以至招来凶事，所以就总为消灾避祸而奔波忙碌，没有个止息的时候。

日就浮华[①]，因而愁苦，不竟天年，复使后生趋走不止，山川为空竭，元气断绝，地气衰弱，生养万物不成，天灾变改[②]，生民稍耗[③]，奸伪复生。不急之物为害若此，而欲悦耳目之娱而不悟，深深巨害矣。

【注释】

①"日就"句：自此以下整段文字乃系《合校》本附存的以资参考的《太平经钞》钞文。

②变改：日益加剧之意。

③稍耗：逐渐锐减。稍，逐渐。

【译文】

一天比一天趋向浮华，因而愁苦，不能尽享天年，又使后来出生的人奔波忙碌，没有止息的时候，山川由此而空竭，元气被断绝，地气变衰弱，化生和养长万物却不能成就，天灾日益加剧，人口逐渐锐减，奸诈邪伪又涌生出来。不紧迫的物品所造成的危害达到了这般地步，可还光想让视听方面的享受得到满足而不醒悟，真真构成深重而又巨大的祸害了。

“上古所以无为而治①，得道意，得天心意者，以其守本不失三急。中古小多事者②，以其小多端也③。下古大多忧者，以其大多端而生邪伪，更以相高上而相愁也④，因生邪奸出其中也。内失其真实，离其本根，转而相害，使人眩乱⑤。君子虽愁心，欲乐正之，所为亿万端，不可胜理，以乱其治。真人深思此意。”“善哉善哉！”

右守三实、平气来、邪伪去、奸猾绝。

【注释】

①无为：顺适自然变化、不加人为干涉之意。老子从帝王治国到个人活动，均强调无为而无不为，亦即：无为反而会无所不能为，即有为。

②多事：谓天灾人祸不断出现。

③多端：谓政令繁杂细密，人为举措繁多。

④相高上：指竞奇斗奢之类的举动和由此形成的社会风气。其在两汉时期的具体表现及所达到的程度，《汉书·食货志》、《潜夫论·浮侈》均有淋漓尽致的描述，可参阅。

⑤眩乱：迷乱，昏乱。

【译文】

“上古无为而治，获取到真道的奥义妙旨和天地的心意，原因就在于那时持守根本而不失掉这三件最紧迫的事情。中古逐渐出现一桩又一桩的天灾人祸，原因就在于那时政令逐渐繁多。下古频繁出现严重的天灾人祸，原因就在于这时政令越来越繁杂细密，引发出邪恶奸伪，进一步形成竞奇斗奢的风气而为此相互愁苦，邪恶奸伪趁势便从里面冒出来。在骨子里失掉了本该致力的真确实在的大事，离开了那根本，转而相互侵害，使人迷乱。君子虽然在心里为此而忧愁，愿意矫正它，可世人干出的邪事多达亿万种，简直整治不过来，结果搅乱了帝王的治理。真人要深思这其中的要意。”“这太好了！这太好了！”

以上为守三实、平气来、邪伪去、奸猾绝。

三急吉凶法第四十五

【题解】

本篇所谓"三急",与上篇"三实"属于同义语,惟其着眼的执守奉用者则被投注在"蚑行之属"和"布根垂枝之属"亦即各种动物与植物身上。篇中依据"自然悬于天地法",论证动物觅食、雌雄交尾、换毛脱羽蜕鳞为其"三急",舍此便会自行死亡乃至绝种。植物转而以得获时雨沾溉、得获昼曝夜润、得获垂枝布叶为其"三急",舍此便会无由出生、无从结果,遂给天下造成"大凶"。由物及人,得三急则致太平,竟天年,是为"吉";失三急则迷于末,迷于"文",王治眩乱于下古衰世,是为"凶"。吉凶反差如此巨大且显著,而万物尚须"守本",摆在凡人特别是帝王面前的,只能是也必须是:由末返中,由中返本;由文返质,由质返根;由下古返中古,由中古返上古,由上古返天地格法,由天地格法返自然之形,由自然之形返上元灵气。这条归真返本之道,构成了本篇的点睛之笔。

"真人前。蚑行之属有几何大急[①],几何小急,几何不急乎?""然。各有所急,千条万端。""皆名为何等急?""跂行各有所志也[②],不可名字也[③]。""真人已愁矣昏矣。子其故为愚,何壹剧也!""实不及。""子尚自言不及,何言俗夫之人失计哉?其不及乎是也。""唯天师,愿为其愚暗解之。""然。

跂行俱受天地阴阳统而生，亦同有二大急、一小急耳。”

【注释】

①蚑(qí)行：泛指用脚行走的动物。下文“跂行”之“跂”，通“蚑”。

②志：指习性。

③名字：意谓做出确切的概括来。

【译文】

“真人你到前面来。世上动物面临着几宗最紧迫的事项？几宗不太紧迫的事项？几宗根本就不紧迫的事项？”“好的。动物各自面临着本身需要解决的紧迫事项，多得成千上万。”“把这些总括起来都应称作什么呢？”“动物各有各的习性，无法做出确切的概括来呀。”“看来真人已经愁困了，昏头昏脑了。你仍和从前一样愚昧，怎么竟达到那么厉害的程度了呢？”“弟子确实闹不清楚。”“连你都自称闹不清楚，世上俗人计虑失当，也就不用说了。他们对此也闹不清楚，更是自然的了。”“只凭天师教诲，希望能为愚蠢暗昧的弟子解开这个谜团。”“好的。动物全都承受天地阴阳的统系而降生，和人一样，也有两宗最紧迫的事项，一宗不太紧迫的事项。”

“何谓乎哉？”“跂行始受阴阳统之时，同仿佛嘘吸①，含自然之气②，未知食饮也。久久亦离其本远，大道消竭③，天气不能常随护视之④，因而饥渴。天为生饮食，亦当传阴阳统，故有雄雌，世世相生不绝。绝其食饮，与阴阳不相传，天下无跂行之属，此二大急者也。

【注释】

①仿佛：谓效仿人类。

②自然之气：即元气。

③消竭：消逝枯竭。

④天气：指具有施生效能的阳气。

【译文】

"这是指什么说的呢？""动物最初承受阴阳统系的时候，同样模仿人类做呼吸，含怀元气，不晓得要吃些什么喝些什么。时间越过越长，也偏离那根本越来越远了，大道随之消逝枯竭了，施生的阳气没办法总再跟随并养护照看它们了，因而就产生了饥饿感和干渴感。皇天于是为它们生长出可以饮用和食用的东西，也该传续阴阳的统系，所以就区分出雌雄来，代代递相传生而不断绝。如果让它们没吃没喝，阴阳不递相传生，天下也就不存在动物了，所以这便成为两宗最紧迫的事项了。

"其一小急者，有毛羽鳞亦活，但倮虫亦生活[①]。但有毛羽者，恒善可爱[②]，御寒暑；有鳞者，恒御害，非必须而生也，故为小急也。其余凡行，悉祸处也[③]。不守此三本，无故妄行，悉得死焉，此自然悬于天地法也。真人宜思其意，守此三行者，与天地中和相得；失此三而多端者[④]，悉被凶害也。"

【注释】

①倮(luǒ)虫：亦作"裸虫"。指无毛羽、鳞甲蔽体的动物。

②善：显得漂亮之意。

③祸处：意为祸殃所在的地方。

④失此三而多端者：据上下文意，此七字中"三"下当有"行"字。多端，谓不应介入的活动。如飞蛾扑火之类。

【译文】

"那宗不太紧迫的事项是，动物身上长羽毛、带鳞甲的，也能活下来;没长羽毛或鳞甲的,同样能活下来。只不过身上长羽毛的,常常显得漂亮可爱,能够抵御寒暑;身上带鳞甲的,总能防御侵害,但也不是必须仰仗它们才能存活,所以就属于不太紧迫的事项。其他各种事项,都是祸殃所在的地方。不执守这三项根本要务,无缘无故地胡乱行动,就都归入死亡,这是自然悬照在天地间的法则。真人应当深思其中的要意,只按这三宗事项去活动的动物,便与天地、人类和谐一致;丢弃这三宗事项而去介入其他活动的动物,就都遭受凶害。”

“善哉善哉!天师既开示,愿乞问一事。”“平行。”“今布根垂枝之属[①],不食不饮不衣,当奈何乎?”“噫!子学不日进,反日无知,何哉?亦有二大急、一小急。”“何谓也?”“明听!”“唯唯。”

【注释】

①布根垂枝之属:泛指植物。

【译文】

“这太好了!这太好了!天师既已开示弟子,弟子想乞求再问一件事。”“慢慢讲来。”“如今各种植物既不吃,也不喝,更不穿,它们可该怎么办呢?”“嘿嘿!你学道不是一天比一天有长进,反而一天比一天更无知,这因为什么呢?植物也有两宗最紧迫的事项,一宗不太紧迫的事项。”“这是指什么说的呢?”“你仔细听来!”“是是。”

“万物须雨而生,是其饮食也。须得昼夜,壹暴壹阴[①],昼则阳气为暖,夜则阴气为润,乃得生长,居其处,是其合阴阳也。垂枝布叶,是其衣服也。其物多叶亦生,少叶亦生,是其质文也[②]。故无时雨,则天下万物不生也,天下无一物,则大凶也，是一大急也。不得昼夜合阴阳气，物无以得成也，天下无成实物，则大凶，是二大急也。物疏叶亦实，数叶亦实，俱实，不必当数叶也，是其小急也。实者，是其核也[3]。

【注释】

①暴(pù)：曝晒。阴：滋润。本经丁部《阙题》(四)谓："故天地一日一夜，共闰(润)万二千物，尽使生。夜则深，昼得燥，深者阴也，燥者阳也，天与地日共养此万二千物具足也。"

②质文：朴野与文彩。此就植物外观上的区别而言。

③核：意为本质所在。

【译文】

"万物依赖雨水而生长，这就属于植物的饮食。还要仗有白天和黑夜一晒一润，在白天，阳气对它们外形进行温暖的照射；到黑夜，阴气对它们体内进行深深的滋润，于是各在原地获得生长，这就属于植物的阴阳交合。垂下枝条，布满绿叶，这就属于植物的衣服。各种植物叶多也能活，叶少也能活，这只在外观上构成好看不好看的区别。因此没有按节气降下的雨水，天下万物就生不出来，天下要是没有一样植物，结果就凶险了，所以这便成为第一宗最紧迫的事项了。获取不到昼夜让那阴阳二气在植物身上进行交合，植物就无法成熟，天下要是没有成熟的植物，结果就凶险了，所以这便成为第二宗最紧迫的事项了。植物枝叶稀疏也能结出果实，枝叶繁茂也能结出果实，既然都能结出果实，也就不必一定需要枝叶繁茂，所以这便成为不太紧迫的事项了。结出果实，这才属于最根本的东西。

"是故古者圣人守三实[1]，治致太平，得天心而长吉，竟天年，质而已[2]，非必当多端玄黄也。故迷于末者当还反中[3]，迷于中者当还反本[4]；迷于文者当还反质，迷于质者当还反根，根者，乃与天地同其元也[5]。故治眩乱于下古者，思反中古；中古乱者，思反上古；上古乱者，思反天地格法[6]；天地格法疑者，思反自然之形；自然而惑者，思反上元灵气[7]。故古者圣贤饮食气而治者[8]，深居幽室思道，念得失之象，不敢离天法诛分之间也[9]。居清静处，已得其意，其治立平，与天地相似哉！真人深惟思吾道言，岂知之邪？”“善哉善哉！”

【注释】

①三实：指饮食、男女、衣服。即吃饭、人口、穿衣三大问题。

②质：与“文”相对而称。谓保持质朴的原始自然状态。下文“迷于文者”之“文”，则指文彩，即以礼治国等。文质之辨，由来已久，孰优孰劣，聚讼不已。《白虎通义·三正》谓：“王者必一质一文何？以承天地，顺阴阳。阳之道极则阴道受，阴之道极则阳道受，明二阴二阳不能相继也。质法天，文法地而已。故天为质，地受而化之，养而成之，故为文。……帝王始起，先质后文者，顺天下之道，本末之义，先后之序也。事莫不先有质性，乃后有文章也。”

③末：指武力和刑罚。反：后多作“返”，返归，回归。中：指仁慈，仁惠。

④本：指道德。本经卷九十一《拘校三古文法》云：“故吾之为道，悉守本而戒中而弃末。天守本，故吾守本也；天戒中，故吾戒中也；天弃末，故吾弃末也。”又癸部《神人真人圣人贤人自占可行是与非法》谓：“守本者，治若神矣；守中者，少乱而烦矣；守末者，昏矣。”

⑤元：本原。即下文所谓上元灵气。

⑥格法：常法，成法。

⑦上元灵气：即元气。

⑧饮食气：道教修炼方术之一。又称服气或行气、炼气。即不食五谷，而以呼吸吐纳元气为主，辅之以导引、按摩等养生延年。本经辛部云："请问胞中之子，不食而取气。在腹中，自然之气；已生，呼吸阴阳之气。守道力学，反自然之气；反自然之气，心若婴儿，即生矣。随呼吸阴阳之气，即死矣。"《论衡·道虚篇》则谓："道家相夸曰：真人食气，以气而为食，故《传》曰：食气者，寿而不死；虽不谷饱，亦以气盈。此又虚也。夫气谓何气也？如谓阴阳之气，阴阳之气不能饱人，人或咽气，气满腹胀，不能餍饱。如谓百药之气，人或服药，食一合屑，吞数十丸，药力烈盛，胸中愦毒，不能饱人。食气者，必谓吹呴呼吸，吐故纳新也。昔有彭祖，尝行之矣，不能久寿，病而死矣。"

⑨不敢离天法诛分之间也：此十字中"诛"当作"铢"。古以十二分为一铢，十二铢为半两。此系极言其密合程度。

【译文】

"所以古代的圣人紧紧抓住吃饭、人口、穿衣这三宗大事，治理便实现太平，切中天心而长久吉利，尽享天年，也就在于保持质朴的状态而已，不一定要采取烦多的人为举措和搬弄文彩。所以被武力刑罚所迷惑的人，便应返归到仁惠上来；被仁惠所迷惑的人，便应返归到道德上来；被文彩所迷惑的人，便应返归到质朴上来；被质朴所迷惑的人，便应返归到根本上来，根本正与天地的基元一模一样。所以国家治理被下古时代那套做法所惑乱的人，就该考虑返归到中古时代；被中古时代那套做法所惑乱的人，就该考虑返归到上古时代；被上古时代那套做法所惑乱的人，就该考虑返归到天地的常法上来；对天地常法怀有疑点的人，就该考虑返归到自然的形态上来；对自然形态抱有疑惑之处的人，就该考虑返归到元气上来。所以古代圣贤中借助呼吸吐纳元气维持生命而施行治理的人，深居静室精思真道，忆念得失的法象，不敢丝毫偏离皇天的道法。置身在清静的处所，已经获取到其中的要意，他那治理立刻就太平，径与天地相类似啊！真人只管深思我那真道所讲的一切，难道还不明白其中的精义妙旨吗？""这太好了！这太好了！"

"行，子已觉矣。而象吾书以治乱者①，立可试②，不移时也。无匿此文，使凡人当自知质文所失处，深念其意，宜还反三真③，无自愁苦以邪伪也。真人慎之！""唯唯。"

右解万物守本、得三急而吉、失三急而有害。

【注释】

①而：能。治乱：整治祸乱之意。

②试：意谓确有效应。

③三真：即三实。

【译文】

"回去吧，你已经觉悟了。能够取法我这篇书文去整治祸乱的人，立即可以大见成效，不会耽误片刻时间。真人不准藏匿这篇书文，要让世人自行了解质朴与文彩的偏失之处，深深体念那要意，亟应返归到吃饭、人口、穿衣这三宗大事上来，切莫因为邪恶奸伪而自寻愁苦。真人对此要多加小心！""是是。"

以上为解万物守本、得三急而吉、失三急而有害。

事死不得过生法第四十六

【题解】

本篇所谓“事死”，系指为不幸去世的双亲治丧送葬而言。“过生”，则谓在治丧送葬上所投入的人力、物力、财力、心力和精力，远远超过了生前侍奉父母的实际程度。这在本经编著者看来，纯属敬阴欺阳，兴阴压阳，强阴弱阳，盛阴衰阳，不仅名为“背上向下”，而且名为“逆气逆政”，其结果，引动鬼神邪物“昼行”祟人、贼杀人、病害人，导致邪气日多，怪变纷纷，治失政反，构成“大咎”与“深害”。故而必如篇题中所云“不得”。既强调“不得”，便应反其道而行之，于是篇中倡言：必须顺从天道，守本得实，务以“兴阳为至，降阴为事”，大煞特煞下古以来日益“增剧”的重丧、厚葬、炽祀的恶风陋俗。这与西汉中晚期到东汉末叶最高统治者屡发诏令，禁防厚葬是紧相合拍的，但又明显加入了神学论证的成分。其间对东汉中后期愈演愈烈的母后临朝称制、外戚专权擅政的指擿，则带出了早期道教的一股较强的政治勇气。

“真人前。”“唯唯。”“孝子事亲，亲终，然后复事之[①]，当与生时等邪[②]？不也[③]？”“事之当过其生时也。”“何也哉?”“人由亲而生，得长巨焉[④]，见亲死去，乃无复还期，其心不能须臾忘。生时日相见受教敕，出入有可反报[⑤]；到死不复得相睹，訾念其悒悒[⑥]，故事之当过其生时也。”“真人言是也，固大已失天道真实，远复远矣。今真人说尚如此，俗人冥冥是也[⑦]，失天法明矣。”

【注释】

①复事：指治丧、下葬、祭奠等项活动。

②等：对等，相同。

③不：同“否”。

④长巨：谓长大成人。

⑤反报：指报答父母的养育之恩。

⑥訾(zī)念：嗟叹思念。訾，通“咨”，嗟叹声。悒悒(yì)：忧闷不乐。

⑦冥冥：懵懂无知的样子。《论衡·薄葬篇》谓：“圣贤之业，皆以薄葬省用为务，然而世尚厚葬，有奢泰之失者，儒家论不明、墨家议之非故也。”

【译文】

“真人你到前面来。”“是是。”“孝子侍奉双亲，双亲去世，然后再通过丧葬、祭奠等活动侍奉他们，这和生前侍奉他们应当程度相同呢？还是相反呢？”“这种死后侍奉应当超过生前侍奉的那种程度。”“为什么呢？”“因为人由父母生下来，得以长大成人，看到父母死去，竟没有再能回来的时候，心中片刻也忘不了。活着时，每天见到父母，承受教诲，在日常活动中还可以报答父母的恩情；可一旦死去后，再也见不到父母面了，只有感叹思念，忧闷不乐，所以死后通过丧葬、祭奠等活动侍奉他们，应当超过生前侍奉他们的那种程度。”“真人这样做解说，已经压根远离那天道的真情实况了，简直远上加远。眼下真人的说法还像这个样子，也就难怪俗人懵懂无知了，他们偏离天法显然是明摆在那里的了。”

“何谓也？唯天师。”“然。人生象天，属天也；人死象地，属地也。天，父也；地，母也，事母不得过父。生人[①]，阳也；死人，阴也，事阴不得过阳。阳，君也；阴，臣也，事臣不得过君。事阴反过阳，则致逆气[②]，事小过则致小逆，大过则致大逆，名为逆气，名为逆政。其害使阴气胜阳，下欺其上，鬼神邪物大兴，共乘人道[③]，多昼行不避人也。今使疾病不得绝，列鬼行不止也[④]，其大咎在此。子知之邪？子知之耶？”

【注释】

①生人：活人。

②逆气：悖逆的气流。

③乘：侵凌，凌犯。人道：指世人来往行走的道路。

④列鬼：意为一群接一群的恶鬼。

【译文】

“这话是指什么说的呢？只管听从天师的教诲。”“好的。人在世上活着，这是效法皇天，归就皇天；人在世上死去，这是效法大地，归就大地。皇天是世人的父亲，大地是世人的母亲，侍奉母亲决不能超过父亲。活人属于阳物，死人属于阴物，侍奉阴物决不能超过阳物。阳代表君主，阴代表臣下，侍奉臣下决不能超过君主。侍奉阴物反而超过阳物，就会招来逆气，超过的程度轻就招来微弱的逆气，超过的程度重就招来严重的逆气，这被专门叫作逆气，叫作逆政。害处是使阴气压倒阳气，下面欺凌上面，鬼神邪物大规模兴起，共同凌犯世人来往行走的道路，大多在白天就公然出现不避人。如今造成疾病没办法消除，众鬼乱窜不停止，大祸害就出在这上面。真人你清楚这一点了吗？真人你清楚这一点了吗？”

“愚生大不及，有过不也。今见天师已言，乃恻然大觉[①]。师幸原其勉勉慎事[②]，开示其不达。今是过小微，何故乃致此乎哉？”“事阴过阳，事下过上，此过之大者也。极于此何等[③]，乃言微乎？真人复重不及矣。又生人，乃阳也；鬼神，乃阴也，生人属昼，死人属夜。子欲知其大深放此[④]。若昼大兴长，则致夜短；夜兴长，则致昼短。阳兴则胜其阴，阴伏不敢妄见，则鬼神藏矣；阴兴则胜其阳，阳伏故鬼神得昼见也。

【注释】

①恻然：凄切悲伤的样子。

②原：体谅，鉴察。勉勉：力行不倦的样子。

③何等：意谓还能叫它什么罪过。

④大深：谓罪过重大深重。放：仿照，比照。

【译文】

“愚生远远闹不明白，真真犯下罪过，绝对下不为例了。如今看到天师已经指明这一点，才凄切地彻底觉悟。天师开恩，体谅弟子还算力行不倦，事事谨慎，继续开导我那闹不懂的地方。如今这种事死过生的罪过看起来很轻微，为什么竟达到那般严重的地步呢？”“侍奉阴物超过阳物，侍奉下面超过上面，这属于罪过中最大的那一种。已经登峰造极，还能管它叫个什么罪过呢？竟可把它说成是轻微的吗？真人你又更糊涂了。再者说来，活人属于阳物，鬼神属于阴物，活人归就白天，死人归就黑夜。你想知道这种罪过重大又深重，就比照这一条来看看。如果白天延续的时间长，就使黑夜变短；黑夜延续的时间长，就使白天变短。阳物兴盛就压倒与它对立的阴物，阴物随之藏伏而不敢随意显现，鬼神于是也躲藏起来了；阴物兴盛就压倒与它对立的阳物，阳物随之便藏伏起来，鬼神于是也敢在大白天公然出现了。

“夫生人，与日俱也[①]；奸鬼物，与星俱也。日者阳也，星者阴也，是故日见则星逃，星见则日入。故阴胜则鬼物共为害甚深，不可名字也。乃名为兴阴反衰阳也，使治失政反，伤生人。此其为过甚重，子深计之。”“唯唯。”

【注释】

①俱：相伴随之意。

【译文】

“活人正与太阳相伴随，奸鬼邪物正与星辰相伴随。太阳属阳，星辰属阴，所以太阳当空，星辰就逃离了；星辰出现，太阳就落山了。所以阴占上风，鬼物就共同制造殃害，而且深重至极，简直无法用语言做出表述来。于是特被称为兴阴反衰阳，致使治理落空，政事逆反，伤害活人。由此构成的罪过异常严重，你要深深思忖它。”“是是。”

真人复问神人[①]：“孝子事亲，亲终后复事之，当与生时等邪？复有异乎？事之复过于生时？复不及也？人由亲而生，得长大，见亲终去，复无还期，不得受其教敕，出入有可反报，念念想象，不能已矣。欲事之过生，殆其可乎[②]？”

【注释】

①“真人”句：自此以下三节文字乃系《合校》本附存的以资参考的《太平经钞》钞文。神人，对传道天师的尊称。

②殆：大概，或许。

【译文】

真人又问神人：“孝子侍奉双亲，双亲去世后，再通过丧葬、祭奠等活动侍奉他们，这和生时侍奉他们应当一个样吗？还是应当有所区别呢？死后侍奉他们应当超过生前侍奉他们的程度吗？还是应当有所降低呢？人由父母生下来，得以长大成人，看见父母死去，再也没有回来的时候了，不能再承受他们的教诲了，也不能再像日常那样对他们报答养育之恩了，只剩下一个劲儿地去想念，根本止息不住。打算通过丧葬、祭奠等活动侍奉他们，超过生前侍奉他们的程度，或许可以吧？"

神人言："子之言，但世俗人孝之言耳，非大道意也。人生象天属天，人卒象地属地。天，父也；地，母也，事母不得过父。生，阳也；卒，阴也，事阴不得过阳。阳，君道也①；阴，臣道也②，事臣不得过于君。事阴过阳，即致阴阳气逆而生灾；事小过大，即致政逆而祸大。阴气胜阳，下欺上，鬼神邪物大兴而昼行人道，疾疫不绝，而阳气不通，君道衰，臣道强盛。是以古之有道帝王，兴阳为至③，降阴为事。

【注释】

①君道：为君的道理和本分及职责所在。

②臣道：为臣的道理和本分及职责所在。

③至：头等大事之意。

【译文】

神人回答说："你所讲的，只是世上俗人对孝所讲的那一套罢了，并不属于大道的意旨所在。人在世上活着，这是效法皇天，归就皇天；人在世上死去，这是效法大地，归就大地。皇天是世人的父亲，大地是世人的母亲，侍奉母亲决不能超过父亲。活人属于阳物，死人属于阴物，侍奉阴物决不能超过阳物。阳代表君道，阴代表臣道，侍奉臣下决不能超过君主。侍奉阴物超过阳物，就导致阴阳二气逆反而生出灾害来；侍奉地位低的超过地位高的，就造成政事逆反而祸患巨大。阴气压倒阳气，下面欺凌上面，鬼神邪物便大规模兴起，白天就敢在世人往来行走的道路上公开乱窜，疫病流行不绝，而阳气不畅通，君道便衰落，臣道反而强盛起来。所以古代的有道帝王，便将振兴阳物作为头等大事，特把抑制阴物作为专一要务。

“夫日，阳也；夜，阴也。日长即夜短，夜长即日短，日盛即生人盛，夜盛即鬼神盛。夫人以日俱[①]，鬼以星俱。日，阳也；星，阴也，故日见即星逃，星见即日入。故阴胜即鬼神为害，兴阴所致，为害如此也。”

【注释】

①以：和，与。

【译文】

“白天属于阳，黑夜属于阴。白天时间长，黑夜就变短；黑夜时间长，白天就变短；白天兴盛，活人就兴盛；黑夜兴盛，鬼神就兴盛。人与太阳相伴随，鬼和星辰相伴随。太阳属于阳，星辰属于阴，所以太阳当空，星辰就逃离了；星辰出现，太阳就落山了。所以阴占上风，鬼神就制造殃害，振兴阴物所招来的结果和构成的凶害就像这个样子。”

“故天道制法也[①]，阴职常当弱于阳[②]，比若臣当弱于其君也，乃后臣事君顺之；子弱于其父母，乃子事父母致孝也。如强不可动移者，为害甚深剧。故孝子虽恩爱不能忘其亲者，事之不得过生时也。真人亦宁晓不耶？”“唯唯。”“慎之慎之！凡事不可但恣意而妄为也。”“唯唯。子欲事死过于生，乃得过于天，是何乎？”“乃为不敬其阳，反敬其阴，名为背上向下，故有过于天也。”“愚生大负[③]，唯天师原之耳。不也。""但自详计之,言事皆当应法。"

【注释】

①制法:制定法则。

②阴职:阴物的本分和天职。

③大负:深负重罪之意。

【译文】

"所以天道制定法则,阴物的本分和天职就该总比阳物弱,也就如同臣下应比自己的君主弱,然后臣下侍奉君主才顺服;儿子应比自己的父母弱,然后儿子侍奉父母才献上那份孝敬。如果强硬得根本指使不动,带来的祸害就特别深重。所以孝子尽管源于恩爱无法忘记自己的双亲,通过丧葬、祭奠等活动侍奉他们也不能超过生前侍奉他们的程度。真人对此到底明白没明白呢?""是是。""对此慎重再慎重!任何事情都不能只按自己的意愿胡乱去做。""是是。做儿子的打算侍奉死去的双亲超过生前侍奉双亲的程度,竟会在皇天那里犯下罪过,这可出自什么原因呢?""这纯属不敬奉阳物,反倒敬奉阴物,被专门称作背上向下,所以在皇天那里就犯下罪过了。""愚生深负重罪,只请天师鉴谅,绝对下不为例了。""只管自己去仔细思忖它,讲论什么事情都应符合天法。"

"唯唯。天师开示之,愿悉闻其不得过其生时意。""其葬送①,其衣物,所赍持治丧②,不当过生时。皆为逆政,尚为死者得谪也③。送死不应本地④,下簿考问之失实⑤,反为诈伪行⑥,故得谪又深。敬其兴凶事大过⑦,反生凶殃尸鬼⑧,大兴行,病害人,为怪变纷纷⑨。"

【注释】

①葬送:指掩埋死者、出殡等事。《春秋说题辞》云:“葬,尸下藏也。人生于阴,含阳元;死入地,归所与也。”宋均注:“人生阴,谓胞胎中。”

②赍(jī)持:指灵幡之类的丧具。赍,携。

③谪:指天庭所设司法机构包括阴曹地府的处罚惩治。本经卷四十《努力为善法》云:“愚人不深计,故生亦有谪于天,死亦有谪于地。”又卷一百十二《有过死谪作河梁诫》谓:“大阴法曹,计所承负,除算减年。算尽之后,召地阴神,并召土府,收取形骸,考其魂神。”

④送死:犹送终。不应本地,谓径葬、移葬、改葬他方。本地:指原籍出生地。此系昭示人死必还葬、归葬。

⑤簿:指天庭在人生前为其设立的生死簿。本经卷五十六至六十四《阙题》(一)谓:“司命奉籍簿数通。”又庚部八至九诸篇经文更屡屡言及于此。考问:勘察审问。

⑥诈伪行:欺骗皇天的邪伪行为。本经卷一百十四《见诫不触恶诀》称:“积过累之甚多,乃下主者之曹,收取其人魂神,考问所为,不与天文相应,复为欺,欺后首过,罪不可贷。”

⑦敬:敬慕,敬佩。其动作发出者为下文之“凶殃尸鬼”。

⑧凶殃尸鬼:指走凶、咎魅、飞尸之类的凶物。此类凶物相传常入人宅中,使人致祸,被民间百姓所畏忌。详见《论衡·订鬼篇》、《解除篇》和《潜夫论·巫列篇》所述。本经卷七十二《不用大言无效诀》称:“夫天地之间,时时有是暴鬼邪物凶殃尸咎杀客。当其来著人时,比如刀兵弓弩之矢毒,著人身矣。所著疾痛不可忍,其大暴剧者,嘘不及噏,倚不及立,身为暴狂。”

⑨怪变:指罕见奇怪的变异现象。

【译文】

“是是。天师开示弟子,希望详尽听一听不能超过生前侍奉双亲所达程度的要意。""有关送葬,衣物,治丧所打灵幡等用品,不能超过生前供养双亲的程度。超过就都属于逆政,还为死者招来天庭司法机构的处罚惩治。送终下葬却与原籍出生地不相应合,将生死簿发下来经过勘察审问竟不合乎实际,反倒构成欺骗皇天的邪伪行为,因而所受惩罚就更厉害了。正由于对世人举办丧事特过分感到敬服,反而把走凶、咎魅、飞尸这些凶物给引逗出来了,这些凶物到处肆虐殃害人,制造出一连串罕见奇怪的变异现象来。"

"以何明之耶?""善哉!子难也。以上古圣人治丧,心至而已①,不敢大兴之也。夫死丧者,天下大凶恶之事也,兴凶事者为害,故但心至而已。其饮食象生时不负焉②,故其时人多吉而无病也,皆得竟其天年。

【注释】

①心至:竭尽孝心之意。《周易·系辞下》谓:"古之葬者,厚衣之以薪,葬之中野,不封(起坟)不树(栽树),丧期无数(固定期限)。"《白虎通义·崩薨》称:"太古之时,穴居野处,衣皮带革,故死衣之以薪,内藏不饰。"

②饮食:指代一应治丧用品。负:谓缺少。

【译文】

"根据什么证明的确如此呢?""你这诘难太好了!根据上古圣人治丧,只是竭尽那份孝心就算完事了,不敢大操大办。死丧属于天下最可怕的事情,大办丧事就会造成凶害,所以只是竭尽那份孝心就算完事了。一应的治丧用品像死者在世时那样并不缺少,因而当时的人们大多都特吉利,不生疾病,全能尽享天年。

“中古送死治丧，小失法度，不能专其心至而已，失其意，反小敬之，流就浮华[①]，以厌生人[②]。心财半至其死者耳[③]，死人鬼半来食；治丧微违实，兴其祭祀[④]，即时致邪，不知何鬼神物来共食其祭，因留止祟人[⑤]，故人小小多病也。

【注释】

①流就浮华：意为演变成华而不实的一套做法。《墨子·节用中》及《节葬下》云：“古者圣王制为节葬之法，曰：衣三领，足以朽肉；棺三寸，足以朽骸；掘穴深不通于泉流，不发泄则止。死者既葬，生者毋久丧用哀。”《白虎通义·崩薨》称：“中古之时，有宫室衣服，故衣之币帛，藏以棺椁，封树识表，体以象生。”《汉书·刘向传》载其《谏起昌陵疏》谓：“棺椁之作，自黄帝始。”《后汉书·赵咨传》载其《勑子胤书》云：“（棺椁）爰自陶唐，逮于虞夏，犹尚简朴，或瓦或木，及至殷人而有加焉。”

②厌：通“压”，压制，遏制。

③财：通“才”，仅仅。

④祭祀：谓丧祭。指葬后按礼仪举行的各种祭奠活动。

⑤祟人：谓作祟殃害活人。《论衡》卷二十四辟有《辨祟》专篇，可参阅。

【译文】

“到中古时期，送死治丧逐渐偏离法度，不能完全投注在竭尽那份孝心就算完事上，失去本意，反而逐渐看重操办规格，演变成华而不实的一套做法，用来压制活人。心思仅有半数投注在那死者身上罢了，于是就有半数死人鬼前来享用供品；治丧逐渐违背情实，把祭祀搞得很隆盛，于是立刻便招来邪物，也不知道是哪路鬼神邪物一起前来享用那祭品，随后便留下不再离去，作祟殃害活人，所以活人就渐渐地大多染上疾病了。

“下古复承负中古小失，增剧大失之[①]，不心至其亲而已，反欲大厌生人，为观古者作荣[②]，行失法，反合为伪，不能感动天，致其死者鬼不得常来食也。反多张兴其祭祀[③]，以过法度，阴兴反伤衰其阳，不知何鬼神物悉来集食，因反放纵行，为害贼杀人，不止共杀一人者。见兴事不见罪责[④]，何故不力为之乎？是故邪气日多，还攻害其主也[⑤]，习得食随生人行不置也[⑥]。

【注释】

①增剧：加重，增多。《淮南子·泛论训》谓：“夏后氏殡于阼阶之上，殷人殡于两楹之间，周人殡于西阶之上，此礼之不同者也。有虞氏用瓦棺，夏后氏堲周（烧土为砖绕于棺材四周），殷人用椁，周人墙置翣（配置棺柩的布帐和扇形彩障），此葬之不同者也。夏后氏祭于暗，殷人祭于阳，周人祭于日出以朝，此祭之不同者也。”《白虎通义·崩薨》称：“夏、殷弥文，齐之以器械，至周大文，缘夫妇生时同室，死同葬之。”

②观（guàn）古者：指压在大坟之下的成堆死尸。观谓京观，即为炫耀武功而把敌人尸首聚在一起所修筑的高冢。古谓作古，即死去。详见《左传·宣公十二年》所述。作荣：增光添彩之意。《后汉书·赵咨传》载其《敕子胤书》云：“周室因之，制兼二代，复重以墙翣之饰，表以旌铭之仪，招复含敛之礼，殡葬宅兆之期，棺椁周重之制，衣衾称袭之数，其事烦而害实，品物碎而难备。然而秩爵异级，贵贱殊等。自成、康已下，其典稍乖。至于战国，渐至颓陵，法度衰毁，上下僭杂，终使晋侯请隧，秦伯殉葬，陈大夫设参门之木，宋司马造石椁之奢。爰暨暴秦，违道废德，灭三代之制，兴淫邪之法，国赀糜于三泉，人力单于郦墓，玩好穷于粪土，伎巧费于

窀穸。自生民以来，厚终之敝，未有若此者。”《潜夫论·浮侈篇》则指斥东汉情形说：“今京师贵戚，郡县豪家，生不极养，死乃崇丧，或至刻金镂玉，檽梓楩柟，良家造茔，黄壤致藏，多埋珍宝偶人车马，造起大冢，广种松柏，庐舍祠堂，崇侈上僭。宠臣贵戚，州郡世家，每有丧葬，都官属县，各当遣吏，赍奉车马帷帐，贷假待客之具，竞为华观。此无益于奉终，无增于孝行，但作烦搅扰，伤害吏民。”崔寔《政论》又云：“送终之家，亦大无度。至念亲将终，无以奉遣，乃约其供养衣服，豫修已没之制，竭家尽业，甘之不恨。穷阨既迫，起为盗贼，拘执陷罪，为世大戮。痛乎此俗之愚民也。”

③张兴：扩张盛兴。

④罪责：指皇天施加的罪罚惩治。皇天见世人违逆其法，故对鬼物害人不予究治。

⑤其主：指操办丧事和举行祭祀的人。

⑥习：习以为常之意。生人行：指活人侍奉死者超过生前侍奉程度的诸如重丧、厚葬、炽祀等各类举动。不置：不止。

【译文】

“到下古时期，又承负中古的微小过失，把它进一步增多加剧，变得特别严重，不但不对双亲竭尽那份孝心就算完事了，反倒希望狠狠地压制活人，为埋在大坟下的成堆死尸增光添彩，这类行径失去了法度，反而与邪伪搅成一团，不能感动苍天，致使那些死人鬼无法按时前来享用供品。已经变成这样了，却大多反倒扩张盛兴那祭祀，由于超过了法度，阴物兴起反过来使那与之对立的阳物受到损伤，变得衰弱，此刻也不知哪路鬼神邪物全都赶来一起享用祭品，趁势掉转来任意乱窜，制造凶害，戕杀活人，并不单单局限在合伙戕杀一个人。鬼神邪物看到世人大办丧事，盛行祭祀，而自身作祟又未受到皇天的责罚惩治，它们为什么不去肆意作祟呢？因而邪气一天比一天增多加重，掉转头攻击殃害那些操办丧事和举行祭祀的人，习以为常地获享供祭物品，并随活人侍奉死者超过生前侍奉程度的那些举动而不休止。

“阴强阳弱厌生人，臣下欺上子欺父，王治为其不平，而民不觉悟，故邪日甚剧，不复拘制也①。是故古者圣贤，事死不敢过生，乃睹禁明也②。真人亦岂已解耶？”“可核哉！可核哉！向天师不示，愚生心无由得知此也。”

【注释】

①拘制：拘禁控制。

②禁：指皇天的禁忌。

【译文】

“叫那阴物强盛，阳物衰弱而去压制活人，臣下只管欺骗上面，儿子只管欺骗父亲，帝王的治理由此而不安平，可众百姓却不觉悟，所以邪恶一天比一天更厉害，无法拘禁控制住。因而古代的圣贤侍奉死者不敢超过生前侍奉他们的程度，正因明晰察见到皇天的禁忌。真人恐怕已经闹清这宗事了吧？”“这太让人感到愁苦了！这太让人感到愁苦了！要是天师刚才不做开启，愚生心里根本没办法知晓此事。”

“真人前，子与吾合心，必天使子主问事，不可自易也①，是以吾悉告子也。所以然者，今良平气且临至②，凡事当顺，一气逆，转不至。”“何谓也？”“夫天道，当兴阳也而衰阴，则致顺，令反兴阴而厌衰阳，故为逆也。反为敬凶事，致凶气，令使治乱失其政位③，此非小过也。

【注释】

①易：轻率简慢。

②良平气：美好的太平气。

③政位：即正位。政，通“正”。

【译文】

“真人你到前面来，你和我心意恰相投合，这必定是皇天在让你负责询问大事要事，决不可自我轻慢，所以我才把秘诀详尽告诉给你。之所以如此，是因为美好的太平气眼看就要降临，一切事体都应顺适，若有一气反逆，转而就来不到了。”“这话讲的是什么意思呢？”“天道本应振兴阳物而使阴物衰弱，这样便能实现顺适；如今反倒振兴阴物而压制并使阳物衰弱，所以就构成反逆了。倒行逆施看重并致力丧葬之事，招来凶气，致使大治和大乱失去彼此的固有位置，这可不是小罪过。

“上古之人理丧①，但心至而已，送终不过生时，人心纯朴，少疾病。中古理渐失法度，流就浮华，竭资财为送终之具，而盛于祭祀，而鬼神益盛，民多疾疫，鬼物为祟不可止。下古更炽祀他鬼而兴阴②，事鬼神而害生民，臣秉君权③，女子专家④，兵革暴起，奸邪成党，谄谀日兴，政令日废，君道不行，此皆兴阴过阳，天道所恶，致此灾咎⑤，可不慎哉！

【注释】

①“上古”句：自此以下整段文字乃系《合校》本附存的以资参考的《太平经钞》钞文。

②炽祀他鬼：谓淫祀。即妄滥成风的祭祀活动。《礼记·曲礼下》云：“非其所祭而祭之，名曰淫祀。淫祀无福。”

③臣秉君权：此乃特就东汉中后期外戚专权擅政这一状况而发。《后汉书·任隗传》载：“和帝即位，大将军窦宪秉权，专作威福，内外朝臣，莫不震慑。”又《梁冀传》载：“在位二十余年，穷极满

盛，威行内外，百僚侧目莫敢违命，天子恭己而不得有所亲豫。”又《邓骘传》论曰：“汉世外戚，自东西京十有余族，非徒豪横盈极，自取灾故，必于贻衅后主，以至颠败者，其数有可言焉。何则？恩非已结而权已先之，情疏礼重而枉性图之，来宠方授，地既害之，隙开势谢，谗亦胜之。悲哉！”

④女子专家：此乃特就东汉中后期母后临朝称制这一状况而发。专家，犹言当政。《后汉书·皇后纪》载：“孝章以下，渐用色授，恩隆好合，遂忘淄蠹。……东京皇统屡绝，权归女主，外立者四帝，临朝者六后。莫不定策帷帝，委事父兄，贪孩童以久其政，抑明贤以专其威。”

⑤灾咎：灾害祸殃。

【译文】

“上古人治丧，只是竭尽那份孝心就算完事了，送终不超过生前的供养程度，人心纯朴，很少有得疾病的。中古治丧逐渐偏离了法度，演变成华而不实的一套做法，竭尽家财置办送终的物品而盛行祭祀，鬼神也随着越发兴盛，平民百姓大多染上疫病，鬼物作祟害人已经制止不住了。下古恶化成妄滥成风地祭祀众鬼来振兴阴物，奉事鬼神而让它们殃害活人，臣下操纵君主的权力，女子在皇家说了算，战祸突然间兴起，奸邪结成团伙，奉承献媚一天比一天流行，政令一天比一天废弛，君道得不到贯彻施行。这都因为振兴阴物，叫它胜过阳物，被天道所憎恨，才造成灾害祸殃，对此能不多加小心吗？

“真人无匿此书，出之使凡人自知得失之处。夫治不调，非独天地人君之过也，咎在百姓人人自有过①，更相承负，相益为多，皆悉坐不守实所致也。以离去其实②，远本反就伪行，而不自知。”

【注释】

①咎:罪责。

②以:通“已”,已经。

【译文】

“真人不要藏匿这篇书文,把它传布开来,让世人自己明白得失所在。国家政治不协调,并不单单是天地和君主的过失,罪责在于众百姓也个个自身有过失,递相承负,轮番加剧,越积越多,都是因为拒不守行真情实况而造成的。已经离开丢弃了真情实况,远离根本却反而滑入邪伪的行径,但仍自身还闹不清楚。”

“何谓乎?”“生者,其本也;死者,其伪也[①]。”“何故名为伪乎?”“实不见睹其人可欲,而生人为作知[②],妄图画形容[③],过其生时也。守虚不实核事,夫人死,魂神以归天[④],骨肉以付地腐涂[⑤]。精神者可不思而致[⑥],尚可得而食之。骨肉者无复存也,付归于地。地者,人之真母。人生于天地之间,其本与生时异事,不知其所职者何等也[⑦],故孝子事之宜以本,乃后得其实也。生时所不乐,皆不可见于死者,故不得过生,必为怪变甚深。真人晓不?慎之慎之!”“唯唯。善哉善哉!实已出矣[⑧]。”“子可谓知之矣。行去!”“唯唯。”

右事生到终、本末当相应诀。

【注释】

①伪:意为由活人凭空给假造上去的。

②为作知:意为自以为懂得死者需要什么。

③图画形容:谓置办各种丧具,操持一系列丧礼活动。

④魂神:即灵魂,魂魄。在《太平经》编著者看来,其附着人体则人

生，其离开人体则人死。本经壬部云："故昼为阳，人魂常并居；冥为阴，魂神争行为梦，想失其形，分为两，至于死亡，精神悉失，而形独在。"又卷一百十四《不用书言命不全诀》谓："精魂拘闭，问生时所为，辞语不同，复见掠治，魂神苦极，是谁之过乎？"

⑤腐涂：朽烂成泥之意。

⑥精神：指寄居在人体各部位、诸器官内并起主宰作用的人格化的精灵与神灵。包括上文所称"魂神"在内。致：意谓自行前来。

⑦所职者：指对死者应尽的职责与该做的事情。

⑧实：谓本末情实。

【译文】

"这话讲的是什么意思呢？""世人生前的情形，才是那根本所在；死后的情形，纯粹是由活人凭空给假造上去的。""为什么把这称为假造呢？""活着的人并未看见死人真想得到什么，却去代替死人，自以为知道他们就需要这些东西，于是便毫无根据地置办起各种丧具，操持起丧礼活动来，超过了死人生前所受到的供养程度。牢牢执定虚妄却不去验核实事，人死后，魂神已经归天，骨肉已经入土朽烂成泥了，他那魂神精魄不经活人思念就能自行前来，尚且可以享用那祭品。但骨骼血肉却没有仍旧存留的，已经付归给大地了。大地是世人的真母。人活在天地之间，对死者的侍奉本来就应和生前的侍奉不一样，因为自己并不清楚对死者应尽的职责、该做的事情究竟是些什么，所以孝子侍奉死去的双亲，应当依据根本所在来处理，然后才真获取到侍奉的实情了。死者在生前从未喜欢过的东西，都不能在死者面前出现，所以就不能超过生前侍奉他们的程度，一超过，必定会造成十分深重的凶殃祸害。真人是否清楚这一点了呢？对此要慎重再慎重！""是是。这太好了！这太好了！本末情实已经大白于天下了。""你可以称得上确实闹清这宗事体了。回去吧！""是是。"

以上为事生到终、本末当相应诀。

卷三十七　丙部之三

试文书大信法第四十七

【题解】

本篇所谓“文书”，系指《太平经》中“头足、腹背、表里悉具”的诸多经文而言。这些经文特为解除编著者心目中的“帝王人民承负之失”而制作，而传布。传布后能否实现既定的使命，包括骨干道徒——真人在内也拭目以待，因而需要验核查证，此即篇题中标列“试”之本意所在。如何去“试”，具体办法则为对照、纵览、通考那些“得天心意而长吉自全”的上古、中古、下古“书策文”；其结论必定与本经诸文“重规合矩”，愈加反衬出本经经说的灵验性，便构成篇题中所称之“大信”。篇中有关《太平经》为解“承负生，为此事出”的自我标揭，对准确把握这部道教首出巨著的编撰目的、总体内容和基本宗旨，极具原始参照价值。与此相连的对“承负”起因和表现的究诘，对“自养之道”及其同“承负”关系的阐发，亦不容忽视。

“大顽顿日益暗昧之生再拜[①]：今更有疑，乞问天师上皇神人[②]。”“所问何等事也？”“请问此书文，其凡大要[③]，都为何等事生，为何职出哉[④]？”“善哉善哉！子之问事，可谓已得皇天之心矣。此其大要之为解天地开辟已来帝王人民承负生，为此事出也。”

【注释】

①大顽顿日益暗昧之生：此系学道真人极度谦恭的自称。顽顿，顽劣迟钝。生，即学生、弟子。

②上皇神人：对天师的极度尊称。

③凡大要：即总体内容和切要意旨。

④职：犹言使命或任务。

【译文】

“万分顽劣迟钝又日益暗昧的弟子再拜：眼下又产生疑问了，乞求能向天师上皇神人再询问一下。”“你要问的是什么事呢？”“请问《太平经》这些经文，它那总体内容和切要意旨合起来讲，究竟是为什么事体而创制的？又是为哪项使命去传布的呢？”“真是太好了！真是太好了！你这问事，可以称得上获取到皇天的心意了。这些经文从主旨上讲，都是为解除天地开辟以来帝王百姓的承负而创制的，也是为这宗事体去传布的。”

“今乃为此事出，何反皆先道养性乎哉[①]？”“然。真人自若真真愚昧，蒙蔽不解。向者见子陈辞，以为引谦[②]，反真真冥冥昧昧，何哉？诺，真人更明开耳听。然。凡人所以有过责者，皆由不能善自养，悉失其纲纪[③]，故有承负之责也。比若父母失至道德，有过于邻里，后生其子孙反为邻里所害，是即明承负之责也。今先王为治，不得天地心意，非一人共乱天也[④]，天大怒不悦喜，故病灾万端；后在位者，复承负之，是不究乎哉[⑤]！故此书直为是出也[⑥]。

【注释】

①道：讲说，谈论。养性：指调养身心，陶冶天性。《孟子·尽心上》

谓:“存其心,养其性,所以事天也。”《淮南子·俶真训》称:“静漠恬淡,所以养性。”本经卷八十八《作来善宅法》云:“为已校书文殊方也,卷投一善方,始善养性之术于书卷,下使众贤诵读,此当为洞极之经竟者。因各集此方以自养,诵此术以自全,令各乐得久存。”

②引谦:故作谦虚之意。

③纲纪:网上总绳曰纲,丝缕头绪曰纪。喻指事物的统领部分。此处谓做人准则和行为规范。

④非一人共乱天也:此七字中“共乱天”三字《道典论》卷三引作下列四字:“失乱天文。”于义为长。

⑤究:该到尽头、应予结束之意。

⑥直:特地,特意。

【译文】

“如今是为此事情去传布的,为什么反而都先讲论调养心性呢?”“好的。看来真人仍旧确实愚昧昏暗,闹不明白。刚才看你提问题,还以为你是在故作谦虚,反倒真真什么也搞不清,这是为什么呢?好吧,真人再竖起耳朵仔细听。世人产生罪责,都因不能很好地自己养护自己,无不失去了行动的准则,所以就引来了承负的罪责。比如做父母的失去了那最美好的道德,对邻里犯下了罪过,后来出生的子孙反而被邻里所谋害,这正构成了明显的承负的罪责。迄今为止,前代的帝王施行治理,没得到天地的心意,并不单单是他们当中某个人在扰乱皇天,皇天却由此大怒不高兴,所以疫病和灾害便多极了;后来在位的人,又承负它们,这种状况难道不该到头了吗?所以这部经书特地为此而传布。

“是故古者大贤人①,本皆知自养之道②,故得治意,少承负之失也。其后世学人之师③,皆多绝匿其真要道之文④,以浮华传学,违失天道之要意,令后世日浮浅,不能善自养自爱。为此积久，因离道远，谓天下无自安全之术[⑤]，更生忽事反斗禄[⑥]，故生承负之灾。子解意，岂知之耶？”

【注释】

①是故古者大贤人：此七字中“大贤人”三字《太平经钞》作下列六字：“帝王大臣人民。”

②自养之道：指由具有特定内涵和要求的自爱、自好、自亲所构成的养性之道。本经卷六十六《三五优劣诀》云：“失至要自养之道者，反使邪气流行，周遍天下，故生是余灾，反为承负之厄会。”又卷一百二《经文部数所应诀》后附本经遗文谓：“人欲去凶而远害，得长寿者，本当保知自爱、自好、自亲，以此自养，乃可无凶害也，身得长保。”

③学人之师：意为让人跟从自己学习的师长。

④绝匿：扣押封锁。真要道：指近在胸心、散满四海的真道。详见本经卷六十八《戒六子诀》所述。

⑤谓：认为。安全：指身安形全。

⑥忽事：轻慢行事。斗禄：谓争权夺利。

【译文】

“因而古代的大贤人，从根本上全都了解自己养护自己的原则与方法，所以就获取到治理的宗旨，很少出现承负的过失。后世让人跟从自己学习的师长们，大多把紧要真道的经文给扣押封锁住，拿浮华那一套传授学问，违背和丧失了天道的切要意旨，使后世一天比一天虚浮浅薄，不能很好地自己养护自己，自己爱惜自己。由于这种状况延续得时间太长，随即距离真道也越发遥远，便使世人认为天下并不存在能叫自己身安形全的道术，于是就轮番轻慢行事，掉转头来争权夺利，所以更引发出承负的灾祸来。真人你本应解悟真道的意旨，恐怕清楚这一点了吧？”

“善哉善哉！见天师言，昭若开云见日无异也。”“行，子可谓已得道意矣。”“愚生蒙恩，已大解，今问无足时，唯天师丁宁重戒之[①]。”“然。夫人能深自养[②]，乃能养人；夫人能深自爱[③]，乃能爱人。有身且自忽，不能自养，安能厚养人乎哉？有身且不能自爱重而全形，谨守先人之祖统[④]，安能爱人全人？愚哉！子宁深解不耶？”“唯唯。善哉善哉！”

【注释】

①丁宁：即叮咛。

②自养：其特定涵义系如本经卷四十七《上善臣子弟子为君父师得仙方诀》所云：“或得深入道，知自养之术也。”又如卷五十二《胞胎阴阳规矩正行消恶图》所云：“贤知自养，比与神俱语。”复如卷一百十九《道祐三人诀》所云：“又凡人自养，不可不详察也。夫道者，乃正人之符也。”

③自爱：其特定涵义系如本经卷一百二《经文部数所应诀》后附遗文所云：“夫自爱为言者，诚诚自爱保，自念身无足，冥目亦还自视无足，未常须臾离之，因思而忧之，乃至不食而饱，是为自爱之人也。”

④祖统：指自先祖以下代代传衍的家族世系。

【译文】

“这太好了！这太好了！看到天师这番讲说，心里敞亮得就和乌云散去、看到太阳一个样。”“近前来，你可以称得上获取到真道的奥义妙旨了。”“愚生蒙受开导的大恩，已经彻底弄明白了，如今想做询问压根就没有能满足的时候，只请天师再反复教导训戒弟子。”“好的。世人能够自己把自己养护得特别好，才能够再去养护别人；世人能够自己把自己爱惜得特别深，才能够再去爱惜别人。自己生有一副身躯，却不能自己养护好自己，怎么能去厚重地养护别人呢？自己生有一副身躯，却不能自己爱惜和珍重自己，使它完好无损，谨慎地守护住自家代代传衍的家族世系，怎么能去爱惜别人，保全别人呢？这类人简直太愚昧了！真人你对此究竟彻底明白没明白呢？”“是是。这太好了！这太好了！”

“行。子以为吾书不可信也，试取上古人所案行、得天心而长吉者书文，复取中古人所案行、得天心者书策文，复取下古人所思务行、得天意而长自全者文书，宜皆上下流视考之[①]，必与重规合矩无殊也[②]，乃子蒙且大解，乃后且大信吾书言也。

【注释】

①流视：纵览通观之意。

②重规合矩：犹言万分切合。规，校正圆形的工具。矩，校正方形的工具。殊：差异。

【译文】

“近前来。你要是认为我这经书不可信，那就试取上古时代人们所查照遵行而又获得天心并长久吉利的书文，再取中古时代人们所查照遵行而又获得天心的书文，再取下古时代人们所深思并务必遵行、获得天意而长久自我保全的书文，把它们通通与我这经书纵览通观作对照，我这经书必定和它们万分切合，没有任何差异，于是你那不明白的地方也就全明白了，然后就非常信奉我这经书所讲的一切了。

“今天疾人后生者日益轻易，斗命试才[①]，下愚乃言天无知，道天不效也[②]。夫地尚不欺人，种禾得禾，种麦得麦，其用功力多者其稼善，何况天哉！今故天积怨下愚无知者更相教轻事，为愚后生者日益剧，故生灾异变怪，非一也。是天与人君独深厚[③]，比若父子之恩则相教。愚者见是，不以时报其君，反复蔽匿[④]，断绝天路[⑤]，天复益忿忿，后复承负之，增剧不可移。帝王虽有万人之善，犹复无故被其害也。故使为善者不明，若无益也。令使下愚言天无知，固有以乎哉[⑥]！”

【注释】

①斗命试才：意谓拿命相斗来验证自身本事究竟如何。

②效：效验。指天罚。

③独深厚：谓感情深。此就帝王为天之贵子而发。本经卷七十三至八十五《阙题》（三）谓：“帝王尸（位居）上皇天之第一贵子也。”又卷九十《冤流灾求奇方诀》称：“帝王乃最天之所贵子也。”

④蔽匿：掩盖隐匿。指对灾异现象不向朝廷做奏报。详见本经卷八十六《来善集三道文书诀》所述。

⑤天路：谓皇天与人君的沟通渠道。

⑥有以：有原因，有理由。

【译文】

“如今皇天憎恶后来出生的世人日益轻率简慢，拿性命来赌斗测试自己的能耐有多大，普通百姓竟说皇天一无所知，声称皇天惩罚不了谁。其实大地尚且不欺骗世人，种谷子就收谷子，种麦子就收麦子，谁的农活做得细，谁的庄稼就长得好，更何况皇天呢？因而皇天对无知的百姓递相教唆想干啥就干啥、愚弄后来出生的人越发厉害而积聚下怨恨，所以就降示下各种各样的奇异灾害与祸殃来。皇天本来与君主的感情最深厚，就如同父亲对儿子具有生养大恩才施加教诲。愚蠢的百姓看到这种关系，却不把本人见到的灾异现象及时奏报给自己的君主，又反倒设法掩盖隐匿，断绝皇天与君主的沟通渠道，皇天由此又更加愤恨，继位的君主也再承负，使它加剧而没办法改变。帝王即使拥有一万个人的善行加在一起的那样的善行，仍然无故承受那凶害。所以让那做善事的人却在社会上得不到显扬，便等于宣告做善事毫无益处，致使普通百姓声称皇天一无所知，也是确有理由的呀！”

“今见天师言，心解与更生无异也[①]，善哉善哉！弟子虽多愁天师，冒死问事，始若有过，已问得解，意大喜，不悔之也。”“夫无知而不问，无由得通达，子言是其意也。行，书多悉备，头足、腹背、表里悉具[②]，自与众贤共案之，勿复问。”“唯唯。”

右问天师文书众多、从上到下、所为出断诀。

【注释】

①更生：新生。即重新获得生命。本经卷七十一《真道九首得失文诀》称：“得明师名为更生。”

②“头足”句：此系用以喻示《太平经》的完备性和周密性。

【译文】

“如今看到天师的讲说，心中大悟，简直和再生没有什么两样，真是太好了！真是太好了！弟子尽管因愚昧而使天师多处犯愁，冒着被处死的罪过询问事情，起始好像这样做纯属罪过，但询问以后，得以大悟，心中特别高兴，对此并不感到后悔。”“对事情不知道却不询问，就没办法把它闹明白。你所讲的这番话，符合这个道理。回去吧，经书内容很多，把事情全都囊括进来了。头足、腹背、表里完全具备，自行与众贤人一起查考它，不必再问了。”“是是。”

以上为问天师文书众多、从上到下、所为出断诀。

五事解承负法第四十八

【题解】

本篇标题,《敦煌目录》作《立事解承负法》。“立事”或为“五事”之讹,然“立事”可赅“五事”,于词义并无窒碍,视之为异文亦无不可。其所谓“承负”,乃系《太平经》编著者为宣传其善恶报应论所创制的一个专门术语。这一术语的基本内涵为:先人罪过递相给后人造成了累积式的极其深重的流恶余殃。其在全经中出现频率之高,几乎占居首位。既是编著者用来说明乱世为何险象丛生的一个理论支点,更是编著者用来传道、布道和行道的一个现实依据。惟其如此,必须对承负确具普遍性,做出解释,因而标题特列“解”字。“解”靠事例加以证明则更有信服力,且可化深奥为浅显,变费解为易晓,于是“五事”便破题而入,在篇中依次展开:官民无收,乃系承负于地;邪说成为“常说”,乃系后人承负于首倡邪说之师;谣言传遍天下,乃系后人承负于始造谣言者;大树枝叶果实半途枯落,乃系承负于树根不牢;人受毒风而伤死,乃系承负于南山所泄毒气。据此五事遂论定:万事皆有承负。这与乙部《解承负诀》、本部《解师策书诀》和全经第三十二条佚文所言转相发明,互为补充。既然承负的普遍性宣告成立,篇末辄专论“守一”这种足可解除承负之“仇、殃、厄、过、责、失”的精神修炼方术,使之直接带有明显的政治效用了。这表明,早期道教是把方术作为治国要道来向封建最高统治者进献并冀其行用的。

“蔽暗弟子再拜言:夫大贤见师说一面,知四面之说;小贤见师说一负[①],知四负之说,故易为说也。其愚暗蔽顿之人,不事见为说之,犹复心怀疑,故敢具问天师。师既为皇天解承负之仇[②],为后土解承负之殃[③],为帝王解承负之厄[④],为百姓解承负之过[⑤],为万二千物解承负之责[⑥];又言下愚弟子乃为天问事,不敢不冒过悉道之,愿具闻其意何等也。”“平言。”

【注释】

①一负:指背靠的某一特定位所。负,依凭,倚靠。

②仇:指所怀有的极度怨恨。

③殃:指所造成的众多殃害。

④厄:指所逢遇的各种劫厄。

⑤过:指所遭受的大小罪罚。

⑥责:指所蒙受的轻重谴责。

【译文】

“暗昧不开通的弟子连拜两次敢请教:在通常情况下,最贤明的人看到明师讲说一个方位怎么样,也就清楚四个方位怎么样了;稍略贤明的人看到明师讲说一个背靠的位所怎么样,也就清楚四个背靠的位所怎么样了,所以很容易开导他们。可像弟子我这样愚蠢暗昧、不开通又迟钝的那些人,不列举事实为他们做解说,仍会心里存有怀疑,所以敢向天师详细做询问。天师既然为皇天解除承负这方面的极度怨恨,为后土解除承负这方面的众多殃害,为帝王解除承负这方面的各种劫厄,为百姓解除承负这方面的大小罪罚,为一万二千种动植物解除承负这方面的轻重谴责，并且说像我这样低贱愚昧的弟子正是专为皇天询问事体，所以不敢不顶着罪过把心里话都讲出来，希望详尽听一听有关承负的具体含义到底是什么。""慢慢讲来。"

"今帝王人民有承负，凡事亦皆自有承负耶?""善哉！子为天问事，诚详且谨。""今每与天师对会①，常言弟子乃为天问疑事，故敢不详也!""善哉！子有谨良之意，且可属事②。行，今子乐欲令吾悉具说之耶？不惜难之也③，但恐太文④，难为才用⑤。具说天下承负，乃千万字尚少也，难胜⑥，既为子举其凡纲，令使众贤可共意，而尽得其意，与券书无异也⑦。""唯天师语。""明开两耳，安坐定心听。""唯唯。"

【注释】

①对会：意谓当面请教。

②属：委托，付托。

③惜：吝惜。难：谓对讲说颇感艰难辛苦。

④太文：徒增繁冗之意。太，"大"的今字。此处意为使之增益。古人但凡言大而犹以为形容未尽，则作太。文，谓繁多琐细。

⑤才用：裁断施用。才，通"裁"，裁断。

⑥胜：承受得起。指理解和掌握方面。

⑦券书：契据。道教有左契、右契之说，参见《老子想尔注》所述。

【译文】

"如今帝王和百姓积聚留存着承负，转而任何事情也自身积聚留存着承负吗?""真是太好了！你为皇天问事，的确精详又谨慎。""如今每每和天师当面请教，天师常说弟子正是专为皇天询问世人闹不清楚的事情，所以哪敢不精详呢?""真是太好了！你怀有谨慎良善的意愿，看来能把大事托付给你了。近前来,眼下你盼望我详尽全面地讲说它吧?我决不吝惜,也不对讲说深感艰难辛苦,只是担心过于繁琐细碎,难以让人做出裁断施用来。详尽讲说天下的承负事体,恐怕用上一千万字还显少呢,但却使人难以理解掌握。所以只为你列举那总纲大要,使众多贤人可以共同去体悟,彻底明了其中的意旨,就和契据经得起验核一个样。""只请天师想怎样教诲就怎样教诲。""竖起你那两耳,稳稳坐定用心听。""是是。"

"然。天地生凡物,无德而伤之,天下云乱,家贫不足,老弱饥寒,县官无收①,仓库更空②。此过乃本在地伤物,而人反承负之。一大凡事解,未复更明听。

【注释】

①县官:汉代称天子为县官。此处指各级官府。收:指赋税收入。

②更:轮番,接连。

【译文】

"好的。天地生养万物,但世人没有道德却去伤残它们,天下像乌云搅动那样混乱,家家贫困又匮乏,老弱挨饿又受冻,官府没有赋税收入,仓库接连空虚。这种过失原本出在大地使万物受伤残,而世人反而承负它。一大事象讲清楚了,但还没完,再仔细注意听。

"今一师说,教十弟子,其师说邪不实,十弟子复行,各为十人说,已百人伪说矣;百人复行,各为十人说,已千人邪说矣;千人各教十人,万人邪说矣;万人四面俱言,天下邪说。又言者大众,多传相征,不可反也,因以为常说①。此本由一人失说实,乃反都使此凡人失说实核,以乱天正文②,因而移风易俗[③]，天下以为大病，而不能相禁止，其后者剧，此即承负之厄也，非后人之过明矣。后世不知其所由来者远，反以责时人，故重相冤也，复为结气不除[④]，日益剧甚。故凡二事解，真人复更明听。

【注释】

①常说：普遍通行的说法。

②天正文：皇天所降示的纯正神文。实则隐指《太平经》。

③移风易俗：此谓“邪说”恶劣影响之巨。

④结气：怨结之气。

【译文】

“如今一名师长宣讲自己的主张，教诲十名弟子，可这名师长的主张纯属邪伪不真确，但十名弟子又加以传扬，每个人各为十个人再做讲说，就已经形成一百个人的伪说了；一百人再去传扬，每个人又各为十个人做讲说，就已经形成一千个人的邪说了；一千个人再每个人教诲十个人，就形成一万个人的邪说了；一万个人再到处做鼓吹，就形成布满天下的邪说了。再加上讲说的人一旦特别多，就你传我，我传你，越传越跟真的一样，没办法再扭转，于是就成为普遍通行的说法了。这原本出自一个人讲说失实，反而竟使世上人全都讲说失实，以至于搅乱皇天所降示的纯正神文，随而竟能移风易俗，给天下造成大祸患，但却不能相互禁绝，往后更愈演愈烈，这就构成了承负的劫厄，也显然不是后人的罪过。后人不清楚这种劫厄由来甚久，转过来专去责怪与自己同时代的人，由此又冤冤相报，进一步形成怨结之气，化解不开，日益加剧特深重。所以这第二种事象已经讲清楚了，真人还要竖起耳朵再仔细听。

“令一人为大欺于都市中[①]，四面行于市中，大言地且陷[②]，成涵水[③]，垂泣且言。一市中人归道之，万家知之，老弱大小四面行言，天下俱得知之，乃使天下欺，后者增益之[④]，其远者尤剧[⑤]。是本由一人言，是即承负空虚言之责也。后人何过乎？反以过时人。三事解，然真人复更明听。

【注释】

①都市：指设于国都中的市场。

②大言：高声言讲。

③涵水：意为沉没一方的大水。古有历阳（古县名）城一宿沉而为湖之类的说法。详见《淮南子·俶真训》所述。

④增益：谓添枝加叶，添油加醋。

⑤远者：谓距离谣言当初所编造所传布的程度。

【译文】

“假设有个人在京师市场上大肆造谣惑众，绕着市场走个遍，高声嚷叫地快塌陷了，眼看这里就变成一片汪洋了，一边嚷叫还一边掉眼泪。全市场的人回到家里后，讲说这件事，就有一万家听说到了，大人小孩再各处去传扬，全天下就都知道了，于是造成全天下跟着传谣的局面，后来听说的人又添枝加叶，距离当初所造所传谣言的程度就更吓人了。这原本出自一个人编造的谣言，最终却构成了承负谣言的过责。后人实际上可有什么过责呢？但却反过来偏把过责扣在当今人的头上。这第三种事象已经讲清楚了，然而真人还要竖起耳朵再仔细听。

“夫南山有大木，广纵覆地数百步[①]，其本茎一也[②]，上有无訾之枝叶实[③]，其下根不坚持地，而为大风雨所伤，其上亿亿枝叶实悉伤死亡，此即万物草木之承负大过也。其过在本不在末，而反罪末，曾不冤结耶[4]？今是末无过，无故被流灾得死亡，夫承负之责如此矣，宁可罪后生耶？四事解，然责人复更明听[5]。

【注释】

①广纵：东西为广，南北为纵。此处指树冠所遮盖的面积。步：汉以六尺为步。

②本茎：树根与树干。

③无訾(zī)：犹言不訾。即不可计量之意。訾，计量。

④冤结：冤情聚结之意。

⑤然责人复更明听：此七字中"责"当作"真"。形近而讹。

【译文】

"南山有棵大树，树冠能遮盖到数百步，它那树根和树干属于同一条，上面长有数不清的树枝树叶和树果，可那树根在地下扎不牢，被大风大雨刮倒泡烂了，树上数不清的树枝、树叶、树果就都受伤害而枯萎，这正构成万物草木承负的大过责。过责在根部，并不在末稍，但反而却去怪罪末稍，竟不冤情聚结吗？如今这些树枝、树叶和树果本来没有过责，可无故却碰上了持续扩散的灾殃，落得个枯死。所谓承负的过责也就全像这个样子了，难道可以怪罪后来生出的东西吗？这第四种事象已经讲清楚了，然而真人还要竖起耳朵再仔细听。

"南山有毒气，其山不善闭藏，春南风与风气俱行[1]，乃蔽日月，天下彼其咎[2]，伤死者积众多。此本独南山发泄气，何故反使天下人承负得病死焉？时人反言犹恶，故天则杀汝。以过其人，曾不冤乎哉？此人无过，反承负得此灾，魂神自冤，生人复就过责之，其气冤结上动天。其咎本在山有恶气，风持来，承负之责如此矣。五事解，然真人复更危坐[3]，详听吾言。

【注释】

①风气：指风中所裹挟的毒气。汉代风占家有风从东南来者为瘟疫的说法，见《史记·天官书》所述。

②天下彼其咎：此五字中"彼"当作"被"。形近而讹。

③危坐：端坐。

【译文】

"南山蕴藏着毒气，这座山不能把它牢固封闭住，春季的东南风与风中裹挟的毒气一起猛刮过来，竟然遮住了太阳和月亮，全天下遭遇这一祸殃，受到伤害和死去的人加在一起特别多。这原本只是南山漏泄和散发出它那毒气，可却为什么反叫天下人承负落得个染病死亡呢？当代人反而说这些染病死亡的人怙恶不悛，所以皇天就戕杀了他们。直接把过责加在这些染病死亡的人头上，他们竟不冤枉吗？他们本来没有过责，反而承负遭遇这种祸殃，死后魂神也感到自己太冤枉，而活着的人又对他们进行怪罪，于是冤气聚结，往上直冲，感动皇天。祸殃原本出在南山藏有毒气，由风裹挟而来，所谓承负的过责也就全像这个样子了。这第五种事象已经讲清楚了，然而真人还要重新坐端正，再仔细听我说。

"本道常正[1]，不邪伪欺人。人但座先人、君王、人师父教化小小失正[2]，失正言，失自养之正道，遂相效学，后生者日益剧。其故为此，积久传相教，俱不得其实，天下悉邪，不能相禁止，故灾变万种兴起，不可胜纪。此所由来者积久复久，愚人无知，反以过时君，以责时人，曾不重被冤结耶？

【注释】

①本道：本元之道。即真道。

②座：同“坐”，意为牵累于。

【译文】

“作为本元的真道，永远都在保持着纯正的特质，从来不用虚假邪僻去欺骗世人。世人只因被先人、君王、师长的教化逐渐偏离正道所拖累，丧失了正言，丧失了自己养护好自己的真道，于是相互效仿所学那一套，而后来出生的人一天比一天更厉害。原因本来出在丧失正言正道上，可却长期递相传授邪伪那一套，获取不到真实有效的做法，天下全邪伪，不能相互禁绝，所以各种各样的灾变就降现兴起，简直记述不过来。这种状况产生的根源和形成的过程长久极了，愚蠢的百姓一无所知，反而去怪罪当代的帝王，去怪罪与自己同时代的人，这不竟让别人再度冤情聚结了吗？

“天下悉邪，不能自知，帝王一人，虽有万人之德，独能如是何？然今人行，岂有解耶？若食尽欲得之，而病人独不能食，乃到于死亡，岂有解耶？今交阴阳相得[①]，尽乐有子孙，祭神求吉，而自若不能生子，岂有解耶？夫人生尽乐好善而巨壮[②]，而固反不肖且恶[③]，岂有解哉？此尽承负之大效也，反以责时人，故不能平其治也。时人传受耶伪久[④]，安能卒自改正乎哉[⑤]？遂从是常冤，因为是连久，天怜之，故上皇道应元气而下也[⑥]，子勿怪之也。”

【注释】

①交阴阳：谓夫妇行房。

②好善：指容貌漂亮。巨壮：谓身材魁梧健壮。

③恶：谓丑陋矮小。

④耶：用同“邪”，邪僻。

⑤卒：后多作“猝”，猛可间，一下子。

⑥上皇道：最盛明的第一等真道。

【译文】

“全天下都邪伪，又自身闹不清这一点，帝王他一个人即使具有一万个人的道德加在一起的那样的道德，又能对这种状况怎么办呢？然而像当今世人的所作所为，又怎能消除掉邪伪的积习呢？这就如同人们都想得到食物，可病人偏偏想吃也吃不下去，一直到死亡又怎能摆脱无法进食的痛苦呢？如今夫妇交合，谁都希望生下儿孙，可祭神乞求吉福，仍旧生不下儿子来，又怎能化解这绝户的不幸呢？人们降生到世上，全都高兴自己容貌漂亮，身材魁梧健壮，可天生就智力低下，又丑又矮，又怎能避免这不如人意的命运呢？所有这一切，都属于承负的有力证明，可反而却去怪罪当代人，所以就无法使那治理变太平。当代人传付和承受邪僻虚伪那一套，时间已经太长了，怎能一下子就自行改正过来呢？于是因此便总蒙冤受屈，由于这种状况在长久延续，皇天感到世人太可怜，所以最盛明的第一等真道便应合元气降示到人间，真人对此不必大惊小怪。”

“以何为初[①]？”“以思守一[②]。”“何也？”“一者，数之始也[③]；一者，生之道也[④]；一者，元气所起也；一者，天之纲纪也。故使守思一，从上更下也。夫万物凡事，过于大末。不反本者，殊迷不解，故更反本也[⑤]。是以古者圣人，将有可为作，皆仰占天文[⑥]，俯视地理[⑦]，明其反本之明效也[⑧]。真人解未？”“唯唯。”

【注释】

①初:意为解除承负的首要之务。

②守一:此系《太平经》所极力阐扬的一套精神修炼方术,即高度集中和控制意念力的一套功夫。本经述及守一多处,具体所指非一。或为存思体内神灵,或为念识元气无为,或为凝静虚无等,大要在于"真合为一"以体道。

③数:指自然基数。

④生之道:此三字《云笈七签》卷四十九《秘要诀法》引作"道之生"。生,指长生。

⑤"从上更下"至"更反本也":此二十七字,《白帖》及《太平御览》所引俱作下列三十二字:"子欲养生('生'《御览》作'老'),守一最寿,平气徐卧,与一相守,气若泉源,其身何咎?是谓真宝,老衰自去。"大末,以末为上之意。

⑥天文:指由日月星组成的天象。《周易·贲·彖传》谓:"刚柔交错,天文也。"本经卷四十八《三合相通诀》谓:"天法,凡事三并力同心,故天以三光为文,三光常相通共照,无复绝时也。"又卷五十四《使能无争讼法》称:"天者,以三光为书文记。"又卷六十五《王者赐下法》云:"故三光为文,日最大明。故文者生于东,盛于南。"又卷六十九《天谶支干相配法》称:"故天文者,赤也;赤者,火也。"

⑦地理:指由水土石构成的地貌。本经佚文云:"地理者,三色也,谓水土石。"

⑧明其反本之效也:此七字《太平经钞》作下列八字:"明其本末,睹其明效。"

【译文】

"究竟该把什么作为解除承负的头等要务呢?""要靠精思守一。""为什么呢?""因为那个'一',构成自然基数的第一位,构成长生的道术，构成元气的起源，构成皇天的纲纪。所以要让人们意守精思那个‘一’，这可正是从根本扩展到末梢去。万物万事，错就错在把末梢当成根本。不返归到根本，长久的迷惑就化解不开，所以要重新返归到根本上去啊。因而古代的圣人在采取乐意付诸实施的行动之前，都仰占天象，俯察地理，闹清那返归根本的实效。真人对此解悟了吗？”“是是。”

欲解承负之责[①]，莫如守一。守一久，天将怜之。一者，天之纪纲，万物之本也。思其本，流及其末。

【注释】

①“欲解”句：自此以下整节文字乃系《合校》本附存的以资参考的《太平经钞》钞文。

【译文】

要想解除承负的罪责，没有什么办法能够比得上守一的了。守一的时间一长，皇天将会怜惜世人。那个“一”，正是皇天的纲纪，万物的根本。精思那根本，就会扩展到末梢去。

“今訾子悒悒[①]，已举承负端首，天下之事相承负，皆如此。岂知之耶？”“唯唯。今天师都举端首，愚生心结已解。”“行，语真人一大要言。上古得道，能平其治者，但工自养[②]，守其本也。中古小失之者，但小忽自养，失其本。下古计不详，轻其身，谓可再得，故大失之而乱其治。虽然，非下古人过也，由承负之厄会也[③]。行，文已复重，吾不复言，百言百同，无益也。可毋增书为文，今天辞已通嘱于真人[④]。”“唯唯。”“行，归思其要，以付有德君，书要为解承负出[⑤]。”“唯唯。”

右问凡事承负结气诀。

【注释】

①訾(zǐ):叹恨。

②工:擅长,精通。

③厄会:劫厄交会之意。

④天辞:意为皇天的真言秘诀。

⑤要:总之。

【译文】

"如今叹恨你整天忧闷不乐,已经为你列举讲说了承负的首要内容,天下众事递相承负,都像这个样子。恐怕你已经闹明白了吧?""是是。如今天师概括地列举那首要内容,愚生内心的疙瘩已经解开了。""回去吧,再告诉真人一大要语。上古得道而使本身治理特安平的人,只在于擅长自己养护好自己,持守那根本。中古逐渐出现治理偏差的人,只在于对自己养护好自己逐渐不重视,失去了那根本。下古人思虑不审慎,把自己的身躯看得很随便,以为可以重新得到它,所以更远远偏离了那根本,搅乱了本朝的治理。尽管如此,但不属于下古人的过失,而是由承负的劫厄交会造成的。回去吧,文辞已经显得有些重复了,我不再讲了,讲一百句还是那一百句的东西,并无任何好处。切莫增益经书而形成繁琐的文辞,如今皇天的真言秘诀已经全部嘱告给真人了。""是是。""回去吧,回去以后要精思那纲要,把它授付给具有道德的君主,经书总之是为解除承负才去传布的。""是是。"

以上为问凡事承负结气诀。

卷三十八　丙部之四

师策文

【题解】

本卷经文原缺,《合校》本基本依据《太平经钞》,并校以本经《解师策书诀》、《历世真仙体道通鉴·于吉传》加以补列,题目亦酌予移置。其所谓"师策文",在下篇又称"师策书",在庚部《三者为一家阳火数五诀》中又称"天策书",均指授道天师代天传言、写在帛卷之上的绝对灵验的定论式押韵隐语,共计十三句,九十三字或九十一字;举其成数,则概称"九十字策"。这九十字策,一字或两三字、三四字各有特定的甚至多重的涵义或寓意,有助于把握《太平经》的大纲要旨。据下篇所述,前两句主要讲论《太平经》对"天书累积之字"即复文这种道教早期符箓的陈示列具,标揭守一方术、归本返初之道和东汉盛行的火为君长的五行说等;中间十句,主要讲论《太平经》所独具的从治国到修炼的"纲纪"作用和使时君众贤老寿久活、长生成仙的奇效等;末句则以总体阐发及出书传道作结。至于九十字策文的别有所指,详见下篇出于本经编著者的自作之"解"。即如"西王母",乃谓:"西者,人人栖存真道于胸心也。王者,谓帝王得案行天道者,大兴而王也,其治善,乃无上也。母者,老寿之证也,神之长也。"似此之"解",往往出人意表又俯拾即是,每每与通常理解的字面意思迥异。惟本篇译文为尊重原作,基本依照其寓意而采取意译方式译出,聊供参考而已。欲知其详,欲得其实,当然离不开下篇天师为真人“剥解凡疑”所作的“悉解”之词。

师曰吾字十一明为止①，丙午丁巳为祖始②。四口治事万物理③，子巾用角治其右④。潜龙勿用坎为纪⑤，人得见之寿长久⑥，居天地间活而已⑦，治百万人仙可待⑧，善治病者勿欺绐⑨，乐莫乐乎长安市⑩，使人寿若西王母⑪，比若四时周反始⑫，九十字策传方士⑬。

【注释】

①师：谓授道天师。字：指复文。即用两个以上的隶书汉字叠合而成的似篆非篆的符箓化秘文。其为《太平经》最原始的本文，即诸篇经文据以推演的基托所在。本经卷一百四至一百七共开列四组二千一百三十三字，依次称作“兴上除害复文”、“令尊者无忧复文”、“德行吉昌复文”、“神祐复文”。十一：十谓百分之百灵验；一指守一修炼术，十一又为“士”字的构字笔画。明为止：此处含有二义：一谓火行王气至为盛明，二谓太平真道位居第一。

②丙午丁巳：此处象征德应火行赤气的东汉当朝皇帝。丙午为天干第三位与地支第七位，丁巳为天干第四位与地支第六位。以天干、地支两两组合而配五行，丙午、丁巳俱属火行。《史记·律书》谓：“丙者，言阳道著明，故曰丙。午者，阴阳交，故曰午。丁者，言万物之丁壮也，故曰丁。巳者，言阳气之已尽也。”《释名·释天》云：“丙，炳也，物生炳然，皆著见也。午，仵也，阴气从下上，与阳相仵逆也。于《易》为《离》，离，丽也，物皆附丽阳气以茂也。丁，壮也，物体皆丁壮也。巳，已也，阳气毕布已也。于《易》为《巽》，巽，散也，物皆生，布散也。”本经卷一百十八《禁烧山林诀》谓：“火王则日更明。丙丁兴，巳午悦。”为：指特为兴利帝王、

去除凶害而出示天书真道。祖:指历代帝王最早的效法对象三皇(天皇、地皇、人皇)。始:谓三皇时代所形成的治理盛况。本经卷一百十九《三者为一家阳火数五诀》云:"始者,先也,首也,故书言祖始也。"

③四口:指"言"字。"言"字"口"上一点三横相加即得"四"。"言"乃讲论之意。治事:指每日都习惯性地讲论《太平经》经文。理:得到治理之意。

④子巾用角治其右:此言极力诵读《太平经》经文。详见下篇由本经编著者所作的解说。

⑤潜龙勿用:此系《周易·乾·初九》的爻辞。意谓阳气潜伏地下。龙为传说中的尊贵神物和木行的化身与精灵,《周易》借龙以喻开始萌动的阳气,故称潜龙。《春秋元命苞》谓:"龙之为言萌也,阴中之阳。"本经卷六十九《天谶支干相配法》称:"故《易》初九子,为潜龙勿用,未可以王持事也,故勿用也。""潜"于此处亦谓天书真道虽已降示但仍处于隐伏的状态。"勿用"于此处尚含天书真道未被最高统治者认同和施用之意。坎:八卦之一。位居北方,属水行,于时为冬至所在的农历十一月。《周易·说卦》云:"坎者,水也,正北方之卦也,劳卦也,万物之所归也,故曰劳乎坎。"纪:丝缕头绪。喻指事物的统领部分,仅次于纲。

⑥人:指当代帝王。寿:谓尽享天年。长:谓长生不死。久:谓永存。即登仙成神。

⑦活:意谓靠学真道而长久存活于世。

⑧治:矫正之意。百万人:泛指数量庞大的贤明人士。仙:谓超脱尘世而身变形易、长生不死的人。其在本经中半具神性又半具人性,为本经所构设的神仙等级序列中的三等正牌神仙(其上为神人、真人,其下为道人),职在掌理四时,属于早期道教修炼所欲实现的主要目标和理想结果之一,但与神话传说及后世道教、

文艺作品所称神通广大者不同。详参本经丙部《九天消先王灾法》、卷五十六至六十四《阙题》(六)所述。

⑨治病:意谓摒弃邪伪浮华的文辞及其所宣扬的理论与做法。欺绐(dài):欺骗。

⑩长安市:通常指西汉首都长安(今陕西西安)城内所辟设的繁华市场。《三辅黄图·长安九市》载:"《庙记》云:长安市有九,各方二百六十六步。六市在道西,三市在道东。凡四里为一市,致九州之人在突门夹横桥大道,市楼皆重屋。又曰:旗亭楼在杜门大道南,又有当市楼,有令署,以察商贾货财买卖贸易之事,三辅都尉掌之。直市在富平津西南二十五里,即秦文公造物无二价,故以直市为名。张衡《西京赋》云'廓开九市,通阛带阓,旗亭五重,俯察百隧'是也。"本经所作之"解",与此相关但涵义迥异。

⑪西王母:通常谓其为神话传说中的女仙人。古代以之为长生不老的象征。《山海经·西山经》云:"西王母,其状如人,豹尾虎齿而善啸。"《大戴礼记·少闲》云:"(舜时)西王母来献其白琯。"《穆天子传》卷三载:"乙丑,天子觞西王母于瑶池之上,西王母为天子谣。"《列子·周穆王》谓:"王和之,其辞哀焉。"《尚书帝验期》称:"王母之国在西荒,凡得道授书者,皆朝王母于昆仑之阙。"《史记·司马相如列传》载其《大人赋》曰:"低回阴山翔以纡曲兮,吾乃今目睹西王母皬然白首。戴胜而穴处兮,亦幸有三足乌为之使。必长生若此而不死兮,虽济万世不足以喜。"《汉书·五行志下之上》载:"(哀帝建平四年)其夏,京师郡国民聚会里巷阡陌,设祭张博具歌舞,祠西王母。又传书曰:母告百姓,佩此书者不死。不信我言,视门枢下当有白发。"本经所作之"解",与此相关但涵义迥异。

⑫四时:四季。即春夏秋冬。周反始:意谓交替推移满一轮又返归到初始的状态。即再度开始循环流布的过程。

⑬九十字策：通常可理解为由九十个字组成的神秘策文。本经所作之“解”，与此相关但涵义迥异。方士：指身怀方术的人。《史记·封禅书》载：“驺衍以阴阳主运显于诸侯，而燕齐海上之方士传其术不能通。”本经卷一百二《神人自序出书图服色诀》云：“已付邮客方士，往付上有至德之君。”

【译文】

天师说道：我那符箓秘文绝对正确灵验而守一妙术首当其冲，火行赤气空前盛明而万物扎牢根须俱获化生。丙午丁巳代表着火行赤气和阴阳融为一体，特为当代帝王出示天书真道而使他效法三皇形成大治盛世。一点三横加上“口”便成“言”字，只管每日言说天书意旨而万物就获得治理。“子巾”构成天书之“字”而“字”须诵读，只管极力诵读天书便事事火速端正。潜伏的神龙尚未发挥作用但却蕴藏着奇异神验的功能，《坎》卦代表水行阴气而同阳气一起组配成施生化育和帝王施治的纲纪。帝王得见这天书真道，便能尽享高寿直至长生不死而登仙成神。世人身处天地之间，只要能长久存活也就达到目的了。矫正众多贤人积重难返的错误认识与做法，超凡成仙那就大有希望了。善于救治那些邪伪文辞致使皇天降现灾异的人们，千万不要再自己欺骗自己了。没有能比皇天盛明太平气降临人间更让人感到欢乐的了，帝王道德无以伦比又长治久安而全国民众兴盛得如同京师市场熙攘的人群。叫那帝王德大如天又人人顺应天书，把真道永存心胸而主宰天下并且年高寿长乃至驾驭体内众神灵。好比春夏秋冬交替推移满一轮，又重新步入化生与成就万物的循环圈。行用真道便极为切合天心地意，天书字字绝对灵验又囊括无遗，像携带证件那样去传布，帝王治理迅即变得异常端正，有那竭力实现学道志向的士子，委托他前往京师传付真道。

卷三十九　丙部之五

解师策书诀第五十

【题解】

本篇所谓“解”，系对上篇《师策文》每字各句所隐含的深意和要意进行“悉解”或“直解”。首句九字，既点明天师“我”的“神人”身份及其代天解忧、消弭“承负之厄”的重大使命，又阐扬天书符箓和“守一”这种足以使当今帝王“赤气”更盛且大明的“上皇之道”；二句七字，既重申“汉为火德”的五行说，又宣明兴利帝王，促其行道，返归三皇“本初”时代的宗旨；三句七字，则彰显日日讲习《太平经》可使万物各得其所的突出功效；四句七字，则指明诵读《太平经》足以拨乱反正的巨大作用；五句七字，既袭用历法家特别是《易》学及谶纬之说，喻示《太平经》无异于治国“纲纪”的神圣职能，又敦请帝王“专信案用”，以奏除灾断邪立见之效，为此还规定了“序出”这部天书真经的特殊日期；六句七字，诱导帝王知行道书，方得上寿乃至长生久存；七句七字，列示当学真道、尽弃浮华之文的求活之法；八句七字，昭示众贤按书正心去邪、守真辅政的登仙之路；九句七字，宣示凡人“行保真一”勿自欺的益身之计；十句五字，盛称循书行道、国泰民兴、德优无双、太平气至的熙乐局面。十一句七字，显示帝王和世人顺行正文、栖存真道而臻于极治、老寿御神的效验；十二句七字，申明相生相成、治无刑罚的主张；末句七字，指陈《太平经》的周备性和穷极程度，强调必须物色足可担当付书传道重任的“克志”

道徒。篇末又借天师自家“道成德就，以天为师”的略历，张布“天诛妄说”的道戒。并对“承负说”详加诠解，重在揭示“承”与“负”之间的因果关系与连锁反应。

真人稽首再拜①：“唯唯②，请问一疑事解。”“平言，何等也？”“天师前所与愚昧不达之生策书③，凡九十字。谨归思于幽室④，闲处连日时⑤，质性顽顿，昼夜念之，不敢懈怠，精极心竭，周遍不得其意。今唯天师幸哀不达之生，愿为其具解说之，使可万万世贯结而不忘⑥。”“善哉，子之难问乎！可谓天人也⑦。诺，真人详聆听，为子悉解其要意。”

【注释】

①稽首：古代以头叩地的最重跪拜礼。

②唯唯：意谓一切都听从恩师的教诲。

③与：授予。策书：谓写在帛卷上的绝对灵验的定论式隐语。

④幽室：指在山野辟设的幽暗清静的修炼处所。参见本经卷八十六《来善集三道文书诀》所述。

⑤闲处：意谓杜绝其他一切活动。

⑥贯结：贯胸结心之意。即铭记、牢记。

⑦天人：犹言天民。指德返自然本性而能使人们前来归附的人。参见《庄子·庚桑楚》所述。

【译文】

真人敬行跪拜大礼又连拜两次这才说：“全听天师教诲，请求询问一桩疑惑不解的事情，以便闹个明白。”“慢慢讲来，究竟是什么事情呢？”“天师前些时候赐给愚昧不通达弟子的策书，一共九十个字。恭谨地将它奉持回来，杜绝其他一切活动，接连好多天在幽暗清静的修炼密室内精思，尽管天性顽劣迟钝，可仍从早到晚冥思苦想，不敢懈怠，用尽了所有的心力和精力，由上到下，翻来覆去，却始终揣摩不出它那涵义来。如今只请天师万幸哀怜不开通的弟子，乐意为我详尽加以解说，使我永远把它穿结在胸心上而牢记不忘。”“真是太好了，你这诘难性的发问啊！可以称得上是天人了。好的，真人仔细聆听，为你详尽解说那切要的意旨。”

真人请问神人①：“前所赐不达之生策书九十字，未知趋向、义理所归②，愿为一一解，以遗后世，贯结而不忘。”神人言：“为子直解之③。”

【注释】

①“真人”句：自此以下整节文字乃系《合校》本附存的以资参考的《太平经钞》钞文。

②趋向：指目的。义理：谓大义主旨。

③直解：径做解说之意。

【译文】

真人向神人请教说：“前些时候赐给不通达弟子策书九十个字，但弟子闹不清它那目的和大义主旨到底在哪里，请求为弟子逐字逐句做讲解，以便留赠给后世，穿结在胸心上而牢记不忘。”神人说：“为你径行解说它。”

“师曰吾字十一明为止：师者，正谓皇天神人师也①。曰者，辞也②。吾乃上辞于天，亲见遣，而下为帝王万民具陈解亿万世诸承负之谪也。吾者，我也；我者，即天所急使神人也。今天以是承负之灾四流，始有本根，后治者悉皆随之失其政，无从得中断止之，更相贼伤，为害甚深，今天以为重忧。字者，言吾今陈列天书累积之字也[③]。十者，书与天真诚信洞相应[④]，十十不误[⑤]，无一欺者也。得而众贤各自深计，其先人皆有承负也，诵之不止，承负之厄，小大悉且已除矣。一者，其道要[⑥]，正当以守一始起也。守一不置[⑦]，其人日明乎[⑧]！大迷解矣。明为止，止者，足也。夫足者为行生，行此道者，但有日益昭昭[⑨]，不复愚暗冥冥也。十一者，士也[⑩]。明为止者，赤也，言赤气得此[⑪]，当复更盛，王大明也[⑫]。止者，万物之足也，万物始萌，直布根[⑬]，以本足生也。行此道，其法乃更本元气[⑭]，得天地心，第一最善，故称上皇之道也。

【注释】

①神人：本经所构设的神仙等级序列中的一等正牌神仙。职在理天。

②辞：此处含有二义：一谓辞别，二谓解说。即下文所称“上辞”与“具陈”。

③累积之字：指复文。复文用两个以上的隶书汉字叠合而成，故称其为“累积之字”。

④天真：谓天然的品性。指朴实而言。《庄子·渔父》云：“礼者，世俗之所为也；真者，所以受于天也，自然不可易也。故圣人法天贵真，不拘于俗。”洞：洞彻，毫无阻隔。

⑤十十：犹言百分之百。

⑥道要：真道的纲要。

⑦置：搁置，废止。

⑧日明：意谓日益对万事察看得特别透彻。本经佚文云：“守一之

法，与天地神明同，出阴入阳，无事不通也。”

⑨昭昭：明白。

⑩士：“十”、“一”两字合并即成上下结构的“士”字。

⑪赤气：又称火气或太阳之气。指五行中的火行气。本经卷一百十九《道祐三人诀》称：“夫太阳上赤气至，乃火之王精也。”又卷九十二《万二千国始火始气诀》云：“以斗极东、南，火气起。”同卷《火气正神道诀》谓：“今乃火气最盛，上皇气至。”

⑫王：通“旺”，兴旺。指占据统治地位，发挥主宰作用。东汉盛行汉为火德说，故出此语。

⑬布根：谓万物随阳气跃动而扎下根须。本经卷四十《分解本末法》谓：“（万物）始萌于北，元气起于子；转而东北，布根于角。”又卷九十三《国不可胜数诀》云：“故万物始布根于东北。”

⑭更本元气：意谓重新依凭元气来化生。本经丙部《守一明法》云：“元气行道，以生万物，天地大小，无不由道而生者也。故元气无形，以制有形，以舒元气。”又卷六十六《三五优劣诀》谓：“天生凡物者，阳气因元气，从太阴合萌生。”

【译文】

“师曰吾字十一明为止：其中的‘师’字，说的正是皇天神人师。而‘曰’字，是‘辞’的意思。我在上面拜辞皇天，接受皇天的亲自派遣，下凡来为帝王万民全面详尽地陈述怎样去除掉亿万代各种承负的罪罚。那个‘吾’字，指的正是我；我也就是皇天所急切派遣的那位神人。如今皇天鉴于承负的灾祸到处延布，有它最初的根源，后来实行统治的人都跟在后面，闹得政事混乱，没办法让它半路断绝止息住，递相伤残虐杀，为害异常深重，如今皇天正把它作为特别值得忧虑的事情来对待了。而那个‘字’字，是说我现下陈示列具在天书中专用重迭方式制成的符箓秘文。至于‘十’字，恰恰在表示天书同那朴实诚信应合到极点，百分之百地正确，没有一点点骗人的地方。众位贤人得到后各自深入周密地做谋划，想到本人的祖先前辈都有承负，随之诵读天书不止息，承负的大小灾厄眼看着就全部解除掉了。而‘一’字，特指真道的纲要而言，正应当从守一术开始进行修炼。守一不废止，那个人就日益对万事察看得特别透彻了。最深的迷惑也就解开了。‘明为止’这三个字中，‘止’是说双脚，双脚本来是为人能走路而生就的，行用这种真道的人，只会收到一天比一天更明白的效果，不再愚暗昏昧了。‘十一’这两个字，上下合并就构成‘士’啊。所谓‘明为止’，正代表着火行赤气，是说火行赤气得到这天书真道，会更兴盛，占据主宰地位而大放光明。那个‘止’字，又代表着万物的根部，万物开始萌生，随同阳气把根部深深扎在地底下，往后凭借自己的根部才生出地面来。行用这真道，它那法则正在于重新依凭元气来化生，获取到天地的心意，位居第一又最吉善，所以就称作盛明无比的真道。

“丙午丁巳为祖始：丙午丁巳，火也，赤也①。丙午者，纯阳也②；丁巳者，纯阴也③。阴阳主和凡事④，言阴阳气当复和合天下而兴之也。为者，为利帝王、除凶害出也。祖者，先也，象三皇德也⑤。始者，反本初也。故行是道，当得反上皇也⑥。

【注释】

①赤：即上文所称的“赤气”。

②纯阳：纯一精粹的阳气。丙午各为单数，属阳干与阳支，故而赋之以此种象征意义。

③纯阴：纯一精粹的阴气。丁巳各为双数，属阴干与阴支，故而赋之以此种象征意义。

④主：职在。和凡事：使任何事体都归于和谐状态之意。本经卷五

十六至六十四《阙题》(六)称:"天下凡事,皆一阴一阳,乃能相生,乃能相养。"又卷一百十七《天乐得善人文付火君诀》谓:"两为一合。"

⑤象:效仿。三皇:指天皇、地皇、人皇。详参本经卷六十六《三五优劣诀》所述。

⑥当得反上皇也:此六字中"上皇"二字《太平经钞》作下列四字:"上三皇化。"化,谓教育感化民众。

【译文】

"丙午丁巳为祖始:这七个字中的'丙午'和'丁巳',都象征着火行,象征着赤气。丙午又代表着纯一精粹的阳气,丁巳代表着纯一精粹的阴气。阴阳职在使任何事体都归于和谐的状态,所以丙午丁巳又意味着阴阳二气会把整个天下重新融合为一体,使它振兴起来。'为'字是说天书真道专为有利帝王、消除凶害才出世。而那个'祖'字,是说应向位居最前面的帝王看齐,效法天皇、地皇、人皇所拥有的道德。至于'始'字,是说返归到当时那种天下大治的初始状态。所以行用这种真道,就会返归到最盛明的治理局面。

"四口治事万物理:四而得口者①,言也。能日习言吾书者②,即得天正经字也③,令得其至意④,乃上与天心合,使万物各得其所,而不复乱,故言万物理也。

【注释】

①四:指"言"字上部的一点三横。一点三横下加"口",即成"言"字。

②习言:总去讲论之意。

③正经字:意为原始纯正的经典秘文。

④至意:最精微的意旨。

【译文】

"四口治事万物理：这是说'四'指一点三横，再加上一个'口'字，也就成了'言'字啊。确能每天总去讲论我那道书，也就获取到皇天最原始纯正的经典秘文了，让人们了解掌握住其中最精微的意旨，于是往上便与天心相切合，使万物各得其所，不再淆乱，所以才讲出'万物理'那三个字，也就是万物得到了治理。

"子巾用角治其右者：诵字也①，言诵读此书而不止，凡事悉且一旦而正②，上得天意，欢然而常喜，无复留倍也③。

【注释】

①"子巾"二句：其意为："子"、"巾"二字组合，"巾"似宝盖，下加"子"，便构成"字"字。对"字"既读且"用"即成"诵"，而"诵"字之声符——"甬"，恰为被读被"用"的"角"（二字形近）。此即"子巾用角"之意。"治其右"，意谓在所"诵"之"字"上下功夫。"右"之来由，出于"诵"与"字"两字组合成动宾关系的句式而"字"居"诵"字之右的缘故。换言之，"字"乃"诵"的对象。连贯起来看，所谓"子巾用角治其右者：诵字也"，便不难索解，顺理成章了。

②一旦：一个早晨。极言其奏效之速。

③留倍：犹言留逆。倍，通"背"，作"逆"解。留逆指五大行星在逆行弧线中运行的迟疾状况。其在古代被星占家视为天谴。如《唐开元占经·填星占二·填星犯房四》引汉郗萌曰："填星留逆犯守乘房左右骖，主崩，臣有阴谋。逆行乘凌中道，太子失位而亡。顺行乘凌中道，天下和平。"

【译文】

"子巾用角治其右：这句话正是强调诵读文字，意思是说诵读这部天书而不止息，一切事情眼看着全都迅速端正过来了，往上获取到天意，皇天特高兴又总喜悦，不再出现五大行星运行迟疾失常之类的天谴了。

“潜龙勿用坎为纪：潜龙者，天气还复初九[①]，甲子岁也[②]，冬至之日也[③]，天地正始起于是也[④]。龙者，乃东方少阳、木之精神也[⑤]，故天道因木而出[⑥]，以兴火行[⑦]。夫物将盛者，必当开通其门户也，真人到期月满[⑧]，出此书，宜投之开明之地[⑨]。开者，辟也；通也，达也。开其南[⑩]，更调畅阳气，消去其承负之厄会也。潜者，藏也，道已往到[⑪]，反隐藏也。勿者，敢也未也，先见文者，未知行也。用者，治也，事也，今天当用此书除灾害也，玄甲岁出之[⑫]。其时君未能深原书意得能用之也[⑬]，故言勿用者，见天文未敢专信而即效案用之也[⑭]。信用之者，事立效见响应[⑮]，是其明证也，乃与天合，故响应也。坎为纪者，子称坎；甲，天也，纲也，阳也；坎者，子也，水也，阴也，纪也。故天与地常合其纲纪，于玄甲子初出，此可为有德上君治纲纪也，故言坎为纪也。乃谓上皇天书，下为德君出，真经书以绳断邪[⑯]，以玄甲为微初也[⑰]。凡物生者，皆以甲为首，子为本，故以上甲子序出之也[⑱]。

【注释】

①天气：指天所秉持的施生阳气。初九：乾卦倒数第一阳爻的爻题。象征阳气始生，潜藏地下。本经卷八十九《八卦还精念文》云：“亥子共身，周流相抱，极阴生阳，名为初九。”

②甲子岁：意为甲子日再度成为新一年起算点之际。甲子，指历

元，又称时元，即历法的起算点。古以夜半为一日之始，以合朔为一月之始，以冬至为一年之始，以恰好是夜半合朔冬至的时刻为推算历法之始，名之为甲子。汉代《易纬》有“阳生于子（农历十一月）”之说。本经卷六十五《断金兵法》谓：“若初九起甲子。”又卷六十六《三五优劣诀》称：“初九于子，日始还。”甲子分别为十天干、十二地支的首位。天干与地支相组配，亦自甲子始。

③冬至：八节即八个主要节气之一。在农历十一月，在阳历十二月二十二日前后。此日太阳经过冬至点，北半球白天最短，夜间最长；南半球则相反。《孝经援神契》云：“斗指子（正北）为冬至。至有三义：一者阴极之至，二者阳气始至，三者日行南至，故谓之至。”

④天地正（zhēng）：意为天地新一年的开端。指自此时再度展开新一轮化生和成就万物的大循环过程。正，指岁首，即全年第一个月。《乐纬叶图征》谓：“时元者，受气于天，布之于地，以时出入万物者也。”古有三正之分：天正——以农历十一月为岁首的周历；地正——以十二月为岁首的殷历；人正——以正月为岁首的夏历。东汉虽已久行夏历，但本经言及历法，则基于气化和阴阳诸学说，悉以天正周历为准。所谓正，系由新兴王朝于建立之初必改正朔、以示承受天命而来。

⑤少阳：与“太阳”相对而称。指春季不甚旺盛的阳气，散布弥漫在东方。木：指木行。东方和少阳气俱属木行，龙既为木行之精，亦成东方少阳气之精。本经卷七十三至八十五《阙题》（三）称：“王气为青龙。”又卷八十九《八卦还精念文》谓：“龙德生北，位在东方。”

⑥因木而出：天道好生，木行主生，万物始生于东方，故出此语。

⑦以兴火行：按照五行相生的关系，木生火，故出此语。

⑧期（jī）月：一整月。指农历二月底至三月末。

⑨开明之地：指东南方。其属木行，为万物生齐之地。按照顺时针方向排列，东南处于东方和南方中间，与东、南俱属阳，在东、南之间起中介和过渡作用，故称其为“开明之地”。其所“开”之“明”指南方。故下文又云“开其南”。本经卷三十五《兴善止恶法》云：“东南长养之乡。”又壬部称：“故东南生，西南养，西北施。故人象天为行，以东南种而生之。”

⑩开其南：为南方当先导、做铺垫之意。本经卷六十五《王者赐下法》云：“龙有文，家在辰（东南方和农历三月），负而上天，离为文章在南行。”南方为万物繁茂生长之地、阳气最盛之位所和太阳在天空运行所抵达之最正位置。属阳，属火行，主养长主光明，代表君主和人心圣明。本经卷六十九《天谶支干相配法》谓：“故东方为道，道者主生；南方为德，德者主养，故南方主养也。”又云：“故木与火动者，辄上行也，君之象也。故居东依仁而上，其治者故当处南。故东方为少阳，君之始生也，故日出于东方也。南方为太阳，君之盛明也。少阳为君之家及父母，太阳为君之身，君之位也。少阳为君之家，木为火之父母，君以少阳为家，火称木之子。”

⑪往到：预先显现之意。本经卷一百八《灾病证书欲藏诀》云：“请问天师书，以何知其欲见行，以何知其欲见逃也？”“以灾病为证也。出而病人，即天欲藏也；逃而病人，即天欲出行也。”“凡物乐出而反逃藏之，大凶矣。凡物欲逃藏而反出之，亦大凶也。”“天乐行不（否），以是为占也。”

⑫玄甲岁：即上文所称“甲子岁”。甲子冬至之日被古人视为阳气在地下始生之时，乃系天正周历之始，属北方水行，水行色黑，黑即玄，故称玄甲。本经卷一百二《神人自序出书图服色诀》谓：“乙巳（汉桓帝延熹八年即公元165年）而出，以付邮客而往通之者也。后世岁岁在玄甲，乃出之，是天诸甲（六甲）之首，最上旬

也，与元气为初。乃以书前后付国家，可以解天地初起以来更相承负之厄会也。”

⑬原：推究。《后汉书·襄楷传》载其《上桓帝论灾异疏》曰：“臣前上琅邪宫崇（人名）受其师干吉神书（即《太平经》），不合明听。”

⑭即效：依据效验之意。案用：查考行用。

⑮事立效见响应：此六字中“见”字《太平经钞》作“若”。效见，效应显现之意。见，“现”的古字，显现，降现。响应，如声回应。形容疾速和准确之程度。

⑯绳：衡量。断：断绝。邪：指邪文邪言邪书。

⑰微初：指万物随同阳气在地下重新萌生化育的状态与过程。其被称为三微之月。在周历以之为岁首的十一月，则物初返本，始萌，色皆赤；在殷历以之为岁首的十二月，则物以布根，始芽，色皆白；在夏历以之为岁首的正月，则物剖甲而出，色皆黑。详参《白虎通义·三正》及本经卷四十四《案书明刑德法》、卷一百十九《三者为一家阳火数五诀》所述。

⑱序出：谓按内容轻重的编排次序出示授付上皇天书即《太平经》经文。本经卷一百二《神人自序出书图服色诀》云：“比到玄甲，使其愦愦如有求吾书者，以守一、浮华为前以付之。已付邮客方士，往付上有至德之君。”

【译文】

“潜龙勿用坎为纪：这七个字中的‘潜龙’，象征着皇天阳气返回到初起形态，恰值甲子日再度成为新一年起算点的时刻，也就是冬至那一天，天地再度展开新一轮化生和成就万物的循环过程正从这时步入正轨。所谓龙，属于东方春季少阳气和木行的精灵，所以天道依托木行而开始运转，让那火行随后兴盛起来。万物眼看要兴盛起来，必定该事先打开它们的入口处。真人到农历二月底至三月末整满一个月时，要出示这部天书，把它投向专为南方做先导的东南位所。所谓开，意思是开启;所谓通,意思是通达。经由东南特为南方做好铺垫,转而使阳气更加协调通畅起来,便会消除去掉承负的厄会。‘龙’字前面的那个‘潜’字,含义为藏伏,是说真道已经预先显现,反而又隐藏了。接下来的‘勿’字,是说肯定敢行用真道但还没有付诸实施,所以就先把经文降示出来,因为人们还不懂得如何行用真道。‘勿’字后面的那个‘用’字,含义为整治,为致力于此,是说如今皇天要用这部天书除掉人间的灾害,在新一年甲子冬至这一天出示这部天书。但当代君主还没能深深推究天书的意旨而真会去行用它,所以‘勿用’这两个字连称,是说看到了天降神文,可又未敢一味信从而依据效验去查考行用它。其实只要信从行用这部天书,政事就会像回音应合原声那样立刻显现出效果来,这也就构成了那最为明显的证据,因为它与皇天密合无间,所以便能像回音应合原声那样做出疾速准确的反应来。在‘坎为纪’这三个字中,子位被称作《坎》卦所在的方位;而甲正代表皇天,代表一切事物的主宰部分,代表阳;《坎》卦则为与甲相组配的子位,属于水行,属于阴,属于事物的统领部分。所以皇天与大地总把主宰部分和统领部分聚合在一起,在甲子冬至这天最先予以昭显,表明这正可以成为第一等具有道德的君主施行治理的纲纪所在,因而才讲‘坎为纪’。意在强调最为盛明的天书,往下特为具有道德的君主降示,该用这样的真确经书去衡量并断绝那些邪书伪文,把甲子冬至这天作为万物随同阳气在地下重新萌生化育的起点而慎重对待。万物化生,都把甲作为开端,把子作为根本,所以便在位居六甲之首的新一年甲子冬至这一天,按照内容轻重的编排次序出示授付这部大道经。

“人得见之寿长久:人者,正谓帝王一人也。上德易觉,知行道书之人也。据瑞应文[①],不疑天道也,深得其意,则寿矣。寿者,竟其天年也[②];长者,得无穷也[③];久者,久存也[④]。

【注释】

①瑞应文：指本身即为显示吉祥兆应而降示的那等天书神文。如河图洛书即黄河有龙马出图、洛水有灵龟出书以及赤雀衔书之类。此处则谓《太平经》。本经卷五十三《分别四治法》云："天将兴之，瑞应文琦书出，付与之，令使其大觉悟而授之。"

②竟其天年也：此五字中"天年"《太平经钞》作"天寿"。天寿，又称上寿，指一百二十岁。详参本经已部《经文部数所应诀》后附遗文及乙部《解承负法》、癸部《盛身却灾法》所述。

③无穷：谓长生不死。

④久存：谓登仙成神。

【译文】

"人得见之寿长久：这七个字中的'人'字，指的正是那位天下独一无二的帝王。因为具有第一等道德的人容易觉悟，确实属于懂得真该行用道书的人。凭借这本身即为天地显示吉祥兆应而降示的经文，决不怀疑天道，深深获取到其中的要意，也就高寿了。所以那个'寿'字，说的是尽享天年；那个'长'字，说的是长生不死；那个'久'字，说的是登仙成神。

"居天地间活而已：居者，处也；处天地间活而已者，当学真道也。浮华之文不能久活人也[①]，诸承负之厄会，咎皆在无实核之道故也[②]，今天断去之也。

【注释】

①浮华之文：指浮华记。即本经中具有否定性、反衬性的思想内容，属于对某些学派包括儒家官学的理论或世行方术所作的批驳、排斥与摒除。本经癸部《神人真人圣人贤人自占可行是与非法》及甲部佚文大略俱云："浮华记者，离本已远，错乱不可常用，

时时可记,故名浮华记也。"

②实核:犹言实效。

【译文】

"居天地间活而已:这七个字中的'居'字,含义是本人处在;本人处在天地之间只要能长久存活也就达到目的了,因而是在强调应去学习真道啊!虚浮不实的邪文根本不能让人长久存活,各种承负的厄会,它那祸患其实都出在没有实效的邪道上,如今皇天要把它们断绝去除掉。

"治百万人仙可待:治者,正也,天以此书正众贤之心,各自治病[①],守真去邪。仙可待者,言天下闻之,真道翕然悉出[②],往辅佐有德之君。治真道者,活人法也,故言仙可待也。

【注释】

①病:指世人恪守邪伪浮华之理论与做法的积弊和皇天由此降现的意在谴责的诸多灾异现象。

②真道:指身怀真道的人。翕(xī)然:不约而同的样子。

【译文】

"治百万人仙可待:这七个字中的'治'字,含义是矫正,是说皇天通过这部经书矫正众多贤人的想法和念头,各自救治邪伪浮华那套理论与做法的积弊和皇天由此降现的灾异现象,持守真道,去除邪说。'仙可待'这三个字,是说天下闻知这种情况,身怀真道的人不约而同地出世,前去辅佐具有道德的君主。他们研习传布的真道,确属使人能够存活的法术,所以才使用了'仙可待'这样的字眼,也就是说成仙果真大有希望。

“善治病者勿欺殆[①]：凡人悉愚，不为身计，皆以邪伪之文，无故自欺殆[②]，冤哉！反得天重谪，而生承负之大责[③]，故天使其弃浮华文，各守真实，保其一[④]，旦夕力行之，令人人各有益其身，无肯复自欺殆者也。

【注释】

①欺殆(dài)：欺诈，欺骗。

②无故自欺殆：此五字中“殆”原作“治”，据《太平经钞》改。

③大责：极为严重的责罚。

④一：指精、气、神的统一体。本经癸部《王者无忧法》谓：“神主生，精主养，形主成，此三者共成一神器。”

【译文】

“善治病者勿欺殆：这七个字是说，世人都很愚昧，不为自身做打算，全都依据那邪伪文辞，无故自己欺骗自己，实在也太冤枉了呀！反过来又遭受皇天的严重惩罚，衍生出承负的重大罪责，所以皇天让世人摒弃浮华的文辞，各自守持真实的做法，保全住那个精、气、神的统一体，从早到晚去大力行用，使人人都对自身产生益处，不愿意再自己欺骗自己了。

“乐乎长安市：乐者，莫乐于天上皇太平气至也。乎者，嗟叹其德大优无双也。长者，行此道者，其德善长[①]，无穷已也。安者，不复危亡也；得行此道者，承负天地之谪悉去，乃长安旷旷恢恢[②]，无复忧也。市者[③]，天下所以共致聚人处也[④]，行此书者，言国民大兴云云，比若都市中人也。

【注释】

①德：通“得”。学道而得道，此谓有德。汉刘熙《释名·释言语》云：“德，得也，得事宜也。”善长：美好又长久。

②旷旷恢恢：开阔广大的样子。

③市：指颇具规模的商业区。

④致聚：招引聚集。本经卷六十九《天谶支干相配法》谓：“夫市者，乃应水之行也，故四方人民凡物，悉流而往聚处。”

【译文】

“乐乎长安市：其中的那个‘乐’字，是说没有能比皇天最盛明的太平气降临人间更让人感到欢乐的了。那个‘乎’字，是在嗟叹帝王的道德最优异，简直无以伦比。而‘长’字，是说行用这真道的人，他那收效既美好又长久，没有抵达尽头的时候。至于‘安’字，是说危险灭亡不复存在；能去行用这真道，承负造成的天地惩罚都会消亡，于是长治久安的局面开阔广大得很，没有让人再犯愁的事了。那个‘市’字，本来属于把天下人吸引聚集到一起进行交易的场所，这里是说行用这部经书，全国民众大规模兴盛等等，就如同京师市场里熙熙攘攘的人群。

“使人寿若西王母：使人者，使帝王有天德[①]，好行正文之人也。若者，顺也，能大顺行吾书，即天道也，得之者大吉，无有咎也。西者，人人栖存真道于胸心也[②]。王者，谓帝王得案行天道者，大兴而王也[③]，其治善，乃无上也。母者，老寿之证也，神之长也[④]。

【注释】

①帝王有天德：此五字中“天德”《太平经钞》作“大德”。天德，德大如天之意。德谓好生。

②栖存：意为如栖居般留存。“栖”与“西”音近或音同，故作此发挥。

③王(wàng)：主宰天下之意。

④神：指寄居在人体各部位、诸器官内并起主宰作用的人格化的神灵与精灵。本经癸部《分别形容邪自消清身行法》云：“道之生人，本皆精气也，皆有神也，假相名为人。”又壬部谓：“人有一身，与精神常合并也。形者乃主死，精神者乃主生，常合即吉，去则凶。无精神则死，有精神则生。”又辛部称：“各自保养精神，故能长存。精神减则老，精神亡则死，此自然之分也。”

【译文】

“使人寿若西王母：这七个字中的‘使人’二字，是说让那帝王具有皇天那样喜好施生化生的德性，成为喜好行用纯正经文的人。接下来的‘若’字，意思是顺从，是说确能完全顺从并行用我这经书，也就归向了天道，获取到天道的人就非常吉利，不会再有祸患。而‘西’字，是说人人在胸中心里叫那真道如同栖居般留存下来。而‘王’字，是说帝王能够查验遵行天道，就异乎寻常地兴盛起来，真正主宰起天下，他那政治美好到无以复加的境地。至于‘母’字，是说构成了年高寿长的证验，属于体内众神灵的主宰。

“比若四时周反始：比者，比也①；比若四时传相生②，传相成③，不复相贼伤也，其治无有刑也。

【注释】

①比：比拟之意。

②传相生：递相化生。

③传相成：递相成就。以上所云，指四季交替置换，万物随之春生、夏长、秋获、冬藏。本经卷六十九《天谶支干相配法》谓：“夫皇天

乃以四时为枝，厚地以五行为体，枝主衰盛，体主规矩。”又卷九十七《妒道不传处士助化诀》云：“夫四时五行，乃天地之真要道也，天地之神宝也，天地之藏气也，六畜禽兽皆怀之以为性，草木得之然后生长。若天不施具要道焉，安能相生长哉？”

【译文】

“比若四时周反始：其中的第一个‘比’字，意思是比拟。这七个字是说好比春夏秋冬四季交替，使万物递相化生，递相成就，不再彼此伤残克杀，国家的治理没有刑罚施加。

“九十字策传方士：九者，究也，竟也①，得行此者，德乃究洽天地阴阳万物之心也②。十者，十十相应，无为文也③。字者，言天文上下字，周流遍道足也④。传者，信也，故为作委字符信以传之也⑤。方者，大方正也⑥，持此道急往付归有道德之君，可以消去承负之凶，其治即方且大正也。士者，有可克志一介之人也⑦。一介之人者，端心可教化属事，使往通此道也。吾策之说，将可睹矣，真人岂晓解未乎？”

【注释】

①“九者”三句：此系利用谐音和九为阳数之极而作解。究，穷尽。竟，完毕。

②究洽：极为切合之意。

③为文：邪伪的文辞。为，通“伪”，邪伪，虚假。

④遍道：意谓真道俱已包纳在内。足：完备。

⑤故为作委字符信以传之也：此十一字中“委字”《太平经钞》作“文守”。委字，即上文所谓天书累积之字——复文。委，积。符信，意谓像携带凭证那样前往各地。符，凭证，信物。

⑥大方正：极为端方纯正之意。《老子·四十一章》云："大方无隅。"汉河上公章句："大方正之人，无委曲廉隅(棱角)。"

⑦克志：极力实现志向之意。一介：一个。

【译文】

"九十字策传方士：这七个字中的'九'字，意思是穷尽或到极点了，是说确能行用这真道的人，他那道德就极为切中天地阴阳和万物的心意。而'十'字，是说百分之百地灵验，根本不存在邪伪的文辞。那个'字'字，是说天文上下排列的各个字，相互联系又彼此贯通，把真道全都包纳在内了，非常完备。至于'传'字，是说真实可信，所以便创制重迭而成的符箓秘文，像携带可信的证件那样前往各地去传布。而'方'字，意思是异常端正，是说持带这真道赶紧前去付归给具有道德的君主，靠它便能去除承负的灾厄，他那治理立刻就变得异常端正了。至于'士'字，是说世上存在着极力希望实现学道志向的那样一个人，这个人心意纯正，可以教诲化导并把大事委托给他，叫他前往京师去传付这真道。我那策书的含义，讲到这里恐怕就能看出来了。真人究竟闹明白没闹明白呢？"

"唯唯。善哉善哉！见天师言，大乐已至矣。""子可谓已知之矣。""愚生每有所问，自知积愁天师[①]，向不问，何从得知之？""然，子言是也。贤圣有疑，皆问之，故贤圣悉有师也[②]。不可苟空强说也[③]，夫强说适可一言，不能再转也[④]。""唯唯。是以愚生不敢强说也。""子言是也。大儒谦[⑤]，亦不失之也。"

【注释】

①积愁：意谓因自身屡对道法诸事认识不清而使天师忧虑层层加码。

②贤圣悉有师：古传神农氏以悉诸为师，黄帝以风后为师，颛项以绿图为师，帝喾以赤松子为师，尧以务成子为师，舜以尹寿为师，禹以国先生为师，汤以伊尹为师，文王、武王以太公吕望为师，孔子以老子为师。详参《吕氏春秋·尊师》、《白虎通义·辟雍》、《潜夫论·赞学》及《新序·杂事第五》、《韩诗外传》等。诸书所述师名，互有异同。

③苟空：谓实无根据而权且糊弄一通。

④再转：往下继续申说之意。

⑤大儒：泛指学问渊博的人。

【译文】

“是是。这太好了！这太好了！看到天师的讲解，全天下极为和乐的景象已经来到了。”“你可以称得上完全明白这宗事体了。”“愚生每次提出询问，心里很清楚由于自己屡屡对道法众事认识不清而使天师的忧虑层层加码，可刚才若不询问，又从哪里会明白这宗事体呢？”“是的，你这番话讲得很对。圣贤存有疑问，也都要去询问，所以圣贤无不拜有自己的师长。决不能毫无根据地硬去讲说，硬去讲说只能谈上一两句，到下面就没词儿了。”“是是。所以愚生压根就不敢硬去讲说。”“你说得很对。学问渊博的人都很谦恭，但这样做也不是不对。”

“今天师事事假其路[①]，为剥解凡疑[②]，遂得前问所不及。今欲有可乞问，甚不谦，不知当言邪？不邪？”“疑者平言，勿讳[③]。”“唯唯。古今贤圣皆有师，今天师，道满溢，复当师谁乎？”“善哉善哉！子之问也，可谓睹微意矣[④]。然。吾始学之时，同问于师，非一人也。久久道成德就，乃得上与天合意，乃后知天所欲言，天使太阳之精神来告吾[⑤]，使吾语，故吾者乃以天为师。虽喻真人，向天不欲言，吾不敢妄出此说，天必诛吾，真人亦知此诫重耶？子诫慎之！”

【注释】

①假其路：犹言开示门径。

②剥解：层层晓谕之意。

③讳：谓有所隐讳而不言。

④微意：指深微的真道意旨。

⑤太阳之精神：谓由极盛的阳气所化成的神灵与精灵。本经辛部第十五节经文称：“夫阳精为神，属天，属赤。”

【译文】

“如今天师事事都加以开启，为弟子层层解开疑团，于是得以不断询问自己闹不清楚的事情。眼下又有心中想要乞求询问一下的事情，可真开口来询问却非常不谦恭，不知该说不该说呢？”“有疑问的地方就慢慢讲出来，不要有什么忌讳。”“是是。古今圣贤都有各自的师长，可如今天师把真道掌握得那样多，又该拜谁为师呢？”“真是太好了！真是太好了！你这提问可以称得上看出那深邃微妙的道意了。好的。我在开始学道的时候，同样是向师长做询问，而且还不止一个人。时间积累得特别长以后，道成德就，于是得以往上与天意相切合，然后觉察出这都属于皇天所要宣讲的话语，皇天又派极盛阳气的神灵和精灵前来告知我，让我做传达，所以我把皇天作为师长。尽管刚才晓喻真人，但从前若是皇天不想宣讲这通话语，我也决不敢随意亮出这番解说来，亮出来皇天一定会处死我，真人也明白此类解说确确实实特贵重吗？你必须把它当成重大的道诫，慎重加以对待！”

“唯唯。愚生问疑于天师，无不解者，心喜常不能自禁言，愿复乞问一事。”“行道之。”“唯唯。今天师比为暗蒙浅生具说承负说[①]，不知承与负，同邪？异邪？”“然。承者为前[②]，负者为后[③]。承者，乃谓先人本承天心而行，小小失之，不自知，用日积久，相聚为多。今后生人反无辜蒙其过谪，连传被其灾，故前为承，后为负也。负者流灾，亦不由一人之治，比连不平，前后更相负，故名之为负。负者，乃先人负于后生者也；病更相承负也，言灾害未当能善绝也，绝者复起。吾敬受此书于天，此道能都绝之也，故为诚重贵而无平也[④]。真人知之邪？”“唯唯。可骇哉！可骇哉！”“行去，勿复问。”“唯唯。”

右解师策书九十字诀。

【注释】

①比：接连。

②前：谓前因。

③后：谓后果。

④无平：无法计量之意。平，指计量的标准。

【译文】

“是是。愚生向天师询问疑难事，没有得不到完满解答的，内心总是特高兴，简直控制不住要问的话，希望再乞求询问一桩事。”“随即讲来。”“是是。如今天师接连为暗昧肤浅的弟子详尽解说承负的事理，但还不清楚承和负究竟是一回事呢？还是两码事呢？”“好的。承为前因，负为后果。所谓承，是说前辈人本来承顺天心去行事，可却逐渐偏离了皇天的心意，但又自己觉察不出来，因为历经的时间越来越长，积聚到一起就多极了。如今后来出生的人反倒无辜蒙受到那些罪罚，接连往下延续，遭受那灾殃，所以发生在前面的就造成那个承，出现在后面的就造成那个负。负是沿续下来的灾殃，也不是由哪个帝王政治黑暗给造成的，接连不太平，前后递相负过来又负过去，所以就被专门称作负。所谓负，属于前辈人给后辈人留下的罪责和灾殃；总把递相承负看成大祸患，正是在说灾害本来应能很好地断绝它但却未做到，而那断绝的，又重新涌现出来。我从皇天那里恭谨地领受这部道经神文，它所演述的真道能把所有的灾害全部彻底消除掉，所以确实显得异常贵重，简直无法计量啊。真人清楚这一点了吗？”“是是。这太让人感到愁苦了！这太让人感到愁苦了！”“回去吧，不要再问了。”“是是。”

以上为解师策书九十字诀。

真券诀第五十一

【题解】

本篇所谓“真券”，全称“效书证真券”，亦即验核《太平经》书文并足可证明其真确功效的天券。券，本谓契据，此处则被神化了。通篇篇幅有限，专就如何便能证实《太平经》及其所涵纳的真道之灵验性而发，故简称真券。篇中着力强调：试即应验，事有成功，足以解除天地“疾病”，即对世人的灾异谴告，方为检验天下万事“是”与“非”的惟一标准。这一标准非仅“明于日月”，又被赋以“召信符”的特质。从中反映出《太平经》编著者急欲使这部神文天书得到传布和推行的强烈愿望。

“真人前。凡天下事何者是也，何者非也？”“试而即应，事有成功，其有结疾病者解除[①]，悉是也；试其事而不应，行之无成功，其有结疾者不解除，悉非，非一人也[②]。”“善哉！子之言真是也。言虽少，斯可解亿万事，吾无以加子之言也。夫欲效是非，悉皆案此为法，可勿怀狐疑，此即召信之符也[③]。”

【注释】

①结疾病：指天地对世人长久聚结的憎恶与怨恨，其表现形式为灾异不绝又日益严重。

②非一人：意为任何人都不例外。一人，指帝王。

③召信之符：意为使人明了信实所在的天符。召，导致，致使。符，古代用以发兵、传令或表明身份的凭证、信物，包括符券、符节、符传等。道家《庄子》一书已用“符”字作为篇目字眼，即《德充符》。道教则推衍为天符、神符等，用以显示其准确度、可信度、灵验度。

【译文】

“真人你到前面来。天下无论任何事情，它本身究竟怎样便属正确的呢？它本身究竟怎样便属错误的呢？”“一经试行立刻就应验，事情本身获得成功，天地对世人长久积聚的那些憎恶表现全被化解和消除，也就一律属于正确的；对他所讲论的事情加以试行，却不应验，予以行用，却没有成功的地方，天地对世人长久积聚的那些憎恶表现得不到化解和消除，也就一律属于错误的，这对任何人都不例外。”“真是太好了！你说得对极了。话虽简短，但它足以说明亿万种事情，我对你这番话没有什么能够再做补充修正的了。世人打算验定是非，都应把这一条作为标准，大可不必再有疑虑了，这正属于使人明了信实所在的天符。”

“何谓也？”“夫凡事信不信，何须必当考问之也①。古者圣贤，但观人所行证验也②，知之矣，明于日月。子说积善③，不可变易也。欲知吾书，悉取信效于是。真人知邪？”“唯唯。”“行去，名此为真券④，慎勿遗无⑤，投于下方⑥，以为诀策书章⑦。”

右召信符、效书证真券。

【注释】

①考问：考查询问。

②证验：指天地作出的反应、回应。《老子·五十四章》谓："以身观身，以家观家，以乡观乡，以邦观邦，以天下观天下。吾何以知天下然哉？以此。"

③说（yuè）：同"悦"，喜爱，喜好。

④真券：意为足可证明真实功效的神文天券。券，契据。道教有左契、右契之说，参见《老子想尔注》所述。

⑤遗无：丢失不见之意。

⑥下方：指人间社会。

⑦诀策书章：犹言真文宝册。

【译文】

"这话讲的是什么意思呢？""任何事情真确不真确，何必还一定要等考察询问呢？古代的圣人贤士只察看世人行为所得到的天地反应，也就什么都清楚了，清楚得胜过太阳和月亮。真人你喜欢积累善行，决不可以再改变。打算理解和掌握我这经书，就全在天地反应这上面确定它那真确的功效，真人明白这一点了吗？""是是。""回去吧，把这专门称作真券，切莫丢掉失去它，把它传布到世上，让人们当成真文宝册。"

以上为召信符、效书证真券。

卷四十　丙部之六

努力为善法第五十二

【题解】

本篇所谓"努力为善"，乃系全经突出标举的道功之一。为使这种道功被全社会所接受并努力践行，篇中一方面列示人生必定无法摆脱的"四穷"难题，即：少年赖父母，婚后恋闺情，生子须抚养，养成后自身衰老难自理；另方面大谈"不肯为善"的危害，即：非仅本人招致暴亡或早死，断绝祖先禀承天地四时五行之气而来的家族世系，死后也定会受到地府的勘问，被打入"愁苦鬼"或"恶鬼"的行列，使魂神都不得安宁。即便是帝王，也照例见责地下，与恶气合处。而要免除如此严重的危害，求得人生难题的最终解决，其办法只有一条，那就是力行《太平经》代天制作的为善"大道"，结果为生前得享天年乃至登仙，死后竟成"乐游鬼"。幽冥报应说，构成了本篇的最强音。但其目的，仍在借此督人为善。

"真人前，天下之人凡有几穷乎①？""何谓也？""谓平平无变②，人有几迫穷乎③？""所穷众多。""其所穷，独无有名字邪④？""不可名字也。""子未知也。天下之人有四穷。"

【注释】

①凡：共计，总共。穷：指人生难以摆脱的客观难题。

②平平无变：犹言通常情况下。

③迫穷：逼得没办法的事。

④名字：指对问题和事项做出高度概括的简明用语。即下文"天下之人有四穷"之类。

【译文】

"真人你到前面来。天下人总共面临着几个无法摆脱的人生难题呢？""这可问的什么意思呢？""是问通常情况下，人们面临着几件被逼得没办法的事？""被逼得没办法的事那可太多了。""这些被逼得没办法的事，偏偏就没有加以概括再做出表述的用语吗？""压根就想不出加以概括再做出表述的用语。""看来你对此毫无所知。天下人总共面临着四个无法摆脱的人生难题。"

"何谓也？""谓子本得生于父母也，既生，年少之时，思其父母不能去，是一穷也。适长，巨大自胜[1]，女欲嫁，男欲娶，不能胜其情欲，因相爱不能相离，是二穷也。既相爱，即生子，夫妇老长，颜色适不可爱，其子少可爱，又当见养[2]，是三穷也。其子适巨，可毋养身，便自老长不能行[3]，是四穷也。

【注释】

①巨大自胜：谓身体发育成熟，已能自立和独撑门户。

②见养：加以抚养。

③便自老长不能行：此七字中"能"字《太平经钞》作"解"。"不能行"或"不解行"，均谓丧失自理能力。

【译文】

"这是指什么说的呢？""这是说做儿女的本来由父母生下来，生下来以后，便事事时时依恋父母离不开，这正构成第一个无法摆脱的人生难题。等到长大成人，身体健壮，已能自立和独撑门户了，作女儿的就想嫁人，作儿子的就想娶妻，婚后控制不住各自的情欲，因为相互爱恋而不能彼此分离开，这正构成第二个无法摆脱的人生难题。既然相互爱恋，便生下儿女，夫妇俩年龄逐年增加，容貌变得衰老，可那儿女们却年少可爱，但又必须进行抚养，这正构成第三个无法摆脱的人生难题。等到儿女们又长大成人，可以不再抚养他们了，但自身却年纪衰老，丧失自理能力了，这正构成第四个无法摆脱的人生难题。

“四穷之后，能得明师，思虑守道尚可。高才有天命者或得度[①]，其次或得寿[②]，其次可得须臾乐其身[③]，魂魄居地下，为其复见乐。”

【注释】

①高才：天赋卓异的人。指学道、修道、入道悟性高，见效快。本经癸部《分别形容邪自消清身行法》云：“能还反其神气，即终天年，或增倍者，皆高才。”有天命者：指生前即已名列皇天所设长生簿的人。本经卷一百十一《善仁人自贵年在寿曹诀》称：“地上之生人中，有胎未生，名姓在不死之录。”度：谓超凡成仙。

②寿：指天寿一百二十岁，地寿百岁，人寿八十岁。参见本经卷一百二《经文部数所应诀》后附遗文所述。

③须臾乐其身：意谓还能多一些欢度晚年的时光。

【译文】

“经历过四个无法摆脱的人生难题以后，如能遇上明师，真想守行真道还大有希望。其中学道修道悟性高又在生前就名列皇天长生簿的人，有的便会超凡成仙；比他差一等的人，有的便会尽享高寿；比他再差一等的人，有的便会赢得再多一些的欢度晚年的时光，死后魂魄被安置在地下,也会因他而又获得快乐。”

“何谓也?”“地下得新死之人[①],悉问其生时所作为,所更[②],以是生时可为[③],定名籍[④],因其事而责之。故事不可不豫防,安危皆其身自得之也。真人慎之,见此诫耶?”“唯唯。天师乃敕以不见之言。”“然。所以敕教子者,见子常有善意,恐真人懈倦,故明示敕之耳。”“唯唯。”

【注释】

①地下:指天庭所设置的主管死人和鬼魂的机构。犹后世民间所言称的阴曹地府。本经有“地之司命”、“太阴法曹”、“主凶恶之曹”、“土府”等专称,大多散见于庚部卷一百十至一百十四诸文中。

②所更:指自觉改正的情况。更,改正。

③是:判定、认可之意。本经卷一百十《大功益年书出岁月戒》称:“其恶不止,便见鬼门。地神召问其所为,辞语同不(否),同复苦鬼治之,治后乃服。”

④定名籍:谓将死鬼划归和注录于何种名册。据下文,则鬼分三等,即乐游鬼、愁苦鬼、恶鬼。本经庚部卷一百十至一百十四诸文屡言名籍,且种类繁多。此处所“定名籍”,则属其中之一,即鬼簿。

【译文】

“这话说的是什么意思呢?”“是说阴曹地府接收到新死亡的人,都要勘问他们生前的所作所为以及改正的情况,判定他们生前乐意干的事情究竟怎么样,进而确定该把他们划归和注录在何种死鬼簿册上,依据生前各自乐意干的事情进行责罚。所以任何事情都不能不先作防备,安危其实都是自己招来的。真人一定要谨慎行事,察看到这一道诚了吗?”“是是。天师竟拿秘而不宣的话语来戒饬弟子。”“是的。之所以这样教导戒饬你,是因为看你总有做善事的愿望,唯恐真人懈怠,所以才明确地告诉和戒饬你罢了。”“是是。”

“真人今学,以何自期乎①?”“以年穷尽为期②。”“善哉子志,可谓得道意矣③。然。凡人行,皆以寿尽为期,顾有善恶尽耳。”

【注释】

①期:指渴望达到的终极目标。

②年穷尽:指活到一百五十岁。即其寿龄乃系“上寿”一百二十岁与天地特赐“私命”三十岁的总和。参见本经卷一百二《经文部数所应诀》后附遗文所述。又本经卷七十一《致善除邪令人受道戒文》有学道真人自述云:“吾亲尝中如此矣,几为剧病,后癫疾自止得愈,遂得数千岁。”

③道意:真道的奥义妙旨。

【译文】

“真人现今来学道,把什么作为自己想要达到的最高目标呢?”“把能活到最高的寿龄作为最高的目标。”“你这志向太好了,可以称得上获取到真道的奥义妙旨了。好的。只要是世人的行动,其实都把自己真能尽获高寿作为目标,但却存在着死后各有好、坏结果的区分。”

“何谓也?愿闻之。”“然。守善学、游乐而尽者,为乐游鬼;法复不见愁苦①,其自愁苦而尽者②,为愁苦鬼;恶而尽者,为恶鬼也③。此皆露见之事④,凡人可知也,而人不肯为善乐其魂神，其过诚重。”

【注释】

①法：指天庭所定立的专项法规。

②自愁苦：谓自犯刑法。

③恶鬼：凶恶的鬼物。本经卷一百一《西壁图》绘有恶鬼形象，且云：“故前有害狱，后有恶鬼。”

④露见：显而易见。即明摆在那里一望可知。

【译文】

“这话是指什么说的呢？希望能听上一听。”“好的。守持做善事的学问，悠游欢乐而死去的人，到阴间就被划定为乐游鬼；世上的法律本来不该被人当成深感愁苦的东西，可他自己偏偏犯法而落个死去的人，到阴间就被划定为愁苦鬼；至于因干坏事而死去的人，到阴间就被划定为恶鬼。这都属于显而易见明摆着的事情，只要是人都会知晓的，可却有人不乐意做善事而使自己的魂神获取到欢乐，这种罪过确实太深重了。”

“何谓也？”“人生乃受天地正气[①]，四时五行[②]，来合为人[③]，此先人之统体也[④]。此身体，或居天地四时五行[⑤]，先人之身，常乐善无忧，反复传生。后世不肖[⑥]，反久苦天地四时五行之身，令使更自冤死，尚愁其魂魄[⑦]。是故愚士不深计，不足久居也，故令欲使其疾死亡，于其死不复恨之也。精神但自冤怜[⑧]，无故得愁恚于此下士[⑨]。是故古者大贤圣，深计远虑知如此，故学而不止也。

【注释】

①天地正气：指皇天所秉持的纯正阳气和大地所秉持的纯正阴气。《素问·举痛论》云："正气留而不行，故气结矣。"《灵枢·小针解》谓："神、客者，正邪共会也。神者，正气也；客者，邪气也。"又《刺节真邪》云："真气者，所受于天与谷气并而充身也；正气者，正风也，从一方来，非实风又非虚风也。邪气者，虚风之贼伤人也。"

②四时五行：意谓春夏秋冬四季和木火土金水五行构成人体部位和器官的来源。《文子·九守》称："天有四时、五行、九曜、三百六十日，人有四肢、五藏、九窍、三百六十节。"《素问·阴阳应象大论》云："天有四时五行，以生长收藏，以生寒暑燥湿风；人有五藏，化五气，以生喜怒悲忧恐。"又《藏气法时论》谓："合人形，以法四时五行。"本经卷三十五《分别贫富法》云："四支，四时也；五藏，五行也。"

③来合为人：意为组成人体的完整形状。《素问·宝命全形论》云："天地合气，命之曰人。人能应四时者，天地为之父母。"《灵枢·邪客》称："天圆地方，人头圆足方以应之；天有日月，人有两目；地有九州，人有九窍；天有风雨，人有喜怒；天有雷电，人有音声；天有四时，人有四肢；天有五音，人有五藏；天有六律，人有六府；天有冬夏，人有寒热；天有十日，人有手，十指；辰有十二，人有足，十指茎垂以应之，女子不足二节，以抱人形；天有阴阳，人有夫妻；岁有三百六十五日，人有三百六十节；地有高山，人有肩膝；地有深谷，人有腋腘；地有十二经水，人有十二经脉；地有泉脉，人有卫气；地有草蓂，人有毫毛；天有昼夜，人有卧起；天有列星，人有牙齿；地有小山，人有小节；地有山石，人有高骨；地有林木，人有募筋；地有聚邑，人有䐃肉；岁有十二月，人有十二节；地有四时不生草，人有无子。此人与天地相应者也。"又《天年》云：

"血气已和，荣卫已通，五藏已成，神气舍心，魂魄毕具，乃成为人。"《潜夫论·相列》谓："一人之身，而五行八卦之气具焉。"

④统体：意为本家族一脉相传之统系的维系物。统，统系，世系。

⑤居：存有、储有之意。

⑥不肖：子不似父曰不肖。即不贤。

⑦愁其魂魄：谓魂魄在地府受拷问。

⑧精神：即魂魄。

⑨恚（huì）：怨恨，愤怒。下士：愚蠢顽劣的人。

【译文】

"这话怎么讲呢？""世人降生到世上，正是承受天地的正气，聚合起四时五行的元素才组成那副完整躯体的，属于本家族世系的维系物。像这样一副躯体，有幸储存着天地四时五行的因素，而从祖先获得那副躯体起，就总喜好做善事，不给自家带来忧愁，世世代代得以繁衍下去。但后来出生的人却不贤良，反而长时间让这副天地四时五行聚合成的躯体遭受煎熬，使它屡屡自感冤屈而灭掉，还叫魂魄在阴间受拷问。所以愚蠢的人不深深替自己作打算，根本没资格长久地活在世上，因而皇天便要让他急速死去，对他死去丝毫也不觉得遗憾。可魂神却唯独自感冤屈太可怜，无故从这愚蠢顽劣的人身上招来愁苦和怨恨。所以古代的大贤圣深谋远虑，知道结果会这样，因而便学道不止。

"其为人君者，乐思太平，得天之心，其功倍也，魂神得常游乐，与天善气合①。其不能平其治者，治不合天心，不得天意，为无功于天上，已到终，其魂神独见责于地下，与恶气合处②。是故太古上圣之君，乃知此，故努力也③。愚人不深计，故生亦有谪于天，死亦有谪于地。"

【注释】

①善气：吉善之气。参阅本经己部《东壁图》所绘者。

②恶气：险恶之气。参阅本经己部《西壁图》所绘者。

③努力也：此三字中“也”字《太平经钞》作“为善”二字。

【译文】

“那些身为君主的人，乐意思量太平，获取到皇天的心意，功劳成倍地建立，魂神就总得以悠游欢乐，与皇天吉善的气流相融合。那些不能使自家治理实现太平的人，他那治理不切合天心，得不到天意，对皇天没建立任何功劳，到死后，他那魂神就单独被阴曹地府所惩治，与险恶的气流混合在一处。所以上古圣明的第一等君主，早就知道这种结果，因而便特别努力。愚蠢的人不深深替自己作打算，所以在生前也从皇天那里受到罪罚，死后仍从地府那里受到罪罚。”

“可骇哉！弟子愚暗，不欲闻也。”“善哉！子既来学，不欲闻此，即且努力为善矣。”“唯唯。天师处地[①]，使得知天命[②]，受教敕深厚，以何得免于此哉？”“善乎！子但急传吾书道，使天下人得行之，俱思其身，定精念，合于大道，且自知过失所从来也，即承负之责除矣。天地大喜，年复得反上古而倍矣[③]。”“善哉善哉！”

【注释】

①处地：犹言下凡。

②天命：皇天的意旨。

③反上古而倍：意谓可活二百年。反，同“返”，返归。汉代流行一种观念：上古之人质朴纯善，故俱寿高百岁。详见《素问·上古天真论》及《论衡·齐世篇》所述。

【译文】

“这太可怕了！弟子愚蠢暗昧，真不想再听下去了。”“好哇好！你既然前来学道，不想再听这类罪罚，就表明你想努力为善了。”“是是。天师这次下凡，使弟子了解到皇天的意旨，受到的教诲和戒饬太深刻厚重了，然而通过什么才能不遭受天地的罪罚呢？”“你问得太好了！你只管急速传布我这经书和真道，使天下人了解掌握并行用它们，全都思忖自家身躯会得到的结局，锁定那精思的意念，符合大道，而且自行闹清过失的来由，于是承负的罪责就解除掉了。天地变得异常喜悦，寿命得以返归到上古人所尽享的岁数并且增加一倍了。”“这可太好了！这可太好了！”

“行，辞小竟①。真人努力勉之，异日复来。”“唯唯。”“得书详思上下，学而不精，名为惚恍②。求事不得无形象③，思念不致精神④，无从得往⑤。”“善哉善哉！”

右天师诫人生时不努力、卒死尚为魂神得承负之谪。

【注释】

①小竟：暂且告一段落之意。

②惚恍：犹言神志不清。本经卷五十《灸刺诀》云：“甲脉有病反治乙，名为恍惚。”

③形象：形指形态、形质，象指征象、类象。本经卷五十《移行试验类相应占诀》谓：“其象同者，其形同也；其象异者，其形异。”

④精神：指人体内外的众精灵与众神灵。

⑤得往：达到目的之意。

【译文】

“回去吧，言辞暂且告一段落。真人要努力勉励自己，过几天再来吧。""是是。""得到经书要仔细上下思考,学道而不精思,就被称作神志不清。寻求事理不能找不出那形质和表象来,精思忆念却招不来精灵和神灵,就没办法达到目的。""这太好了!这太好了!"

以上为天师诫人生时不努力、卒死尚为魂神得承负之谪。

分解本末法第五十三

【题解】

本篇所谓"分解"，意为分类逐项予以说解辨析。其说解辨析的对象，投注在"本末"二字上，系指以天道为"本"，以阐明天道的《太平经》这等道经为"本"，以守元气为"本"，以修炼到与元气相似的无形委气大神人为"本"。等而次之，诸如地道、人道及其各自所包纳的事象与义理，则居二处三，位属中。过三而下，俱为"末"。对此"本"、"末"之分，篇中发挥汉代《易纬》所构建的宇宙生成图式及元气在八卦框架内周流循环的象数模式，借助古代圣人占卜的事例，详加论证。既发出了末世败毁亟须"返本"的强烈呼唤，又为世人铺设了一条由人间社会最底层而跻身神仙天国最高层的学道上行之路，并宣明此乃"主善师"超度"善弟子"的至要道功。本篇宜与卷一百二《经文部数所应诀》、卷四十二《九天消先王灾法》、卷五十六至六十四《阙题》(六)合观并读。

"真人前。子既来学，当广知道意[①]。少者可案行耶[②]？多者可案行耶[③]？""然。备足众多者[④]，可案行也。""噫！子内未广知道要意也。今天，一也[⑤]，反行地二[⑥]，其意何也？今地，二也，反行人三，何也？""愚生愿闻其相行意[⑦]"。

【注释】

①广知:非谓广泛了解掌握,系谓使“知”变“广”亦即认识得以扩大加深之意。

②少者:指言简而意精者。本经壬部云:“寡者,道之要也。故北极一星,而众星属,以寡而御众也。道要一,而道属焉。”

③多者:指言繁而意泛者。《老子·五章》谓:“多言数(屡)穷。”本经佚文云:“何谓为多言?然。一言而致大凶,是为上多言人也;一言而致辱,是为中多言人也;一言而见穷,是为下多言人也。夫古今圣贤也,出文辞满天地之间,尚苦其少,有不及者,故灾害不绝。”

④备足众多者:此在学道真人心目中乃就全面丰富的理论学说而言,但在天师眼中则纯属面面俱到却华而不实者,故随即予以否定。

⑤一:指天在数列中的位次。此由宇宙生成的顺序而来。下文“地二”、“人三”,意均仿此。本经卷七十三至八十五《阙题》(三)谓:“元气恍惚自然,共凝成一,名为天也(按上下文义,本句“天”字应与上句“一”字互换);分而生阴而成地,名为二也;因为上天下地,阴阳相合施生人,名为三也。”又卷五十三《分别四治法》云:“治欲乐第一者,宜象天;欲乐第二者,宜象地;欲乐第三者,宜象人。”

⑥行:支配、驾驭、驱使之意。

⑦相行意:谓递相支配的道理。

【译文】

“真人你过来。你既然前来学道,应当对真道的奥义妙旨扩大认识,加深理解。究竟是简明扼要的理论学说可以查验遵行呢?还是复杂纷繁的理论学说可以查验遵行呢?”“好的。全面丰富的理论学说可以查验遵行。”“哎呀呀!看来你内心对真道的切要意旨还认识不广,理解不深。如今那皇天属于‘一’，可它反倒支配属于‘二’的大地，这其中意味着什么呢？如今的大地属于‘二’，可它反倒支配属于‘三’的人类，这又为什么呢？”“愚生希望听到它们递相支配的道理。”

“然。夫地为天使，人为地使。故天悦喜，则使今年地上万物大善[①]；天不喜悦，地虽欲养也，使其物恶[②]。地善，则居地上者人民好善[③]。此其相使明效也。故治乱者，由太多端[④]，不得天之心，当还反其本根。

【注释】

①大善：丰硕饱满。谓量多质优。

②恶：凋零枯败。谓量少质劣。

③好善：谓貌美体健。

④多端：谓政令繁杂细密，人为举措繁多。

【译文】

“好的。大地本来就被皇天所驱使，人类本来就被大地所驱使。所以皇天喜悦，就让当年的地上万物长得丰硕饱满；倘若皇天不高兴，大地即使乐意养长万物，万物也都变得凋零枯败。大地富饶肥沃，居住在上面的人民就貌美体健。这正构成了三者之间递相驱使的明显效验。所以国家治理很混乱，恰恰出于人为的举措太繁杂，获取不到皇天的心意，理应返归到那个根本上来。

“夫人言太多[①]，而不见是者[②]，当还反其本要也[③]，乃其言事可立也。故一言而成者，其本文也[④]；再转言而止者，乃成章句也[⑤]；故三言而止，反成解难也[⑥]，将远真，故有解难也。四言而止，反成文辞也[⑦]；五言而止，反成伪也；六言而止，反成欺也[⑧]；七言而止，反成破也[⑨]；八言而止，反成离散远道，远复远也；九言而止，反成大乱也；十言而止，反成灭毁也。故经至十而改[⑩]，更相传而败毁也。

【注释】

①人言：指治国主张。太多：谓繁冗芜杂。

②见是：被证明正确或大获成效之意。

③本要：根基与纲要。

④本文：指原始经文。

⑤章句：汉代所创制的一种分章逐句解说经文与经义的体式。如今传东汉赵岐所撰《孟子章句》之类。

⑥解难：解释疑难。即解诂、诂训之类，亦为汉代盛行的说经体式。《汉书·扬雄传下》载："客有难《玄》大深，众人之不好也，雄解之，号曰《解难》。"

⑦文辞：谓繁缛夸饰之辞。文，文饰。

⑧反成欺也：此四字中"欺"字《太平经钞》作"败"。

⑨破：谓破坏。《逸周书·武称》云："淫言破义。"《大戴礼记·小辨》谓："夫小辨破言，小言破义，小义破道。"《礼记·王制》称："析言破律，乱名改作，执左道以乱政，杀。"

⑩改：谓遭到阉割与篡改。以上所云，参见本经卷五十《诸乐古文是非诀》、卷五十一《校文邪正法》所述。

【译文】

"世人的治国主张讲来讲去但被证明不是行之有效的，就应返归到根基与纲要上来，随即再谈政事便能立住了。所以一句话就形成定论的，属于原始经文；又做一句引申才算作罢的，就成为章句了；非讲三句不可才算作罢的，反倒成为解释疑难了。正因为出现了远离根本的势头，所以解释疑难便冒出来了。非讲四句不可才算作罢的，反倒成为繁缛夸饰的言辞了;非讲五句不可才算作罢的,反倒成为虚假的了;非讲六句不可才算作罢的,反倒成为欺诈的了;非讲七句不可才算作罢的,反倒成为破坏的了;非讲八句不可才算作罢的,反倒成为远离真道并使真道散碎的了,简直远上加远了;非讲九句不可才算作罢的,反倒成为大乱的了;非讲十句不可才算作罢的,反倒成为毁灭的了。所以原始经文由一句话变到十句话,就都遭到阉割篡改而走样了,递相传授就被彻底败毁了。

"夫凡事毁者,当反本。故反守一以为元初[①]。是故天数起于一[②],十而终也,是天道自然之性也[③]。是故古者圣人问事[④],初一卜占者[⑤],其吉凶是也,守其本也,乃天神下告之也;再卜占者,地神出告之也;三卜占者,人神出告之也;过此而下者[⑥],皆欺人不可占,故卦数则不中也[⑦],人辞文多则不珍[⑧]。"

【注释】

①守一:犹言守道。一,指天道。元初:基元,本初。

②天数:指自然基数。

③自然之性:原本如此的质性。

④问事:指通过占卜预测大事、重事、要事。《尚书·洪范》云:"稽疑,择建立卜筮人。三人占,则从二人之言。"

⑤初一:首次,第一回。

⑥此:即上文所言称的三次卜占活动。古传周武王灭商后,病重,周公旦欲以身自代,乃卜三龟,均得吉兆,武王翌日遂病体痊愈。此事即为此处所云三卜占方属灵验之例。详见《尚书·金縢》所述。《论衡·卜筮篇》亦引以为证。

⑦卦数:指用蓍草筮占得出的卦爻规程数。

⑧人辞文多则不珍:此七字中"辞文"二字《太平经钞》作"间辞"。珍,贵重。

【译文】

"事情凡属败毁的,就应返归到那个根本上来。所以便要返归到持守天道上来,把这作为基元。因此自然基数从'一'开始构成,到十就满数了,这正属于天道原本就那样的质性。所以古代的圣人通过占卜预测大事,但凡第一次进行的占卜,它那或吉或凶的结果最为可信,因为它在守行根本,于是天神就下来做告知了;第二次又进行的占卜,结果就变成地神出来做告知了;第三次再进行的占卜,结果就变成世人体内的神灵出来做告知了;只要超过这三次而往下越来越多的,就都属于骗人的把戏,根本做不出预测来,所以卦爻的规程数就不准确,世间言辞和文辞一繁冗,本身就不贵重。"

"善哉善哉!今缘天师常哀怜其不及,愿复更乞一言。""平行。""数何故止十而终?""善哉!子深执知①,问此事法。然。天数乃起于一,终于十,何也?天,初一也,下与地相得为二,阴阳具而共生万物。始萌于北②,元气起于子③;转而东北④,布根于角;转在东方⑤,生出达;转在东南⑥,而悉生枝叶;转在南方⑦,而茂盛;转在西南⑧,而向盛;转在西方⑨,而成熟;转在西北⑩,而终。

【注释】

①执知:运用智慧之意。知,通"智",智慧,智识。

②北:八卦中坎卦所居之位。为《易纬》所言"四正"之一,属水行极阴之地。阴极生阳,阳气开始在北方重新滋生万物,使之胚胎,

故称“始萌于北”。

③子：十二地支第一位。于空间坐标方位则代表北方，于时序则代表冬至所在的农历十一月。

④转：意谓顺时针方向运行。东北：八卦中艮卦所居之位。为《易纬》所言“四维”即四隅之一，属土行。于时序则值农历十二月。在本月内万物随阳气跃动而扎下根须。故下文云“布根于角”。角即隅。

⑤东方：八卦中震卦所居之位。为《易纬》所言“四正”之一，属木行。于时序则值春分所在的农历二月。在本月内万物随阳气升腾而冒出地面。故下文云“生出达”。达谓幼苗破土而出。

⑥东南：八卦中巽卦所居之位。为《易纬》所言“四维”即四隅之一，属木行。于时序则值农历四月。在本月内万物随阳气散布而全部生齐，已具雏形，故下文云“悉生枝叶”。

⑦南方：八卦中离卦所居之位。为《易纬》所言“四正”之一，属火行。于时序则值夏至所在的农历五月。在本月内万物随阳气大盛而枝繁叶茂，故下文云“而茂盛”。

⑧西南：八卦中坤卦所居之位。为《易纬》所言“四维”即四隅之一，属土行。于时序则值农历六月。在本月内万物随阳气衰减而趋于成熟，故下文云“而向盛”。“盛”据本经卷一百二《经文部数所应诀》及壬部经文，当作“老”字。

⑨西方：八卦中兑卦所居之位。为《易纬》所言“四正”之一，属金行。于时序则值秋分所在的农历八月。在本月内万物随阳气消歇而成熟。故下文云“而成熟”。

⑩西北：八卦中乾卦所居之位。为《易纬》所言“四正”之一，属金行。于时序则值农历十月。在本月内万物萎败枯死，故下文云“而终”。以上所描述的元气按八卦方位流转一周和万物在元气作用下随时令变化而结胎、吐苗、生长、繁茂、成熟、枯死的全过

程，系据汉代《易纬》之说而为言。参见本经卷四十四《案书明刑德法》、卷五十五《知盛衰还年寿法》、卷一百二《经文部数所应诀》及壬部经文所述。

【译文】

"这太好了！这太好了！如今只因天师常常哀怜弟子有许多闹不懂的事情，希望另外再乞求说句话。""慢慢讲来。""自然基数为什么到十就满数了呢？""真是太好了！你深深运用智慧，询问这宗事项的法则。好的。自然基数从一起，从十止，为什么呢？正是从天形成才开始算起的，这就构成了那个占首位的'一'，往下同地相配，这就构成了那个'二'，阴阳两方面均已具备，便共同化生养育万物。万物在北方开始萌生，元气在子位开始散布；随着元气流转到东北，万物便在东北角扎下根须；随着元气流转到东方，万物幼苗便破土而出；随着元气流转到东南，万物就都长出枝叶；随着元气流转到南方，万物就都枝繁叶茂；随着元气流转到西南，万物就都趋向成熟；随着元气流转到西方，万物就都完全成熟；随着元气流转到西北，万物就都萎败枯死了。

"物终，当更反始，故为亥①，二人共抱一为三皇初②，是故亥者，核也，乃始凝核也③，故水始凝于十月也④。壬者⑤，任也⑥，已任必滋日益巨⑦，故子者，滋也⑧，三而得阴阳中和气⑨，都具成而更反初起⑩，故反本名为甲子⑪。

【注释】

①亥：十二地支最末位。属阴支。此处代表西北方和立冬所在的农历十月。

②二人共抱一为三皇初：此系将"亥"字字形上下拆分而对"亥"字字义所作的一种解释。"亠"下之"

"则为"二人"，即一男一女，

男象征乾道(天道),女象征坤道(地道)。“幺”上之“亠”则为“一”。“二人共抱一”得三,故与“三皇”挂钩;“三皇”指天皇、地皇、人皇,而天地人合而为一,则为“初”,亦即初始的状态。“初”又适与“二人共抱一”之“一”相对应。

③凝核:此系对“亥”字字义在拆分基础上进行的引申性解说。意为阳气使万物在地下再度开始萌生。汉代《易纬》有“阳始于亥(农历当年十月),阳生于子(农历当年十一月冬至),阳形于丑(农历当年十二月)”的说法。详见《周易乾凿度》(卷上)及郑玄注。

④水始凝:谓结冰。《逸周书·时训解》云:“立冬之日,水始冰;又五日,地始冻。”《吕氏春秋·孟冬纪》谓:“水始冰,地始冻。”高诱注:“秋分后三十日霜降,后十五日立冬,水冰地冻也,故曰始也。”本经乙部《解承负诀》称:“亥为天地西北极也,巳为天地东南极也,亥寒不以时收闭,来年巳反伤。”

⑤壬:天干第九位。属阳干。此处代表农历十月至十一月之间。以之配五行,则属水行。

⑥任:此系对“壬”字字义所作的解释。这一解释与《释名》相同,但早于《释名》。“任”,通“妊”,即怀孕,妊娠。指阳气在地下孕育万物,万物随之胚胎滋生。

⑦巨:指胚胎形体增大。

⑧滋:此系对“子”字字义所作的解释。即滋养,滋润。这一解释沿袭《史记·律书》而来。

⑨三:指经过亥、壬、子即凝核、孕育、滋养三个阶段。本经卷八十九《八卦还精念文》云:“受施于亥,怀妊于壬,藩滋于子。子子孙孙,阳入阴中,其生无已。”阴阳中和气:指由元气分化而成的三气。即天之施生的阳气、地之化育的阴气、人间之成就的中和气。

⑩更反初起：谓万物随元气开始新一轮的生命周期和循环过程。

⑪甲子：指恰好为夜半合朔冬至的那一天。即新一年的起算点。《素问·六微旨大论》云："天气始于甲，地气始于子，子甲相合，命曰岁立。"

【译文】

"万物已经萎败枯死，便应返归到重新再生长的起始阶段，所以就被定立在亥位上。'亥'位正象征着男子和女子两个人也就是天道和地道共同抱持那个'一'，形成天皇、地皇、人皇合成一体的那种原始状态。因而'亥'位也就标示着内核，亦即再度开始凝结起内核，所以水在农历十月立冬那天就开始结冰了。而'壬'位，恰恰在说孕育，也就是万物随阳气在地下胚胎；胚胎已成必定进一步滋生，形体一天比一天增大，所以到了'子'位，便轮到滋养了。经过亥、壬、子亦即凝核、孕育和滋养，万物的胎体就充满阳气、阴气、中和气，聚合起来而定型了，再度开始新一轮的生命周期和循环过程，所以返归到根本状态，就被称为甲子。

"夫天道生物，当周流俱具，睹天地四时五行之气，乃而成也；一气不足①，即辄有不足也。故本之于天地，周流八方也，凡数适十也②。真人宁解知之不乎？"

【注释】

①一气：分别指木行春气、火行夏气、土行季夏六月中央之气、金行秋气、水行冬气。详参本经卷一百十九《道祐三人诀》所述。

②十：指天、地、八方相加的和数。本经卷九十三《国不可胜数诀》称："一凝成天。天有上下八方，故为十也。"又壬部云："故数者，从天下地八方，十而备。"

【译文】

"天道化生万物，应当各个环节全部涉及到，每种生命元素都不缺少，只有万物在自己身上亲眼看到了天地四时五行的气体，才能最终成就；若有一种气体不充分具备，就会出现一种缺陷。所以植根在天地，周流那八方，自然基数恰恰到十就满数了。真人对此到底闹明白没闹明白呢？”

“唯唯。善哉善哉！诚受厚恩。”“子勿谢也。”“何乎？”“夫师弟子功大重①。比若父母生子，不可谢而解也②。”

【注释】

①师弟子功：意为作为弟子之师的功德。

②解：了结之意。

【译文】

“是是。这太好了！这太好了！真真蒙受到开导的厚恩了。”“你不要忙着表示感谢。”“这是为什么呢？”“因为作为弟子之师的功德既大又重，就如同父母使儿子降生到人间，不是感谢一下就能了结的。”

“何谓也？”“父母未生子之时，愚者或但投其施于野①，便著土而生草木②，亦不自知当为人也。洞洞之施③，亦安能言哉？遂成草木。及乃得阴阳相合④，生得成人，何于成草木乎哉？

【注释】

①施：指精液。此处系讲野合。

②著：通“着”，附着。草木：指形状类似于草木的怪胎。如葡萄胎之类。

③洞洞之施：此谓元气的施化情形。洞洞，形容幽深迷濛的状态。

本经卷一百十九《三者为一家阳火数五诀》谓:“若阴阳相持始共生,其施洞洞,亦不分别,已生出,然后头足具。何知阴阳之初生之始,如是矣。”

④阴阳相合:指男女交配、夫妇行房的道术。如本经卷九十八《男女反形诀》及本经第二节佚文所述者。

【译文】

“这话讲的是什么意思呢?”“做父母的,在他们还没生有儿子的时候,其中愚昧的人只管在野外交合,结果就附着在土地上,生出草木形状的怪胎来,自身也不知道应当成为纯正的人形。元气那种幽深迷濛的施化情形,他们又哪里会讲出个什么来呢?于是就形成草木形状的怪胎。等到懂得了阴阳交配的道术,生下的儿子才是纯正的人形,与那成为怪胎还有什么连带呢?

“夫人既得生,自易不事善师①,反事恶下愚之师②,乃教人以恶,学入邪中,或使人死灭身,尚有余罪过,并尽其家也③。人或生而不知学问,遂成愚人。夫无知之人,但独愁苦而死④,尚有过于地下,魂魄见事不得游乐⑤,身死尚不得成善鬼。

【注释】

①自易:意为自我放纵。善师:高明优异的一流师长。

②恶下愚之师:愚昧恶劣的低级师长。

③尽其家:谓株连亲属,以至灭门。

④愁苦:指触犯刑律而为之愁苦。即身受制裁。

⑤见事:意谓被勘问、受审讯。详参本经卷九十六《六极六竟孝顺忠诀》和本卷《努力为善法》所述。

【译文】

“世人得以降生到人间之后，自我放纵，竟不事奉高明优异的一流师长，反而事奉愚昧恶劣的低级师长，这类师长竟用邪恶那一套教导世人，学来学去反倒陷入邪恶当中，有的竟叫人死亡，身躯毁灭仍有抵不完的罪过，株连到亲属，以至满门灭绝。还有的人生下来之后，不知道学习请教，于是成为愚昧的家伙。那些一无所知的人，只能独自为触犯刑律而愁苦死掉，在地下仍旧受到惩罚，连魂神精魄也被拷问，没资格悠游欢乐，本人死后更没资格成为善鬼。

“今善师学人也①，乃使下愚贱之人成善人②；善善而不止③，更贤④；贤而不止，乃得次圣⑤；圣而不止，乃得深知真道⑥；守道而不止，乃得仙不死⑦；仙而不止，乃得成真⑧；真而不止，乃得成神⑨；神而不止，乃得与天比其德；神神而不止⑩，乃得与元气比其德⑪。

【注释】

①学人：让人学习之意。

②下愚贱之人：指奴婢。即丧失自由、为主人无偿服劳役的人。其来源有罪人、俘虏及其家属，亦有从贫民家购得者。通常男称奴，女称婢。善人：指具有普通社会身份的人。其与奴婢相对而言。自此以下所列示的由人间最底层而跻身神仙天国最高层的学道上行之路，详见本经卷四十二《九天消先王灾法》、卷五十六至六十四《阙题》（六）所述。

③善善：以善为善之意。

④贤：即贤人。其为本经所构设的神仙等级序列中的第六等人，属候补神仙。职在掌理文书。

⑤次:位居。圣:即圣人。其为本经所构设的神仙等级序列中的第五等人,属候补神仙。职在掌理阴阳。

⑥乃得深知真道:意谓成为道人。道人为本经所构设的神仙等级序列中四等正牌神仙的专称。职在掌理五行。

⑦仙:本经所构设的神仙等级序列中三等正牌神仙的专称。职在掌理四时。

⑧真:本经所构设的神仙等级序列中二等正牌神仙的专称。职在掌理大地。

⑨神:本经所构设的神仙等级序列中一等正牌神仙的专称。职在掌理皇天。

⑩神神而不止:此五字中"神神而"三字《道典论》卷二《弟子》引作"天比"二字。于义为长。当据改。

⑪乃得与元气比其德:意谓成为无形委气(积气)神人。属于本经所构设的神仙等级序列中特级神仙的专称。其为至高神天君的辅佐,如同人间宰相或帝王的太子,职在掌理元气。本经壬部第十六条经文称:"上皇神人之尊者,自名委气之公,一名大神,常在天君左侧,主为理明堂文之书,使可分别。曲领大职。"又本经佚文谓:"大神比如国家忠臣,治辅公位,名为大神。"以上所云,本经卷五十六至六十四《阙题》(六)则更明晰地表述为:"故奴婢贤者,得为善人;善人好学,得成贤人;贤人好学不止,次圣人;圣人学不止,知天道门户;入道不止,成不死之事,更仙;仙不止,入真;成真不止,入神;神不止,乃与皇天同形,故上神人舍于北极紫宫中也,与天上帝同象也,名天心神;神而不止,乃复逾天而上,但承委气,有音声教化而无形,上属天上,忧天上事。"癸部《贤不肖自知法》则称:"夫人愚,学而成贤;贤学不止,成圣;圣学不止,成道;道学不止,成仙;仙学不止,成真;真学不止,成神:皆积学不止所致也。"

【译文】

“如今高明优异的一流师长让人学习，致使最低贱愚蠢的人成为善人；把良善看得十分美好，学习而不止息，就会成为贤人；成为贤人继续学习而不止息，就会位居圣人；位居圣人继续学习而不止息，就会深深了解掌握真道成为道人；守行真道而不止息就会成为仙人，永不死亡；成为仙人而不止息，就会成为真人；成为真人而不止息，就会成为神人；成为神人而不止息，就会与皇天的德业相并列；与皇天的德业相并列而不止息，就会与元气的德业相并列。

“元气乃包裹天地八方，莫不受其气而生。是善师之功也[①]，不得其善师，失路矣。故师师相传[②]，乃坚如金石[③]；不以师传之，名为妄作[④]，则致邪矣。叛去其师，是去其真道，自穷之术也[⑤]。道有宗师、祖师[⑥]。其德乃复覆盖天地八方[⑦]，精神乃从天地饮食[⑧]，天下莫不共祭食之[⑨]，尚常恐懈，不能致之也。是主善师生善弟子之功也[⑩]，宁可谢不乎？”“可骇哉！愚生触忌讳，过言耳。”“何谦不置？真人也。行，觉子使知可谢不耳。”“唯唯。”

右分解本末终始数、父子师弟子功要文[⑪]。

【注释】

①是善师之功也：自此以下凡五十七字十二句据北宋官修类书《太平御览》卷六百五十九《道部一·道》所征引“《太平经》曰”补。

②师师：以师为师之意。犹言拜师、从师。本经乙部《安乐王者法》云：“受命于天，受体于地，受教于师，乃闻天下要道。”

③金石：金属和玉石之类。以喻心志坚定不移。

④妄作：谓按本人一己之见另编道书。本经卷一百三《虚无无为自

然图道毕成诫》云:“妄作则乱文,身自凶焉。”

⑤自穷:意谓自行陷入绝境。《吕氏春秋·尊师》谓:“君子之学也,说义必称师以论道,听从必尽力以光明。听从不尽力,命之曰背;说义不称师,命之曰叛。”

⑥宗师:指本人所尊崇而直接受其教诲的师长。宗,宗奉,崇尚。祖师:指创立某派理论学说而被后继者所守执奉用的人。祖,祖述,效法。

⑦其德乃复覆盖天地八方:此十字中“其”字据《道典论》卷二《弟子》所引补。

⑧饮食:谓吸食天地间的精粹生气。本经卷一百十四《大寿诫》谓:“天食精华气。”又本经佚文云:“古者上真睹天神食气。”

⑨共(gōng)祭:供奉祭品。共,通“供”,供奉。食(sì):请其享用之意。本经卷九十八《包天裹地守气不绝诀》云:“欲乐上行常生在,与天并力,随四时天下祭祀而饮食者,努力为真道。”

⑩主善师:奉持吉善真道的师长。生:超度之意。

⑪功要:道功的紧要之处。指所产生的作用和效应而言。

【译文】

“元气包裹天地八方,没有任何物体不承受元气而化生。这正构成了高明优异的一流师长的功德,所以只要是学道的人,未曾得见高明优异的一流师长,那就失去途径了。因而拜从师长,递相传授,正像金石那样坚不可破;不依仗师长做传授,这就叫做乱来,就会招来凶险和邪恶了。背叛和脱离自己的师长,这正等于脱离真道,属于自行陷入绝境的做法。真道既有宗师,又有祖师。他们的恩德竟又覆盖天地八方,而那些精灵和神灵随从天地吸食精粹的生气,全天下没有谁不供奉祭品,请它们享用,如此还总担心不虔诚,把它们招不到面前来。这正属于奉持吉善真道的师长超度吉善弟子所建立的莫大功德,竟能感谢一下就算完事了吗?还是与此相反呢?”“这太让人感到惊骇了!愚生触犯了禁忌,犯下罪过乱讲话了。”“真人何必这样一个劲儿地谦恭呢?回去吧,我不过想让你醒悟,使你明白能不能仅仅表示感谢就算完事罢了。”“是是。”

以上为分解本末终始数、父子师弟子功要文。

乐生得天心法第五十四

【题解】

本篇所谓“乐生”，特指“广哀不伤”而言，即泛爱众生，不伤一物之意。“天心”，则谓皇天恶杀好生。在这六字标题中，“乐生”属动机与手段，“得天心”为效果与目的。其“法”乃围绕如何实现二者的统一而推出，亦即：“凡人之行”尤其是“君王之治”必须也只能奉守“莫大于象天”的准则，将其具体化，便应贯彻实施“当有次第”的八项要务，要务中特以乐生“汲汲若渴”为先，以停用连坐法居末，并断言，灭门诛族，实属断绝天地神统，伤败天地之体，反转来必使滥用刑罚者痛遭皇天“灭煞”其“世类”的严厉惩治。在这种警告和退而求其次的诸条训戒中，贯穿着行善施仁特别是减省刑罚的思想。至于篇末师弟子就集议“至道要言”所展开的对话，则突出反映了传道道主同求道道徒的判若霄壤的尊卑关系。而真人“命属昆仑”、天师命系“北极紫宫”之说，也折射出早期道教内部“居有高下”的情状。

“真人前。凡人之行，君王之治，何者最善哉？”“广哀不伤[1]，如天之行，最善。”“子言可谓得道意矣。然。治莫大于象天也。虽然，当有次第也[2]。”“何谓也？愚生勤能一言[3]，不复再言也，唯天师陈之耳。”

【注释】

①广哀：普遍哀怜。即泛爱之意。

②次第：谓主从轻重的排列次序。

③勤(jǐn)：通"仅"，仅仅，只不过。

【译文】

"真人你到前面来。世人的行为和君主的治理，要数哪种做法最好呢？""泛爱众生，不伤一物，像皇天那样行事，这是最好的。""你这几句话，可以称得上获取到真道的奥义妙旨了。好的，施治没有能比效仿皇天更占首位的了。尽管这样，还要讲求主从轻重的次序。""这是指什么说的呢？愚生充其量能谈一点点看法，再谈就谈不出来了，只有敬请天师指陈了。"

"然。凡人之行，君王之治也，人最善者，莫若常欲乐生，汲汲若渴，乃后可也①。其次莫若善于乐成，常悒悒欲成之，比若自忧身，乃可也。其次莫若善于仁施与，见人贫乏，为其愁心，比若自忧饥寒，乃可也。其次莫若善为设法②，不欲乐害，但惧而置之③，乃可也。其次人有过，莫善于治而不陷于罪④，乃可也。其次人既陷罪也，心不欲深害之，乃可也。其次人有过触死，事不可奈何，能不使及其家与比伍⑤，乃可也。其次罪过及家、比伍也，愿指有罪者⑥，慎毋尽灭煞人种类⑦，乃可也。

【注释】

①可：意为算得上效仿皇天。

②设法：制定法律。

③惧而置之：意谓仅仅发挥威慑作用而不予施用。置，搁置。

④治：指教化。

⑤及：谓牵涉，株连。比伍：指周围邻居。汉制，五家为一伍，设伍长，负责举报事宜。五家亦必相互监督，相互揭发，否则论罪。在汉法中，尚有犯死罪者夷其三族的条文规定。

⑥指：查办之意。

⑦慎毋：切莫。灭煞：即灭杀。煞，通“杀”。人种类：指各有姓氏的家族及住户等。

【译文】

“好的。关于世人的行为和君主的治理，对人来说最美好的那一条是：什么也比不上总乐意去施生化生，急切得如同解除喉咙干渴一般，这样做以后也真算得上效仿皇天了。第二条是：什么也比不上在成全、成就方面做得特别好，总为怎样能成全、能成就而忧闷不已，如同忧虑自身一般，这样做以后也真算得上效仿皇天了。第三条是：什么也比不上在行仁施惠方面做得特别好，看到有人很贫困，替他心里犯愁，如同忧虑自身在挨饿受冻一般，这样做以后也真算得上效仿皇天了。第四条是：什么也比不上妥善地为世人制定出法律，压根就不乐意伤害，仅仅发挥法律高悬的威慑作用而不去施用，这样做以后也真算得上效仿皇天了。第五条是：有人产生过失，什么也比不上在教化方面做得特别好，不让他们陷入法网，这样做以后也真算得上效仿皇天了。第六条是：有人已经陷入法网，但心里对他们并不想轻罪重办，这样做以后也真算得上效仿皇天了。第七条是：有人犯下了死罪，没有任何挽救的余地了，但能让犯人的亲属和邻居不受株连，这样做以后也真算得上效仿皇天了。第八条是：有人犯死罪株连到自己的亲属和邻居，但只想查办其中确应承担法律责任的人，切莫把同族人和所有的邻居都处死，这样做以后也真算得上效仿皇天了。

“夫人者，乃天地之神统也[①]。灭者，名为断绝天地神统，有可伤败于天地之体，其为害甚深，后亦天灭煞人世类也[②]。为人先生祖父母，不容易也[③]，当为后生者计，可毋使子孙有承负之厄。是以圣人治，常思太平，令刑格而不用也[④]。所以然者，乃为后生计也。今真人见此微言耶?”“唯唯。”

【注释】

①天地之神统：指天地神灵与精灵的统系。人禀元气分化而成的阴阳二气，由天施生，由地养育，而天地神、精又迭相寄居在人体之内，故而此处称其为“天地之神统”。本经卷三十五《分别贫富法》云：“今天地神信此家，故天地神统来寄生于此人。”

②天灭煞人世类：意谓皇天反转来对滥用刑罚者予以严厉惩治。

③不容易：不准轻率行事之意。即对子女严加管教。

④格：格正。谓发挥刑罚约束世人行为的作用。汉陆贾《新语·无为》称：“师旅不设，刑格法悬，而四海之内奉供来臻。”

【译文】

“人是天地神灵与精灵的统系所在。全给杀死的话，就被叫做断绝天地神统，对天地的形体会造成伤残与损坏，构成凶害特深重，到后来，皇天也就反转来对滥用刑罚者予以灭门绝户的严厉惩治了。作为一家人先出世的祖宗和父母，不容许轻率行事，应为自家后来降生的人多做打算，不要让子孙有那承负的灾厄。所以圣人治理天下，总想实现太平，只让刑罚发挥约束世人行为的作用而不去施用。之所以如此，是为后来降生的人做考虑。如今真人察见到这精微深远的论断了吗?”“是是。”

问[①]：“帝王诸侯之为治，何者最善哉?”曰：“广哀不伤，如天之行最善。”“夫治，莫若大象天也。虽然，当有次第。”

“何谓也？”“夫人最善莫如乐生，急急若渴，乃后可也。其次乐成他人善，如己之善。其次莫若人施，见人贫乏，谓其愁心，比若忧饥寒，乃可也。其次莫若设法，但惧而置之，可也。其次人有大罪，莫若于治，不陷于罪过，乃可也。其次人有过触犯，事不可奈何，能不使及其家与比伍，乃可也。其次罪及比伍，愿指有罪者，慎无绝嗣也。人者，天地神明之统，伤败天地之体，其为祸深矣。无为子孙承负之厄，常思太平，以消刑格也②。”

【注释】

①问：自此以下整段文字乃系《合校》本附存的以资参考的《太平经钞》钞文。

②刑格：即法律条文。

【译文】

天师问：“帝王诸侯进行治理，要数哪种做法最好呢？”真人对答说：“泛爱众生，不伤一物，像皇天那样行事，这是最好的。”天师接着说：“治理天下，没有能比效仿皇天更占首位的了。尽管这样，还要讲求主从轻重的次序。”真人问：“这是指什么说的呢？”天师回答道：“对人来说最美好的那一条是：什么也比不上乐意施生化生，急切得如同解除喉咙干渴一般，这样做以后也真算得上效仿皇天了。第二条是：乐意协助他人成就好事，就像自己成就自己的好事一般。第三条是：什么也比不上对他人施布恩惠，看到有人很贫困，替他心里犯愁，如同忧虑自身在挨饿受冻一般，这样做以后也真算得上效仿皇天了。第四条是：什么也比不上制定好法律，仅仅去发挥法律高悬的威慑作用但不施用，这样做以后也真算得上效仿皇天了。第五条是：有人犯下大罪，什么也比不上教育感化他们，尽量不让他们陷入法网，这样做以后也真算得上效仿皇天了。

第六条是：有人犯下罪过触犯了法律，没有任何挽救的余地了，但能让犯人的亲属和邻居不受株连，这样做以后也真算得上效仿皇天了。第七条是：罪过株连到邻居，但只想查办其中确应承担法律责任的人，切莫断绝人们的后嗣。人是天地神明的统系所在，损伤毁败天地的形体，构成的祸患就特别深重了。不要给子孙造成承负的灾厄，总去思量太平，把那法律条文变成不被动用的东西。”

“真人前。”“唯唯。”“真人真人，不及说乎？但引谦耶？一言之！”“然。吾统乃系于地[1]，命属昆仑[2]；今天师命乃在天，北极紫宫[3]。今地当虚空[4]，谨受天之施，为弟子当顺承象地，虚心敬受天师之教，然后至道要言[5]，可得□□□□□□□□[6]。无有师弟子之义，但名为交□□□□□□□其才[7]，是名为乱学不纯也。□□□□□□□□□赦教[8]，使道不明，一是一非，其说不可传于为帝王法，故不敢有言不也。”

【注释】

①统：指归属的统系。真人为本经所拟构的神仙等级序列中的第三等级，其专精诚信，与地相似，职在理地，故称其“统乃系于地”。详见本经卷四十二《九天消先王灾法》、卷五十六至六十四《阙题》（六）、卷七十一《致善除邪令人受道戒文》所述。

②昆仑：山名。古传为天帝设在地上的都邑，处于地中心，方八百里，高万仞。后被谶纬及道教视为仙府治所。详见《山海经·海内西经》、《淮南子·地形训》及《河图括地象》所述。本经卷一百十二《不忘诫长得福诀》谓：“神仙之录（名册）在北极，相连昆仑，昆仑之墟有真人，上下有常（等级）。”

③北极紫宫：指北极星所在的紫微垣。又称中宫。星相家视北极

五星中最大最亮的那颗星为至高天神，紫宫为其住所。《史记·天官书》载："中宫天极星。其一明者，太一常居也。"《春秋演孔图》谓："天皇大帝，北辰星也。含元秉阳，舒精吐光，其星有五，居紫宫中，制驭四方，冠有五采。"本经卷五十六至六十四《阙题》（六）称："上神人乃与皇天同形，舍于北极紫宫中，与天上帝同象，名天心神。"

④地当虚空：此据汉儒董仲舒阳实阴虚论而为言。地属阴，故谓之为"虚空"。参见《春秋繁露》卷十一《阳尊阴卑》、《王道通三》及卷十二《阴阳义》所述。本经卷九十三《阳尊阴卑诀》云："阳所以独名尊而贵者，守本常盈满而有实也；阴所以独名卑且贱者，以其虚空而无实也，故见恶见贱也。"

⑤至道：最高真道，至高无上之道。要言：最紧要的秘诀。

⑥可得□□□□□□□：此句原缺七字。

⑦但名为交□□□□□□其才：此句原缺六字。

⑧□□□□□□□□□赦教：此句原缺八字。

【译文】

"真人你到前面来。""是是。""真人哪真人，你是不懂才不谈看法吗？还是只管自我谦逊呢？讲一讲！""好的。我那统系由大地掌握，命属昆仑山；如今天师命在皇天北极紫宫。现下大地本来处在虚空的地位，恭谨承受皇天的施予，身为弟子也应像大地顺从和承奉皇天那样，虚心恭敬地领受天师的教诲，然后最高真道和切要秘诀才可以获取到。不讲师长和弟子的本分与名义，这被称作败乱正学而不精纯。致使真道不明，是非分不清，他那学说不可传付给帝王而成为奉守施用的准则。所以弟子我不敢随便就讲论些什么，可眼下说不讲论却又在讲论，真真下不为例了。"

"何谦！吾愿与真人共集议之，为善亦无伤于说也①。

□□□□也[2]，何乎？”“生有先后，知有多少，行有尊卑，居有高下。今吾可说[3]，不若天师所云也。小人之言[4]，不若耆老之睹道端首之明也[5]。天师既过觉愚不及之生[6]，使得开通，知善恶难之，何一卒致也[7]？愿毋中弃[8]，但为皇天后土。”

【注释】

①为善：意为使其臻于完善。无伤：并无妨碍之意。《论语·先进》载孔子敦促侍坐弟子云：“何伤乎？亦各言其志也。”

②□□□□也：此句原缺四字。

③可说：指自以为很惬意的看法。

④小人：年轻人。

⑤耆(qí)老：年高望重者。

⑥过觉：意谓认定存在过错而加以开觉。

⑦卒致：猛然达到之意。卒，后多作“猝”，猛然，突然。

⑧中弃：半路抛弃。

【译文】

“何必太谦恭！我希望与真人一起讨论它，使它更臻于完善，因而说一说也没有什么妨碍。□□□□，怎么样？”“人被降生到世上存在着先后之分，所掌握的知识存在着多少之别，说话办事有那尊卑的规矩，所处地位有那高低的区定。如今弟子我自以为很惬意的看法，却比不上天师所讲论的一切。年轻人的论说，总比不上德高望重的老人对真道的首要部分看得那样明晰。天师既然对愚昧得什么也不懂的弟子，认定存在过错而加以开觉，使弟子内心开窍弄明白，可分清好坏决不是件容易事，哪能一下子就能完全做到呢？但愿天师切莫中途抛弃弟子，只为那皇天后土。”

“然。今既为天语，不与子让也[①]。但些子悒悒常不言[②]，故问之耳。”“不敢悒悒也，今见天师说，积喜且骇。”“何也？”“喜者，喜得逢见师也；骇者，恐顽顿学不遍而师去也。今欲问汲汲，常若大渴欲得饮。”“何乎？”“愿得天师道传弟子，付归有德之君能用者。今阴阳各得其所，天下诸承负之大病，莫不悉愈者也。”“善哉！子之言也。详案吾文，道将毕矣；次其上下[③]，明于日月，自转相使[④]；今日思行之，凡病且自都除愈，莫不解甚[⑤]，皆称叹喜。”“唯唯。”

右治所先后、复天心诀、师弟子让说[⑥]。

【注释】

①让：推让，谦让。

②些子：少许，有点儿。后世道教云：“道法三千六百门，人人各执一苗根。谁知些子玄关窍，不在三千六百门。”本经卷三十七《五事解承负法》、卷九十三《国不可胜数诀》俱谓：“訾子悒悒。”则此处“些子”之“些”，或系“訾”字之讹。訾，叹恨。

③次：梳理、排比。

④自转相使：犹言交替运用。

⑤甚：彻底之意。

⑥让说：意为相互敦促各言其说。

【译文】

“好的。如今既然是为皇天传达话语，也就不和你做推让了。只因你多少有些忧闷不乐，常常不发话，所以才向你提问罢了。”“弟子决不敢忧闷不乐，如今得见天师的讲说，喜悦在心头聚积，并且感到后怕。”“这是为什么呢？”“之所以喜悦，是喜在有幸遇到了天师；之所以感到后怕，是担心我这顽劣迟钝的弟子学道还没全学通，天师就离去了。如今非常急切地想询问，就像渴得要命而想得到水来喝。”“这是为什么呢？”“希望天师能把您所掌握的真道传授给弟子，付归给具有道德、确能行用的君主，致使当今阴阳各得其所，天下各种承负的严重祸患没有一种不得到消除的。”“你说的太好了！仔细查照我那经文，修道就成功在即了；梳理好经文的上下关系，就比太阳和月亮还要明晰，自行交替来运用了。今日精思行用它，各种祸患就眼看着全都自动消除掉，没有一种不彻底化解的，全天下都齐声称赞，万分喜悦。”“是是。”

以上为治所先后、复天心诀、师弟子让说。

卷四十一　丙部之七

件古文名书诀第五十五

【题解】

本篇所谓“件”，即“条分件系”之“件”，特取梳理校核之义。“古文”，则指天地开辟以来所有流传于世的“天文、地文、人文、神文”以及“人口诀辞”即民间流传的精妙口头语等。对这纵贯“上古、中古、下古”，横包“天经、圣经、德经、贤经”的文书语辞如何进行梳理校核，篇中首先确定了取舍标准：务必得其“善字”，得其“善诀事”，亦即符合“天心”及“人情”的精确论断和事象事理。按照这一标准，篇中又“开示”了具体程序与办法：由天经（道经与德经）、圣经、贤经汇总为“洞极天地阴阳之经”，均须择其“要言要文诀事”，互勘详校，删除重复，分类排比，整合统编。对如此勒成的“真文正字善辞集”的社会功效，篇中归结为一点：解除当今帝王的“承负之厄会”或者说“流灾委毒之谪”。具有这等功效的由天师所创制的“道德书字”亦即《太平经》，又应另立何种全新的特称以与历代“神圣人”所作文书相区别，便为标题中“名书”之涵义所在了。而篇末又对缘何特将《太平经》命名为“大洞极天之政事”，径直做出了神乎其神的自我解说。不仅有助于究明《太平经》的思想来源及核心内容，更可看出早期道教把参政列为首要目标、并且争做无冕之王的倾向。惟其如此，篇中在代天传语的旗号下，对儒家圣贤及其占据统治地位的“一家法”，进行了公开的责难与贬抑。此篇宜与本经卷五十《去浮华诀》、卷五十一《校文邪正法》、卷九十一《拘校三古文法》相参互证。

"日益愚暗曚不闿生谨再拜[1]，请问一事。""平言。"真人乃曰："自新力学不懈[2]，为天问事。""吾职当主授真人义[3]，无敢有所惜也，疾言之。""唯唯。今小之道书[4]，以为天经也；拘校上古、中古、下古圣人之辞[5]，以为圣经也；拘校上古、中古、下古大德之辞，以为德经也；拘校上古、中古、下古贤明之辞，以为贤经也。今念天师言，不能深知其拘校之意，愿天师闿示其门户[6]，所当先后，令使德君得之，以为严教也；敕众贤，令使各得生，校善意于其中也[7]。"

【注释】

①日益愚暗曚不闿(kǎi)生：此系学道真人极度谦恭的自称。暗曚不闿，昏暗蒙昧又不开通。闿，开通。

②自新：意为主动改正过错，重新做人。《礼记·大学》引商汤《盘铭》曰："苟日新，日日新，又日新。"

③主：负责。义：指真道的大义要旨。

④小之道书：使道书变精粹之意。

⑤拘校：汇集校理。

⑥闿示：开导示知。门户：喻具体途径。

⑦校善意：意谓考核验定精善的意旨。校，考核验定。

【译文】

"日益愚蠢又昏暗蒙昧不开通的弟子恭谨地连拜两次，请求询问一宗事体。""慢慢讲来。"真人于是说："弟子主动改正过错，重新做人，致力道学，永不懈怠，专为皇天询问事体。""我那天职理应负责把真道要义传授给真人，决不敢有所吝惜，快快讲出来吧。”“是是。如今要让道书变精粹，把它作为天经；汇集校理上古、中古、下古圣人的文辞，把它作为圣经；汇集校理上古、中古、下古大德人的文辞，把它作为德经；汇集校理上古、中古、下古贤明人的文辞，把它作为贤经。眼下琢磨天师经文中的这番嘱告，还不能深刻理解汇集校理的意旨，请求天师开示那具体的途径，应当采取的步骤，致使具有道德的君主得到它们，把它们作为必须遵用的教令；戒饬众贤人，叫他们各自获得长生，从中考核验定那精善的意旨。”

“然。精哉真人问事，常当若此矣，善哉善哉！诺，吾将具言之。真人自随而记之，慎毋失吾辞也。吾乃为天地谈，为上德君制作[①]，可以除天地开辟以来承负之厄会，义不敢妄语，必得怨于皇天后土，又且负于上贤明道德之君，其为罪责深大也，真人知之耶？”“唯唯。”

【注释】

①制作：谓定立治国施政的法度。本经卷五十六至六十四《阙题》(三)称：“吾乃上为皇天陈道德，下为山川别度数，中为帝王设法度。”

【译文】

“好的。真人问事很精妙，总都像这样，那就太好了，太好了！好好，我立即详尽讲说这宗事体。真人自行跟在后面记下来，切莫遗漏我所讲的每句话。我是代替天地在做宣讲，为那第一等具有道德的君主定立治国施政的法度，可以解除掉天地开辟以来的承负厄会，按道理决不敢胡乱讲说，这样就肯定会遭到皇天后土的怨恨，而且又辜负了第一等具有道德的贤明君主，构成的罪责深重极了。真人明白这一点吗？”

“是是。”

“然。所言拘校上古、中古、下古道书者，假令众贤共读视古今诸道文也，如卷得一善字①，如得一善诀事②，便记书出之，一卷得一善，十卷得十善，百卷得百善，千卷得千善，万卷得万善，亿卷得亿善；善字善诀事，卷得十善也，此十亿善字；如卷得百善也，此百亿善字矣。书而记之，聚于一间处③，众贤共视古今文章，竟都录出之，以类聚之，各从其家④，去中复重，因次其要文字而编之，即已究竟⑤，深知古今天地人万物之精意矣⑥。因以为文，成天经矣。子知之乎？”

“善哉善哉！”

【注释】

①卷：每卷。善字：指精妙的用语。

②善诀事：指所做结论业已确凿无疑且不可改变的事象。诀，通“决”，决断。

③一间处：指特辟的校理和收藏处所。本经卷九十一《拘校三古文法》云：“分处为三部：始校书者，于君之东；已一通，传校于君之南；已再通，传校于君之西；已三通，传校者弃去于君之北。”校者各异处，不得相时也，“已者藏于君之北，幽室而置之，以是知天下人行知善恶，勿去也。”

④家：指对同类问题能从特定角度做出本源说解的某一学术派别。参见本经卷五十《去浮华诀》所述。

⑤究竟：囊括无遗之意。

⑥深知古今天地人万物之精意矣：此十三字中“意”原作“竟”，据《太平经钞》改。

【译文】

“好的。经文中所说的汇集校理上古、中古、下古的道书，意思是：假设让众贤人共同阅读研核古今各种道文，如果每卷获取到一条精妙的用语，又获取到一种结论确凿无疑的事象，就把它记下并摘抄出来。这样一卷得到一条，十卷就得到十条，百卷就得到一百条，千卷就得到一千条，万卷就得到一万条，亿卷就得到一亿条；这类精妙的用语和结论确凿无疑的事象，如果每卷得到十条，那就总共又得到十亿条了；如果每卷得到一百条，那就总共又得到一百亿条了。把它们记下并摘抄出来，汇聚在特设的校理场所，众贤人共同研核古今的文章，完毕后把它们全部选录出来，按照类属整合到一起，分别归入各个学派，删掉其中重复的内容，随后排比那些最为切要的文字，进行统一编排，已经达到囊括无遗的地步，于是便深深了解古今和天地人以及万物的精微意旨了。依据它们加以写定，也就成为天经了。真人你们清楚这一点了吗？”“这太好了！这太好了！”

“子已知之矣。拘校上古、中古、下古圣经中善字诀事，卷得一善也，十卷得十，百卷得百，千卷得千，万卷得万，亿卷得亿；如卷得十善字也，已得十亿矣；卷得百善字也，已百亿矣。贤明共记书，聚一间善处，已都合校之，以类相从，使贤明共安而次之①，去其复重，即成圣经矣。真人知之乎？”“唯唯。”

【注释】

①安：意谓确定其意旨而使人颇感恰切肯綮而无缺憾之处。

【译文】

“看来你们已经清楚这一点了。汇集校理上古、中古、下古圣经中的精妙用语和结论确凿无疑的事象，假设每卷得到一条，十卷就得到十条，百卷就得到一百条，千卷就得到一千条，万卷就得到一万条，亿卷就得到一亿条；如果每卷得到十条精妙的用语，那就总共又得到十亿条了；如果每卷得到一百条微妙的用语，那就总共又得到一百亿条了。众贤明共同把它们记下并摘抄出来，汇聚在特设的校理场所，全部验定校核完毕以后，按照类属各做归并，让众贤明一起得出令人颇感恰切肯綮的定论，再进行编排，删掉其中重复的内容，也就成为圣经了。真人你们清楚这一点了吗？”“是是。”

“子已知之矣。拘校上古、中古、下古之贤明辞，其中大善者卷记一，十卷得十，百卷得百，千卷得千，万卷得万，亿卷得亿；卷得十，十亿矣；卷得百，百亿矣。已毕竟，复以类次之，使相从，贤明共安之，去其复重，编而置之①，即成贤经矣。真人知之耶？”“唯唯。”

【注释】

①置：妥予措置之意。

【译文】

“看来你们已经清楚这一点了。汇集校理上古、中古、下古众贤明的文辞，其中特有价值的部分，每卷记下一项来，十卷就得到十项，百卷就得到一百项，千卷就得到一千项，万卷就得到一万项，亿卷就得到一亿项；如果每卷得到十项，总共又得到十亿项了；每卷得到一百项，总共又得到一百亿项了。已经全部搜采完毕，再按类属进行排比，使它们各归其类，让众贤明一起得出令人颇感恰切肯綮的定论，删掉其中重复的内容，另行编排，措置妥当，也就成为贤经了。真人你们清楚这一点了吗？”“是是。”

“子已知之矣。如都拘校道文经书及众贤书文，及众人口中善辞诀事[①]，尽记善者，都合聚之，致一间处，都毕竟，乃与众贤明大德共诀之，以类更相微明[②]，去其复重，次其辞文而记置之，是名为得天地书文及人情辞究竟毕定，其善诀事无有遗失，若丝发之间。此道道者[③]，名为洞极天地阴阳之经[④]，万万世不可复易也。”“善哉善哉！”

【注释】

①众人口中善辞诀事：指民间流传的对某一事象做出高度概括的符合天心及人情的口头语。本经卷八十八《作来善宅法》谓：“或有黎庶幼弱老小、田家婴儿妇女，胸心各有所怀善字诀事，各有一两十。”

②微明：意为揭示其精微意旨。

③道道：演述大道之意。

④洞极：通透至极。

【译文】

“看来你们已经清楚这一点了。如果把道文经书、众贤书文以及民间口头流传的精言妙语综括在一起，进行汇集校理，对其中特有价值的部分全都加以摘记，整合汇聚在一起，集中到特设的校理场所，一经校理完毕后，便与众贤明、众大德共同予以裁定，按照类属轮番揭示那精微的意旨，删掉其中重复的内容，排列那些言辞和文辞，誊写并编定下来，这就叫做获取到天地书文以及人情辞并将它们包罗殆尽而且确定无疑，举凡精妙的用语和结论确凿无疑的事象没有一项遗漏掉，像头发丝跟头发丝那样紧密无间。而这样一部演述大道的高文典册，就被特称为洞极天地阴阳之经，万万世也无法再更改了。”“这太好了！这太好了！”

“行，诸真人可谓已觉矣[①]。”“愚生不及，今愿复问一疑。”“行言。”“今天地开辟以来久远，河洛出文出图[②]，或有神文书出[③]，或有神鸟狩持来[④]，吐文积众多，本非一也。圣贤所作，亦复积多，毕竟各自有事[⑤]。天师何疑、何睹、何见？而一时示教下古众贤明，共拘校古今之文、人辞哉！”

【注释】

①诸真人：指跟随天师学道传道的六个弟子。合称六方真人或六端真人。据本经丁部《戒六子诀》所述，上为玄真真人，下为顺真真人，东为初真真人，南为太真真人，西为少真真人，北为幽真真人。其中一人名纯，其他五人则在本经中均佚其名。本经卷一百一《东壁图》绘有六名“受戒弟子”图像，或与六方真人相对应。

②河洛出文出图：古传黄河曾有龙马出图，伏羲氏据以创制八卦；洛水曾有神龟出书，大禹效仿它制作《洪范》（《尚书》篇名），确立九条治国安民的根本大法。此系古代儒家关于《周易》卦形来源及《尚书》“九畴”创作过程的传说，亦被视为圣帝明王承受天命的吉祥瑞应。《论语·子罕》载：“子曰：凤鸟不至，河不出图，吾已矣夫。”《周易·系辞上》谓：“河出图，洛出书，圣人则之。”

③神文书出：如《河图绛象》所云吴王阖闾曾游禹山，遇仙人龙威丈人，为其入洞庭石室取示大禹所藏天帝篆文素书一卷、凡一百七十四字之类。

④神鸟狩持来：如周文王时，曾有赤雀口衔朱砂天书飞至其门户，预示周兴殷灭之类。此类瑞应灵迹大都出自汉代谶纬，而且越来越多，愈演愈奇。

⑤事：指特定内容。

【译文】

“回去吧，众位真人可以称得上已经觉悟了。”“愚生还没全闹明白，眼下希望再问一宗疑难事。”“随即讲来。”“如今距离天地开辟以来，已经时间特长了，黄河洛水出示神文，降现灵图，还有神异文书专门授付，神鸟嘴衔神文飞过来吐下，这类神书神文累积起来，数量很多，原本就不是一种。圣贤所创制的文书，也积累得很多，但毕竟各有各的特定内容。而天师又疑虑到什么，察知到什么，观看到什么，一下子指示并教导下古的众贤明共同汇集校理古今的文辞和口头语呢？”

“然。有所睹见，不敢空妄愁下古贤德也。今吾乃见遣于天，下为大道德之君解其承负、天地开辟以来流灾委毒之谪①。古今天文圣书贤人辞，已备足，但愁其集居②，各长于一事耳③。今案用一家法也④，不能悉除天地之灾变，故使流灾不绝，更相承负，后生者曰得灾病增剧⑤。故天怜德君，复承负之天和⑥。为后生者不能独生比积灾诸咎也⑦，实过在先生贤圣各长于一，而俱有不达，俱有所失。天知其不具足，故时出河洛文图及他神书，亦复不同辞也⑧。夫大贤圣异世而出，各作一事，亦复不同辞。是故各有不及，各有短长也。是也明其俱不能尽悉知究洞极之意，故使天地之间，常有余灾，前后讫不绝，但有剧与不耳。

【注释】

①委毒：积聚的毒害。委，积聚。

②集居：共存并立之意。

③长于一事：意谓只对某个方面的事理通晓洞达。本经卷九十一《拘校三古文法》云：“古今圣人有优劣，各长于一事，俱为天谈地

语,而所作殊异,是故众圣前后出者,所为各异也;俱乐得天心地意,去恶而致善,而辞不尽同,一合一不,大类相似,故众圣不能悉知天地意,故天地常有剧病而不悉除。"

④一家法:指占统治地位的儒家学说。本经卷九十六《守一入室知神戒》称:"天上言其各长于一分,不能具除灾,故教吾都合集校之。今反信一人之言,宁可用不?"

⑤曰得灾病增剧:此六字中"曰"当作"日"。形近而讹。

⑥天和:意为自然和顺的状态。指承负未产生之前的美好景象。《淮南子·俶真训》云:"含哺而游,鼓腹而熙,交被天和,食于地德。"

⑦比:连连,频频。

⑧不同辞:谓说法各异,内容各有侧重。本经卷一百二《神人自序出书图服色诀》称:"夫河洛文书文多,当见其策(供人揣测的内在涵义)。"

【译文】

"好的。的确有所察见,不敢胡乱就让下古贤人德人白白费心受辛苦。如今我被皇天派遣下来,专为道德广大的君主解除他那承负天地开辟以来流灾积毒的惩罚。古今天文、圣书、贤人辞已经齐备了,可却让人对它们既并立共存又仅仅通晓某一方面而犯愁罢了。如今只遵用一个学派的理论学说,不能把天地的灾变全部消除掉,所以导致流灾不绝,轮番承负,后来出生的人日益遭受灾祸疾疫并在持续加剧。所以皇天怜惜具有道德的君主,要让他恢复到承负未产生之前的美好状态。作为后来出生的人不能独自造成这频繁众多又深重的灾害和祸殃,过责实际正来自生在前面的圣贤各自仅仅通晓某一方面,全都存在不明白的地方,全都存在偏失的弊端。皇天很清楚他们并不完备充分,所以每隔一段时间就降示河图洛书以及其他的神书,但文辞也各有侧重。大圣贤在不同时期降临到世上,各自专攻一个方面,但文辞仍旧各有侧重，所以便各自存在闹不懂的事体，各自具有短处。这便证明他们一律不能够全面彻底地了解并掌握那通透至极的真道意旨，因而致使天地之间总有遗留下的灾祸，前后一直不断绝，只不过存在着特别严重与不太严重的区别罢了。

“是故天上算计之①，今为文书，上下极毕备足，乃复生圣人，无可复作，无可复益②，无可复容言③，无可复益于天地大德之君。若天复生圣人，其言会复长于一业④，犹且复有余流灾毒常不尽，与先圣贤无异也。

【注释】

①算计：细加考虑之意。

②复益：再予增加。下文“复益”，乃谓更有益处。两处词意不同。

③复容言：再容许讲论之意。

④一业：谓创立理论学说。古以立言为人生的重大建树，将其视作“三不朽”的重要组成部分。《左传·襄公二十四年》称：“大上有立德，其次有立功，其次有立言，虽久不废，此之谓不朽。”本经乙部《解承负诀》云：“初天地开辟，自太圣人各通达于一面，诚真知之，不复有疑也。故能各作一大业，令后世修之，无有过误也。”

【译文】

“所以皇天对此便细加考虑，鉴于至今传世的文书，已经上下穷尽和齐备充足了，即使再让圣人降生，也没有什么可以再创制的了，没有什么可以再增加的了，没有什么可以再容许讲论的了，没有什么可以再对德大如同天地的君主更有益处的了。如果皇天再让圣人降生，他那理论学说终归又局限在仅仅通晓某一方面上，仍旧还会存有流灾余毒而长久消除不净，这与从前的圣贤并没有什么根本区别。

“是故天使吾深告敕真人，付文道德之君，以示诸贤明，都并拘校，合天下之文、人口诀辞，以上下相足，去其复重，置其要言、要文诀事[①]，记之以为经书。如是乃后，天地真文正字善辞[②]，悉得出也，邪伪毕去，天地大病悉除[③]，流灾都灭亡，人民万物乃各得居其所矣，无复殃苦也，故天教吾拘校之也。

【注释】

①置：编次之意。

②真文：指能使人身安增寿、国家治理实现太平的书文。本经卷九十八《核文寿长诀》谓：“文书亿卷，中有能增人寿、益人命、安人身者，真文也，其余非也；文书满室，中有能得天心、平理治者，真文也，其余非也。”正字：犹言正文。指阐明正道的文字。本经卷四十八《三合相通诀》谓：“今者太平气且至，当实文本元正字，乃且得天心意也。”又卷五十一《校文邪正法》云：“正文者，乃本天地心，守理元气。”又卷九十一《拘校三古文法》称：“俗人言此可耳，不能善也，而按行之，反与天相应，灾日除去者，即正文、正言、正辞也。”善辞：美好吉善的文辞。本经卷五十一《校文邪正法》谓：“正言详（祥）辞必致善，邪言凶辞必致恶。”

③大病：指痛恨世人行为而降示的种种天谴即灾异现象。

【译文】

“因此皇天让我深深告诫真人，把这篇经文传付给具有道德的君主，亮给众贤明看，从总体上予以汇集校理，整合起天下的文辞和民间流传的口头语，对它们由上到下互做补充，删掉其中重复的内容，编排列示那些紧要的言论、切要的文辞和结论确凿无疑的事象，誊写下来成为经书。这样做以后，天地间的真文正字善辞就都得以凸显出来，邪伪全被去除，天地对世人表示痛恨的种种天谴一古脑儿化除，流灾无不灭绝消亡，人民和万物于是就各得其所，不再为祸殃而愁苦了，所以皇天命令我汇集校理那些书文和口头语。

“吾之为书，不效言也，乃效征验也。案吾文而为之，天地灾变怪疾病、奸猾诐臣、不详邪伪[1]，悉且都除去，比与阴日而除云无异也[2]。以此效吾言与吾文，□□万不失一也[3]；如不力用吾文也，吾虽敬受天辞下语，见文不用，天安能空除灾哉[4]？自若文书内乱，人亦内乱，灾犹无从得去也。真人知之耶？”“唯唯。”

【注释】

①奸猾诐臣：此四字中“诐”或系“跛”字之讹。跛臣，飞扬跋扈的大臣。指外戚而言。不详：即不祥。详，通“祥”，吉祥。

②阴日：阴天出太阳之意。

③□□万不失一也：此句原缺二字。

④空：凭空，徒然。

【译文】

“我创制经书，并不看说的怎么样，而是看成效怎么样。查照我这篇经文而去行用它，天地降现的种种灾殃怪变和疾病，以及奸恶狡猾、飞扬跋扈的臣僚，还有那些不吉祥的邪伪学说，全都眼看着一并除去，这和大阴天闪出太阳而把乌云驱散开相比，并没有什么两样。根据这种效应来验证我那言论和我那文辞，绝对万不失一；如果不大力行用我这篇经文，我尽管恭敬地承受皇天的命令，来到人间作宣讲，然而得见天文却不行用，皇天怎么能够凭空就解除灾殃呢？依旧是文书在骨子里淆乱，世人也在骨子里迷乱，灾殃仍然没办法消除掉。真人你们清楚这一点了吗？”“是是。”

“行，子已知之矣。”“愿请问一疑事。”“平言之。”“今天地开辟以来，神圣贤人皆为天所生，前后主为天地语，悉为王者制法，可以除灾害而安天下者。今帝王案用之，不失天心阴阳规矩[①]，其所作文书，各有名号[②]。今当名天师所作道德书字为等哉[③]？”“善哉！真人之问事也。然。名为大洞极天之政事[④]。”

【注释】

①规矩：犹言定律。

②名号：名称。即书名，书题。

③今当名天师所作道德书字为等哉：此十四中“等”上或脱“何”字，宜补。何等，什么。

④大洞：囊括一切、通透至极之意。本经卷九十一《拘校三古文法》云：“故今天遣吾下，为上德道君更考文，教吾都合之，从神文圣贤辞，下及庶人奴婢夷狄，以类相从，合其辞语善者，以为洞极之经，名为皇天洞极政事之文也，乃后天地病一悉除去也。”

【译文】

“回去吧，看来你们已经清楚这一点了。”“去前希望再请求询问一桩疑难事。”“慢慢讲来。”“如今从天地开辟以来，神圣人物都是由皇天降生下来的，前后都职在为天地作宣讲，都为帝王定立治国施政的法度，靠它便能消除掉灾害，使天下安定。如今让帝王查照遵用它，不偏离皇天的心意和阴阳的定律，而那些人所创制的文书，各有书名。现下应把天师所创制的道德书文命名为什么呢？”“真人询问这宗事果然太好了！是的，命名为大洞极天之政事。”

“何故正名为大洞极天之政事乎？”“然。大者，大也，行此者，其治最优，大无上。洞者，其道德善恶，洞洽天地阴阳表里[①]，六方莫不响应也，皆为慎善，凡物莫不各得其所者。其为道，乃拘校天地开辟以来天文、地文、人文、神文，皆撰简[②]，得其善者，以为洞极之经。帝王案用之，使众贤共乃力行之，四海四境之内，灾害都扫地除去，其治洞清明，状与天地神灵相似[③]，故名为大洞极天之政事也。真人知之耶?”“唯唯。可骇哉！可骇哉！”“行，子已觉知之矣。”

右拘校上古、中古、下古文书人辞诀。

【注释】

①洞洽：极为切合之意。

②撰(xuǎn)简：选取择用。撰，同“选”。简，择选。

③状：指太平局面。

【译文】

“为什么恰恰把它命名为大洞极天之政事呢?”“好的。所谓大，是说盛大。行用这部经书的人，他那治理最优异，盛大得无以伦比。所谓洞，是说那道德和善恶表现与结果，极为切合天地阴阳表里，上下四方没有一处不像回音应和原声那样来做出反应的，全都行守谨慎和良善，万物没有一种不各得其所的。它构成大道体系，竟是汇集校理天地开辟以来的天文、地文、人文与神文，全部进行筛选择取，获取到其中最有价值的部分，形成通透至极的经典。帝王查照行用它，责成众贤明共同大力推行它，在全天下整个辖区内，灾害一律像扫地那样被去除掉，政治清明到极点，太平局面和天地神灵相类似，所以就命名为大洞极天之政事。真人清楚这一点了吗?”“是是。这太让人感到惊骇了！这太让人感到惊骇了！”“回去吧，你们已经觉悟并了解它了。”

以上为拘校上古、中古、下古文书人辞诀。

卷四十二　丙部之八

九天消先王灾法第五十六

【题解】

本篇所谓“九天”，系指皇天依照“各从其类”、“以类相理”的准则，对人间到天国九类人、九等人之天然职分或者说既定分工所做的界定与排列；“先王灾”，则谓“万世帝王承负之灾”；而一个“消”字，遂将两者联结并统一起来。篇中宣示：从“无形委气神人”到“大神人”、“真人”、“仙人”、“大道人”，职在依次理元气、理天、理地、理四时、理五行，由此首当其冲地构筑起以无形委气神人为特级神仙、以其余四者为正牌神仙的天国等级系统。循序而下，则为“圣人职在理阴阳”，“贤人职在理文书”，又设定出候补神仙的两个品级。等而下之，则为“凡民职在理草木五谷”即从事农耕园艺生产，“奴婢职在理财货”即专供经商役使，位居第八等与最末等，但仍不失为天国的接纳对象和神仙的最底层备选者。连而一之，作为“天之凡民”的“九人”总体等级序列便“更迭相生成”。据通篇所述，这一序列非仅等级化突出，而且职能化明显，社会化鲜亮。无论特级神仙抑或正牌神仙，其专用名称均都缀以“人”字，俱属“人者”，虽有神性，犹带人性，亦神亦人，人、神合一。无怪乎本经已部《阙题》插图和《乘云驾龙图》、《东壁图》、《西壁图》所分别绘制的“神人”、“中尊”、“真人”、“仙童”等形象个个与人酷似了。这也恰恰构成了《太平经》之神仙天国既承前启后又别具一格的地方。而“九人”中“道人”位居“圣人”之上，诚所谓扬道抑儒、以道统儒也。故而篇中又强调：“上士”包括圣贤若欲蒙获皇天的检视择取，首先应修成“食气”方术变为“神士”，改扮“天吏”的角色，在幽冥中履行“调和阴阳气”、特向诸神“君长”禀告当代帝王功过的职责。而当代帝王尤须顺承皇天所确定的“九人”总体等级序列并“署置”得当，使其主动“各调一气”以助治，特别是招引各级神仙前来“教其治意”或“助其教化”，从而消除万世帝王承负流灾“致太平”。本篇适与丁部卷五十六至六十四《阙题》（六）交相发明。

“凡天理九人①，而阴阳得。”“何乎哉？”“夫人者，乃理万物之长也②，其无形委气之神人③，职在理元气；大神人④，职在理天；真人⑤，职在理地；仙人⑥，职在理四时；大道人⑦，职在理五行；圣人⑧，职在理阴阳⑨；贤人⑩，职在理文书⑪，皆授语⑫；凡民⑬，职在理草木五谷⑭；奴婢⑮，职在理财货⑯。”

【注释】

①理：署理，排定。九人：指九等人。九乃阳数之极，而汉代以九等品评人物蔚成风气，故而此处亦不多不少着意标列“九人”。在汉代以前，将社会精英人物或理想人物序列化与等级化，已露端倪。如《庄子·逍遥游》称：“至人无己，神人无功，圣人无名。”又《天下》云：“不离于宗，谓之天人；不离于精，谓之神人；不离于真，谓之至人；以天为宗，以德为本，以道为门，兆于变化，谓之圣人；以仁为恩，以义为理，以礼为行，以乐为和，薰然慈仁，谓之君子。”此外于《大宗师》、《刻意》、《田子方》、《徐无鬼》、《列御寇》诸篇中屡言真人。《天下》篇则径称关尹、老聃为“古之博大真人”。《文子·微明》引中黄子曰：“上五有神人、真人、道人、至人、圣

人，次五有德人、贤人、智人、善人、辩人。”《素问·上古天真论》谓：“上古有真人者。……中古之时有至人者。……其次有圣人者。……其次有贤人者。”《史记·封禅书》载：“自威、宣、燕昭使人入海求蓬莱、方丈、瀛州，此三神山者，其传在勃海中，去人不远，患且至则船风引而去，盖尝有至者，诸仙人及不死之药皆在焉。”晋张华《博物志·杂说上》又称老子云：“万民皆付西王母。唯王者、圣人、真人、仙人、道人之命，上属九天君耳。”凡此已为本经着眼于“九”而另择称谓、重订次序提供了游刃有余、佽可回旋的思想空间。下文之构成“九人”主体的“神人、真人、仙人、道人、圣人、贤人”及其排序，无不渊源有自。

②“夫人者”二句：此系宣示人在自然界中所占据的地位和应起的作用。《老子·二十五章》谓：“道大，天大，地大，王亦大。域中有四大，而王居其一。”伪《古文尚书·泰誓》云：“惟天地，万物父母；惟人，万物之灵。”《素问·宝命全形论》曰：“天覆地载，万物悉备，莫贵于人。”《礼记·礼运》称：“人者，五行之秀气也。”《孝经·圣治章》谓：“天地之性人为贵。”《风俗通义》称：“万类之中，唯人为贵。”本经卷五十《生物方诀》云：“故万物芸芸，命系天，根在地，用而安之者在人。”“凡物与天地为常，人为其王。”

③无形委气之神人：简称无形神人或委气神人。又名委气之公、大神或天上之士。乃系本经所独创的九等人中第一等人的专称。属特级神仙。其地位仅次于至高神天君，如同人间王朝之宰辅和太子。委气，即积气。委，积。详见本经壬部及本经佚文所述。

④大神人：简称神人。通常指神妙莫测、奇异至极的人。《庄子·天地》云：“愿闻神人。曰：‘上神乘光，与形灭亡，此谓照旷。致命尽情，天地乐而万事销亡，万物复情，此之谓混冥。’”本经将其列为九等人中第二等人的专称，属正牌神仙中的一等神仙。本经主人公授道天师即在此列。卷三十九《解师策书诀》称：“师

者，正谓皇天神人师也。……吾者，我也；我者，即天所急使神人也。”此外本经庚部诸文屡屡言称“大神”，则指无形委气神人，非谓此处所称之“大神人”。

⑤真人：通常指炼养天性而悟道归真的人。《庄子·刻意》称：“能体纯素，谓之真人。”《文子·微明》引中黄子曰：“真人者，不视而明，不听而聪，不行而从，不言而公。”《素问·上古天真论》谓：“上古有真人者，提挈天地，把握阴阳，呼吸精气，独立守神，肌肉若一，故能寿敝天地，无有终时，此其道生。”《淮南子·本经训》云：“莫死莫生，莫虚莫盈，是谓真人。”《周易参同契·二土全功章》谓：“改形免世厄，号之曰真人。”本经将其列为九等人中第三等人的专称，属正牌神仙中的二等神仙。本经配角学道真人即在此列。卷一百二《位次传文闭绝即病诀》称：“吾位职在天，真人位职在地。地者出万物，故天生者，于地养之，故吾传道于真人。”又卷一百十二《不忘诫常得福诀》云：“昆仑之墟有真人，上下有常。”

⑥仙人：指超脱尘世而身变形易、长生不死的人。《论衡·无形篇》云：“图仙人之形，体生毛，臂变为翼，行于云，则年增矣，千岁不死。此虚图也。”《释名·释长幼》云：“老而不死曰仙。仙，迁也，迁入山也。故其制字，人旁作山也。”本经将其列为九等人中第四等人的专称，属正牌神仙中的三等神仙。卷九十四至九十五《阙题》云：“积德不止道致仙。”

⑦大道人：简称道人。又名道士。指怀有道法方术的人。《庄子·天下》：“古之道人，至于莫之是、莫之非而已矣。”汉严遵《道德指归论·上德不德篇》谓：“庄子曰：虚无无为，开导万物，谓之道人。”《文子·微明》引中黄子曰：“所谓道者，无前无后，无左无右，万物玄同，无是无非。”本经将其列为九等人中第五等人的专称，属正牌神仙中的四等神仙。卷一百十七《天咎四人辱道诫》

云："天上亦尊贵善道人，言其可与和风气，顺四时，承五行，调风雨，助日月星宿为光明也，而使万物兴也。"

⑧圣人：指圣明的人。《管子·心术下》云："圣人若天然无私覆也，若地然无私载也。"《庄子·刻意》称："圣人之生也天行，其死也物化。静而与阴同德，动而与阳同波，不为福先，不为祸始。"《文子·微明》引中黄子曰："圣人者，以目视，以耳听，以口言，以足行。"《鹖冠子·能天》谓："故圣人者，后天地而生而知天地之始，先天地而亡而知天地之终，力不若天地而知天地之任，气不若阴阳而能为之经。"《素问·上古天真论》云："其次有圣人者，处天地之和，从八风之理，适嗜欲于世俗之间，无恚嗔之心，行不欲离于世，被服章，举不欲观于俗，外不劳形于事，内无思想之患，以恬愉为务，以自得为功，形体不敝，精神不散，亦可以百数。"《大戴礼记·哀公问五仪》云："所谓圣人者，知通乎大道，应变而不穷，能测万物之情性者也。"《荀子·儒效篇》称："圣人也者，道之管也。"《白虎通义·圣人》云："圣人者何？圣者，通也，道也，声也。道无所不通，明无所不照，闻声知情，与天地合德，日月合明，四时合序，鬼神合吉凶。"本经将其列为九等人中第六等人的专称，属候补神仙中的首要人选。

⑨阴阳：此处所云"职在理阴阳"，本经卷七十一《致善除邪令人受道戒文》则改称："圣人主治百姓。"

⑩贤人：指贤能的人。《周易·系辞上》谓："有亲则可久，有功则可大，可久则贤人之德，可大则贤人之业。"《大戴礼记·哀公问五仪》称："所谓贤人者，好恶与民同情，取舍与民同统，行中矩绳而不伤于本，言足法于天下而不害于其身。"《素问·上古天真论》谓："其次有贤人者，法则天地，象似日月，辩列星辰，逆从阴阳，分别四时，将从上古，合同于道，亦可使益寿而有极时。"《风俗通义》云："贤，坚也，坚中廉外也。"本经将其列为九等人中第七等

人的专称，属候补神仙中的次要人选。圣人与贤人的关系为：贤亚于圣，佐圣辅圣。《关尹子·三极篇》谓："以圣师圣者，贤人；以贤师圣者，圣人。盖以圣师圣者，徇迹而忘道；以贤师圣者，反迹而合道。……圣人制言行而贤人拘之。"《鹖冠子·能天》云："圣者，贤之爱（仰慕对象）也。"《礼记·乐记》称："作者之谓圣，述者之谓明（即贤人）。"《列子·力命》谓："以德分人谓之圣人，以财分人谓之贤人。"《白虎通义·圣人》引《礼别名记》曰："千人曰英，倍英曰贤，万人曰杰，万杰曰圣。"又《封公侯》云："使圣人主其难者，贤者主其易者。"本经卷五十《去邪文飞明古诀》谓："故自古到今，众圣共为天谈，众贤者同其辞，共为圣谋。"又卷一百十《大功益年书出岁月戒》称："故圣人知阴阳之会，贤人理其曲直，解其未知，使各自知分画，不相怨。"

⑪文书：指各地进呈的意见书和朝廷下发的批复公文等。参见本经卷四十八《三合相通诀》、卷八十六《来善集三道文书诀》所述。

⑫授语：意谓提出处理意见。本经卷七十一《致善除邪令人受道戒文》谓："贤人辅助圣人，理万民录也，给助六合之不足也。"

⑬凡民：犹言良民。又称善人。指具有普通社会身份的人。即平民百姓。

⑭五谷：五种谷物。通常指麻、黍、稷（高粱）、麦、豆。在多数情况下则被用作谷物或常见食物的通称。

⑮奴婢：指丧失自由、为主人无偿服劳役的人。其来源有罪人、俘虏及其家属，亦有从贫民家购得者。通常男称奴，女称婢。在东汉特别是建国初期，奴婢数量众多，备受虐待和摧残，成为严重的社会问题。中央政府为此采取了释放奴婢和保障奴婢生命安全的某些措施，以求缓解社会矛盾。故而本经于此特将奴婢列为九等人中最下等予以论述。

⑯理财货：谓在主人经商活动中供役使。

【译文】

"上天总共对九等人做出安排部署,阴阳便协调相适合。""这是为什么呢?""因为人正属于治理万物的主宰者,其中无形委气神人,职在掌理元气;大神人,职在掌理皇天;真人,职在掌理大地;仙人,职在掌理四时;大道人,职在掌理五行;圣人,职在掌理阴阳;贤人,职在掌理各地文书,对文书都提出朝廷的处理意见;平民百姓,职在掌理草木五谷;奴婢,职在掌理财货贩运。"

"何乎?""凡事各以类相理。无形委气之神人,与元气相似,故理元气。大神人有形①,而大神与天相似②,故理天。真人专又信③,与地相似④,故理地。仙人变化⑤,与四时相似⑥,故理四时也。大道人长于占知吉凶⑦,与五行相似⑧,故理五行。圣人主和气,与阴阳相似⑨,故理阴阳。贤人治文便言⑩,与文相似⑪,故理文书。凡民乱愦无知⑫,与万物相似⑬,故理万物。奴婢致财⑭,与财货相似⑮,富则有⑯,贫则无⑰,可通往来,故理财货也。夫皇天署职⑱,不夺其心,各从其类,不误也,反之为大害也。故署置天之凡民⑲,皆当顺此。古者圣人,深承知此,故不失天意,得天心也。真人今宁晓此不?""善哉善哉!""吾是所言,以戒真人,不失之也。""唯唯。""行努力!"

【注释】

①有形:意谓尚有令人可见的形体。由此便显出其犹具人性的一面。参见本经卷九十四至九十五《阙题》附图所绘"神人"、卷九十九《乘云驾龙图》、卷一百一《西壁图》所绘"中尊"形象。

②与天相似:本经卷五十六至六十四《阙题》(六)称:"神者,上与天

同形合理，故天称神，能使神也。神也者，皇天之吏也。神人者，皇天第一心也。”“神人者象天，天者动照无不知。”

③专又信：专一和诚信。指对真道所抱持的态度而言。

④与地相似：本经卷五十六至六十四《阙题》（六）称：“真人者象地，地者直，至诚不欺天，但顺人所种不易也。”参见本经卷一百《东壁图》所绘“真人”形象。

⑤变化：谓身变形易。即由人身变为仙身。参见本经卷九十九《乘云驾龙图》所绘“仙童”形象。

⑥与四时相似：本经卷五十六至六十四《阙题》（六）称：“仙人者象四时，四时者变化凡物，无常形容，或盛或衰。”

⑦占知：占测预知之意。

⑧与五行相似：本经卷五十六至六十四《阙题》（六）称：“道人者象五行，五行可以卜占吉凶，长于安危。”

⑨与阴阳相似：本经卷五十六至六十四《阙题》（六）称：“圣人者象阴阳，阴阳者象天地以治事，合和万物；圣人亦当合和万物，成天心，顺阴阳而行。”

⑩文：指文章。包括奏章等。汉刘熙《释名·释言语》云：“文者，会集众彩以成锦绣，会集众字以成辞义，如文绣然也。”便（pián）言：谓言论明晰畅达。

⑪文：指文彩。与“质”相对而言。本经卷六十五《王者赐下法》谓：“所以赐以文者，文者生于东，明于南，故天文生东北，故书出东北，而天见其象。”对贤人之所以“职在理文书”的原由，本经卷五十六至六十四《阙题》（六）则谓：“贤人象山川，山川主通气，达远方，贤者亦当为帝王通达六方。”

⑫乱愦（kuì）：昏乱糊涂。

⑬与万物相似：本经卷五十六至六十四《阙题》（六）称：“凡民者象万物，万物者生处无高下悉有民，故象万物。”

⑭致财：谓替主人赚取到钱财。

⑮与财货相似：对奴婢之所以"职在理财货"的原由，本经卷五十六至六十四《阙题》（六）则谓："奴婢者衰世所生，象草木之弱服者常居下流，因不伸也；奴婢常居下，故不伸也，故象草木。"

⑯富则有：意谓财货来源充裕便可供贩卖。富，指天然出产丰富，即万二千物俱足。参见本经卷三十五《分别贫富法》所述。

⑰贫则无：意谓出产不足便需得到补给。无，指补给的对象，即当地所无的物品。

⑱署职：意为确定天然之社会分工。本经丁部卷五十六至六十四《阙题》（六）云："故天第一，地次之，神人次之，真人次之，仙人次之，道人次之，圣人次之，贤人次之。此八者，皆与皇天心相得，与其同意并力，是皆天人也，天之所欲仕也。天内各以职署之，故思虑常相似也，是天所爱养人也。"

⑲署置：部署安置。主要指任用官吏而言。本经卷九十六《守一入室知神戒》："上德之君得吾文天法，象以仕臣，上至神人，下至小微贱，凡此九人：神、真、仙、道、圣、贤、凡民、奴婢。此九人有真信忠诚，有善真道，乐来为德君辅者，悉问其能而仕之，慎无署非其职也，亦无逆去之也，名为逆人勉勉眷眷之心。"

【译文】

"为什么这样做安排呢？""因为任何事体都分别按照自身的类属递相各负其责。无形委气神人与元气相类似，所以就掌理元气。大神人仍然存有可见的形体，于是大神人便与皇天相类似，所以就掌理皇天。真人专一又诚信，正与大地相类似，所以就掌理大地。仙人会变化，正与春夏秋冬相类似，所以就掌理四时。大道人在预测吉凶方面最擅长，正与五行相类似，所以就掌理五行。圣人执持人间协调和顺的气氛，正与阴阳相类似，所以就掌理阴阳。贤人研习文辞，言论明晰畅达，正与文彩相类似，所以就掌理文书。平民百姓昏乱糊涂，一无所知，正与万物相类似，所以就掌理万物。奴婢能替主人赚取到钱财，正与财货相类似，天然出产丰富就可以供贩运，出产不足就需要得到补给，正能形成各地的物资流通，所以就掌理财货。皇天确定下这种天然职分，不违背各自的心愿，分别依从他们的类属，绝对是恰切无误，与此相反便构成巨大的祸害。所以部署安置皇天属下的一切臣民，都应顺从这种序列。古代的圣人深深懂得要承顺这种序列，所以才不偏离天意，获取到天心。真人眼下对此到底晓悟没晓悟呢？”“这太好了！这太好了！”“我今天所讲的这宗事体千真万确，用来告诫真人，不要失去它。”“是是。”“回去吧！自身要努力！”

“愚生今心结不解：言是九人各异事，何益于王治乎不也？”“治得天心意[①]，使此九气合和[②]，九人共心，故能致上皇太平也[③]。如此九事不合乖忤[④]，不能致太平也。此九事，乃更迭相生成也，但人不得深知之耳，先圣贤未及陈之也，故久闭绝乎！然。今一事不得，治不可平。”

【注释】

①治得天心意：此五字中“治”上《太平经钞》尚有五字：“言九人各易。”

②九气：据下文，乃谓元气、天气、地气、四时气、五行气、中和气、真气、顺气、财气。

③上皇：最盛明。

④乖忤：抵触，违逆。

【译文】

“愚生现下还心中结个大疙瘩解不开：说这九等人各自分工不同，但对帝王的治理是否真有什么益处呢？”“治理获取到皇天的心意，使这九气协调和顺,使这九等人心往一处想,所以就能造成最盛明的太平局面。如果这九种天然分工不协和却彼此违逆,那就实现不了太平。这九种天然分工,属于一环套一环,递相衍生和成就,只是世人不能够深深了解这一点罢了,从前的圣贤也没来得及把它揭示出来,所以才长期封闭断绝的吧!好的。如今有一种分工不到位,治理就无法获得太平。"

"何也?""太上皇气太至[①],此九人皆来助王者治也。一气不和,辄有不是者,故不能悉和阴阳而平其治也。""其来云何哉?""无形神人来告王者,其心日明;大神人时见[②],教其治意;真人、仙人、大道人悉来为师,助其教化;圣人贤者出,其隐士来为臣;凡民奴婢皆顺善,不为邪恶。是乃天地大喜之征也[③]。其一气不和,即辄有不至者。"

【注释】

①太上:即第一。太至:空前到来之意。"太"为"大"的今字,意为极大。古人但凡言大而犹以为形容未尽,则作太。

②时见(xiàn):意谓应时显现。见,"现"的古字,显现,降现。

③征:证象。

【译文】

"为什么呢?""因为第一等盛明的太平气空前降临,就需要这九等人全都前来协助帝王治理。一气不和,便会出现不正常的情况,所以就不能使阴阳达到高度和谐而让那治理变太平。""他们前来的情况又怎么样呢?""无形委气神人前来晓谕帝王,帝王心里就一天比一天明彻;大神人应时显现,便教给帝王施治的要旨;真人、仙人、大道人全都前来担任帝王的师长,便协助帝王施布教化;圣人贤人挺身而出,那些隐士便前来充当帝王的臣僚;平民百姓和奴婢全都顺服和良善,就不再干邪恶的勾当。这正属于天地大喜的证象。其中若有一气不和，就会出现拒不前来的现象。”

“云何乎？”“元气不和，无形神人不来至；天气不和，大神人不来至；地气不和，真人不来至；四时不和，仙人不来至；五行不和，大道人不来至；阴阳不和，圣人不来至；文字言不真①，大贤人不来至；万物不和得，凡民乱；财货少，奴婢逃亡。凡事失其职，此正其害也。今真人既欲救天乱气②，宜努力平之，勿倦懈，慎之。”“唯唯。”

【注释】

①文字：犹言文书。

②天乱气：指皇天既定序列和天然职分被搅乱之气。

【译文】

“这话讲的是什么意思呢？”“元气不和，无形委气神人就不来到；天气不和，大神人就不来到；地气不和，真人就不来到；四时不和，仙人就不来到；五行不和，大道人就不来到；阴阳不和，圣人就不来到；文书所讲的事情不真确，大贤人就不来到；万物不能协调地各得其所，平民百姓就动乱；财货缺少，奴婢就逃亡。各类天然分工丧失掉自身的本分，这正构成那祸害所在。如今真人既然打算矫正皇天既定序列和天然职分被搅乱的气流，就应努力叫它们协调起来，切莫厌倦懈怠，对此要多加小心。”“是是。”

“气得，则此九人俱守道，承负万世先王之灾悉消去矣。此人俱失其所①，承负之害日增。此九人，上极无形，下极奴婢，各调一气，而九气阴阳调。夫人，天且使其和调气，必先食气[②]，故上士将入道[③]，先不食有形而食气[④]，是且与元气合。故当养置茅室中[⑤]，使其斋戒[⑥]，不睹邪恶，日练其形，毋夺其欲，能出无间去[⑦]，上助仙真元气天治也[⑧]，是为神士[⑨]，天之吏也。毋禁毋止，诚能就之，名为天士简阅善人[⑩]。天大喜之，还为人利也。”

【注释】

①此人俱失其所：据上下文意，此六字中“人”上当有“九”字。

②食气：道教修炼方术之一。又称服气或行气、炼气。即不食五谷，而以呼吸吐纳元气为主，辅之以导引、按摩等养生延年。本经辛部云：“请问胞中之子，不食而取气。在腹中，自然之气；已生，呼吸阴阳之气。守道力学，反自然之气；反自然之气，心若婴儿，即生矣。随呼吸阴阳之气，即死矣。”《论衡·道虚篇》则谓：“道家相夸曰：真人食气，以气而为食，故《传》曰：食气者，寿而不死；虽不谷饱，亦以气盈。此又虚也。夫气谓何气也？如谓阴阳之气，阴阳之气不能饱人，人或咽气，气满腹胀，不能餍饱。如谓百药之气，人或服药，食一合屑，吞数十丸，药力烈盛，胸中愦毒，不能饱人。食气者，必谓吹呴呼吸，吐故纳新也。昔有彭祖，尝行之矣，不能久寿，病而死矣。”

③上士：最高明的人。

④有形：指各种硬质或流质食物。

⑤茅室：指辟设在空旷之处的专用修炼场所。参见本经卷九十六《守一入室知神戒》所述。

⑥斋戒：洗心曰斋，防患曰戒。道教将其列为重要的修持仪式。参见本经卷七十二《斋戒思神救死诀》所述。

⑦无间：谓不存在空隙。指极细微处。《老子·四十三章》谓：“无

有入无间。”

⑧仙真元气天治：指本经所拟设的十治中的前三治，即元气治、自然治、道治。详见卷六十七《六罪十治诀》所述。

⑨神士：神通之士。

⑩天士：指无形委气神人。本部壬部谓：“天上之士，乃生天上，受委气无形而生。……常在无极之殿，与天同理文书，上下不失其事，乃知可生之物，复下地形，使得成就，万物皆被荣。”简阅：检视择取。

【译文】

“气流协调，这九等人就都守行真道，承负万世先王的灾殃也随之全部去除消亡了。而这九等人各自失去了本身的既定职分，承负的灾殃就会一天比一天加剧。这九等人，往上提升到了最高的无形委气神人，往下降到了最低贱的奴婢，各自调和一气，而九气合在一起，阴阳也就和谐了。作为世人，连皇天也让大家调和气流，所以一定要首先修炼成食气的道术，因而高明人打算进入真道，首先能不进用各种食物而会食气，这才眼看着同那元气融为一体。因而便应置身在茅室中炼养，让他们斋戒，看不到邪恶，每天修炼各自的形体，不违背他们的愿望，直至出入无间，超凡登仙，往上协助那仙真元气天治，这正变成了神士，属于皇天的官吏。既不禁阻，也不制止，确实能让他们达到既定的目标，就被称为天士检视择取人间的善人。上天对此十分高兴，反过来又为世人兴利。”

“何谓乎哉？”“然。此得道去者①，虽不为人目下之用，皆共调和阴阳气也。古者帝王祭天上神下食②，此之谓也。”

【注释】

①去：谓超凡登仙。

②祭天上神：如《尚书·尧典》所载帝舜类祭上帝，洁精以祀日月星辰之类。下食：谓天神享用祭品并显示瑞应，使人间所求不致匮乏。详参《汉书·郊祀志》所述。

【译文】

“这是指什么说的呢？”“好的。这些得道而超凡登仙的人，尽管眼下还未替世人做什么事情，但都在共同调理阴阳气。古代的帝王祭祀天上的神灵，请它们下来享用祭品，说的正是这种情况。”

得此九人[①]，能消万世帝王承负之灾。此九人，上极无形，下极奴婢，各调一炁[②]。故上士修道，先当食炁，是欲与元炁和合，当茅室斋戒，不睹邪恶，日炼其形，无夺其欲，能出入无间，上助仙真元炁天治也，是为神士，为天之吏也。无禁无止，诚能就之，名天士简阅善人，天大喜，还为人利也。夫得道去世，虽不时目下之用，而能和调阴阳炁，以利万物。古者帝王祭天上诸神，为此神吏也。

【注释】

①“得此九人”句：自此以下整段文字乃系《合校》本附存的以资参考的《太平经钞》钞文。

②炁：同“气”。

【译文】

使这九等人各得其所，就能消除万世帝王的承负灾厄。这九等人往上提升到了最高的无形委气神人，往下降到了最低贱的奴婢，各自能调和一气。所以高明人修炼真道，首先应去修炼食气的道术，这正希望与元气融为一体，就该让他们置身茅室，进行斋戒，看不到邪恶，每天修炼各自的形体，不违背他们的愿望，直至出入无间，超凡登仙，往上协助那仙真元气天治，这正变成了神士，属于皇天的官吏。既不禁阻，也不制止，确实能让他们达到既定的目标，就被称为天士检视择取人间的善人，上天对此十分高兴，反过来又为世人兴利。得道而超凡登仙，尽管尚未立即给世人在眼下做什么事情，但能调理阴阳气，以求对万物有利。古代的帝王祭祀天上的众多神灵，正是源于这些神吏。

"曾但天精神自下食耶[①]？""善哉！子言是也。然。此人上为天吏，天精神为其君长，君与吏相为使，吏者职在主行[②]。凡事，吏道人善有功[③]，故君与其下，既下则说喜[④]，故除人承负。吏不说，则道人有过于天，君吏俱不肯下临人食，故过责日增倍。身尚自得重过，何能除先王之流灾哉？真人亦晓知此不耶？""可骇哉！吾大怖惶[⑤]，恍若失气。今且过问天师[⑥]，不意乃见是说也。""行，子努力。所说竟，当去矣。""唯唯。"

右简阅九人、竟其志无冤者、平王治、天因喜、解其先王承负。

【注释】

①曾但：竟仅仅。

②主行：意谓负责办好具体事务。

③道：禀告。人：指当代帝王。善：谓治国有道，施政有方。功：谓代天养民惠民和护理万物的功绩。

④下：即上文所称"下食"。说（yuè）喜：喜悦，高兴。说，同"悦"。

⑤怖惶：犹言恐惧。

⑥过问：冒罪做询问之意。

【译文】

“仅仅是天上的精灵与神灵自行下凡来享用祭品吗?”“这一质问太好。你说得很对。是的。这些人往上成为天吏,皇天的精灵与神灵便成为他们的君长,君长与属吏递相支配,而属吏的职守在于负责办好具体事务。任何事务,只要属吏禀告当代帝王施治妥善,对皇天立下功勋,君长和属吏就下凡来享用祭品,既已下凡享用祭品,便大为喜悦,所以就解除当代帝王他本人的承负了。如果属吏不高兴,就禀告当代帝王对皇天犯有罪过,于是君长和属吏便都不肯下凡到当代帝王那里享用祭品,因而过责一天比一天成倍地增多。当代帝王他本人还在承受严厉的惩罚,怎么能够解除先王的流灾呢?真人对此究竟知晓没知晓呢?”“这太让人感到惊骇了!我真真万分恐惧,恍恍惚惚好像丢掉了还能喘息的那口气。如今冒罪向天师做询问,想不到竟然见到了这种说法。”“回去吧,你要努力。所要讲说的已经讲完了,你也该回去了。”“是是。”

以上为简阅九人、竟其志无冤者、平王治、天因喜、解其先王承负。

验道真伪诀第五十七

【题解】

两汉以前，不同学派往往把本派的核心理论标举为“道”。本篇则从总体上将其区定为两类：一为真道，一为邪伪之道。其区定的根据与标准，便为篇题中所谓“验”，即效行证验。篇中旨在宣明：只有符合“自然之术”，足可为天除病，为帝王消除臻于顶点的“承负之厄会”，并且如声回应者，方为真道。而这种真道，又非《太平经》莫属。反之，那些浮华苟空，足以构成“欺绐之大阶”而乱治，令承负之厄愈演愈烈，竟至“聚并”者，概为伪学邪道。而二者证验之著明，又恰如寒暑，暑多则寒少，寒多则暑少。

“行事亦且毕不久①，真人前，详受教敕②。”“唯唯。”“自行此道之后，承负久故弥远③，积厄结气④，并灾委毒诚多⑤，不可须臾而尽也。知力行是之后，承负之厄日少月消，岁除愈。”“何以知之乎？”“善哉！子之难也，可谓得道意矣。然。明听。行此之后，天下文书且悉尽正，人亦且尽正，皆入真道；无复邪伪文，绝去。人人自谨，其后生者尤甚，更相仿学，皆知道⑥，内有睹⑦，其身各自重爱。其后生者孝且寿，悉工自养老[⑧],颜色不与无道时等[⑨]。后生者日知其至意,以为家也[⑩],学复过其先,日益就相厚相亲,爱重有道人,兵革奸猾悉无复为者也,故承负之厄会日消去,此自然之术也[⑪]。

【注释】

①行事:指试行传道之事。且毕不久:意为眼看告一段落。

②教敕:教诫训饬。敕为自上告下之词。汉代凡尊长告诫后辈或下属皆称敕。

③久故:长久如故之意。

④积厄:堆在一起的劫厄。结气:冤情聚结的气流。

⑤并灾:同时发作的灾殃。委毒:积聚的毒害。

⑥知道:意为了解掌握真道。

⑦内有睹:意为内心深处对真道的奥义妙旨深有体悟。

⑧工:精通,熟谙。

⑨颜色:指面容气色。本经卷九十二《万二千国始火始气诀》称:“见念反还镜身,志念远,即身疾,衰枯落;务志念近,则身有泽。”

⑩家:喻指存身处世之根基所在。

⑪自然之术:意为原本如此的常规定法。

【译文】

“试行传道这桩大事眼看就要告一段落了,真人你到前面来,详慎地承受教诫训饬。”“是是。”“自从试行我这太平道以后,由于承负长久如故,越来越广远,那些堆在一起的劫厄,冤情聚结的气流,同时发作的灾殃,积聚的毒害确实太多了,不能转瞬间就彻底去除掉。世人都懂得行用我这太平道以后,承负的灾厄就会天天在减少,月月在消退,到年终便完全解除了。”“依据什么便能知道真会取得这样的结果呢?”“真是太好了!你这诘难,可以称得上获取到真道的奥义妙旨了。好的,仔细听。行用我这太平道以后,天下的文书眼看着全都变纯正,世人也眼看着全都变端正，无不进入真道；不再留有邪伪的文辞，都被灭绝清除掉。人人自我恭谨，那些后来出生的人更程度加深，递相效仿学习，全都了解掌握真道，内心深处对真道的奥义妙旨深有体悟，各自爱惜和珍重自己。那些后来出生的人既孝顺又长寿，都对自我养老很精熟，面容气色与未曾掌握真道的时候大不一样。后来出生的人一天比一天明了真道的最高意旨，把它作为存身处世的根基所在，学用真道更超过他们的前辈，日益向彼此厚待、相互亲近靠近，喜爱和尊重身怀道术的人，不再去干动用武力和奸恶狡诈的那类勾当，所以承负的厄会就一天比一天消亡去除了，这正属于原本就那样的常规定法。

“□□万不失一①，是吾之文大效也，不可但苟空设善言也②。亲以征验起，乃与天地响相应，何可妄语乎？故文书前后出，非一人蓄积难知情③，是故吾道以诚也④。子连时□□问⑤，必乐欲知其大效。其效相反，犹寒与暑，暑多则寒少，寒多则暑少。

【注释】

①□□万不失一：此句原缺二字。

②苟空：谓实无根据而权且糊弄一通。善言：动听的言辞。

③蓄积：全面掌握又详加辨析之意。情：情实。

④是故吾道以诚也：据上下文意，此七字中“诚”当作“试”。形近而讹。

⑤子连时□□问：此句原缺二字。

【译文】

“绝对没有任何偏差，这正构成我那经文的最为明显的证验。原本就不能实无根据却糊弄一通只管去编造漂亮话。亲自依凭证验去施行，就像回音应和原声那样与天地相应合，由此怎能胡诌一通呢？所以文书前后问世，不是经由一个人全面掌握又详加辨析的话，就很难察见那实情，所以我这真道全靠去试行。你一天接一天前来做询问，必定乐意了解那最为明显的证验。证验恰恰从正反两个方面表现出来，也就如同严寒与酷暑，酷暑时间长就严寒短，严寒时间长就酷暑短。

“夫天地开辟以来，先师学人者，皆多绝匿其真道，反以浮华学之[1]，小小益耶且薄[2]。后生者日增益，复剧其故[3]，使成伪学相传。虽天道积远，先为文者，所以相欺殆之大阶也[4]。壹欺不知，后遂利用之也，令上无复所取信，下无所付归命，因两相意疑，便为乱治。后生者后连相承负，先人之厄会聚并，故曰剧也。天今冤是，故吾语子□□也[5]。真人努力，自爱勉之。子乃为天除病，为帝王除厄，天上知子有重功。”“不敢不敢。”

右效行征验、道知真伪诀。

【注释】

①浮华：指虚浮不实的理论与做法。

②耶：用同“邪”，邪僻。

③复剧其故：意谓较原来愈加恶化。

④大阶：喻指最主要的起因。阶，阶梯。

⑤故吾语子□□也：此句原缺二字。

【译文】

“自从天地开辟以来，先出世的师长让人跟自己学习，大多扣押封锁住真道，反而拿浮华那一套叫人来学习，使人逐渐变得越发邪僻和浅薄。后来出生的人日益把这套玩艺增添扩充，比原来更为恶化，使它成为邪伪的学说而递相传授。尽管天道离人很遥远，可最先编成的那套虚伪文辞，却构成了相互欺骗的主要起因。经它一欺骗，世人却觉察不到，后世就利用起它来了，致使上面的人没有能再取信的东西，下面的人没有能把性命付归的地方，于是两相猜疑，就形成政治被搅乱的局面了。后来出生的人越往后偏偏又轮番地接连承负，而前辈的厄会又聚集合并在一起，因而可以说达到顶点了。如今皇天对世人面临的这种状况觉得冤枉，所以我才向你做讲说。真人要努力，自己爱惜自己，自己勉励自己。你正是为皇天去除深感忧虑的事情，为帝王解除灾厄，天上知道你立下了重大的功劳。""这可不敢当，这可不敢当。"

以上为效行征验、道知真伪诀。

四行本末诀第五十八

【题解】

本篇所谓“四行”，系就世人行为的四种类别及其后果而发，亦即：“大善”之行与大吉后果，“大恶”之行与大凶后果，不善不恶的“浮平”之行与不吉不凶的后果，壹善壹恶的“无常”之行与吉凶莫测的后果。对此四行产生的原因，篇中归结为世人“法天”、择从“太阳纯行”而得善；“法地”，择从“太阴煞行”而得恶；“法和”，择从“中和之行”而得浮平；失道弃本“无复法度”，而得诈伪无常。由于诈伪无常之行最具迷惑力，其危害有甚于彰明较著的大恶之行，而且由来已久，演为“末流”，登峰造极，故而标题中又列“本末”二字，在篇中力予辨析，痛加驳斥，归结为反伪就真，反华就实，反薄就厚，反下就上，反末就本。而这，又是以“阳极当反阴，阴极当反阳”为理据的，是以“太极之道”为旗帜的。其间神学论证显而易见，但同时闪映出矛盾在一定条件下相互转化的思想和元气兴生宇宙万物的一元论观点。

“真人前。”“唯唯。”“人行有几何乎？”“有百行万端。”“不然也，真人语几与俗人语相类似哉！人有四行，其一者或[①]。”“何谓也？”“然。人行不善则恶，不善亦不恶为浮平行[②]，壹善壹恶，为不纯无常之行，两不可据[③]，吉凶无处也。”

"善哉!"

【注释】

①其一者或:意为四行中有一行属于结果不确定者。一者,即下文所言"壹善壹恶(时善时恶)"之行。或,通"惑",迷惑,即令人拿不准之意。指其所获结果不确定,即下文所言"吉凶无处"。

②浮平行:一般的行为,通常的举动。

③两不可据:意为哪方面也靠不上。

【译文】

"真人你到前面来。""是是。""世人的行为总共有几种呢?""那可会有成百上万种。""你说得根本不对,真人这句话几乎与俗人所讲的差不多呀!世人共有四种行为,其中有一种是所获结果不确定的。""这话讲的是什么意思呢?""好的。世人的行为不良好就邪恶,既不良好也不邪恶就属于普通的行为,时而良好又时而邪恶就属于不纯粹、没常性的行为,哪方面也靠不上,结果是吉是凶就没定准。""这可讲得太好了!"

"行,吉凶有几何乎?""有千条亿端。""真人之言,几与俗人同。吉凶之行有四,一者惑[①]。""何谓也?""然。凡事为行,不大吉当大凶,不吉亦不凶为浮平命,一吉一凶为杂不纯无常之[②],吉凶不占。""善哉!"

【注释】

①一者惑:意与上文"其一者或"同。

②一吉一凶为杂不纯无常之:此十一字中"之"下当有"命"字。宜补。

【译文】

"近前来,我再问你:吉凶总共有几种呢?""那可会有成千上亿种啊。""真人这句话,几乎与俗人讲的一个样。吉凶降临也共有四种,其中有一种是叫人拿不准的。""这话讲的是什么意思呢?""好的。任何事情带来的结果,不大吉就大凶,不吉也不凶属于一般的命运,又吉又凶属于混杂不纯没定准的命运,是吉是凶无法预测出来。""这可讲得太好了!"

"行,天地之性,岁月日善恶有几何乎①?""不可胜纪。""子已熟醉②,其言眩雾矣③。天地岁月日有四行,一者不纯④,主为变怪⑤。""何谓也?""然。真人明听。今天地岁不大乐当大恶,不乐亦不恶为浮平岁,壹善壹恶为天变惑岁⑥。令今日不大善当大恶,不善亦不恶为浮平日月,壹善壹恶为惑行,主行为怪异灾⑦。吾是但举纲见始,天下之事皆然矣。"

【注释】

①岁月日:由长至短所组成的时间单位。即年份、月份和日子。

②熟醉:犹言昏了头。

③眩雾:意谓堕入五里雾中。

④一者:指时而正常、时而反常的年份、月份或日子。

⑤主:意为自身所产生的作用。变怪:指各种罕见严重的灾异现象。详参本经卷四十三《大小谏正法》所述。

⑥变惑岁:即变化不定、令人摸不准的年份。

⑦为:构成,造成。

【译文】

"近前来,我再问你:依照天地的本性来看,年份、月份和日子,好坏表现总共有几种呢?""那可简直记述不过来呀。""看来你已昏了头,所说话语堕入五里雾中了。天地年份、月份和日子也有四种好坏表现,其中时而正常、时而反常的年份、月份或日子,所起作用便是降现灾异。""这话讲的是什么意思呢?""好的。真人竖起耳朵仔细听。如今天地年份不是丰收年就是饥荒年,既不大丰收也不闹饥荒就属于平年,今年丰收而明年歉收就属于皇天变化不定的年份。如今月份和日子不是特别正常就是十分反常,既不正常也不反常就属于普通的月份和日子,时而正常又时而反常,就属于变化不定的月份和日子,所起作用便是降现灾异。我就此事仅仅列举那纲要,让人看出那端倪罢了,其实天下的一切事情都像这个样子。"

"何谓也?""然。天下之万物人民,不入于善,必陷于恶;不善亦不恶,为平平之行;壹善壹恶,为诈伪行,无可立也①。平平之行,无可劝②;大善与大恶,有成名③。"

【注释】

①立:指亮得出、站得住的地方。

②劝:激励,勉励。

③成名:指流芳百世的美名嘉称或遗臭万年的骂名恶号。

【译文】

"这话讲的是什么意思呢?""好的。全天下的人民和万物,不归入良好行为的范围,就陷入邪恶行为的圈子;既不良好也不邪恶,就属于普通的行为;时而良好又时而邪恶,就属于奸诈虚伪的行为,没有能亮得出、站得住的地方。而普通的行为,不存在对它进行激励的可能性;特别良好的行为与万分邪恶的行为,分别能够获得流芳百世的美称或遗臭万年的骂名。"

“何故正有此四行乎?”“善哉！子之难问,可谓得道意矣。然。大善者,太阳纯行也[①];大恶者,得太阴煞行也[②];善恶并合者[③],中和之行也[④];无常之行者,天地中和、君臣人民万物失其道路也[⑤]。故行欲正,从阳者多得善,从阴者多得恶,从和者这浮平也[⑥];其吉凶无常者,行无复法度。是故古圣贤,深观天地岁月日人民万物,视所兴衰浮平进退,以自知行得与不得,与用洞明之镜自照[⑦],形容可异。”

【注释】

①太阳:指由元气分化而成的最旺盛的阳气。纯行:指纯一正大的质性与行为。即只管施生化生。本经卷五十六至六十四《阙题》(六)称:“天阳,主生也。”又卷九十三《阳尊阴卑诀》云:“上施者,应太阳天行也,无不能生,无不能成。”又卷一百一十九《三者为一家阳火数五诀》谓:“天道常有格三气。其初一者好生,名为阳。”

②太阴:指由元气分化而成的最旺盛的阴气。煞行:指伤残克杀的质性与行为。煞,杀伤。本经乙部《解承负诀》云:“多病寒死者,太阴气害也。”又卷六十五《兴衰由人诀》谓:“太阴为刑祸。刑祸者,主伤主杀。”又卷一百一十六《某诀》称:“刑者,太阴之精也。”又卷一百一十九《三者为一家阳火数五诀》云:“三者好杀,名为阴。”

③并合:犹言混合。《法言·修身篇》云:“人之性也善恶混。修其善则为善人,修其恶则为恶人。气也者,所适善恶之马也欤?”《论衡·本性篇》谓:“扬雄言人性善恶混者,中人也。若反经合道,则可以为教;尽性之理,则未也。”本经辛部(天地阴阳)称:“二气交相于形中。故为善,天地知之;为恶,天地亦知之。”

④中和：指由天之太阳气同地之太阴气交合而成的中和气。本经卷一百十七《天咎四人辱道诫》谓："天地之间，其气集多所而畜容，故名为中和。"又卷一百一十九《三者为一家阳火数五诀》云："二者好成，名为和。"

⑤道路：谓真道的途径与方法。之所以"失其道路"，则如本经卷五十三《分别四治法》所云："和者可进可退难知。"更如卷一百十六庚部《某诀》(《音声儛曲吉凶》)所云："夫和气变易，或前或退，故下上无常。和者睹刚亦随之，睹柔亦随之，故无常也。"

⑥这(yàn)：作"迎"解，即迎来。

⑦洞明之镜：最透明的镜子。本经壬部有"洞照之式"、癸部《神人真人圣人贤人自占可行是与非法》有"照镜之式"的说法。卷八十六《来善集三道文书诀》则云："以其事对之，比若窥明镜，相对而面语。"

【译文】

"为什么世人偏偏具有这四种行为呢?""真是太好了！你这诘难性的发问，可以称得上获取到真道的奥义妙旨了。是的。特别良好的行为，来自旺盛阳气的纯正施生行为；万分邪恶的行为，出于旺盛阴气的好杀行为；良好与邪恶混同在一起的行为，源于阴阳交合而成的中和气的行为；时而良好又时而邪恶的行为，正属于天地中和、君臣百姓与万物失去了真道的途径与方法。所以要想端正行为，便应清楚顺承施生阳气的人就更多地获取到良好的元素，顺承克杀阴气的人就更多地获取到邪恶的成分，顺承中和气的人就迎来普通的因子；至于吉凶无常的人，他那行为就没有定准了。所以古代的圣贤深刻观察天地、年份、月份、日子和人民万物，比照各自兴盛、衰落、常态和进退的情况，用来自行测定本身的行为做得对不对，就像拿过透明的镜子照自己，立刻能把本人的模样识别出来了。"

“善哉善哉！今当奈何乎？”“然。行守本法天者，是其始也；法地者，其多贼也[1]；法和者，其次也；无常者，其行未也[2]。”

【注释】

①贼：意为伤残戕害。

②其行未也：此四字中“未”或系“末”字之讹。若原文不误，则“未”乃“殊难做出判定”之意。

【译文】

“这太好了！这太好了！如今究竟应该怎么办呢？”“好的。行为执守根本而去效法皇天的人，这就成为基始；行为专去效法大地的人，就有很多伤残戕害了；行为专去效法中和的人，更在其次；行为没定准的人，他那行为也就很难做出判定了。”

“今人何故乃得至无常之行乎哉？”“然。先人小小佚失之[1]，其次即小耶，其次大耶，其次大失道路根本，更迷乱，无可倚著其意[2]，因反为无常之行，便易其辞[3]，为无常之年也[4]。是明道弊未极也[5]，当反本。夫古者圣人睹此，知为末流，极即还反，故不失政也[6]，而保其天命[7]。故大贤圣见事明，是以常独吉也，真人乐重知其信效耶？”“唯天师开示之耳。”

【注释】

①佚失：失落。其对象为根本性的真道。

②倚著：靠定，收束。著，同“着”，附着。

③便易其辞：意谓怎样于己有利便怎样说。本经卷四十七《服人以

道不以威诀》称："人以和治，故进退多便其辞，变易无常。"

④无常之年：与下文"天命"相对而言。指极不确定的存活年限。

⑤是明道弊未极也：此七字中"未"当作"末"。形近而讹，当改。末极，最末梢，最低端。

⑥政：通"正"，指纯正的状态。

⑦天命：指皇天为世人在其生前所注定的寿龄。本经分人寿为三类，即：乙部《解承负诀》、癸部《盛身却灾法》所云上寿一百二十岁，中寿八十岁，下寿六十岁；辛部经文所云头等寿命一百三十岁，二等寿命一百二十岁，三等寿命一百岁；己部《经文部数所应诀》后附遗文所云天寿一百二十岁，地寿一百岁，人寿八十岁，霸寿六十岁，仵寿五十岁。此处则指上寿或天寿一百二十岁而言。

【译文】

"如今世人为什么竟会出现没有定准的行为呢？""好的。因为世人的前辈丢弃真道而生出过失，接下来陷入微小的邪僻当中，再往下变成了大邪僻，再往下完全失去了道路和根本，转相迷乱，没有能把自己的心思收拢住的地方，随即反过来做出没有定准的行为，怎样对自己有利就怎样说，落得个存活年限极不确定啊。这表明真道被败坏到极限了，必须返归到根本上来。古代的圣人看到这种情况，很清楚已经跌入最下等了，既到极限就该重新返归，所以决不丧失那纯正状态，保全住上天所赐予的最高寿龄。因而大圣贤观察事物特透彻，所以就常常独自吉利，真人还想再了解那真切的效验吗？""只请天师多多开示。"

"行，岁本兴而末恶者[①]，阴阳之极也[②]；人后生者恶且薄，世之极也[③]；万物本兴末无收者，物之极也；后生语多空欺无核实者[④]，言之极也；文书多蓄委积而无真者[⑤]，文之极也。是皆失本就末，失实就华。故使天地生万物，皆多本无末，实其咎在失本流就末[6]，失真就伪，失厚就薄，因以为常。故习俗不知，复相恶，独与天法相违积久，后生者日轻事，更作欺伪，积习成神[7]，不能复相禁，反言晓事[8]，故致更相承负，成天咎地殃，四面横行，不可禁防。君王虽仁贤，安能中绝此万万世之流过[9]？

【注释】

①本兴：谓阳气处于升进状态，人和万物随之欣欣向荣。末恶：谓阳气处于衰歇状态，人和万物随之枯寂入藏。

②阴阳之极：指阴阳二气在全年之内消长升降的交汇点与全过程。极阴则生阳，于是阳始于亥（夏历当年十月），阳生于子（夏历当年十一月冬至），阳形于丑（夏历当年十二月），直至来年夏历四月，遂渐次构成了阳气升腾的阶段。反之，阳极则生阴，于是阴始于巳（夏历四月），阴生于午（夏历五月夏至），阴形于未（夏历六月），直至夏历十月，遂渐次构成了阴气升腾的阶段。如此阳进阴退，阴升阳降，周而复始，循环不已。参见本经卷四十四《案书明刑德法》所述。

③世：世道。

④核实：谓诚实可信的成分。

⑤文书：指各个学派的著作。真：指能使人身安增寿、国家治理实现太平的内容。本经卷九十八《核文寿长诀》谓："文书亿卷，中有能增人寿、益人命、安人身者，真文也，其余非也；文书满室，中有能得天心、平理治者，真文也，其余非也。"

⑥实：查验实情之意。

⑦神：指欺诈神。参见本经卷三十五《分别贫富法》所述。

⑧晓事：明白事理。

⑨中绝：中途断绝。

【译文】

“近前来仔细听，一年中开头兴盛而末尾衰微，这是阴阳消长达到极限了；后来出生的人既邪恶又浅薄，这是世道达到了极限；万物起初很茂盛可最后竟绝收，这是万物达到了极限；后来出生的人说起话来却大多虚浮欺诈没有诚实可信的成分，这是言辞达到了极限；文书多得一摞接一摞、摆满一屋子可没有真确的论断，这是文辞达到极限了。所有这一切，都属于失掉根本，归入末稍；失掉真实，归入浮华。所以就导致天地生养万物，大多有头无尾，查验那实情，祸患就出在失掉了根本，滑入了末稍；失掉了真实，滑入了虚伪；失掉了淳厚，滑入了浇薄，随后习以为常。所以习俗一形成，就都觉察不出来，又相互憎恨对方，偏偏与皇天的法则相违抗，时间也越积越长。后来出生的人一天比一天草率行事，轮番耍弄欺诈邪伪的把戏，积习招来欺诈神而不离去，无法再相互禁阻，反而把这又说成明白事理，所以导致递相承负，构成天地对世人的憎恶与惩罚，到处灾害泛滥，没办法遏制和防备。君主尽管仁惠贤明，又怎能中途就断绝掉这万万世沿袭下来的罪过呢？

“始失小小，各失若粟。天道失之若毫厘，其失千里。粟粟相从从聚，乃到满太仓数万亿斛[①]。夫雨一一相随而下，流不止，为百川，积成四海水多。不可本去，故当绳之以真道[②]，反其末极还就本，反其华还就实，反其伪还就真。夫末穷者宜反本，行极者当还归，天之道也。

【注释】

①太仓：设在京师的大谷仓。斛(hú)：容量单位。十斗为一斛。

②绳：矫正，纠正。

【译文】

“最初的过失很细微，各种过失细微得就像小米粒。可偏失天道仅仅为毫厘，结果就差上一千里。小米粒一粒接一粒来聚积，就扩展到堆满太仓，变成数万亿斛了。雨水一滴接一滴往下降落，落到地上流动不止，就形成各条河流，汇聚成水量极大的四海。绝对不能离开那根本，所以就该运用真道来对它矫正。把那末稍已到顶端的玩意儿返归到根本上来，把那浮华的玩意儿返归到实际效应上来，把那虚假的玩意儿返归到真确上来。上天的法则正在于：末稍已到顶端的东西，便应返归到根本的状态；行为发展到极端的人，便应返归到最初的情形。

“夫失正道者①，非小病也。乃到命尽后，复相承负其过，后生复迷复失，正道日暗冥②，复失道，天气乖忤③，治安得平哉？人人被其毒害，人安得寿？万物伤，多夭死。故比比敕真人传吾书④，使人人自思失道意，身为病；各自忧劳，则天地帝王、人民万物悉安矣。真人乐合天心，宜勿懈忽也。”

【注释】

①正道：谓纯正的真道。

②暗冥：昏暗不明。

③天气：犹言时气。乖忤：指春夏秋冬颠倒顺序之类。

④比比：接连。

【译文】

“失去纯正的真道，决不是微小的祸害。直到身亡命丧以后，那罪过还在递相承负，后来出生的人又陷入迷乱，仍在一味丧失，纯正的真道由此而一天比一天变得昏暗不明，又使人们越发失去真道了，时气违逆，国家政治哪里能够实现太平呢？人人都受到时气违逆的毒害，有谁又会获得长寿呢？万物被损伤，大多早早就枯死。所以接连命令真人传布我这书文，让每个人自行思索失去真道的奥义妙旨竟使自身遭受到祸殃，转而分别对这种情况深感忧虑，用力进行矫正，于是天地和帝王、人民与万物也就全都安平了。真人乐意切合天心，就该不懈怠不轻视。”

“唯唯。愿复问一疑天师：今是吉凶，曾但其时运然耶[①]？”“善哉，真人之难，得道意矣。极上者当反下，极外者当反内，故阳极当反阴；极于下者当反上，故阴极反阳[②]，极于末者当反本。今天地开辟以来，小小连失道意，更相承负，便成邪伪极矣。”

【注释】

①时运：时势运会。

②故阴极反阳：据上下文例，此五字应在下句“极于末者当反本”之后。

【译文】

“是是。希望再向天师询问一个闹不清的问题：如今面临的吉凶，仅仅是那时势运会给造成的吗？”“真是太好了，真人你这诘难获取到真道的奥义妙旨了。往上已经达到极限的事物，就应返归到下面；往外已经达到极限的事物，就应返归到里层，所以阳气达到了极限，就应返归到阴气；往下已经达到极限的事物，就应返归到上面；在末梢已经达到顶端的事物，就应返归到根本，所以阴气达到了极限，就应返归到阳气。如今从天地开辟以来，逐步地接连失去了真道的奥义妙旨，递相承负，也就形成邪恶奸伪的最高限度了。”

“何以知之乎？”“以万物人民，皆多前善后恶，少成事[①]，言前□□哉[②]！前有实，后空虚。古者圣人，常观视万民之动静以知之，故常不失也。”

【注释】

①成事：成功之事。

②言前□□哉：此句原缺二字。

【译文】

“根据什么便知道真是这种情状呢？”“根据万物和人民全都大多开始很良好，往后变邪恶，几乎没有取得成功的事项。在前面显现出实际效应，到后面变成了空虚无用。古代的圣人常常观察万民的动静来做出判断，所以总是准确无误。”

“善哉善哉！愿复乞问一事。”“行言。”“今若天师言，物有下极上极；今若九人[①]，上极为委气神人，下极奴婢；下学得上行[②]，上极亦得复下行不耶？”

【注释】

①九人：指九类人，九等人。详见本卷《九天消先王灾法》所述。

②下学得上行：此谓最愚昧卑贱之人通过拜随至善明师学道，可入善及贤，直至成为无形委气神人。详见本经卷四十《分解本末法》、卷五十六至六十四《阙题》（六）所述。

【译文】

“这太好了！这太好了！希望再乞求询问一件事。”“随即讲来。”“如今像天师所讲的那样：事物具有最低限度和最高限度；眼下拿这来看九等人，处于最高限度的是委气神人，处于最低限度的是奴婢；奴婢通过学道也能一直往上升进，而那委气神人是否又会再往下跌落呢？”

“善哉，子之问也。今真人自若愚罔①，未洞于太极之道也②。今是委气神人，乃与元气合形并力，与四时五行共生凡事③。人神者④，皆受之于天气⑤；天气者，受之于元气；神者，乘气而行，故人有气则有神⑥，有神则有气，神去则气绝，气亡则神去。故无神亦死，无气亦死，委气神人宁入人腹中不邪？”“唯唯。”

【注释】

①自若：依旧。愚罔：愚昧迷乱。

②洞：彻底了解之意。太极：指天地未分之前，元气混而为一的形态。

③生：意谓发挥施生的作用。

④人神：指寄居在人体各部位、诸器官内并起主宰作用的人格化的精灵与神灵。如五脏神之类。本经辛部谓：“凡事安危，一在精神。故形体为家也，以气为舆马，精神为长吏，兴衰往来，主理也。若有形体而无精神，若有田宅城郭而无长吏也。夫长吏者，乃民之司命也。”

⑤天气：指皇天的施生阳气。本经癸部《令人寿治平法》云：“神者受之于天。”

⑥气：指人所禀受的内含阴阳的先天元气。按照后世道教内丹术的说法，气为生命的动力。本经癸部《还神邪自消法》云：“人气亦轮身上下，神、精乘之出入。神、精有气，如鱼有水，气绝神、精散，水绝鱼亡。”适可与此处及下文所言两相发明。

【译文】

“你这提问确实太好了。可眼下真人依旧愚昧迷惑，对那太极真道还没彻底弄通。如今处于最高等级的这类委气神人，正与元气聚合成同一种形体，共同用力，又与四时五行一起创生出万事万物来。而那些寄居在世人体内的神灵，都是承受皇天的施生阳气得以诞生的；皇天的施生阳气又是承受元气得以形成的；世人体内的神灵，无不乘气在展开活动，所以世人体内有气才有体内的神灵，有体内的神灵才体内有气，神灵离去，体内就会气断；体内气断，神灵就会离去。所以体内没有神灵寄居就会死亡，体内没有气在流动也会死亡。这样看来，委气神人难道还能再跌入世人腹内去吗？""是是。"

"凡圣皆有极①，为无形神人②，下极为奴婢。神人者，乘炁而行，故人有炁即有神，炁绝即神亡。

【注释】

①"凡圣"句：自此以下整节文字乃系《合校》本附存的以资参考的《太平经钞》钞文。

②为无形神人：据上下文意，此五字"为"上应有"上极"二字。

【译文】

"只要是圣贤，都有他们所达到的最高限度，处于最高限度的是无形神人，处于最低限度的是奴婢。神人乘气在展开活动，所以世人体内有气，就有体内神灵；体内气断，体内神灵就不复存在。

"又五行乃得兴生于元气①，神乃与元气并，同身并行。今五行乃入为人藏②，是宁九人上极复下，反人身不③？""善哉善哉！初学虽久，一睹此说耳。""然。子学当精之④，不精无益也。""唯唯。见天师言，夫天道固如循环耶⑤？""然。子可谓已知之矣。行去，有疑勿难问。""唯唯。"

右简天四行、实本末太极以反政⑥。

【注释】

①“又五行”句：此盖本于《春秋繁露》之说为言。《春秋繁露·五行相生》谓：“天地之气，合而为一，分为阴阳，判为四时，列为五行。”又本经卷九十六《六极六竟孝顺忠诀》称：“天地乃是四时五行之父母也，四时五行不尽力供养天地所欲生，为不孝之子。”

②人藏(zàng)：指人体内部的五脏器官。即心、肝、脾、肺、肾。藏，内脏。按照阴阳五行说，则肝属木行，心属火行，脾属土行，肺属金行，肾属水行。

③反人身：意为重新成为血肉之躯的凡人。

④精：谓精思事象及其义理。本经卷五十《诸乐古文是非诀》云：“故古者名学为往精，精者，乃精念其事象可宜，复思其言也。极思惟此，书策凡事毕矣。”

⑤循环：意谓沿环形物体之轨道运转。本经卷六十五《断金兵法》云：“故天道比若循环，周者复反始，何有解已。”

⑥简：择别。实：核实。

【译文】

“再者说来，五行是从元气那里生出和兴行起来的，而委气神人正与元气融合在一起，构成同一种形体，一起在行动。如今五行进入人体铸成人体内部的五脏，这难道仍旧能表明九等人中达到最高等级的委气神人，还会再往下滑，重新成为凡人吗？”“这太好了！这太好了！弟子作为初学，尽管时间很长了，可这回却看到天师的这一讲法了。”“好的。你学道应当精思，不精思就不会有长进。”“是是。看到天师的讲说，想来天道原本就像沿着环形物体的轨道在旋转吧？”“是的。你可以称得上已经了解这一点了。回去吧，有什么疑问不要怕询问。”“是是。”

以上为简天四行、实本末太极以反政(返正)。

卷四十三　丙部之九

大小谏正法第五十九

【题解】

本篇所谓"谏正",原指臣民对君主过失进行的规谏与革正,据此引而申之,遂转为神格化的自然界对人间帝王发出的灾异谴告。灾异谴告客观上存在先后轻重之分,故而标题中又凸显"大小"二字。在王权至上和皇权至上的时代,借"天命"和"天子"以独尊的历朝帝王,无不具备专横跋扈、一意孤行的条件,而对其公开进行制约、加以禁阻的既合理又合法的思想武器,在臣民来说,莫过于身为"天子"之父和"天命"主宰的人格化和意志化的皇天,因而灾异谴告说,到封建大一统形成后的西汉大儒董仲舒手中,也随之系统化、理论化。本篇则续加发挥,从天地三光到四时五行,从六方和六方精气到八极,从自然音声到飞禽走兽,从诸神、群精、百鬼到官吏庶民,都类聚群分地层层极言其"小谏"、"大谏"的具体表现,综论"谏而不从"的归于不可救药、直至灭亡的险恶后果。进而提出"天有五祐说",开示天地"上下革谏相补法",敦促当今帝王尤须守行《太平经》这等"要文大道"。篇中特把"天地万物变革"列为帝位更动或改朝换代的代名词与同义语,冀为"人君"大戒,颇有绵中藏针之力,又将畏谏、拒谏、止谏、弭谏的历史现象概括成"君聋臣喑"、"臣昧君盲",则鞭辟入里,也是对东汉中后期政治现状的深刻揭露与指斥。

真人稽首言[①]："愚生暗昧，实不晓道，今既为天视安危吉凶，乃敢具问道之诀。今世神祇法[②]，岂亦有谏正邪？唯天师教敕，示以至道意。""子之所问，何其妙要深远也[③]！"

【注释】

①稽首：古代以头叩地的最重跪拜礼。

②神祇(qí)：天神曰神，地神曰祇。本经癸部《还神邪自消法》云："太阳，天气，故称神。形者，太阴，主祇，包养万物，故精、神藏于腹中，故地神称祇。"又卷一百十一《善仁人自贵年在寿曹诀》云："主知人鬼者，有道之家其去者，得封为鬼之尊者，名为地灵祇，亦得带紫艾青黄。"法：指天界法度。

③妙要：玄妙精要。语本《老子·二十七章》。

【译文】

真人敬行跪拜大礼说："愚生昏暗不明，实际上不懂得真道。现今既然是为皇天察视安危吉凶，才敢详尽询问真道的秘诀定论。当今天神地祇的行动准则，恐怕也有规谏与革正吧？只请天师教诫训饬，开示那最高真道的奥义妙旨。""你所询问的事体，为什么竟是那样地玄妙精要、深邃悠远啊！"

"吾伏见人有相谏正[①]，故问天亦有相谏正不？""善哉！子之所问，已得天道实核矣[②]。天精已出[③]，神祇悦喜矣。今且为子具说其大要意，今使可万万世不可忘也。""唯唯。"

【注释】

①伏见：敬词。即伏身望见之意。人有相谏正：指臣谏君，子谏父，妻谏夫，各以讽谏、顺谏、窥谏、直谏、陷谏(以死相谏)行事等。

详参《白虎通义·谏诤》所述。

②实核：喻指真义。

③天精：谓由皇天施生阳气凝结化就的精灵。《法言·问神》云："天精天粹。"

【译文】

"我看到世人存在着相互规谏与革正的情况，所以才询问皇天是否也有相互规谏与革正的做法。""真是太好了！你所询问的事体，已经获取到天道的真义了。皇天施生阳气的精灵已经显露出来了，天神地祇都感到高兴了。眼下立刻为你详尽解说那重大而切要的意旨，从现在起可以让万万世忘不掉。""是是。"

"然。天者小谏[①]，变色[②]；大谏[③]，天动裂其身[④]；谏而不从，因而消亡矣[⑤]。三光小谏[⑥]，小事星变色[⑦]；大谏，三光失度无明[⑧]；谏而不从，因而消亡矣。地也小谏，动摇[⑨]；大谏，山土崩地裂；谏而不从，因而消亡矣。五行小谏，灾生[⑩]，大谏，生东行虫杀人[⑪]，南行毒杀人[⑫]，西行虎狼杀人[⑬]，北行水虫杀人[⑭]，中央行吏民尅毒相贼杀人[⑮]。谏而不从，因而消亡矣。四时小谏，寒暑小不调[⑯]；大谏，寒暑易位[⑰]，时气无复节度[⑱]；谏而不从，因而消亡矣。

【注释】

①小谏：意为警告性的初步谏正。

②变色：指白昼忽冥之类。

③大谏：意为责罚性的极度谏正。

④动裂其身：犹言天崩。

⑤消亡：意谓不再示警谴告，任人间业已存在的危情险态继续恶

化，直至不可救药，归于灭亡。详后文所述。

⑥三光：指日、月、星。本经乙部《和三气兴帝王法》云："天有三名：日、月、星，北极为中也。"又卷一百十二《不忘诫长得福诀》谓："天以三明名日月星，下照中和及地下，无有懈息。"又卷五十六至六十四《阙题》（六）称："日与昼，阳也，主生；月星夜，阴也，主养。"

⑦星变色：指恒星不发光、流星飞布、彗星出现之类。

⑧失度无明：指日蚀、月蚀、五大行星脱离既定运行轨道之类。

⑨动摇：指局部地震之类。

⑩灾生：指宗庙起火、桑谷共生、大石自立之类。

⑪东行：即木行。以五方配五行，则东方属木行，故又谓之为"东行"。虫：指附着在人体体表的细菌和体内的寄生虫。因其春季最易繁殖，春季又同木行相配，故而此处遂与"东行"相比附。《论衡·商虫篇》云："夫虫之生也，必依温湿，温湿之气，常在春夏。……人腹中有三虫，下地之泽，其虫曰蛭，蛭食人足，三虫食肠，顺说之家将谓三虫何似类乎？"本经卷九十二辟有《洞极上平气无虫重复字诀》专篇，特把"虫"之有无及其危害程度之轻重，列作灾异的突出表现加以宣示。

⑫南行：即火行。以五方配五行，则南方属火行，故又谓之为"南行"。毒：主要指瘟疫而言。南方气候炎热，易生瘴气，故而此处遂与"南行"相比附。《论衡·言毒篇》谓："夫毒，太阳之热气也。中人，人毒。"本经卷三十七《五事解承负法》称："南山有毒气，其山不善闭藏，春南风与风气俱行，乃蔽日月，天下彼（被）其咎，伤死者积众多。"

⑬西行：即金行。以五方配五行，则西方属金行，故又谓之为"西行"。白虎乃金行之精，故而此处遂与"西行"相比附。《论衡·遭虎篇》称："虎所食人，亦命时也。命讫时衰，光气去身，视肉犹

尸也，故虎食之。天道偶会，虎适食人。”《后汉书·蔡邕传》载其《陈政要七事疏》曰：“政有苛暴，则虎狼食人。”

⑭北行：即水行。以五方配五行，则北方属水行，故又谓之为“北行”。水虫：指含沙射人的“蜮”一类的水中怪物。怪物之罕见者，常自水中生出，故而此处遂与“北行”相比附。参见《论衡·纪妖篇》所述。

⑮中央行：即土行。以五方配五行，则中央属土行，故又谓之为“中央行”。尅毒：犹言刻毒。即刻薄狠毒。尅，通“刻”，刻薄。

⑯寒暑小不调：指恒温、恒寒即持续高温、持续严寒之类。《尚书·洪范》谓：“豫恒燠若，急恒寒若。”《论衡·寒温篇》称：“人君急舒而寒温递至，偶适自然，若故相应，犹卜之得兆，筮之得数也。”

⑰寒暑易位：谓季节颠倒错乱。

⑱时气：气候。指二十四节气、七十二候（五日为一候，三候为一节气）。

【译文】

“好的。皇天对人间特别是帝王进行警告性的初步谏正，就改变表面的光色；继而进行责罚性的极度谏正，天就崩裂塌陷；如此谏正却仍不听从，随后也就不理睬人间特别是帝王究竟怎么样了。日月星辰对人间特别是帝王进行警告性的初步谏正，针对次要政事就星辰改变外在的光芒；继而进行责罚性的极度谏正，日月星辰就脱离既定的运行轨道和空中位置，不再闪耀光辉；如此谏正却仍不听从，随后也就不理睬人间特别是帝王究竟怎么样了。大地对人间特别是帝王进行警告性的初步谏正，就发生局部地震；继而进行责罚性的极度谏正，就山崩地裂；如此谏正却仍不听从，随后也就不理睬人间特别是帝王究竟怎么样了。五行对人间特别是帝王进行警告性的初步谏正，实属少见的祸灾就产生出来；继而进行责罚性的极度谏正，就在东方生出木行害虫来杀人，在南方生出火行毒气来杀人，在金行西方纵容虎狼来杀人，在水行北方纵容水中毒虫来杀人，在土行中央地带让官吏和民众变得刻薄狠毒，相互伤残虐杀对方。如此谏正却仍不听从，随后也就不理睬人间特别是帝王究竟怎么样了。春夏秋冬对人间特别是帝王进行警告性的初步谏正，寒暑就不正常；继而进行责罚性的极度谏正，寒暑就季节颠倒，二十四节气相互错乱；如此谏正却仍不听从，随后也就不理睬人间特别是帝王究竟怎么样了。

“六方精气共小谏①，乱复数起，中有生虫灾，或飞或步②，多云风而不雨，空虚无实③；大谏，水旱无常节，贼杀伤万物人民；谏而不从，因而消亡矣。飞步鸟兽小谏，灾人④；大谏，禽兽食人⑤，蝗虫大兴起；谏而不从，因而消亡矣。鬼神精小谏⑥，微数贼病吏民⑦；大谏，裂死灭门⑧；谏而不从，因而消亡矣。

【注释】

①六方：上下四方。精气：指阴阳精灵之气。《周易·系辞上》云：“精气为物。”

②步：蠕动之意。

③空虚无实：谓农作物壳空无粒。

④灾人：指犬祟狐魅之类。

⑤禽兽食人：指凶禽猛兽公开闯入民家或集市等公众场所吃人。

⑥鬼神精：指百鬼、诸神和群精。本经乙部《调神灵法》称：“百神自言为天吏，为天使；群精为地吏，为地使；百鬼为中和使。此三者，阴阳中和之使也。”又卷一百十八《天神考过拘校三合诀》谓：“神应天气而作，精物应地气而起，鬼应人治而斗。”又辛部云：“心神，乃天之神也；精者，地之精也；鬼者，人之鬼也。”又壬部

称："神者居人心阴，精者居人肾阴，鬼者居人肝阴。"

⑦微：暗中。数（shuò）：屡屡。《论衡·订鬼篇》云："鬼者，人所见，得病之气也。气不和者中人，中人为鬼，其气象人形而见，故病笃者气盛，气盛则象人而至，至则病者见其象矣。"

⑧裂死灭门：指横降祸殃或让吏民生发反叛之心、陷入死罪的深渊。参见本经卷九十八《神司人守本阴祐诀》所述。

【译文】

"六方精气共同对人间特别是帝王进行警告性的初步谏正，就频繁掀起乱成一团的气流，其中有的生出虫灾，或为飞虫，或为爬虫；多云多风却不下雨，农作物都空壳无粒；继而进行责罚性的极度谏正，让水旱没有固定的时限，虐杀伤残万物和人民；如此谏正却仍不听从，随后也就不理睬人间特别是帝王究竟怎么样了。空中飞和地上跑的鸟兽对人间特别是帝王进行警告性的初步谏正，就给世人造成灾殃；继而进行责罚性的极度谏正，就凶禽猛兽公开吃人，蝗虫漫天蔽野飞来；如此谏正却仍不听从，随后也就不理睬人间特别是帝王究竟怎么样了。鬼神精怪对人间特别是帝王进行警告性的初步谏正，就暗中让官吏和百姓多次染上邪病受戕害；继而进行责罚性的极度谏正，就让世人凭空遭横祸死掉，灭门无后；如此谏正却仍不听从，随后也就不理睬人间特别是帝王究竟怎么样了。

"六方小谏，风雨乱发，狂与恶毒俱行伤人①；大谏，横加绝理②，瓦石飞起，地土上柱皇天③，破室屋，动山阜④，谏而不从，因而消亡矣。天地音声之小谏，雷电小急声⑤；大谏，人多相与污恶，使霹雳数作⑥；谏而不从，因而消亡矣。吏民小谏，更变色⑦；大谏，多相贼伤⑧；谏而不从，因而消亡矣。天地六方八极大谏⑨，俱欲正河洛文⑩，出天明证，天下瑞应书见[11]，以谏正君王，天下莫不响应。谏而不从，因而消亡矣。

【注释】

①恶毒：指各种烈性传染病。

②绝理：谓丧尽天理的祸灾。

③柱(zhǔ)：支撑，拄持。

④山阜(fù)：山峦丘陵。汉刘熙《释名·释山》云："山，产也，产生物也。土山曰阜。阜，厚也，言高厚也。大阜曰陵，陵，隆也，体高隆也。"

⑤小急声：指迅雷突起晴空或冬季雷鸣之类。

⑥霹雳：响雷，震雷。汉刘熙《释名·释天》云："震，战也，所击辄破，若攻战也；又曰辟历，辟，折也，所历皆破折也。"汉俗以为，人拿不洁净食物让他人食用，必惹天怒，招雷击杀，雷之隆隆声，如同其人食用恶食的咕噜声。详见《论衡·雷虚篇》所述。

⑦更：迭相。变色：《周易·革卦》爻辞称："大人虎变(变脸如虎)，君子豹变，小人革面(露出不服甚至反抗的神色)。"

⑧多相贼伤：意谓案件增多直至造反。

⑨八极：八方极远之地。

⑩正：使之归于正位之意。河洛文：古传黄河曾有龙马出图，伏羲氏据以创制八卦；洛水曾有神龟出书，大禹效仿它制作《洪范》(《尚书》篇名)，确立九条治国安民的根本大法。此系古代儒家关于《周易》卦形来源及《尚书》"九畴"创作过程的传说，亦被视为圣帝明王承受天命的吉祥瑞应。

⑪瑞应书：指本身即为显示吉祥兆应而降示的那等天书。本经卷三十九《解师策书诀》云："据瑞应文，不疑天道也，深得其意，则寿矣。"又卷五十三《分别四治法》谓："天将兴之，瑞应文琦书出，付与之，令使其大觉悟而授之。"又卷六十七《六罪十治诀》称：

“天将祐帝王，予其琦文，今可以治，用之绝逾，与阴阳相应。”

【译文】

“六方对人间特别是帝王进行警告性的初步谏正，风雨就胡乱猛刮猛降，疯狂地同最厉害的毒气搅和在一起伤害世人；继而进行责罚性的极度谏正，就无端降下丧尽天理的祸灾，瓦石飞起，地上的尘土往上冲卷，裹住皇天，毁坏房屋，使山峦丘陵摇动不止，如此谏正却仍不听从，随后也就不理睬人间特别是帝王究竟怎么样了。天地发出的声响对人间特别是帝王进行警告性的初步谏正，就雷电突然炸响；继而进行责罚性的极度谏正，就驱使世人大多专拿肮脏的东西给人食用，招引霹雳多次击死活人；如此谏正却仍不听从，随后也就不理睬人间特别是帝王究竟怎么样了。官吏和百姓对帝王进行警告性的初步谏正，就迭相改变脸色神情；继而进行责罚性的极度谏正，就大多彼此虐杀伤害。如此谏正却仍不听从，随后也就不理睬帝王究竟怎么样了。天地六方八极对人间特别是帝王进行责罚性的极度谏正，目的都是想使河图洛书这等神文返归到正位，出示皇天的明确证验，而皇天所降示的代表吉祥兆应的文书在世间显现，旨在谏正君主，促使全天下没有人不加以响应。如此谏正却仍不听从，随后也就不理睬人间特别是帝王究竟怎么样了。

“天道经会当用①，复以次行②，是故古者圣贤见事③，辄惟论思其意，不敢懈忽，失毛发之间，以见微知著。故不失皇天心，故能存其身，安其居，无忧患，无危亡，凶不得来者。计事校算④，实乃天心意同也。”

【注释】

①天道经：皇天所降示的大道真经。会：终归。

②次行：依序守行之意。

③事：指各种灾异所昭显的事象。

④校算：谓校核筹算。

【译文】

“皇天所降示的大道真经终归应被施用，又按次序守行，所以古代的圣贤看到各种灾异所昭显的事象，便只管梳理并思索那要意，不敢懈怠轻率，出现丝毫差错，用来见微知著，因而也就不偏离皇天的心意，所以便能保全住他那躯体，使居止获得安宁，没有忧患，没有危亡，凶害无法侵袭到。他们思忖事象，进行校核筹算，实际上正与皇天的心意相一致。”

“善哉善哉！愚生已解。今唯明天师既陈法，愿闻其因而消亡意，党开之①。”“善哉善哉！子之心也。然。天道乃祐易教，祐至诚②，祐谨顺，祐易晓，祐易敕。将要人君厚③，故教之；不要其厚者，不肯教之也。其象效④，犹若人相与亲厚，则相教，示以事；不相与至厚，不肯教示之也。教而不听，忿其不以时用其言，故废而置之，不复重教示之也，于是灾变怪便止⑤，不复示敕人也。如是，则虽贤圣，聋暗无知也。聪明闭塞⑥，天地神祇不肯复谏正者也，灾异日增不除，人日衰亡，失其职矣⑦。

【注释】

①党：通“谠”，畅直。

②至诚：指极其真挚诚恳的心意和行动。本经卷九十六《忍辱象天地至诚与神相应大戒》云：“夫至诚者名为至诚，乃言其上视天而行，象天道可为；俯视地而行，象地德而移。”

③要(yāo):约结。厚:谓感情深。此就帝王为天之贵子而发。本经卷七十三至八十五《阙题》(三)谓:"帝王尸(位居)上皇天之第一贵子也。"又卷九十《冤流灾求奇方诀》称:"帝王乃最天之所贵子也。"

④象效:同类事象和同类结果。

⑤于是灾变怪便止:此七字中"止"原作"心"。据《道典论》卷四所引改。

⑥聪明:耳聪目明。指对天下各地危情险态的全面了解和掌握。

⑦职:意为生存的本钱。

【译文】

"这太好了!这太好了!愚生已经闹清楚了。如今只请高明的天师既已陈布道法,希望再听一听随后也就不理睬人间特别是帝王究竟怎么样的深意,恳请晓畅地予以开启。""你这片用心真是太好了,太好了!是的。天道正佑助那些容易教诲的人,正佑助那些至诚的人,正佑助那些恭谨顺从的人,正佑助那些一点拨就明白的人,正佑助那些一戒饬就听从的人。皇天打算与君主结下深厚密切的关系,所以就教诲他;皇天对与自己关系并不深厚密切的人,绝对不肯去教诲他。与这事象和结果同属一类的例子,也就如同人们合得来,关系特亲近,就相互指教,拿事象事理做开导;彼此合不来,关系不亲近,也就不肯指教和开导对方。皇天施教却不听从,在及时采纳它那话语并付诸实施上却显得忿忿不平,所以皇天就干脆把他抛在一旁撂起来,不再重新教诲和开导他了,于是种种奇异的灾殃祸害便止息,不再亮给世人看而特做戒饬了。达到这般地步,即使是圣贤也变得又聋又瞎,一无所知了。对危情险态根本不了解不掌握,天地和神灵不愿再谏正,灾异就一天比一天增多而去除不掉,世人也一天比一天衰败灭亡,失去各自生存的本钱了。

"天之所祐者①,祐易教,祐至诚,祐谨顺,祐易晓,祐敕[2]。天之于帝王最厚矣，故万般误变以致之[3]。不听其教，故废而致之。天地神明不肯复谏正也，灾异日增，人民日衰耗，亡失其职。

【注释】

①“天之”句：自此以下整节文字乃系《合校》本附存的以资参考的《太平经钞》钞文。

②祐敕：据经文，此二字中“敕”上当有“易”字。

③万般误变：指各种灾异谴告。

【译文】

“皇天所佑助的对象，是佑助那些容易教诲的人，佑助那些至诚的人，佑助那些恭谨顺从的人，佑助那些一点拨就明白的人，佑助那些一戒饬就听从的人。皇天对于帝王来说，属于关系最为深厚密切的了，所以便通过各种灾异谴告来把拯救的意图传达给他。可他却不听从皇天的教诲，所以皇天就将他抛在一边搁起来。天地神明不肯再进行谏正了，灾异就一天比一天增多，人民也一天比一天衰竭，失去各自生存的本钱了。

“故古者圣贤[1]，旦夕垂拱[2]，能深思虑，未尝敢失天心也。故能父事皇天[3]，母事皇地[4]，兄事日，姊事月[5]，正天文，保五行，顺四时，观其进退，以自照正行，以深知天得失也。唯天地自守要道[6]，以天保应图书为大命[7]，故所行者悉得应若神。是乃独深得天意也，比若重现合矩[8]，相对而语也，故神灵为其动摇也[9]。如逆不肯用其谏正也，乃要天反与地错[10]，五行四时为其乱逆，不得其理，故所为者不中，因而大凶矣，此之谓也。子宁晓未？”“唯唯。”

【注释】

①故古者圣贤:此五字中“圣贤”二字《太平经钞》作下列四字:“圣帝明王。”于义为长。

②垂拱:垂衣拱手。极言天下大治之甚。

③父事:意谓像侍奉父亲那样来侍奉。下文“母事”、“兄事”、“姊事”,意均仿此。《春秋感精符》谓:“人君日月同明,四时合信,故父天母地,兄日姊月。”《独断》卷上云:“天子父事天,母事地,兄事日,姊事月。”

④皇地:即大地。皇,大。《春秋感精符》宋均注:“父天于圆丘之礼也,母地于方泽之祭也。”

⑤“兄事日”二句:此谓朝拜祭祀活动。《国语·周语上》载:“先王既有天下,又崇立于上帝明神而敬事之,于是乎有朝日夕月,以教民事君。”《独断》卷上云:“常以春分,朝日于东门之外,示有所尊,训人民事君之道也。秋夕,夕月于西门之外,别阴阳之义也。”《礼记·祭义》:“祭日于坛,祭月于坎,以别幽明,以制上下。祭日于东,祭月于西,以别外内,以端其位。日出于东,月生于西,阴阳长短,终始相巡,以致天下之和。”

⑥要道:指近在胸心、散满四海的真道。详见本经卷六十八《戒六子诀》所述。

⑦图书:指河图洛书等神文。大命:指根本所在。

⑧比若重现合矩:此六字中“现”当作“规”。形近而讹。重规合矩犹言万分切合。规,校正圆形的工具。矩,校正方形的工具。

⑨动摇:指出助王治。

⑩要:要挟,强迫。

【译文】

“所以古代的圣帝明王,从早到晚只管垂衣拱手坐享太平,只因确能深长思虑,未曾稍敢偏离皇天的心意。所以便能像侍奉父亲那样来侍奉皇天，像侍奉母亲那样来侍奉大地，像侍奉兄长那样来侍奉太阳，像侍奉姐姐那样来侍奉月亮，执定天文，守护五行，承顺四时，观察它们的进退情况，用来对照自己，矫正行为与举措，以便深知皇天所认定的得与失。一切都以天地为转移而自行守持那要道，只把皇天保佑、应合灵图神书作为根本所在，因而所推行的政事全都得到回应而同神灵一般。这正属于独自深深获取到了皇天的心意，就像圆规方矩各自重合那样，面对面地与皇天交谈，所以神灵就被他引动招来，协助治理了。倘若违逆而不肯采用那些大小谏正，竟然要挟皇天，反而与大地对着干，五行四时便给他显出错乱背逆来，根本没办法实现治理，所以一切举措都达不到预期的目的，随即就万分凶险了，说的也就正是这个意思。你到底闹明白没闹明白呢？”“是是。”

“故天地之性，下亦革谏其上①，上亦革谏其下，各有所长短，因以相补，然后天道凡万事，各得其所。是故皇天虽神圣，有所短，不若地之所长，故万物受命于天，反养体于地。三光所短，不若火所长，三光虽神且明，不能照幽寝之内②，火反照其中。大圣所短，不若贤者所长；人之所短，不若万物之所长。故相谏及，下极小微，则不失道，得天心。故天生凡事，使其时有变革③，悉皆以谏正人君，以明至德之符④，不可不大慎也。夫天地万物变革，是其语也。”

【注释】

①革谏：革正规谏。《周易·革·彖辞》云：“志不相得曰革。”

②幽寝：最内层的居室。

③变革：隐指帝位更动或改朝换代。

④至德：道德最高的人。符：符命。指代替皇天享国施治。

【译文】

“所以天地的本性表现为：处在下面的，也革正规谏那上面的；处在上面的，也革正规谏那下面的，各自既有长处又有短处，随即用来相互补救，然后天道和一切事体，各得其所。因而皇天尽管神圣，也存在短处，比不上大地所独有的长处，所以万物从皇天那里禀受本命，反而从大地那里养育自身的形体。日月星辰存在的短处，比不上火光所独有的长处，日月星辰尽管神妙又大放光辉，但却照不到最内层的居室当中去，火光反倒能在里面把它照亮。大圣人存在的短处，比不上贤士所独有的长处；世人存在的短处，比不上万物所独有的长处。所以递相一个谏正一个，往下穷尽到最微小的物体，于是就不会失去真道而获取到皇天的心意了。所以皇天创制出任何事体来，都让它们定期发生变革，一律用来规谏端正君主，以便昭明只有道德最高的人才真正应合那代替皇天享国施治的符命，不能不对此特别慎重。天地万物的变革，正是要对君主宣达的诫语。”

“唯唯。皇天师既示晓，愿效于人。”“诺，子详聆吾言，而深思念之。臣有忠善诚信而谏正其上也，君不听用，反欲害之，臣骇，因结舌为喑①，六方闭不通。贤儒又畏事，因而蔽藏，忠信伏匿，真道不得见。君虽圣贤，无所得闻，因而聋盲，无可见奇异也②，日以暗昧。君聋臣喑，其祸不禁；臣昧君盲，奸邪横行；臣喑君聋，天下不通，善与恶不分别，天灾合同③，六极战乱④，天下并凶，可不慎乎哉？”“唯唯。”

【注释】

①喑（yīn）：哑。

②奇异：指奇文异策。

③合同：共发并作之意。

④六极：上下四方。战乱：指阴阳二气违逆争斗、乱成一团的诸多怪异现象。

【译文】

“是是。皇天明师既已开示晓喻，希望在世人谏正方面再给弟子验定一下。”“好的，你仔细聆听我的话语，深深思索并体会它。臣僚中有人出自忠正良善和诚恳信实而去谏正自己的君主，但君主拒不听用，反倒打算伤害他，臣僚于是惧怕，随后不再讲话，变成了哑巴，而六方就什么消息再也传不上来了。贤明的儒士又怕引火烧身，随后也隐遁起来。然而忠正诚实的人在躲避藏匿，真道就没办法看到。君主即便圣明贤能，可却听不到什么消息，随后就变成了聋子和瞎子，没办法见到奇文异策，只会一天比一天暗昧。君主变成聋子而臣僚又变成哑巴，那祸患就大得失去控制；臣僚像个昏球而君主像个睁眼瞎，奸伪邪恶就到处兴行了；臣僚变成哑巴而君主又变成聋子，就天下什么动态也反映不上来了，良善与邪恶做不出区分，天灾一起发作，上下四方违逆争斗乱成团，天下一古脑儿全凶险，对这种恶果能不多加小心吗？”“是是。”

“故古者圣贤重灾变怪，因自以绳正[①]，故万不失一者，实乃与要文大道同，举事悉尽忠[②]，无复凶。子重诫之，谨慎吾言。”“唯唯。”“然。夫天高且明，本非一精之功德也[③]；帝王治得天心，非一贤臣之功。今吾之言，但举其纲见始，凡事不可尽书说也，子自深计其意。”“唯唯。”“行去矣，说何极乎？勿复有可问也。”“唯唯。”

右天谏正书诀。

【注释】

①绳正：谓按天意做矫正。

②忠：谓信守要文大道。

③精：指日为阳精，月为阴精之类。本经卷六十九《天谶支干相配法》称："日者，天之精也，阳之明也"；"月者，地之精也，阴之明也。"

【译文】

"所以古代的圣贤高度重视种种奇异的灾殃祸害，随即按照天意自己对自己进行矫正，所以就没有任何差错出现，这实际上正与要文大道完全切合，采取任何举措无不竭尽恪守要文大道的那份诚心，也就不存在凶险了。你要把它反复引为训诫，谨慎对待我那番话语。""是是。""好的。皇天高远又明彻，原本并非来自某一种精灵的功德；帝王治理获取到天心，也不是某一个贤臣的功劳。如今我这番话语，仅仅列举那纲要，让人看出那端倪来。任何事情都无法用书文毫无遗漏地表述出来，你要自行深深揣摩其中的意旨。""是是。""回去吧！讲说哪有到那尽头的时候呢？不要想问什么就问什么了。""是是。"

以上为天谏正书诀。

卷四十四　丙部之十

案书明刑德法第六十

【题解】

本篇所谓“案书”，意为查考详思《太平经》中这篇专为“古今前后治者所好(即治国指导思想)得失”而创制的书文。“明”谓辨明、究明。究明的“刑德”，前者指由大地阴气固有的克杀属性所决定的“天刑”，并直接推衍到治国施政中凭仗与使用的刑罚；后者指由皇天阳气固有的施生属性所决定的“天德”，并直接扩展到治国施政中仰赖与播布的道德。对此二者，篇中用《周易》乾坤两卦六爻配十二月建，用“室中、明堂、庭、门、外道巷、六远八境、四远野”共七个分布处所，喻示其初起、上升、移进、对等、延伸、扩散、终结的不同情形，演示阳进阴退、德升刑降和阴进阳退、刑升德降的态势与过程，突显德充实而刑虚空，德兴盛而刑衰死，德随皇天“上行”而刑随大地“下行”，德与帝王“同气”而刑与小人“同位”。据此力倡道德之治，痛斥严刑峻法，实属对黄老学派、《淮南子》和董仲舒为代表的西汉道、儒两家“刑德论”的再发挥，而且愈显详尽并进一步“天心”化、“神治”化了。阴阳二气和万物在自然界及全年内的流转过程与生命周期，从直观给人的印象上适与本篇所述截然相反，惟其如此，本篇所述则在透过表象看实质方面，不无启迪意义。本篇与卷四十七《服人以道不以威诀》殊途同归，宜合观并读。

真人纯谨敬拜[①]:“纯今所问,必且为过责甚深。吾归思师书言,悉是也,无以易之也,但小子愚且蒙[②],悃悒不知明师皇天神人[③],于何取是法象[④]。今怪师言积大□□[⑤],愿师既哀怜,示其天证阴阳之诀、神祇之卜要效[⑥]。今且不思,心中大烦乱,所言必触师之忌讳,又欲言不能自禁绝,唯天师虽非之,愿以天之明证法示教,使可万万世传,昭然无疑,比若日中之明也[⑦],终始不可易而去也。”

【注释】

①纯:学道真人的名字。

②小子:自称时所用的一种谦词。

③悃(kǔn)悒:极为忧闷。明师皇天神人:对授道天师的敬称。

④法象:法则与拟象。

⑤今怪师言积大□□:此句原缺二字。

⑥神祇之卜:天神地神作出的测断。以喻灵验度之高。

⑦日中:太阳最高时。即运行到天空正中间之际。

【译文】

真人纯谨慎恭敬地拜问说:“我眼下所要询问的事体,必定会构成罪责特别深重。我回到修炼处所后,精思天师经书的论述,全都绝对正确,没有什么还能替代它,只是小子我既愚蠢又蒙昧,不清楚明师皇天神人您究竟从哪里择取到这种法则与拟象,内心为此而极度忧闷。如今对明师言辞那样博大感到惊奇,盼望明师既已哀怜,再开示有关皇天足可证明的阴阳定论和天神地祇所做预测的切要效验。如今我脑子已经转动不起来了,心中十分烦乱,所说的话语必定会触犯明师的忌讳,可又特想说出来,自己想控制都控制不住,只希望天师尽管要责怪,也乐意拿那上天的明证大法来开示教诲,使它能够万万世传布,昭昭在目，毫无疑问，就像太阳运行到天空正中间那样明亮，始终不可改变和离开它。”

“然。子固固不信吾言邪？子自若未善开通知天心意也，子自若愚乎！愈于俗人无几耳。以为吾言可犯也，犯者乱矣，逆者败矣。吾且与子语，皆已案考于天文①，合于阴阳之大诀乃后言也②。子来者为天问事，吾者为天传言制法，非敢苟空伪言佞语也③。子生积岁月日幸不少，独不见扰扰万物之属④，悉尽随德而居，而反避刑气邪⑤？此者，纯皇天之明要证也，所以严敕人君之治得失之效也。”

【注释】

①案考：验核查考。天文：指由日月星构成的天象。《周易·贲·彖传》谓：“刚柔交错，天文也。”本经卷四十八《三合相通诀》谓：“天法，凡事三并力同心，故天以三光为文，三光常相通共照，无复绝时也。”又卷五十四《使能无争讼法》称：“天者，以三光为书文记。”又卷六十五《王者赐下法》云：“故三光为文，日最大明。故文者生于东，盛于南。”又卷六十九《天谶支干相配法》称：“故天文者，赤也；赤者，火也。”

②大诀：指根本性的论断。

③佞语：取悦于人的漂亮话。

④扰扰：纷纭杂乱的样子。

⑤刑气：伤残克杀之气。

【译文】

“好的。你还依旧不信我的话吗？看来你仍然像老样子，做不到一点拨就心里开窍，明了皇天的心意啊！你仍旧很愚昧，也没超过俗人多少罢了。如果认为我的话可以凌犯,而那凌犯的人就昏乱了,违逆的人就败亡了。我打算同你讲的话,已经都察照验核过天文,同阴阳的根本论断相切合,然后才向你做讲述的。你来我这里是为皇天询问事体,我是替皇天传达话语和定立法度,决不敢实无根据却糊弄一通只管去编造瞎话和漂亮话。你降生以后,有幸活在世上多年了,偏偏就没看到纷纭杂乱的万物一律跟随阳德而栖居,相反要避开克杀之气吗?这正属于皇天明确而又切要的证象,用来严切训示君主政治得失的效验。"

"唯唯。今若且觉而未觉,愿重问其教戒。""然。夫刑德者,天地阴阳神治之明效也①,为万物人民之法度。故十一月大德在初九②,居地下③。德时在室中④,故内有气⑤,万物归之也。时刑在上六⑥,在四远野⑦,故外无气而清也⑧,外空万物,士众皆归王德⑨,随之入黄泉之下⑩。

【注释】

①神治:神验的治理。

②十一月:此就农历(夏历)而言。其为冬至所在的月份,属于阴阳更始的起点。下文言及月份处,俱指农历。初九:《周易·乾》卦倒数第一阳爻的爻题。于此象征阳气初生的阶段。阳气初生则阴气极盛,阴极而生阳。爻为卦形的基本构成单位,用"—"和"- -"两种符号做标示。"—"象征阳性,称阳爻,以奇数"九"作代称。"- -"象征阴性,称阴爻,以偶数"六"作代称。卦形由六爻组成,自下而上排列为第一至第六,其顺序用"初、二、三、四、五、上"各字来表示。

③居地下:意谓阳气潜伏地下滋生万物,德亦随而从之。

④室中:又称内室。其为阴阳家为显示刑、德升降之势而取用的术

语之一，表示最初的居留处所，借喻初起的情形。此类借喻式的术语，本篇共有七个，源于《淮南子·天文训》。《天文训》云："万物闭藏，蛰虫首穴，故曰德在室。"

⑤气：指发挥施生作用的阳气。

⑥时：即农历十一月。上六：《周易·坤》卦倒数第六阴爻的爻题。于此象征阴气极盛的阶段。

⑦四远野：与"室中"相对，乃系阴阳家所区定的刑德第七个居留处所，借喻最高的情形。

⑧外无气而清：意为处于鼎盛状态的阴气徒有其表，形同虚壳。

⑨王德：被尊为王的阳德。

⑩黄泉：地最深处。以上所云，旨在申明德于形式上处于绝对劣势，然而外虚而内实；刑在表面上居于绝对优势，然而外实而内虚。系对西汉董仲舒天道任德不任刑论的发挥。《春秋繁露·执贽》云："天之道，任阳不任阴；王者之道，任德不任刑，顺天也。"

【译文】

"是是。眼下好像领悟了，又好像没领悟，希望再问一下那教诲和训诫的具体内容。""好的。阴刑与阳德，既是天地阴阳神妙治理的显著效验，又是万物和人民奉守遵从的法则。所以农历十一月大德位居《乾卦·初九》坐标上，阳气潜伏在地下。这时阳德处在室中，所以内部拥有施生的阳气，万物就都归附它。与此同时，阴刑位居《坤卦·上六》坐标上，处在四远野，所以外部没有生气而空荡枯寂，看不到一种生物，士众都归向被尊为王的阳德，随它潜入黄泉底下。

"十二月德在九二①，之时在丑②，居土之中③，而未出达④。时德在明堂⑤。万物随德而上，未敢出见，上有刑也⑥。

【注释】

①九二:《周易·乾》卦倒数第二阳爻的爻题。于此象征阳气形成的阶段。阳气形成,则阴气由极盛而初降。

②之时:此时,这时。丑:十二地支第二位。属阴支。此处用以表示月建,即北斗星斗柄指向东北的建丑之月。

③居土之中:意谓阳气由黄泉上升到地层中部,德亦随而从之。

④出达:谓冒出地面。

⑤明堂:阴阳家所区定的刑德第二个居留处所。其在“室中”之上,借喻上升的情形。

⑥“万物”三句:十二月德在明堂,则刑由四远野收缩到六远八境(居所术语之六,解见下文),仍有很强威势,故万物不敢出见。

【译文】

“农历十二月阳德位居《乾卦·九二》坐标上,这时正值北斗星斗柄指向东北方丑位,阳气上升到地层中部,但还没有冒出地面。这时阳德正处在明堂,万物随同阳德往上升,可仍不敢露出地面来,因为地面上还有阴刑存在。

“正月寅[1],德在九三[2]。万物莫不随盛德乐窥于天地而生[3],时德居庭[4]。

【注释】

①寅:十二地支第三位。属阳支。此处用以表示月建,即北斗星斗柄指向偏东北方向的建寅之月。《史记·律书》谓:“寅言万物始生螾然也,故曰寅。”《释名·释天》云:“寅,演也,演生物也。”

②九三:《周易·乾》卦倒数第三阳爻的爻题。于此象征阳气跃动的阶段。阳气在地层上部跃动,则阴气在空间继续降退。

③生:谓生出地面。

④庭：阴阳家所区定的刑德第三个居留处所。其在"明堂"之上，借喻移进的情形。正月德居庭，则刑由六远八境收缩到外道巷（居所术语之五，解见下文），仍有余威，故曰万物"乐窥"于天地而生。

【译文】

"农历正月正值北斗星斗柄指向偏东北方的寅位，阳德位居《乾卦·九三》坐标上。万物无不随同兴盛的阳德，高兴窥见到天地，生出地面来，这时阳德正处在庭上。

"二月德在九四[①]，在卯[②]。已去地[③]，未及天，谪在界上[④]。德在门[⑤]，故万物悉乐出窥于门也。

【注释】

①九四：《周易·乾》卦倒数第四阳爻的爻题。于此象征阳气上腾的阶段。阳气上腾，则阴气降入。

②卯：十二地支第四位。属阴支。此处用以表示月建，即北斗星斗柄指向正东方的建卯之月。本月为春分所在。

③已去地：意谓阳气已冒出地面，德亦随而从之。

④谪在界上：此四字中"谪"字《太平经钞》作"适"。于义为长。适，恰恰。界上，指阳气和阴气的交会处。

⑤门：阴阳家所区定的刑德第四个居留处所。其介乎于"庭"和"外道巷"之间，借喻平衡对等的情形，属于居内与居外的分界线。二月德因阳气上腾而在门，刑亦因阴气降入而在门，此为刑德合门。对刑德合门，下文有较详论述。

【译文】

"农历二月阳德位居《乾卦·九四》坐标上，这时正值北斗星斗柄指向正东方的卯位。阳气已经跃出地面，但尚未抵达天际，恰恰停留在和阴气交会的地方。阳德正处在门口,所以万物都高兴从门内探出头和身子去。

“三月盛德在九五①,辰②,上及天之中。盛德时在外道巷③,故万物皆出居外也。

【注释】

①九五:《周易·乾》卦倒数第五阳爻的爻题。于此象征阳气升腾的阶段。阳气升腾,则阴气衰微。

②辰:十二地支第五位。属阳支。此处用以表示月建,即北斗星斗柄指向偏东南方向的建辰之月。《史记·律书》谓:“辰者,言万物之蜄也。”《释名·释天》云:“辰,伸也,物皆伸舒而出也。”

③外道巷:阴阳家所区定的刑德第五个居留处所。借喻延伸的情形。三月德在外道巷,则刑由门入庭。

【译文】

“农历三月盛大的阳德位居《乾卦·九五》坐标上,正值北斗星斗柄指向偏东南方的辰位,阳气已经往上升腾到天空中部。盛德这时正处在外道巷,所以万物全由地下转到地上来了。

“四月巳①,德在上九②,到于六远八境③。盛德八方,善气阳气莫不响应相生④。扰扰之属,去内室,之野处⑤。时刑在万物之根,居内室。故下空无物,而上茂盛也,莫不乐从德而为治也⑥。是治以德之大明效也。”

【注释】

①巳:十二地支第六位。属阴支。此处用以表示月建,即北斗星斗

柄指向东南的建巳之月。

②上九:《周易·乾》卦倒数第六阳爻的爻题。于此象征阳气大盛的阶段。阳气大盛,则阴气退伏。

③六远八境:阴阳家所区定的刑德第六个居留处所。借喻扩散的情形。四月德在六远八境,则刑在明堂。

④善气:吉善之气。参阅本经已部《东壁图》所绘者。

⑤之:到。野处:指德由六远八境蔓延到四远野,于时则值农历五月。《淮南子·天文训》云:"万物蕃息,五谷兆长,故曰德在野。"

⑥"莫不"句:至此,阳进阴退、德升刑降的过程遂告完结。

【译文】

"农历四月正值北斗星斗柄指向东南方的巳位,阳德位居《乾卦·上九》坐标上,已经扩散到六远八境。盛大的阳德遍布八方,善气和阳气无不像回音应和原声那样迭相化生。纷纭杂乱的万物离开那内室,来到了四远野。这时阴刑处在万物的根部,居于内室。所以地下空荡,没有一种生物,可地面上却万物茂盛,无不乐意跟从阳德形成治理。这正构成了以德施治的既明显又重大的效验。"

"今谨已闻用德,愿闻用刑。""然。五月刑在初六[①],在午[②],地下,下内清无气[③],地下空[④]。时刑在室中[⑤],内无物,皆居外。

【注释】

①初六:《周易·坤》卦倒数第一阴爻的爻题。于此象征阴气初生的阶段。阴气初生则阳气极盛,阳极而生阴。

②午:十二地支第七位。属阳支。此处用以表示月建,即北斗星斗柄指向正南方的建午之月。本月为夏至所在。

③清:枯寂。

④空：空荡。此系发挥西汉董仲舒阴常积于空虚不用之处的观点而立说，故有下文诸种列示和描述。《春秋繁露·王道通三》云："阳，天之德；阴，天之刑也。阳气暖而阴气寒，阳气予而阴气夺，阳气仁而阴气戾，阳气宽而阴气急，阳气爱而阴气恶，阳气生而阴气杀，是故阳常居实位而行于盛，阴常居空虚而行于末。"

⑤时刑在室中：五月刑在室中，则德居四远野。

【译文】

"如今已经恭谨地听到了用德的道理，希望再听一听用刑的情况。""好的。农历五月阴刑位居《坤卦·初六》坐标上，这时正值北斗星斗柄指向正南方的午位，阴气潜伏在地下，地下枯寂而没有生气，地下空荡荡一片。这时阴刑正处在室中，里面没有一种生物，全都分布在地表外面。

"六月刑居六二①，在未②，居土之中，未出达也。时刑在堂③，时刑气在内，德气在外，扰扰之属莫不乐露其身，归盛德者也。

【注释】

①六二：《周易·坤》卦倒数第二阴爻的爻题。于此象征阴气形成的阶段。阴气形成，则阳气由极盛而初降。

②未：十二地支第八位。属阴支。此处用以表示月建，即北斗星斗柄指向西南的建未之月。

③时刑在堂：此四字中"堂"上《太平经钞》有"明"字。上文既有"时德在明堂"之句，当据《钞》补。六月刑在明堂，则德由四远野退居六远八境。

【译文】

"农历六月阴刑位居《坤卦·六二》坐标上，正值北斗星斗柄指向西南方的未位，阴气上升到地层中部，但还没有冒出地面。这时阴刑正处在明堂，这时克杀之气聚集在里面，化生之气弥漫在外面，纷纭杂乱的万物无不高兴敞开自身的形体，归附盛大的阳德。

“七月刑在六三①，申之时②，刑在庭③，万物未敢入，固固乐居外。

【注释】

①六三：《周易·坤》卦倒数第三阴爻的爻题。于此象征阴气跃动的阶段。阴气在地层上部跃动，则阳气在空间继续降退。

②申：十二地支第九位。属阳支。此处用以表示月建，即北斗星斗柄指向偏西方向的建申之月。

③刑在庭：七月刑在庭，则德由六远八境退居外道巷。

【译文】

“农历七月阴刑位居《坤卦·六三》坐标上，这时正值北斗星斗柄指向偏西方的申位，阴刑正处在庭上，万物还不敢进入地下，仍旧高兴分布在地表外面。

“八月刑在六四①，酉②，时上未及天，界③。时德在门④，万物俱乐窥于门，乐入随德而还反也。

【注释】

①六四：《周易·坤》卦倒数第四阴爻的爻题。于此象征阴气上腾的阶段。阴气上腾，则阳气降入。

②酉：十二地支第十位。属阴支。此处用以表示月建，即北斗星斗柄指向正西方的建酉之月。本月为秋分所在。

③界:意谓处于阴阳二气的交会处。

④时德在门:此处复言德在门,盖缘崇德贱刑之故。

【译文】

“农历八月阴刑位居《坤卦·六四》坐标上,正值北斗星斗柄指向正西方的酉位。这时阴气尚未往上抵达天际,正停留在和阳气交会的地方。这时阳德也处在门口,万物全都高兴把头和身子探进门去,乐意随同阳德返回到地下。

“九月刑在六五[①],在戌[②],上及天中。时刑在道巷[③],万物莫不且死困,随德入藏,故内日兴,外者空亡。

【注释】

①六五:《周易·坤》卦倒数第五阴爻的爻题。于此象征阴气升腾的阶段。阴气升腾,则阳气衰微。

②戌:十二地支第十一位。属阳支。此处用以表示月建,即北斗星斗柄指向西北方向的建戌之月。

③时刑在道巷:九月刑在道巷,则德由门入庭。

【译文】

“农历九月阴刑位居《坤卦·六五》坐标上,这时正值北斗星斗柄指向西北方的戌位,阴气已经往上升腾到天空当中。这时阴刑处在外道巷,万物无不眼看着要萎败枯死,于是便随同阳德进入地下藏伏,所以地层里面一天比一天兴旺,地表外面却逃避一空了。

“十月刑在上六[①],亥[②],时刑及六远八境四野[③],万物扰扰之属,莫不入藏逃,随德行,到于明堂,跂行自怀居内[④],野外空无士众[⑤]。是非好用刑罚者见从去邪哉?

【注释】

①上六:《周易·坤》卦倒数第六阴爻的爻题。于此象征阴气极盛的阶段。阴气大盛,则阳气退伏。

②亥:十二地支最末位。属阴支。此处用以表示月建,即北斗星斗柄指向西北方的建亥之月。

③及:延及,扩及。

④跂行:泛指用脚行走的动物。跂,通"蚑"。自怀居内:意谓开始冬眠。

⑤"野外"句:至此,阴进阳退、刑升德降的过程遂告完结。德刑再度循环,则自本篇第三段"故十一月大德在初九"云云重新开始。《淮南子·天文训》谓:"阴阳刑德有七舍。何谓七舍?室、堂、庭、门、巷、术、野。十二月德居室三十日,先日至十五日,后日至十五日,而徙所居各三十日。德在室则刑在野,德在堂则刑在术,德在庭则刑在巷,阴阳相德则刑德合门。"

【译文】

"农历十月阴刑位居《坤卦·上六》坐标上,正值北斗星斗柄指向西北方的亥位,这时阴刑延布到六远八境和四远野,纷纭杂乱的万物无不进入地下逃避躲藏,跟随阳德走,到达明堂,各种动物也开始冬眠,野外空荡荡一片,没有士众。这还不是喜好施用刑罚的人应当从中看出的随从或离去的正反两种情况吗?

"但心意欲内怀以刑,治其士众,辄日为其衰少也,故五月内怀一刑,一群众叛;六月内怀二刑,二群众叛;七月内怀三刑,三群众叛;八月内怀四刑,四群众叛;九月内怀五刑,五群众叛;十月内怀六刑,六群众叛。故外悉无物,皆逃于内,是明证效也。故以刑治者,外恭谨而内叛,故士众日少也。是故十一月内怀一德，一群众入从；十二月内怀二德，二群众入从；正月内怀三德，三群众入从；二月内怀四德，四方群众入从①；三月内怀五阳盛德②，五群众贤者入从；四月内怀六德，万物并出见，莫不扰扰，中外归之，此天明法效也。

【注释】

①四方群众入从：此六字中《太平经钞》无“方”字。显与上下文例合，当从。

②阳盛德：皇天施生阳气所撑持的盛大恩德。

【译文】

“只要内心怀有施用刑罚的念头，靠它来治理手下的士众，士众就会一天比一天减少，所以在农历五月份，心里想施用一刑，就有一大批群众叛离；在农历六月份，心里想施用两刑，就有两大批群众叛离；在农历七月份，心里想施用三刑，就有三大批群众叛离；在农历八月份，心里想施用四刑，就有四大批群众叛离；在农历九月份，心里想施用五刑，就有五大批群众叛离；在农历十月份，心里想施用六刑，就有六大批群众叛离。因而在外面没有一种生物，全部逃藏到地下，这正构成了用刑的明显证验和结果。所以依靠刑罚治国，世人在表面上显得很恭谨，但心里已经叛离他了，所以士众就一天比一天减少。因而在农历十一月份，内心怀有一德，就有一大批群众前来归从；在农历十二月份，内心怀有两德，就有两大批群众前来归从；在农历正月，内心怀有三德，就有三大批群众前来归从；在农历二月份，内心怀有四德，就有四大批群众前来归从；在农历三月份，内心怀有五阳盛德，就有五大批群众和贤人前来归从；在农历四月份，内心怀有六德，万物就一样不少，全都生长出来，无不纷纷纭纭，中外都归向他，这正构成了皇天明晰法则的效验。

“二月八月，德与刑相半[1]，故二月物半伤于寒，八月物亦半伤于寒。二月之时，德欲出其士众于门，刑欲内其士众于门[2]，俱在界上，故二月八月，万物刑德适相逢，生死相半，故半伤也。子今乐知天地之常法，阴阳之明证，此即是也。夫刑乃日伤杀，厌畏之而不得众力[3]，反曰无人；德乃舒缓日生，无刑罚而不畏万物，反曰降服，悉归王之[4]，助其为治，即是天之明证，昭然不疑也。”

【注释】

①德与刑相半：二月为春分所在，八月为秋分所在，阴阳二气均等，日夜时间平分，故出此语。《淮南子·天文训》谓：“八月、二月，阴阳气均，日夜分平，故曰刑德合门。德南则生，刑南则杀，故曰二月会而万物生，八月会而草木死。”

②内(nà)：“纳”的古字，接纳，收纳。

③厌：通“压”，压制，遏制。

④王：奉之为王之意。

【译文】

“农历二月份和农历八月份，阳德与阴刑恰恰形成了彼此对等的态势，所以在农历二月份，万物便有半数被寒气所伤害；到农历八月份，万物也有半数被寒气所伤害。正当农历二月时，阳德力图把士众从门内生发出去，阴刑也力图把士众从门外收纳进来，双方处在交会的位所，因而农历二月份和农历八月份，万物面对的阴刑与阳德恰相遭遇，生死各占一半，所以就有半数受到伤害。如今你希望了解到天地的常法和阴阳的明证，这个就是。阴刑正日复一日地在伤杀，对万物和世人进行遏制，让他们害怕，但却得不到万众的支持，反而被称为手下空无一人；阳德正舒解和缓、日复一日地在施生，没有刑罚而使万物不感到畏惧，反而被称为降服顺从，全都归附它，并奉它为王，协助它治理，这正构成了皇天的显著证验，昭昭在目，毫无疑问。”

“今人不威畏不可治①，奈何乎哉？”“然。古者圣人君子，威人以道与德，不以筋力刑罚也②。不乐为善德，劣者反欲以刑罚威惊以助治，犹见去也③。夫刑但可以遗穷解卸④，不足以生万物，明扰扰之属为其长也⑤。今使人不内附，反欺诈，其大咎在此⑥。今子比连时来学，问事虽众，多畜积文，则未能纯信吾书言也。得此宁解未哉？”

【注释】

①威畏：意为通过威慑而使之畏惧。

②筋力：体力。此处指暴力。

③见去：谓受胁迫而叛离。

④遗穷：意为落下众叛亲离的恶果。解卸：解体垮台之意。

⑤长：指支配性的力量。

⑥大咎：大祸患。

【译文】

“如今世人不对他们进行威慑而使他们害怕，就无法治理，对此究竟应该怎么办呢？”“好的。古代的圣人君子，凭借真道和真德来威服世人，决不靠暴力和刑罚。不乐意施布美好的恩德，低劣的人反而想依仗刑罚进行威吓，辅助治理，仍旧会逼迫世人叛离。刑罚只会落个众叛亲离、解体垮台的后果，不足以化生万物，也正表明纷纭的万物与士众最终是那阴刑的支配力量。如今造成世人内心不归附，反而欺诈，大祸患正出在这上面。如今真人你近来接连到我这里来学道，询问的事体虽然很多，但大都仅仅是为积累一些道经经文，还做不到完全信从我这道书的论断。听到刚才我所讲论的东西，你到底解悟没解悟呢？”

二月八月[①]，德与刑相半，故万物半伤于寒。夫刑日伤杀，厌畏之，而不得众力。古者圣人，威人以道德，不以筋力刑罚也。

【注释】

①“二月”句：自此以下整节文字乃系《合校》本附存的以资参考的《太平经钞》钞文。

【译文】

农历二月份和农历八月份，阳德与阴刑恰恰形成了彼此对等的态势，所以万物就有半数被寒气所伤害。阴刑只管日复一日地在伤杀，遏制万物和民众，使他们害怕，但却得不到万众的支持。古代的圣人，凭借道德来威服世人，并不仰仗暴力和刑罚。

纯稽首敬拜：“有过甚大，负于明师神人之言，内惭流汗。但愚小德薄至贱，学日虽多，心顿不能究达明师之言[①]，故敢不反复问之！甚大不谦，久为师忧不也。”“但为子学未精耳[②]，可慎之。天乃为人垂象作法[③]，为帝王立教令，可仪以治[④]，万不失一也。子欲知其意，正此也。治不惟此法，常使天悒悒，忿忿不解，故多凶灾，子戒之！天将兴之者，取象于德；将衰败者，取法于刑，此之谓也。

【注释】

①顿：迟钝。究达：意谓彻底领悟。

②精：谓精思事象及其义理。本经卷五十《诸乐古文是非诀》云：

“故古者名学为往精，精者，乃精念其事象可宜，复思其言也。极思惟此，书策凡事毕矣。”

③垂象：垂示征象。

④仪：奉为准则之意。

【译文】

真人纯又行跪拜大礼恭敬地拜请说：“弟子犯下罪过特别大，辜负了明师神人的教诲，内心惭愧得浑身流汗。只是像我这样愚蠢渺小的人德行太浅薄又最为低劣，学道的日子尽管很多了，但心性迟钝，不能彻底领悟明师的话语，所以哪敢不翻来覆去地询问呢？这也太不谦恭了，总给明师带来忧愁，绝对下不为例了。”“其实这只因你学道还未做到精思罢了，对此应高度注意。皇天正是专为世人垂示征象，制定法度，特为帝王定立教令，可以让世人和帝王把它奉为准则去施行治理，绝对不会出现任何差错。你想了解那意旨，也就集中在阴刑与阳德的区分上啊。施行治理却不完全照这大法去做，总叫皇天忧闷不乐，一直愤恨不已，所以凶害灾殃就多得很，你对此要引为大戒！皇天打算叫他兴起的人，必定要让他专从阳德那方面去择取证象；皇天准备叫他衰败的人，必定要让他专从阴刑那方面去选用法则，说的也就正是这个意思。

“吾之言，谨与天地阴阳合其规矩，顺天地之理，为天明言纪用教令[①]，以示子也。吾之言，正若锋矢无异也[②]，顺之则日兴，反之则令自穷也。天法神哉神哉！是故夫古者神人、真人、大圣[③]，所以能深制法度，为帝王作规矩者，皆见天文之要，乃独内明于阴阳之意，乃后随天地可为以治，与神明合其心，观视其可为也，故其治万不失一也。

【注释】

①纪用：即纲纪法式。

②锋矢：刀刃和箭头。

③神人：本经所构设的神仙等级序列中的一等正牌神仙的专称。职在掌理皇天。真人：本经所构设的神仙等级序列中的二等正牌神仙的专称。职在掌理大地。大圣：地位最高的圣人。其为本经所构设的神仙等级序列中的一级候补神仙。职在掌理阴阳。详参本经丙部《九天消先王灾法》、卷五十六至六十四《阙题》(六)、卷七十一《致善除邪令人受道戒文》所述。

【译文】

“我这番讲论，恭谨地与天地阴阳密切吻合，顺从天地的治理，特为皇天明确述说那纲纪法式和教令，来让你了解和掌握。我这番讲论，正与刀刃、箭头没有什么两样，顺从它的人就一天比一天兴盛，违抗它的人就叫他自行陷入绝境。皇天的法则那可真真太神验了！真真太神验了！因而古代的神人、真人、大圣人，之所以能够深切地制定法度，为帝王定立起准绳，原因都出自察见到天文的大纲要领，独自从内心对阴阳的意蕴领悟得特别透彻，然后随顺天地愿意施行的事体去进行治理，与神明的心意相符合，观照察视那些可以施行的事体，所以他们的治理便没有任何差错。

为垂象作法[①]，为帝王立教令，可仪以治。王道将兴[②]，取象于德；王道将衰，取象于刑。夫为帝王制法度，先明天意，内明阴阳之道，即太平至矣。

【注释】

①“为垂象”句：自此以下整节文字乃系《合校》本附存的以资参考的《太平经钞》钞文。

②王道：意为称王天下的道法。

【译文】

皇天专为世人垂示征象，制定法度，特为帝王定立教令，可以让世人和帝王把它奉为准则去施行治理。称王天下的道法眼看着要兴起，必定会从阳德那方面去择取证象；称王天下的道法眼看着要衰败，必定会从阴刑那方面去选用证象。特为帝王制定法度，首先要明了皇天的心意，内心对阴阳之道分辨得特别清晰，太平也就到来了。

“今愚吏人民，以为天法可妄犯也，自恣不以法度，故多乱其君治也，大咎在此也。今子得书，何不详结心意，丁宁思之[①]？幽室闲处[②]，念天之行，乃可以传天之教，以示敕愚人，以助帝王为法度也。将举刑用之，当深念刑罚之所居，皆见从去，寂然无士众独处。故冬刑在四野无人，万物悉叛之内藏，避之甚。夏刑在内，万物悉出归德，地下室内中空，刑寂然独居，皆随德到野处。德在外，则万物归外；德在幽室，则物归内。”

【注释】

①丁宁：即叮咛。此处为翻来覆去之意。

②闲处：意谓杜绝其他一切活动。

【译文】

“如今愚昧的官吏和民众，认为皇天的法则可以随便就凌犯，自己想怎么干就怎么干，不管法度那一套，所以大多搅乱他那君主的治理，大祸患正出在这上面。如今你得到这篇书文，为什么不去缜密地凝结起心意，翻来覆去进行精思呢？在清静的修炼秘室里排除其他一切活动，精思皇天的所作所为，才能传布皇天的教令，去开导训饬那些愚昧的人，去辅助帝王确立起法度。刚想张设刑罚而去施用它，就该深深念及刑罚所在的地方，都会被逼得叛逃离去，空荡荡没有手下的士众，独自一个人滞留在那里。所以冬季阴刑位居四远野，空无一人，万物全都叛离它而藏伏到地下，躲避它简直厉害极了。夏季阴刑处在地底下，万物全都跑出来归附阳德，地底下的内室里一片空寂，阴刑孤零零地独自滞留在那里，万物全都追随阳德来到四远野做分布。阳德在地表外面，万物就归向地表外面；阳德在地底下的内室，万物就归向地层深处。"

"天刑其威极盛[①]，幸能厌服人民万物，何故反不能拘制其士众[②]，独不怪斯耶？明刑不可轻妄用。伤一正气，天气乱；伤一顺气，地气逆；伤一儒，众儒亡[③]；伤一贤，众贤藏。凡事皆有所动摇[④]，故古者圣人、圣王、帝主，乃深见是天戒书，故畏之不敢妄为也，恐不得天心，不能安其身也。上皇天德之人[⑤]，乃独深见道德之明效也，不厌固[⑥]，不畏骇而士众归之附之，故守道以自全，守德不敢失之也。

【注释】

①天刑：指肃杀之气。

②拘制：拘禁控制。

③亡：逃离之意。

④动摇：指产生的连锁反应。

⑤上皇：天之神子曰上皇。参见本经卷九十六《守一入室知神戒》所述。天德：皇天的德性。指具有好生施生的质性。《春秋繁露·人副天数》谓："天德施，地德化，人德义。"

⑥厌固：谓强胜弱，上凌下。参见本经卷九十三《方药厌固相治诀》所述。

【译文】

“肃杀之气，它那威力极其强大，幸好能够压服人民万物，可却为什么反倒无法拘禁控制住那些士众呢？真人你对这种情况偏偏就不感到奇怪吗？这正表明刑罚决不能轻易地就胡乱施用啊。伤害了一股正气，天气就随之混乱；伤害了一股顺气，地气就随之违逆；伤害了一名儒士，众儒士就随之逃离；伤害了一位贤人，众贤人就随之隐遁。任何事情都存在着连锁反应，所以古代的圣人、圣王、帝君国主，正深深看出这天戒神书，因而畏惧，不敢胡乱地干这干那，唯恐获取不到天心，无法使自身安平。形同皇天神子而喜好施生化生的人，恰恰独自深切地看出了道德的明显效验，既不以上凌下，又不让人感到惧怕，因而士众就归向他，依附他了，所以便守行真道用来自我保全，守行真德而不敢失去它。

“子德吾书诵读之[①]，而心有疑者，常以此书一卷，自近旦夕常案视之，以为明戒证效，乃且得天心意也。违此者，已与天反矣。是犹《易》之乾坤[②]，不可反也[③]；犹六甲之运[④]，不可易也[⑤]；犹五行固法[⑥]，不可失也；犹日月之明，不可掩盖也；犹若君居上，臣在下，故不可乱也。

【注释】

①德：通“得”。学道而得道，此谓有德。汉刘熙《释名·释言语》云：“德，得也，得事宜也。”

②《易》：即《周易》。本为古代预测学著作，相传出自周文王之手，后被儒家列入五经，且视其为五经之源。今犹完整传世。乾坤：《周易》首卦卦名与次卦卦名。分别象征阳和天、阴和地。《周易·系辞上》云：“天尊地卑，乾坤定矣。卑高以陈，贵贱位矣；动

静有常，刚柔断矣。”

③反：颠倒之意。

④六甲：即甲子、甲戌、甲申、甲午、甲辰、甲寅。各为六旬之首。此处则指代六十甲子。运：指岁、月、日按六十甲子所排次序交替推移、周而复始的过程。

⑤易：更改之意。

⑥五行固法：指五行相生和五行相克的定律。即：木生火，火生土，土生金，金生水，水生木；水胜火，火胜金，金胜木，木胜土，土胜水。

【译文】

“你得到我那些经书诵读它们，心里一旦产生怀疑的地方，就常常依据这卷书文，由身边事从早到晚总去查照审视，作为明确训诫的佐证和效验，也就差不多获取到皇天的心意了。违背这篇书文所做定论的，纯属在同皇天对着干了。这篇书文所做的定论，如同《易经》的《乾卦》和《坤卦》，绝对不能颠倒过来；如同六十甲子标示时间交替推移的过程，绝对不能更改过来；如同五行相生相克的定律，绝对不能脱离开；如同太阳和月亮的光辉，绝对不能掩盖住；如同君主位居上面，臣僚处在下面，绝对不能淆乱。

“此所以明天地阴阳之治，有好行德者。或有愚人反好刑，宜常观视此书，以解迷惑。务教人为善儒，守道与德，思退刑罚，吾书□□正天法度也①。夫为道德易乎？为刑罚难乎？爱之则日多，威之反日无也。子疾去矣，为天传吾书毋疑也，吾书言不负于天地六合之扰扰也②。”

【注释】

①吾书□□正天法度也:此句原缺二字。

②六合:天地四方。

【译文】

"这篇书文宣明天地阴阳的治理法则,以便产生出喜好行用阳德的人。还有愚昧的人反倒喜好阴刑,那就应该经常观照审视这篇书文,用来解开迷惑。务必要教导世人成为良善的儒士,守行真道与真德,考虑把那刑罚放在次要的地位,我这篇书文恰恰构成了皇天的法度。推行道德恐怕来得更容易吧?施用刑罚恐怕见效特困难吧?爱惜百姓,就会一天比一天人多;威慑百姓,反而一天比一天没有能管辖的人了。真人你赶快回去吧,代替皇天传布我这书文,不要有什么疑虑,我这书文所讲论的东西,绝对不会辜负天地四方的纷纭万物和士众。"

"唯唯。诚归思过,惟论上下①,不敢失一也。""行,戒之慎之。子不能分别详思吾书意,但观天地阴阳之大部也②。从春分到秋分③,德居外④,万物莫不出归王外,蛰虫出穴,人民出室;从秋分至春分,德在内⑤,万物莫不归王内,蛰藏之物悉入穴,人民入室,是以德治之明效也。从春分至秋分,刑在内治⑥,万物皆从出至外,内空,寂然独居;从秋分至春分,刑居外治⑦,外无物无气,空无士众,悉入从德,是者明刑不可以治之证也。

【注释】

①论:排比和梳理。

②大部:犹言主要界标。详参本经卷六十九《天谶支干相配法》所述。

③秋分：八节即八个主要节气之一。在农历八月，在阳历九月二十三日或二十四日。此日，太阳直射赤道，南北半球昼夜长短平分，故称。春分：八节即八个主要节气之一。在农历二月，在阳历三月二十或二十一日。此日，太阳直射赤道，南北半球昼夜长短平分，故称。惟因昼夜时间相等，故而古代又称春分秋分为“日夜分”，民间亦有“春分秋分，昼夜平分”的谚语。

④德居外：即由门→外道巷→六远八境→四远野→六远八境→外道巷→门。

⑤德在内：即由门→庭→明堂→室中→明堂→庭→门。本经卷九十三《阳尊阴卑诀》云：“阳在外之时，凡物尽上，怀妊于上枝叶之间，时天阳气在外，未还反下根也，故皆实于表也；蚑行众生、人民积聚亦于外。及阳气还反内，在地中也，万物之属，上悉空无实，尽下怀妊，实于下地中，养根叶；蚑行人民亦入，实积聚于内。”此即皇天证明阳实核之大明效也。

⑥刑在内治：即由门→庭→明堂→室中→明堂→庭→门。

⑦刑居外治：即由门→外道巷→六远八境→四远野→六远八境→外道巷→门。

【译文】

“是是。回去后一定思量自己的过失，只管梳理书文的前后论述，决不敢漏掉一个字。”“去吧，要在这方面引起警戒，多加小心。你如果做不到条分缕析地详密精思我这书文的深意，那就只管观察天地阴阳的主要界标。从春分到秋分，阳德处在地表外面，万物无不从地底下冒出来，到地表外面归附那奉之为王的阳德，冬眠的动物从洞穴里跑出来，人民从居室里走出来；从秋分到春分，阳德处在地底下，万物无不钻入地底下归附那奉之为王的阳德，冬眠的动物全都躲入洞穴里，人民进入居室内，这正构成了依仗阳德治理的明显佐证。从春分到秋分，阴刑在地底下实行统治，可万物全都跟随阳德出来，到地表外面活动，地底下空荡荡一片，只剩下阴刑独自滞留在那里；从秋分到春分，阴刑在地表外面实行统治，可地表外面没有一种生物，也没有生气，空荡荡一片，更没有士众，全都进入地底下和居室里面跟着阳德走，这正构成了阴刑无法用来治理的明显佐证。

“故德者与天并心同力，故阳出亦出，阳入亦入；刑与地并力同心，故阴出亦出，阴入亦入。德者与生气同力①，故生气出亦出，入亦入；刑与杀气同力，故杀气出亦出，入亦入。德与天上行同列②，刑与地下行同列③。德常与实者同处④，刑与空无物同处。德常与兴同处，故外兴则出，内兴则入，故冬入夏出；刑与衰死气同处⑤，故冬出而夏入，死气者清，故所居而清也。

【注释】

①生气：使人和万物存活生长之气。本经辛部云：“生气者，属天属阳属前。”

②上行：往上升进。指地位和作用持续提升的情态、趋势与结局。本经卷四十八《三合相通诀》云：“比若清者，乐上行为天，天乃无上也。”

③下行：向下滑落。指地位和作用步步降低的情态、趋势与结局。本经卷四十八《三合相通诀》云：“比若浊者，乐下为地，故地最下，无复下也。”

④实者：指真确存在的诸多事物。

⑤衰死气：衰颓死亡之气。本经辛部云：“思月建后病衰气者，致邪鬼；思月建后死气者，致纯鬼。”

【译文】

“因而阳德与皇天同心同力，所以阳气出阳德也出，阳气入阳德也入；阴刑与大地同力同心，所以阴气出阴刑也出，阴气入阴刑也入。阳德与施生之气共同用力，所以施生之气出阳德也出，施生之气入阳德也入；阴刑与克杀之气共同用力，所以克杀之气出阴刑也出，克杀之气入阴刑也入。阳德与皇天一直往上升进站在同一行列，阴刑与大地始终向下滑落站在同一行列。阳德总与真确存在的事物联在一起，阴刑却总与空荡无物联在一起。阳德总与兴盛联在一起，所以地表外面兴盛，阳德就出来，地底下兴盛，阳德就进去，所以在冬季就入内，到夏季就出外；阴刑总与衰颓死亡气联在一起，所以在冬季就出外，到夏季就入内，死气纯属一片枯寂，所以阴刑所在的地方也纯属一片枯寂。

“故德与帝王同气，故外王则出阴[①]，内王则入刑[②]。刑与小人同位，故所居而无士众也。物所归者，积帝王德，常见归，故称帝王也[③]；刑未尝与物同处，无士众，故不得称君子[④]。是故古者圣人独深思虑，观天地阴阳所为，以为师法[⑤]，知其大□□[⑥]，万不失一，故不敢犯之也。是正天地之明证也，可不详计乎？可不慎哉？自然法也，不以故人也[⑦]，是天地之常行也。今悉以告子矣，子宜反复深思其意，动作毋自易。”“唯唯。不敢负。”“行，吾已悉传付真法语于子，吾忧解矣。为天除咎，以敕至德，以兴王者，子毋敢绝[⑧]，且蒙其害[⑨]。”“唯唯。”

右案天法、以明古今前后治者所好得失诀。

【注释】

①外王：指在朝廷上主动施布德政。出阴：谓排斥奸邪势力。

②内王：指在自身修养上自觉让道德占据主导地位。入刑：谓将刑罚置于不予考虑的范围之内。以上所云，系对《庄子·天下》所标举的“内圣外王之道”的发挥与改造。

③帝王：此与上文两言之“帝王”含义不同。上文两言之“帝王”，乃泛指国家的最高统治者。此处所称“帝王”，系按功德治绩对“帝王”位号或称号所作的一种界定，即能使世人和万物“常见归”。《尚书璇玑钤》谓：“帝者天号，王者人称。天有五帝以立名，人有三王以正度。”《白虎通义·号》云：“帝王者何？号也。号者，功之表也，所以表功明德，号令臣下者也。德合天地者称帝，仁义合者称王，别优劣也。”

④君子：对道德高尚之帝王的别称。《白虎通义·号》云：“或称君子何？道德之称也。君之为言群也；子者，丈夫之通称也。”

⑤师法：意为效法的对象。

⑥知其大□□：此句原缺二字。

⑦不以故人：犹言势不由人或势在必行。以，因为。故人，老熟人。

⑧绝：谓擅自扣押不传布。

⑨害：指皇天的严厉惩治。即夺命。

【译文】

“所以阳德与帝王同属一气，因而帝王在朝廷上就主动施布德政，排斥奸邪势力；在自身修养上就自觉让道德占据主导地位，把刑罚置于不予考虑的范围之内。阴刑与小人同属一位，所以在它栖身的地方就没有士众。万物和人民所归附的对象，在于积累帝王德业的人，总能使万物和人民主动来归附，所以才够得上帝王的称号；阴刑未曾与万物在同一处呆过，底下没有士众，所以就根本没资格称得上君子。因此古代的圣人独自深加思虑，观察天地阴阳的所作所为，把它奉为效法的准则，明白这准则重大，一丝一毫也不能偏离，所以就不敢违犯它。这正属于天地的显著证验，能不仔细思量吗？能不慎重对待吗？这是原本就那样的常规定律，势在必行，这也构成天地总去施用的事体。如今我把一切都告诉给你了，你应反复深思那要意，迅速付诸行动，决不可自我简慢。”“是是，决不敢违背。”“回去吧，我已经把真法毫无保留地告诉给你、传付给你了，我那忧虑也化解了。专为皇天除掉祸患，特意去戒饬具有最高道德的君主，使帝王兴盛起来，你千万不要擅自做主张，扣押不传付，那会遭到皇天的严厉惩治。”“是是。”

以上案天法、以明古今前后治者所好得失诀。

卷四十五　丙部之十一

起土出书诀第六十一

【题解】

本篇所谓“起土”，系指上至王公贵族、豪门富室，下至黎民百姓大兴土木工程的诸种行迹而言。“出书”，则谓出示和传布这卷制止肆意起土逆举的《太平经》经文。篇中声色俱厉地痛斥：漫无节制地多打深井、修筑大屋、兴建陵墓、采矿烧窑，以及随心所欲地开沟截流，纯属取“地血”、破“地骨”、穿“地肉”，毁伤“地母”的天然形体。非仅“犯地之禁”，而且违天“教敕”，导致天父地母交相怨怒，灾殃凶祸“万端并起”，积久不绝，夺人寿命，王治不平。为解除这种“天地冤结”，篇中倡言：世人必须从身为天地之子却“不孝大逆”的高度来反省自身行为的严重性；必须按太阳、太阴、中和三气“相与为一家”的自然之术，动土不过三尺；水乡“作室庐”，宜应宅基更浅，免伤地母“经脉”；旱区饮用水，尤须旧井共用；打新井，亦应填塞故井，剔除井中瓦石材木，以塞地气，谨防地衰。如此奉行“为子之道”，方能获取到天父地母的欢心与生养之责，促使“理致太平寿为后”的“太和纯气”空前而至。通观全篇，与其将它看作对东汉晚期奢靡世风的天谴书，毋宁将它视为道教第一篇神学辐射下的自然环境保护论。这在中国道教史上，是别开户牖的。验之《敦煌目录》，尚有《禽狩有一决》、《山木有知决》、《禁犯土决》、《壅防决》、《取土三尺决》、《治土病人》、《土不可复犯决》诸篇，惜已失传。惟庚部

《天神考过拘校三合诀》,则与本篇内容存在相连相通之处。

“下愚贱生不胜心所欲问,犯天师忌讳,为过甚剧。意所欲言,不能自止,小人不忍情愿,五内发烦懑悃悒[1],请问一大疑,唯天师既待以赤子之分[2],必衰原其饥渴汲汲乎[3]!”“行道之。何谦哉!”

【注释】

①五内:即五脏。烦懑(mèn):烦躁忧愤。

②赤子之分:意为像对待婴儿那样百般爱护、全力教诲的恩份。《老子·五十五章》谓:“含德之厚,比于赤子。”

③必衰原其饥渴汲汲乎:此九字中“衰”当作“哀”。形近而讹。哀原,哀怜体谅之意。汲汲,急切追求的样子。

【译文】

“低劣愚昧又卑贱的弟子心里想问的事情怎么也憋不住,虽然触犯天师的忌讳,构成罪过特别深重,但内心要说的话无法自己控制住,我这渺小的人一吐为快的愿望十分迫切,五脏都涌生出烦躁忧愤来,简直郁闷到极点了,请求询问一桩疑问满腹的事情,只请天师既然已经把弟子当成纯真婴儿那样来百般爱护、全力教诲了,必定会哀怜体谅我那汲汲若渴想弄懂的心情吧?”“随即讲来,何必那样谦恭呢!”

“唯唯。今天师乃与皇天后土常合精念[1],其心与天地意深相得,比若重规合矩,不失毛发之间也。知天地常所忧□□[2],是故下愚不及生冒惭[3],乃敢前具问,愿得知天地神灵其常所大忌讳者,何等也?”

【注释】

①后土：对大地的尊称。本经乙部《安乐王者法》云："土者不即化，久久即化，故称后土。"精念：指精思专念的事象及其所蕴含的义理。

②知天地常所忧□□：此句原缺二字。

③冒惭：不避羞惭之意。

【译文】

"是是。如今天师您那番精思专念竟与皇天后土常常相吻合，内心同天地的意愿深深相一致，就像圆规重迭、方矩复合那样丝毫不差。您深深了解掌握天地所经常忧虑的事情，所以最愚昧又什么都闹不懂的弟子不避羞惭，才敢向前深入做询问，希望得知天地神灵总也甩不掉的最为忌恨的事情到底是什么呢？"

"善乎，生精益进哉[①]！子今且可问，正入天地之心意，人得知之，著贤人之心[②]，万世不复去也。吾常乐欲言，无可与语，今得真人问之，心中诀喜[③]，且为子具分别道之，不敢有可隐匿也。所以然者，乃恐天地神灵深恶，吾则为身大灾也。真人但安坐明听：天地所大疾苦，恶人不顺与不孝。"

【注释】

①生：天师对真人的昵称。

②著：同"着"，铭刻之意。

③心中诀：意为蓄积心头的秘诀。

【译文】

"真是太好了，你在精思上更有长进了！你眼下询问的事情，恰恰切合天地的心意，世人由此得以了解到，铭刻在贤人的心中，万世也不会再忘掉了。我总乐意讲一讲，却没有可以对他讲的人，如今碰到真人你来询问，蓄积在心头的秘诀都感到喜悦，立刻为你条分缕析地详尽讲论它，不敢有什么主观上还想隐匿的地方。之所以如此，是因为担心天地神灵会深深痛恶，我自身就惹来大灾祸了。真人只管好好坐定，竖起耳朵仔细听：天地感到十分可恨又苦痛的事情，便是憎恶世人不顺从和不孝敬。”

“何谓也？愿闻之。”“善乎，子之难也。夫天地中和凡三气[①]，内相与共为一家[②]。反共治生[③]，共养万物。天者主生，称父；地者主养，称母；人者主治理之[④]，称子。父当主教化以时节[⑤]，母主随父所为养之，子者生受命于父，见养食于母，为子乃当敬事其父而爱其母。”

【注释】

①三气：指天之太阳气、地之太阴气和由二气交合而成的人之中和气。

②相与：相亲附。一家：谓三气相通相合。详见本经乙部《和三气兴帝王法》、卷四十八《三合相通诀》所述。

③治生：意为掌管化生之事。

④治理：谓按天心地意护理万物。

⑤主教化以时节：意谓皇天通过八风二十四节气向世人发布农事政令。时节，指节令，季节。详参《逸周书·时训解》、《吕氏春秋·十二纪》、《大戴礼记·夏小正》、《礼记·月令》、《淮南子·天文训》暨《时则训》所述。

【译文】

“这话讲的是什么意思呢？希望能听一听。”“真是太好了，你这诘难。天地人总共形成三气，在内部相互亲附，共同组成一个大家庭。反转来掌管化生的事情，共同养护万物。上天职在施生，称为父亲；大地职在养育，称为母亲；人类职在治理万物，称为儿子。做父亲的应当通过时气节令负责教化，做母亲的要随从做父亲的所作所为负责养育，做儿子的从父亲那里秉受本命生下来，从母亲那里获得养育，因而做儿子的应当恭敬地侍奉自己的父亲，爱护自己的母亲。"

"何谓也？""然。父教有度数时节①，故天因四时而教生养成②，始终自有时也。夫恶人逆之，是为子不顺其父。天气失其政令③，不得其心，天因大恶人，生灾异，以病害其子。比若家人，父怒治其子也，其变即生，父子不和，恨子不顺从严父之教令，则生阴，胜其阳，下欺其上，多出逆子也。臣失其职，鬼物大兴，共病人④，奸猾居道傍，诸阴伏不顺之属，咎在逆天地也。真人是又可不顺乎？此乃自然之术，比若影之应形、与之随马不脱也⑤，诫之！""唯唯。"

【注释】

①度数：指用以计量的标准或规则。

②教生养成：谓使万物春生、夏长、秋获、冬藏。本经卷一百十六《阙题》(二)云："四时顺行，春乐生，夏乐长，秋乐收，冬乐藏。"

③天气：指气候。政令：即时令、月令。谓按季节对农事和其他日常社会活动做出的安排。

④病人：指祟人殃人之类。

⑤与：交付。随：依从。马：指马所驮负的物品。此处所言"与之随马"或与"老马识途"的典故有关。即《韩非子·喻老》篇所载："管仲、隰朋从于桓公而伐孤竹，春往冬反，迷惑失道。管仲曰：

‘老马之智，可用也。’乃放老马而随之，遂得道。”又《易传·系辞下》云：“服牛乘马，引重致远，以利天下，盖取诸《随》(卦名)。”

【译文】

“这话讲的是什么意思呢?”“好的。天父进行教化，具有常规定律和时气节令，所以皇天就依凭春夏秋冬而教导万物一律化生，养护它们成熟，由始至终都具有自然的具体时段。但邪恶的世人却违逆它，这纯属儿子不顺从自己的父亲。天气无法落实它所发布的政令，心愿得不到满足，随后皇天就非常痛恨世人，降下灾异，用来殃害他的儿子。这就好比一家人，做父亲的狠狠整治亲生的儿子，变故就随之产生，父子不和，只因痛恨儿子不顺从严厉父亲的教令，结果就生出阴性那一方，胜过阳性那一方，处在下面的，却欺凌上面的，大多产生出逆子来。臣僚丧失自身的职守，鬼物大为兴行，共同殃害世人，奸猾的家伙躲在路旁窥伺，各种不顺服的东西在暗中潜藏，这类罪过完全出在违逆天地上。真人哪！对天地能够不顺服吗?这正属于原本就那样的常规定法，如同身影随应身形，向对方做交付依从马匹所驮负的物品，丝毫没有偏差，你要把这当成大戒!”“是是。”

“天师乃与皇天后土常合精念[①]，其心与天地意深相得，比若重规合矩，不失毛发之间也。知天地常所忧，预得知天地之大忌讳者，何等也?”“天地神灵深大疾苦，恶人不顺不孝。”“何谓也?”“夫天地中和三炁内共相与为一家，共养万物。天者主生，称父；地者主养，称母；人者为治，称子。子者受命于父，恩养于母，为子乃敬事父而爱其母。”“何谓也?”“然。父教有度数时节，故因四时而教生成，恶人逆父之意，天炁失其政令，比若家人，父怒其子，父子不和，阴胜阳，下欺上，臣失其职，鬼物大兴。”

【注释】

①“天师”句：自此以下整段文字乃系《合校》本附存的以资参考的《太平经钞》钞文。

【译文】

“天师的精思专念竟与皇天后土常常相吻合，内心同天地的意愿深深相一致，就像圆规重迭、方矩复合那样丝毫不差。您了解天地所经常忧虑的事情，预先就清楚天地最忌讳的东西，可它究竟是什么呢?”“天地神灵深深感到十分可恨又苦痛的事情，便是憎恶世人不顺从和不孝敬。”“这话讲的是什么意思呢?”“天地人这三气，在内部相互亲附，共同组成一个大家庭，共同养护万物。上天职在施生，称为父亲；大地职在养育，称为母亲；人类对万物负责治理，称为儿子。做儿子的从父亲那里秉受本命，从母亲那里获得恩爱哺育，做儿子的要恭敬地侍奉父亲，爱护自己的母亲。”“这话讲的是什么意思呢?”“好的。天父进行教化，具有常规定律和时气节令，因而就依凭春夏秋冬教导万物一律化生和成熟，邪恶的世人却违逆天父的意旨，致使天气无法落实它所发布的政令，这就好比一家人，父亲对自己的儿子感到恨怒，父子由此不和，阴胜过阳，位居下者欺凌上，臣僚丧失自身的职守，鬼物大为兴行。”

“今谨已敬受师说天之教敕，愿闻犯地之禁[①]。”“诺，真人明听。”“唯唯。”“天者，乃父也；地者，乃母也；父与母俱人也，何异乎天亦天也，地亦天也？父与母，但以阴阳男女别耳[②]，其好恶者同等也。天者养人命[③]，地者养人形，人则大愚蔽且暗，不知重尊其父母，常使天地生凡人有悔，悒悒不解也。”

【注释】

①禁:禁戒。

②阴阳男女别:意谓父属阳,为男;母属阴,为女。本经卷三十五《一男二女法》云:"男女者,乃阴阳之本也。"又卷九十三《阳尊阴卑诀》谓:"天名阴阳男女者,本元气所始,阴阳之门户也。"

③天者养人命:人命受之并隶属于天,故出此语。

【译文】

"如今已经恭敬地领受了天师所讲论的有关皇天的教诫训饬,希望再听一听触犯大地这方面的禁戒。""好的,真人竖起耳朵仔细听。""是是。""皇天属于世人的父亲,大地属于世人的母亲。父亲和母亲都是人,这与天是尊长、地也是尊长又有什么差别呢?父亲与母亲,只是依照阴阳男女做出区分罢了,他们所喜爱与憎恶的东西,完全一样。皇天养育世人的性命,大地养育世人的形体,可世人却万分愚昧又昏暗,不知道尊重他们的父母,常常使天地对让世人存活感到后悔,忧闷不乐,化解不开。"

"何谓也?""善哉,子之言也,深得天地意,大灾害将断,人必吉善矣。""何谓也?唯天师分别之。""然。今天下之人,皆共贼害、冤其父母。""何谓也?""四时天气,天所案行也[①],而逆之,则贼害其父。""何谓也?""今人以地为母,得衣食焉,不共爱利之,反共贼害之。"

【注释】

①案行:查照遵行。

【译文】

"这话讲的是什么意思呢?""你这提问真是太好了,深深获取到天地的心意了，大灾害眼看就要断绝了，世人一定会吉利美好了。”“这是指什么说的呢？只请天师逐条做训示。”“好的。如今天下的世人，全都共同暗害他们的天父地母，使天父地母蒙受冤屈。”“这是指什么说的呢？”“春夏秋冬气候变迁，构成皇天所查照遵行的定律，可却违逆它，也就等于暗害自己的父亲。”“这是指什么说的呢？”“如今世人把大地当作母亲，才有衣物和食物供自己享用，但却不共同爱护和有利地母，反而一起暗害它。”

“何谓也？”“然，真人明听。人乃甚无状①，共穿凿地，大兴起土功②，不用道理，其深者下著黄泉，浅者数丈。母内独愁恚诸子大不谨孝③，常苦忿忿悃悒，而无从得通其言。古者圣人，时运未得及其道之，遂使人民妄为，谓地不疾痛也。地内独疾痛无訾④，乃上感天，而人不得知之。愁困其子不能制，上愬人于父⑤，愬之积久复久积数。故父怒不止，灾变怪万端并起，母复不说常怒，不肯力养人民万物。父母俱不喜，万物人民死，不用道理，咎在此。

【注释】

①无状：罪大无可名状。

②土功：指土木工程。

③恚(huì)：怨恨。

④无訾(zī)：犹言不訾。即不可计量之意。指达到极点。訾，计量。

⑤愬(sù)：告发。父：指天。

【译文】

“这是指什么说的呢？”“好的，真人竖起耳朵仔细听。世人竟然罪大无可名状，共同打穿或凿烂地母的形体，大规模兴建土木工程，不按道理行事，深的往下触及到黄泉，浅的也有好几丈。地母在心里只是愁虑并怨恨儿子们极其不恭谨不孝敬，总在蒙受极度愤怒和郁闷的煎熬，却没办法传达出它那话语。古代的圣人没赶上时际运会对此做出过讲说，于是导致人民乱干一通，认为地母对这类行径并不痛恨。然而地母心里偏偏痛恨到极点，于是往上感动皇天，可世人却对这一行动根本不清楚。地母为不能制裁儿子们而愁苦无奈，就到天父那里告发世人的罪过，告发次数越来越多，达到了极限。因而天父大怒不止，种种奇异的灾殃祸害便同时发作，地母也不高兴，时常发怒，不愿意大力养护人民和万物。天父地母都不高兴，万物和人民就死亡，不按道理行事，祸患正出在这上面。

“后生所为日剧，不得天地意，反恶天地，言不调①；又共疾其帝王，言不能平其治。内反人人自得过于天地，而不自知，反推其过以责其上，故天地不复爱人也，视其死亡忽然②。人虽有疾，临死啼呼，罪名明白，天地父母不复救之也，乃其罪大深过，委顿咎责③，反在此也。其后生动之尤剧，乃过前，更相仿效，以为常法，不复拘制，不知复相禁止，故灾日多，诚共冤天地。天地，人之父母也，子反共害其父母而贼伤病之，非小罪也，故天地最以不孝不顺为怨，不复赦之也。人虽命短死无数者④，无可冤也。真人岂晓知之邪？”“唯唯。”

【注释】

①不调：指阴阳失序、节气时令反常、时运不济等。

②忽然：意为看得很平常。

③委顿：推卸之意。

④数：指既定的寿龄。

【译文】

“后来出生的人，所作所为更一天比一天厉害，获取不到天地的心意，反而憎恨天地，说什么阴阳不调太可恶；又一起痛恨他们的帝王，说什么他没能力使国家治理变太平。每个人本来对天地犯下了自身的罪过，可自身却在内心中觉察不到，反而推卸自身的罪过，责怪上面，所以天地就不再爱惜世人，把世人的死亡看得很平常。世人尽管染上疾病，到临死的时候呼叫苍天，可罪名一点儿也不差，天父地母就不再救助他了。这纯属他那罪过既重大又深重，推卸罪责，反倒落个如此下场。那些后来出生的人，引动天地的怒责重罚进一步加剧，竟然超过前代，轮番比着干，成为通行的做法，不再约束控制，不晓得相互再禁阻一番，所以灾殃就一天比一天增多，这确实是共同在让天地蒙受冤屈。天地原本属于世人的父母，做儿子的反而一起谋害自己的父母，对父母进行伤残戕害，使父母引为病痛，这决不是小罪过，所以天地把不孝敬、不顺从当成最怨恨的事情，不再赦免世人。世人尽管享寿很短，死亡没有固定的期限，也就没有什么值得冤枉的了。真人恐怕明白这一点了吧？”“是是。”

天地之位[①]，如人男女之别，其好恶皆同。天者养人命，地者养人形，今凡共贼害其父母。四时之炁，天之按行也，而人逆之，则贼害其父；以地为母，得衣食养育，不共爱利之，反贼害之。人甚无状，不用道理，穿凿地，大兴土功，其深者下及黄泉，浅者数丈。独母愁患诸子大不谨孝，常苦忿忿悃悒，而无从得道其言。古者圣人，时运未得通其天地之意，凡人为地无知独不疾痛，而上感天，而人不得知之，故父灾变复起，母复怒，不养万物。父母俱怒，其子安得无灾乎？

夫天地至慈，唯不孝大逆，天地不赦，可不核哉[②]！

【注释】

①“天地”句：自此以下整段文字乃系《合校》本附存的以资参考的《太平经钞》钞文。

②核（hài）：愁苦。

【译文】

天地的位序，就像人类的男女区分，但它们所喜爱与憎恶的东西，却完全一样。上天养育世人的性命，大地养育世人的形体，可如今却都共同暗害他们的父母。春夏秋冬气候变迁，构成皇天所查照遵行的定律，可世人却违逆它，就等于暗害自己的父亲；把大地作为母亲，才有衣物和食物并得到养育，可世人却不共同爱护和有利地母，反而暗害它。世人简直罪大无可名状，不按道理行事，打穿或凿烂地母的形体，大规模兴建土木工程，深的往下触及黄泉，浅的也有好几丈。地母只是愁虑并怨恨儿子们极其不恭谨不孝敬，总在蒙受极度愤怒和郁闷的煎熬，却没办法传达出它那话语。古代的圣人没赶上时际运会，未把天地的心意告诉给世人，世人认为大地无知，并不痛恨这类行径，可大地却往上感动皇天，世人对此根本不清楚，所以天父就又降现灾异，地母也发怒，不再养育万物。天父地母一起动怒，它那做儿子的，怎能没有灾殃呢？天地最仁慈，只有不孝大逆，天地才不予赦免，这能不让人感到愁苦吗？

“今天使子来具问，是知吾能言，真人不可自易，不可不慎也。”“唯唯。”“今人共害其父母，逆其政令，于真人意，宁可久养不邪？故天不大矜之也[①]。”“今天师哀愚生为其具说，以何知天地常忿忿悒悒，而怨恶人数起土乎？”“善哉，天使子屈折问之[②]，足知为天地使子问此也。诺，吾甚畏天，不敢有可隐，恐身得灾，今且使子昭然知之，终古著之胸心[3]，不可复忘也。

【注释】

①矜：哀怜。

②屈折：辗转反复之意。

③终古：永久。

【译文】

“如今皇天驱使你前来详尽做询问，这是知道我能把事情讲清楚，真人你决不可自我轻慢，不能不多加小心。”“是是。”“如今世人共同谋害自己的父母，违抗它们的政令，在真人你想来，到底能否长久养护世人吗？所以皇天就不对他们特别哀怜。”“如今天师哀怜愚昧的弟子，为我详尽做讲说，但根据什么真能知道天地总在愤怒忧闷，怨恨憎恶世人屡屡大兴土木呢？”“真人说得好，这正是皇天在让你辗转反复地做询问，足以明白特为天地而叫你问清这桩事。好的，我对皇天万分畏惧，不敢有心想隐瞒的地方，唯恐我自身遭受到灾殃，如今打算让你非常明晰地了解这桩事，永久铭刻在胸心上，不会再忘记。

“今有一家有兴功起土，数家被其疾，或得死亡，或致盗贼县官[1]，或致兵革斗讼[2]，或致蛇蜂虎狼恶禽害人[3]。大起土有大凶恶，小起土有小凶恶，是即地忿忿，使神灵生此灾也，故天地多病人[4]，此明证也。子知之邪？”

【注释】

①盗贼县官：谓造反被杀。汉称天子为县官，此处泛指各级官府。本经卷六十五《断金兵法》云：“阴气动则多妄言而生盗贼，是天

格法也。”

②兵革斗讼：谓动武打官司。本经卷六十七《六罪十治诀》云：“人人或有力反自易，不以为事；可以致富，反以行斗讼，妄轻为不祥之事。自见力伏人，遂为而不止，反成大恶之子。”

③蜂：指马蜂。

④病人：使人遭受祸殃之意。

【译文】

“如今有一户人家大兴土木工程，周围好多家就遭受到它所带来的殃害，有的人家摊上了死亡，有的人家落个造反被杀，有的人家落个动武打官司，有的人家招来毒蛇、马蜂、虎狼等凶恶的禽兽前来害人。大规模营建土木工程就造成大凶大恶的后果，小规模营建土木工程就造成小凶小恶的后果，这正是地母愤怒，驱使神灵降下这类灾殃，所以天地让世人多遭祸殃，这恰恰构成了明显的证验啊。真人你清楚这一点了吗？”

“唯唯。今或有起土反吉无害者，何也？”“善哉，子之问也。皆有害，但得良善土者①，不即病害人耳，反多四方得其凶，久久会且害人耳。得恶地者，不忍人可为，即害之也，复并害远方。”“何也？”“是比若良善肠之人也，虽见冤，能强忍须臾，心不忘也，后会害之；恶人不能忍，须臾交行②。”

【注释】

①良善土：指风水宝地。参见本经卷五十《葬宅诀》所述。

②交行：以牙还牙之意。

【译文】

“是是。如今有的人家大兴土木工程，反倒吉利，未遇凶害，这可出自什么原因呢?”“真是太好了,你这提问。其实全都有凶害,只因得到了本属风水宝地的处所,不来立刻殃害这家人罢了,反而四周大多遭受到凶害,时间一长,也会殃害这家人。居住在本属凶险地的处所,凶险地对这家人在它头上动土决不能容忍,马上就殃害这家人,还连带殃害远处的人。”“这是为什么呢?”“这就好比心肠善良的人,虽然蒙受到冤屈,仍能强制自己忍耐一下,但心里总不会忘记,到后来会报复对方;而生性凶恶的人连片刻也忍耐不了,马上就会以牙还牙,以眼还眼。”

“善哉善哉!今地身体积巨,人比于地,积小小,所为复小不足道,何乃能疾地乎哉?”“善哉,子之难也。天使子分别不明此。”“以何知之?”“以其言大惓惓[①]。子今欲云何,心中悃悒,欲言乃快,天地神精居子腹中[②],敬子趣言[③],子固不自知也。凡人所欲为,皆天使之。诺,不敢有可匿也,子明德[④]。”“唯唯。”

【注释】

①大惓惓(quán):意为恳切到近乎愚昧的地步。惓惓,恳切的样子。

②腹中:指五脏部位。本经壬部云:“神者居人心阴,精者居人肾阴,鬼者居人肝阴。”

③趣(cù)言:催促快说之意。趣,督促,催促。

④子明德:据上下文意,此三字中“德”当作“听”。

【译文】

“这太好了!这太好了!如今大地的形体庞大极了,人和大地相比,也太渺小了,营建土木工程又占地有限,根本不值一提,为什么竟能给大地造成疾痛呢?”“你这诘难太好了。皇天在让你细加分辨,而你对此却分辨不清。""根据什么知道是这样呢?""根据你所说的话已经恳切到近乎愚昧的地步了。你现下想说什么,都因心中郁闷至极,非把它说出来不可,这才痛快,天地的神灵和精灵寄居在你那胸腹中,敬佩你,催促你快说,而你压根却不知道这一情形。但凡世人想做的事情,全都来自皇天的驱使。好的,我不敢有什么主观上还想隐匿的东西,你竖起耳朵仔细听。""是是。"

或起土不便为灾者①,得良善地也;即灾者,得凶恶地也。主能害人②,并害远方。何谓也?比若良善之人,虽见冤害,强忍须臾,心终不忘也;恶人不能忍须臾,便见灾害也③。地体巨大,人比于地积小,所穿凿安能为害也?

【注释】

①"或起土"句:自此以下整节文字乃系《合校》本附存的以资参考的《太平经钞》钞文。

②主:谓善恶之地固有的本能。

③便见灾害:意谓立刻便向对方大打出手。

【译文】

有的人家大兴土木工程,却不立刻遭受灾殃,原因在于得到了风水宝地;那些立刻遭受灾殃的人家,原因在于碰上了凶险地。风水宝地和凶险地,在本能上都会殃害人,还连带殃害到远处的人。这话讲的是什么意思呢?这就好比良善的人,尽管遭受到冤屈和伤害,但能强制自己忍耐一下,可内心却永远忘不掉;而生性凶恶的人连片刻也忍耐不了,立刻便向对方大打出手。大地的形体庞大极了,人和大地相比,就太渺小了,所打穿或凿烂的地方,怎能对大地就构成伤害呢?

“今子言：人小小，所动为不能疾地。今大人躯长一丈[①]，大十围[②]，其齿有龋虫[③]，小小不足道，合人齿[④]。大疾当作之时，其人啼呼交，且齿久久为堕落悉尽。夫人比于天地大小，如此虫害人也。齿尚善金石[⑤]，骨之坚者也；夫虫，但肉耳，何故反能疾是子？人之疾地，如此矣。子知之邪？行，真人复更明开耳。”“唯唯。”

【注释】

①大人：指身材魁梧者。

②大十围：谓腰宽。双手拇指和食指合掐而成的长度为一围。

③龋（qǔ）虫：蛀牙虫。

④合人齿：据上下文意，此三字中“合”当作“食”。

⑤善金石：硬过金石之意。金石，指金属和玉石等矿物品。

【译文】

“刚才你说：世人简直太渺小了，营建土木工程不会给大地造成疾痛。可如今身材魁梧的人身高一丈，腰阔十围，但他牙齿里长出了蛀牙虫，蛀牙虫小极了，根本不值一提，但它蛀人牙齿。等到严重的牙肿牙疼病发作的时候，这个高大汉子就连哭带叫，而且时间一长，牙齿也掉光了。人和天地的大小相比照，就像这类病虫害人。牙齿坚硬得胜过金石，属于骨头中最坚硬的东西；而病虫，只不过是肉虫罢了，为什么反而会给这个高大汉子造成疾痛呢？世人给大地造成疾痛，也像这个样子了。你清楚这一点了吗？近前来，真人再竖起耳朵仔细听。”“是是。”

然比夫人躯长一丈[①]，大十围，其齿龋间虫，小小不足道，食人齿。大疾当作之时，其人啼呼，久久齿为之坠落悉尽。人比于天地大小，如此虫与人矣。齿若金石之坚者，小虫但肉耳，而害物若此。

【注释】

①“然比”句：自此以下整节文字乃系《合校》本附存的以资参考的《太平经钞》钞文。

【译文】

好的，打个比方来说，有个人身高一丈，腰阔十围，而长在他牙齿里的蛀牙虫，微小极了，根本不值一提，可它蛀人牙齿。等到严重的牙肿牙疼病发作的时候，这个高大汉子就连哭带叫，而且时间一长，牙齿也掉光了。人和天地的大小相比照，也就如同这类病虫与这个高大汉子。牙齿是像金石般坚硬的东西，而小虫只不过是肉虫罢了，可它损害外物却像这个样子。

“夫人或有长出丈身，大出十围，疽虫长不过一寸[①]，其身小小积小，不足道也，居此人皮中，旦夕凿之，其人病之，乃到死亡。夫人与地大小，比若此矣。”“此虫积小，何故反贼杀此人乎？”“真人其为愚暗，何故大剧也，将与俗人相似哉？”“实不及。”“子尚不及，何言凡人乎？”“有过有愚，唯天师，愿闻不及业[②]，幸为愚生竟说其意。”“诺，不匿也。吾知天地病之剧，故口口语子也。行，复为子说一事，使子察察重明知之[③]。”“唯唯。”

【注释】

①疽(jū)虫：即囊肿病菌。疽，肿块。

②业：指道业。本经卷九十六《六极六竟孝顺忠诀》称：“如吾不言，名为妒道业学而止。”又卷九十八《为道败成戒》云：“不敢自易业

学而道上也。”

③察察：分辨得万分明晰的样子。

【译文】

“世人中有的人身高超出一丈，腰阔十围有余，而囊肿病菌长度不过一寸，它那形体小而又小，根本不值一提，可它生在这个高大汉子的皮肤里，从早到晚啮食人肉，这个高大汉子被它缠住，竟至死亡。人与大地的大小相比照，也就像这个样子了。”“这种病菌小而又小，为什么反而会暗中夺去这个高大汉子的性命呢？”“真人你陷入愚蠢昏昧，怎么这样厉害呢？真想和俗人差不多吗？”“实在是闹不明白。”“你还闹不明白，凡人就更不用说了。”“弟子犯下罪过，还有愚昧的地方，只请天师教诲，希望听到还不懂得的道业，万幸为愚生把那深意讲完。”“好的，我不会隐匿的。我了解天地对此深为疾痛，所以才口口声声地向你做讲说。近前来，再为你讲说一桩事例，使你万分明晰地重新对这个问题认识清楚。”“是是。”

“今大丈夫力士，无不能拘制疥虫①。小小不足见也，有一斗所共食此人②，病之疾，痛不得卧，剧者著床。今疥虫蚤虱小小③，积众多，共食人，蛊虫者杀人④，疥虫蚤同使人烦懑，不得安坐，皆生疮疡⑤。夫人大小比于地，如此矣。宁晓解不？”“唯唯。”

【注释】

①疥虫：即疥癣病菌。

②一斗所：一斗上下。所，犹“许”，表约略估计数。

③蚤虱：跳蚤和虱子。

④蛊虫：相传为人工培育的一种毒虫。可用来害人。

⑤疡(yáng):脓疮。

【译文】

“如今的大丈夫大力士,没有哪个人不能够拘禁控制住疥癣病菌。疥癣病菌小得肉眼看不到,但有一斗左右共同来啮食这个大力士,让他病得特厉害,痛痒得坐卧不宁,更严重的就只得躺在床上等死了。如今疥癣病菌和跳蚤、虱子简直太微小了,但积聚起一大堆来,就会一起把人慢慢吃掉,蛊虫能杀人,疥癣病菌和跳蚤同样会使人烦躁忧愤,不得安坐,都会生出脓疮来。人和天地的大小相比照,就像这个样子了。你到底对此闹懂没闹懂呢?”“是是。”

今有大丈夫巨力之士[①],无不能制蚧虫者。一升蚧虫共蚀此人,乃病痛不得卧,剧者著床。今蛄虫蚤虱小小[②],积众多,共食人,蛊虫者能杀人,蚤虱同使人烦满,不得安坐,皆生疮耳。人之害天地,亦若是耳。

【注释】

①“今有”句:自此以下整节文字乃系《合校》本附存的以资参考的《太平经钞》钞文。

②今蛄虫蚤虱小小:据上下文意,此七字中“蛄”当作“蚧”。

【译文】

如今有大丈夫力气特大的人,他们当中没有谁不能制服疥癣病菌。但有一升疥癣病菌共同来吞蚀这个人,他就得病,痛痒得坐卧不宁,严重的就只得躺在床上等死了。如今疥癣病菌和跳蚤、虱子简直太微小了,但积聚起一大堆来,就会一起把人慢慢吃掉,蛊虫能杀人,跳蚤和虱子同样会使人烦躁忧愤,不得安坐,都会生出脓疮来。世人伤害天地,也像这样罢了。

"行,今子或见吾所说,如不足以为法也,今为子言之。人虽小,其冤愁地形状,使人昭然自知,深有过责,立可见也。今一大里有百户[①],有百井;一乡有千户[②],有千井;一县有万户[③],有万井;一郡有十万户[④],有十万井;一州有亿户[⑤],有亿井。大井一丈,中井数尺,小井三尺。今穿地下著黄泉,天下有几何哉?或一家有数井也。今但以小井计之,十井长三丈,百井长三十丈,千井三百丈,万井三千丈,十万井三万丈,天下有如此者凡几井乎?穿地皆下得水,水乃地之血脉也[⑥]。今穿子身,得其血脉,宁疾不邪?今是一亿井者,广从凡几何里[⑦]?子自详计之,天下有几何亿井乎哉?故人为冤天地已明矣。

【注释】

①里:汉代基层行政组织。下辖百家,设里魁。里魁隶属于亭长。

②乡:汉代地方基层行政组织。由十亭或十里组成,大小不等。一乡辖户达五千者,设立有秩、三老和游徼等职,分掌乡政教化和治安之事。汉桓帝永兴元年(153),全国共有三千六百八十二乡。

③县:汉代所设二级地方政区。下辖乡。汉制:户口达万户以上者设县令,在万户以下者设县长。

④郡:汉代所设一级地方政区。下辖县。东汉顺帝时,京师以外十二州共置七十一郡。郡设太守。

⑤州:汉代监察区名。除京师而外,共设十二州,州置刺史。京师则设司隶校尉。

⑥水乃地之血脉:此系先秦秦汉间的通行说法。《管子·水地》云:"水者,地之血气,如筋脉之通流者也。"《论衡·书虚篇》亦有类

似的论述。

⑦广从：东西为广，南北为从（纵）。指所占面积。

【译文】

“近前来，如今你看到我所讲说的事例，如果觉得还不足以构成法则，接下来就再为你深入讲说一番。世人虽然身形渺小，但他们使大地形体蒙受冤屈和愁苦的情状，却要让世人明明白白地晓得这是自己深有罪责的，我一说就立即能够看出这一点来。如今一个大里，辖有一百户人家，打有一百眼井；一个乡辖有一千户人家，打有一千眼井；一个县辖有一万户人家，打有一万眼井；一个郡辖有十万户人家，打有十万眼井；一个州辖有一亿户人家，打有一亿眼井。大眼井深一丈，中眼井深好几尺，小眼井深三尺。如今穿透地下，触及到黄泉，全天下总共会有多大多深呢？何况有的一户人家还打好几眼井。如今只按小眼井来计算，十眼井就深三丈，百眼井就深三十丈，千眼井就深三百丈，万眼井就深三千丈，十万眼井就深三万丈，而全天下总共又有多少眼像这样的井呢？穿地到深层，全都见到水，而水正是大地的血脉。如今穿透你的躯体，接触到你的血脉，你到底痛不痛呢？如今一亿眼井，所占总面积合计会达到多少里呢？真人你自己只管详加计算，而全天下像这占去那么大面积的一亿眼井又总共会有多少呢？所以世人纯粹是让天地蒙受冤屈，已经明摆在那里了。

“子贼病其母，为疾甚剧，地气漏泄，其病人大深，而人不爱不怜之，反自言常冤天地何不纯调也[①]？此不反邪？是尚但记道诸井耳[②]。今天下大屋丘陵冢[③]，及穿凿山阜，采取金石，陶瓦竖柱[④]，妄掘凿沟渎[⑤]，或闭塞壅阏[⑥]，当通而不得通有几何乎？今是水泉，或当流，或当通，又言闭塞穿凿之几何也？

【注释】

①纯调:纯正并协调。

②记道:记述和讲说。

③大屋:指华美的住宅。丘陵冢:指帝王贵族高大雄壮的陵墓及陵区。冢,坟墓。汉刘熙《释名·释丧制》云:"冢,肿也,象山顶之高肿起也。"

④"及穿凿"三句:此言大规模开矿和烧制建筑材料。

⑤沟渎:指水沟渠道。

⑥壅阏(è):阻塞。

【译文】

"做儿子的给母亲造成伤残和病痛,致使母亲忌恨得无以复加,地气便漏泄出来,殃害世人特别深重,可世人却不爱护也不怜惜地母,反而自感冤枉,总去责问天地怎么那样地不纯正不协调?这不简直是反了吗?这还仅仅记述和讲说水井罢了。如今天下华美的住宅,高大雄壮的陵墓和陵区,以及开凿山岗丘陵,采掘矿物,烧制建筑材料,胡乱开挖水沟渠道,有的被闭塞阻遏,本应畅通却畅通不了的,又有多少处呢?现下的水泉,有的该流泄,有的该疏通,可说起来又被乱挖一气而闭塞的,总共又有多少处呢?

"今水泉当通,利之乃宣[①],因天地之利渎[②],以高就下。今或有不然,妄凿地形,皆为疮疡;或有塞绝,当通不通。王治不和,地大病之,无肯言其为病疾痛者。地之精神,上天告愬不通,日无止也,天地因而俱不说喜,是以太和纯气难致也[③]。真人宁解不邪?"

【注释】

①利：谓利用地势。宣：流泄。

②利渎：指便于水流倾泻的大川长河。古以长江、淮水、黄河、济水为四渎。《风俗通义·四渎》云："谨按《尚书大传》、《礼三正记》，江、河、淮、济为四渎。渎者，通也，所以通中国垢浊，民陵居，殖五谷也。江者，贡也，珍物可贡献也。河者，播为九流，出龙图也。淮者，均，均其务也。济者，齐，齐其度量也。"刘熙《释名·释水》云："天下大水四，谓之四渎，江、河、淮、济是也。渎，独也，各独出其所而入海也。江，公也，小水流入其中，公共也。淮，围也，围绕扬州北界，东至海也。河，下也，随地下处而通流也。济，济也，源出河北，济河而南也。"

③太和纯气：指天之太阳气、地之太阴气、人之中和气的统一体。

【译文】

"如今水泉本应疏通，利用它那地势才会流泄，随顺天地创设的大川长河，由高就低疏浚。可如今有的却不是这样，胡乱凿烂大地的形体，全都成为疮疤肿块；还有的被阻塞隔断，本应贯通却得不到贯通。帝王的治理不平和，地母把这种情况当成巨大的病痛，可世上却没有肯说给地母造成病痛致使地母万分忌恨的那种人。于是大地的精灵与神灵就跑到天上去控告水泉流不动，控告没有一天能停止的时候，天地因而都不高兴，所以最协调的纯正气流就难以招来。真人对此到底解悟没解悟呢？"

"唯唯。今人生天地之间，会当得室庐以自盖，得井饮之，云何乎？""善哉，子之言也。今天不恶人有室庐也，乃其穿凿地大深，皆为疮疡，或得地骨，或得地血。""何谓也？""泉者，地之血；石者，地之骨也；良土，地之肉也①。洞泉为得血[2]，破石为破骨，良土深凿之，投瓦石坚木于中为地壮[3]。地内独病之，非一人甚剧。”

【注释】

①“石者”四句：西晋张华《博物志·地》亦云：“地以名山为辅佐，石为之骨，川为之脉，草木为之毛，土为之肉。”

②洞：穿透之意。

③地壮：意为硬行给大地塞得膨胀起来。本经卷六十七《六罪十治诀》云：“家困且死而尽，固固不肯施予，反深埋地中，使人不睹，无故绝天下财物，乏地上之用，反为大壮于地下，天大恶之，地大病之，以为大咎。”

【译文】

“是是。如今世人生存在天地之间，终归应当有房屋来蔽护自己，有水井来饮用，对此又该作何解释呢？”“真是太好了！你这问话。如今皇天并不憎恶世人盖有房屋，而是世人打穿或凿地太深，全都成为疮疤肿块，有的碰伤了地骨，有的抽走了地血。”“这话讲的是什么意思呢？”“水泉属于大地的血液，岩石属于大地的骨骼，良土属于大地的肌肉。穿透水泉就等于吸血，破开岩石就等于破骨，一味往深处挖良土，朝里面投入瓦石和坚固的木料，就等于硬行给大地塞得膨胀起来。地母在心里对这些举动万分憎恨，殃害四方人众也就特别厉害。”

“今当云何乎？”“地者，万物之母也，乐爱养之，不知其重也[1]。比若人有胞中之子[2]，守道不妄穿凿其母，母无病也；妄穿凿其母而往求生，其母病之矣。人不妄深凿地，但居其上，足以自彰隐而已[3]，而地不病之也，大爱人，使人吉利。”

【注释】

①不知其重:此谓大地忍辱负重的质性。参见本经卷九十六《忍辱象天地至诚与神相应大戒》所述。

②胞中之子:即胎儿。

③彰隐:意谓借助房屋御寒避暑和供日常起居之用。彰,通“障”,阻挡。本经卷三十六《守三实法》云:“天道有寒热,不自障隐,半伤杀人。”

【译文】

“如今应该怎么办呢?”“大地是万物的母亲,乐意疼爱和养护万物,根本不知道身上的负担有多重。这就好比世人怀有胎儿,胎儿守行真道不胡乱打穿凿伤自己的母亲,母亲就不憎恨他;如果胡乱打穿凿伤自己的母亲而去希求生下来,母亲对他就憎恨了。世人不胡乱往深处凿地,只在地上盖房居住,足以能自己保护好自己也就到头了,而地母也不憎恨世人,相反特别喜爱世人,让世人大吉大利。”

“今愿闻自彰隐多少而可?”“凡动土入地①,不过三尺,提其上②。”“何止以三尺为法?”“然。一尺者,阳所照③,气属天;二尺者,物所生④,气属中和;三尺者,属及地身⑤,气为阴;过此而下者⑥,伤地形,皆为凶。”

【注释】

①动土入地:指修建房屋打地基。

②提:直立、挺立之意。

③阳所照:谓阳光可以照射到的层面。

④物所生:谓植物根须所能扎到的深度。

⑤属(zhǔ)及:连结到。

⑥过此而下者：意为超过上列幅度的。西晋张华《博物志·地》云："三尺以上为粪(腐殖质层即粪壤)，三尺以下为地。"

【译文】

"眼下希望听一听世人盖房居住而能自己保护好自己，掌握住什么标准也就可以了呢？""只要是修建房屋打地基，一律不超过三尺，使房屋挺立在地面上。""为什么只把三尺定为标准呢？""好的。深到一尺，这是阳光所照射到的层面，气属皇天；深到二尺，这是万物根须所能扎到的深度，气属中和人间；深到三尺，便已连结到地身，气属阴气；超过以上幅度的，都属于伤害大地的形体，一律构成凶害。"

"古者穴居云何乎[①]？""同贼地形耳。多就依山谷，作其岩穴因地中，又少木梁柱于地中，地中少柱，又多倚流水，其病地少微，故其人少病也。后世不知其过，多深贼地，故多不寿。""何也？""此剧病也。"

【注释】

①穴居：远古时代的原始居住方式。即营窟而居。

【译文】

"对古代的穴居又该怎么看呢？""同样是伤残大地的形体罢了。那时大多依就山谷，在地正中间辟设岩穴，又很少往地里面撑立木梁桩柱，地里面桩柱很少，又大多靠近流动的河水，对大地造成的危害并不严重，所以当时的人们就很少患病。后世不清楚自身的罪过，大多往深处伤残大地，所以大多就命短早亡。""这是为什么呢？""因为这是天地最痛恨的事情呀！"

穿地见泉[①]，地之血也；见石，地之骨也；土，地之肉也。

取血，破骨，穿肉，复投瓦石坚木于地中，为疮。地者，万物之母也，而患省若此[②]，岂得安乎？凡人居母身上，亦有障隐多少。穿地一尺，为阳所照，炁属天；二尺者，物之所生，炁属中和；三尺者及地身，阴；过此已往，皆伤地形也。

【注释】

①“穿地”句：自此以下整节文字乃系《合校》本附存的以资参考的《太平经钞》钞文。

②患省：意为添病又去探视。此系比喻的说法。省，探视。

【译文】

穿透大地看到泉水，这可属于大地的血液；看到岩石，这可属于大地的骨骼；土壤又属于大地的肌肉。抽取血液，敲破骨骼，穿透肌肉，又把瓦石和坚固的木料撑入地里面，就给大地造成疮疤。大地是万物的母亲，却像这样给它添病又去探视，哪里会获得平安呢？世人生活居住在地母的形体上，也有搭建房屋自己保护好自己的固定尺度。打地基深到一尺，这是阳光所照射到的层面，气属皇天；深到二尺，这是万物根须所能扎到的深度，气属中和人间；深到三尺，便已触及到地身，气属阴气；超过以上幅度的，都属于伤害大地的形体。

今天不恶人有庐室也[①]，乃恶人穿凿地太深，皆为创伤，或得地骨，或得地血者。泉是地之血也，石为地之骨也。地是人之母，妄凿其母，母既病愁苦，所以人固多病不寿也。凡凿地动土，入地不过三尺为法：一尺者，阳所照，气属天也；二尺者，物所生，气属中和也；三尺者及地身，气属阴；过此而下者，伤地形，皆为凶也。古者依山谷岩穴，不兴梁柱，所以其人少病也。后世贼土过多[②]，故多病也。

【注释】

①“今天”句:自此以下整段文字乃系《合校》本附存的以资参考的《三洞珠囊》卷一所撮录的《太平经》经文。

②贼土:伤残土壤。贼,伤残。

【译文】

如今皇天并不憎恶世人盖有房屋,而是世人打穿或凿地太深,全都形成伤口和疤痕,有的碰伤了地骨,有的抽走了地血。泉水属于大地的血液,岩石属于大地的骨骼。大地是世人的母亲,世人却胡乱凿伤他们的母亲,母亲把这种行径既已引为病痛而在愁苦,所以世人压根就大多生病活不长。只要是修建房屋打地基,地基深度一律不超过三尺,把这作为标准。深到一尺,这是阳光所照射到的层面,气属皇天;深到二尺,这是万物根须所能扎到的深度,气属中和人间;深到三尺,便已触及到地身,气属阴气;超过以上幅度的,都属于伤害大地的形体,一律构成凶害。古代依就山谷,辟设岩穴,不使用梁柱,所以那时的人们就很少染患疾病。后世伤残土壤太多了,所以就大多染患疾病。

“今时时有近流水而居,不凿井,固多病不寿者,何也?”“此天地既怒,及其比伍[①],更相承负。比若一家有过,及其兄弟也[②]。”

【注释】

①比伍:指近邻。东汉以五家为伍,设伍长,构成最小的地方基层行政组织。

②及:株连。汉代设有一人犯罪、诛灭三族的律条。

【译文】

“如今时时出现这样的人:靠近流水居住根本不凿井,却仍旧大多患病活不长,这是什么原因造成的呢?”“因为天地动怒,就会殃及到周围的人，递相承负。也就如同有一户人家犯下罪过，结果却株连到他的兄长和弟弟。”

“今人或有不动土，有所立①，但便时就故舍，自若有凶，何也?”“是者行不利，犯神。”“何神也?”“神非一，不可豫名也②。真人晓邪?”“唯唯。”“是故人居地上，不力相教为善，故动作，过反相及也③，是者冤。”

【注释】

①有所立：谓有事要办。

②豫名：意为事先讲出来。东汉民间忌讳甚多，此处即本之为言。参见《论衡·诘术》、《讥日》、《辨祟》诸篇所述。

③过反相及：意谓祸殃延及无辜。

【译文】

“如今有的人根本就不修建新房屋，遇到有事要办，只趁便利的时候到老房子里面去做，可仍然遭遇凶殃，这可是为什么呢?”“这种人属于行动不吉利，触犯到了神灵。”“触犯的是什么神灵呢?”“神灵并非一类，没办法先讲出来。真人明白这一点了吗?”“是是。”“所以世人生活居住在大地上，不大力彼此督促做善事，当善人，因而一有什么举动，祸殃反而延及到无辜，这种人确实让人感到太冤枉了。”

“今时有近流水而居①，不凿井，何故多病不寿②，何也?”答曰：“如此者，是明天地既怒，及其比伍，更相承负，比如一家有过，及其兄弟也。是知穿地皆下得水，水乃地之血脉，宁不病乎?”

【注释】

①"今时"句:自此以下两节文字乃系《合校》本附存的以资参考的《三洞珠囊》卷一所撮录的《太平经》经文。

②病:使人遭殃之意。

【译文】

"如今经常有人靠近流水居住,根本不凿井,为什么也大多患病活不长,这可出自什么原因呢?"回答说:"像这种情况,正表明天地已经动怒,就殃及到周围的人,递相承负。也就如同有一户人家犯下罪过,结果却株连到他的兄长和弟弟。由此可知,穿透大地,往下都见到水,水正属于大地的血脉,难道还不叫世人遭殃吗?"

又云[①]:有问者曰:"今人或有不动土,有所立,便旦时有就故舍,自若有凶,何也?"答曰:"如是者,行动不利,犯神凶也。"问曰:"犯何神也?"答曰:"神者非一,不可务名也[②]。"

【注释】

①又云:此二字为《三洞珠囊》编者所附加的提示语。

②务名:意为具体落实到哪个神的头上。

【译文】

本经又说:有人询问道:"如今有的人根本就不修建新房屋,遇到有事要办,只趁便利的时候到老房子里面去做,可仍然遭遇凶殃,这可是为什么呢?"回答说:"像这种人,属于行动不吉利,触犯到了凶神。"紧接着又问道:"触犯的是什么神灵呢?"回答说:"神灵并非一类,没办法落实到哪个神的头上。"

"今人或大远流水,会当得井水饮之乃活,当云何乎?"

“善哉，子之言也。然。有故井者，宜使因故相与共饮之，慎无数易之[①]；既易，宜填其故，塞地气，无使发泄。饮地形，令地衰，不能养物也。填塞故，去中壮[②]。”“何谓也？”“谓井中瓦石材木也，此本无今有，比若人身中有奇壮[③]，以为病也。”“可悈哉！可悈哉！卿不及天师详问之[④]，不但知是。”

【注释】

①慎无：切莫。

②中壮：与上文所称“地壮”意同。

③奇壮：指赘生物。如因碘缺乏造成的大脖子病（地方性甲状腺肿）之类。

④卿不及天师详问之：此八字中“卿”当做“乡”。乡（xiàng），通“向”，刚才。

【译文】

“如今有的人距离流水特别远，可终归要得到井水来饮用才能活下去，对此应该怎么办呢？”“真是太好了，你这问话。好的。凿有旧井的，应当让人们利用旧井一起饮用那井水，千万不要频繁地打新井；已经打新井了，应当把旧井填死，堵塞住地气，不要让它漏泄出来。专靠大地的形体来饮水，结果却造成地气衰颓，就无法养育万物。在把旧井填满堵死时，要去除其中硬给大地塞得膨胀起来的那些东西。”“这是指什么说的呢？”“这是指井中的瓦石木料来说的，这些东西地里原本并不存在，如今却给塞进来了，正像世人身上长出赘生物，把它看成是疾病。”“这太让人感到愁苦了！这太让人感到愁苦了！刚才不向天师详尽做询问，也就了解不到这么多的事情。”

“真人来前。”“唯唯。”“子问事，恒常何一究详也[①]？”“所以详者，比与天师会见，言人命在天地，天地常悦喜，乃理致太平寿为后[②]，是以吾居天地之间，常骇忿天地，故勉勉也[③]。天地不和，不得竟吾年。""善哉！子之言也。吾所以常恐骇者，见天地毒气积众多，贼杀不绝，帝王愁苦，其治不平，常助其忧之。子何豫助王者忧是乎[④]？""吾闻积功于人，来报于天，是以吾常乐称天心也。""善哉子意。"

【注释】

①究详：意为既刨根问底又周详细致。

②理致太平寿为后："理"、"寿"二者关系之所以如此，原因则如本经卷一百八《要诀十九条》所称："其欲知寿可得与不者，取诀于太平之后也。如未太平，先人流灾为害，难以效命。以为天信矣。"

③勉勉：力行不倦的样子。

④豫助：乐意救助之意。豫，欢乐，高兴。

【译文】

"真人你到前面来。""是是。""你询问事情，为什么总是那样地刨根问底又周详细致呢？""周详细致的原因是，接连与天师见面，天师总讲世人的性命掌握在天地那里，天地经常喜悦才能够治理实现太平，长寿紧跟在后面，所以我在天地之间生存，总害怕自己惹天地发怒，因而就力行不倦。天地不和，我也无法尽享天年。""真是太好了！你所讲的这番话。我之所以经常恐惧害怕，是因为看到天地的毒气积聚得越来越多，虐杀不止息，帝王愁苦，他那治理不太平，总跟着他一起在忧虑。你乐意怎样救助帝王所忧虑的这种局势呢？""我听说过这样的话：对世人积下功德，来向皇天作报答，所以我总乐意处处符合天心。""你这用意真是太好了。"

"今天师既开通愚生，示以天忌，愿复乞问一疑事：今河海下田作室庐[①]，或无柱梁，入地法三尺[②]，辄得水，当云何哉？""善乎，子之问也。此同为害耳，宜复浅之。此者，地之薄皮也，近地经脉[③]。子欲知其效，比若人，有厚皮难得血，血出亦为伤矣；薄皮者易得血，血出亦为伤，俱害也。故夫血者，天地之重信效也[④]。夫伤人者，不复道其皮厚与薄也，见血为罪名明白。夫人象天地[⑤]，不欲见伤，伤之则怒，地何独欲乐见伤哉？夫天地，乃人之真本[⑥]，阴阳之父母也[⑦]，子何从当得伤其父母乎？真人宜深念是于赤心[⑧]。愚人或轻易，忽然不知，是为大过也。"

【注释】

①下田：低洼地。本经卷一百十八辟有《烧下田草诀》专篇。

②入地法三尺：此五字中"法"字《三洞珠囊》卷一引作"未"。于义为长。当从。

③经脉：与络脉相对而称。属人气血运行流布的主要通道。此处则借而喻之。

④重信效：意为重要而又真确的证据。

⑤人象天地：谓人体结构和组织取法天地而得以生就。如头圆象天、足方象地之类。详参本经卷三十五《分别贫富法》所述。

⑥真本：真元本根。人禀天地精气而生，故谓之为"真本"。

⑦阴阳之父母：阴阳因天地之分而得以确立，具有可视性和代表性，故出此语。

⑧赤心：赤诚的本心。

【译文】

"如今天师既已开导愚生，拿皇天的禁忌来做宣示，希望再请求询问一桩心存疑问的事情：如今在河畔海边低洼地修建房屋，有的根本就不使用梁柱，地基还没打到三尺就已经见水了，对此该作何种解释呢？”“真是太好了，你这提问。这种情况同样属于伤害大地，应当让它再浅些。因为这正属于大地的薄皮，更接近大地的经脉。你想了解那效验，也就好比人，人有厚皮就难见到血，可血一流出来，也就构成伤害了；薄皮很容易见到血，血一流出来，同样构成伤害了，二者均属伤害。所以血是天地重要而又真切的证据。对伤害他人的人，不会再去讲什么皮厚或皮薄，只要看到血流出来，就构成罪名，摆脱不掉。世人的躯体取法天地而生就，都不想让它受到伤害，受到伤害就愤怒，可大地为什么却偏偏高兴受到伤害呢？天地是世人的真元本根和阴阳的父母，做儿子的从哪里该去伤害他们的父母呢？真人要用赤诚的心地深深忆念这一点。愚蠢的世人有的竟然轻率简慢，忽视一切而懵懂无知，这可构成了大罪过。”

“今子当得饮食于母，故人穿井而饮之，有何剧过哉？”“子言已失天心明矣。今人饮其母，乃就其出泉之处，故人乳，人之泉坼也[1]，所以饮子处，比若地有水泉可饮人也。今岂可无故穿凿其皮肤，而饮其血汁邪？真人难问，甚无意。”

【注释】

①坼（chè）：裂开之处。

【译文】

“如今做儿子的，应当从母亲那里得到食物和饮料，所以世人打井来饮用，又有什么严重的罪过呢？”“你这话显然偏离天心了。如今世人从自己母亲那里吃奶，都要凑向奶水流出的地方，所以人的乳房正是人奶流出的小裂口，正是用来喂孩子的地方，这就如同地有水泉可以让世人饮用。如今难道可以无故弄穿凿伤母亲的皮肤，去喝她的血汁吗？真人刚才提出的诘难质问，实在太没意思了。”

“愚生有过，触天师忌讳。”“不谦也。然，难问不极，亦不得道至诀也[①]。不恶子言也，此必皇天大疾，乃使子来，口口问是，此故子言屈折不止也。”“今唯天师原之，除其过。愚生欲言，不能自禁止。”“平行，何所谦？子既劳为天地远来问，慎无闭绝吾书文也。”“唯唯。”

【注释】

①至诀：最高的定论。

【译文】

“愚生犯下罪过，触犯了天师的忌讳。”“不必太谦恭了。好的，诘难质问不到那尽头，也得不到真道的最高定论。我并不厌恶你的话，这肯定是皇天极为愤恨，就驱使你前来，口口声声询问这一系列的问题，所以你一问起来就辗转反复，没有止住的时候。”“如今只请天师原谅弟子，免除弟子犯下的罪过。愚生心里有话特想说，以至无法控制住自己。”“慢慢讲来，何必谦恭呢？你既然大老远地为天地辛劳地前来做询问，切莫擅自扣押住我这书文。”“是是。”

“凡人不见睹此书，不自知罪过重，反独常共过罪天地，何不和也？治何一恶不平也？不知人人有过于天地，前后相承负，后生者得并灾到，无复天命，死生无期度也[①]。真人努力，无灭去此文，天地且非怒人。”“唯唯。”“真人被其谪罚，则凶矣。”“唯唯。”

【注释】

①期度：固定的时限。

【译文】

“世人看不到这篇书文，就不清楚自己罪过深重，反过来偏偏总把罪过扣在天地的头上，这是多么地不平和啊！国家政治又是多么地恶化下去而不太平啊！不明白人人对天地犯下罪过，前后递相承负，后来出生的人落个同时发作的灾祸一齐降临，不再获享上天预赐的寿命，死生没有固定的时限。真人你要努力，不要使这篇书文泯灭不传，天地将会责问此人。”“是是。”“真人要是遭受到那种罪罚，可就太凶险了。”“是是。”

“书以付归有德之君，宜以示凡人：人乃天地之子，万物之长也[1]，今为子道[2]，当奈何乎？俱各自深思，从今以往，欲乐富寿而无有病者[3]，思此书言，著之胸心，各为身计。真人无匿也，传以相告语。今天地之神，乃随其书而行，察视人言何也。真人知之邪？”“今以何知其随人而行？”“以吾言不信也。子诚绝匿此书，即有病；有敢绝者，即不吉。是即天地神随视人之明证也。可畏哉！”“唯唯。”

【注释】

①万物之长：此系宣示人在自然界中所占据的地位和应起的作用。

②子道：做儿子的道理和本分及责任所在。

③富寿：犹言长寿。

【译文】

“把这书文付归给具有道德的君主，应向世人宣明：人是天地的儿子和万物的主宰，如今为子之道，究竟应当怎样做呢？全都对此各自深思，从今以后，真想为长寿而感到欢悦又不生病的人，就去精思这篇书文所讲的东西，铭刻在胸心，分别为自身细作打算。真人切莫藏匿它，要让世人相互传告，彼此叮嘱照着做。如今天地的神灵正随同这篇书文到处走，察视世人在讲些什么话。真人清楚这种情况吗？”“如今根据什么便知道天地神灵在随人到处走呢？”“根据不相信我所讲论的事情千真万确。你要引以为戒的是：断绝隐匿这篇书文，马上就身患重病；有敢断绝它的，立刻就不吉利。这也正是天地的神灵跟随在后、察视世人的明证。确实太可怕了呀！”“是是。”

“行去，自励自励！夫人命乃在天地，欲安者乃当先安其天地，然后可得长安也。今乃反愁天地，共贼害其父母，以何为而得安吉乎哉？前后为是积久，故灾变不绝也。吾语不误也，吾常见地神上自讼[①]，未尝绝也，是故诚知其□□[②]。见真人比如丁宁问之，即知为天使真人来问，是天欲一发觉此事[③]，令使人自知。百姓适知责天，不知深自责也。”

【注释】

①讼：谓到天庭告状。

②是故诚知其□□：此句原缺二字。

③一：彻底之意。

【译文】

“回去吧，自行勉励呀自行勉励！世人的性命掌握在天地那里，真想一生平安的人就应当首先使天地安定下来，然后才会获取到长久的平安。如今竟让天地愁苦，共同暗害他们的父母，还能凭借什么行为获取到平安吉利呢？前后这样干，已有很长时间了，所以灾变就一直不断绝。我所讲论的事情绝对没有一点儿错，我总看到地神到天庭去告状，从来没有间断过。眼下看到真人翻来覆去地接连做询问，就很清楚这是皇天在驱使真人前来询问，也是皇天打算彻底把这件事指点明白，让世人自行觉悟。众百姓只晓得责怪皇天，却不懂得深深自责。”

“今天何故一时使吾问是乎?”“所以使子问是者，天上皇太平气且至，治当太平，恐愚民人犯天地忌讳不止，共乱正气，使为凶害。如是则太平气不得时和[①]，故使子问之也。欲乐民不复犯之，则天地无病而爱人，使五谷万物善以养之也；如忽之，忿不爱人，不肯养之也。故将凶岁者，无善物；将兴岁[②]，其物善，此之谓也。真人知之耶?”

【注释】

①时和：时世和顺。

②兴岁：兴旺的年景。

【译文】

“如今皇天为什么让我同时询问这一连串的问题呢?”“让你询问这一连串问题的原因是：天上最盛明的太平气眼看就要降临，国家政治应当太平，唯恐愚昧的百姓触犯天地的忌讳而不止息，共同搅乱正气，导致凶害仍旧袭来。真像这样，太平气就得不到时世和顺的应对，所以就驱使你前来做询问。只希望并高兴看到平民百姓不再去违犯，天地便没有病痛而爱惜世人，使五谷万物生长茂盛，养育好它们；如果平民百姓忽视这桩事，天地就发怒而不爱惜世人，也不肯养育好万物。所以眼看是饥荒年的时候，就没有生长茂盛的万物；眼看是丰收年的时候，万物就生长茂盛，说的也就正是这个意思。真人清楚这一点了吗?”

“善哉善哉！古者同当太平，何不禁人民动土地哉？”“善乎，子之问事也。天地初起，未尝有今也。”“以何明之？”“今者天都举①，故乃录委气之人、神人、真人、仙人、道人、圣人、贤人②，皆当出辅德君治，故为未尝有也。初阴阳开辟以来，录天民仕之③，未尝有此也，故为最大也。”“可骇哉！可骇哉！”

【注释】

①都(dū)举：意谓皇天要在更大程度上造福世间一切人。举，大大提高一步之意。详参本经卷四十九《急学真法》所述。

②“故乃录”句：录，择录选用。“委气之人”至“道人”，依次为本经所构设的神仙等级序列中特级神仙和由上至下的各级正牌神仙的专称。“圣人”至“贤人”，依次为本经所构设的神仙等级序列中候补神仙的两个品级。详见本经卷四十二《九天消先王灾法》、卷五十六至六十四《阙题》(六)、卷七十一《致善除邪令人受道戒文》所述。

③天民：指德返自然本性而能使人们前来归附的人。参见《庄子·庚桑楚》所述。

【译文】

“这太好了！这太好了！古代同样正值太平的年月，为什么不禁止众百姓营建土木工程呢？”“你询问事情真是太精妙了。因为天地开辟以来，未曾出现过当今的局势。”“根据什么证明是这样呢？”“如今皇天要在更大程度上造福世间一切人，所以就择录选用委气无形神人、大神人、真人、仙人、道人、圣人、贤人，都应出世来至，辅佐具有道德的君主施行治理，因而就造成前所未有的局势。从最初天地开辟以来，择录选用天民，让他们充当神吏履行好各自的职责，从未出现过像当今这等齐备的情况，所以够得上最盛大。”“这简直让人太惊骇了！这简直让人太惊骇了！”

“是故都出第一之道，教天下人为善之法也。人善即其治安，君王乐游无忧。”“善哉善哉！乐乎乐乎！”“是故教真人急出此书，慎无藏匿，以示凡民。百姓见禁且自息，如不止，祸及后世，不复救。得罪于天地，无可祷也[1]。真人宁知之邪?”“唯唯。”“行去，书中有所疑乎，来问之。”“唯唯。”

右解天地冤结[2]。

【注释】

①祷：祈祷求告。《论语·八佾》载孔子曰：“获罪于天，无所祷也。”

②冤结：谓冤气聚结，不得宣泄。

【译文】

“因而毫无保留地出示位居第一的真道，特向天下人传授做善事、当善人的道法。只要人善良，国家治理就安平，君主就只管游乐没忧愁。”“这可太好了！这可太好了！天下大乐了！天下大乐了！”“所以才教导真人赶快传布这篇书文，切莫藏匿，把它亮给平民百姓看。平民百姓看到皇天的禁忌，就该自行止息伤害地母的一切行径，如果不止息，祸害会殃及到后代，没办法再补救了。得罪了天地，怎么祈祷也没用处了。真人到底明白这一点了吗?”“是是。”“回去吧，在经书中碰到存有疑问的事情，再来做询问。”“是是。”

以上为解天地冤结。

卷四十六　丙部之十二

道无价却夷狄法第六十二

【题解】

本篇所谓“道”，系指《太平经》这部“天宝秘图书”所涵盖的天之“珍道”或“奇道”而言。其珍奇程度，远非拄天金玉可比，更胜过万名绝代美女，因而标之为“无价”。无价突出体现在：上能安定无极之天，下能理顺无极之地；六方“太和纯气”为之尽现，八远万国之属莫不乐来降服；“德化”动、植“扰扰”万物，感召大贤、圣人、仙士自动前来辅治；日月列星皆“重光”之类的瑞应“悉出”，阴阳失调、兵革不绝之类的灾害“毕除”；君主安枕，群臣俱悦，人民老寿，家国大吉。一言以蔽之，堪称为当代帝王制作的“万万岁宝器”。这一宝器能否在东汉后期日益尖锐的民族矛盾与周边冲突中大奏其效，至为紧要，故而标题中特用“却夷狄”三字来引起最高统治者对“无价之道”和《太平经》的高度注意力。通篇借传“道”以明《经》之效能，借明《经》以宣“道”之价值，旨在诱导和敦促当朝天子“尊道重德”。为此又在篇末对骨干道徒“严教密敕”有关传经授道的天机与重戒，既给《太平经》罩上了皇天神吏护守、“照视”的层层光环，又给出书布道涂上了气数时运的浓重色调。本篇适与庚部《灾病证书欲藏诀》前呼后应，交相发明。亦同丁部《戒六子诀》、癸部《利尊上延命法》存在内容相通之处。

"天师将去[①]，无有还期，愿复乞问一两结疑[②]。""行，今疾言之，吾发已有日矣，所问何等事也?""愿乞问明师前所赐弟子道书，欲言甚不谦，大不事[③]，今不问，入犹终古不知之乎[④]!""行，勿讳。""今唯明师开示下愚弟子。""诺。"

【注释】

①去：离去。指转往他处授道。本经卷六十八《戒六子诀》云："吾将去有期，戒六子一言。"

②结疑：指百思不解的疑难事项。

③大不事：意为万分不该这样做。

④入：谓返回到修炼处所。

【译文】

"天师眼看要离去，没有再回来的时候了，希望再请求询问一两个百思不解的疑难问题。""近前来，现下能说就快说，我动身已经定下日期了，你们要问的是什么事情呢?""是想乞求询问明师在此之前赐给弟子们道书这桩事，想说又实在太不谦恭，万分不该这样做，可眼下不询问，回到修炼处所以后还是永久闹不明白呀!""随即讲来，不要有什么忌讳。""如今只请天师开示我们这些低劣愚昧的弟子。""好的。"

"今师前后所与弟子道书，其价直多少[①]?""噫！子愚亦大甚哉！乃谓吾道有平耶[②]？诺，为子具说之，使子觉悟，深知天道轻重、价直多少。然。今且赐子千斤之金，使子以与国家，亦宁能得天地之欢心，以调阴阳，使灾异尽除，人君帝王考寿[③]，治致上平耶[④]？今赍万双之璧玉[⑤]，以归国家[⑥]，宝而藏之，此天下之珍物也，亦宁能使六方太和之气尽见，瑞应悉出，夷狄却去万里[⑦]，不为害耶?

【注释】

①价直：即价值。

②平：衡量。指具体标准。

③考寿：犹言长寿。

④上平：意为无以伦比的太平景象。

⑤赍(jī)：携带。璧玉：即玉璧。璧为玉器名。扁平、圆形、中心有孔，边阔大于孔径。古代贵族用作朝聘、祭祀、丧葬时的礼器，亦作为佩带的装饰品。

⑥归：通“馈”，赠予。

⑦夷狄：古代对边疆少数民族的蔑称。却去：退走。

【译文】

“迄今天师前后授付给弟子们的道书，它那价值究竟怎么样呢?”“嘿嘿！你们愚昧得也太厉害了！竟然认为我那真道也有衡量的尺度吗？好的，为你们详尽讲说这个问题，叫你们彻底觉悟，深深懂得天道究竟有多重，价值究竟有多高。好的。如今准备赐给你们一千斤黄金，让你们把它献给国家，可这样竟能获取到天地的欢心，使阴阳协调，灾异全部消除，君主帝王长寿，国家政治达到最太平的境地吗？如今携带一万对玉璧，把它赠给国家，当成宝物珍藏起来，这确实属于天下罕见稀有的东西，可它竟能使那上下四方高度和谐的气流全部显现，各种吉祥的兆应一律降示，边疆少数部族退避万里，不再构成危害吗?

“今吾所与子，道毕具，乃能使帝王深得天地之欢心，天下之群臣遍说，蚑行动摇之属莫不忻喜[1]，夷狄却降，瑞应悉出，灾害毕除，国家延命[2]，人民老寿。审能好善、案行吾书，唯思得其要意，莫不响应，比若重规合矩，无有脱者也。成事大□□[3]，吾为天谈，不欺子也。今以此天法奉助有德帝王，使其无忧，但日游，其价直多少哉！子之愚心，解未乎哉？

【注释】

①动摇之属：指植物。忻（xīn）喜：欢欣喜悦。

②命：指皇天授予的统治权。

③成事大□□：此句原缺二字。成事，汉代惯用语，即旧有事例之意。

【译文】

"如今我赐给你们的道书，已经把真道完全包括在里面了，正能让帝王深切获取到天地的欢心，使天下群臣个个喜悦，所有的动物与植物无不高兴，边疆部族退走归顺，吉祥的兆应全都涌现出来，灾害一律消除掉，国家延续统治权，众百姓获享到高寿。果真能对我这道书既喜好又认为精妙灵验，切实查照遵行，只管去精思它们，获取到其中的切要意旨，那就没有任何一件事不像回音应和原声那样做出应合来，如同圆规重迭、方矩复合那样没有丝毫差错会出现。已有的事例明摆在那里，我是在代替皇天宣达话语，决不欺骗你们。如今凭借这皇天大法去侍奉和辅助具有道德的帝王，使他没有任何忧虑事，只管天天游乐，这可表明我那道书的价值究竟有多高呢？你们那愚暗的心窍，到此解开没解开呢？

"诺，复为子陈一事也。天下之人好善而悦人者[1]，莫善于好女也[2]。得之乃与其共生子，合为一心，诚好善可爱，无复双也。今以万人赐国家[3]，莫不悦且喜，见之者使人身不知其老也，亦宁能安天地，得万国之欢心，令使八远响应[4]，天下太平耶哉？吾道乃能上安无极之天[5]，下能顺理无极之地，八方莫不悦乐来降服，扰扰之属者[6]，莫不被其德化，得其所者也。是价直多少，子自深计其意。

【注释】

①好善：姣美之意。

②好女：漂亮的女子。

③万人：指好女的数目。国家：指天下诸侯国及周边属国。

④八远：犹言八极。指八方极远之地。

⑤无极：永无尽头。

⑥扰扰之属：指代万物和民众。

【译文】

“好的，再为你们讲述一档事。在天下世人当中，姣美又惹人喜爱的，没有能比上漂亮女子的了。得到她就和她共同生下儿子，结成一条心，确实显得美好可爱，简直无以伦比。如今拿一万名这样的女子赐给天下的各个诸侯王国和属国，这些王国和属国无不特别高兴，看到她们的人会让人不晓得自身已经很老了，但她们竟能使那天地安平，获取到万国的欢心，导致八方最远的地区也群起响应，天下太平吗？而我那真道，却正能往上安定住没有尽头的皇天，往下理顺没有尽头的大地，八方无不喜悦欢乐，前来归降顺服，万物和民众全都受到道德的化导，获取到自身的固有位所。这可表明它那价值究竟有多高，你们只管自行深深计量那意义。

“子欲乐报天重功[①]，得天心者，疾以吾书报之。如以奇伪珍物累积之上柱天[②]，天不为其说喜也，不得天之至心也[③]。欲得天心，乃宜旦夕思吾书言，已得其意，即亦得天心矣，其价直多少乎？

【注释】

①重功：重大的功德。指化生人类和万物、佑助良善使登仙而言。

②上柱天：极言数量之巨。

③至心：最深的心意。

【译文】

“你们高兴报答皇天的重大功德，获取到皇天的心意，那就赶紧用我那道书去做报答。如果拿奇异无用的珍宝去做报答，即使堆积得跟皇天一般高，皇天也不会为此而感到喜悦，因为它没获取到皇天的最深心意。要想获取到皇天的心意，正应该从早到晚精思我那道书的论断，已经获取到其中的要意，也就获取到皇天的心意了，而那价值，又该是多高呢？

“故赐国家千金，不若与其一要言可以治者也；与国家万双璧玉，不若进二大贤也①。夫要言大贤珍道②，乃能使帝王安枕而治，大乐而致太平③，除去灾变，安天下。此致大贤要言奇道，价直多少乎哉？

【注释】

①二：与上文“万双”相比较而言。意谓大贤胜过万双璧玉的两倍。

②珍道：罕见稀有的道法。即下文所言“奇道”。

③大乐：谓自然界到人类社会所呈现的一种高度协调和谐的理想状态与欢乐景象。详参本经乙部《以乐却灾法》、卷一百十三《乐怒吉凶诀》所述。

【译文】

“所以献给国家一千斤黄金，比不上向它进呈可以有效施治的一句要言；赠给国家一万对玉壁，比不上向它荐举胜过一万对壁玉两倍的一位大贤士。这等要言、大贤士和罕见的真道，才会使帝王无忧无虑，有效施治，极其欢乐，实现太平，消除掉各种灾异，使天下一片安宁。而我那道书，恰恰能像这样给国家献上大贤士、要言和神奇的真道，它那价值究竟又该有多高呢？

“故古者圣贤帝王，未尝贫于财货也，乃常苦贫于士，愁大贤不至[1]，人民不聚，皆欲外附，日以疏少，以是不称皇天心，而常愁苦。若但欲乐富于奇伪之物[2]，好善之，不能得天地之心而安四海也；积金玉璧奇伪物，横纵千里，上至天，不能致大贤、圣人、仙士[3]，使来辅治也。

【注释】

①愁大贤不至：此五字中“不”原作“大”。据《太平经钞》改。

②奇伪之物：指各种奢侈品。详参本经卷三十六《守三实法》所述。

③仙士：犹言仙人。谓超脱尘世而身变形易、长生不死的人。其在本经中半具神性又半具人性，为本经所构设的神仙等级序列中的三等正牌神仙，职在掌理四时，属于早期道教修炼所欲实现的主要目标和理想结果之一，但与神话传说及后世道教、文艺作品所称神通广大者不同。详参本经丙部《九天消先王灾法》、卷五十六至六十四《阙题》(六)所述。

【译文】

“因而古代圣明贤能的帝王，未曾在财货上感到过贫乏，而是常在人才缺乏上犯愁，愁虑大贤士不来到，人民不聚集，都想归附到别处去，一天比一天稀少，由此而不切合皇天的心意，时常愁苦。如果只对拥有大量的奢侈品备感兴趣，喜好它又欣赏它，就无法获取到天地的心意而安抚四海；聚积起黄金玉璧之类的奢侈品，盛放面积达到一千里，往上堆到天边，也不能招来大贤士、圣人和仙士，让他们前来辅助治理。

“子详思吾书，大贤自来，共辅助帝王之治，一旦而同计，比若都市人一旦而会[①]，万物积聚，各资所有，往可求者。得行吾书，天地更明，日月列星皆重光[②]，光照纮远八方[③]。四夷见之[④]，莫不乐来服降，贤儒悉出，不复蔽藏，其兵革皆绝去，天下垂拱，而行不复相伤，同心为善，俱乐帝王。吾书乃能致此，其价直多少，子亦知之耶？

【注释】

①都市：指设在京师的繁华商业区。本经卷三十九《解师策书诀》云：“市者，天下所以共致聚人处也，行此书者，言国民大兴云云，比若都市中人也。”

②重(chóng)光：意谓放射双重光辉。

③纮(hóng)远：指极远之地。《淮南子·地形训》称：“九州之大，纯方千里。九州之外，乃有八殥，亦方千里。……九州、八殥之外，而有八纮，亦方千里。……八纮之外，乃有八极。”汉高诱注：“纮，维也。维落天地而为之表，故曰纮也。”

④四夷：指东夷、西戎、南蛮、北狄。《后汉书·东夷传》谓：“凡蛮、夷、戎、狄总名四夷者，犹公、侯、伯、子、男皆号诸侯云。”

【译文】

“你们仔细精思我那道书，大贤士自动就会到来，共同辅助帝王施行治理，在一个早晨共同做谋划，就像京师市场中的人在一个早晨都汇集在那里，万物积聚，各自凭仗本人所持有的物品，前去换来自己所需要的东西。得见并行用我这道书，天地就更加明朗，日月和众星辰都会放射出双重光辉，照耀到极其遥远的八方各地。四周部族看到这双重光辉，无不乐意前来归服顺从，贤能的儒士也都挺身而出，不再隐遁，那些武力纷争全部断绝消除，天下垂拱而治，世人一切行动决不彼此再伤害，同心做善事，都让帝王感到欣慰欢乐。我这道书竟能造成这种局面，它那价值到底有多高，你们也心里清楚了吧？

欲与国千斤金[①]，不若与一要言，以致治太平，除灾安天下。古者帝王未尝患财货，乃患贫于士，愁大贤不至，人民不聚，皆欲外附，日以疏少，以是不称皇天之心。若积金玉奇物，纵横千里，直上至天，终不致大贤、圣人、仙士来，赖助帝王之治。

【注释】

①“欲与”句：自此以下整节文字乃系《合校》本附存的以资参考的《太平经钞》钞文。

【译文】

打算献给国家一千斤黄金，比不上向它进呈一句要言，靠这去实现政治太平，消除掉灾害，安定住天下。古代的帝王未曾为财货而发愁，而是为缺少人才在发愁，愁虑大贤士不来到，人民不聚集，都想归附到别处去，一天比一天稀少，由此而不切合皇天的心意。如果只管聚积金玉之类的奢侈品，即使盛放面积达到一千里，往上堆到天边，到最后也招不来大贤士、圣人和仙士，仰仗他们辅助帝王进行治理。

“故古者圣贤，独深知道，重气平也，故不以和土[①]，但付归有德；有德知天地心意，故尊道重德。愚人实奇伪之物，故天书不下，贤圣不授，此之谓也。子其慎之矣，吾言不误也，子慎吾道矣。夫人持珍物璧玉金钱行，冥尚坐守之[②]，不能寐也。是尚但珍物耳，何言当传天宝秘图书[③]，乃可以安天地六极八远乎？出[④]，子复重慎之。”“唯唯。”

【注释】

①和土：安乐一方之意。

②冥：指夜间。

③天宝：上天的宝器。喻指《太平经》这等大道经。《老子·六十二章》谓：“道者，万物之奥，善人之宝。”

④出：传布。

【译文】

“所以古代的圣人贤士，独自深深了解真道，看重时气平和，因而不用它安乐一方，只把它付归给具有道德的君主；具有道德的君主了解天地的心意，所以就尊崇真道，重视真德。而愚蠢的君主却只把奢侈品看得比什么都重要，因而天书不向他降示，圣贤不向他传授，说的也就正是这个意思。你们对此要多加小心，我那话语绝对没错，你们相信这一点也就慎重对待我那真道了。人们携带玉璧宝物和金钱赶路，到夜晚还要坐在那里守护它，无法入睡。这还尚且仅仅是奇异物品罢了，哪里还用说应当传布上天极为贵重的秘图神书，能够安定住天地六极八远呢？传布出去，你们对此一定要慎重再慎重。”“是是。”

“吾书乃天神吏常坐其傍守之也，子复戒之。”“唯唯。”“吾书乃三光之神吏常随而照视之也。”“唯唯。”“吾书即天心也意也[①]，子复深精念之。”“唯唯。”“子能听吾言者，复为子陈数不见之事[②]。”“唯唯。”

【注释】

①吾书即天心也意也：此八字中“意”前“也”字当做“地”。

②陈：列举。数不见之事：意为几宗秘密掌握的事项。

【译文】

“我那道书正由皇天神吏时常坐在它旁边守护，你们还要把这当成大戒。”“是是。”“我那道书正由日月星辰的神吏总在跟随它并在照耀察视它。”“是是。”“我那道书恰恰是天心地意所在，你们要反复深深精思忆念它。”“是是。”“你们能够照我所讲的去做，再为你们列举几宗秘密掌握的事项。”“是是。”

“出口入耳，不可众传也。帝王得之天下服，神灵助其行治，人自为善，不日令而自均也[①]。”“唯唯。弟子六人悉愚暗[②]，无可能言，必触忌讳。今俱唯师，自为皇天陈列道德，为帝王制作万万岁宝器，必师且悉出内事无隐匿[③]，诚得伏受严教密敕，不敢漏泄。”

【注释】

①均：意谓普遍受到影响和染化。《老子·三十二章》云：“天地相合，以降甘露，民莫之令而自均。”《老子想尔注》称：“王者尊道，吏民企效，不畏法律，乃畏天神，不敢为非恶，皆欲全身，不须令敕而自平均。”

②弟子六人：指跟随天师学道传道的六个弟子。合称六方真人或六端真人。

③内事：指关乎天机的玄秘之事。

【译文】

“你们从嘴里一旦讲出去，也就传到别人的耳朵里，所以不能向谁都传授。帝王得到它，天下就会顺服，神灵协助他施行治理，世人就会自觉做善事，当善人，不用天天发布命令也自行受到普遍的影响和染化了。”“是是。我们六个弟子全都愚蠢昏昧，再也说不出什么来了，即便再说什么，也必定会触犯皇天的忌讳。如今全照天师说的办，自觉为皇天陈布和列示道德，为帝王制作万万岁宝器，但这必定要仰仗天师毫无保留地把那涉及天机的玄秘事项予以宣示，我们确实得以跪拜承受到严切的教诲和秘密的训诫，决不敢泄漏出去。”

“诺，今且为子考思于皇天，如当悉出，不敢有可藏；如不可出，亦不敢妄行①。天地之运，各自有历②，今且案其时运而出之，使可常行，而家国大吉，不危亡。所以不付小人而付帝王者，帝王其历③，常与天地同心，乃能行此；小人不能行，故属君子④，令付其人也。”

右平道德价数贵贱、解通愚人心。

【注释】

①妄行：谓胡乱传布。本经卷一百八《灾病证书欲藏诀》云：“请问天师书，以何知其欲见行，以何知其欲见逃也？”“以灾病为证也。出而病人，即天欲藏也；逃而病人，即天欲出行也。”“凡物乐出而反逃藏之，大凶矣。凡物欲逃藏而反出之，亦大凶也。……天乐行不（否），以是为占也。”

②历：指定数，周期。

③历：指气数，命运。

④属：委托，托付。

【译文】

“好的，眼下立即为你们从皇天那里作考察，作思忖。如果理应全部传布，那就不敢出现自己想把哪部分藏匿起来不予传布的情况；如果不该传布，也不敢胡乱就传布。天地的运转推移，各自都有固定的期数，如今要按时势运会传布它，使它能够长久施行，而每家每户和整个国家就特别吉利不危亡。不能传付给小人，只能传付给帝王，因为帝王的气数命运常常与天地的心意相一致，便能行用这套真道；而小人不能够行用，所以就嘱托给君子，致使传付对象确实属于最合适的人选。”

以上为平道德价数贵贱、解通愚人心。

卷四十七　丙部之十三

上善臣子弟子为君父师得仙方诀第六十三

【题解】

本篇所谓“上善”，语出《老子·八章》，此处意为最佳、极高、第一流、最上等。跻身此列的“臣”、“子”、“弟子”，则相对于使其尊荣、使其降生、使其道德成就的“君”、“父”、“师”而言。“得仙方”，乃谓获取到仙药仙衣、不死之法和“增寿益算”的不老之方等。紧扣宜向君父师献呈的这等“仙方”，篇中宣示上善“三行”：作为臣僚和国民，无不“自治”其身，使君王“垂拱”而治，且旦夕忧君衰老，为其长生乃至成仙而极力奔波；作为孝子，惟念父母虽老而宜“不死”，殚财尽力使其“入道”，祭告家先只请“自爱于地下”，孝成典范而“为帝王生出慈孝之臣”来；作为弟子，眷眷顾念师恩，极力弘扬师法，使业师荣登“国家良辅”的高位；三行归一，莫不“有益帝王之治”，至诚感天地，动神灵，使其“具出”殊难予以世人的真寿仙方。相形之下，篇中把传统观念和通常意义上的“谨信”守法、终生无罪过的臣子之行，“善养”双亲、终生无闪失的孝子之行，“易教谨信”的弟子之行，统统折抵成“中善”之行；并将仅保其身、不犯王法不为非的臣、子、弟子，贬抑为“自祐利之人”和“大愚之剧”；而不从君父师教令者，“皆应大逆罪”。由“上善三行”推衍开来，篇中断言天上委实储有不死之法、不老之方和仙药仙衣、仙第仙室、仙馆仙舍，而且多如人间太仓和皇家私库之所聚，官署与官宅之所立，诱导“上善三行”者为之跃升获取。转而剖判道治、德治、仁治、霸治之分野及安危结局，列示“上善文”、“中文”、介乎于中文和下文之间的“大中下”文和“下文”之等差及内容实质。通篇长达六千字左右，特以“上善三行”为依托，创设出早期道教以“君父师”取代“君父夫”的新“三纲”伦理观，熔铸出忠孝顺之道同“奇方殊术、灵药异文”合为一体的道教新格制，且开“辅治报功”与“得寿仙去”相贯通的仙、俗兼顾俱得思想之先河。而其轴心，则是环绕自我保全抑或“有益于上”来旋转的。臣、子、弟子和君、父、师构成一个问题的两个方面，本篇同己部《六极六竟孝顺忠诀》集中论述前者，且有宏观概说与微观阐发之别；而戊部《阙题》(八)和己部《阙题》则突出论述后者，且有稍略与较详之分。四篇异曲同工，则奠立起早期道教伦理观的基石。本经庚部《忠孝上异闻诀》更与此篇密切相关，带有进一步升华的意味。

“真人前。凡为人臣子民之属，何者应为上善之人也？真人虽苦[①]，宜加精为吾善说之。”“唯唯。但恐反为过耳。”“何谦？诺，诚言[②]。”“今为国君臣子及民之属，能常谨信，未尝敢犯王法，从生到死，讫未尝有重过[③]，生无罪名也，此应为最上善之人也。”“噫！子说似类之哉，若是而非也。子之所说，可谓中善之人耳，不属上善之人也。行，真人复为吾说最上善孝子之行，当云何乎？宜加精具言之。”

【注释】

①苦：谓对事象事理做出准确解说颇为困难。

②诚言：照直说。

③讫：一直，始终。

【译文】

“真人你到前面来。但凡作为人家臣子和下属民众的人，到底该是怎样的一种人，也就够得上第一等好人了呢？真人对此尽管觉得做出确切回答很困难，但也要加倍精思，为我好好讲一讲这个问题。”“是是。但只怕反而构成罪过。”“何必谦恭呢？好了，只管照直说。”“如今身为国君的臣子和下属民众的人，总能恭谨诚实，未曾敢去触犯王法，从生到死，一直未曾犯下严重罪过，终生没有罪名加身，这也就够得上第一等好人了。”“哎！你这说法听起来还有几分意思，好像很对，实际上并不对。你所讲述的，只不过能够称得上中等好人罢了，够不上第一等好人。近前来，真人再为我讲说一下第一等孝子的行为，到底该是怎样的呢？你要加倍精思，详尽讲一讲这个问题。”

“今所言，已不中天师意，不敢复言也。”“何谦？真人取所知而言之，不及者，吾且为子达之。”“唯唯。然。上善孝子之为行也，常守道不敢为父母致忧，居常善养，旦夕存其亲①，从已生之后、有可知以来，未尝有重过罪名也。此为上孝子也。”“嘻！真人所说，类似之又非也。此所说，谓为中善之人也，不中上孝也。”

【注释】

①存：存问、省视。

【译文】

“刚才所讲的，已经不符合天师的心意了，弟子不敢再说了。”“何必谦恭呢？真人只捡自己知道的来说它，闹不清楚的地方，我再为你闹清它。”“是是。好的。第一等孝子做起事情来，总去守行真道，不敢给父母带来忧虑，平常好好赡养老人，早晨和晚上都去探问双亲，从降生之后，懂事以来，未曾犯下严重的罪过而罪名加身，这也就属于第一等孝子了。”“哎！真人所讲的，听起来好像很对，可实际上又不对。你所说的这种孝子，只能称为中等的好人，还够不上第一等孝子。”

“不及为过。”“非过也。今乃以真人为师弟子行作法[①]，真人视其且言何耳。今子言财如是[②]，俗人愚暗无知，难教是也。积愚日久，见上善孝之人，或反怪之。子不及，为子说之。”“唯唯。”

【注释】

①行作法：意谓姑且作一种传授道法的演示。

②财：通“才”，仅仅。

【译文】

“弟子闹不清楚，构成了罪过。”“这算不上罪过。眼下只是在通过真人姑且作一种传授道法的演示，看看真人根据问题能讲出哪些话语罢了。如今你所讲说的，仅仅才像这个样子，俗人愚昧无知，很难教导，也就不足为怪了。他们愚昧聚积，时间太长了，看到第一等尽孝的人，反而感到不可理解。你闹不清这个问题，我要为你讲解它。”“是是。”

“行虽苦，复为吾具说上善之弟子。”“今已有二过于天师，不敢复言也。”“行，子宜自力加意言之。为人弟子，见教而不信，反为过甚深也。但不及者，是天下从古到今所共有也，平说之。”“唯唯。然。为人弟子，旦夕常顺谨，随师之教敕，所言不失铢分[①]，不敢妄说，乱师之文。出入不敢为师致忧，从见教于师之后，不敢犯非历邪[②]，愉愉日向为善，无有恶意，不逆师心，是为上善弟子也。”“噫！真人言，几类似之。是非上善之弟子也，财应中善之弟子耳。”

【注释】

①不失铢分：犹言不差毫厘。铢、分均为重量单位。十二粟为一分，十二分为一铢，十二铢为半两。

②历邪：陷入邪恶之意。

【译文】

“近前来，虽然对问题做出确切解答很困难，你再为我详尽讲一讲第一等弟子到底该是怎样的。”“如今已经两次对天师犯下了罪过，不敢再说了。”“近前来，你应自行努力，更用心谈谈这个问题。作为人家的弟子，受到教诲却不信从，反倒构成罪过特深重。然而仅仅是对问题闹不清楚，这正属于全天下从古到今普遍存在的现象，你只管慢慢讲。”“是是。好的，作为人家的弟子，从早到晚总保持顺从恭谨的态度，完全依从师长的教诲和训饬，讲论任何事情都丝毫不偏离，不敢乱说一通，败乱师长的书文。出入不敢给师长带来忧虑，从师长那里受教以后，不敢产生任何过错，更不敢陷入邪恶，总是心情愉悦地朝良善日益迈进，没有邪恶的念头，不违背师长的意旨，这也就属于第一等弟子了。”“嗨嗨！真人这番话，仍旧好像很对却不对。这还够不上第一等弟子，仅仅算得上中等弟子罢了。”

“实不及。愚生见师严敕，自力强说三事，三事不中明天师意，为过责甚重，恐复有罪不除也。”“凡人行有不及耳，子无恶意，无罪也。今天下人俱大愚冥冥①，无一知是也。极于真人，说事常如此，今何望于俗夫愚人哉！其常不达，信其愚心，固是也。”“天师幸事事哀之，既闿示之②，愿复见为达其所不及，恩惟明师师③。”“行，吾将为真人具陈说之，子宜自力，随而记之。”“唯唯。”

【注释】

①冥冥：懵懂无知的样子。

②闿(kǎi)示：开启示知。

③明师师：此三字中后一“师”字，意为赐教。

【译文】

“弟子确实闹不清楚。愚生看到天师的严切训饬，自己硬着头皮讲说这三宗事，可三宗事都不符合高明天师的意旨，构成罪过特别严重，只怕罪该万死，死有余辜。”“只要是人，做事就有闹不懂的地方，你并没有恶意，所以就不存在罪过。如今天下人全都非常愚蠢昏昧，什么都不了解，也就只能那样了。可高明到真人你，讲论事情却总像这个样子，眼下对俗夫愚人还能再有什么要求呢？他们一味不通达，死死抱定自己的愚昧想法，原本也就可以理解了。”“天师幸而事事都哀怜弟子，既然已经加以开示，希望能再看到特为弟子点拨他所闹不清楚的那些事情，只请明师施恩赐教。”“近前来，我立刻为真人详尽陈说这三宗事，你应自行努力，紧跟在后面记下它。”“是是。”

“诺，然。夫上善之臣子民之属也，其为行也，常旦夕忧念其君王也。念欲安之，心正为其疾痛，常乐帝王垂拱而自治也[①]，其民臣莫不象之而孝慈也。其为政治，但乐使王者安坐而长游，其治乃上得天心，下得地意，中央则使万民莫不欢喜[②]，无有冤结失职者也。跂行之属，莫不向风而化为之，无有疫死者，万物莫不尽得其所。天地和合，三气俱悦，人君为之增寿益算[③]，百姓尚当复为帝王求奇方殊术，闭藏隐之文莫不为其出[④]，天下响应，皆言：‘咄咄善哉！未尝有也。'上老到于婴儿，不知复为恶，皆持其奇殊之方，奉为帝王，帝王得之，可以延年；皆惜其君且老，治乃得天心，天地或使神持负药⑤，而告子之⑥，得而服之，终世不知穷时也。是所谓为上善之臣子、民臣之行所致也。真人宁晓知之不邪？""唯唯。"

【注释】

①自治：谓上善臣子自我修身。

②中央：指人间。人间由天地交合而成，故曰中央。

③算：上天在人生前为之注定的寿龄。凡人早亡，享寿未尽，其剩余部分则为余算。余算归天掌握，可转赐他人。本经以一年为一算，与《抱朴子》所称百日一算不同。详见卷一百二《经文部数所应诀》后附遗文及辛部第十三条经文所述。

④闭藏隐之文：指各种神书秘籍。

⑤药：指仙药。本经佚文云："守一之法，神药自来。"

⑥子：意谓像对儿子那样。

【译文】

"好好。是的，第一等臣子和民众，他们做起事情来，从早到晚总去忧念自己的君主，只想叫他安宁，内心纯正得为他火烧火燎，常常高兴帝王垂衣拱手无事可做，为此而加强本人的自我修养，其他臣僚和民众没有不向他们看齐而孝敬仁慈的。他们处置政务，施行治理，只高兴让帝王安稳坐定而长久游乐，于是理政施治往上获取到天心，往下获取到地意，在人间则使万民无不欢欢喜喜，不存在冤情聚结、失去社会职业的人。所有的动物，没有一种不在他们所施布的仁风中受到染化，支配自身的活动，不存在被瘟疫夺去生命的野兽家畜，万物没有一种不各得其所。天地和谐融洽，太阳气、太阴气与中和气都很欢悦，君主由此而增加寿命，百姓尚且还理所当然地为帝王求索奇方异术，各种神书秘籍无不为他们降现，天下像回音应和原声那样做出应合，都齐口赞颂说：'哎呀太好了！自古未曾有过。'从老人到婴儿，不晓得再做坏事，都持带奇异的妙方，奉献给帝王，帝王得到它们，可以延年；又都痛惜自己的君主眼看年老了，治理竟获取到天心，于是天地就派遣神灵持带仙药，像对儿子那样嘱告他，得到以后一服用，永远不知道寿尽命终。达成这等结果，才属于所说的第一等臣子和民众的行为。真人到底对此闹明白没闹明白呢?""是是。"

跂行之属[①]，莫不向风而化，万物各得其所。天地和悦，人君为增寿，上老至于婴儿，不知复为恶。天下且惜其君恐老，天地必使神人持负灵药告之，帝王服之，寿无穷矣。

【注释】

①"跂行"句：自此以下整节文字乃系《合校》本附存的以资参考的《太平经钞》钞文。

【译文】

所有的动物，没有一种不在他们所施布的仁风中受到染化，万物都各得其所。天地协调欢悦，君主由此而增加寿命，从老年人到婴儿，不晓得再做坏事。全天下都在痛惜自己的君主，担心他年老，天地必定会派遣神人持带灵药嘱告他，帝王服用后，寿命就没有尽头了。

"子可谓已觉矣。是故太古上皇帝第一之善臣民[①]，其行如此矣。""以何能求之，致此治正也?""以此道。吾道正上古之第一之文也，真人深思其意，即得天心矣。吾敬受是于天心矣，而下为德君解灾除诸害，吾畏天威[②]，敢不悉其言？天旦怒[③]！吾属书于真人，疾往付归之上德君，得之以治，与天相似，与天何异哉？”

【注释】

①太古：即下文所称上古。其与中古、下古相对而言，为三古之首。上皇帝：第一等的明皇圣帝。指天皇、地皇、人皇。

②天威：上天的威怒。

③天旦怒：此三字中“旦”当做“且”。形近而讹。

【译文】

“你可以称得上已经觉悟了。所以太古时代第一流明皇圣帝的最上等的臣子与民众，他们的行为就像这个样子了。”“凭借什么能够求取到这样的臣民，达到这样纯正的治理呢？”“凭借这真道。我那真道正是上古第一书文，真人深思它那意旨，也就获取到天心了。我从天心那里恭敬领受这真道，下凡来为具有道德的君主解除灾殃，去除各种祸害，我畏惧皇天的威怒，哪敢不和盘托出皇天的话语呢？皇天眼看着会发怒的！我把道书托付给真人，真人赶快前去付归给具有第一等道德的君主，得到它进行治理，便同皇天最相像，与皇天哪有什么差别呢？”

“善乎善乎！见天师言，承知天太平之平气真真已到矣。其所以致之者，文已出矣，乐哉复何忧！”“今民非子事[①]，何故见善即喜，见恶则忧之乎？”“所以然者，善气至，即邪恶气藏，吾且常安，可无疾伤；夫恶气至，则善气藏，使吾畏灾不敢行。天下皆然，故吾见善则喜也。”“善哉，子之言也。”

【注释】

①民非子事：意为百姓如何不在真人用心用力的范围之内。因真人已脱离世俗，不复操持人间事务，故出此语。即如下文所称："子今又去世之人也，不得誉于治。"本经卷六十七《六罪十治诀》云："今吾（指天师）已去世，不可妄得还见于民间，故传书付真人。真人反得，已去世俗，不可复得为民间之师。"又卷四十《乐生得天心法》记真人之言曰："吾统乃系于地，命属昆仑；今天师命乃在天，北极紫宫。"

【译文】

"这太好了！这太好了！看到天师的讲说，紧接着就知道太平气真真地已经来到了。因为把它招引来的文书已经出世了，大乐呀大乐！还有什么忧愁呢？""如今百姓怎么样，并不是你该用心用力的事情，你为什么见到良善就喜悦，见到邪恶就忧愁呢？""之所以这样，是因为善气来到，邪恶气就藏伏起来，我也总会平安，可以避免患病受伤害；相反恶气扑来，善气就藏伏起来，叫我害怕灾殃临头，不敢到处走动。整个天下都和我一样，所以我见到良善就喜悦。""你这番话说得太好了。"

"天师幸哀，已为说上善臣子民之法，愿复闻上孝之术。""善哉，子难问也。然。上善第一孝子者，念其父母且老去也，独居闲处念思之，常疾下也。于何得不死之术，向可与亲往居之，贱财贵道活而已。思弦歌哀曲[①]，以乐其亲，风化其意[②]，使入道也，乐得终古与其居，而不知老也。常为求索殊方，周流远所也，至诚乃感天，力尽乃已也。其衣食财自足，不复为后世置珍宝也，反悉愁苦父母，使其守之。家中先死者，魂神尚不乐愁苦也，食而不求吉福[③]，但言努力自爱于地下，可毋自苦，念主者也[④]。是名为太古上皇最善孝子之行。四方闻其善，莫不遥为其悦喜，皆乐思象之也，因相仿效，为帝王生出慈孝之臣也。

【注释】

①思弦歌哀曲：此五字《太平经钞》无“哀曲”二字。于义为长。

②风化：劝导化解之意。风，通“讽”，谓用委婉的语言进行暗示或劝告。

③食：谓祭祀列祖列宗。吉福：指对现世家族成员的保佑。本经卷五十《葬宅诀》称：“魂神复当得还养其子孙，善地则魂神还养也，恶地则魂神还为害也。”

④主者：指所供奉的死者牌位。

【译文】

“天师对弟子幸予哀怜，已经为弟子讲说了第一等臣子和民众的大法，希望能再听到第一等孝子的道术。”“真是太好了，你这诘难质问。好的，第一等最佳孝子，考虑到自己的父母接近年老和死亡，一个人在静室里忧念深思这桩事，经常为此焦灼得心里发痛。能在哪里获取到长生不死的道术，好同双亲奔向那里去居住，轻视钱财，看重道术，只要能存活也就万事皆休了。想办法演奏和演唱欢乐的歌曲，用来娱悦双亲，化导他们的心意，使他们入道，高兴永久与他们生活在一起，不知道什么叫年老。总去为父母求索奇方，走遍了遥远的地方，至诚于是感动皇天，力量用尽才算作罢。自己能吃饱穿暖也就足够了，不再为后代留什么珍宝，掉转头全都拿来为父母分忧用，让父母掌握着花。对家中死在前面的人，也不愿让它们的魂神感到愁苦，祭祀它们时不求它们保佑全家，只是祝愿它们在地下努力自爱，不要自寻苦恼而牵挂自己的灵位牌。所有这一切，才被称为太古时代第一等明皇圣帝的最佳孝子的行为。四方听说他那善行，没有谁不从远处为他感到高兴，全都乐意向他看齐，随后递相效仿，为帝王生出仁慈孝敬的臣僚来。

“夫孝子之忧父母也，善臣之忧君也，乃当如此矣。真人今旦所说[①]，但财应平之行，各欲保全其身耳，上何益于君父师，而反言为上善之人乎？此财名为自祐利之人耳。真人尚乃以此为善，何况俗人哉！自见行谨信、不犯王法而无罪名者，啼呼自言不负天，不负君父师也。汝行适财自保全其身耳，反深自言有功于上，而啼呼天地，此悉属下愚之人也，不能为上善之人也。

【注释】

①今旦：今朝。

【译文】

“孝子忧虑父母，良臣忧虑君主，正都应该像这样。可真人今天早上所说的那类表现，仅仅才够上一般的行为，只不过是各自想保全住自家的性命罢了，往上对君主、父亲和师长又有什么益处呢？反倒可以称为第一等好人吗？这也只配叫做自己保佑自己、自己有利自己的人罢了。真人尚且竟把这种人看成是最好的人，更何况俗人呢？自我感觉本身行为恭谨诚信、不犯王法而无罪名加身的人，哭天喊地，自称没有对不起苍天的地方，也没有对不起君主、父亲和师长的地方。其实你那类行为恰恰才自我保全住性命罢了，反而往深处自称对上面有功，哭天喊地，这都属于低劣愚昧的人，根本够不上第一等好人。

“今所以为真人分别具说此者，欲使真人以文付上德之君，以深示敕众贤，使一觉悟，自知行是与非，亦当上有益于君父师不邪？太上中古以来[①]，人益愚，日多财[②]，为其邪行，反自言有功于天地君父师，此即大逆不达理之人也。真人亦岂知之耶？”“唯唯。”

【注释】

①太上：即上古。中古：指以黄帝为首的五帝时代。

②多财：犹言重财。多，重视。

【译文】

"如今特为真人细作区分来详尽讲说这个问题，目的在于让真人把这篇书文传付给具有第一等道德的君主，以便向众贤人宣示并深加训饬，让他们彻底觉悟，自行闹清行为的是与非，是否正该往上对君主、父亲和师长确有益处呢？从上古时代以至中古时代以来，世人越发愚昧，一天比一天看重钱财，干那邪恶的勾当，反而自称对天地、君主、父亲、师长立有功劳，这纯粹是整个给颠倒过来而不明事理的人。真人恐怕也清楚这一点了吧？""是是。"

"子可谓已觉矣。今为行善，实大难也，子慎之。子不力通吾文，以解天地之大病，使帝王游而无忧无事，天下莫不欢喜，下及草木，子未能应上善之人也，财名为保全子身之人耳，又何以置天地乎①？夫人欲乐全其身者，小人尤剧②，子亦知之乎？""唯唯。""子可谓为已觉矣，慎之！"

【注释】

①置：面对之意。

②小人：邪僻卑劣的人。

【译文】

"你可以称得上已经觉悟了。如今做善事，当善人，确实太困难了，你要慎重来对待。你不下大力气弄通我那书文，去解除天地对世人的深切记恨，使帝王只管游乐而无忧无虑，无事可做，天下没有谁不欢欢喜喜，往下延及到草木，你就没资格够得上第一等好人，仅仅被称作保全你自身的人罢了，又靠什么去面对天地呢？世人中特想保住自己性命的人，在小人身上体现得更厉害，你明了这一点吗？”“是是。”“你可以称得上已经觉悟了。对此要多加小心！”

“唯唯。今天师幸哀愚贱不达道之生，愿复闻上善之弟子行也。”“然。上善之弟子也，受师道德之后，念缘师恩，遂得成人，乃得长与贤者相随，不失行伍①；或得官位，以报父母；或得深入道，知自养之术也②。

【注释】

①行伍：意为道德圈内。

②自养之术：自我养护的道术。本经卷五十二《胞胎阴阳规矩正行消恶图》云：“贤知自养，比与神俱语。”又卷一百十九《道祐三人诀》谓：“又凡人自养，不可不详察也。夫道者，乃正人之符也。”

【译文】

“是是。如今天师对愚昧低贱不明真道的弟子幸予哀怜，希望能再听到第一等弟子的行为到底该是怎样的。”“好的。第一等弟子学到师长的道德以后，想到出于师长的恩典，自己才得以成才，于是就永久与贤人相交往，不脱离道德圈；有的人获取到官位，用来报答父母；有的人修炼真道，达到很精深的地步，明了自我养护的道术。

“夫人乃得生于父母①，得成道德于师，得荣尊于君②。每独居一处，念君父师将老，无有可以复之者，常思行为师得殊方异文，可以报功者③。惟念之，正心痛也，不得奇异也，念之故行，更学事贤者。属托其师④，为其言语，或使师上得国家之良辅，今复上⑤，长有益帝王之治，若此乃应太古上善之弟子也。及后生者，明君贤者名为上善之人。若真人，今且可言易教谨信。从今不达师心⑥，此者财应顺弟子耳。但务成其身也，又何益于上，而言为善弟子乎哉？真人说尚言，而民俗夫愚人常自言有功于师，固是也。

【注释】

①夫人乃得生于父母：此八字中“于”原作“为”。据《道典论》卷二《弟子》引改。

②荣尊：指高官显职。本经卷七十三至八十五《阙题》(八)云：“故父母者，生之根也；君者，授荣尊之门也；师者，智之所出，不穷之业也。此三者，道德之门户也。”又卷九十四至九十五《阙题》称：“夫师开曚，为道之端，君父及师，天下命门，能敬事此三人，道乃大陈；不事此三人，室闭无门，福德皆逃，祸乱为怜，详惟其事，无失书言。父母生之，师教其交，居亲仕之，可不慎焉！”

③功：指教诲之劳，培育之恩。本经卷四十《分解本末法》称：“夫师弟子功大重。比若父母生子，不可谢而解也。”

④属托其师：意谓将功劳悉数记在其师名下。

⑤今复上：此三字中“今”当做“令”。形近而讹。复上，意为步步高升。

⑥从今：意为随波逐流。

【译文】

“作为人，正是从父母那里得以降生下来，从师长那里得以成就道德，从君主那里得以获取到荣耀尊贵的职位。由此便应独自一人处在居室的时候，只去思量君主、父亲和师长眼看就年老了，可自己却没什么真能报答他们的东西，于是便总想采取行动，要为师长寻找到殊方异文这类确能报答教诲之恩的东西。一个劲儿地想过来又想过去，内心只为还没得到殊方异文而疼痛不已。想到这般地步，所以就付诸行动，轮番再去学习，侍奉贤能人士，把功劳都记在自己师长的名下，到处替自己的师长做宣传，有的致使师长往上成为国家的贤良辅臣，又继续步步高升，长久对帝王的治理大有裨益，像这样，才真正够得上太古时代的第一等弟子。恩泽流及到后来出生的人，明君和贤人把他称为第一等好人。可像真人你，如今却甘愿宣扬：容易教诲和恭谨诚实，也就属于最棒的了。随波逐流却宣达不出师长的真正意旨，这种人仅仅算得上表面随顺师长的弟子罢了。他们只不过在设法成全自己，对上面又有什么益处呢？竟然能把他们称为第一等弟子吗？真人谈论起来还这样讲，百姓中的俗夫愚人经常自称对师长有功，也就不足为怪了。

“夫为人臣子及弟子，为人子，而不从君父师教令，皆应大逆罪，不可复名也[①]。真人所说善子民臣、善弟子，其行财不合于罪名耳。愚哉子也！何谓为善乎？是故俗夫之人愚，独已洞达久矣[②]。今以真人说绳之，已知其实失正路，入邪伪，迷惑久哉！是故天独深知之，故怒不悦，灾委积，更相承负是也。皆若真人言，行财保其身不犯非者，自言有功于天地旁人也，是其大愚之剧者也。子复慎之。

【注释】

①复名：意谓再另定哪条罪。

②洞达：洞若观火之意。

【译文】

“作为人家的臣子、民众和弟子，作为人家生下的儿子，却不听从君主、父亲和师长的教令，全都够得上大逆不道的罪名，简直无法再给他们另定哪条罪名。真人所说的好儿子、好百姓、好臣下、好弟子，他们的行为仅仅不曾沾上罪名罢了。你也显得太愚昧了呀！根据什么把这说成是最棒的呢？因而凡夫俗子这等人的愚昧劲儿，早已让人对它洞若观火了。如今拿真人的说法来做衡量，已经清楚他们实际上迷失了正路，陷入到邪恶奸伪当中，迷惑得太长太久了！所以皇天独自深深了解这种情况，因而动怒不高兴，灾殃积聚又积聚，递相承负，也就势所必至了。全都像真人所说的那样：自身行为仅仅属于保住性命而不触及罪恶的人，反而自称对天地和别人立有功劳，这纯粹是万分愚昧数第一的人。你对此要谨慎再谨慎。

“子言未尽合于天心也，吾所以使真人言者，不以故子也[①]，但欲观俗人之得失，以何为大过乎？故使子言之，视其枉直非耳[②]。子赤知之耶[③]？”“唯唯。”

【注释】

①不以故子：意谓事出有因。故子，旧门徒。

②枉直：曲与直。以喻是非观念。

③赤知：透彻理解之意。

【译文】

“你那话语还没完全符合天心，我让真人讲论这些事，纯属事出有因，只想借此观察俗人的得失，看看他们究竟把什么当成大罪过。所以就让你讲论它，察看俗人的是非观念是否像这样罢了。你对此透彻理解了吗？”“是是。”

“行，子已觉矣。本觉真人之时，不欲与真人语言也。见子惓惓[①]，日致善也，故与子深语，道天地之意，解帝王之所愁苦，百姓之冤结，万物之失理耳。今既为子陈法言义[②]，无所复惜也，子但努力记之。”“唯唯。”“吾向睹几何弟子，但不可与语，故不与研究竟语也；故吾之道，未尝传出也。子知之耶?""唯唯。""行去,子晓矣。"

【注释】

①惓惓(quán):恳切貌。

②陈法:陈述道法。言义:讲论道意。

【译文】

"回去吧,你已经觉悟了。最初想让真人觉悟的时候,没打算同真人做交谈。看到你很诚恳,日益朝良善迈进,所以和你便往深处做交谈,讲述天地的心意,解除帝王的愁苦事和众百姓聚结的冤情以及万物失去护理的情况。如今既然已经为你陈列了道法,讲论了道意,没有再感到应当吝惜不传的了,你要只管努力记住它。""是是。""我从前碰到过的弟子太多了,但都不能同他们做交谈,所以也不和他们细加研究,把话全都讲出来;所以我那真道,未曾传授出示。你知道这一点吗?""是是。""回去吧,你已经都明白了。"

"然。天师既哀弟子,得真言不讳,君贤则臣多忠,师明则弟子多得不讳而言。""善哉,子之言也得觉意[①]。行言之。""今天地实当有仙不死之法、不老之方,亦岂可得耶?""善哉,真人问事也。然。可得也。天上积仙不死之药多少,比若太仓之积粟也;仙衣多少,比若太官之积布白也[②];众仙人之第舍多少,比若县官之室宅也,常当大道而居。故得入天大道者,得居神灵之传舍室宅也[③],若人有道德居县官传舍室宅也。

【注释】

①觉意:指身为师长开启人的固有之意。

②太官：指掌管宫廷御衣、宝货、珍膳的少府。少府为汉代皇家私库，其长官跻身九卿之列。布白：据下文，"白"当做"帛"。帛为质地薄细的未加漂染的白色丝织品。又称素或素丝。汉刘熙《释名·释彩帛》云："素，朴素也，已织则供用，不复加巧饰也。又物不加饰，皆自谓之素，此色然也。"

③传舍：专供行人止宿的馆舍。以上所云，参见本经辛部"说天地上下、中央八远邮亭所衣食止舍"两节文字所述。

【译文】

"好的。天师既已哀怜弟子，弟子就有权说真话而不隐藏，君主贤明，臣僚就大多忠直；师长高明，弟子就大多有什么说什么。""真是太好了，你这番话切中了为人师长开启人的固有本意。近前来，只管讲。""如今天地确实该有那些成仙不死的法术，长生不老的秘方，恐怕也能获取到吧？""真人问事果真太好了！是的，完全能够获取到。天上积聚了多少成仙不死的神药，就如同人间京师大粮仓所积聚的谷米；天上积聚了多少仙衣，就如同人间皇室仓库所积聚的布匹丝帛；天上众仙人的住处有多少，就如同人间朝廷所设置的衙署常常面朝大道而耸立。所以真能修炼成皇天大道的人，就有权栖身在神灵的馆舍和衙署里，这也正像具有道德的人有权栖身在朝廷的馆舍和衙署里。

"天上不惜仙衣不死之方，难予人也。人无大功于天地，不能治理天地之大病，通阴阳之气，无益于三光四时五行、天地神灵，故天不予其不死之方仙衣也。此者，乃以殊异有功之人也①。子欲知其大效乎？比若帝王有太仓之谷、太官之布帛也。夫太仓之谷，几何斗斛？而无功、无道德之人，不能得其一升也；而人有过者，反入其狱中，而正尚见治，上其罪之状，此明效也。

【注释】

①殊异：突出表彰之意。本经卷一百十三《乐怒吉凶诀》称：治臻太平和乐，乃有“青衣玉女”、“赤衣玉女来赐人奇方”。

【译文】

“天上并不吝惜仙衣和长生不死的秘方，但却很难赐给人。人对天地没有建立大功劳，不能救治天地的大病痛，沟通阴阳二气，对日月星辰、春夏秋冬、木火土金水五行和天地神灵没有什么补益，所以天上就不赐给长生不死的秘方和仙衣。这正用来突出地表彰那些立有大功的人。你想了解那最为明显的效验吗？也就好比帝王拥有京师大粮仓里的谷米和皇室仓库中的布匹丝帛。京师大粮仓里的谷米该有多少斗、多少斛呀？可没有功劳、没有道德的人，得不到其中的一升啊；而犯下罪过的人，则被关进帝王的牢狱中，并且遭到审讯，奏明他所犯下罪过的全部情况，这正构成了那最为明显的效验。

“今人实恶，不合天心，故天不具出其良药方也，反日使鬼神精物行考、笞击其无状之人[①]。故病者不绝，死者众多也，比若县官治乱，则狱多罪人，多暴死者，此之谓。

【注释】

①行考：勘察审问。笞击：古代肉刑之一。即用竹板或荆条敲打罪犯的臀腿或脊背。此处系以人间刑罚比附上天之所为。

【译文】

“如今世人确实邪恶，不切合皇天的心意，所以皇天就不把奇妙的神药秘方全都降示，相反却天天派遣鬼神精物勘察审问和拷打痛击那些罪大无可名状的人。所以身患疾病的人一个接一个，死掉的人也一堆接一堆，如同天子政治混乱，牢狱中就有很多的罪犯，罪犯中就有很多暴亡的人，说的也就正是这个意思。

“如有大功于帝王，宫宇积多，官谷有布帛，可得常衣食也。夫人命帝王[①]，但常思与善人为治，何惜爱哉[②]？人君职，会当与众贤柔共平治天下也[③]。夫君无贤臣，父无孝子，师无顺善弟子，其为愁不可胜言也。

【注释】

①人命帝王：意为人之生死予夺，完全掌握在帝王手中。

②惜爱：犹言吝啬。

③柔：指身怀柔术的人。《老子》倡导守柔克刚，故称。柔，柔和。

【译文】

“如果对帝王立有大功，室宇本来就积攒得太多了，官仓有谷米又有布匹丝帛，可以经常得到衣食供应了。世人的生死予夺，完全掌握在帝王手中，帝王一门心思总在考虑与善人一起施行治理，还有什么吝惜的呢？君主的天职，终归应与众多的贤人和有道之士共同治理和安定天下。如果君主底下没有贤臣，父亲底下没有孝子，师长底下没有顺从良善的弟子，那就形成愁虑，多得述说不过来了。

“是故上古三皇垂拱[①]，无事无忧也。其臣谨良，忧其君，正常心痛，乃敢助君平天下也，尚复为其索得天上仙方，以予其君也，故其君得寿也。或有大功，功大尚得俱仙去，共治天上之事，天复衣食之。此明效也，不虚言也。夫中古以来，多妒真道，闭绝之，更相欺以伪道，使人愚，令少贤者，故多君臣俱愁苦，反不能平天下也，又多不寿。非独今下古人过也[②]，所由来久矣，或大咎在此。子亦岂知之耶？”“唯唯。”

【注释】

①三皇：指天皇、地皇、人皇。“皇”之为义，汉以前诸家之说同中存异。《逸周书·谥法解》谓：“靖民则法曰皇。”《桓子新论》云：“无制令刑罚，谓之皇。”《尚书璇玑钤》：“皇者，煌煌也。”《春秋运斗枢》谓：“皇者天，天不言，四时行焉，百物生焉。三皇垂拱无为，设言而民不违，道德玄泊，有似皇天，故称曰皇。皇者，中也，光也，弘也，含弘履中，开阴布纲，上合皇极，其施光明，指天画地，神化潜通，煌煌盛美，不可胜量。”《春秋元命苞》称：“皇者，煌煌也，道烂然显明。”《白虎通义·号》云：“皇者何谓也？亦号也。皇，君也，美也，大也。天之总，美大称也。时质，故总之也。号之为皇者，煌煌人莫违也。烦一夫，扰一士，以劳天下，不为皇也。不扰匹夫匹妇，故为皇。故黄金弃于山，珠玉捐于渊，岩居穴处，衣皮毛，饮泉液，吮露英，虚无寥廓，与天地通灵也。”应劭《汉官仪》曰：“皇者，大也，言其煌煌盛美。”《独断·天子正号之别名》称：“皇者，煌也。盛德煌煌，无所不照。”本经卷四十八《三合相通诀》谓：“皇者，乃言其神盛煌煌，故名为皇也。皇，天下第一，无复能上者也。”又壬部云：“其德皇，王（皇）之言煌煌也。”

②下古：指夏商周以下的历史时期。

【译文】

“因而在上古时代，天皇、地皇、人皇垂拱而治，整天无事可做，又不存在忧虑。他们手下的臣僚个个恭谨贤良，忧念自己的君主，心里常常为他感到疼痛，于是敢于协助君主去安定天下，而且还为君主索取到天上的仙方，把它交给自己的君主，所以他们的君主能得享长寿。还有人为皇天立下大功劳，功劳既大，又一起超凡登仙，共同掌管天上的事务，天上又供给他们衣食。这可属于明显的效验，并非在瞎说一通。从中古时代以来，世人大多妒嫉真道，封锁断绝它，转而拿那邪伪的道法来相互欺骗，使人变得越来越愚昧，致使贤人少见，所以大多是君主和臣僚一起在愁苦，反而不能安定天下，又大多寿命很短。这不单单是现今下古人的过错，其实由来已久了，大祸患有的正出在这上面。真人你恐怕也清楚这一点吧？”“是是。”

“故今天上积奇方仙衣，乃无亿数也，但人无大功，不可而得之耳。比若人有县官室宅、钱谷、布帛，常当大道而居，为家不逃匿也[1]；而无功德者，不能得谷一斗、钱一枚、布帛一寸，此明效也。故太古中古以来，真道日衰少，故真寿仙方不可得也。而人过得独寿者[2]，极是其天下之大寿人也。”

【注释】

①为家不逃匿：意谓得享荣华富贵。

②人过得独寿者：指身犯罪过却偏偏寿命甚长的人。即命硬者。人过，人有罪过之意。独，偏偏。此就十分罕见又非常特殊的侥幸者而言。本经卷五十《丹明耀御邪诀》谓：“或有鬼神所使书文不可知而治愈者，是人自命禄为邪之长也。”

【译文】

“所以如今天上积攒的奇方和仙衣，正多得按亿来计算都没有尽头啊，只因世人未曾建立大功劳，根本得不到罢了。这就好比世人有的获取到天子的室宅、钱谷、布帛，总是面朝大道耸立在那里，形成一大家族而享受荣华富贵；而那些没有功德的人，压根就得不到一斗谷米、一枚钱币、一寸布帛，这正属于明显的效验。所以从上古时代、中古时代以来，真道日益衰落少见，因而真寿仙方就无法获取到。至于犯有罪过却偏偏寿命甚长的人，纯属整个天下中极为罕见的长寿人。”

“何也？”“真道德多，则正气多，故人少病而多寿也；邪伪文多，则邪恶炁多，故人多病而不得寿也，此天自然之法也。故古者三皇之臣多真道也，故其君多寿；五帝之臣少真道[①]，故其君不若三皇之寿也；三王之臣复少真道[②]，不能若五帝也；五霸之臣最上功伪文祸[③]，无有一真道，故多夭死[④]，是明效也。其中时时得寿者，极天下之寿人也。子重知之耶?”“唯唯。”

【注释】

①五帝：指黄帝、颛顼、帝喾、尧、舜。“帝”之为义，汉以前诸家之说同中存异。《逸周书·谥法解》称：“德象天地曰帝。”《吕氏春秋·下贤》曰：“帝也者，天下之适也。”《桓子新论》谓：“有制令，无刑罚，谓之帝。”《易纬坤灵图》云：“帝者，天号也。德配天地，不私公位，称之曰帝。”《孝经援神契》谓：“帝者，谛也，象上可承五精之神。”《白虎通义·号》云：“号言为帝者何？帝者，谛也，象可承也。”《风俗通义·五帝》云：“谨按《易尚书大传》：天立五帝以为相，四时施生，法度明察，春夏庆赏，秋冬刑罚。帝者任德设刑，以则象之。言其能行天道，举错审谛。”《独断·天子正号之别名》称：“帝者，谛也。能行天道，事天审谛。”本经壬部云：“帝者，为天地之间作智，使不陷于凶恶，故称帝也。”

②三王：指夏之大禹，商之成汤，周之文王和武王。“王”之为义，汉以前诸家之说同中存异。《逸周书·谥法解》谓：“仁义所往曰王。”《吕氏春秋·下贤》曰：“王也者，天下之往也。”《荀子·王霸篇》云：“天下归之，之谓王。”《大戴礼记·盛德》称：“法政而德不衰，故曰王也。”《韩诗外传》卷五谓：“王者何也？曰往也。天下往之，谓之王。”《春秋繁露·王道通三》云：“古之造文者，三画而连其中，谓之王。三画者，天地与人也；而连其中者，通其道也。

取天地与人之中，以为贯而参通之。非王者，孰能当是？”又《深察名号》称：“深察王号之大意，其中有五科：皇科、方科、匡科、黄科、往科。合此五科，以一言谓之王。王者皇也，王者方也，王者匡也，王者黄也，王者往也。”《桓子新论》谓：“赏善诛恶，诸侯朝事，谓之王。……王者，往也，言其惠泽优游，天下归往也。”《周易乾凿度》卷上曰：“王者，天下所归往。”《易》曰：“在师中，吉，无咎。王三锡命。师者，众也，言有盛德，行中和，顺民心，天下归往之，莫不美命为王也。行师以除民害，赐命以长世德之盛。”《春秋文耀钩》称：“王者，往也。神所向往，人所归乐。”《白虎通义·号》云：“王者，往也，天下所归往。”《风俗通义》卷一《三王》云：“夫擅国之谓王，能制割之谓王，制杀生之威之谓王。王者，往也，为天下所归往也。”《独断·王者至尊四号之别名》谓：“王有天下，故称王。……天下之所归往，故称天王。”本经壬部云：“王者，人民万物归王之不伤，故称王。王者，往也。”

③五霸：通常指春秋时代的齐桓公、晋文公、秦穆公、宋襄公、楚庄王。“霸”之为义，汉以前诸家之说同中存异。《桓子新论》谓：“兴兵约盟，以信义矫世，谓之伯也。”《白虎通义·号》云：“昔三王之道衰，而五霸存其政，率诸侯，朝天子，正天下之化，兴复中国，攘除夷狄，故谓之霸也。……霸者，伯也，行方伯之职，会诸侯，朝天子，不失人臣之义，故圣人与之。非明王之张法。霸犹迫也，把也，迫胁诸侯，把持其政。”《风俗通义》卷一《五伯》称：“伯者，长也，白也，言其咸建五长，功实明白。或曰霸者，把也，驳也，言把持天子政令，纠率同盟也。”上：通“尚”，崇尚。功：指通过战争建立的功业。

④夭死：早亡。

【译文】

“这是为什么呢？”“因为真道真德众多，正气就多，所以世人很少患病而大多长寿；邪伪文书众多，邪恶气就多，所以世人大多患病而无法获享到长寿，这正构成了皇天原本就那样的法则。因而古代三皇的臣僚掌握的真道多，所以他们的君主就寿命长；五帝的臣僚掌握的真道少，所以他们的君主就不如三皇那样寿命长；三王的臣僚掌握的真道更少，所以他们君主的寿命更比不上五帝；五霸的臣僚最崇尚战功和由邪伪文书带来的祸难，没有一种真道，所以他们的君主大多都早亡，这正构成了明显的效验。其中时时有那获享长寿的人，纯属整个天下中极为罕见的长寿人。真人你对这一点又重新了解到了吗？”“是是。”

“是故占者圣贤①，但观所得瑞应善恶②，即自知安危吉凶矣；其得上善文应者③，其治已最无上矣；其得中文应者④，已象中人矣；其得下文应者⑤，已象下人矣。”

【注释】

①是故占者圣贤：此六字中“占”当做“古”。形近而讹。

②善恶：指次数和种类而言。本经分瑞应为三类，即大善瑞应、中善瑞应、小善瑞应。参见卷八十六《来善集三道文书诀》所述。

③上善文：指道经。

④中文：指德经。

⑤下文：指儒家经典和法家著作、兵家著作等。

【译文】

“所以古代的圣贤只察看吉祥兆应降示的次数多少和大小情况，也就自己很清楚安危吉凶怎么样了；那些获取到第一等书文而与他恰相应合的人，他那治理就已经达到顶点了；那些获取到中等书文而与他恰相应合的人，他那治理就已经如同中等人了；那些获取到下等书文而与他恰相应合的人，他那治理就已经如同下等人了。”

“何谓也？”“谓得文如得三皇之文者，即其上也；若得五帝之文者，即其中也；若得三王之文者，即其大中下也[1]；如得五霸之文者，即其最下也。”

【注释】

①大中下：意谓略弱于中等，稍强于下等。

【译文】

“这话讲的是什么意思呢？”“这是说获取到书文如果是三皇所得到的那类书文，也就属于第一等了；如果得到的是五帝所得到的那类书文，也就属于中等了；如果得到的是三王所得到的那类书文，也就属于介乎中等和下等之间了；如果得到的是五霸所得到的那类书文，也就属于最下等了。”

“何以明如斯文乎？”“善哉，子之言也。教其无刑而自治者，即其上也；其出教，令其惧之、小畏之者，即其中也；教其小刑治之者，即其大中下也；多教功伪，以虚为实，失其法，浮华投书治事[1]，暴用刑罚，多邪文，无真道可守者，即是其下霸道之效也[2]。古者圣贤，但观可得天教敕，即自知优劣矣。”

【注释】

①投书：侥幸上书之意。治事：谓谋取个人权力。本经卷八十六《来善集三道文书诀》云：“一人独上书，名为投书治事。付一信，名为大欺，与皇天为重怨，天道为其常乱也。”

②霸道：指大国国君所奉行的以武力、刑威、权势为凭借而尊王攘夷、挟天子令诸侯的原则与方法。《文子·下德》谓：“霸者则四时。”又《自然》云：“霸者通于理。”《管子》卷六《兵法》称：“谋得

兵胜者霸。”《吕氏春秋·先己》云:“五伯先事而后兵,故兵莫强焉。”又《名类》称:“霸者同力。”《黄石公三略》卷中曰:“霸者制士以权,结士以信,使士以赏,信衰则士疏,赏亏则士不用命。”《汉书·王莽传下》载地皇三年二月《霸桥灾下书》曰:“五伯象冬。……伯者,继空续乏,以成历数,故其道驳。”《桓子新论》谓:“五霸用权智。”《春秋运斗枢》曰:“五霸黠巧。”《孝经钩命诀》:“应世黠巧伪奸多。”《礼纬斗威仪》云:“霸者得其附枝。……霸道不行不能守其身。”《论语摘衰圣》谓:“霸不先正尚武力。”

【译文】

“根据什么就能证明确属这几等书文呢?”“真是太好了,你这问话。教导君主不设刑罚而自然施治的,就确属第一等;宣布有关教令制度,让百姓害怕、稍加畏惧的,就确属中等;教导君主多少施用些刑罚来施行治理的,就确属介乎中等和下等之间;卖劲儿地教导君主崇尚战功和诈术,以虚为实,失去准则,浮华人侥幸上书,谋取到个人权力,残酷地动用刑罚,大多为邪僻奸伪的文书,没有真道可以守行,恰恰就构成那最低等的霸道的证明。古代的圣贤只察看谁乐意获取到皇天的教令,也就自行区分出优劣了。”

“愿闻教者使谁持往乎?”“然。或为其生贤,辅助其治,此若人家将兴,必生贤子也。或河洛为其出应文图①,以为券书②,即是也。子知之耶?”“唯唯。”

【注释】

①河洛:黄河洛水。应文图:谓与时运际会恰相应合的神文灵图。

②券书:意为如同契约般切合有效、足可为凭的书文。券,契据。道教有左契、右契之说,参见《老子想尔注》所述。

【译文】

“希望听一听皇天出示教令，会让谁把它带去做传付呢？”“好的。或者专为帝王降生下贤士，辅助他施行治理，也就如同某户人家眼看要兴旺起来，必定会生下贤能的儿子。或者是黄河洛水特为帝王降示恰与时运际会相应合的神文灵图，把它作为如同契约般切合有效、足可为凭的书文。这就是让谁把教令带去做传付的情形。你清楚这一点了吗？”“是是。”

“复为真人更明之：家人且衰，生子凶恶；人君且衰，天不为生贤良辅也。人家且衰，子孙不好为真正道德，反好佞伪浮华，功邪淫法[①]，即成凶乱家矣。且人家兴盛，必求真道德奇文殊方，可以自救者；君子且兴，天必子其真文真道真德善人，与其俱共为治也。河洛尚复时或敕之，灾害日少，瑞应日来，善应日多[②]，此即其效也。”“善哉善哉！”

【注释】

①功邪淫法：指房中术。《老子想尔注》谓：“今世间伪技诈称道，托黄帝、玄女、容成之文相教。”

②善应：意谓美好事物做出回应。如颂声四起之类。

【译文】

“再为真人重新说明这一情形：某户人家眼看要衰败下去，生下的儿子就凶恶；君主眼看要衰败下去，皇天就不为他降生下贤良的辅臣。某户人家眼看要衰败下去，子孙就不喜好也不践行真确纯正的道德，反而喜好奸伪浮华那套玩艺和淫邪的功法，也就成为凶险败乱的人家了。某户人家眼看要兴旺起来，必定去索求真道真德和奇文殊方这类足可自救的东西；君子眼看要兴盛起来，皇天必定会像对待儿子那样来对待真文、真道、真德和第一等好人，同他一起施行治理。黄河洛水还不失时机地降现神书训饬他，灾害一天比一天减少，吉祥的兆应一天比一天大量涌现，美好事物做出的回应一天比一天增多，这就构成了那具体效验。""这可太好了！这可太好了！"

"行去，真人勉之力之，当有功于天，当助德君为聪明①。""何谓也?""欲有大功于天者，子今又去世之人也，不得誉于治②，以何得有功于天乎?""今当奈何哉?""但以文书付归德君。德君，天之子也③，应天心，当以此治，报天重功，而以安天下，兴其身。即子亦得吉，保子寿矣④。""善哉！唯唯。"

【注释】

①聪明：指广闻多见。

②誉(yù)：通"与"，参与。

③天之子：古以君权为天为神所授，故称帝王为天子。《庄子·庚桑楚》云："天之所助，谓之天子。"《吕氏春秋·本生》曰："能养天之所生而勿撄之，谓天子。"《春秋繁露·三代改制质文》云："德侔天地者称皇帝，天祐而子之，号称天子。故圣王生，则称天子。"《易纬坤灵图》谓："天子者，继天治物，改正一统，各得其宜，父天母地，以养生人，至尊之号也。"《春秋保乾图》称："天子之尊也，神精与天地通，血气含五帝精，天爱之、子之也。"《孝经援神契》曰："天覆地载，谓之天子，上法斗极。"《白虎通义·爵》谓："天子者，爵称也。爵所以称天子者何？王者父天母地，为天之子也。"本经乙部《安乐王者法》称："帝王，天之子也。……是天地第一神气也。"又卷五十六至六十四《阙题》(五)谓："天子者，天之心也。"又卷七十三至八十五《阙题》(三)云："帝王尸(位居)

上皇天之第一贵子也。”又卷九十《冤流灾求奇方诀》称：“帝王乃最天之所贵子也。”

④寿：长存不灭之意。

【译文】

“回去吧，真人要勉力去做，应当对皇天建立起功劳，应当帮助具有道德的君主广闻多见。”“这是指什么说的呢？”“打算对皇天立下大功，可你如今已经是成仙登真的人了，不再参与人间的治理事务了，那可通过什么能对皇天立下大功呢？”“如今应该怎么办呢？”“只管把文书付归给具有道德的君主。具有道德的君主属于皇天的儿子，应合天心就应当仰仗我这文书去施行治理，用显赫的治绩报答皇天，拿它去安定天下，使自己的身躯永远保持旺盛的状态。连同你也蒙受吉福，保证你长存不灭了。”“这可太好了！是是。”

“行去，三行之说已竟矣。以是示众贤凡人后世，为善当若此也，勿敢但财利其身者自言为善上，以置天君父师也。真人所说人行也，尚可折中以上[①]，及其大下愚、为恶性恶行者积多，讫不可胜名。以书付下古之人，各深自实校[②]，为行以何上有益于天君父师。其为行，增但各自祐利而已邪[③]？天深知人心□□哉[④]，故病者众多也。”

【注释】

①折中：非谓取正而用作判断事物的标准，意为大致予以折抵或折合，尚可算作中等。

②实校(jiào)：意为切实计较核定一番。

③增但：竟仅仅。增，通“曾”，竟。

④深知人心□□哉：此句原缺二字。

【译文】

“回去吧，三种行为的讲说已经讲到顶头了。把这亮给众贤士、普通人和后人看，做善事、当善人就该像这样，而那些只管对自身有利的人也不敢再自称为第一等好人，去对付皇天、君主、父亲和师长了。真人开头所讲的世人的行为，折抵一下还大致可以算作中等以上，至于极为低劣愚昧、养成凶恶本性、专干凶恶勾当的那类人，加到一起也就太多了，数到底都数不过来。因而要把这篇书文授付给下古人，叫大家切实计较核定一番，想到本人的所作所为该用什么来对上面的皇天、君主、父亲、师长大有益处。世人的所作所为，难道仅仅是分别自己保佑自己、自己有利自己就算完事了吗？皇天深深了解世人的那种心思，所以染患疾病的人就非常多。”

“善乎！愚生得睹天心师言，已大觉矣。”“子可谓易觉之人也。今世多下愚之人，自信愚心，不复信人言也，过在此。毁败天道，使帝王愁苦者，正起此。下愚之士反多妒真道善德，言其不肖而信其不仁之心[①]。天病苦之，故使吾为上德之君出此文，可以自致能安其身而平其治，得天心者。太古上皇之君深与天厚者[②]，正以此也。真人宁晓不邪？”“唯唯。”

【注释】

①不肖：子不似父曰不肖。此处指不伦不类的邪说。

②上皇：天之神子曰上皇。参见本经卷九十六《守一入室知神戒》所述。

【译文】

“这可太好了！愚生得以见到天心明师的讲说，已经彻底解悟了。”

“你可以称得上容易开导的人了。如今世上存在着很多低劣愚昧的人，他们死死抱定自己愚劣的想法不放，不再信从别人的话语，罪过正出在这上面。败毁天道，使帝王愁苦，根源也在这里。那些低劣愚昧的读书人反而大多妒嫉真道善德，宣传他们那套不伦不类的邪说，死死抱定自己的不仁心志不放。皇天把这看成祸害，所以派遣我专为具有第一等道德的君主出示这篇书文，靠它就能自行让本人身躯确保安全，国家政治实现太平，获取到皇天的心意。上古时代作为皇天神子的君主，偏偏与皇天感情深厚，关系密切，正是依赖这一条。真人对此到底闹明白没闹明白呢?”“是是。”

“行，子已知之，去矣，行思之。”“唯唯。愿复请问一事。”“行言。”“天师陈此法教①，文何一众多也?”“善哉，子之难也，可谓得道意矣。然。天下所好，善恶义等而用意各异②，故道者，大同而小异。一事分为万一千五百二十字③，然后天道小耳④，而王道小备。若令都道天地上下、八方六合表里所有⑤，谓此书未能记其力也。真人宁知之耶?”“唯唯。”“行，子已知之矣。以此书付道德之君，令出之，使凡人自思行得失，以解天地之疾，以安帝王，其治立平。真人晓邪?”“唯唯。”“行去，自厉勿忽也⑥。”“唯唯。”

右分别君臣父子师弟子、知其善恶行得失占。

【注释】

①法教：道法与教戒。

②义等：意谓固有的本义或出发点无不相同。用意：犹立意。即所确立的宗旨。

③万一千五百二十字：此字数系就一种特定的事象而言，由天师制

成，旨在说明无极天道的一个侧面。倒过来以其数位相加，即 2（十位）+5（百位）+1（千位）+1（万位），适为 9，乃阳数之极。本经卷六十八《戒六子诀》云："夫道乃大同小异，故能分别阴阳而无极。化为万一千五百二十字，中和万物小备，未能究天地阴阳绝洞无表里也。故但考其无，举其纲，见其始，使可仪而记。"

④小：变精粹之意。

⑤都（dū）道：综论，总述。

⑥厉："励"的古字，勉励，劝勉。忽：轻慢。

【译文】

"回去吧，你已经都了解掌握了，回去吧，回去后要精思它。""是是。希望再请求询问一桩事。""随即讲来。""天师陈示这道法教戒，文辞为什么竟那样繁多呢？""真是太好了，你这诘难可以称得上获取到真道的奥义妙旨了。好的。天下都喜好探究的事象事理，在善恶判定上的固有本义无不相同，但所确立的宗旨却各有不同，所以真道这个客体，大同而小异。每宗事象事理分成一万一千五百二十字，然后天道就变精粹了，而称王天下的道法也大致齐备了。如果要总述综论天地上下、八方六合表里所涵纳的全部事象事理，可以说这部道书还没力量记得过来。真人明了这一点了吗？""是是。""回去吧，你已经了解掌握它了。把这篇书文付归给具有道德的君主，让他颁行天下，叫世人自行思忖本身行为的得失，用来化解天地对世人怀有的忌恨，使帝王获得安宁，他那治理立刻实现太平。真人闹清这一点了吗？""是是。""回去吧，要自我勉励，切勿轻慢。""是是。"

以上为分别君臣父子师弟子、知其善恶行得失占。

服人以道不以威诀第六十四

【题解】

本篇所谓“服人”，系就如何使人顺服归服特别是心悦诚服而言，涉及到施政方针与统治策略问题。在这一问题上，本经编著者力倡道治与德治，反对法治与霸治，故在标题中列示“以道不以威”五字，用以先声夺人，开宗明义。与此相承接，篇中申论：天地人和众鬼神，共同憎恶并反转来惩治“严畏智诈”之术的推崇者与施用者，一致“怜助”被“常威”和“刑罚”所震服、所制服的屈从者与含冤者，更佑护“道与德、仁爱利”的执守者与推行者；并借雷公击杀“无状之人”的世俗观念与传统事例，警告帝王无视“人乃至尊重”的地位与价值，定遭天罚；依据汉代星历家和谶纬之学的“三正论”，强调“下极当反上”，务必归就真道大德。其间把三代以降的“下愚霸君”视同“寇盗贼”，借天命要求君主“本以治强助劣弱为职”，都具有排击暴政尤其是指斥东汉现实政治的意义。本篇同卷四十四《案书明刑德法》连镳并轸，转相发明。后者基本务虚，侧重阳生阴杀、天刑天德和崇德黜刑之理；本篇则基本务实，侧重道德感化得人心、暴力威慑失民意和重道除暴之术。

“真人前。凡人当以严畏智诈常威胜服人邪[①]？不宜邪？子自精言之。”“然。人致当以严畏智诈胜服人[②]。”“何也？""夫人以此，乃能治正人。""噫！真人内但俗夫之人知耳，未得称上真人也。其投辞皆类俗人[3]，不入天心也。夫上真人投说，乃当与天心同也。

【注释】

①凡人：主要指统治者。严畏智诈常威：指刑罚、权术和武力等。常威，即长久所保持的威慑手段或高压态势。胜服：压服，迫使归服。

②致当：极应，最该。

③投辞：谓就事而发的言辞。下文"投说"，与之意同。

【译文】

"真人你到前面来。只要是人，应当依仗严刑酷法、权术、武力和威胁手段压服别人吗？还是不该这样做呢？你要自行精思，讲一讲这宗事体。""好的。作为人，最应该依仗严刑酷法和权术、武力压服别人。""这是为什么呢？""因为人靠这些手段才能治理矫正别人。""嘿嘿！真人心里也只是持有凡夫俗子那类人的粗浅认识罢了，还没资格称得上第一等的真人。特就具体事象事理发表看法，都和俗人差不多，并未钻入皇天的心坎里去。作为第一等真人特就具体事象事理发表看法，正应该同皇天的心意相一致。

"今以严畏智诈胜服人，乃鬼神非恶之也[1]；非独鬼神非恶之也，乃阴阳神非恶之也[2]；非独阴阳神非恶之也。是故从天地开辟以来，天下所共病苦而所共治者，皆以此胜服人者，不治其服者。故其中服而冤者，乃鬼神助之，天地助之。天地助之，故人者亦治其胜人者，而助服其服者也[3]。

【注释】

①鬼神：指寄居在人体各部位、诸器官内并起主宰作用的人格化的精灵与神灵。如五脏神之类。本经壬部称："神者居人心阴，精者居人肾阴，鬼者居人肝阴。"非恶(wù)：谴责憎恶之意。

②阴阳神：即天神地祇。

③服其服者：指被迫不得不服的人。

【译文】

"如今依仗严刑酷法和权术、武力压服别人，寄居在人体体内的鬼神恰恰在谴责憎恶他；不单单寄居在人体体内的鬼神恰恰在谴责憎恶他，天神地祇也恰恰在谴责憎恶他；而且不止是天神地祇恰恰在谴责憎恶他。所以从天地开辟以来，天下所共同引为病痛而又共同去惩治的对象，也都是依仗那些手段压服人的人，并不去惩治被压服的人。所以其中被压服而含冤的人，鬼神就救助他，天地也救助他。由于天地救助他，所以世人也惩治压服人的那帮人，救助被压而不得不服的那群人。

"是故古者三皇上圣人胜人[①]，乃以至道与德治人胜人者[②]，不以严畏智诈也。夫以严畏智诈刑罚胜人者，是正乃寇盗贼也[③]。夫寇盗贼亦专以此胜服人，君子以何自分别、自明殊异乎[④]？而真人言当以此，曾不愚哉！是正从中古以来乱天地者也，子知之耶？

【注释】

①三皇：本经言及三皇，存在"上古三皇"和"中古三皇"之分。前者采汉代谶纬说，指天皇、地皇、人皇而言；后者依《白虎通义》，指伏羲、神农、燧人而言。参见卷五十四《使能无争讼法》所述。

②至道：最高真道，至高无上之道。《孝经钩命决》称："三皇设言（以言施教）民不违。"又云："三皇无文。"

③寇盗贼：以侵夺劫掠和强取私窃为生的人。本经卷三十五《分别贫富法》云："夫以怒喜猛威服人者，盗贼也，故盗贼多出，其治凶也。"

④殊异：迥然与众不同之意。

【译文】

"因而古代天皇、地皇、人皇这些第一等圣人去征服人，恰恰凭仗最高真道与真德去治理人，去征服人，根本不靠严刑酷法和权术、武力。依仗严刑酷法和权术、武力压服人的人，这正属于强盗。强盗也正专靠那些手段去压服人，而君子又该凭借什么自行与强盗区分开来，彰明本身迥然与众不同的地方呢？真人却说应当依仗那些手段去压服人，竟不愚昧吗？这可正是从中古时代以来败乱天地的玩艺，你明白这一点了吗？

"是故上古有道德之君，不用严畏智诈治民也。中古设象[①]，而不敢用也。下古小用严畏智诈刑罚治民[②]，而小乱也。夫下愚之将[③]，霸道大兴，以威严与刑罚畏其士众，故吏民数反也[④]。是故以道治者，清白而生也[⑤]；以德治者，进退两度也[⑥]。故下古之人进退难治，多智诈也[⑦]。

【注释】

①象：谓象刑。即让罪犯穿上与其罪行相应的特制服装，以此示辱。《慎子》云："有虞之诛，以幪巾当墨，以草缨当劓，以菲履当刖，以艾韠当宫，布衣无领当大辟。"《尚书大传》曰："古之用刑者，画象而不犯。盖上刑赭衣不纯，中刑杂屦，下刑墨幪，以居州里

而人耻之。"《孝经钩命诀》云:"五帝画象世顺机。"《白虎通义·五刑》称:"刑所以五何？法五行也。……五帝画象者,其服象五刑也。犯墨者幪巾,犯劓者以赭其衣,犯膑者以墨幪其膑处而画之,犯宫者履杂扉,犯大辟者布衣无领。"《晋书·刑法志》谓:"犯黥者皂其巾,犯劓者丹其服,犯膑者黑其体,犯宫者杂其屦,大辟之罪,殊刑之极布其衣裾而无领缘,投之于市,与众弃之。"

②小:逐渐之意。今存《尚书》即有《吕刑》篇。《孝经钩命诀》云:"三王肉刑揆(法)渐加。"

③下愚:意为拙劣愚笨的统治者。指春秋五霸而言。将(jiāng):强大,盛壮。

④数(shuò)反:屡屡反叛。数,多次,屡次。《老子·七十二章》谓:"民不畏威,则大威(祸乱)至。"

⑤清白而生:意谓政治清明又民众长寿。

⑥进退两度(duó):意谓政治失据,处于两可之间。德有优劣,故出此语。

⑦多智诈:《老子·六十五章》谓:"民之难治,以其智多。"《孝经钩命诀》云:"应世(乱世)黠巧奸伪多。"

【译文】

"所以上古时代具有道德的君主,根本不用严刑酷法和权术、武力治理民众。到中古时代开始设置象刑,但还不敢真用刑罚。到下古时代逐渐采用严刑酷法和权术、武力治理民众,然而也逐渐动乱了。延续到拙劣愚笨的统治者开始强大,霸道大为兴行,专靠严刑酷法和权术、武力迫使手下的士众畏服,所以官吏和百姓也就屡屡反叛。因而仰仗真道施治的,就政治清明又民众长寿;依靠仁德施治的,就政治失据,处在两可之间。所以下古时代的人进退不定,很难治理,权术越来越多。

"天以道治，故其形清[①]，三光白[②]；地以德治，故忍辱[③]；人以和治[④]，故进退多便其辞[⑤]，变易无常。故也天正为其初[⑥]，地正为其中[⑦]，人正最居下[⑧]，下极故反上也。"

【注释】

①形清：谓天空一片澄净。

②白：形容光线所达到的炽烈程度。与今言"白热化"意相接近。谓日月星辰极度明亮。本经卷一百十七《天咎四人辱道诫》云："今天乃清且明，道乃清且白，天与道乃最居上，为人法。清明者好清明，故三光上著天，各从其类，合如为形。天之为形，比若明镜，比若人之有两目洞照，不欲见污辱也。"

③忍辱：即忍受屈辱。为大地最突出的质性和表现之一。汉代《易》学纬书《乾坤凿度·坤凿度》言说坤有十性三体，其中包括德厚、多利、有信、默塞、沉厚等。本经续加发挥，于卷九十六《忍辱象天地至诚与神相应大戒》直谓："地者，乃德之长，德之纪，德之所因缘而止也；故能长为万物之母也，常忍辱居其下也，不自言劳且苦也。"

④和治：意谓阴阳交合混同以施治。和指中和，即天之阳气与地之阴气交合而成者。本经乙部《和三气兴帝王法》云："阴阳者，要在中和。"

⑤进退：指时而偏向阳一方，时而偏向阴一方。本经庚部《某诀》(《音声儛曲吉凶》)云："夫和气变易，或前或退，故下上无常。和者睹刚亦随之，睹柔亦随之，故无常也。"多便其辞：意为于己怎样有利便怎样做讲说。

⑥天正：历法名。为三正之一。指以冬至所在的夏历十一月为岁首的周历。言其历元即起算点，则万物于此时随阳气返本归初，在地下始萌，故此处称其为"初"。所谓"正"，系由新兴王朝于建

立之初必改正朔、以示承受天命而来。

⑦地正:历法名。为三正之一。指以夏历十二月为岁首的殷历。言其历元即起算点,则万物于此时随阳气在地下布根、始芽,故此处称其为“中”。

⑧人正:历法名。为三正之一。指以正月为岁首的夏历。言其历元即起算点,则万物于此时随阳气破土而出,人得开门就职,加功展业,故此处称其为“最居下”。详见《春秋感精符》、《白虎通义·三正》和本经卷一百十九《三者为一家阳火数五诀》所述。

【译文】

“皇天凭借真道进行治理,所以它那形体就清朗澄净,日月星明亮到极点;大地凭借真德进行治理,所以就能忍辱负重;人类凭借阴阳交合进行治理,所以就时而偏向阳一方,时而偏向阴一方,大多对自己怎样有利就怎样做讲说,变来变去不固定。所以特把十一月作为岁首的天正周历,便构成初始形态;特把十二月作为岁首的地正殷历,便构成中间状态;特把正月作为岁首的人正夏历,便处在最下面,往下既然已经跌到了极限,因而就应返归到初始的状态。”

“以何知其下极也?”“以其言进退无常,出入异辞也。此三气下极也[①],下极当反上就道,乃后得太平也,与天相似;就德乃中平也,与地相似;就和乃得小乱也,与人相似;就严畏智诈刑罚乃日乱,故与霸君相似[②],刑罚大起也。今真人反言当以严畏智诈,此乃乱天义者也[③]。”

【注释】

①三气:指天之太阳气、地之太阴气、人之中和气。三气均由元气分化而成,始为太阳气,继为太阴气,终为中和气,故而此处谓

之为“下极”。本经卷四十八《三合相通诀》云：“‘气’者，乃言天气悦喜下生，地气顺喜上养。气之法，行于天下地上，阴阳相得，交而为和，与中和气三合，共养凡物。三气相爱相通，无复有害者。……气者，主养以通和也。”

②霸君：犹言霸主。

③天义(yí)：皇天的法度。义，“仪”的古字，指法度，轨仪。

【译文】

“根据什么真能断定人正夏历已经往下跌到了极限呢？”“根据世人说话办事进退无常，出来进去讲法不一致。这正属于太阳、太阴、中和这三气往下所跌到的极限，往下跌到了极限，便应返回到初始状态，归入真道，然后就获得太平，这恰恰与那皇天最相像；归入真德就获得中等太平，这恰恰与那大地最相像；归入中和，就落个轻微动乱的结果，这恰恰与那世人最相像；归入严刑酷法和权术、武力，就一天比一天动乱，所以就恰恰与那霸主最相像，致使刑罚到处滥用。如今真人反而说应靠严刑酷法和权术、武力压服人，这纯粹是在扰乱皇天的法度。”

“今天师言，不当以严畏刑罚也，天何故时遣雷电辟历取人乎①？”“善哉！子之难也，得其意。然。所以取之者，人主由所敬重②，事欲施恶，以易冤人③。人乃至尊重，反使与人六畜同食④，故天治之也，而助其服人食此人，恶之也。是故天下无大无小，轻易冤人者也，悉共见治也，而怜助服者也。

【注释】

①辟历：即霹雳。取人：将人击死。

②敬重：指皇天原本对帝王所抱持的基本态度。

③易冤人：轻易冤杀人。《史记·殷本纪》载，纣王之父帝乙无道，以土木为偶人，假叫天神。与之搏，令人为行，天神不胜，乃戮辱之，为革囊盛血，仰而射之，命曰“射天”。后在黄河渭水之间游猎，遂被暴雷震死。此处所云，即就此类事例而发。

④六畜：马、牛、羊、猪、犬、鸡的统称。同食：汉俗以为，人拿不洁净食物让他人食用，必惹天怒，招雷击杀，雷之隆隆声，如同其人食用恶食的咕噜声。详见《论衡·雷虚篇》所述。

【译文】

“如今天师强调不该依仗严刑酷法和权术、武力压服人，可皇天为什么经常派遣雷电霹雳去把人击死呢？”“真是太好了！你这诘难，获取到那意旨所在了。好的。把人击死的原因在于，君主由皇天对他很敬重，变成做事偏要施展凶暴，轻易就冤杀人。人在世界上最尊贵，反而让人和六畜吃同样的东西，所以上天便要惩治他，并且帮助被迫用食的人反过来叫让人用食的人也这样去用食，这正源于憎恶这类恶人。所以天下无论帝王还是百姓，只要属于轻易就冤杀人的人，无不受到世人的共同惩治，而世人又都怜悯救助那些被压服的人。

“故君子胜服人者，但当以道与德，不可以寇害胜人、冤人也。夫严畏智诈，但可以伏无状之人，不可以道德降服而欲为无道者[①]，当下此也[②]。比若雷公以取无状之人[③]，不可常行也，与天心逆。

【注释】

①无道者：指不行正道的坏人。

②下此：以此为下之意。即把严畏智诈置于最万般无奈方予动用的位置。

③雷公：雷神名。五行家奉其为天地长子，人君之象。其形象在东汉为：若力士之容，左手引持雷状连鼓，右手推握鼓槌，若击之貌。参见《论衡·雷虚篇》所述。

【译文】

“所以君子征服人，只应依靠真道与真德，决不能凭仗残杀、戕害去压服人、冤枉人。严刑酷法和权术、武力，只能制服罪大无可名状的人，但绝对取代不了真道真德对坏人的感化力量，应当把那些手段放在最万般无奈才加以动用的位置上。这就如同雷神去击死罪大无可名状的人，但毕竟不能总去把人击死，这和皇天的初衷恰相违背。

“治欲得天地心者，乃行道与德也，故古者圣贤，乃贵用道与德、仁爱利胜人也[①]，不贵以严畏刑罚惊骇而胜服人也。以此邪枉安威骇服人者[②]，上皇太平气不得来助人治也。所以然者，其治理人，不知或有大冤结而畏之不敢言者。比若寇盗贼夺人衣物也，人明知其非而不敢言，反善名字为将军上君[③]，此之谓也。或有力弱而不能自理，亦不敢言，皆名为闭绝不通，使阴阳天气不和。

【注释】

①爱利：厚爱他人、有利他人之意。

②邪枉：不合正道。安威：即前文所称“常威”。

③善名字：意为专用好听的名词或字眼称呼对方。

【译文】

“治国打算获取到天地心意的人，就要行守真道与真德，所以古代的圣贤看重用真道、真德和仁慈、厚爱、有利于人去征服人，鄙弃用严刑酷法和权术、武力以及恫吓方式去压服人。依仗这类不合正道的威慑手段去叫人畏惧屈服，最盛明的太平气就不会前来协助世人进行治理。之所以如此，是因为君主治理民众，不知道还有冤情聚结但因害怕却不敢控诉的人。这就好比强盗抢劫人们的衣物，人们明明知道他们这种行径灭绝天理却不敢怒责痛斥，反而动听地把他们称为将军上君，说的也就正是这类情况。还有人力量微弱而没办法自我申诉，也不敢讲出来，这都叫做闭绝不通，导致阴阳时气不协调。

“天之命人君也[①]，本以治强助劣弱为职，而寇吏反以此严畏之威之也[②]，乃以智诈惊骇之。使平气到，德君治，恐以是乱其正气，故以此示真人也，以付上德君，以示诸贤及凡人，使吏民自思，治当有益于上，慎毋乱之也。真人觉晓知之邪？”“唯唯。”“行，子已觉矣。去常慎言，毋妄语也，天非人。”“唯唯。”“凡人不及，不若好问也。”“唯唯。”

右分别胜服、天地人鬼神所非恶、所助法。

【注释】

①命：授予统治权之意。

②寇吏：意为强盗般的官吏。

【译文】

“皇天授给君主统治天下的权力，本来是让君主把惩治强暴、救助劣弱作为天职，可强盗般的官吏反而依仗严酷手段去威慑劣弱的人，直至使用权术叫那劣弱的人心惊胆颤。为使太平气降临，让具有道德的君主实现大治，唯恐那些暴力威胁手段搅乱正气，所以特把这篇经文宣示给真人，真人把它付归给具有第一等道德的君主，亮给众贤人和世人看，让官吏和百姓自行思忖，治理应当对上面有所补益，切莫扰乱它。真人对此彻底觉悟并完全闹明白了吗？”“是是。”“回去吧，看来你已经觉悟了。回去后要时刻谨慎对待开口讲话这档事，不要胡乱就发表意见，须知皇天会怪罪人的。”“是是。”“世人闹不懂的东西，不如多去询问。”“是是。”

以上为分别胜服、天地人鬼神所非恶、所助法。

卷四十八　丙部之十四

三合相通诀第六十五

【题解】

本篇所谓“三”，系指处于不同领域和不同层面上的各类事物所由构成的三种基本要素。诸如气之阴阳中和、宇宙之天地人、星体之日月星、地貌之水土石、人体之头足腹、家之父母子、国之君臣民、统治术之道德仁等。“合”谓合三为一，“相通”则谓相互融通，亦即三种基本要素务须相互依存，相互联结，相互作用，达成“共治一职，共成一事，共成一家，共成一国，共成一体”的理想结果和最终结局。为此而在篇中锐意点明：本“诀”乃系“天地元气自然法”，绝对不可违背；违背即乱，“三毁三凶矣”。针对东汉后期乱、毁、凶的严酷现实，篇中依此天法，打出“天以三光为文”和人须“象天三光”的旗帜，吁请朝廷鼓励官吏、邑民、来往行人竞相献呈反映各地灾异和“冤结”的“三道行书”，并据星历家和汉代谶纬的“三正论”，提出了处理三道行书的具体办法。在申张“民本”观念的同时，又强调对民众加强监督与控制，其监控措施，则逐步紧缩，分别名之为“天券”、“天征合符”、“天洞明照心之镜”。值得注意的是，篇首逐字诠解“上皇太平气”的字意，篇末倡言“守实，求根，保其元”，则自我阐明了《太平经》的要旨所在。本篇适与乙部《和三气兴帝王法》交相发明。

纯谨再拜[①]："请问一事。""真人所疑者，何等也哉！""朝学暮归，常居静处，思其要意[②]，不敢有懈也。今天师书辞，常有'上皇太平气且至'，今是何谓为上？何谓为皇？何谓为太？何谓为平？何谓为气？""真人今且何睹何疑，一时欲难问微言意哉[③]？""所以及天师遍具问书文意者[④]，书上多道上皇气且至，而不得其大要意。今不及天明师诀问之[⑤]，恐后遂无从得知之，故敢不具问之也！"

【注释】

①纯：学道真人的名字。

②要意：指《太平经》若干经文的切要意旨。

③微言意：精微深远之论断的含义。

④遍具：犹言全面详尽。

⑤诀问：意为特为得到决断性的答案而提问。诀，通"决"，决断。

【译文】

真人纯恭谨地连拜两次说："请求询问一桩事情。""真人心存疑问的事情，究竟是什么呢？""早晨到天师这里来学道，傍晚才回去，经常置身在安静的修炼茅室，精思那切要的意旨，不敢产生懈怠。如今天师道书中的文辞，经常出现'上皇太平气且至'这样的字眼，可到目前为止，究竟什么叫做上，什么叫做皇，什么叫做太，什么叫做平，什么叫做气呢？""真人如今体察到什么，疑虑到什么，顷刻间渴望诘问那精深论断的含义呢？""跟从天师全面详尽地询问道经经文的含义，原因是经书上对'上皇气且至'讲得很多，但弟子却闹不清其中的重大又紧要的意旨。如今为得到决断性的答案而不赶快跟皇天明师做询问，恐怕今后就没办法了解到它，所以哪敢不详尽地询问呢？"

“善哉子之言，万世不可易也。夫天至道、大德、盛仁①，时已到，皇灵乐人急行之②，故天气讽子之心③，使子旦夕问。天法察察④，吾甚怪之。诺，真人安坐，为子具分解其字意，使可传而无极时。

【注释】

①至道：最高真道，至高无上之道。

②皇灵：犹言皇天。皇天有灵，故称。

③天气：指职在施生的皇天太阳盛气。讽：暗示之意。

④天法：皇天所奉持的法则。察察：分辨得万分明晰的样子。

【译文】

“你这话讲得太好了，万世也无法改变。皇天的至道、大德、盛仁，此刻已经来到了，皇天高兴世人火速去行用它们，所以皇天的施生阳气在暗示你那心灵，驱使你从早到晚一个劲儿做询问。看来皇天所奉持的法则，从来都把任何事情一律分辨得万分明晰，我对这种灵敏度感到极其惊异。好的，真人稳稳坐定，为你详尽地逐字讲解那字意，使它能够传播开来而没有能到尽头的时候。

“然。‘上’为字者，一画也①，中央复画一直②，上行复抱一③，一而上④，得三一⑤。上行而不止⑥，不复下行也，故名为上者⑦，乃其字无复上也⑧。反‘上’为‘下’。‘下’者，一画也，亦中央复画直，下行复抱一，其行遂下，不得复上，故名为下也。

【注释】

①一画：指“上”字底下一横。

②一直：指“上”字中间一竖。

③抱一：指“上”字竖右短横。

④一而上：意谓由横、竖构成“上”字。

⑤三一：“上”字底下一横、竖右短横、拆中间一竖视其为一横，相加即为“三一”。

⑥上行而不止：谓中间一竖朝上无限延伸。

⑦名：指“上”字的读音。

⑧无复上：不能再上，即至上。此系解说“上”字字义。

【译文】

“好的。‘上’字构成一个字，底下有一横，中间又划上一竖，一竖往上又在右边紧紧添上一道短横，由横、竖构成‘上’字，整体看来总共得到三个‘一’。往上无限延伸，根本不会再往下滑落，所以字音就读作‘上’，于是这个字的字义便为至高无上。与‘上’相反是‘下’字。‘下’字上面也有一横，中间也划上一竖，一竖往下也在右边紧紧添上一道短横，它那延伸的方向于是一直朝下走，根本不能再往上奔，所以字音就读作‘下’。

“夫志常欲下行者，久久最下，无复下也。比若浊者[①]，乐下为地，故地最下，无复下也。上为字者，常上行，不得复下。比若清者[②]，乐上行为天，天乃无上也。是故天之为法，名各各自[③]，字各自定[④]。凡天下事，皆如此矣。

【注释】

①浊者：指元气的重浊部分。

②清者：指元气的轻清部分。《河图括地象》谓：“易有太极，是生两仪，两仪未分，其气混沌，清浊既分，伏者为天，偃者为地。”本经

乙部《以乐却灾法》云:“故清者著天,浊者著地。”

③名各各自:意谓命名各有各的特定叫法与读音。

④字各自定:意谓造字各有各的特定形体与含义。

【译文】

“那些心志常想往下滑落的人,时间一长,就会处在最下位,无可再下了。也就好比元气的重浊部分,乐意往下形成地,所以地就处在最下位,无可再下了。上字构成它那个字,总是往上延伸,根本不会再往下滑落。也就好比元气的轻清部分,乐意往上形成天,天正至高无上。所以皇天制定出法则:命名各有各的叫法与读音,造字各有各的形体与含义。天下所有的事情,都像这个样。

“故圣人制法,皆象天之心意也,守一而乐上卜[①]。卜者,问也,常乐上行,而卜问不止者,大吉最上之路也,故上字一画,直上而卜。下为字者,一下而卜,卜,问也,常思念问下行者,极无下,故乐下益者[②],不复得上也。故上常无上字者[③],乃言其治当日上行,合天心,复无上也。”

【注释】

①一:指道。卜:占卜。“上”字去掉底下一横,所余笔画则似“卜”字。

②下益:朝下不断滑落之意。

③“故上”句:意为持续向上而不存在什么叫做已到尽头了的那个上字概念。

【译文】

“所以圣人制定法度,全都揣摩皇天的心意,守行真道而乐意朝上占卜。占卜也就是事先做询问,常常乐意往上推进,而占卜询问总也没有往上推进被停止的时候，也就形成异常吉利并到达顶点的道路，所以‘上’字那底下的一横，在它上面就是‘卜’字。‘下’字构成一个字，在它上面一横的下面也是‘卜’字，占卜亦即事先做询问，总去考虑询问那些往下滑落的事情，也就抵达极限而无可再下了。所以乐意往下不断滑落的人，也就没办法再朝上延伸了。因而持续向上而不存在什么叫做到头了的那个‘上’字概念，正是在强调他那治理应当日益往上延伸，符合皇天的心意，达到最高的境地。”

“善哉善哉！明师幸哀为其解‘上’字，愿复闻‘皇’为字者。”“‘一’、‘日’而‘王’①。‘日’上‘一’者，天也；天者数一②，天得日，昭然大明则王③，故为字，‘一’与‘日’、‘王’并合，成‘皇’字也。一为天，天亦君长也④，日亦君长也⑤，王亦君长也⑥，三君长相得成字，名为皇。皇者，乃言其神盛煌煌⑦，故名为皇也。皇，天下第一，无复能上者也⑧。”

【注释】

①“一”、“日”而“王”：谓将“皇”字拆成三个字。一，指“皇”字左上角的短撇。该短撇本非独体字，此处则将其视为“一”字。

②数一：数指自然基数。天由元气最先凝结而成，代表成数之生，属首位数，故称之为“数一”。

③王：主宰宇宙之意。

④天亦君长：本经卷九十二《万二千国始火始气诀》称：“天者为神主，神灵之长也。”又卷九十八《为道败成戒》云：“是故天之为象法也，乃尊无上，反卑无下，大无外，反小无内，包养万二千物，善恶大小，皆利祐之，授以元气而生之，终之不害伤也。故能为天，最称神也，最名无上之君也。”

⑤日亦君长:本经卷六十九《天谶支干相配法》谓:“阳者日最明,为众光之长。”

⑥王亦君长:本经卷九十三《方药厌固相治诀》称:“凡人生以王者为君长,为命也。”

⑦煌煌:形容明亮至极,照彻内外。本经壬部云:“其德皇,王(皇)之言煌煌也。”此系依据汉代谶纬之说而为言。详参《尚书璇玑钤》、《春秋运斗枢》、《春秋元命苞》、《白虎通义·号》所述。

⑧上:意为高居其上。

【译文】

“这太好了!这太好了!明师对弟子幸予哀怜,为弟子讲解了‘上’字的含义,希望能再听到‘皇’字的含义。”“‘皇’字的构成正是‘一’、‘日’而‘王’。‘日’上那个‘一’撇,代表天;天正构成自然基数的首位数,天再得到太阳,大放光明,也就主宰宇宙了。所以构成字,‘一’与‘日’、‘王’组合在一起,就成为‘皇’字了。一正代表天,天也是君长,日也是君长,王同样是君长,三个君长彼此配合构成字,字音就读作‘皇’。‘皇’字的字义,是说它神圣盛明,照耀一切,所以便特称为‘皇’。皇正意味着天下第一,没有能再高居其上的东西了。

皇字者[①],一日而王,上一者天,数得一,得日照,然后大明则为王。一与日、王合,而成皇字也。一为天,天亦君也;日,君德也[②];王亦君长也,三君长共成皇,言盛德煌煌,天下第一,无复能上者也。

【注释】

①“皇字”句:自此以下整节文字乃系《合校》本附存的以资参考的《太平经钞》钞文。

②“日”二句：意为太阳象征或代表君主所具有的道德。《汉书》卷七十五《李寻传》谓：“夫日者，众阳之长，辉光所烛，万里同晷，人君之表也。”又卷八十一《孔光传》称：“日者，众阳之宗，人君之表，至尊之象。”又卷九十七下《外戚列传下》云：“夫日者，众阳之宗，天光之贵，王者之象，人君之位也。”《春秋潜潭巴》曰：“王者德象日光，所照无不及也。”本经丙部《以乐却灾法》称：“日象人君。”又辛部云：“日者，君德也。”

【译文】

“皇”这个字，由“一”、“日”而“王”所构成。左上角的那个“一”撇，代表天，在自然基数中位居首位，再得到太阳的照耀，然后大放光明，就成为空中之王。“一”与“日”、“王”组合在一起，就构成了“皇”字。一正代表天，天也是君长；日又恰为君长道德的象征物；王也属于君长啊！三个君长共同组成“皇”字，字义是说盛明的道德照耀一切，在天下数第一，没有能再高居其上的东西了。

“善哉善哉！师幸哀，开以‘皇’字①，愿闻其‘太平气’之字。”“‘太’者，大也，乃言其积大行如天②，凡事大也，无复大于天者也。‘平’者，乃言其治太平均③，凡事悉理，无复奸私也；平者，比若地居下，主执平也④。地之执平也，比若人种善得善⑤，种恶得恶。人与之善，用力多，其物子好善⑥；人与之鲜鲜⑦，其物恶也⑧。‘气’者，乃言天气悦喜下生⑨，地气顺喜上养⑩。气之法⑪，行于天下地上，阴阳相得，交而为和，与中和气三合，共养凡物。三气相爱相通，无复有害者。‘太’者，大也；‘平’者，正也；‘气’者，主养以通和也。得此以治，太平而和，且大正也，故言太平气至也。”

【注释】

①开：开示，开启。

②大行：指崇高宏大的德业。

③太平均：万分公正、极其均平之意。

④主：职在。执平：意为对任何事物均持同等对待的态度。即地无私载之意。《吕氏春秋·去私》云："天无私覆也，地无私载也，日月无私烛也，四时无私行也，行其德而万物得遂长焉。"

⑤种：谓农活。

⑥物子：指作物果实。好善：谓丰硕饱满。指量多质优。

⑦鲜鲜：谓用力极少。

⑧恶：凋零枯败。指量少质劣。

⑨下生：向下施生化生。

⑩上养：朝上养育养护。

⑪法：指阳施阴化的定律。

【译文】

"这太好了！这太好了！天师对弟子幸予哀怜，开示'皇'字的含义，希望再听到'太平气'这三个字的含义。""'太'字，也就是大，是说君主积累起像皇天那样崇高而又广大的德业，任何事物再大，也没有比皇天更大的了。'平'字是说君主的治理万分公正又极其均平，全部政事都得到妥善处置，不复存在奸恶自私的现象；'平'字的含义，也就如同大地处在下面，对万事万物都职在执持公平。大地执持公平，也就好比人们农活干得好，收获就丰硕；农活干得差，收获就有限。人对庄稼特用心，投入的精力多，所结果实就量多质优；人对庄稼用心用力特别少，所结果实就量少质劣。'气'字是说阳气感到很喜悦，便向下来施生化生万物；阴气感到挺高兴，便随顺阳气朝上来养育养护万物。气体所秉持的阳施阴化的定律，运转在天下地上，阴气和阳气彼此协调，交汇在一起构成那中和气，再与中和气合三为一，凝聚成完备融洽的整体，共同养育养护万物。三种气体相互喜爱，相互融通，不复存在相互伤害的情况。总之‘太’字就是广大，‘平’字就是公正，‘气’字就是职在养育而去贯通融合。获取到这一法则去施行治理，便天下太平又融洽和谐，而且万分公正，所以道书中就一再强调太平气来到了呀！”

“善哉善哉！此者乃独言天地中和气当合①，相通共治耶？凡事皆当三合共事耶？”“善哉善哉！子之言也，已得天法。帝王象之以治，比若神矣。然。为真人具说之，自随而记之。”“唯唯。”

【注释】

①独言：单一强调、专门讲论之意。

【译文】

“这太好了！这太好了！这是专讲天地与中和气应当合三为一，相互融通共同施治呢？还是说任何事情都应当合三为一，共同成就那宗事呢？”“你这问话太好了！已经获取到皇天的既定法则了。帝王依照这条法则去施治，也就如同神灵了。好的，再为真人详尽讲解这个问题，你自觉跟在后面记下它。”“是是。”

“元气与自然、太和之气相通①，并力同心，时恍恍未有形也②，三气凝，共生天地；天地与中和相通，并力同心，共生凡物；凡物与三光相通，并力同心，共照明天地。凡物五行、刚柔与中和相通，并力同心，共成共万物③；四时气阴阳与天地中和相通，并力同心，共兴生天地之物利④；孟仲季相通⑤，并力同心，各共成一面⑥。

【注释】

①元气:化生宇宙万物的无形实体。自然:原本固有的情状与态势。据下文"三气凝"之语,则谓自然之气,即元气始生之际所呈现出的那种处于自然状态的气体。太和之气:指阴阳相持未分、处于氤氲交融状态的气体。系由自然之气衍化而来。《周易乾凿度》谓,元气开始出现,构成"太初"阶段;始有其形,构成"太始"阶段;始具内部要素,构成"太素"阶段。适与此处所言三种气体气态大致相当,亦为其所从出。

②恍恍:浑沌溟濛的样子。

③成共:化成与供养。共,通"供",供养。

④物利:指万物的自身用途及给人类带来的益处。

⑤孟仲季:从一到三的排列次序。此处指每季度的三个月。如春三月,依次为孟春、仲春、季春之类。

⑥一面:指每季度所独有的节气时令等。

【译文】

"元气同自然之气、太和之气相互融通,并力同心,但当时还处在混沌迷濛的状态,没有实物形体出现,这三种气体气态凝结在一起,便共同产生出天地来;天地随后与中和人间相互融通,并力同心,共同化生出万物来;万物又与日月星辰相互融通,并力同心,共同照亮天地。万物所含有的五行要素以及刚健、柔静的两种属性又与人间相互融通,并力同心,共同供养和成就万物;四季的阴阳气流又与天地人间相互融通,并力同心,共同产生和发挥出天地万物的自身用途以及给人类带来的益处;每季度依次排列的三个月又相互融通,并力同心,各自又共同形成了每季度所独有的节气时令。

"地高下平相通[①],并力同心,共出养天地之物;蠕动之属雄雌合[②],乃共生和相通,并力同心,以传其类[③];男女相通，并力同心，共生子；三人相通[④]，并力同心，共治一家；君臣民相通，并力同心，共成一国。此皆本之元气、自然、天地授命[⑤]，凡事悉皆三相通，乃道可成也，共生和[⑥]。

【注释】

①高下平：高指山峦，下谓河流，平即平原。本经佚文云："地理者，三色也，谓水土石。"

②蠕动之属：即爬行动物。此处泛指自然界的所有动物。

③类：指种属，种群。

④三人：指父、母、子。

⑤授命：意谓授予事物得以产生和存在的那一固定法则。

⑥和：指高度和谐统一的那种状态。

【译文】

"大地的山脉、河流与平原又相互融通，并力同心，共同生出和养育天地的动植物；动物又雌雄交配，于是共同生出新一代，相互融通，并力同心，来传衍各自的种群；男女又相互融通，并力同心，共同生下儿子来；父母子又相互融通，并力同心，共同治理好一个家庭；君臣民又相互融通，并力同心，共同造就一个国家。这一切全都来自元气、自然、天地所授付的那个能让事物得以产生和存在的固定法则，任何事情都必须三方面相互融通，真道才会形成，共同创造出高度和谐统一的状态来。

太者[①]，大也，言其积大如天，无有大于天者。平者，言治太平均，凡事悉治，无复不平，比若地居下执平，比若人种刈[②]，种善得善，种恶得恶。耕用力，分别报之厚。天气悦下，地气悦上，二气相通，而为中和之气，相受共养万物，无复有害,故曰太平。天地中和同心,共生万物;男女同心,而生子;父母子三人同心,共成一家;君臣民三人,共成一国。

【注释】

①“太者”句:自此以下整段文字乃系《合校》本附存的以资参考的《太平经钞》钞文。

②种刈(yì):播种与收割。此处泛指各种农事活动。

【译文】

所谓“太”字,也就是大,是说君主积累大德如同皇天,没有任何事物能比皇天还大的了。“平”字是说治理万分公正又极其均平,全部政事都得到妥善处置,再没有不公平的现象,也就如同大地处在下面执持公平,又好比人们播种与收割,活计干得好,收获就丰硕;活计干得差,收获就有限。真在耕作上花气力,各自得到的回报就丰厚。皇天阳气感到喜悦便向下来施生化生,大地阴气感到高兴便朝上来养育养护,二气相互融通,就构成中和气,递相承接并共同养育万物,不复存在相互伤害的情况,所以便称作太平。天地与人间中和一条心,就共同化生万物;男女一条心,就生下儿子来;父母子三个人一条心,就共同组成一个好家庭;君臣民三类人一条心,就共同造就出一个好国家。

“三事常相通,并力同心,共治一职,共成一事;如不足一事,便凶。故有阳无阴,不能独生,治亦绝灭;有阴无阳,亦不能独生,治亦绝灭;有阴有阳而无和[①],不能传其类,亦绝灭。故有天而无地,凡物无于止[②];有地而无天,凡物无于生[③];有天地相连而无和,物无于相容自养也。故男不能独生,女不能独养。男女无可生子,以何而成一家,而名为父与母乎?故天法皆使三合乃成。故古者圣人深知天情[④],象之以相治。故君为父，象天；臣为母，象地；民为子，象和。

【注释】

①和：意为交合。

②止：指赖以托身和栖息的处所。

③无于生：意谓丧失生命的来源。

④天情：犹言天理、天意。

【译文】

"三方面的事主总在相互融通，并力同心，共同履行好同一个天然职守，就会共同成就这宗事；如果缺少其中一个方面的事主，结果就凶险。所以有阳无阴，便做不到单方面施生化生，治理也断绝消失；有阴无阳，同样做不到单方面施生化生，治理也同样断绝消失；有阴有阳却没有二者的交合，就不能传衍物体的种类，也就归于断绝消失。所以仅仅有皇天却没有大地，万物就不具备赖以托身和栖息的处所；仅仅有大地却没有皇天，万物就丧失了生命的来源；已经有天地相连却没有人间，万物就没有依托而能彼此容纳、自行养护。所以只是男子就根本生不下后代来，只是女子也根本养不出后代来。男女没办法生下儿子来，凭借什么能组成一户人家而被称为父亲和母亲呢？因而皇天的法则都让合三为一，才构成完备融洽的整体。所以古代的圣人深深了解皇天的意旨，效法它来转相治理。因而君主便形同父亲，恰恰在效法并代表着皇天；臣僚便形同母亲，恰恰在效法并代表着大地；民众便形同儿子，恰恰在效法并代表着天地交合而成的人间。

"天之命法，凡扰扰之属[①]，悉当三合相通，并力同心，乃共治成一事，共成一家，共成一体也。乃天使相须而行[②]，不可无一也；一事有冤结[③]，不得其处，便三毁三凶矣。故君者须臣，臣须民，民须臣，臣须君，乃后成一事；不足一，使三不成也。故君而无民臣，无以名为君；有臣民而无君，亦不成臣民；臣民无君，亦乱，不能自治理，亦不能成善臣民也。此三相须而立，相得乃成，故君臣民当应天法，三合相通，并力同心，共为一家也。比若夫妇子共为一家也，不可以相无，是天要道也④。此犹若人有头足腹，乃成一身，无可去者也；去之即不足，不成人也。是天地自然之数也⑤。

【注释】

①扰扰之属：指一切生物。扰扰，纷纭杂乱的样子。

②相须：相互依存之意。行：谓延续下去。

③冤结：谓聚结而未得宣泄的冤气和冤情。

④要道：指近在胸心、散满四海的真道。详见本经卷六十八《戒六子诀》所述。

⑤数：犹言定律。

【译文】

“皇天让一切得以产生和存在的法则在于，只要是生物，就都应合三为一，相互融通，并力同心，才会共同治理和成就一宗事，共同组合成一个家庭，共同凝聚成一个整体。这正属于皇天叫事物相互依存而延续下去，不能缺少其中的任何一个方面；有一个方面出现聚结的冤气和冤情，获取不到它那固有的地位和作用，也就三个方面都毁坏了，三个方面都凶险了。所以君主要依赖臣僚，臣僚要依赖民众，民众要依赖臣僚，臣僚要依赖君主，然后才能成就一宗事；缺少其中的一个方面，就使三个方面中的哪个方面也不能成就。所以作为君主却没有民众和臣僚，就没资格称为君主；仅有臣僚和民众却没有君主，也不成其为臣僚和民众；臣僚和民众没有君主，还会陷入混乱，不能自行治理，更不能成为良善的臣僚和民众。这三方面相互依赖，才能立在那里；彼此协调一致，才能成功，所以君主、臣僚、民众应当切合皇天的法则，合三为一，相互融通，并力同心，共同组成一家。也就好比丈夫、妻子和儿子共同组成一家，决不可缺此少彼，这正构成皇天的要道。这也就如同人有头部、脚部、腹部，才组成一副完整的身躯，哪个部位也去除不掉；去除掉就立刻残缺，压根成不了人。这正属于天地原本就那样的定律。

"故古者圣人，取法于天，故男子须得顺善女，与为治，然且有善子①。男者，君也；女者，臣也；子者，民也。故天命治国之道，以贤明臣为友②。善女然后能和其子也③，善臣然后能和其民也，善女然后能生善子，善臣然后能生善民，民臣俱好善，然后能长安其上也。真人欲乐知其效：天者，君也；地者，臣也。天雨周流，雨之善地④，生物善；雨之恶地，生物恶，此之谓也。

【注释】

①善子：天资优异的男儿。

②友：意谓像对朋友那样对待。古传周文王有四友，即南宫适、散宜生、闳夭、太颠。《战国策·燕一》载：（郭隗对燕昭王曰）："王者与友处。"《太平御览》引《春秋后语》载：（楚庄王曰）："王者择友。"《韩诗外传》卷五谓："智可以砥行，可以为辅弼者，人友也。"马王堆汉墓帛书《黄帝四经·称》云："王者臣，名臣，其实友也。"本经卷五十三《分别四治法》谓："其友事者，以忠信相与合策，深计善恶难易。"又卷九十七《事师如事父言当成法诀》云："同门为朋，同志为友。"

③善女：意谓使女子良善。下文"善臣"，意亦仿此。

④雨：降落之意。

【译文】

"所以古代的圣人取法皇天，因而男子依仗获取到温顺善良的女子，与他共同治家，这样才眼看着生下天资优异的儿子来。男子形同君主，女子形同臣僚，儿子形同民众。所以皇天授付治国之道，君主要把贤明的臣僚作为朋友来对待。让女子良善，然后才能使家中的儿子同父亲关系和睦；让臣僚良善，然后才能使治下的民众同君主协调一致；让女子良善，然后才能生下天资优异的儿子来；让臣僚良善，然后才能带出良善的民众来；民众和臣僚全都喜好良善，然后才能长久让他们的君主安康。真人乐意了解那效验，也就是：皇天象征君主，大地象征臣僚。天上的雨水四处撒布，降落在肥沃的土地上，生出的植物就茂盛；降落在瘠薄的土地上，生出的植物就稀疏，说的也就正是这个意思。

"今父母君臣，尚但共持其大纲纪耳①，大要实仰衣食于子②。人无子，绝无后世；君少民，乃衣食不足，令常用心愁苦。故治国之道，乃以民为本也③。无民，君与臣无可治，无可理也④。是故古者大圣贤共治事，但旦夕专以民为大急⑤，忧其民也，若家人父母忧无子，无子以何自名为父母，无民以何自名为君也。故天之法，常使君臣民都同命⑥，同吉凶，同一职⑦，一事失正，即为大凶矣。

【注释】

①纲纪：网上总绳曰纲，丝缕头绪曰纪。用以比喻事物的统领部分。此处乃谓理国、知政、掌家的权力。

②大要：犹言关键所在。

③以民为本：谓把民众视为国家的根本。此系传统的政治思想。

其自夏朝即已萌芽，至周初趋于明朗，历春秋、战国臻于成熟，迄两汉又得到大力申明，本经于此则复予继承和发挥。伪《古文尚书·五子之歌》云："民惟邦本，本固邦宁。"《孟子·尽心下》谓："民为贵，社稷次之，君为轻。"《荀子·王制》称："庶人安政，然后君子安位。"《传》曰："君者，舟也；庶人者，水也。水则载舟，水则覆舟。此之谓也。故君人者欲安，则莫若平政爱民矣。"《礼记·缁衣》谓："民以君为心，君以民为体。心庄则体舒，心肃则容敬。心好之，身必安之；君好之，民必欲之。心以体全，亦以体伤；君以民存，亦以民亡。"

④理：指治理的对象。本经癸部《救四海知优劣法》云："受命天者为人君，受命地者为人臣，受命人者为民。君者，应天而行；臣者，应地而行，顺承其上；为民者属臣，转相事。凡是三气共一治，然后能成功。"

⑤大急：犹言首要之务。

⑥都(dū)同命：意谓将命运连接在一起。都，连接之意。

⑦职：指护理万物之事。

【译文】

"如今身为父母和君臣，尚且还仅仅各自持有统领的权力罢了，但关键仍从儿子那里获得衣食的来源。人没儿子，就家族灭绝，丧失后代；君主缺少民众，就国家支出短绌，让他经常用心愁苦。所以治国之道，正该把民众作为根本。如果没有民众，君主和臣僚就没有治理的直接对象。所以古代的大圣人和大贤士共同执掌国政，只管从早到晚专门把民众问题作为头等大事来处理，忧虑治下的民众，就像一家人中父母忧虑没有儿子；没有儿子的话，还凭借什么自称为父母呢？没有民众的话，还依仗什么自称为君主呢？所以皇天秉持的法则总是让君主、臣僚、民众把命运连接在一起，把吉凶捆绑在一起，把天然职守聚合在一起。如果有一个方面失去正常的状态，也就带来特别凶险的结果了。

“中古以来[1]，多失治之纲纪，遂相承负，后生者遂得其流灾尤剧，实由君臣民失计，不知深思念善，相爱相通，并力同心，反更相愁苦。夫君乃一人耳，又可处深隐[2]，四远冤结，实闭不通，治不得天心，灾变怪异委积而不除。天地所欲言，人君不得知之，大咎在此[3]。不三并力，聪明绝[4]，邪气结不理，上为皇天大仇[5]，下为地大咎[6]，为帝王大忧。灾纷纷不解，为民大害，为凡物大疾病。为是独积久矣，非独今下古人过所致也[7]。真人亦知之乎？”

【注释】

①中古：指以黄帝为首的五帝时代。

②可：恰巧。深隐：指戒备森严的宫城殿阁。

③大咎：大祸患。

④聪明：耳聪目明。指对各地的实际情况的详尽了解与准确判断。

⑤大仇：指对世人的极度怨恨。

⑥大咎：指对世人的深切憎恶。

⑦下古：指夏商周以下的历史时期。

【译文】

“自从中古时代以来，大多丧失了治理的纲纪，于是递相承负，后来出生的人遭受那流衍的灾殃更为厉害，实际上正因君主、臣僚和民众考虑不对头，不懂得深切精思那良善而彼此爱惜，相互融通又并力同心，反而递相叫各方面都愁苦不堪。君主也不过只有那一个人罢了，又恰巧置身在戒备森严的宫城殿阁里，四方边远地区聚结的冤情实际上已被封锁住，反映不上来，治理于是获取不到皇天的心意，灾害和种种罕见的奇异现象积聚又积聚，一直消除不掉。天地所要宣讲的话话，君主没有途径了解到，由此造成的大祸患正出在这里。三方面不去共同用力，君主对各地的情况毫无掌握，邪气聚积得不到驱除，往上形成皇天对世人的极度怨恨，往下形成大地对世人的深切憎恶，给帝王造成了莫大的忧愁事。灾殃到处降现，根本无法解除，成为民众的大祸害，成为万物最忌恨的东西。这种危情险态偏偏延续得时间太长了，并不单单是现今下古人的罪过所招来的。真人对此也一清二楚了吗？”

“知如此久矣，实不知其所由致，故问之。诚冤，今当奈何之乎？”“然。天太平气方到，治当得天心，乃此恶悉自除去，故天使吾具言之，欲使吾救其失，为出正文[①]，故使真人来，悉问之也。此所由生凶也，不象天地元气自然法，不三相通，并力同心，故致此也。若三相通，并力同心，今立平大乐，立无灾。”

【注释】

①正文：纯正的真道神文。

【译文】

“弟子早就清楚这种情况了，可实际上却不知道造成这种状况的缘由在哪里，所以才做询问。看来下古人确属冤枉，可当今究竟应该怎么办呢？”“好的。天上的太平盛气眼看要来到，治理便应获取到皇天的心意，这些凶害随之就自动消除离去，所以皇天让我详尽讲论这宗事体，打算叫我挽救那过失，特为帝王出示纯正的真道神文，因而又驱使真人前来详细做询问。涌生出这些凶害的根由，在于不按天地元气自然法行事，不去三方面相互融通又并力同心，所以就招来这些凶害。如果三方面相互融通又并力同心，眼下就会立刻太平，天下大乐，马上没有灾殃祸害了。”

"愿闻治之，当云何乎哉？""急象天法，如比上为也[①]。天法，凡事三并力同心，故天以三光为文[②]，三光常相通共照，无复绝时也。天券出以来[③]，人以书为文以治[④]，象天三光，故天时时使河洛书出重敕之[⑤]。文书人文也[⑥]，欲乐象天洞极神治之法度[⑦]，使善日兴，恶日绝灭。

【注释】

①上为：即本篇起首所言"其治当日上行"。

②文：文采。指天象。本经卷五十四《使能无争讼法》称："天者，以三光为书文记。"又卷六十五《王者赐下法》云："故三光为文，日最大明。故文者生于东，盛于南。"

③天券：指皇天降示的如同契约般切合有效、足可为凭的天书神文。券，契据。道教有左契、右契之说，参见《老子想尔注》所述。本经壬部云："与皇天分体久久，去天道远，丧乱不复知天意，故天出券，使圣人书，师传之。"

④以书为文：意为用文字形成制度条文。书，即文字。文，指制度条文。《周易·系辞下》称："上古结绳而治，后世圣人易之以书契。百官以治，万民以察，盖取诸《夬》(其卦象为竹木和刀，用刀镌刻木简，即为书写记事)。"又《尚书序》云："古者伏羲氏之王天下也，始画八卦，造书契，以代结绳之政，由是文籍生焉。"

⑤河洛书：古传黄河曾有龙马出图，伏羲氏据以创制八卦；洛水曾有神龟出书，大禹效仿它制作《洪范》(《尚书》篇名)，确立九条治国安民的根本大法。此类灵迹在汉代谶纬中越来越多，愈演愈奇。仅据《尚书中侯》所载，尧、舜至周成王，都曾得过河图洛书。《周易乾凿度》甚至说孔子知道河图洛书每隔五天、十天、十五天、二十天、二十五天或三十天出现一次，出现必在夜晚，水中还

似有火花。本经卷四十七《上善臣子弟子为君父师得仙方诀》谓:“君子且兴,天必子其真文真道真德善人,与其俱共为治也。河洛尚复时或敕之。”又卷一百二《神人自序出书图服色诀》称:“夫河洛文书文多,当见其策(供人揣测的内在涵义)。”

⑥书:载明,写清。人文:指典制和文教。《周易·贲·彖》曰:“观乎天文以察时变,观乎人文以化成天下。”

⑦洞极:透彻至极。神治:神妙之治。

【译文】

“希望听到治理这种险象,应当采取什么对策呢?”“火速遵照皇天的法则去做,就像治理应当日益往上延伸。皇天的法则是,任何事都必须三方面并力同心,所以皇天就把日月星辰作为文彩,而日月星辰总去相互融通,共同照耀,没有灭绝的时候。自从如同契约般切合有效、足可为凭的天书神文降示以来,世人便用文字形成制度条文施行治理,恰恰是在效仿皇天的日月星辰。所以皇天就时时让黄河洛水降示神书,反复训饬世人。神书上写明那些典制和文教,高兴世人效仿皇天通透至极又神异奇妙的治理法度,使良善一天比一天兴行,邪恶一天比一天灭绝。

“书者但通文书,三道行书也①。君宜善开导其下,为作明令示敕,教使民各居其处而上书,悉道其所闻善恶。因却行亦可但寄便足②,亦可寄商车载来,亦可善自明姓字到③。为法如此,则天下善恶毕见矣。君导天气而下通,臣导地气而上通,民导中和气而上通。真人传书,付有德之君,审而聆吾文言④,立平立乐,灾异除,不失铢分也。吾书敬受于天法,不但空陈伪言也,天诛杀吾。子亦知是谪重耶?”“唯唯。”

【注释】

①三道行书:指官吏、邑民、来往行人应诏献呈意见书。之所以定为三道,乃系取法日月星,日以察阳,月以察阴,星以察中央即阴阳交合处。详见本经卷五十三《分别四治法》、卷八十六《来善集三道文书诀》、卷八十八《作来善宅法》所述。

②却行:指害怕前来的人。寄便足:意为托付顺路者捎带。便足,指顺路的人。

③善自明姓字到:意谓正规署名直接递呈。

④审:确实。而:能。聆:听从、采纳之意。

【译文】

"文字本应发挥的作用只在于互通文书,也就是官吏、邑民、来往行人应诏向朝廷献呈意见书。君主应当妥善地开导治下的臣民,为他们拟定明晰的诏令予以颁布,责成民众各在自身的居住地向朝廷上书,详尽禀报他们所听到的善恶情况。因为害怕前来也可以托付给顺路的人捎来,还可以托付给经商的车辆送上来,也可以正规署名直接递呈。采用这样的办法,全天下的善恶情况也就全部显现出来了。君主疏导皇天阳气往下通达,臣僚疏导大地阴气朝上通达,民众疏导人间中和气朝上通达。真人你传布我这篇经文,付归给具有道德的君主,果真能采纳我这篇经文的主张,立刻就会天下太平,立刻就会天下大乐,灾异去除,灵验得不差毫厘。我这篇经文恭敬地领受那皇天的大法,决不光是空泛地陈说虚假的言辞,这样皇天就会诛杀我。真人你也明白这种罪罚特别重吗?""是是。"

"欲得吾书信,得即效司之①,与天地立响相应,是吾文信也。以此大明效证,可毋怀狐疑。夫治国之道乐得天心自安者,但行此,效与天响相应,即天与人谈之明券也②。吾但见真人常乐助有德之君,欲报天重功③,故一二言之耳④。

吾知其失，在此闭不通。□□得书[5]，君为制作明教善令，言从今以往，吏民宜各居其处，力上书，悉道善恶，以明帝王治，以通天气，勿得相止[6]，止者坐其事三年[7]。独上书尽信无欺文者，言且召而仕之[8]。”“其仕之云何？”“各问其才能所长，以筋力所及署其职[9]。”“何必署其筋力所能及乎？”“天之事人[10]，各因其能；不因其才能，名为故冤人[11]，则复为结气增灾。所以然者，人所不及，虽生之死[12]，犹不能为也。

【注释】

①效司：仿照施行。

②明券：明证。券，契据。

③重功：重大的功德。指化生人类和万物、佑助良善使登仙而言。

④一二：重点突出之意。

⑤□□得书：此句原缺二字。

⑥相止：谓相互阻挠。

⑦坐：定罪判刑。

⑧仕：给官做。

⑨筋力：体力。指办事能力而言。本经卷五十四《使能无争讼法》云：“故古者大圣大贤将任人，必先试其所长，何所短，而后署其职事，因而任之；其人有过，因而责之，责问其所长，不过所短。”

⑩事：谓署理、安排。

⑪故冤人：意为刻意难为人，强求人。

⑫之：到。本经卷五十四《使能无争讼法》云：“祸乱之将起，皆坐任非其能，作非其事，职而重责之。其刑罚虽坐之而死，犹不能理其职务也。”

【译文】

“打算验证我这书文果然真确可信，那就得见它便去仿照施行，结果立刻会与天地像回音应和本声那样相应合，这就足以证明我这书文真确可信了。凭借这一回应来异常明显地去验核那功效，当然可以不必再心怀疑虑了。在治国之道上乐意获取到天心而自我保全的人，只管去行用这一措施，功效便与晴空响惊雷似地相应合，也就构成皇天径与世人对话的明证了。我只见真人总高兴去辅助具有道德的君主，渴望报答皇天的重大功德，所以才重点突出地讲说这宗事罢了。我很清楚过错就出在这闭绝而不沟通上。君主得到我这经文后，为天下拟定明确完善的教令，宣布从今以后，官吏和民众各自应在本人的居住地，大力向朝廷上书，详尽禀告善恶情况，用来使帝王的政治变清明，用来疏通皇天的盛明阳气，严禁相互阻挠，阻挠的人照此事由判罪三年。对那独自上书全都属实而不存在欺瞒言辞的人，要讲明朝廷会征召他，让他担任官职。”“究竟怎样让他担任官职呢？”“分别考察他们的才能与特长，根据办事能力确可胜任的，授予相应的官职。”“为什么一定要授予他办事能力确可胜任的官职呢？”“因为皇天安排世人的天职，都各自依据他们的才能办理；不依据他们的才能办理，就叫做刻意难为人，这样做又形成聚结的冤气，增重灾害。之所以如此，是因为本属人的能力胜任不了的工作，即使叫他从生干到死，也仍旧无法能干成。

“今人所乐，极乐得善物金玉也。今使明君有教，言人有能抚手尽得天下县官金银奇伪之物[①]，不以过汝，尽以与汝。其人极乐得之也，力而不及，物系其两手，弊尽之[②]，犹不能致也。今为人父母君，将署臣子之职，不以其所长，正交杀之[③]，犹不能理其职事，但空乱其官职，愁苦其民耳。官职乱，民臣愁，则复仰呼天，自言冤，上动天，复增灾怪。故古圣贤欲得天心，重慎署置，皆得人心，故能称天心也。”

【注释】

①县官：汉称天子为县官。此处泛指各级各类官府。

②弊尽：意谓倒下累死。弊，倒下。

③交杀：即绞杀。交，通“绞”。本经卷九十八《署置官得失诀》云：“故不择选人而妄事署其职，则名为愁人而危其国也，则名为乱治政败也。”

【译文】

“如今世人所高兴的事情，莫过于高兴得到金玉之类的贵重物品了。现下让贤明的君主发布命令，声明有谁能搓搓双手，便将天下官府的金银等奢华物品全都揽在自己的手中，不但不因此而对你判罪，反倒一律赐给你。这个人肯定特别高兴得到它们，可力量压根达不到，把那物品拴套在双手上，即便倒下累死，依旧不能据为己有。如今作为世人父母的君主，打算授给臣子官职，却不按照他那特长办理，纵使绞杀他，他也不能处理好他那职事，只会白白地搅乱职官制度，致使民众愁苦罢了。职官制度一搅乱，民众和臣僚都愁苦不堪，自喊冤枉，往上感动皇天，又会增重灾异。所以古代的圣贤便只想获取到天心，重视并谨慎地授官署职，深得人心，因而就能切合天心。”

“其称天心云何？”“行之得应[①]，其民吏日善且信忠，是其效也；则迁之以时，是助国得天心之人也。或但有乐一旦贪名得官，其行无效，不称天心无应者。夫帝王乃承天心而治，一当称天心，不称天心为过。故其治无善放应[②]，当退使思过。如此，则天已喜，而天下莫不尽忠信，尽其能力者也。幽隐远方闻之[③]，无藏其能者也。

【注释】

①得应：谓政绩卓著引来瑞应。本经卷五十四《使能无争讼法》云："是以古者将为帝王选士，皆先问视，试其能，当与天地阴阳瑞应相应和不（否）。不能相应和者，皆为伪行。"

②善放（fǎng）应：意为与其职务相对等的美好瑞应。放，类似。本经卷五十四《使能无争讼法》云："大人得大应，小人得小应。风雨为其时节，万物为其好茂，百姓为其无言，鸟兽跂行为其安静，是其效也。"

③幽隐：指隐居遁世的贤士和道士。

【译文】

"果真切合天心又该是怎样呢？""到任后招来吉祥的兆应，治下的民众和属吏一天比一天变得良善忠实讲诚信，这就构成那效验；对这样的官员要及时提升，他们正属于协助国家获取到天心的人。但还有人只是贪求名誉而巴不得在一个早晨就得到官职，可供职后却无效验，这就纯属不切合天心、招不来吉祥兆应的人。帝王正秉承天心治理天下，便应完全切合天心，并把不切合天心视为过失。所以他那治理并未招来与他职务相对等的美好瑞应，就该罢免他，让他考虑自己的过失。这样做以后，皇天就已经喜悦，而天下也没有谁不竭尽忠实和诚信，把才干全部发挥出来的了。隐居的贤士在远方听说这种情况，也没有再怀才不露的了。

"其上书急者①，人命至重，不可须臾②。人且复啼呼冤，今复结增怪变，疾解报之③。其事可忍者须秋冬。""何必须秋冬乎？""然。秋者物必成，冬者物毕藏，天气定也。物以仲秋八月成熟④，其实核可分别⑤，故当顺天地之法，始以八月分别视之。九月者，天气之究竟也⑥，物到九月尽欲死，故当九月究竟读视之，观其善恶多少。十者[⑦]，数之终也，故物至十月而反初[⑧]。天正以八月为十月[⑨]，故物毕成[⑩]；地正以九月为十月[⑪]，故物毕老[⑫]；人正以亥为十月[⑬]，故物毕死。三正竟也[⑭]，物当复生，故乾在西北[⑮]，凡物始核于亥[⑯]。天法以八月而分别之，九月而究竟之，十月实核之，故天地人三统俱终[⑰]，实核于亥，故十月而实核[⑱]，下付归之。所以然者，此八月、九月、十月三月也，天地人正俱毕竟，当复反始。

【注释】

①急者：指举报重大案情或自诉深重冤情的。

②不可须臾：谓不宜延误片刻。

③疾解报之：意为迅速做出批复处理。

④仲秋八月：此就农历（夏历）而言。其为秋分所在的月份。

⑤实核：指果实。

⑥究竟：谓阳气因阴气升腾而转入衰微的状态。

⑦十：指天、地、八方相加的和数。本经卷四十《分解本末法》云："夫天道生物，当周流俱具，睹天地四时五行之气，乃而成也；一气不足，即辄有不足也。故本之于天地，周流八方也，凡数适十也。"本经卷九十三《国不可胜数诀》谓："一凝成天。天有上下八方，故为十也。"又壬部云："故数者，从天下地八方，十而备。"

⑧反初：谓随天之施生阳气入藏地下，重新孕育，开始新一轮的生命周期和循环过程。反，返归，回归。后多作"返"。

⑨天正：历法名。指以冬至所在的夏历十一月为岁首的周历。周历比夏历早两个月，故而此处加以折算，遂称"以八月为十月"。

⑩毕成：谓万物随阳气消歇而完全成熟。本经卷四十《分解本末法》谓："（万物）转在西方，而成熟。"又卷一百二《经文部数所应

诀》云:“(万物)成西方,日入酉。”

⑪地正:历法名。指以夏历十二月为岁首的殷历。殷历比夏历早一个月,故而此处加以折算,遂称“以九月为十月”。

⑫毕老:谓完全枯萎。

⑬人正:历法名。指以正月为岁首的夏历。夏历之正月,于月建即北斗星斗柄运转而指向十二地支所代表的空间方位坐标系,则为建寅之月。依序顺推,夏历十月即为建亥之月。亥:十二地支最末位。属阴支。《易》纬有“阳始于亥”之说。

⑭三正:周历、殷历、夏历的合称。《白虎通义·三正》云:“王者受命必改朔何?明易姓示不相袭也,明受之于天不受之于人,所以变易民心,革其耳目,以助化也。……正朔有三何?本天有三统,谓三微之月也;明王者当奉顺而成之,故受命各统一正也,敬始重本也。……十一月之时,阳气始养根株黄泉之下,万物皆赤,赤者,盛阳之气也,故周为天正,色尚赤也。十二月之时,万物始牙而白,白者阴气,故殷为地正,色尚白也。十三月之时,万物始达,孚甲而出皆黑,人得加功,故夏为人正,色尚黑。”本经卷一百十九《三者为一家阳火数五诀》谓:“今甲子,天正也,日以冬至,初还反本。乙丑,地正也,物以布根。丙寅,人正也,平旦人以初起,开门就职。此三者,俱天地人初生之始,物之根本也。”竟:谓各自交错循环一大圈、一整轮。

⑮乾在西北:乾为《周易》八卦和六十四卦的首卦,象征阳和天。西北则为八方中四维即四隅之一。按照汉代《易纬》八卦方位说,西北属太阴盛气弥漫的区位,亦为阳气在地下始萌的区位,阴极而生阳,故为天门所在。由于阳生阴杀,阳实阴虚,阳尊阴卑,所以乾卦乃位居西北,象征阳气处于萌发的状态和主导的地位。《周易乾凿度》谓:“乾位在西北,阳祖微据始也。”又引《万形经》云:“天门辟开元气,《易》始于乾。”本经卷四十《分解本末法》云:

“（万物）转在西北，而终。”又卷一百二《经文部数所应诀》称：“（万物）毕藏西北，戌与亥。”

⑯核：凝核。指再度胚胎。本经卷四十《分解本末法》云：“物终，当更反始，故为亥，二人共抱一为三皇初，是故亥者，核也，乃始凝核也，故水始凝于十月也。”

⑰三统：即三正。《春秋感精符》谓：“天统十一月建子，天始施之端也，谓之天统者，周以为政（正）。地统十二月建丑，地助生之端，谓之地统，商以为政。人统十三月建寅，物大生之端，谓之人统，夏以为政。”《汉书·律历志上》载刘歆《三统历》曰：“天统之正，始施于子半，日萌色赤。地统受之于丑初，日肇化而黄，至丑半，日牙化而白。人统受之于寅初，日孽成而黑，至寅半，日生成而青。”

⑱实核：谓对各地上书予以核实验定，给出结论。

【译文】

“遇到上书告发重大案情或自诉深冤的，鉴于人命最重，便不宜延误片刻。当事人又眼看着在哭天抢地喊冤枉，又在现下聚结增重那灾异，所以就要迅速做出批复处理。事情可以暂缓一下的，就要等到秋冬再说。”“为什么一定要等到秋冬再说呢？”“好的。到秋季，万物必定会成熟；到冬季，万物一律要藏伏，这正由皇天阳气所决定的。万物在仲秋八月成熟，它们的果实可以分辨出来了，所以应当顺从天地的法则，在八月份开始逐份审阅意见书。九月属于皇天阳气因阴气升腾而转入衰微状态的月份，万物到九月份都要枯死，所以就应在九月份全部审阅完毕，察看善恶现象总共有多少种。十是自然基数的末位数，所以万物到十月份就在地下随阳气重新开始孕育。周历天正把夏历八月作为十月，因而万物一律成熟；殷历地正把夏历九月作为十月，因而万物一律枯萎；夏历人正把北斗星斗柄指向亥位作为十月，因而万物一律败死。三正交错循环一大圈，万物应当重新开始新的生命周期，所以《乾卦》便位居在西北方位上，万物从十月份开始在地下随阳气再度胚胎。皇天的法则注定在八月份让万物的果实能分辨出来，在九月份让万物结束本轮的生命周期，在十月份让万物在地下随阳气再度胚胎，所以天统、地统、人统全都完成了一整轮循环过程，而从十月份又让万物在地下随阳气再度胚胎，所以在十月份要对各地上书核实验定好并给出结论，批转回去。之所以如此，是因为八月、九月、十月这三个月，天正、地正、人正都已终结，应当再度从头开始。

“不实不核，不得其意，天地且不悦喜，其灾不除，复害来年，故八月而分别视之，九月而究竟之，十月而实核，下付归之，令使吏民悉得更思过失，不敢复为也，来年吏民更谨，凡物悉善矣。不归使思过，固固民臣居下失政令①，不自知有过，其心不易②，天道固固恶不易矣，故当付归之也。

【注释】

①固固：一如既往之意。

②易：转变。谓悔改。

【译文】

“若不核实验定并给出结论来，也就摸不清民情，天地也不会高兴，那些灾异不仅消除不掉，还会危害来年，所以要在八月份逐份审阅意见书，在九月份审阅完毕，在十月份核实验定好并给出结论，批转回去，叫官吏和民众都能反复思忖自己的过失，不敢再像过去那样干，而到来年官吏和民众变得更加谨顺，万物也都生长茂盛了。若不批转回去专让人们思忖过失，民众和官吏在下面仍旧一如既往地违抗朝廷的政令，不知道自己存在过失，思想不做转变，天道仍旧一如既往地憎恨世人顽固不化，所以应当批转回去。

“真人欲知其效，今年所付归，因书一通自置之[1]，亦教吏民自记一通置之，视善恶多少，名为天券；来年付归，复置一通，视善恶多少；来年复付归，置一通，视善恶多少。下疏与上所记置[2]，当繇相应[3]，名为天征合符[4]。

【注释】

①自置：存档立案之意。

②下疏：指上书者对批转付归件的分项记录。上所记置：即朝廷以前的存档部分。

③繇(zhòu)：通“籀”，即占卜的文辞。

④天征合符：意为验核准确度则与皇天之证明恰相契合的神符。征，证明，证验。符，古代用以发兵、传令或表明身份的凭证、信物，包括符券、符节、符传等。道家《庄子》一书已用“符”字作为篇目字眼，即《德充符》。道教则推衍为天符、神符等，用以显示其准确度、可信度、灵验度。

【译文】

“真人要想了解那实效，就对今年所批转回去的意见书，随即抄录一份存档立案，也命令官吏和民众自己誊写一份留起来，察看善恶现象有多少种，把它特称为天券；第二年又批转回去，再各自留一份，察看善恶现象有多少种；第三年又批转回去，仍然各自留一份，察看善恶现象有多少种。结果上书者对批转付归件的分项记录和朝廷的存档部分，就能像占卜的文辞那样彼此相应合，这被特称为天征合符。

“令吏民更易心为善，得天意，所上当多善；若令大易，当大善；若令固固无变不易，所上固固；如令为恶不止，所上当益恶；吏民大欺忿天，所上当大恶增剧。故是天洞明照心之镜也,不失铢分,以明吏民治行。夫天地比若影响[①],随人可为,不脱也。真人幸有善意,努力卒之慎之。子虽来问此,若无事无益天[②],内默视子口可言[③]。"

【注释】

①影响:如影随形,如声回应。谓对世人做出的反应极为迅速准确。

②无事:未予践行之意。

③默视:暗暗察视。指皇天的监察活动。

【译文】

"致使官吏和民众轮番转变思想做善事,获取到皇天的心意,上书的内容就会善事众多;如果叫他们彻底转变思想了,就会善事特突出;倘若使他们一如既往,思想未做任何转变,上书的内容就会仍属老一套;如果让他们继续作恶不止息,上书的内容就会越来越歹恶;官吏和民众竟然想方设法搞欺骗,惹得皇天发怒,上书的内容就会大恶增多,程度加剧。所以这正是皇天洞彻察照人心的镜子,丝毫不差地能显现出官吏的治理情况和民众的行为。天地随顺世人想干的事情做出反应,就像如影随形、如声回应那样不会出现任何偏差。真人幸好怀有多做善事的心愿,就要慎重对待它,努力实现它。你尽管前来询问这宗事体,倘若不去实行,对皇天没什么补益,皇天正从内心在暗暗察视你嘴里愿意讲出的话语呢!"

"以何明之?""以言也[①]。夫人言事,辞详善[②],人即报之以善,响亦应之以善[③];其言凶恶不祥,人亦报之以恶,响亦应之以恶也。凡事相应和者,悉天使之也。子宁解耶?""唯唯。""夫天乃高且远、尊严,安可事事自下,与人言语乎?故其法皆以自然应和之也。子心今开不?""唯唯。已解。愿及天师，复假一言[④]。”“行道之。”

【注释】

①言：谓对事象事理持有的看法及所做出的具体表述。

②详善：吉祥美好。详，通“祥”，吉祥。

③响：指皇天做出回应的雷鸣声。《论衡·雷虚篇》云：“且说雷之家，谓雷，天怒呴吁也。”本经卷九十七《妒道不传处士助化诀》称：“皇天常独视人口言何，故使响随人音为吉凶，故响应不失铢分也。子独不常观此天地之音证邪？”

④假：借。此处为求赐之意。

【译文】

“凭借什么可以证明是这样呢？”“正凭借你对事象事理的看法与表述。世人讲论事情，言辞吉祥美好，别人也用吉祥美好回应他，皇天发出雷鸣声也用吉祥美好回应他；言辞凶狠恶毒不吉祥，别人也用凶狠恶毒回应他，皇天发出雷鸣声也用凶狠恶毒回应他。任何事情都相互应和，正来自皇天的驱使。你到底明白这一点了吗？”“是是。”“皇天高远又尊贵严正，哪里会事事都亲自下来与世人交谈呢？所以它那方法，一律通过自然应和来进行。你如今心里对此开窍没开窍呢？”“是是。已经解悟了。希望再向天师求赐一言。”“随即讲来。”

“中古皇无文[①]，不三相通，以何能安之乎？”“善哉！子之言也。天运使其时人直质朴[②]，其人皆怀道而信，又专一[③]，但流言相通[④]，人人各欲至诚信，思称天心，乃无一相欺者也。故君臣民三，并力同心相通，故能相治也。如使不同心为一家，即乱矣。

【注释】

①中古皇:指伏羲、神农、燧人。《孝经钩命决》称:“三皇设言(以言施教)民不违。”又云:“三皇无文。”本经卷五十四《使能无争讼法》谓:“中古三皇,当无文而设言,下古复有。”

②天运:自然的气数。直:恰逢,正值。

③专一:谓执守先天元气。

④流言:口传教令之意。

【译文】

“中古三皇没有文字,也不从三个方面专向朝廷献呈意见书,那时依靠什么能安定住民众呢?”“真是太好了!你这问话。自然的气数使那个时代的人们正赶上朴实淳厚,众百姓都身怀真道而又诚实,并且牢牢执守住先天元气,仅仅通过口传教令来彼此融通,人人各自都想做到极为诚信,只琢磨怎样去切合天心,于是没有一个欺骗别人的人。所以君主、臣僚、民众这三个方面并力同心,相互融通,因而能够转相治理。假设当时不同心形成一家,也就败乱了。

“今者承负,而文书众多[①],更文相欺[②],尚为浮华,贤儒俱迷,共失天心。天既生文[③],不可复流言也,但当实核,得其实,三相通,即天气平矣。

【注释】

①文书:指各个学派的著作。

②更文:递相文饰之意。

③文:天书神文。隐指《太平经》这等大道经。

【译文】

“当今承负,而各个学派的著述众多,递相文饰,彼此欺骗,竞相大搞浮华那一套,贤良的儒士全都分不清是非,共同偏离了皇天的心意。

皇天既已降示下神文，不能再像中古三皇时代那样口传教令了，只应对各地善恶事象加以核实验定并给出结论来，获取到实情，叫官吏、邑民、来往行人上书沟通，皇天阳气也就平定下来了。

"天法者，或亿或万，时时不同，治各自异，术各不同也[①]。今者太平气且至，当实文本元正字[②]，乃且得天心意也。子不能分别天地立事以来，其治亿端，行其事，悉得天应者是也；不得天应者，非也，是即其大明天券征验效也。宁解耶？""唯唯。"

【注释】

①术：指施治的方法。

②实：查实验定之意。本元正字：指各派著作中确属执守本原、持定根基的纯正论断。参见本经卷四十二《件古文名书诀》、卷五十一《校文邪正法》、卷九十一《拘校三古文法》所述。

【译文】

"天法多得成亿上万，每个时代都不相同，治理的对象分别自有差异，施治的方法也各不相同。现今太平气立刻就要来到了，应当验定各派著述中确属执守本原、持定根基的纯正论断，也就眼看着获取到皇天的心意了。真人你如果无法逐项区辨出天地立事以来成亿上万的施治方法，那就掌握住一个总体标准：施行那事体，全都获取到皇天美好回应的，就绝对属于正确的；获取不到皇天美好回应的，就绝对属于谬误的，这正构成了天券神书的异常显著的证验与效应。你对此到底解悟了吗？""是是。"

"行去，勿得复问。今非不能为子悉记天地事立以来事事分别、解天下文字也[①]，但益文难胜记[②]，不可为才用[③]，无益于王治，故但悉指授要道而言。夫治不理本，由天文耳④，是天地大病所疾也，古时贤圣所共憎恶也。故道为有德君出，不敢作文⑤，皆使还守实，求其根，保其元，乃天道可理，国自安。真人虽好问，勿复令益文也，去思之。""唯唯。"

右包裹元气自然天地、凡事三合相通、并力同心、天明券、和皇平治法⑥。

【注释】

①天下：皇天降示之意。

②益文：徒增繁冗之意。

③才用：裁断施用。才，通"裁"，裁断。

④天文：指皇天所降示的旨在谴告的诸多奇异天象。

⑤作文：意为炮制文饰之说。

⑥和皇平治：意为使最盛明的太平之治愈加和谐。

【译文】

"回去吧，不要再问了。眼下决不是不能为你详尽记说天地立事以来每宗事的区别所在，也不是不能为你讲解皇天降示的全部书文，只恐怕徒增繁冗，没办法让人做出裁断施用来，对帝王的治理没什么补益，所以只是详尽指点并授付切要的道法而重点讲一讲。治理天下却不在根本上花气力，皇天就通过降现奇异的天象来做谴告，这正属于天地引为大病又特痛恨的施治方法，也是古代的圣贤共同憎恶的东西。所以真道专为具有道德的君主来出示，叫人不敢再炮制文饰的说法，反转来都去守持真实，求取根本，保定初基，于是天道就能被理顺，国家就自行安定了。真人尽管喜好询问，但切莫再让它徒增繁冗，回去后，要精思这宗事体。""是是。"

以上为包裹元气自然天地、凡事三合相通、并力同心、天明券、和皇平治法。

卷四十九　丙部之十五

急学真法第六十六

【题解】

本篇所谓“真法”，全称“上古大真道法”，别称“天长寿之法”。这种真法乃由真道、真德、真仁、真善所组成。对此四者的内涵、功效及其相互关系，篇中反复展开论证，突出强调：真道真在“好化生”无以伦比，与天同一“骨法血脉”，可使上士辅政度世，跻身真仙；使中士得官尽职，竟其天年；使小人谨顺平安，魂神都在阴间供职。真德真在“好包养”无可限量，与地同一“骨法血脉”，绝对能够保证世人之行不低于“上仁”的水准线。真仁真在“好施予”无有穷期，与圣贤同一“骨法血脉”，最次也能使人保持住平平之行。真善真在“事合天心，不逆人意”，与“道”名异而实同。四者之间，道承天统，德承地统，仁承人统；道已“正”，德乃“大”，仁遂“兴盛”，因而必须尊道、贵德、倚仁。如此，“善”则“绝洞无上”，尽在其中。反之，无道而好戕杀，乃系“最恶衰凋凶犯死丧”之专称，与天为重怨；无德而好伤害，乃系“凶败之符”，与地为大咎；无仁而好掠夺，乃系“禽兽”之志念，与圣贤为大仇；怙恶成盗贼，乃系“大患之本，法所当诛”，与天地神祇、凡人万物为大敌。泾渭既然这等分明，兼以道有真道与伪道、善道与凶道、平平之道与浮华之道的并立共存，德有真德、平平之德和邪伪之德的区别，仁有上仁、中仁、平平之行的差异及其同“大贪鄙”的对立，善有上善和“下愚蔽暗”的角逐，势必便要“高举、大张、力开”第一流的“大道大德之法、盛仁之路、上寿之术、大吉之门、太平之阶”，随而闭绝“为恶之术、大凶衰之恶路”和“死凶之处”，彻底解除当代帝王的万类承负流灾。这六开三闭一解除，恰为篇题为何以“急学”二字弁其首的底蕴所在。通篇所述，充分体现了道教在初生草创阶段对老子《道德经》全部思想的筛选与提炼，对儒家“仁”论的采撷，对阴阳五行说的汲取，对三者的糅合与改造。

“真人前。今良和气且俱至①，人但当游而无职事，当以何明其心而正其意，常使其忽然忘为邪恶②，而日好为善，不知置③？令帝王垂拱而无可治④，上善之人满其朝⑤，忠信孝子皆毕备，当以何致之乎？真人有天性好善之心，常汲汲忧天道⑥，宜自精⑦，具陈说之。”“然。但当急学之以真道、真德、真仁耳。”

【注释】

①良和气：即高度和谐的吉善之气。

②忽然：意为自觉不自觉地。

③置：意为搁置起来或放在一边。

④垂拱：垂衣拱手。极言天下大治之甚。

⑤上善之人：第一等良善的人。

⑥汲汲：急切追求的样子。

⑦精：谓精思事象及其义理。

【译文】

“真人你到前面来。如今高度和谐的吉善气流立刻就要全部降临了，世人只应游乐而无事可做。既然如此，究竟应该依仗什么来使世人内心敞亮，端正意念，常让他们自觉不自觉地就忘记再干邪恶事，一天比一天喜好做善事而不晓得搁置起来呢？叫那帝王垂衣拱手而没有什么可要治理的，第一等好人在朝廷上随处可见，忠信孝子全都聚集在周围，到底该凭借什么来造成这种局面呢？真人天性就怀有喜好良善的心念，常常急切地在为天道忧虑，应当自行精思，详尽陈述这宗事体。”“好的。只应拿真道、真德、真仁让大家来赶快学习。”

“何以当学以真道哉？”“然。道乃能导化无前[①]，好生无辈量[②]。夫有真道，乃上善之名字[③]；夫无道者，乃最恶衰凋凶犯死丧之名称也[④]。”

【注释】

①无前：永无边际之意。

②无辈量：即无可比拟。

③名字：犹言特称或美称。

④衰凋：衰败凋落。凶：凶险。犯死丧：陷入死亡。

【译文】

“为什么应拿真道来让人学习呢？”“好的。真道正能化导世人，没有到那尽头的时候，喜好施生，无可比拟。世人怀有真道，正是第一等好人的专称；而无道却是最恶劣衰败又凋落凶险并且陷入死亡的代称。”

“真人此今但说真，善哉！吾无以加之。何以当学之以真德？”“夫人有真德，乃能包养无极之名字[①]；夫无德者，乃最劣弱困穷小人之名字也[②]。”

【注释】

①无极：指宇宙迷濛浩莽的原始形态。此处意谓广大无边，即一切

的一切。《老子·二十八章》谓："常德不忒(变更),复归于无极。"

②小人:人格卑劣的人。

【译文】

"真人眼下只管讲论那千真万确的事体,这可太好了！我没有什么能够再作补充的了。为什么要拿真德来让人学习呢?""人有真德,正是能够包容养护一切的一切的专称;而无德却是最低劣微弱又困顿并且陷入绝境的小人的代称。"

"善哉！真人之言,吾复无以加之也,真真是也。何以当学之以仁道也[①]?""仁者,乃能恩爱无不包及、但乐施与无穷极之名字;夫不仁之人,乃好德反[②],恶典与[③],是乃大贪鄙之名称[④],与禽兽同志,无可以自别异也。"

【注释】

①仁道:为仁之道。

②德反:与德对着干。

③典与:借赠之意。

④贪鄙:贪婪卑鄙。

【译文】

"真人这番话讲得太好了！我没有什么能够再作补充的了,真真切切对极了。为什么要拿为仁之道来让人学习呢?""仁是能够恩惠慈爱无不包纳延及、只高兴施舍而永不罢休的专称;而那些不仁的家伙,竟然喜好与真德对着干,厌恶借赠给别人些微物品,这正是万分贪婪鄙陋的专称,简直与禽兽同一个心念,根本没办法把自己和禽兽区别开来。"

“善哉！真人之言，吾复无以加此也。今真人说三事，吾无以加此也。今人当学为善邪？不当邪？”“当力学为善。”“夫为善，亦岂有名称字不邪[①]？”“小子不及，唯师开示之。”

【注释】

①名称字：指做出高度概括的精确用语。

【译文】

“真人这番话讲得太好了！我没有什么能够再作补充的了。眼下真人讲论这三宗事体，我对此确实没有什么能够再作补充的了。生在当今的世人，该不该学习做善事、当善人呢？”“应当极力学习做善事、当善人。”“做善事、当善人，是否也有对此做出高度概括的精确用语呢？”“小子闹不清楚，只请天师开示这宗事体。”

“然。夫为善者，乃事合天心，不逆人意，名为善。善者，乃绝洞无上[①]，与道同称，天之所爱，地之所养，帝王所当急，仕人君所当与同心并力也[②]。夫恶者，事逆天心，常伤人意，好反天道，不顺四时，令神祇所憎[③]，人所不欲见，父母之大害，君子所得愁苦也，最天下绝凋凶败之名字也。故人之行，失吉辄入凶，离凶则入吉；一吉一凶，一善一恶[④]，为不纯谨之徒。子宁知之？”“唯唯。”

【注释】

①绝洞：通透至极。

②仕人君：意为在君主手下供职当官。即臣僚。

③神祇（qí）：天神曰神，地神曰祇。本经癸部《还神邪自消法》云：

"太阳，天气，故称神。形者，太阴，主祇，包养万物，故精、神藏于腹中，故地神称祇。"

④一善一恶：意为时而良善又时而邪恶。详参本经卷四十二《四行本末诀》所述。

【译文】

"好的。做善事，当善人，正该事事切合天心，不违背人们的意愿，这才称作良善。良善正是说：通透至极，抵达顶点，与那真道属于同一称谓，既被皇天所喜爱，又被大地所养护，是被帝王理应奉作首要之务的政事，是被臣僚与君主理应同心合力去倡导的美德。至于邪恶，却事事违逆天心，常常伤害人们的意愿，喜好与天道对着干，不随顺四时，让天神地祇感到憎恶，纯属世人压根不想见到的东西、父母的大祸害，君子所愁苦的对象，是天下最灭绝凋丧又凶险败亡的专称。所以世人的行为，失去吉利就陷入凶险，脱离凶险就转入吉利；时而吉利又时而凶恶，一会儿良善又一会儿邪恶，正属于不纯正不谨慎的家伙。你到底明白这一点了吗？""是是。"

"令于真人意[1]，凡人之行，当云何哉？""然。人令不力学道，辄为无可知道，辄名无道之人；夫无道之人，人最为恶凶人也。今不力学德，辄为无可知德；夫无德而好害伤之人，乃凶败之符也[2]。今人不力学仁，已不仁矣；夫不仁之人，乃与禽兽同路；人与禽兽同心，愈于死少耳[3]。今人不旦夕力学善，失善即入恶；夫恶乃死凶之处，故凡人不力学吉，辄乃入凶。夫凶，乃天下恶名称。"

【注释】

①令于真人意：此五字中"令"当做"今"。形近而讹。

③符：意为标志物、代表物。

③愈于死：意谓从死亡中超脱出去。

【译文】

“现今在真人意下看来，世人的行为该是怎样的呢？”“好的。如今世人不大力学习真道，也就落得没有途径能去掌握真道，就被称为无道的人；而无道的人正是世人中最邪恶凶败的人。如今不大力学习真德，也就落得没有途径能去掌握真德；而无德却喜好伤人害人的人，恰恰构成凶险败亡的标志物。如今世人不大力学习真仁，已经就不仁了；而不仁的人正与禽兽处在一条窄路上；人与禽兽心念相同，能从死亡中超脱出去的也就太少了。如今世人不从早到晚大力学习做善事，当善人，而失掉良善就肯定陷入邪恶；邪恶正是死亡凶败的处所，所以世人不大力学习吉福事，就肯定转入凶亡事。凶亡正属于天下最坏的名称。”

“善哉！子已长入真道，不复还反恶矣。今真人久怀智而作愚[1]，何哉？”“不敢。”“行，子幸有能[2]，极陈子所言，吾甚喜之。今能极于此，子曾但见吾言说，反中弃而止耶？”“不敢也。见师比敕使说，适意有所不及，不敢悉言之。”“善哉子之言，常大谦。”“今能极意真门[3]，唯天师录示所不及[4]。”

【注释】

①作愚：装傻充愣之意。

②能：指求道、悟道的天赋。

③极意：尽意，尽心。真门：指真道、真德、真仁的畛域。

④录示：层层开示。录，次第。

【译文】

“说得太好了！你已经永久进入真道，不会再返回到邪恶了。如今真人早就怀有智慧却故意装傻充愣，这是为什么呢？”“弟子决不敢这样做。”“近前来，你幸好具有求道悟道的天赋，把你要说的话语淋漓尽致地讲述出来，我对此感到特别高兴。如今能讲述到最高的程度，可你曾经见过我一味做讲说，反倒半路放弃而废止吗？”“弟子不敢。看到天师接连命令弟子做讲述，恰巧心里怀有闹不懂的地方，不敢详尽讲述它。”“你这话说得很好，总显得特别谦恭。”“如今能够在真道、真德、真仁的界域内竭尽心力，还只请天师层层开示弟子所不明白的事体。”

“然。子向所言悉是也。是故古者大圣三皇①，常自旦夕力学真道，见不好学真道者，名为无道之人。夫无道之人，其行无数②，天之大重怨。夫无道之人，本天不欲覆盖，地不欲载也，神灵精鬼所不欲祐，天下所共苦也。圣人贤者君子，乃大疾无道之人，故古者上皇之时③，人皆学清静④，深知天地之至情，故悉学真道，乃后得天心地意。

【注释】

①三皇：指天皇、地皇、人皇。

②无数：意谓早就该死。

③上皇：最盛明。

④清静：指清心寡欲、致虚守静的一整套修身养性的功夫。参见《老子·十六章》所述。

【译文】

“好的。你刚才所讲的都很对。所以古代的大圣人天皇、地皇和人皇，常常自行从早到晚大力学习真道，看到不喜欢学习真道的人，就把他们称作无道之人。无道之人的行径早就该死，成为皇天最怨恨的对象。对无道之人，皇天原本就不想覆盖他们，大地也不想托载他们，神灵精鬼更不想佑助他们，天下人共同厌恶他们。圣人贤士和君子，恰恰最痛恨无道的人，所以在古代最盛明的时期，世人都学习清心寡欲、致虚守静的一整套修身养性的功夫，深深了解天地的最高愿望，因而全都学习真道，然后就获取到了天地的心意。

“人不力学德，名为无德之人。夫无德之人，天不爱，地不喜，人不欲亲近之。其行常行事不为德，乃为王者致害，为君子致灾，鬼神承天教不久与为治[①]。是故古者贤圣大儒，见无德之人，不与其通言语也。

【注释】

①天教：皇天的教令。

【译文】

“世人不大力学习真德，就被称作无德之人。对无德之人，皇天不爱护，大地不喜欢，人们不想和他们接近。他们总是做起事来损人利己，竟为帝王招来祸害，给君子造成灾殃，鬼神承奉皇天的教令不与他们长久实行治理。所以古代的圣贤与大儒，看到无德之人，根本不理睬他们。

“不力旦夕学仁，即且忽事为不仁[①]。夫不仁之人，言即逆于凡事，伤人心，不合天意，反与禽兽相似，故古者圣贤不与其同路也。

【注释】

①忽事：轻慢行事。

【译文】

“不从早到晚大力学习仁道，随之也就轻慢行事，变成不仁。不仁的人一说话就和所有的事情都逆着来，伤害人们的感情，不切合皇天的心意，反而同禽兽差不多，所以古代的圣贤根本不同他们在一条路上行走。

“今人不事师力学善，即且愚暗，不知为善也，反且恣其无知之心，轻为恶。夫恶人，下愚蔽暗之人，其行乃不顺天地之道，尚为君子得事①，戮其父母，愁其宗亲②，为行无法，鬼神承天心为使③，不喜之。为害甚，处三法所当诛④，古者圣贤以为大怨。故古者悉自实核其学问也⑤，合于天心，事入道德仁善而已，行要当合天地之心，不以浮华言事。所以然者，且失天法，失之即入凶绝短命矣，或害后世。

【注释】

①得事：即制造事端。

②宗亲：指五宗九族以内的远近亲属。参见《白虎通义·宗族》所述。

③为使：谓在人体和幽冥中充当人之生死贵贱的主宰者。

④三法：汉代习用语“三尺法”或“三尺律令”的缩称。即国家法律。因其写于三尺竹简上，故称。

⑤实核：查验之意。

【译文】

“如今世人不跟从师长大力学习良善，也就转向愚蠢昏昧，不懂得做善事了，反而放纵他那一无所知的心念，轻易就干坏事。干坏事的人纯属低劣愚蠢、蒙昧昏暗的人，他那行为竟然不顺从天地的法则，还为君子惹来事端，使父母遭到诛杀，给远近亲属带来受株连的愁苦事，一有行动就丧失准则，鬼神承奉天心充任世人的主宰，根本不喜欢他们。他们造成的祸害特别严重，都处在三尺律令应当诛杀的圈子里，古代的圣贤把这类人看成是极其痛恨的人。所以古人无不自行查验本身的学问，只求切合天心，做事能归入道、德、仁、善的范围以内也就到头了，行为总之要切合天地的心意，不拿浮华那一套来讲论事情。这样做是因为：天法眼看要从自己这里失去，失去就陷入凶败灭绝和短命了，有的还会殃及后代子孙。

"天道不误，有格法①。夫不力学大吉之道，反事者轻忽自易，必且入凶。夫凶者，乃天地人万物所疾恶，不可久存，是大患之本，祸之门户，过而陷其中便死，不得还悔过反故也②。天下莫不共知之，而下士大愚③，常共笑道④，不知守道，早避凶害，传传为愚，更相承负，后生愚暗，复剧于前，故真道闭而不通，令人各自轻忽，不能穷竟其天年，其大咎过，乃由此也。真人见吾书，宜深计之，慎无闭藏，以付贤柔明⑤，使其觉悟。

【注释】

①格法：成法，常法。

②反故：意谓重新成为活人。

③下士：低劣的人。

④笑道：谓对真道进行讥笑贬抑。《老子·四十一章》云："下士闻道，大笑之。"本经卷九十《冤流灾求奇方诀》谓："愚人反各自轻忽，不求奇方，而共笑贱真道。"

⑤柔：指身怀柔术的人。《老子》倡导守柔克刚，故称。柔，柔和。

【译文】

"天道没有一丝差错的地方，却有不可抗拒的法则。不大力学习使人大吉的真道，反而做起事来轻率简慢，自我放纵，必定会陷入凶险当中去。凶险实属天地和世人、万物所憎恶痛恨的事情，决不能叫它长久存在，这正形成大祸患的根源和祸灾的入口处，犯下过失陷入里面去，立刻就会死掉，没办法再对过失表示悔恨而重新成为活人了。天下人无不清楚这一点，可下等人却非常愚昧，总在一起讥笑真道，不懂得守行真道，及早避开凶害，反而一个接一个地教唆干蠢事，递相承负，后来出生的人比前代愚蠢昏昧得更厉害，所以真道被封锁住而得不到传布，致使世人各自轻率简慢，无法尽享天年。这种大罪过，正来源于此。真人看到我这篇书文，应当深深做思量，切莫扣压住它，把它传付给贤明之士和持守柔术的人，让他们觉悟。

"是故古道乃承天之心，顺地之意，有上古大真道法①，故常教其学道学德②，学寿学善③，学谨学吉④，学古学平⑤，学长生⑥。所以尽陈善者，天之为法，乃常开道门⑦；地之为法，常开德户⑧；古之圣贤为法，常开仁路⑨。

【注释】

①上古大真道法：此系对《老子》全书主体内容进行的提炼浓缩与再熔铸、新标揭。由下文所述九"学"皎然可寻，历历可辨。上古：指天皇、地皇、人皇所谓三皇时代。

②学道学德：《老子·五十一章》云："道生之，德畜之，物形之，势成之。是以万物莫不尊道而贵德。"

③学寿：《老子·三十三章》云："死而不亡者寿。"《老子想尔注》谓："道人行备，道神归之，避世托死过太阴中，复生去，为不亡，故

寿。”又《老子·五十章》云：“善摄(养)生者，陆行不遇兕(犀牛)虎，入军不被甲兵……以其无死地(不入死亡范围)。”学善：《老子·四十九章》云：“善者，吾善之；不善者，吾亦善之，德(得)善。”

④学谨：《老子·二十章》云：“人之所畏，不可不畏。”《老子想尔注》谓：“仙士与俗人同知畏死乐生。俗人虽畏死，端不信道，好为恶事；仙士畏死，信道守诚，故与生合。”又《五十三章》云：“使我介然(稍微)有知，行于大道，唯施(斜行)是畏。”学吉：《老子·三十一章》云：“吉事尚左，凶事尚右。”《老子想尔注》谓：“左右，契(天券符箓)也。”

⑤学古：《老子·十四章》云：“执古之道，以御今之有。能知古始，是谓道纪(纲纪)。”《老子想尔注》谓：“能以古仙寿者喻今，自勉励守道真，即得道纲纪。”学平：平指守柔、清静等处世养性之术。《老子·五章》云：“多言数穷，不如守中。”《老子想尔注》谓：“多知浮华，不知守道全身，寿尽辄穷。数穷，非一也。不如学生，守中和之道。”又《三十五章》云：“执大象(道)，天下往(归附)。往而不害，安平泰。”

⑥学长生：《老子·七章》云：“天地所以能长且久者，以其不自生(不自营己之生)，故能长生。是以圣人后其身而身先，外其身而身存。”《老子想尔注》谓：“求长生者，不劳精思求财以养身，不以无功邀君取禄以荣身，不食五味以自恣，衣弊履穿，不与俗争，即为后其身。而重此得仙寿，获福在俗人先，即为身先。”又《五十九章》云：“治人事天，莫若啬(爱惜保养精力)。……是谓深根固柢、长生久视(活)之道。”

⑦道门：犹言“生”之门。

⑧德户：犹言“养”之户。

⑨仁路：犹言“施”之路。

【译文】

“所以古道恰恰承奉天心，顺从地意，制有上古大真道法，因而总去教导世人学道，学德，学长寿，学良善，学谨顺，学吉事，学古法，学平和，学长生。之所以专门陈说这些吉祥美好的事体，是因为皇天形成法则，总去开启施生化生的道门；大地形成法则，总去开启养育养护的德户；古代的圣贤形成法则，总去开启布恩施惠的仁路。

“故古者圣贤，与天同心，与地合意，共长生养万二千物①。常以道德仁意传之，万物可兴也；如以凶恶意传之，凡物日衰少。故有道德仁之处，其人日多而好善②；无道德仁之处，其人日衰少，其治日贫苦。此天地之格悬法③。

【注释】

①长：长久。万二千物：此系《太平经》编著者用术数推导出来的世界物种总数目。其中有二千物属于嘉瑞善物。其理据与“万二千国”相同，即一年为十二个月，扩大千倍即得此数。参见本经卷三十五《分别贫富法》、丁部《阙题》(四)、卷九十三《国不可胜数诀》所述。

②好善：谓貌美体健。《素问·上古天真论》云：“上古之人，其知道者法于阴阳，和于术数，食饮有节，起居有常，不妄作劳，故能形与神俱，而尽终其天年，度百岁乃去。”《论衡·齐世篇》谓：“语称上世之人，侗长佼好，坚强老寿，百岁左右。下世之人短小陋丑，夭折早死。何则？上世和气纯渥，婚姻以时，人民禀善气而生，生又不伤，骨节坚定，故长大老寿，状貌美好；下世反此，故短小夭折，形面丑恶。”

③格悬法：高悬垂照的成法。

【译文】

“因而古代的圣贤，既与皇天同心，又与大地合意，共同长久地化生和养育一万二千种生物。总用道、德、仁的那番心意使它们传衍，万物就兴盛繁茂；如果专用凶险邪恶的那番心意叫它们传衍，万物就一天比一天衰败减少。所以具有道、德、仁的地方，那里的人们就一天比一天增多并且貌美体健；没有道、德、仁的地方，那里的人们就一天比一天衰落减少，治理的状况也一天比一天陷入贫穷和困苦。这正构成天地高悬垂照的成法。

“夫有至道、明德、仁善之心，乃上与天星历相应①，神灵以明其行②。故古者圣贤，常思为善无极，力尽乃以不敢有恶，念凶路也。夫下愚之人，其心常闭塞，实无知，不可复妄假之以凶衰之恶路也③。不自知大失天道，相随为恶以为常，习俗不能自退还也。是以吾上敬受天书教敕，承顺天心开辟之，大开上古太平之路，令使人乐为善者，不复知为恶之术。

【注释】

①星历：星辰。应：指星辰做出的回应，亦即为之降现的瑞应。如其国有道，德至八表，则状如半月的景星在本月末、下月初为之出现，助月为明，使人可以夜间作业等。此类瑞应依道德高低而有层级之别。详见《春秋繁露·王道》、《史记·天官书》、《孝经援神契》、《白虎通·封禅》所述。本经乙部《行道有优劣法》称：“王者复德，德星往守之；行武，武星往守之；行柔，柔星往守之；行强，强星往守之；行信，信星往守之。相去远，应之近。天人一体，可不慎哉！”

②明其行:谓人体内外众神灵定期向天庭禀告其人的道功德业等。详见本经庚部卷一百十至一百十四诸篇戒诀所述。

③假:借。此处为教唆之意。

【译文】

“怀有最高真道、盛明真德以及仁爱善良的心意,往上便与皇天的星辰相应合,神灵也来禀明他那品行。所以古代的圣贤,时常想到做善事永无止境,已经用尽全力但仍不敢出现一丝邪恶,正因念及到凶险的绝路。那些低劣愚昧的人,内心总不开窍,实际上太无知,决不能再拿凶险衰败的死路去教唆他们了。自身不明白远远偏离了天道,一个接一个去干坏事,把它看得很平常,而习俗就无法自行恢复到原来的淳朴状态了。所以我在天上恭敬地承受天书的教导与训饬,承奉并顺从天心特作开启,大大敞开上古的太平道路,致使世人高兴做善事,当善人,不再晓得干坏事的伎俩。

“天下之人,其志也常高,而其所成者反常下[①],不能应其本所志念也。故夫上士[②],忿然恶死乐生,往学仙,勤能得寿耳[③],此上士,是尚第一有志者也;中士有志[④],疾其先人夭死,忿然往求道学寿,勤而竟其天年耳,是其第一坚志士也;其次疾病多而不得常平平[⑤],忿然往学可以止之者,勤能得复其故[⑥];已小困于病,病乃学想能禁止之,已大病矣;其次大病剧,乃求索道术可以自救者,已死矣。是故吾书教学人,乃以天长寿之法,旦夕自力为之,才得且平平耳。如以平平之法学,凡人已入凶矣。

【注释】

①成:犹言实现。

②上士：最高明的人。

③勤(jǐn)：通“仅”，仅仅，只不过。

④中士：中等人。

⑤平平：谓使身体保持正常的状态。

⑥故：指原来的体质情况。

【译文】

“天下人的志向常常很高远，但所达到的结果却反而常常差得很多，不能够实现自己所追求的预定目标。所以高明人厌恶死亡，喜好长生，就发愤前去学习成仙的道术，可再怎么努力也就落得个长寿罢了，这种高明人尚且还属于第一等具有志向的那类人；中等人立有志向，痛恨自家前辈竟早早死亡，就发愤前去求取真道，学习长寿的法术，可再怎么努力也就落得个尽享天年罢了，这还属于第一等志向坚定的那类人；其次有人厌恶生病很多，无法保持身体的正常状态，就发愤前去学习确能去除病魔的方术，可再怎么努力也就落得个恢复体质原状罢了；至于已被疾病逐渐缠住了，染病在身才想去学习能够控制住病情的方法，病情已经难以救治了；其次病得特厉害，这才去求索能够挽救自己性命的道术，已经归于死亡了。所以我这书文教导并让世人来学习，完全是靠那皇天的长寿法术，对这等法术从早到晚自行大力守行它，才落得个保持住身体正常状态罢了。如果用仅能保持住身体正常状态的方术去让人学习，任何人就都已经陷入凶险了。

“愚者不知：天下凡人其本志所为常念善高已者①，不能应其所志。故为其高举之②，上极于仙，即才得保其天年耳。夫大贤者，志十得十③，必与吾道书相应；中贤者志十，或中止更懈，才得五；小人朝志之④，暮忘其所言。故大高举者，乐使其上中下各得其心所志念。

【注释】

①善高已者：指达到美好、高远境地才罢休的那一特定目标。

②高举：谓向更高层次做提升。此系宣明本经编著者的意图与做法。

③志十得十：意为一切追求无不实现。

④小人：识见浅陋狭窄的人。

【译文】

“愚昧的人压根就不明白：天下任何人所定立的必须达到美好高远境地才罢休的那一特定目标，事实上却实现不了。所以就要为他们向更高层次做逐级提升，往上修炼到了成仙的境地，也就仅仅得以保住自己的天年罢了。最贤明的人要想一切追求无不实现，必定要与我这道书相应合；中等贤明的人也想一切追求无不实现，但有人如果中途打退堂鼓，转而懈怠，仅仅会实现十分之五；识见浅陋狭窄的人往往早晨定立起理想的追求，到晚上就忘记了自己的誓言。所以向更高层次做逐级提升，目的是高兴让那上、中、下三类人各自实现他们的理想追求。

“今下古人大愚，去真道远，力学以天正文法[①]，才不陷于伪欺耳；学以平平之文[②]，已大欺矣；学以习文好言[③]，大伪奸猾已起矣。天以帝王为子，恶下欺上。夫人行下多邪伪，即上道德仁君无所信[④]，下民人无所附归其命。夫力旦夕教学以真道耳。力学以善道[⑤]，才得平平之道也；力学以平平之道，已入浮华矣；入浮华，凡人大迷惑穷困矣，便成大凶恶之路，帝王为愁苦，人不可治。真人欲知是信，比若人家慈父母，日教其子为善，自苦绝衣食养之老，尚固固为恶，何况凡人乃相示教以浮华之文哉！

【注释】

①天正文:皇天所降示的纯正神文。实谓《太平经》这等大道经。

②平平:普通,一般。

③习文:司空见惯的书文。指儒家经典等。好言:取悦于人的动听说教。

④信:指令人信从的权威。

⑤善道:第一等真道。

【译文】

"如今下古时代的世人非常愚昧,脱离真道已经很遥远了,拿皇天纯正书文的道法来让他们大力学习,也仅仅不陷入奸伪欺诈罢了;拿普通的书文来让他们学习,已经变成万分欺诈了;拿司空见惯的书文和取悦于人的动听说教来让他们学习,已经促使大伪奸猾兴行了。皇天把帝王当成儿子,憎恨下边欺骗上面。世人的行为在下边大多邪恶奸伪,就造成第一等具有道、德、仁的君主没有凭借取信于民而建立起来的权威,下边的众百姓也没有能把性命归附和寄托的地方。应当拿真道从早到晚来大力施行教化,让人学习。拿第一等真道来大力让人学习,也仅仅能了解掌握一般性的道法;拿一般性的道法来让人学习,就已经陷入浮华了;陷入浮华,所有的人就都万分迷惑又困顿不堪并陷入绝境了,构成万分凶险的死路了,帝王对此愁苦至极,世人压根治理不了。真人要想知道这种情况千真万确,也就好比一户人家,仁慈的父母每天都教诲自己的儿子做善事,当善人,宁可夫妻俩受苦受累,节衣缩食把他养活到一辈子,可他仍旧顽固地干坏事,做恶人,何况竟拿浮华书文向天下一切人去做宣示并施部教化呢!

"以吾书不信也,使凡人见吾书者,各自思所失。中古以来,有善道者皆相教闭藏,不肯传与其弟子,反以浮华伪文教之。为是积久,故天道今独以大乱矣,天地灾怪,万类不空也[①]。贤儒宜各深思□□[②]。然吾今虽不旦夕与俗人同处，昭然已知之矣。天下大疾苦之，故使吾出此文以告属之[③]，吾不空也。真人实宜重慎之，且有天谪[④]。”“唯唯。不敢也。每见天师言，常骇栗[⑤]。”“子之言是也，即天且大悦大喜，不害子也。”“唯唯。”

【注释】

①不空：意谓针对人间的不同恶行做出不同的具体反应。参见本经卷四十三《大小谏正法》所述。

②贤儒宜各深思□□：此句原缺二字。

③告属：告诫嘱咐。属，嘱咐。

④天谪：皇天的惩罚。

⑤骇栗：恐惧得浑身发抖。形容畏惧的程度。

【译文】

“认为我这书文讲得不真确，那就让世人观阅我这书文，分别思忖自己的过失是不是这个样。自从中古时代以来，怀有第一等真道的人竟都彼此教唆，要把真道封锁藏匿起来，不乐意传授给自己的弟子，反而用浮华伪文去教导他们。这种情况一直在长久延续，所以天道到如今偏偏被搅得乱成一锅粥了，天地降示的种种灾异，从来都有根有据。贤儒应当各自深思。我至今虽然不与世俗人朝夕生活在一起，但已经非常清楚地了解其中的缘由所在了。天下对灾异感到万分苦痛，所以皇天让我出示这篇书文来嘱告世人，我可不是在瞎说一气。真人实际上应该重视并谨慎对待它，须知皇天的惩罚就在上面。”“是是，弟子决不敢忽略。弟子每次见到天师的讲说，常常恐惧得浑身发抖。”“你这话说得很对，皇天听到后已经非常高兴了，不会殃害你了。”“是是。”

“凡人虽力旦夕学，敕教以真德[①]，尚才得平平之德耳；学以平平之德，已入邪伪德矣；学以邪伪德，愚人已无复数矣[②]；无有真德，恣心而行，此纯君子之贼。力学以上仁，才得成中仁耳；力学以中仁，其行才平平，无有仁也；学以不仁，愚人已成盗贼矣，不自知杀伤[③]，无复数；恣意而行，不用道理，是正天怨地咎，人之大贼。力旦夕学以大吉之道[④]，才得中吉耳；学以中吉，才得小吉耳；学以小吉，此已入凶道矣[⑤]；学以凶道，已不复救矣。俱大暗昧无一知，见天道言其不真，但欺罔[⑥]，纯信其愚心妄言，上千天文[⑦]，下乱地理[⑧]，为百姓害灾。是故吾道书学凡人也，乃大学之，使其上列真仙[⑨]；如不能及真仙，可得平安，不为有德之君忧。真人宜深思惟吾言，勿复反怪之。”“唯唯。”

【注释】

①敕教：戒饬训导。

②无复数：意为性命不再固定。

③杀伤：本经宣扬一种观点：凡杀人者等于自杀，伤人者等于自伤。详见卷三十五《分别贫富法》所述。

④大吉之道：即为善之道。参见本经卷一百《东壁图》所绘所述者。

⑤凶道：即为恶之道。参见本经卷一百一《西壁图》所绘所述者。

⑥欺罔：欺骗蒙蔽。

⑦上千天文：此四字中“千”当作“干”。形近而讹。干，触犯，凌犯。天文，指由日月星所组成的天象。《周易·贲·彖传》谓：“刚柔交错，天文也。”本经卷四十八《三合相通诀》谓：“天法，凡事三并力同心，故天以三光为文，三光常相通共照，无复绝时也。”又卷六十九《天谶支干相配法》称：“故文生于东，明于南。故天文者，

赤也；赤者，火也。”

⑧地理：指由水、土、石构成的地貌。本经佚文云：“地理者，三色也，谓水土石。”

⑨真：指真人。其为本经所构设的神仙等级序列中的二等正牌神仙。职在理地。详参本经丙部《九天消先王灾法》、卷五十六至六十四《阙题》(六)所述。

【译文】

“世人尽管从早到晚大力在从事学习，可拿真德进行训导，尚且仅仅能掌握住一般性的德行罢了；拿一般性的德行来让人学习，已经陷入邪恶奸伪的德行了；拿邪恶奸伪的德行来让人学习，愚昧的人就已经性命不再固定了；不具备真德，肆意去行事，这正成为君子中的恶贼了。拿第一等仁爱来让人学习，也仅仅能达到中等仁爱罢了；拿中等仁爱来让人学习，他那行为只不过变得普普通通，还不具备仁爱；拿根本就不仁爱来让人学习，愚蠢的人就已经变成伤人杀人的盗贼了，不清楚这正等于自伤和自杀，就已经性命不再固定了；肆意胡作非为，不按道理行事，这正成为天怨地咎的败类和世人中的大贼了。拿大吉之道从早到晚来让人大力学习，也仅仅落得到中等吉利罢了；拿中吉之道来让人学习，也仅仅落得到小小吉利罢了；拿小吉之道来让人学习，就已经陷入凶险之道了；拿凶险之道来让人学习，就已经没办法挽救了。全都万分昏昧，什么也不懂，看见天道却说它不真实，只管去欺骗蒙蔽，一味地信从自己的愚昧想法，胡说一通，往上凌犯天象，往下搅乱地理，给百姓招来祸害灾殃。所以我这道书让世人来学习，恰恰是叫他们在更高层次上来逐级学习，使他们往上跨入真人和仙人的行列；即使不能成为真人和仙人，也会获得平安，不再给具有道德的君主增添忧虑。真人应当深思，只管信从我那论断，不要反而对此感到奇怪。”“是是。”

“今吾乃为天谈[1]，当悉解天地开辟以来承负之责。不能大张之以上大道大德之法、上寿之术、上善之路，人失诸暗昧，诚久信其愚蔽之心，人会为恶[②]，不可禁止，犹复不能解其承负天地之谪过。真人宁晓吾言耶?”“唯唯。”

【注释】

①为天谈：替天传语之意。天谈指皇天欲对世人宣讲的话语。

②会：终归。

【译文】

“如今我正代替皇天传达话语，应当完全解除掉天地开辟以来的承负罪责。不能大力去播扬第一等大道大德之法、长寿之术、良善之路，世人就会陷入昏昧，果真长久信从自身愚昧不开窍的想法，世人终归还去干坏事，没办法制止住，仍然解除不掉由那承负而导致的天地的责罚。真人对我所讲的事体到底闹清楚了吗?”“是是。”

“夫圣贤高士，见文书而学，必与吾书本相应，不失丝发之间；中士意半达，必得其半；下士自力，勤能不失法。所以大举天民凡人者[①]，乐其上下中无失法者，皆得正道，各自爱，不敢轻事为大忧。

【注释】

①大举：谓向更大范围和更高层次上做提升。天民：又称天人。指德返自然本性而能使人们前来归附的人。语出《庄子·庚桑楚》。本经丁部卷五十六至六十四《阙题》(六)谓：“故天第一，地次之，神人次之，真人次之，仙人次之，道人次之，圣人次之，贤人次之。此八者，皆与皇天心相得，与其同意并力，是皆天人也，天之所欲仕也。”又卷四十五《起土出书诀》称：“初阴阳开辟以来，

录天民仕之，未尝有此也，故为最大也。”

【译文】

“圣贤高士看到这篇文书来学习，必定会从根本上与我这篇文书所讲的结果相应合，丝毫都不差；中等人弄通了其中的一半意旨，必定会收到一半的成效；低等人自行努力，最起码也会不偏离准则。之所以特向更大范围和更高层次上对天民和普通人做提升，是因为高兴这上、中、下三类人没有偏离准则的人，全都获取到纯正的真道，分别自己爱惜自己，不敢胡乱行事而给本人带来特别值得忧虑的后果。

“上士得吾道，学之不止，可为国之良臣，久久得其要意，可以度世①，不复争讼事视权也②。中士学吾道，可以为良善小臣，可以竟其天年。小人学吾道，可以长谨，父慈、母爱、子孝、兄良、弟顺、夫妇同计，不相贼伤，至死无怨。魂神居地下，尚复长③，不复见作事④，不见名为恶⑤，子无夭年戮死者也。

【注释】

①度世：谓登仙成神。

②争讼：指各种民事纠纷和刑事案件。事：从事，致力于。视权：谓做出公正的判决。权，衡器。以喻审断公正。本经卷八十五《阙题》(六)谓：“积精笃竭自化，易其形容，即是上天圣人也，不得复理民间时事明矣。”又卷九十四至九十五《阙题》称：“长吏治民，仙吏天官，与俗何事，其事异焉。”又卷九十六《守一入室知神戒》云：“坚守之不失，必得度世而去也。志与神灵大合洞，不得复誉于俗事也。”

③长：意为充当众鬼的首领。本经卷一百十一《善仁人自贵年在寿

曹诀》云:“主知人鬼者,有道之家其去者,得封为鬼之尊者,名为地灵祇,亦得带紫艾青黄。”

④见作事:谓受拷问和惩罚。本经卷一百十二《写书不用徒自苦诫》云:“魂神俱苦,適(谪)作不息。”又卷一百十四《不可不祠诀》称:“下地取召形骸入土,魂神于天狱考,更相推排,死亡相次。”

⑤名为恶:谓被打入恶鬼的行列。本经卷四十《努力为善法》谓:“地下得新死之人,悉问其生时所作为,所更,以是生时可为,定名籍,因其事而责之。”“恶而尽者,为恶鬼也。”

【译文】

“高明人获取到我那真道,学习而不止息,可以成为国家的忠良大臣,时间一长又领悟到其中的要意,可以超凡成仙,不再参与人间诸如公正断案之类的俗事了。中等人学习我那真道,可以成为良善的小官吏,能够尽享天年。平民百姓学习我那真道,可以永远谨顺,做父亲的个个仁慈,当母亲的个个慈爱,做儿子的个个孝敬,当兄长的个个爱护弟弟,做弟弟的个个顺从兄长,夫妇之间心往一处想,不再相互暗中伤害,到死也没有怨恨产生。魂神在地下也会充当众鬼的首领,不再受到拷问和惩罚,子孙后代更不存在早亡或被处死的人。

“夫古者本元气天生之时[①],人尽乐学欲仙,尚不能寿,才使人各畏死,不犯刑法耳。夫下古人大愚,反诵浮华相教,共学不寿之业。生时忽然[②],自言若且无死,反相教,无可爱惜[③],共兴凶事,治死丧过生[④]。生乃属天也,死乃属地,事地反过其天,是大害也。吾以是行占之,知其俱愚积久,无一知也。凶事兴,即鬼大盛,共疾杀人[⑤],人不得竟其天命。

【注释】

①本元气天生之时:此就人类的起源和来由而言。本经癸部《利尊上延命法》云:"人本生时,乃名神也,乃与天地分权、分体、分形、分神、分精、分气、分事、分业、分居,故为三处:一气为天,一气为地,一气为人,余气散备万物。"

②忽然:谓对生身父母毫不在意。

③无可爱惜:犹言耗尽家财。

④治死丧过生:指重丧、厚葬、炽祀诸活动。过生,谓所投入的人力、物力、财力、心力和精力,远远超过了生前侍奉父母的实际程度。详见本经卷三十六《事死不得过生法》所述。

⑤疾:使人身患怪病之意。详见本经卷七十二《斋戒思神救死诀》所述。

【译文】

"在古代禀受元气、自然生存的时候,世人全都高兴学道,想成仙人,可仍然获享不到长寿,这才使人各自害怕死去,不触犯刑法罢了。下古时代的世人却万分愚昧,反而诵读浮华那套言辞,递相训导,共同学习不能尽享天年的恶业。父母在世的时候漫不经心,声称他们好像根本死不了,死后反而相互教唆,耗尽家财共同去兴行凶险事,操办父母的丧事超过对父母生前侍奉的程度。人还活着,就归属皇天;人已死去,就归属大地了,侍奉大地反而超过侍奉皇天,这正构成大凶害。我只根据这种行为做测断,就知道下古时代的世人全都愚昧得时间太长了,一无所知。凶险事兴行起来,鬼物就随之大盛,共同让人得怪病死去,人不能尽享他那天年。

"夫力学真道,才得伪道;力学真德,尚才得伪德耳。何况下古之人反相学以浮华之文,其去道远哉!困穷不得复相拘制,反相教为章奏法律[①],辩慧相持长短[②]。夫教其为仁，尚愁其不仁，及教其学为不仁之路。天乃为人垂法[3]，天自名为大道，地自名为德。所以然者，夫天地，乃万物之父母[4]，凡事君长[5]，故常导之以善，不敢开昌导教之以凶恶之路[6]，而况人乎？

【注释】

①章奏：臣民进呈给朝廷或皇帝的文书。东汉在人才选拔上实行察举制，至顺帝时将课试章奏列为考核内容之一。此处所言"相教为章奏"，盖就这一制度而发。《后汉书·顺帝纪》载："（阳嘉元年冬十一月）辛卯，初令郡国举孝廉，限年四十以上诸生通章句，文吏能笺奏，乃得应选。"又《左雄传》载："（雄又上言）：请自今孝廉年不满四十，不得察举，皆先诣公府，诸生试家法，文吏课笺奏，副之端门，练其虚实，以观异能，以美风俗。"帝从之，于是班下郡国。又《胡广传》载："时尚书令左雄议改察举之制，限年四十以上儒者试经学，文吏试章奏。广复与（史）敞、（郭）虔上书驳之。"帝不从。法律：意谓精通国家法律条文及案例且有主见，可作驳议。

②辩慧：聪慧善辩。此处为各逞高明之意。

③垂法：垂示法则。

④万物之父母：天地之于万物，无所不生，无所不育，故而称其为父母。伪《古文尚书·泰誓》云："惟天地，万物父母。"

⑤君长：犹言主宰物。

⑥昌（chàng）：通"倡"，首倡之意。

【译文】

"大力去学习真道，仅仅会了解掌握住虚假的道法；大力去学习真德，尚且仅仅会了解掌握住虚假的德业罢了。何况下古时代的世人反而拿浮华那套书文来转相学习，这可脱离真道太遥远了！已经困顿并陷入绝境了，无法再彼此拘禁控制了，反而转相训导能写奏章，精通国家法律条文和案例，各逞高明，互争短长。训导世人要施仁行仁，还担心他们会不仁，可却发展成训导世人学习那套本身就不仁的邪门歪道。皇天正为世人垂示法则，皇天将自己称为大道，大地也将自己称为真德。之所以如此，是因为天地属于万物的父母和一切事情的主宰，所以便总用吉善来做引导，不敢开启那种专门倡导和教唆凶败险恶的绝路，更何况人呢？

"人者，天之子也①，当象天为行，今乃失法，故人难治。教导之以道与德，乃当使有知自重②，自惜③，自爱④，自治⑤，今反开之以刑法，使其视死忽然，尚勇力自轻，令使传相治⑥，因而相困，反更相克贼⑦，迭相愁苦，故天下人无相爱者，大咎在此。真人知之耶？慎之！""唯唯。"

【注释】

①天之子：世人生命最先由天施注阳气而赋予，得延续，故出此语。《素问·宝命全形论》云："人能应四时者，天地为之父母；知万物者，谓之天子。"本经卷三十五《分别贫富法》称："人者，乃是天地之子。"又卷四十五《起土出书诀》谓："天者养人命，地者养人形。"

②自重：其特定涵义系如本经卷九十《冤流灾求奇方诀》所云："夫愚人不自重爱，力求奇殊方可得须臾，反预置死器死处，求得死。"

③自惜：其特定涵义系如本经卷一百十《大功益年书出岁月戒》所云："故得自理，求念本根，未曾有小不善之界也。但自惜得为人，依仰元气，使得蠕动之物，所不睹见灾异之属。"又如卷一百十二《贪财色灾及胞中诫》所云："蒙得生无赀之寿，恬淡少文，躯自念全，何有懈息！人不得知我，我亦不闻无禄无功何。因得上

与委气同陈。用是自惜自爱自养。”

④自爱：其特定涵义系如本经卷一百二《经文部数所应诀》后附遗文所云：“夫自爱为言者，诚诚自爱保，自念身无足，冥目亦还自视无足，未常须臾离之，因思而忧之，乃至不食而饱，是为自爱之人也。”

⑤自治：其特定涵义系如本经卷七十三至八十五《阙题》(五)所云：“念古法，先师所职行，何以能自治，计定意极，且自得之。先以安形，始为之，如婴儿之游，不用筋力，但用善意。详念先人独寿，其治独意，以何得之。但以至道绳邪去奸，比若神矣。”

⑥相治：谓彼此降伏对方。

⑦克贼：制服与伤杀。

【译文】

“世人属于皇天的儿子，就应效法皇天构成自身的行为，如今竟失去准则，所以世人很难治理。用真道和真德来教导世人，正该叫他们有理由懂得自重、自惜、自爱、自治，可如今却反而拿刑法来开启他们，使他们把死亡看得很平常，崇尚勇力，自己根本不把性命当回事，致使一个接一个降伏对方，随后又彼此困扰，反转来相互制服与伤杀，迭相愁苦，所以天下人没有你爱我、我爱你的，大祸患正出在这上面。真人你明白这一点了吗？对此要慎重呀！”“是是。”

“夫力敕教其仁，尚苦不仁，下古之人反相教数书[①]，已大薄矣[②]，其相憎怨不得绝。力教其为吉，尚苦不吉，下古之人反相敕力学死丧之具，豫与凶事以待之[③]。日死不以其寿，几灭门矣[④]，而不自知过误，临时呼天号地，自言冤，王治不平，使我失年。内行自得之[⑤]，愚人不防其本，罪定乃悔不为谨，以无益也；虽号死其口[⑥]，犹不复救矣。故吾今力敕教以大仙经道[7]，才开其寿阶耳[8]；学人以德，才使其仁；学人以仁，才使其平平，保其故[9]，不敢相欺，夺人财物也。学人以平平，已失法矣[10]；学人以法，已失相克贼矣；学人相克贼，已入大武矣[11]；入大武，即民已无罪而欺矣，困穷也成盗贼。故吾承天道法，开大吉之门，闭其凶恶之路，开天太平之阶。人人诵之，且各自谨，无可复治也，致令天时运转乐[12]，王者乃长游而无事。

【注释】

①数书：几本书籍。指儒家经典。本经卷四十一《件古文名书诀》云："今案用一家法也，不能悉除天地之灾变，故使流灾不绝，更相承负，后生者日得灾病增剧。"

②大薄：意谓世风极度衰薄。《老子·三十八章》谓："夫礼者，忠信之薄而乱之首；前识者，道之华而愚之始。是以大丈夫处其厚，不居其薄；处其实，不居其华。故去彼取此。"

③豫：高兴。

④灭门：家族灭绝之意。

⑤内行：指自身的思想行为。

⑥号(háo)死其口：意为哭叫到唇焦舌烂的地步。

⑦经道：指原始经典及其所演述的真道。

⑧寿阶：得获长寿的途径。

⑨故：天生的原状。指善良的本性和日常的一般行为。

⑩失法：即陷入法网。

⑪大武：武力第一、武力至上之意。

⑫时运：时势运会。

【译文】

“大力戒饬训导世人要仁爱，尚且还为他们不仁爱而犯愁，可下古时代的世人反而转相教授那几本经书，已经导致世风相当衰薄了，相互间的憎恶怨恨根本没办法断绝掉。大力教导世人要做吉利事，尚且还为他们干那不吉利的事情而犯愁，可下古时代的世人反而转相告戒要大力学好丧葬重礼，高兴加入到凶险事当中来而等待凶险降临。每天都有人过早地死去，几乎要灭门绝户了，可仍不清楚自身存在过失，到时候又哭天喊地，自称太冤枉，都因帝王政治不太平，才使我活不长。本来是自己的思想行为使自己落个这样的下场，愚昧的人却不防范那根本，罪名确定才后悔行为不谨顺，可这已经没有一点儿用处了；即使哭叫得唇焦舌烂，也不能再有救了。所以如今我用成仙经书及其真道来大力进行戒饬教导，也仅仅开设出世人得获长寿的途径；拿真道来让世人学习，仅仅能叫世人做到仁爱；拿仁爱来让世人学习，仅仅能叫世人普普通通，保持住天赋本性和正常行为，不敢彼此欺骗，夺取人家的财物。拿普普通通的行为准则来让世人学习，就已经叫他们陷入法网了；拿刑法来让世人学习，就已经叫他们陷入相互制服与伤杀了；拿相互制服与伤杀那一套来让世人学习，就已经叫他们陷入武力第一了；陷入武力第一，民众就已经无罪也欺侮他人了，随后困顿并陷入绝境，就成为强盗贼寇了。所以我承顺皇天的道法，开启大吉的门径，封住凶败险恶的死路，开设皇天让世间太平的阶梯。人人诵读我这篇书文，眼看着就各自变谨顺，没有再需要治理的对象了，致使皇天的时势运会转成一片欢乐的状态，帝王于是整天只管游乐而无事可做了。

“是故吾书悉考凡事之本元[①]，才得其中也；考其中，已得其下矣[②]；学愚人以下，已大乱矣。今下古所以帝王虽有万万人之道德仁、思称天心而凶不绝者，乃承负流灾乱以来独积久，虽愁自苦念之，欲乐其一理[③]，变怪盗贼万类，夷狄猾夏[④]，乃先王之失，非一人所独致，当深知其本。是以天使吾出书，为帝王解承负之过。

【注释】

①本元：根本，基元。

②下：谓末流。

③一理：彻底得到治理之意。

④夷狄：古代对边疆少数民族的蔑称。猾夏：意为骚扰中原。猾，扰乱，侵犯。《尚书·尧典》云："蛮夷猾夏。"伪孔安国传："猾，乱也。夏，华夏。"

【译文】

"所以我这书文详尽考求一切事情的根基，也仅仅叫人获取到那中间的状态；考求那中间的状态，就已经仅仅叫人获取到那个末流了；拿末流让愚昧的人来学习，就已经大乱了。如今下古时代的帝王尽管拥有万万人加在一起的那样的真道、真德和真仁，希望切合天心，可凶害仍不断绝，原因正出自承负流灾和祸乱产生以来偏偏历时太长久了，虽然为此而犯愁，自行苦苦思索它，渴望并高兴叫它彻底得到治理，可灾异和盗贼屡降频发，边疆部族又侵扰中原，这正是前代帝王不断形成的过失，并不是由他本人所独自造成的，应当深深了解那根源所在。因而皇天让我出示道书，专为当今帝王解除承负的过责。

"真人以吾道不与天相应，今但案吾文行之，不失铢分，立相应矣，是吾文大信。不力行以解冤结，天道安能默空相应乎[①]？夫愚不学，安能贤乎？夫贫而不耕，安能收耶？学辄日贤，耕辄有收，行吾书，其□□如是矣[②]，吾保之！不学无求贤，不耕无求收。子知之乎？""唯唯。"

【注释】

①空：凭空，徒然。

②其□□如是矣：此句原缺二字。

【译文】

“真人要是认为我那真道不与皇天相应合，眼下只管查考遵照我这篇书文去实行，实行中丝毫不走样，皇天立刻就会做出回应了，这便证明我这书文绝对真确可靠。不大力去实行以便解除聚结的冤气，天道怎能暗地凭空就做出回应来呢？愚昧却不去学习，怎能变贤明呢？贫穷却不去耕作，怎能有收成呢？学习就肯定会一天比一天变得贤明，耕作就肯定会确有收成，行用我这文书，也像这样罢了，我对此敢做担保啊！不去学习就甭想变贤明，不去耕作就甭想有收成。你明白这一点了吗？”“是是。”

“真道以正也[①]，大德兴盛仁[②]，各得其所矣。治平，而言莫不失一。真人解未？幸欲报天地之功而得寿者，努力信道勿懈。”“唯唯。今愚生欲复有所问，不敢卒言[③]。”“平行。”“今天师以何知人大无道德仁也？”“善哉子之言，观其人行言云何。”“愿闻之。”“然。睹道人而忿然反非之，以知其洞无道之人[④]；睹德而非恶之，以知为大无德之人；睹仁而非之，以知为大恶不仁之人；睹善谨而非之，以知为不谨不善之人。天性：凡同志者相爱，异志者相憎，善人亦疾苦恶人，恶人亦疾苦善人。真人宁解不？”“唯唯。”

【注释】

①以：通“已”，已经。

②大德：意为使德光大。兴盛仁：意为使仁兴盛。

③卒(cù)言:唐突言说之意。卒,后多作"猝",猛然,突然。

④洞:彻头彻尾之意。

【译文】

"真道已经变纯正了,随之就使真德得到光大,就让真仁兴盛起来,于是三者就各得其所了。治理实现太平,便证明我那书文所讲的句句绝对正确。真人对此解悟没解悟呢?有幸渴望报答天地的重大功德而获得长寿的人,就要努力信道不懈怠。""是是。眼下愚生还有想询问的事情,不敢唐突讲出来。""只管慢慢讲。""如今天师根据什么便知道世人丝毫没有真道、真德和真仁呢?""你这提问真是太好了,只看那个人的言行怎么样也就很清楚了。""希望听一听这方面的详情。""好的。有人看到道人反而表示愤恨并进行诋毁,凭借这一点就足以知道这号人是彻头彻尾的无道之人;有人看到真德却憎恶并诋毁它,凭借这一点就足以知道这号人是非常无德的人;有人看到仁爱却诋毁它,凭借这一点就足以知道这号人是大恶不仁的人;有人看到良善谨顺却诋毁它,凭借这一点就足以知道这号人是不谨顺又不良善的人。上天的本性表现为:但凡志向相同的人就彼此亲近,志向不同的人就彼此憎恨,善人既厌恶痛恨恶人,恶人也厌恶痛恨善人。真人对此到底解悟没解悟呢?""是是。"

"夫古者圣贤见人,不即与其语,但精观占视其所好恶[①],以知之矣。正以此,镜其行[②],万不失一。""善哉!""故夫道者,乃与皇天同骨法血脉[③],故天道疾恶好杀,故与天为重怨;地者与德同骨法血脉,故恶人伤害,与地为大咎;夫仁与圣贤同骨法血脉,故圣贤好施仁而恶夺,故与圣人仁为大仇。是故昔者圣贤,深知此为三统所案行[④],故其制法,不敢违离真道与德、仁也。

【注释】

①精观：精确地观察。占视：仔细地审视。

②镜：明晰做出鉴定之意。

③骨法：即骨骼结构。参见《素问·骨空论》、《灵枢·骨度》所述。

④三统：指职在施生的天统，职在养长的地统，职在成就的人统。本经卷九十二《万二千国始火始气诀》谓："夫天地人三统，相须而立，相形而成，比若人有头足腹身；一统凶灭，三统反俱毁败，若人无头足腹，有一亡者，便三凶矣。"

【译文】

"古代的圣贤看到谁，并不立即同他讲话，只去精确地观察并仔细地审视他所喜爱和憎恶的事情，于是就断定出他究竟属于哪种人了。正是依靠这种方法，明晰鉴定他的行为，结果便准确极了。""这可太好了！""所以真道恰恰与皇天联结成同一条骨法血脉，因而天道憎恶并痛恨那些喜好戕杀的人，所以这种人正与皇天构成重怨；大地恰恰与真德联结成同一条骨法血脉，所以便憎恨那些喜好伤害的人，这种人正与大地构成大咎；真仁恰恰与圣贤联结成同一条骨法血脉，所以圣贤喜好施布真仁，憎恨掠夺，因而掠夺正与圣人、真仁构成大仇。所以古代的圣贤深深懂得这三方面是天统、地统、人统所察照遵行的事情，因而他们制定法度，决不敢违背和偏离真道、真德、真仁。

"故天行者，与四时并力，天行气[①]，四时亦行气，相与同心，故逆四时者，与天为怨；地者与五行同心并力，共养凡物，未当终死而见伤害，与地为大咎；圣贤与仁同心并力，故游居常尊道而贵德[②]，倚附仁而处，如人好夺而不仁，与圣贤为怨仇。

【注释】

①天行气：谓每日施布促使万物发育成长的生气。本经卷六十九《天谶支干相配法》云："天反一日一夜周流一竟，行之以此为常。"又卷九十二《万二千国始火始气诀》谓："如天一日不行，日月星不移，即有不周之气，天则毁矣。"又卷一百十九《道祐三人诀》称："故天日一周，自临行之也。所以自临行之者，假令子水也，但有水气未周，五行气不足，四时气不周，故为行而临之。甲加其上，有木行，有春气；丙加其上，有火行，有夏气；戊加其上，有土行，有四季中央之气；庚加其上，有金行，有秋气；壬加其上，有水行，有冬气。五身已周，四气已著，乃凡物得生也。"

②游居：行止起居。

【译文】

"所以皇天运行，便与春夏秋冬一起用力，皇天施布元气，春夏秋冬也施布元气所化成的不同形态的气流，彼此同心，因而违逆四时，便与皇天构成重怨；大地与五行同心并力，共同养育万物，万物尚未生长到晚期却受到伤害，谁伤害便与大地构成大咎；圣贤与真仁同心并力，所以行止起居总不忘尊崇真道又看重真德，倚附真仁而形成去处，如果有谁喜好掠夺而不仁，便与圣贤构成怨仇。

"故火为心①，心为圣②，故火常倚木而居③。木者仁而有心④，火者有光，能察是非，心者圣而明，故古者大圣贤，常倚仁明而处⑤，归有道德仁之君。

【注释】

①火为心：火指火行，心谓心灵。以人体五脏配五行，则心属火，故出此语。《白虎通义·情性》谓："心，火之精也。……心象火，色赤而锐也。"本经卷九十六《忍辱象天地至诚与神相应大戒》称：

"心者,最藏(五脏)之神尊者也;心者,神圣纯阳,火之行也。"又卷一百十九《三者为一家阳火数五诀》云:"甲者为精,为凡事之心,故甲最先出于子,故上出为心星,故火之精神,为人心也。"又辛部云:"夫阳精为神,属天,属赤,主心。"

②圣:意为圣明的凝结体和代表物。即对万事万物之认知剖判,悉出于心,且可无所不知,俱能照察。本经卷六十九《天谶支干相配法》云:"火之精为心,心为圣。"又卷九十六《忍辱象天地至诚与神相应大戒》称:"精明人者,心也。"又卷一百十九《三者为一家阳火数五诀》谓:"人心之为神圣,神圣人心最尊真善,故神圣人心乃能造作凡事,为其初元首。故神圣之法,乃一从心起,无不解说。……天与日与心常明,无不而(能)照察。"

③火常倚木而居:木指木行。依照五行相生的关系,木生火,故出此语。倚,凭靠。

④木者仁:仁为人伦五常之首,以人伦五常配五行,则仁属木,故出此语。有心:木既生火,火乃倚木,木火一脉相连,故而"有心"。

⑤倚:仰赖,仗恃。仁明:仁惠和圣明。本经卷六十九《天谶支干相配法》谓:"东、南者,养长诸物,贤圣柔明亦养诸物,不伤之也。故夫圣贤柔明为性悉仁而明,仁者象木,明者象火,故悉在东、南也。"又卷九十二《万二千国始火始气诀》称:"(火者为心)心者主正事,倚仁而明,复有神光。"

【译文】

"所以火行凝结成人心,人心构成圣明的代表物,因而火行总是倚附于木行而确定下自身的位所。木行仁慈而有心,火行生有光焰,能够察照出是非,心又神圣而明彻,所以古代的大圣贤总是倚附仁慈和圣明确定下自身的处所,归向具有真道、真德、真仁的君主。

"故吾重戒真人,以吾书付归有道德仁明之君,必且乐好吾道，深知其意，案而效之，与神无异。吾不自誉于真人也，行之得应，必如重规合矩①，乃后下古之人且念吾言。”“唯唯。”“行去，力之勉之，力学道德与仁，余者无可为者。出此书，无令藏。”“唯唯。”

右重明贤人心、以解愚暗、书疑者宜取诀于此②。

【注释】

①重规合矩：犹言万分切合。规，校正圆形的工具。矩，校正方形的工具。

②重(chóng)明：再度宣明之意。取诀：意为择取定论。诀，通“决”，即定论。

【译文】

“所以我重新再告戒真人，把我这书文付归给具有真道、真德、真仁的圣明君主，他必定会喜好我那真道，深深了解到其中的要意，查照并通过行用验核它，便与神灵没有什么两样。我并不向真人做什么自我夸耀，行用它必定会像圆规重迭、方矩复合那样获取到皇天的回应，然后下古时代的世人就更加忆念我那言辞了。”“是是。”“回去吧，要用力去践行，要勉励自己，只管大力学习真道、真德和真仁，其余没有值得花力气去学习的。传布这篇书文，不要叫它藏匿起来。”“是是。”

以上为重明贤人心、以解愚暗、书疑者宜取诀于此。

卷五十　丙部之十六

去邪文飞明古诀第六十七

【题解】

本篇标题,《敦煌目录》作“去耶文蜚明占诀”。“耶”用同“邪”,“蜚”通“飞”,“占”、“古”形近而据篇中所述则“占诀”较“古诀”于义为胜。其所谓“邪文”,系指违逆并搅乱天文地理、“非为圣谋”的浮华妄说而言。“去”谓去除。“飞明”则为“三光(日月星)之小者”,盖即十辉(太阳之十种不同光气)、月晕以及某些罕见恒星、奇特流星和妖星所构成的奇异天象。根据这种天象占测人事吉凶,故谓之为“占诀”,或因其由来已久,又称“古诀”。古诀也好,占诀也罢,篇中都在着力强调:但凡言语书文,惟能内究于人心,外洽于神祇,气类悉相感应,占事无不灵验,试用顿除灾害,力行长获吉福,方为辨是非、“拱得失”的“真文”与“要文”;据此锤炼、熔铸而成的“天经法”,才堪称“调定阴阳、安王者之大术”。此术既明,则邪文邪书“悉尽绝去矣”。紧扣“飞明”,篇中又强调:顺天乃兴,逆天必亡。

六端真人纯稽首再拜谨具[①]:“敢问上皇神人求真[②],吾欲使天地平安,阴阳不乱常顺行,灾害不得妄生,王者但日游治[③],为大乐之经[④],虽所问上下众多,岂可重闻乎?”

【注释】

①六端真人：系对拜随天师学道传道的六名弟子的统称。又名六方真人。纯：人名。其他五人，则在本经中均佚其名。稽首：古代以头叩地的最重跪拜礼。谨具：恭谨禀告。

②上皇神人：对授道天师的敬称。求真：求取真道之意。

③游冶：出游作乐。

④大乐之经：对《太平经》的一种别称。本经卷八十八《作来善宅法》云："今既为天问事，乃为德君作大乐之经，努力勿懈也。"大乐，谓自然界到人类社会所呈现的一种高度协调和谐的理想状态与欢乐景象。详参乙部《以乐却灾法》、卷一百十三《乐怒吉凶诀》所述。

【译文】

六端真人纯敬行叩拜大礼恭谨地禀报说："敢问上皇神人，弟子我求索真道，想使天地平静安定，阴阳不淆乱，永远正常运转，灾殃祸害没办法胡乱降生，帝王每天只管到处游乐，为此而编成使天下大乐的经典，尽管围绕前后内容询问了许多问题，恐怕这次还能听到天师关于这方面的教导吧？"

"善哉深乎，子之所问也，何其密达也[①]！正问此要会[②]，子其欲进至道而退去邪文邪？诺，今且悉说之。子积善于天，吾何敢匿之？今为子眷眷其善[③]，究于神明之心，吾不言不行，恐逆天意。若天故使子求问之也，为子具分别言，自随而记之，慎无遗也。

【注释】

①密达：缜密明达。

②要会：指深得要领、尤须体悟的地方。

③眷眷：意志专一的样子。

【译文】

“你这问话简直太好了，又很深切，为什么竟是那样地缜密明达呢！恰恰询问到深得要领、尤须体悟的地方，看来你真打算张布那最高真道而排斥邪文吧？好的，眼下立刻为你详尽地讲说这宗事体。你对皇天积累下善行，我哪里还敢有什么隐匿呢？如今由于你对善行专一不忘，极为切合神明的心愿，我再不讲说不行动，唯恐违逆皇天的心意。这简直就像皇天特意在驱使你询问这宗事体，为你条分缕析地详尽讲说它，你自行跟在后面记下它，千万不要有遗漏。

“帝王能力用吾书，灾害悉已一旦除矣，天下咸乐，皆欲为道德之士，后生遂象先世[①]，老稚相随而起[②]，尽更知求真文校事[③]，浮华去矣。心究洽于神灵[④]，君无一忧，何故不日游乎哉？如是天地凡事，各得其所，百神因而欢乐，王者深得天意，至道往祐之[⑤]，但有日吉，无有一凶事也。吾言诚诚□□[⑥]，万不失一也，但恐得之不行，众邪结也。灾异浮华，天地阴阳之大病也；大病而不治，以何得解愈哉？子既来问事，为天语言，子详思吾书上下之辞，幸有至意[⑦]，慎无乱之。”“唯唯。诚得归便处[⑧]，日夜惟思，得传而记之[⑨]，反覆重疏[⑩]，冀其万世无有去时也。”

【注释】

①象：取法，效仿。

②老稚：老人和孩子。稚，幼童。

③校事：谓查验核定事象事理。

④究洽:极为切合。

⑤至道:指身怀最高道术的人。

⑥吾言诚诚□□:此句原缺二字。

⑦至意:指完全彻底地学懂弄通的愿望。

⑧便处:指在山野辟设的幽暗清静的修炼处所。

⑨传(zhuàn):诠解阐释。

⑩重(chóng)疏:分条逐项做梳理之意。

【译文】

"帝王能够大力行用我这道书,灾害一个早上便已全部去除掉了,天下都异常欢乐,都想成为道德贤士,后来出生的人于是效仿他们的前辈,老人和孩子也跟在后面行动起来,递相都懂得求取真道书文,查验核定事象事理,虚浮不实的那套玩艺就被扔到一边去了。心念同神灵极为切合,君主没有一桩忧愁事,还有什么缘由不能每天只管去游乐呢?达到这种地步,天地和一切事情都各得其所,众神灵随之而欢乐,帝王深深获取到皇天的心意,身怀最高道术的人前去佑助他,只有天天都吉利的时候,没有一样凶险的事情。我所讲的这番话语,绝对不存在任何差错,只怕得到以后却不行用,各种邪说又聚结。虚浮不实的那套玩艺恰恰招来灾异,纯属天地阴阳引为大病的事情;已被引为大病却不去医治,还能通过什么得到消除和痊愈呢?你既然前来询问事体,为天传达话语,你就要仔细思考我那道书的前后文辞,幸好持有彻底学懂弄通它的意愿,切莫搅乱它。""是是。待我回到清静的修炼处所,确实只管日夜精思,做好阐释记述,反复把它分条逐项地梳理好,但愿它永久没有被人废弃的时候。"

"天地开辟,言语书文,前后相因,事同气者[①],以类相明,求其类而聚之,其道日以彰明,无有衰时也。故自古到今,众圣共为天谈,众贤者同其辞[②],共为圣谋[③]。帝王者,天之贵子也，子承父教，当顺行之，以除天地之忧，因得其祐，故常思力行之[④]。

【注释】

①事同气者：指事象相同、气类相应的记述与论断。气指善气恶气、水气旱气、太平气、中平气、不平气，等等。参见本卷《去浮华诀》、《天文记诀》所述。

②同：整齐划一之意。此处言及圣人与贤人的关系，传统上则认为：贤亚于圣，佐圣辅圣。《关尹子·三极篇》谓："以圣师圣者，贤人；以贤师圣者，圣人。盖以圣师圣者，徇迹而忘道；以贤师圣者，反迹而合道。""圣人制言行而贤人拘之。"

③谋：谋虑。意为使其完善化。

④故常思力行之：此六字中"常思力行"四字原作"言思之力"，据《太平经钞》改。

【译文】

"天地开辟以来，言论和书文前后递相承袭，其中事象相同、气类相应的那些记述与论断，都依照类属在相互证明，把那类属搜求出来再加以聚合，真道就一天比一天显豁明晰，不存在衰颓的时候了。所以从古到今，众位圣人共同在为皇天传达话语，众位贤人又对那些话语进行整齐划一，共同在为圣人从事完善化的工作。帝王属于皇天最尊贵的儿子，儿子自然承奉父亲的教导，应当顺从并付诸实行，用来化除天地的忧虑，随后得到天地的保佑，所以就总去思考并大力行用它。

"吾道□□哉[①]！见事当觉、不觉天地神明[②]，当更求亿亿万万、千千百百、十十一一、事皆当相应，然后乃审可用也。为不相应，急复求索其兄弟比类[③]，且有相应不失一者，是也。凡事皆当如斯。""以何审知其相应乎哉?""相应者,乃当内究于心,外应于神祇,远近相动,以占事覆下则应者是也[4];不相应者,说皆非也。

【注释】

①吾道□□哉:此句原缺二字。

②神明:神灵之明。本经佚文谓:"气转为精,精转为神,神转为明。"

③兄弟:喻指性质大同小异的事物。本经辛部谓,天之六甲四时五行,人之三皇五帝、三王五霸、统治术之道与道、德与德、仁与仁、义与义、礼与礼、文与文、武与武,"共为"或"各自有亲属兄弟",小小分别,各从其类,世兴则高,世衰则下。比若昼夜,相随而起,从阴阳开辟,到今不止。比类:相似相近的类别或类属。

④占事:谓欲施行而先通过占卜来预测其结果如何的事体或事项。覆下:谓同付诸实施后的结果做对照。详下文所述。

【译文】

"察看到事象事理,就应投注在对天地神明有无解悟上,便该转而探求那亿亿万万、千千百百、十十一一无不彼此相应合的事象事理,然后才确实可以行用。出现不相应合的情况,就再火速求索那类别大同小异的事象事理,彼此相应合而不产生一处差错,那也就是正确的了。任何事情都应照此做处理。""依据什么确实可以断定它们相应合呢?""所谓相应合,正该在内部同心愿相切合,在外部同天神地祇相切合,远近彼此感动,拿它去占测事情,对照结果则完全一致,也就属于正确的了;而同结果不一致的,无论他怎样说也都属于错误的。

"慎之无妄言[1],令使人无后世也[2]。所以然者,其说妄语无后③,不可久用,故使人无后也。治道日衰乖逆④,皆异言⑤,此实非也,皆应乱天文地理,不应圣人心者,神不可使也⑥。故言者,当内究于人情心,乃后且外洽究于神祇也。是者即拱得失⑦,天文之戒也⑧。

【注释】

①妄言:谓对事象事理或事体事项只凭主观臆断而胡诌一通,瞎说一气。下文“妄语”,与此意同。本经卷九十七《事师如事父言当成法诀》云:“所言不中,名为妄语,乱误上者也。”

②无后世:即断子绝孙。《孟子·离娄上》谓:“不孝有三,无后为大。”

③无后:意为未曾收见真确的结果或效应。本经卷七十二《不用大言无效诀》谓:“知但数言,而无大效者,即是其不得道意而妄语,大佞人也,不可用也,乱道者也。”

④治道:治国平天下的原则与方法。乖逆:违逆,违背。指与天心、神意、人情相背离。

⑤异言:谓结果或效应与妄言者所讲的那一套对不上号。

⑥神:指人体内外众神灵。使:驱使,调遣。本经倡言兴衰由人,人可恃道支配神。癸部《盛身却灾法》谓:“千二百二十善神为其使,进退司候,万神为其民,皆随人盛衰。此天地常理。”

⑦拱:凸现之意。

⑧天文:皇天降赐的神文。此与上文“天文地理”之“天文”即天象,意义迥别。

【译文】

“务必谨慎而不轻易乱说,轻易乱说会让人断子绝孙。之所以如此,是因为他那说法纯属胡诌,没有真确的结果,不能长久行用,所以就让人断子绝孙。治国之道一天比一天衰败乖逆,都来自结果和那些说法对不上号，这类说法实际上无不荒谬，全都够得上败乱天象和地理，却不应合圣人的心愿，对神灵根本调遣不动。所以任何主张，都应在内部同心愿与人情相切合，然后在外部就眼看着同天神地祇相切合了。这也正是凸现出得失来，皇天神文所做的戒饬。

“积文以类相从，使众贤聚之，撰其中十十相应[①]，应于人心神祇者以为文，共安其意[②]，试之以覆下[③]，如此乃万世不可易也。覆者，乃谓占事则应[④]，行之则应至[⑤]，是也。然后可以困成天经法[⑥]，是正所谓以调定阴阳、安王者之大术也。此乃可以转凶祸以为福，使人民更寿[⑦]。”“何故乎？”“天文地理正，则阴阳各得其所；阴阳各得其所，则神灵俱大喜；神灵喜，则祐人民，故帝王长安而民寿也，可不力勉乎哉矣。

【注释】

①撰(xuǎn)：同“选”，择取。十十相应：犹言百分之百。

②安：意谓确定其意旨而使人颇感恰切肯綮而无缺憾之处。

③试：试行，试用。

④应：应验，灵验。

⑤应至：意为瑞应或善应随之降现。

⑥困：锤炼、熔铸之意。

⑦更寿：谓寿命变长。

【译文】

“积聚起世间书文按照类属做归并，让众贤士加以汇总，择取其中百分之百同人心与天神地祇相应合的那部分，构成文书，共同确定都感到合适的意旨，试行试用并和下面产生的实际结果作对照，这样就万世无法再改变了。所谓覆，是说占测事情就能应验，一经实行而瑞应和善应便随之降现，也就绝对正确了。然后便可以锤炼成皇天经书的道法，这也正是人们常说的用来调定阴阳、安定帝王的大法术。这种大法术可以把凶殃灾祸转变成吉福，使民众寿命变得长久。”“这可是什么原因呢？”“因为天象地理端正了，阴阳就各得其所了；阴阳各得其所了，神灵就都特别高兴了；神灵高兴了，就去保佑民众了，因此帝王便长久平安而民众长寿了，能不对此多加勉励、大力去做吗？

“飞明者①，三光之小者也，皆连于地下②，乃上悬系于天，其动与地人民万物相应和，是要文之证也③。其书文占事，百百十十相应者是也，不相应和者非也。以是升量平之④，其邪文邪书悉尽绝去矣。取过事以效今事⑤，随天可为，视天可兴，无乱天文，与天同力，可谓长吉。夫天但可顺不可逆也，因其可利而利之，令人兴矣。逆之者令人衰，失天心意，亡矣。”

【注释】

①飞明：《汉书·艺文志》载有《汉日旁气行事占验》、《汉五残杂变星》、《汉流星行事占验》诸书，据此并依下文“三光之小者”以揆“飞明”之义，或谓十煇（yùn，同“晕”。太阳之十种不同光气）、月晕以及某些罕见恒星、奇特流星和妖星所构成的奇异天象。如十煇之二曰“象”，谓云气成形，形如赤鸟，夹日以飞之类。参见《周礼·春官·眡（视）祲氏》、《史记·天官书》、《晋书·天文志》所述。本经卷四十三《大小谏正法》云：“三光小谏，小事星变色。”

②连于地下：谓本体所在。《春秋感精符》称：“地为山川，山川之精，上为星辰，各应其州城分野，为国作精符验也。”张衡《灵宪》云：“星者体生于地，精成于天，列居错峙，各有所属，在野则象

物，在朝则象官，在人则象事。”本经卷一百二《经文部数所应诀》后附佚文云：“夫星者，乃人民凡物之精光。”又辛部称：“天地之间，凡事各自有精神，光明上属天，为星。”

③要文：指内究于心、外应神祇的紧要书文。

④升量：泛指容器。用以计量物体多少。古以十合为一升，十升为一斗。平：意为衡量。

⑤过事：犹言成事或故事，即旧有的事例。

【译文】

“飞明属于仅次于日月星的天象，都和地上的物体相连结，于是往上悬照缀附在天上，它一闪一动正同大地和人民万物相应合，这正构成了紧要书文的证验。那些占测事情而百分之百与它相应合的书文，就是正确的；与它不相应合的，就是荒谬的。拿这作标准来进行衡量，那些邪文邪书就全部灭绝去除掉了。选取已往的事情来验核当今的事情，随顺皇天乐意做的事情而去做它，察视皇天乐意兴行的事情而去兴行它，决不败乱天象，与皇天共同用力，也就可以称得上永远吉庆了。对皇天只能承顺，绝对不可违逆，依从皇天乐意利佑的对象来使皇天乐意利佑，也就让人兴盛了。违逆皇天必定叫人衰颓，偏离皇天的心意，那就败亡了。”

移行试验类相应占诀第六十八

【题解】

本篇所谓“移行”，乃系“移徙转行”的紧缩语。“移徙”，举家迁居之谓；“转行”，出行定向之谓。面临这两宗日常生活中的大事和常事，东汉人忌讳颇多，要在避凶逢吉。而对如何得避其凶、得逢其吉加以检测与证实，即为标题中“试验”之意。“试”而有“验”与否，取决于“类相应占”。“类”指事类、物类、气类；“占”指测知之事，即迁入地的选取，旅途和旅程的择定。“应”，乃谓百分之百相应验。篇中所述，虽属迁居避凶法和出行择吉术，并誉之为“天行书”，但其重点则环绕目的地而大力标揭以天地“分部”为表象的阴阳区位，凸显以事类、物类、气类为特征的地界类别，宣示类象同者其形同、类象异者其形异的法则。凡此遂同《论衡》所言“诸工技之家”的“移徙法”等区分开来，闪映出了早期道教堪舆术的若干特色。

凡移徙转行之文①，天行书也②。阴阳交合，天文成③，帝王人民万物，皆以其理中行④。得其意者吉，失其意者悉凶。事有逆顺，不可不谨善详也⑤。

【注释】

①移徙：谓举家迁居。《论衡·四讳篇》云："诸工技之家，说吉凶之占，皆有事状。……移徙言忌岁月。……皆有鬼神凶恶之禁，人不忌避，有病死之祸。"又《偶会篇》云："移徙适触岁月之忌，一家犯忌，口以十数，坐而死者。"又《譋时篇》云："移徙不避岁月，岁月恶其不避己之冲位，怒之也。"又《难岁篇》云："《移徙法》曰：'徙抵太岁，凶；负太岁，亦凶。'抵太岁名曰岁下，负太岁名曰岁破，故皆凶也。假令太岁在甲子，天下之人皆不得南北徙，起宅嫁娶亦皆避之。其移东西，若徙四维，相之如者，皆吉。何者？不与太岁相触，亦不抵太岁之冲也。"转行：谓由甲地改往乙地，由此方转至彼方，由本国奔向他国。即旅途、旅程的择定，包括日期、方向、道路等。汉焦赣《易林·临之第十九·比》称："随时转行，不失其常，各乐厥类，身无咎殃。"又《颐之第二十七·噬嗑》称："随阳转行，不失其常，君安于乡，国无咎殃。"又《明夷之第三十六·渐》称："转行轨轨，行近不远，旦夕入门，与君笑言。"

②天行书：如天运行的书文。

③天文：意为皇天降赐的神文。

④理：据下文言说"天地之分理"、"天地之分部"，则此处之"理"，乃指"分理"，即所划定的范围或界域而言。"天地之分理"与上文所称"阴阳交合"义无二致。行：行事，行动。

⑤善详：美好吉祥之意。详，通"祥"，吉祥。指所获结果或结局而言。

【译文】

但凡讲论迁居、出行的书文，都应属于如天运行的书文。阴阳交合，这等天赐神文才得以形成，帝王和人民万物，都要在它所划定的界域内去行事。获取到其中要意的就吉庆，偏离其中要意的就凶险。事情本身就有逆反和顺适，不能不对美好吉祥的结果仔细谨慎地加以对待。

欲知其审[①]，以五五二十五事试之[②]：取故事二十五[③]，行事二十五家[④]，详记其岁日月时所从来，其五音属谁手[⑤]。以占吉凶，验百百十十相应者，是也。此审得天地之分理[⑥]，安王者不疑也，民臣不失其职，万物各得其所。

【注释】

①审：指详实的情况。

②五五二十五：二十五为天数，即一、三、五、七、九共五个奇数相加之和。以五行分别同五音、五色、五气、五方等相配再相乘，即为"五五二十五"这一规程数，适与天数二十五合。

③故事：旧有事例。

④行事二十五家：指二十五宗"故事"的当事人。行事，所行之事。二十五家，盖指形体、肤色、心智分别归入五行之属的二十五类人。《灵枢·阴阳二十五人》云："先立五形，金木水火土，别其五色，异其五形之人，而二十五人具矣。"即土形人五类：上宫之人、大宫之人、加宫之人、少宫之人、左宫之人；金形人五类：上商之人、钛商之人、左商之人、右商之人、小商之人；木形人五类：上角之人、大角之人、左角之人、钛角之人、判角之人；火形人五类：上徵之人、质徵之人、少徵之人、右徵之人、质判之人；水形人五类：上羽之人、大羽之人、小羽之人、众之人（加之人）、桎之人。

⑤五音：指宫、商、角、徵（zhǐ）、羽。依次分属土行、金行、木行、火行、水行。实为五声音阶上的五个音级，大致相当于现代简谱上的1(do)、2(re)、3(mi)、5(sol)、6(la)。《汉书·律历志上》云："商之为言章也，物成孰可章度也。角，触也，物触地而出，戴芒角也。宫，中也，居中央，畅四方，唱始施生，为四声纲也。徵，祉也，物盛大而緐祉也。羽，宇也，物聚臧，宇覆之也。"《白虎通义·礼乐》称："土谓宫，金谓商，木谓角，火谓徵，水谓羽。所以

名之为角者，跃也，阳气动跃；徵者，止也，阳气止；商者，张也，阴气开张，阳气始降也；羽者，纡也，阴气在上，阳气在下；宫者，容也，含也，含容四时者也。”属谁手：谓其姓氏同五音相配的关系究竟如何。如洪姓为宫音、钱姓为商音、孔姓为角音、田姓为徵音、冯姓为羽音之类。《易纬是类谋》称：“圣人兴起，不知姓名，当吹律听声，以别其姓，黄帝吹律定姓是也。”《白虎通义·姓名》谓：“姓所以有百何？以为古者圣人，吹律定姓，以记其族。人含五常而生，声有五音，宫商角徵羽，转而相杂，五五二十五，转生四时，故百而异也。气殊音悉备，故殊百也。”《论衡·诘术篇》云：“五音之家，用口调姓名及字，用姓定其名，用名正其字。口有张歙，声有外内，以定五音官商之实。”《潜夫论·卜列》云：“亦有妄博姓于五音，设五宅之符第。其为诬也甚矣。”“凡姓之有音也，必随其本生祖所土也。”

⑥审：确实，果真。分理：指原本划定的范围界限。本经卷五十六至六十四《阙题》(一)称：“春夏秋冬，各有分理。”又《阙题》(三)谓：“明天地部界分理，万物使各得其所。”

【译文】

打算了解那详实的情况，就用二十五桩事来做验核：择取旧有事例二十五桩以及置身其中的二十五户人家，详确记下究竟在哪年、哪月、哪日、哪个时辰发生的，这二十五户人家的姓氏同五音相配的关系又到底怎样。用它去占测吉凶，结果为百分之百都逐项对应的，就属于灵验的。这确实切合天地原本划定的范围界限，安定帝王无可置疑，民众和臣僚都不偏离各自的职守，万物也各得其所。

不若此书言，乱邪之文，不可用也。以升量之①，误人之文有敢用者，后世无子。所以然者，贼伤人民，失天地之分部②，天地主生人③，反乱其阴阳，故令使人无后也。古者无文[④]，天反原之[⑤]。已出天行书之后，皆已知天道意，而故为之犯者死，多不寿而凶，正此也。

【注释】

①升量：权衡比较之意。

②分部：划分的界域。指阴阳之位。本经有天地八界说，详见卷六十九《天谶支干相配法》所述。

③生人：谓使人类繁衍存活。

④文：指文字，文书。本经卷一百二《经文部数所应诀》后附佚文云："太上古之三皇，人心质朴，心意专一，各乐称天心，而忠信不欺其上，故可无文也。"又卷五十四《使能无争讼法》谓："中古三皇，当无文而设言，下古复有。"

⑤原：宽恕，原谅。

【译文】

同这书文所讲结果不一样的，就都属于败乱邪僻的书文，决不可以采用。拿它进行权衡比较，有谁敢去采用贻误世人的书文，就会断子绝孙。之所以如此，是因为一经采用便虐杀伤残人民，失去了天地的阴阳位序，天地职在让世人繁衍存活，反而搅乱它们的阴阳位序，所以就叫人断子绝孙。远古时代尚未产生书文，皇天反转来就宽恕那时的人们。已经出示如天运行的书文以后，都已了解到天道的旨意，而那些仍去故意违犯的人就全死掉，大多短命又有凶险，原因正出在这里。

施有兄弟[①]，以类相应和，五岳万里相应[②]。以精详念，思其中事，善善相应，贱贱相和，其多少高卑，万不失一也。

【注释】

①施(yí):大尺名。其长七尺。此处引申为测量土地高下、水泉深浅之意。兄弟:喻指标准相同、结果一致的类属。《管子·地员篇》载,管仲匡天下,其施七尺,以定土质等级。凡五施之地,则上生杜松及楚棘等草木;下掘三十五尺而至于泉,地底号呼之声,属角音,其水仓,其民强。凡四施之地,则上生赤棠及白茅等草木,下掘二十八尺而至于泉,地底号呼之声,属商音,其水白而甘,其民寿。凡三施之地,则上生櫄树及秫茅等草木,下掘二十一尺而至于泉,地底号呼之声,属宫音,其水黄糗而流徙。凡二施之地,则上生杞树及茵雚等草木,下掘十四尺而至于泉,地底号呼之声,属羽音,其水咸涩而流徙。凡一施之地,则上生白棠及苹蓨等草木,下掘七尺而至于泉,地底号呼之声,属徵音,其水黑色而涩苦。以上《地员篇》所云,盖为此处"施有兄弟"所本。

②五岳:指东岳泰山、南岳衡山、中岳嵩山、西岳华山、北岳恒山。《风俗通义·五岳》谓:"东方泰山。《诗》云'泰山岩岩,鲁邦所瞻。'尊曰岱宗。岱者,长也,万物之始,阴阳交代,云触石而出,肤寸而合,不崇朝而徧雨,天下其惟泰山乎!故为五岳之长。南方衡山,一名霍山。霍者,万物盛长,垂枝布叶,霍然而大。西方华山。华者,华也,万物滋熟,变华于西方也。北方恒山。恒者,常也,万物伏藏于北方有常也。中央曰嵩高。嵩者,高也。《诗》云:'嵩高惟岳,峻极于天。'"

【译文】

测量土地高下和水泉深浅拥有标准相同的各个类属,比照这些类属都同它们相应合,即便是五岳名山和万里之外的遥远地区也与它们相应合。用这去精思详念,考索其中的事物,也就美好的与美好的相互应合,低贱的与低贱的相互应合,具体数量的多少和处所位置的高低,一律不会出现任何差错。

常效以五五二十五气[①]，应为二十五家[②]，二十五丘陵[③]，书十百相应，地谶也[④]。比其气相加[⑤]，兄弟地也[⑥]。其人民好恶同[⑦]，又诸色禽兽草木相类[⑧]，此即同气地也。以此分明地审相应不。水气兄弟者，其鱼鳖相类。以是为占，分别其所出，万物凡事，其可知矣。其象同者[⑨]，其形同也[⑩]；其象异者，其形异，是非正此也。

【注释】

①效：验核之意。五五二十五气：即五行气同五方气的乘积。

②二十五家：指阴阳二十五人的类属及其姓氏与五音各相配隶的人家。

③二十五丘陵：二十五指五行与五土（东方青土、南方赤土、西方白土、北方黑土、中央黄土）的乘积。丘陵谓连绵不断的山丘。《春秋说题辞》谓："丘谷辅气，元士扶化也。""陵之为言临也，辅山成其广棱，层扶推益厥长也。"《释名·释丘》云："丘高曰阳丘，体高近阳也。"又《释山》云："大阜曰陵。陵，隆也，体高隆也。"本经壬部云："其次当与地精并力，和五土，高下山川，缘山入水，与地更相通。"

④地谶（chèn）：意为察验土地的灵验神文。诡为隐语、预决吉凶谓之谶。此处表示极灵验。

⑤比：排比，类比。气：谓在二十五气中究属何气。加：聚合、组合之意。

⑥兄弟地：犹言同类地。

⑦其人民好恶同：此谓一方风土，一方人物。《礼记·王制》云："中国戎夷，五方之民，皆有性也，不可推移。东方曰夷，被发文身，有不火食者矣。南方曰蛮，雕题交趾，有不火食者矣。西方曰

戎，被发衣皮，有不粒食者矣。北方曰狄，衣羽毛穴居，有不粒食者矣。"《素问·异法方宜论》称："故东方之域，天地之所始生也。鱼盐之地，海滨傍水，其民食鱼而嗜咸，皆安其处美其食。……西方者，金玉之域，沙石之处，天地之所收引也。其民陵居而多风，水土刚强，其民不衣而褐荐，其民华食而脂肥。……北方者，天地所闭藏之域也。其地高陵居，风寒冰冽，其民乐野处而乳食。……南方者，天地所长养，阳之所盛处也。其地下水土弱，雾露之所聚也。其民嗜酸而食胕，故其民皆致理而赤色。……中央者，其地平以湿，天地所以生万物也众，其民食杂而不劳。"《淮南子·地形训》谓："（东方）其人兑形小头，隆鼻大口，鸢肩企行，窍通于目，筋气属焉。苍色主肝，长大早知而不寿。……（南方）其人修形兑上，大口决眦，窍通于耳，血脉属焉。赤色主心，早壮而夭。……（西方）其人面末偻，修颈卬行，窍通于鼻，皮革属焉。白色主肺，勇敢不仁。……（北方）其人翕形短颈，大肩下尻，窍通于阴，骨干属焉。黑色主肾，其人惷愚，禽兽而寿。……（中央）其人大面短颐，美须恶肥，窍通于口，肤肉属焉。黄色主胃，慧圣而好治。"《意林》卷五引汉任奕《任子》云："木气，人勇；金气，人刚；火气，人强而燥；土气，人智而宽；水气，人急而贼。"西晋张华《博物志·五方人民》称："东方少阳，日月所出，山谷清，其人佼好。西方少阴，日月所入，其土窈冥，其人高鼻深目，多毛。南方太阳，土下水浅，其人大口多傲。北方太阴，土平广深，其人广面缩颈。中央四析，风雨交，山谷峻，其人端正。"

⑧又诸色禽兽草木相类：此谓一方风土，一方物产。《淮南子·地形训》云："东方川谷之所注，日月之所出……其地宜麦，多虎豹。南方阳气之所积，暑湿居之……其地宜稻，多兕象。西方高土，川谷出焉，日月入焉。……其地宜黍，多旄犀。北方幽晦不明，天之所闭也，寒水之所积也，蛰虫之所伏也……其地宜菽，多犬

马。中央四达,风气之所通,雨露之所会也。……其地宜禾,多牛羊及六畜。”

⑨象:指征象、类象。带有抽象性、宏观性。

⑩形:指形态、形质。带有具体性、微观性。

【译文】

常用五五二十五气来进行验核,验核结果既与人形类属及其姓氏同五音各相配隶的二十五户人家相应合,又与方位及颜色各有所归的二十五座丘陵相应合,这样百分之百准确无误的书文,就属于察验土地的灵验神文。把那二十五气中的同类气进行类比和凝聚,就构成同一类属的地块。那里的居民所喜好与所憎恶的对象都一样,而各种飞禽走兽和花草树木也彼此接近,这就属于气态相同的地块。要拿这来区分断定地块的类属确实彼此应合与否。但凡水气所在而类属相同的地块,那里的鱼鳖也大致相差不多。以此进行占测,分辨出各自的本源,而万物和一切事情就能预先了解掌握了。那些类象相同的事物,它们的形质也相同;那些类象不同的事物,它们的形质也不同,是与非恰恰凭仗这一条来做断定。

丹明耀御邪诀第六十九

【题解】

本篇所谓“丹明耀”，特指神灵与之“相应”的一种“天刻之文字”而言，实即早期道教所创制的符箓之一。而“御邪”，系对该符箓效能的着意标揭。篇中按效能将其区定为三类，即在“救非”、“救死”、“御邪”、“拱邪”上成功率达百分之百的“天上文书”，成功率达百分之九十的“地文书”，成功率达百分之八十的“中和人文”。同时列示“众邪之长”所炮制的治愈率亦颇高的“书文”同“丹明耀”较短量长的特例，触及到道长抑或魔高、终竟魔在道下的问题。对当时民间滥刻驱邪符箓的现象，也进行了痛斥怒责。从“丹明耀”到本经卷八十七“丹书”的“长存符”、再到卷九十二“以丹为字”的“无虫重复字”，俱不离“丹”，则表明早期道教符箓从书写到绘制都是相当看重红色颜料的。何以如此？汉为火德、火行为主的流行观点，显然对《太平经》编著者在起支配作用。

丹明耀者[1]，天刻之文字也[3]，可以救非御邪[3]。十十相应愈者[4]，天上文书，与真神吏相应[5]，故事效也；十九愈者，地文书[6]，与阴神相和[7]；十八相应愈者，中和人文也[8]。以此效之，其余皆邪文也，不可用也。所以拱邪之文也[9]，乃当与神相应，不愈者皆误人，不能救死也。

【注释】

①丹明耀：意为用红色写成的神光闪耀的特制符箓。本经卷八十七《长存符图》云："天符还精以丹书。"又卷九十二《洞极上平气无虫重复字诀》谓："以丹为字。"又卷一百八《要诀十九条》称："欲除疾病而大开道者，取诀于丹书吞字也。"

②刻：镌刻。

③救非：意为拯救意外的灾殃祸害。非，指反常、超常者，即无妄之灾。

④愈：谓使灾殃消除或病体痊愈。

⑤真神吏：指天上众神灵。本经卷三十五《分别贫富法》云："天者最神，故真神出助其化也。"又丁部《阙题》（六）称："神也者，皇天之吏也。"又卷七十一《真道九首得失文诀》谓："其中央三九二十七者，可使真神吏。"

⑥地文书：意为处于大地层面的书文。

⑦阴神：即地神。本经卷一百十二《有过死谪作河梁诫》谓："大阴法曹，召地阴神。"

⑧中和人文：意为处于人间层面的书文。天地交合而成者为中和，即人间、世上。

⑨拱邪：犹言驱邪。

【译文】

丹明耀是天上镌刻的奇文异字，可以拯救意外的灾殃祸害，抵御邪物。那些百分之百能使世人病体痊愈的，就属于天上的书文，正与天上的真神吏相应合，所以事情就见效；那些百分之九十能使世人病体痊愈的，就属于大地的书文，正与地神相应合；那些百分之八十能使世人病体痊愈的，就属于中和人间的书文。用它们来做验定，其余的书文一律属于邪僻的文书，决不可以施用。因而驱逐邪物的文书，正应该与神灵相应合，而使世人病体不能痊愈的，都会耽误人，不能挽救死亡。

或有鬼神所使书文不可知而治愈者，是人自命禄为邪之长也[①]，他人不能用其书文也。以此效聚众刻书文也[②]，邪乃可刻[③]，而尽使之无人之野处也[④]。是文宜一一而求之[⑤]，不可卒得也。

【注释】

①命禄：命谓寿夭，禄谓贵贱。二者俱由上天注定。邪之长：众邪物的统率者。含有终竟魔高一尺、道高一丈之意。系对"丹明耀"以外的其他符箓创制者所作的一种特例性和否定性评判。

②聚众刻书文：指粗制滥造的各种符箓。

③可刻：意谓随心所欲进行刻制。可，乐意，甘愿。

④之：到。本经卷一百十七《天咎四人辱道诫》云："故皆死于不毛地、不生之土、无人之野，令使各归其类也。"

⑤是文：指"丹明耀"这等拱邪之文。

【译文】

有人对鬼神驱使的书文压根就不知道，但施用他那书文却能使世人病体痊愈，这正因为他那命禄天生就注定是众邪物的统领者，其他人施用不了他那书文。依据这一特例来验核那类聚集徒众粗制滥造的书文，本属邪僻竟然也肆意刻制，都会叫他们到那荒无人烟的野地里死掉。丹明耀这种驱邪天文，应当一一去求索，无法突然获取到。

草木方诀第七十

【题解】

本篇所谓“草木方”，系指植物性药物和药方而言。对这类药物和药方，篇中把它提到“救死命之术”的应有高度，强调必须“详审”施用。为此而区定品类，划分等级。论其性能，则有高级起死回生“神草木”、立可延年“仙草木”和低级“自草”即野生草药、“误人之草”的区分；论其专用独享权，则有“帝王草”、“大臣草”、“人民草”的差别，且以分属“有道、有德、有官位者”为主。论其疗效，则有立愈方、一日而治愈方、二日而愈方、三日而愈方、待死方，总有效率为百分之百、百分之九十、百分之八十、百分之八十以下的歧异。之所以如此品级分明，源于“天神、地神、人鬼”在施治中发挥着决定性作用。这同《神农本草经·序录》所言相比较，显然大大倒退了。但道教医药学脱胎于传统中医又不同于传统中医的地方，亦借本篇得见其概。

草木，有道有德而有官位者乃能驱使也[①]，名之为草木方，此谓神草木也[②]。治事立愈者，天上神草木也[③]，下居地而生也；立延年者，天上仙草木也[④]，下居地而生也。治事立诀愈者[⑤]，名为立愈之方；一日而愈，名为一日而愈方，百百十十相应愈者是也。

【注释】

①有道:指君主。本经乙部《行道有优劣法》云:“王者行道,天地喜悦。”又卷三十九《解师策书诀》称:“王者,谓帝王得案行天道者,大兴而王也。”又壬部云:“君上乐欲无事者,朝常念道。”有德:指辅政大臣。本经卷九十七《妒道不传处士助化诀》云:“为国家至德之辅臣。”又壬部谓:“君乃法道,其臣德矣。”有官位者:指各级官吏。本经卷六十七《六罪十治诀》云:“禄著官位,不复贱也。”驱使:意谓可将药物采集到,可使药物产生药效。即享用权归其专有。

②神草木:泛指高级植物性药物。

③天上神草木:意为天界可令人成神的高级植物性药物。

④天上仙草木:意为天界可令人成仙的高级植物性药物。

⑤治事:犹言医事。即临床实践。诀愈:按药方即获痊愈之意。诀,秘诀。指药方。

【译文】

植物类药物,具有真道或大德以及供职朝廷的人才能叫它们为自己治病,把它们命名为草木方,这被称做神草木。医治疾病能够立刻起死回生的,属于天上的神草木,往下长在地上而隐蔽地生出来;能够立刻延长寿命的,属于天上的仙草木,也往下长在地上而稀少地生出来。医治疾病按草木配方能够立刻绝对痊愈的,就被特称为立愈方;能够在一天之内绝对痊愈的,就被特称为一日而愈方,它们都属于具有百分之百神奇疗效的药方。

此草木有精神[①],能相驱使[②],有官位之草木也。十十相应愈者,帝王草也[③];十九相应者,大臣草也[④];十八相应者,人民草也[⑤];过此而下者,不可用也,误人之草也[⑥]。是乃救死生之术,不可不审详。

【注释】

①精神:指寄身在草木体内的精灵与神灵。本经卷五十六至六十四《阙题》(四)谓:"夫万二千物,各自存精神,自有君长。"

②驱使:谓被人所调遣。

③帝王草:含有二义:一则喻其品级,即上品药物,如《神农本草经·序录》所云:"上药一百二十种为君,主养命以应天。无毒,多服久服不伤人。欲轻身益气,不老延年者,本上经。"二则意谓其属帝王专有独享的药物。

④大臣草:含有二义,一则喻其品级,即中品药物,如《神农本草经·序录》所云:"中药一百二十种为臣,主养性以应人。无毒有毒,斟酌其宜。欲遏病补虚羸者,本中经。"二则意谓其属大臣专有独享的药物。

⑤人民草:含有二义,一则喻其品级,即下品药物,如《神农本草经·序录》所云:"下药一百二十五种为佐使,主治病以应地。多毒,不可久服。欲除寒热邪气,破积聚愈疾者,本下经。"二则意谓其属平民百姓专有独享的药物。

⑥误人:指加重病情或危及生命。

【译文】

这等植物类药物,体内都有各自的精灵与神灵,能够被人递相调遣,属于身居官位者的专用药物。那些百分之百能使疾病痊愈的,属于上品并归帝王独享的药物;百分之九十能使疾病痊愈的,属于中品并归大臣独享的药物;百分之八十能使疾病痊愈的,属于下品并归平民百姓享用的药物;而治愈率在百分之八十以下的,就不可使用,它们都属于让人病情加重或危及生命的药物。这正构成了救人性命的医术,不能不慎重仔细地加以对待。

方和合而立愈者[①],记其草木,名为立愈方;一日而治愈者，名为一日愈方；二日而治愈者，名为二日方；三日而治愈者，名为三日方。一日而治愈者方，使天神治之；二日而治愈者方，使地神治之；三日而治愈者方，使人鬼治之[②]；不若此者，非天神方，但自草滋治之[③]，或愈或不愈，名为待死方。慎之慎之，此救死命之术，不可易事，不可不详审也。

【注释】

①和合：谓对药物进行组配调制。《素问·至真要大论》谓："君一臣二，制之小（小方）也；君一臣三佐五，制之中（中方）也；君一臣三佐九，制之大（大方）也。……君二臣三，奇（单方）之制也；君二臣六，偶（偶方）之制也。""补上治上，制以缓（缓方）；补下治下，制以急（急方）。"《神农本草经·序录》云："药有君臣佐使，以相宣摄。合和者宜用一君、二臣、三佐、五使，又可一君、三臣，九佐使也。药有阴阳配合，子、母、兄、弟，根、茎、花、实，草、皮、骨、肉。有单行者，有相须者，有相使者，有相畏者，有相恶者，有相反者，有相杀者。凡此七情，合和视之，当用相须、相使者良。勿用相恶、相反者。若有毒宜制，可用相畏、相杀者，不尔，勿合用也。"

②人鬼：与上文"天神"、"地神"相对而称，属神灵世界的最低层次。本经乙部《修一却邪法》云："守一者，天神助之；守二者，地神助之；守三者，人鬼助之。"又辛部云："鬼者，人之鬼也。"

③自草：谓原本野生的一般草药。滋治：滋补救治之意。

【译文】

对药物进行组配调制所形成的药方，其中用它施治能够立刻将病治愈的，开出那草木的名称和配伍比例，就被特称为立愈方；能够在一天之内将病治愈的，就被特称为一日愈方；能够在两天之内将病治愈的，就被特称为二日方；能够在三天之内将病治愈的，就被特称为三日方。在一天之内便能将病治愈的药方，属于驱使那天神在施治；在两天之内便能将病治愈的药方，属于驱使那地神在施治；在三天之内便能将病治愈的药方，属于驱使那人鬼在施治；与这三种药方不同的药方，就绝对不是天神药方，仅属在用野生的一般草药进行滋补救治，有的能治愈，有的治不好，这被特称为待死方。一定要多加小心啊多加小心，这可属于救人性命的医术，决不能草率从事，不能不慎重仔细地加以对待。

生物方诀第七十一

【题解】

本篇所谓“生物方”，系指动物性药物和药方而言。此类药物和药方，在篇中更加明确地被断定为“天地人精鬼”的驱使物和“天地中和阴阳行方”。按疗效及享用权又分成三品，即：治愈率为百分之百的专归帝王独享的“天神方”，治愈率为百分之九十的专归王侯独享的“地精方”；治愈率为百分之八十的专归大臣和至德处士独享的“人精中和神药”或“神方”，总名为“治疾使者”，由此径将动物性药物和药方赋之以贵族专利品的性质。但其间既涉及到“圆方行精”、调和阴阳的医理问题，又重申了“医与政通”的观点以及切忌剖卵取胎的有关动物保护的传统思想。它和《草木方诀》前后映照，构成了早期道教医药学的姊妹篇。

生物行精①，谓飞步禽兽跂行之属②，能立治病。禽者③，天上神药在其身中④，天使其圆方而行⑤。十十治愈者，天神方在其身中；十九治愈者，地精方在其身中；十八治愈者，人精中和神药在其身中⑥。此三者，为天地中和阴阳行方⑦，名为治疾使者⑧，比若人有道而称使者神人神师也⑨。

【注释】

①行精：意谓把自身形体的某一珍贵部位施布给病患者。

②跂行：泛指用脚行走的动物。跂，通“蚑”。

③禽者：指珍奇飞禽和奇特走兽。

④神药：疗效神奇的药物。本经卷四十七《上善臣子弟子为君父师得仙方诀》谓：“天上积仙不死之药多少，比若太仓之积粟也。”又本经佚文云：“守一之法，神药自来。”

⑤圆方而行：绕天环地、四处施布之意。古以天圆地方，故出此语。

⑥人精：指寄居在世人体内的人格化的精灵。

⑦行方：即施布药方。

⑧治疾使者：此系本经所独创的名词概念。使者指被派遣的特定对象。乙部《调神灵法》云：“百神自言为天吏，为天使；群精为地吏，为地使；百鬼为中和使。此三者，阴阳中和之使也。”

⑨使者神人神师：指受天派遣下凡授道的头等正牌神仙。本经卷三十九《解师策书诀》云：“师者，正谓皇天神人师也。……我者，即天所急使神人也。”另参卷四十二《九天消先王灾法》、卷五十六至六十四《阙题》(六)、卷七十一《致善除邪令人受道戒文》所述。

【译文】

动物将自身形体的某一珍贵部位施布给病患者，是说飞禽走兽能够立即医治好世人的疾病。那些奇禽异兽，正把天上疗效神奇的药物存贮在各自的形体里面，皇天叫它们绕天环地，四处去做施布。其中百分之百将人疾病治疗痊愈的，正源自天神药方存贮在它们的形体里面；百分之九十将人疾病治疗痊愈的，正源自地精药方存贮在它们的形体里面；百分之八十将人疾病治疗痊愈的，正源自人精中和神药存贮在它们的形体里面。分别归属于这三个方面的飞禽走兽，正是专为天地中和阴阳在施行治疗，特被称作治疾使者，也就好比人有真道而被称作天上特意派遣的授道神人或神师。

是者，天地人精鬼使之。得而十十百百而治愈者，帝王上皇神方也①；十九治愈者，王侯之神方也②；十八治愈者，大臣白衣至德处士之神方也③。各有所为出，以此候之④，万不失一也。此三子⑤，皆为天地人行神药以治病，天使其各受先祖之命⑥，著自然之术其中⑦，不得去也。比若凤凰麒麟⑧，著德其身；比若蜂虿⑨，著毒其身，此之谓也。

【注释】

①上皇：天之神子曰上皇。参见本经卷九十六《守一入室知神戒》所述。

②王侯：汉行分封制，例封皇子为王，通称王侯。

③白衣至德处士：指身怀最高道德、尚未做官的隐士。白衣即粗布衣服，属平民常穿的服装。因隐士不穿朝服穿布衣，故冠以“白衣”二字。本经卷九十七《妒道不传处士助化诀》云：“故怀要道善德之人，乃名为帝王之处士，人之第一上善者也，能助君子化者也。”

④候：占验。

⑤三子：即上文所称“治疾使者”。

⑥先祖之命：指飞禽走兽之初祖的形体。本经卷三十六《三急吉凶法》云：“跂行始受阴阳统之时，同仿佛嘘吸，含自然之气，未知食饮也。久久亦离其本远，大道消竭，天气不能常随护视之，因而饥渴。天为生饮食，亦当传阴阳统，故有雄雌，世世相生不绝。”

⑦著：同“着”，裹夹，夹带。自然之术：意为原本如此的道术。

⑧凤凰：古代所称“四灵”之一，为鸟中之圣。《鹖冠子·度万》云：“凤凰者，鹑火之禽，阳之精也。”《春秋演孔图》谓：“凤，火之精也。”《论语摘衰圣》称：“凤有六象：一曰头象天，二曰目象日，三

曰背象月，四曰翼象风，五曰足象地，六曰尾像纬。”《论衡·讲瑞篇》云：“夫凤皇，鸟之圣者也。”“宣帝之时，所见凤皇高五尺，文章五色。”麒麟：古代所称“四灵”之一，为兽中之圣。《鹖冠子·度万》云：“麒麟者，玄枵之兽，阴之精也。”《说苑·辨物》谓：“麒麟麕身牛尾，圆顶一角。含仁怀义，音中律吕，行步中规，折旋中矩。择土而后践，位平然后处，不群居，不旅行，纷兮其有质文也。幽闲则循循如也，动则有容仪。”《春秋演孔图》谓：“麟，木之精也。”《论衡·讲瑞篇》云：“麒麟，兽之圣者也。”“武帝之时，西巡狩，得白麟，一角而五趾。……孝宣之时，九真贡献麟，状如鹿而两角者。”

⑨蜂虿(chài)：马蜂和蝎子之类长有毒刺的螫虫。

【译文】

治疾使者正是天、地、人的精灵鬼物在支配它们去行动。得到它们而百分之百能将人疾病治疗痊愈的，就属于帝王上皇神方；百分之九十能将人疾病治疗痊愈的，就属于王侯神方；百分之八十能将人疾病治疗痊愈的，就属于大臣和身怀最高道德、尚未做官的隐士的神方。治疾使者各自拥有专门替他除病的具体对象而分别降临，据此来做占验，绝对不会出现任何差错。携带这三类神方的治疾使者，都是在专为天地人施布神药来治疗疾病，皇天让它们分别承受自身种群之初祖的形体，把原本就那样的医术夹带在里面，永远无法去除掉。这就好比凤凰和麒麟，总把仁德裹夹在各自的形体当中；又好比马蜂与蝎子，总把毒素裹夹在各自的形体当中，说的也就正是这个意思。

当深知天道至要意，乃能明天道性①，有益于帝王治，使人不惑也。如不知要文，但言天下文书悉可用也，故十七中以下皆为邪②，不与三瑞相应③，为害其深。故治十伤一者，不得天心意；十伤二者，不得地意；十伤三者，不得人意；十伤六七以下，皆为乱治，阴阳为其乖逆，神灵为其战斗④。是故古者圣王帝主，虽居幽室⑤，深惟思天心意，令以自全，自得长寿命。

【注释】

①天道性：天道的固有质性。

②十七中：意谓治愈率为百分之七十。

③三瑞：指黄龙现，凤凰至，麒麟出。本经卷九十三《方药厌固相治诀》称："有鳞之属以龙为君长，飞有翼之属以凤凰为君长，兽有毛者以麒麟为君长。"

④战斗：兴灾降祸之意。本经卷九十二《万二千国始火始气诀》称："天气中和气怒，神灵战斗，烈病而死者，天伐除之；水而死者，地伐除之；兵而死者，人伐除也。"

⑤幽室：指深宫。

【译文】

应当深入体悟天道最切要的意旨，才能辨明天道固有的质性，有益于帝王的治理，使人不再迷惑。如果不清楚哪些属于紧要的书文，只管说天下的书文都可以施用，结果有效率在百分之七十以下的，就都属于邪僻的玩意儿，它们不与黄龙现、凤凰至、麒麟出这三种吉祥的兆应相应合，造成的凶害特别深。因而治疗十个人却有一个人反遭伤害，这就属于获取不到皇天的心意；治疗十个人却有两个人反遭伤害，这就属于获取不到大地的心意；治疗十个人却有三个人反遭伤害，这就属于获取不到人间的心意；治疗十个人却有六七个以上的人反遭伤害，这就统统属于败乱国家政治，阴阳由此而违逆，神灵由此而兴灾降祸。所以古代的圣帝明王尽管置身在深宫，只管去深深精思皇天的心意，致使本人得以保全，自行获取到长寿。

吾书辞上下相集，厕以为文①，贤明读之以相足②，此乃救迷惑，使人长吉而远凶害，各当旦夕思其至要意，以全其身。夫古今百姓行儿歌诗者③，天变动，使其有言；神书时出者④，天传其谈，以付至德，救世失也。

【注释】

①厕：分类排比之意。

②足：意谓对各部分的论断须互做补充和印证，得出总体上的认识。

③行儿：跑动的儿童。歌诗：意谓编成民谣或童谣。对此类民间顺口溜，史书称其为讹言、诗妖、谶诗、诗异。《唐开元占经·童谣》引汉刘向《洪范五行传》曰："下既非君上之刑，畏严刑而不敢正言，则先发于歌。歌，口事也，气逆则恶言，至或有怪谣。以此占之，故曰诗妖。古者人君，必视人民，听其歌谣，以省国政。"《汉书·五行志中之上》云："君炕阳而暴虐，臣畏刑而拑口，则怨谤之气，发于歌谣，故有诗妖。"《论衡·订鬼篇》谓："《鸿范》五行，二曰火；五事，二曰言。言、火同气，故童谣诗歌为妖言。言出文成，故世有文书之怪。世谓童子为阳，故妖言出于小童。"如东汉桓帝初期京师洛阳流传童谣说："车班班，入河间。河间姹女工数钱，以钱为室金为堂。"前两句寓意为：桓帝临死前，车驾将入河间（地名）迎立汉灵帝。后两句寓意为：灵帝即位后，其母永乐太后好聚金钱，将以金钱为室堂。

④神书时出者：指黄河龙马负图、洛水神龟出书、岐山赤雀衔书之类。此类灵迹在汉代谶纬中越来越多，愈演愈奇。本经卷四十一《件古文名书诀》称："今天地开辟以来久远，河洛出文出图，或有神文书出，或有神鸟狩持来，吐文积众多，本非一也。"

【译文】

我那道书的言辞上下缀联又分类排比，形成经典式的书文，贤明人士研读它便要互做补充和印证，得出总体上的认识来，这正意在破除迷惑，使人长久吉庆，远远避开那凶害，因而各自应当从早到晚精思其中最切要的意旨，以便保全住自身。古今出自百姓以及儿童口中的民谣与童谣，都来自皇天准备变动，就让他们去传唱；神书每隔一段时间总在降示，也出于皇天借助它们来传达自身的话语，付归给道德最高的君主，挽救人间的过失。

夫天道恶杀而好生，蠕动之属皆有知①，无轻杀伤用之也。有可贼伤②，方化③，须以成事④，不得已，乃后用之也。故万物芸芸⑤，命系天，根在地，用而安之者在人。得天意者寿，失天意者亡，凡物与天地为常⑥，人为其王⑦。为人王长者，不可不审且详也。

【注释】

①蠕动之属：即爬行动物。此处泛指自然界的所有动物。知：谓知觉和感情。

②有可贼伤：意为急需某一动物的特定部位入药。

③方化：谓正处于孵化孕育阶段。

④须：等待。成事：发育成熟之意。本经卷一百十八《天神考过拘校三合诀》称："今天上诸神，共记好杀伤之人。畋射渔猎之子不顺天道而不为善，常好杀伤者，天甚咎之，地甚恶之，群神甚非之。……时气不和，实咎在人好杀伤，畋射渔猎，共兴刑罚，常有共逆天地之心意。故使久乖乱不调，帝王前后得愁苦焉，是重过也。"

⑤芸芸:众多的样子。

⑥常:共存之意。

⑦人为其王:此系宣示人在自然界中所占据的地位和应起的作用。即人乃万物的主宰。

【译文】

天道憎恨戕杀,喜好化生,一切动物都有知觉和感情,不要轻易就伤害和杀掉它们而去取用那个确能治病的特定部位。果真急需某一动物的特定部位来入药,如果它们还处在孵化孕育的阶段,就应等到它们发育成熟后再说,实在等不及,然后再去取用。所以万物众多,它们的本命掌握在天上,根基依附在地上,取用而又让它们获得安宁的却是人。获取到天意的人就长寿,丧失掉天意的人就死亡,万物与天地共存,人在充当它们的主宰。作为帝王君主,不能不慎重仔细地加以对待。

去浮华诀第七十二

【题解】

本篇所谓“浮华”，系指远离根基、流于迷乱的“惑道邪书”而言。“去”谓务将这一“大咎”彻底去除，完全摒弃。为此篇中一则指明：贤士亦仅“知（智）达一面”，故应排斥实乃“乱道”的“孤说独言”和因盲目信从一家说而产生的“偏言”。二则极力强调：必须重本正始。三则开示“正取一字如一竟”的集思广益和择善“贯中”以制定“常法”的途径与方式。四则倡言：“道以试成。”五则彰明“浮华”给天道、阴阳、帝王、人民带来的连锁反应式的莫大灾祸。凡此种种，又均同“阴阳自然之术法”相吻合并落在“使王者游而无事乐”上的。

欲得知凡道文书经意①，正取一字如一竟②。比若甲子者何等也，投于前，使一人主言其本③，众贤共违而说之④。且有专长于天文意者，说而上行，究竟于天道⑤；或有长于地理者，说而下行，洽究于地道；或复有长于外傍行⑥，究竟四方；或有坐说⑦，究于中央；或有原事⑧，长于万物之精，究于万物；或有究于内，或有究于外。本末根基华叶皆已见⑨，悉以类象名之⑩，书凡事之至意，天地阴阳之文，略可见矣。其头足皆具，上系下连，物类有自然[11]，因共安其意，各书其辞善者，集成一说。是以圣人欲得天道之心意，以调定阴阳而安王者，使天下平，群神遍悦喜，故取众贤荣贯中而制以为常法[12]，万世不可易也。

【注释】

①经意：意为永远经得起检验与推敲的意旨或义理。经，常，无法更改。

②正取：恰应择取或正须摘列之意。字：指术语、概念。竟：谓对其全部涵义做出验定。本卷《诸乐古文是非诀》称："一字适遗一字起。"恰可与此转相发明。

③主言：负责讲说。本：指本义、原意。

④违而说之：意谓提出不同看法或做出其他解释。

⑤究竟：穷尽。

⑥外傍（páng）行：指堪舆（风水）之类的方术。傍，旁侧。本经卷九十三《国不可胜数诀》云："天上当于何极，上复有何等，而中得止极乎？地下当于何极，下复有何等，于何得中止而言极乎？天地傍行于何极，何故得中上而反极穷乎？此六表者，当于何穷极乎？"

⑦坐说：指坐而论道的人。《周礼·考工记》云："坐而论道，谓之王公。"《尚书·周官》称："兹惟三公，论道经邦，燮理阴阳。"

⑧原事：指推究事物来源和变化的人。原，推究。

⑨华（huā）：即"花"，以喻末节。本经卷九十一《拘校三古文法》云："假令正，共说一'甲'字也，是一事也正。投众贤明前，是宜天下文书，众人之辞，各有言说；此一旦无訾之文，无訾之言，取中善者、合众人心第一解者集之，以相征明而起，合于人心者，即合于天地心矣。"

⑩类象：类别与征象。

⑪类：都，大抵。自然：原本固有的情状与态势。指常规定律。

⑫贤荣：贤明通达而有地位和声望的人。此处指其所持的观点或看法、说法而言。贯中：意为用一条主线贯穿起来。

【译文】

打算探求到所有道经文书中那些永远都经得起检验和推敲的意旨，正该择取一个术语就彻底弄清该术语的全部涵义。比如"甲子"究竟是在说什么呢？那就把这两个字摆在大家面前，让一个人负责讲说它的本义，众贤士再提出不同的看法来做探讨。在天文方面很擅长的人，便解说"甲子"在天文方面的涵义，往上引申，穷尽那天道；在地理方面很擅长的人，便解说"甲子"在地理方面的涵义，往下引申，穷尽那地道；还有人擅长堪舆学和风水术，就穷尽那四方；还有人擅长坐而论道，就穷尽那中央；还有人擅长推究事物来源和万物情实，就穷尽那万物；还有人从内部来穷尽"甲子"的特定涵义，还有人从外部来穷尽"甲子"的特定涵义。结果就本末根基、花朵枝叶都已显现出来了，对这全部说法再用类别和征象进行归纳概括，写明所涉及的各种事体的底蕴所在，于是天地阴阳书文也就大略可以看出那来龙去脉了。诸如"甲子"这样的每个术语，全都经过辨析而本末俱在，上下系连，而物象又都有常规定律可循，随后一起妥当地确定那意旨，分别摘录出其中的精确说法，汇集成一个完整的理论表述。所以圣人总想获取到天道的心意，用来调定阴阳，安定帝王，使天下太平，群神个个都高兴，因而博取众位贤达人士的说法而用一条主线贯穿起来，制定成常规大法，万世也无法改变了。

今所以失天道意者，夫贤者一人之言，知适达一面①，明不尽睹，不能用流六方②，洽究达内外七处③。未能源万物之精④，故各异说。令使天书失本文、乱迷惑者⑤，正此也。

【注释】

①知:"智"的古字,智慧,智识。适达一面:意谓只对某个方面的事理通晓洞达。本经乙部《解承负诀》云:"初天地开辟,自太圣人各通达于一面。"又卷四十一《件古文名书诀》谓:"实过在先生贤圣各长于一,而俱有不达,俱有所失。"又卷九十一《拘校三古文法》云:"古今圣人有优劣,各长于一事,俱为天谈地语,而所作殊异,是故众圣前后出者,所为各异也;俱乐得天心地意,去恶而致善,而辞不尽同,一合一不,大类相似,故众圣不能悉知天地意,故天地常有剧病而不悉除。"

②不能用流六方:此六字中"用"当作"周"。形近而讹。

③七处:即上文特就"甲子"而列举的七个方面:天道、地道、四方、中央、万物、内、外。

④源:意谓彻底究明。

⑤本文:指原始性的经典文字。本经卷七十《学者得失诀》云:"学凡事者,常守本文,而求众贤说以安之者,是也;守众文章句而忘本事者,非也,失天道意矣。"又卷九十六《守一入室知神戒》谓:"故一本文者,章句众多故异言,令使天地之道乃大乱不理,故生承负之灾也。"乱:谓被先入为主地加以引申。

【译文】

如今失去天道心意的原因在于:那些仅属贤士一个人的论断,而他那智识却恰恰只对某个方面的事理通晓洞达,根本做不到能把一切都看得特别透彻,无法周流六方,穷尽、周遍和洞达像"甲子"一词所涉及到的七个方面,也不能彻底究明万物的情实,所以就只会各自讲论各自的那一套。导致天书本文被掩没而经过随意引申又给人造成迷惑的根由,也就正在这上面。

凡事欲正之者,各自有本可穷,阴阳不复易,皆当如此矣。不者，名为孤说独言[①]；不得经意，遂从一人之言，名为偏言[②]。天地之性，非圣人不能独谈通天意也，故使说内则不能究于天心，出则不能解天文、明地理，以占覆则不中[③]，神灵不为其使，失其正路，遂从惑乱。故曰就浮华不得共根基至意，过在此，令使朴者失其本也。令天道失正，阴阳内独为其病，乖乱害气数起[④]，帝王愁苦其心，不能禁止，变气连作[⑤]，人民不寿，以此为大咎。

【注释】

①孤说独言：意为纯属孤零零一个人的意见或说法。本经卷九十一《拘校三古文法》云："今天忿忿，积恚于是邪言邪文、单言孤佞辞也。"

②偏言：意为偏执一方的带有盲从性的言辞。本卷《天文记诀》云："故遂失正路，睹须臾之间，又未通洞古今神文，遂从偏辞，自言是也。"

③占覆：谓占卜而事得验证。本卷《去邪文飞明古诀》称："覆者，乃谓占事则应，行之则应至。"

④害气：凶害之气。

⑤变气：灾变之气。

【译文】

任何事情打算矫正它，各自都有本源可以追溯到底，阴阳总不会做改变，就应全像这个样。否则便被称作纯属孤零零一个人的说法；获取不到经典的本义，于是盲目信从一个人的说法，便被称作偏执一方的言辞。天地的本性表现为，除去圣人就根本无法凭借个人的说法来通达皇天的心意，所以让他讲说内部事理就达不到切合天心的要求，在外部又不能解喻天象，阐明地理，用来占测事项，对照结果又不灵验，神灵拒不听从他的调遣，偏离了正路，于是造成迷惑混乱。因而不得不说：归入浮华，求取不到根基和最高的意旨，过失正出在这里，致使质朴的东西失去了根本。让天道丧失纯正的状态，阴阳从骨子里偏偏为此而深感愤恨，于是颠倒错乱的凶害之气频频兴起，帝王心里对此万分愁苦，根本阻止不住，灾变之气连连发作，众百姓个个活不长，把这当成大祸害。

贤明共失天心，又去圣人流久，遂不能得其分理①，此名为乱道。所以然者，经道凡书记，前后参错②，为天地谈，凡事之头首，神灵之本也。故得其本意者，神灵不复战怒而行害人也，则恶气闭藏，盗则断绝③；盗贼止，则夷狄却降，风雨为其时节④，是天悦喜之明效也。喜则爱其子，是故帝王延命也，泽流其人民，则及其六畜禽兽⑤，究达草木；和气俱见⑥，则邪恶气消亡，则正气更明。是阴阳自然之术法，犹比若昼日用事⑦，则夜藏；小人逃亡，则君子行。诈思此言⑧，此言所以益命，分明阴阳而说神也。

【注释】

①分理：指所划定的领域、范畴、类别和序列等。本经卷九十六《六极六竟孝顺忠诀》云："岂得其大部界分尽邪？"又卷五十六至六十四《阙题》(三)谓："不以要道相传，反欲浮华外言，更相欺殆，逆天分理，乱圣人之辞，六极不分明，为天下大灾。"

②参错：错杂交织。形容彼此间在内容上的取舍损益，观点上的因革扬弃等。

③盗则断绝：据下文，此四字中"则"当作"贼"。形近而讹。

④为其时节：按时令节气而必至必降之意。汉代谶纬有八风三十

六雨的说法。详见《春秋说题辞》所述。

⑤六畜:马、牛、羊、猪、犬、鸡的统称。

⑥和气:太和之气。即天之太阳气、地之太阴气、人之中和气的统一体。

⑦用事:当权。指起支配作用,占主导地位。

⑧诈思此言:此四字中"诈"当作"详"。形近而讹。

【译文】

众贤明一起失掉了天心,加上远离圣人又时间沿袭得太长久了,于是不能掌握原本所划定的界域和范围,这被称作败乱真道。之所以如此,是因为有关经典及其真道的所有书文和记述,前后错杂交织,都在为天地传达话语,构成了一切事体的开端和神灵的基托。所以获取到本意所在的,神灵就不再发怒争斗而去殃害世人,恶气也随之收敛藏伏,盗贼也随之断绝;盗贼断绝了,边疆各个部族就退走归降,风雨也按时令节气准时到来,这正属于皇天喜悦的明显效验。皇天一喜悦就更爱惜自己的儿子,所以帝王便延长寿命,恩泽施布到治下的平民百姓,扩展到家畜和野兽,遍及到花草树木;太和盛气全部涌现出来,邪恶气流就消失不见,纯正气流就更加盛明。这正属于阴阳自然的定律和大法,也就如同白天占据主导地位,黑夜就得躲藏起来;小人逃到一边去,君子就畅行无阻。仔细精思我这言辞,我这言辞恰恰用来延长世人的寿命,把阴阳区分得明晰,致使神灵都喜悦。

以为吾书不然也,道以试成。欲知其得失,今试书一"本"字投于前[①],使众贤共违而说之,及其投意不同[②],事解各异,足以知一人之说,其非明矣,安能理阴阳,使王者游而无事乐乎哉?是故执本者少而说者众,则无不穷矣[③];执本者众而说者少,日使道浮且浅,浅而不止,因而乱矣;乱而不止，阴阳不善，邪气便起。故圣王乃宜重本，君子正始也[④]，则无不理矣。不重尊其本，不正其始，则凡事失纪，万物云乱，不可复理。精之明之，惑道邪书去矣[⑤]。

【注释】

①书：书写。

②投意：谓出发点和重心。

③穷：窘迫。

④正始：端正初基。

⑤惑道：令人迷惑的道法。

【译文】

认为我那道书讲得不对，可真道却通过试行才会证成。要想断定那得失，眼下试把那个“本”字写出来，摆在大家面前，让众位贤士一起提出不同的看法展开研讨，等到每个人的出发点和重心各不相同，对事体的解释彼此歧异时，也就足以明白纯属一个人的说法显然是错误的了，怎能调理好阴阳，让帝王只管游乐而无事可做呢？所以执守根本的人太少，而各持一说的人却很多，也就没有不陷入窘迫境地的了；执守根本的人特多，而各持一说的人却很少，也就日益使真道变得浮浅，一直浮浅下去，随后就混乱了；一直混乱下去，也就阴阳不高兴，邪气随之兴起了。所以圣明的君主正该重视根本，君子亟应端正初基，也就无不得到治理了。不重视不崇尚那根本，不端正那初基，一切事情就都失去统领的东西，万物就像乌云搅动那样混乱，再也没办法施行治理了。对此精思又分辨得异常清晰，那些令人迷惑的道法和邪僻的书文也就离去了。

天文记诀第七十三

【题解】

本篇所谓“天文记”，又称“效天常法书”。属于一种囊括远近各种物象与事象，包举同类相应之气，从而能够测知天地“常法”、“常运”并洞悉“阴阳之理”，决定世间治乱和贤圣安危的神道秘文。篇中着眼于此，推出了整饬传世书辞的“大周中周小周法”，即三度完备化的加工制作程式，阐扬了明古以知今、知今更明古的观点，揭示了皇天致使后世迭生典籍道书的缘由，尤为突出地宣示了气运论：不仅点明了真道出世同“时运”的应合关系，而且列示了“顺气”之吉和“逆气”之害的表现形态，同时发出了逆天道则危亡、顺天道则吉昌的棒喝，借此径为《太平经》的传布扫清社会心理障碍和学术误区。

天地有常法，不失铢分也。远近悉以同象气类相应[①]，万不失一，名为天文记，名曰天书。亿亿万万、千千百百十十，若十二日一周子亦是也[②]，十二岁一周子亦是也[③]，六十岁一周子亦是也[④]，百二十岁一周子亦是也[⑤]。或亿子而同，或万子而同，或千子而同，或百子而同，或十子而同，俱如甲子也[⑥]。

【注释】

①同象:指诸多相同或相似之物象与事象的聚合形态。气类:同类相感之气。

②十二日一周子:此谓干支纪日法。十天干甲、乙、丙、丁、戊、己、庚、辛、壬、癸与十二地支子、丑、寅、卯、辰、巳、午、未、申、酉、戌、亥相配,单数配单数(阳干配阳支),双数配双数(阴干配阴支),由“甲子”配到“乙亥”,即组成十二个单位,每个单位可用来代表一天。

③十二岁一周子:此谓干支纪年法。

④六十岁一周子:此谓六十甲子。干支以单、双数依次相配,从“甲子”起,到“癸亥”止,满六十为一周,通称六十甲子。本经卷九十三《国不可胜数诀》云:“故以甲子为初始。天道变数,因五相乘而周,故五千(干)加十二支字,适六十,癸亥为数终也。”

⑤百二十岁一周子:以六十甲子纪年,周而复始,两轮即为一百二十年。本经乙部《解承负诀》称:“(上寿)百二十者,应天大历一岁,竟终天地界也。”又己部《经文部数所应诀》后附遗文云:“三正(天正周历、地正殷历、人正夏历)起于东方,天之首端也;岁月极于东北,天极也。夫天寿者,数之刚也;东北,物之始也,一年大数终于此,故百二十为象天也。”

⑥如:往,去。此处意谓返归,回归。甲子:指历元。即历法的起算点。古以夜半为一日之始,以合朔为一月之始,以冬至为一年之始,以恰好是夜半合朔冬至的时刻为推算历法之始,名之为甲子。《素问·六微旨大论》谓:“天气始于甲,地气始于子,子甲相合,命曰岁立。”按照汉代谶纬的说法,天地开辟,起自上元(四千五百六十年为一元)十一月甲子。《尚书考灵曜》云:“天地开辟,元历纪名,月首甲子冬至,日月五纬俱起牵牛初,仰观天形如车盖,日月若悬璧,五星若编珠,众星累累如连贝。”本经卷一百二

《经文部数所应诀》谓:"天下施于地,怀妊于玄冥,字为甲子。"又同卷《神人自序出书图服色诀》称:"后世岁岁在玄甲,乃出之,是天诸甲之首,最上旬也,与元气为初。"

【译文】

天地具有固定不变的法则,准确得丝毫不差。远近一律凭借同类事象和感应气流互相应合,不存在任何差错,这被称作天文记,又被称作天书。亿亿万万、千千百百十十,但都像十二天这个时序单位运用天干地支组配而成那样契合对应,都像十二年这个时序单位运用天干地支组配而成那样契合对应,都像六十年这个时序单位运用天干地支组配而成那样契合对应,都像一百二十年这个时序单位运用天干地支组配而成那样契合对应。尽管有的包含了一亿个地支首位"子",但总体形态和结果却都相同;有的包含了一万个地支首位"子",但总体形态和结果却都相同;有的包含了一千个地支首位"子",但总体形态和结果却都相同;有的包含了一百个地支首位"子",但总体形态和结果却都相同;有的包含了十个地支首位"子",但总体形态和结果却都相同:一律返归到"甲子"为端首。

其气异①,其事异②,其辞异③,其歌诗异④,虽俱甲子,气实未周⑤,故异也。以类象而呼之⑥,善恶同气、同辞、同事为一周也⑦。精考合此,所以明古⑧,复知今也⑨;所以知今,反复更明古也。是所以知天常行也,分明洞达阴阳之理也⑩。

【注释】

①气:指气运。即时令节气的流转变化及与之相对应的证象。本经壬部云:"天理乃以气为语言,见于四时。"又卷八十六《来善集三道文书诀》称:"气者,所以通天地万物之命也。"又卷九十八

《包天裹地守气不绝诀》谓:“故天专以气为吉凶也。”异:谓流转变化的具体形态和证象归属各不相同。本经卷六十五《兴衰由人诀》云:“今天乃自有四时之气,地自有五行之位,其王、相、休、囚、废,自有时。”又卷一百十五至一百十六《某诀》(《敦煌目录》作《音声儛曲吉凶》)称:“帝气乐,三皇象之,如天也。王气乐,五帝法之,象地好德养物,而时复刑也。微气者,三王象之,无常法。衰囚亡之气,五霸象之,其气乱。”又壬部云:“天皇起于上甲子,地皇起于乙丑,人皇起于丙寅,霸道起于丁卯,是天历气数也。”《汉书·王莽传下》载其地皇三年二月《霸桥灾下书》曰:“夫三皇象春,五帝象夏,三王象秋,五伯象冬。”

②事:事体,事业,事功。指崇尚的对象。异:据下文“明古”之语,则此处盖就皇、帝、王、霸的本质区分而发。《管子》卷六《兵法》称:“明一者皇,察道者帝,通德者王,谋得兵胜者霸。”《桓子新论》谓:“三皇以道治,五帝用德化,三王由仁义,五伯用权智。”《孝经钩命诀》云:“三皇步,五帝骤,三王驰,五霸骛。”本经卷六十六《三五优劣诀》称,天地人本同一元气,分为三体,各有自身祖始,故而三皇为祖头,五帝为中兴之君,三王为平平之君,五霸为末穷劣衰、兴刑危乱之气。到五霸时,天道三统近乎断绝。又乙部《阙题》(一)谓:“前古神人治之,以真人为臣,以治其民,故民不知上之有天子也,而以道自然无为自治。其次真人为治,以仙人为臣,不见其民,时将知有天子也,闻其教敕,而尊其主也。其次仙人为治,以道人为臣,其治学微有刑被,法令彰也,而民心动,而有畏惧,巧诈将生也。其次霸治,不详择其臣,民多冤而乱生焉,去治渐远,去乱渐近,不可复制也。”

③辞:指在特定阶段占主导地位的治国理论与主张。异:谓指导思想和方针等各不相同。《老子·三十八章》谓:失“道”而后“德”,失“德”而后“仁”,失“仁”而后“义”,失“义”而后“礼”。又《五十

七章》云："天下多忌讳，以奇用兵，法令滋彰。"

④歌诗：主要指《诗经》所收录的三〇五篇作品。异：谓诗义和解说各不相同。汉代《诗纬》据阴阳五行理论并与政治变动相联系，创有"四始、五际"之说，即：《大明》（诗篇名）在亥（西北），为水始；《四牡》在寅（东北），为木始；《嘉鱼》在巳（东南），为火始；《鸿雁》在申（西南），为金始。卯（东）则《天保》，午（南）则《采芑》，酉（西）则《祈父》。亥为革命，此一际；亥又为天门，出入候听，此二际；卯为阴阳交际，此三际；午为阳谢阴兴，此四际；酉为阴盛阳微，此五际。详参《诗纬泛历枢》、《汉书·翼奉传》所述。

⑤周：周遍。即大循环，大整合。

⑥呼：抉剔归并之意。

⑦"善恶"句：意谓对古今全部善恶现象加以梳理，使异气各就其位，异辞各得其所，异事各归其本，才算形成一大轮，完成一番大整合。本经卷一百十五至一百十六《某诀》（《敦煌目录》作《音声儛曲吉凶》）称：最相顺相乐为善为吉，相逆相愁苦为凶为恶。所以"帝气十十皆善，王气者二善一恶，相气者二恶一善也"。

⑧明古：意为究明古代的情形。

⑨知今：意为了解当今的状况。《论衡·谢短篇》云："知古不知今，谓之陆沉；……知今不知古，谓之盲瞽。"

⑩分明：彻底辨清。洞达：透彻理解。理：指各自施治的范围界限。

【译文】

各个阶段的气运不一样，崇尚的事功不一样，占据主导地位的治国理论与主张也不一样，表达诉求的歌诗也不一样，尽管全都返归到以"甲子"为端首的状态，但那气运实际上还没循环一大轮，所以才在各个方面不一样。按照类属和事象做归并，对古今全部善恶表现进行大梳理，使异气各就各位，异辞各得其所，异事各归其本，这才算得上形成了一大轮。精确加以考察，与这一大轮恰相应合，目的在于究明古代的情形，反转来更了解当今的状况；了解当今的状况，反转来进一步究明古代的情形。这正是掌握皇天的常规定律、彻底辨清并透彻理解阴阳施治范围的极好方法与成功途径。

书辞误与不，前后宜当以相足[①]。歌音声事事同[②]，所谓大周、中周、小周法也[③]。得其意，理其事，以调和阴阳，以安王者，是可以效天常法书也，比犹若春秋冬夏，不复误也。今后生皆用命少[④]，未睹一周，何知大小中有三周哉？古常神道乎[⑤]！故遂失正路，睹须臾之间，又未通洞古今神文[⑥]，遂从偏辞[⑦]，自言是也，正犹春儿生而死，不睹秋事；夏生而终，不睹冬事。说者当时各见其目前可睹者□□[⑧]，故虽十辩之[⑨]，犹不知也，内不然此也[⑩]。使天文不效者，正是也。

【注释】

①足：补充纠正之意。

②歌：指歌曲。音声：指音乐。本卷《诸乐古文是非诀》谓："诸乐者，所以通声音，化动六方八极之气。"又卷一百十五至一百十六《某诀》（《敦煌目录》作《音声儛曲吉凶》）称："音声者，即是乐（欢乐）之语谈也。"又壬部云："乐声，正天地阴阳五行之语言也。"事事同：谓音乐所表达的主题，所宣泄的感情，所采取的方式，所感召的范围、对象与效能，无不类列明晰，首尾贯通。《礼记·乐记》称："治世之音安以乐，其政和；乱世之音怨以怒，其政乖；亡国之音哀以思，其民困。"《周礼·春官·大司乐》云："凡建国，禁其淫声、过声、凶声、慢声。"本经本卷《诸乐古文是非诀》谓："夫音声各有所属，东西南北，甲乙丙丁，二十五气各有家。"又卷一百十五至一百十六《某诀》（《敦煌目录》作《音声儛曲吉凶》）称：

“与帝王用事同喜同心，同指同方，同运同枢，同根同意。”故占远占近，皆当合之。

③大周：满一大轮。中周：满一中轮。小周：满一小轮。《周易乾凿度》卷下云：“《易》一大周，律历相得焉。”《汉书·律历志上》载刘歆《三统历》曰：“天以一生水，地以二生火，天以三生木，地以四生金，天以五生土，五胜相乘以生小周，以乘《乾》、《坤》之策而成大周。”

④用：以。表原因。命少：命短。

⑤常神道：谓把神妙真道看得很平常。即轻视之意。

⑥通洞：意为通晓到极致。神文：指河图洛书之类。本经卷四十八《三合相通诀》云：“天券出以来，人以书为文以治，象天三光，故天时时使河洛书重敕之。文书人文也，欲乐象天洞极神治之法度，使善日兴，恶日绝灭。”

⑦偏辞：指主观武断的一家之说。本卷《去浮华诀》云：“不得经意，遂从一人之言，名为偏言。”

⑧说者当时各见其目前可睹者□□：此句原缺二字。

⑨十辩：反复辩解之意。十，泛言其多。

⑩然：意谓竟然还有这等事。形容寡闻陋见。

【译文】

书文言辞谬误与否，由前至后应当彼此进行补充纠正。把古今歌曲音乐整合得事事相同，就是所说的大周、中周、小周法。获取到其中的意旨，处理那事项，用来调和阴阳，安定帝王，这正形成了足可效仿皇天常法的道书，也就如同春夏秋冬交替推移，不再有谬误的时候。如今后来出生的人全都因为活得短，连一轮都没亲眼见到，哪里还能知道大中小共有三轮呢？古代恐怕把那神妙真道看得太平常了吧？因而就迷失了正路，只会看到活着的那一点点儿时日，又未能完全通晓古今的神降天文，于是便盲目信从某一家的说法而宣称它正确，这就酷似胎儿在春季生下来便死掉了，压根看不到秋季的事情；在夏季生下来便没命了，压根看不到冬季的事情。宣扬自己那套主张的人充其量在当时分别看到了本身眼前能看到的那点儿东西，所以尽管反复进行巧辩，仍旧寡闻陋见，内心并不清楚竟然还有大周、中周、小周法这等事。致使天降神文得不到实际施用的原因，正出在这上面。

故事不空见①，时有理乱之文；道不空出②，时运然也③。故古诗人之作，皆天流气④，使其言不空也。是故古者圣贤帝王，见微知著，因任行其事⑤，顺其气，遂得天心意，故长吉也；逆之则水旱气乖迕⑥，流灾积成，变怪不可止，名为灾异。众贤迷惑不知，但逆气、不顺时务所为也⑦，不可不重慎哉！

【注释】

①事：指天地针对人间过恶所降现的各种灾异现象。见(xiàn)：“现”的古字，显现，降现。本经乙部《行道有优劣法》云：“(王者)失道，天地为灾异。”

②空出：凭空降示之意。本经甲部佚文称：“应感而现，事已即藏。”又卷四十六《道无价却夷狄法》谓：“如当悉出，不敢有可藏；如不可出，亦不敢妄行。天地之运，各自有历，今且案其时运而出之，使可常行，而家国大吉，不危亡。”又卷一百八《灾病证书欲藏诀》云：“出而病人，即天欲藏也；逃而病人，即天欲出行也。”

③时运：时势运会。

④流气：宣导气运之意。此系本于汉代《诗纬》为说。如《小雅·十月之交》起首四句称：“十月之交，朔月辛卯。日月食(蚀)之，亦孔(大)之丑。”本属记述周幽王六年(前776)十月初一辰时(早晨7至9时)发生了日蚀现象。对此《诗纬推度灾》解释为：“及其食

也，君弱臣强，故天垂象以见征。辛者，正秋之王气；卯者，正春之臣位。日为君，辰为臣，八月之日，交卯食辛矣。辛之为君幼弱而不明，卯之为臣秉权而为政。故辛之言新，阴气盛而阳微生，其君幼弱而任卯臣也。”《中候擿雒贰》则谓《十月之交》诗为：“昌受符，厉倡嬖，期十之世权在相。剡者配姬以放贤，山崩水溃纳小人，家伯罔主异载震。”

⑤因任：意为承顺又专一。

⑥水旱气：指造成水灾泛滥的水行气和导致旱灾频仍的火行气。

⑦时务：犹言时势。

【译文】

所以灾异这类事情决不是凭空就降现的，因而每个时代便有每个时代治理那败乱局面的神文；真道也决不是凭空就降示的，正由时势运会所促成。因而古代诗人的作品，全都属于皇天在宣导气运，让诗人的诗句有的放矢。所以古代圣明贤能的帝王，见微知著，承顺又专一地守行那事体，顺从那气运，于是获取到皇天的心意，所以便长久吉庆；违逆它，那就水气旱气错乱争斗，流灾积聚固定住，种种罕见的凶殃祸害止息不下来，这被称作灾异。可众位贤士却对此迷惑闹不清，只知道违逆气运，不顺从时势干那应干的事情，这可不能不特别慎重地加以对待啊！

使天文不效者[①]，时有理乱，道不空出。古者帝王见微知著，因任行其事，顺其炁[②]，遂得天心意，如长吉；逆之则水旱炁乖忤，流灾积成，变怪不可止，名为灾异。众贤迷惑，不知逆顺之道。

【注释】

①“使天文”句：自此以下整节文字乃系《合校》本附存的以资参考的《太平经钞》钞文。

②炁：“气”的古字。

【译文】

致使天降神文得不到实际施用的人，要明白时世存在着治乱，真道决不凭空就降示。古代的帝王见微知著，承顺又专一地守行那事体，顺从那气运，于是获取到皇天的心意，归向长久吉庆；违逆它，那就水气旱气错乱争斗，流灾积聚固定住，种种罕见的凶殃祸害止息不下来，这被称作灾异。可众位贤士却对此很迷惑，不明白违逆和顺从的道法。

天所以使后世有书记者①，先生之人知旦寿②，知自然，入虚静之道③，故知天道周终意④，若春秋冬夏有常也。后生气流久⑤，其学浅，与要道文相远，忘前令之道⑥。非神圣之人不能豫知周竟⑦，故天更生文书⑧，使记之相传，前后可相因，乐欲使其知之，以自安也。逢其太平，则可安枕而治；逢其中平，则可力而行之；逢其不平⑨，则可以道自辅而备之，犹若夏至则为其备暑，冬至则为其备寒，此之谓也。

【注释】

①书记：指典籍、道书等。本经卷五十四《使能无争讼法》称：“天气且弊，人且愚薄不寿，不能有可刻记。故敕之以书文，令可传往来，以知古事。”

②旦寿：谓人存活时间终竟短促。

③虚静之道：指能使心灵臻及空明宁静之境界的一整套修炼功夫。《老子·十六章》谓：“致虚极，守静笃。”

④周终：指循环的全过程及重新开始的势态。

⑤气流久：谓邪气递相流布。

⑥前令：前贤。令，美、善。

⑦周竟：意同“周终”。

⑧更生：轮番降示之意。

⑨不平：指动乱的年代。

【译文】

皇天让后世产生书籍经文，原因来自生在前代的人懂得终生存活的时间毕竟短促，了解自然定律，修持致虚守静的真道，因而便领悟天道循环一轮和周而复始的要意，就像春夏秋冬交替到来而固定不变。后来出生的人，受那邪气递相流布的沾染简直时间太长了，学问浮浅，与要道真文差得太远，忘记了前贤的真道。除去神圣的人士就根本不能预知那循环的全过程和重新开始的势态，因而皇天便轮番降示书文，让世人铭记下来递相传付，前后做到承袭，乐意让他们了解掌握住，来使自身平安。遇到天下太平的年代，就可以无忧无虑地靠它实现大治；遇到不太平也不动乱的年代，就可以大力施用它；遇到动乱的年代，就可以凭仗真道辅助自己，进行防范，这就如同节气到了夏至时分，就要防暑，节气到了冬至时分，就要御寒，说的也就正是这个意思。

天道有常运①，不以故人也②，故顺之则吉昌，逆之则危亡。天道战斗③，其命伤；日月失度④，则列星乱行⑤；知顺时气⑥，日月得度，列星顺行，是天之明证也。能用者自力，无敢闭藏，慎无贼伤⑦。天之秘书，以归仁贤，原明上下⑧，令以自安。

【注释】

①常运：谓按常规定律运行。本经卷五十二《胞胎阴阳规矩正行消恶图》称："天道常在，不得丧亡，状如四时周反乡。"又卷六十五《断金兵法》云："故天道比若循环，周者复反始，何有解已。"

②不以故人：犹言势不由人或势在必行。以，因为。故人，老熟人。

③战斗：错乱争斗。

④度：指运行的度次。

⑤乱行：谓行星脱离既定的运行轨道而恒星又不在原来的天体位置上。

⑥时气：谓时令节气的流转变化。本经卷一百十五至一百十六《某诀》(《敦煌目录》作《音声儛曲吉凶》)云，时气者，即天地之所响(向)，所兴为也。时气者，正天之时气也。

⑦贼伤：指对天书的诋毁与败坏。本经卷一百一《西壁图》云："亡道神书必败，欲以为利，反以为害。"

⑧原明：推考究明。

【译文】

天道具有运行的常规定律，不会因人而改变，所以顺从它就吉昌，违逆它就危亡。天道出现错乱争斗，世人性命便深受伤害；太阳和月亮便失去运转的既定度数，众星辰便脱离运行的固有轨道和原在的天体位置；懂得随顺时气，太阳和月亮该运转到哪里就会运转到哪里，众星辰也都保持正常的状态，这正构成了皇天的明显证验。确能行用天书的人就要自行努力，决不敢把它扣押藏匿起来，切莫对它进行诋毁和败坏。皇天的隐秘神书，只是归付给仁德贤明的人，推究并弄通那前后的内容，以便让自身获得平安。

灸刺诀第七十四

【题解】

本篇所谓“灸刺”，即针灸医术。围绕这一医术，篇中一方面论述了人体经络系统的构成状况、运行定律及失常表现，力倡脉位法天论，标揭脉与天地阴阳、四时五行相应之理；另方面阐发了针灸的目的、施灸行针的原则与基本手法，特别是提出了借助患者活体模型而临床会诊的问题。其间讥呵甲脉有病反治乙脉为“恍惚”，不无道理，但斥责阳脉不调反治阴脉为“乱脉”，则属宗教偏见。因为从阴引阳，从阳引阴，以右治左，以左治右，恰为针灸医术穷极变化的奥妙所在，《黄帝内经》对此早已备加推重。至于篇末将静居持脉视为养生法特予提倡，确有可取之处，但同时主张“候脉”以知六方吉凶，则又与占验术糅为一体，不过从中也透露出医与政通的思想。通篇讲“针”述“灸”，显然带有玄秘性，且将天神、地精、人意（五神之一）在幽冥中决定疗效的谬说张扬到无以复加的地步。

灸刺者，所以调安三百六十脉[①]，通阴阳之气而除害者也。三百六十脉者，应一岁三百六十日，日一脉持事[②]，应四时五行而动[③]，出外周旋身上[④]，总于头顶[⑤]，内系于藏，衰盛应四时而动移[⑥]。有疾则不应度数[⑦]，往来失常，或结或伤[8]，或顺或逆，故当治之。

【注释】

①三百六十脉：指人体经络系统即气血运行通道与线路的总和。此据中医“脉位法天”的传统理论而为说。脉即血管。《素问·脉要精微论》云：“夫脉者，血之府也。”

②持事：谓发挥主要的生理功能。

③动：谓脉搏跳动。《素问·脉要精微论》云：“万物之外，六合之内，天地之变，阴阳之应，彼春之暖，为夏之暑，彼秋之忿，为冬之怒，四变之动，脉与之上下。以春应中规，夏应中矩，秋应中衡，冬应中权。”

④出外：流注之意。

⑤总：汇总，汇聚。

⑥动移：犹言循环。

⑦度数：指一日之内气血在不同的时辰流注在不同的部位。因其本有规律可寻，故称度数。详参《灵枢·五十营》所述。

⑧结：郁结受阻。

【译文】

针灸是用来调理稳定人体三百六十道血管，疏通阴阳二气而驱逐病害的医术。世人体内的三百六十道血管，正与全年三百六十天相应合，每日都有一道血管在生理上发挥主要功能，顺应四季和五行在脉搏跳动，流注全身，汇聚到头顶，往内被五脏所统领，衰弱和旺盛顺应四季而在循环。身体患病，每日里气血在不同时辰流注到的部位就不准确，往来失常，有的郁结受阻，有的遭到损伤，有的顺适，有的违逆，所以便应进行治疗。

灸者[1]，太阳之精[2]，公正之明也[3]，所以察奸除恶害也；

针者[④]，少阴之精也[⑤]，太白之光[⑥]，所以用义斩伐也[⑦]。

【注释】

①灸：指施灸材料和灸法。即以燃烧的用艾叶制成的艾绒在皮肤表层所选定的穴位或病变部位上进行熏灼温烤，借以收到温通经络、调和气血、扶正祛邪的疗效。

②太阳：与少阳相对而称，即最旺盛的阳气。其于五行属火行，于方位为南方，于时序为夏季。精：意为精灵的化身。因灸法与火及火行相关，故出此语。

③公正之明：火性明耀，烛照一切，故出此语。公正谓俱予照察，一无所匿。本经乙部《安乐王者法》云："（火行）其性动而上行。……又得照察明彻，分别是非，故得称君，其余不能也。"

④针：指针刺疗法及所使用的针状器械。古有九针，即镵（chán）针、圆针、鍉（dī）针、锋针、铍（pī）针、圆利针、毫针（又称小针）、长针、大针。其形状、性能和刺法各异。详见《素问·针解》、《灵枢·九针十二原》、《官针》、《九针论》所述。

⑤少阴：与太阴相对而称，即不甚旺盛的阴气。其于五行属金行，于方位为西方，于时序为秋季。精：因针具用金属制成，与主刑主杀之阴气和金行相关，故而谓之为少阴精灵的化身。

⑥太白之光：太白即金星，为五大行星之一。金星属金行，且闪银光，而针具色泽与之相近，故而谓之为太白星光芒的投射。

⑦用义斩伐：用犹言"以"，表凭借。义为人伦五常之一，指正义、大义或道义所在。以人伦五常配五行，义属金行，金行主断决主刑杀，故曰"斩伐"。《乐纬动声仪》称："义者断决。"《白虎通义·情性》谓："义者，宜也，断决得中也。"《释名·释言语》云："义，宜也，裁制事物，使合宜也。"本经卷八十九《八卦还精念文》称："申酉（兑卦金行之位）义诛。"

【译文】

施灸材料和灸法正是太阳气精灵的化身，也是烛照一切的明耀度的凝聚物，用来察照奸邪，去除凶害；针具和针刺疗法正是少阴气精灵的化身，也是太白星光芒的直接投射，用来凭仗正义去斩杀讨伐。

治百中百，治十中十，此得天经脉谶书也①，实与脉相应②，则神为其驱使③；治十中九失一，与阴脉相应④，精为其驱使⑤；治十中八，人道书也，人意为其使⑥；过此而下，不可以治疾也，反或伤神。甲脉有病反治乙，名为恍惚⑦，不知脉独伤绝。

【注释】

①经脉：人体气血运行的主要通道。包括十二经脉，十二经别和奇经八脉。

②实：指施灸和进针的精准度而言。

③神：指天神。

④阴脉：指经脉中的阴经，包括手足三阴经、任脉、冲脉、阴维脉、阴跷脉等。《灵枢·脉度》云："阴脉荣其藏（五脏）。"

⑤精：指地精。低天神一等。

⑥人意：指蕴藏在人体脾部之内的灵气。其被列为五神（含神、魄、魂、志）之一，视作土行之气的产物。《灵枢·本神》云："所以任物者，谓之心；心有所忆，谓之意，意之所存，谓之志。"《素问·宣明五气》和《灵枢·九针论》俱称："脾藏意。"本经卷九十六《忍辱象天地至诚与神相应大戒》谓："精明人者，心也；念而不置者，意也，脾也。"

⑦恍惚：犹言神志不清。本经卷四十《努力为善法》谓："学而不精，

名为惚恍。”

【译文】

治疗一百个人而一百个人被治愈，治疗十个人而十个人被治愈，这正属于获取到皇天经脉的灵验书文，施灸和进针处处与人体脉络相应合，是那天神接受调遣在施治；治疗十个人而有九个人被治愈，还剩一个人治不好，这与人体阴脉相应合，是那地精接受调遣在施治；治疗十个人而有八个人被治愈，这正属于人道书文，是那蕴藏在人体脾部之内的灵气接受调遣在施治；而治愈率在百分之八十以下的，根本没资格给人治病，反倒伤人神气。甲脉有病反而医治乙脉，这正叫做神志不清，压根就不懂得脉络，只会让脉络受到损伤和阻断。

故欲乐知天道神不①，神相应与不也，直置一病人前②，名为脉本文③，比若书经道本文也④，令众贤围而议其病。或有长于上⑤，或有长于下，三百六十脉，各有可睹，取其行事常所长而治诀者以记之⑥，十十中者是也，不中者皆非也。集众行事愈者，以为经书，则所治无不解诀者矣⑦。

【注释】

①神：神妙。不：同“否”。

②直：特地。

③脉本文：此处等于说“人体模型”。略如后世北宋明清所铸针灸铜人。

④书：意谓在人体上明明写着。

⑤长：擅长，精通。上，指人体上部。即腰部以上各经络及穴位。详参《灵枢·阴阳系日月》所述。本经乙部《录身正神令人自知法》云：“故上者象阳，下者法阴。”

⑥行事:指以往的临床病例。治诀:绝对治愈之意。诀,通"决"。

⑦解诀:犹解决。即手到病除之意。

【译文】

所以乐意了解天道是否神验,神灵是否与之相应合,那就把一个病人特地安顿在面前,称作血管分布的原始模型,如同上面明明写着经书及其所讲道术的原有文字,然后让众位贤士围在四周讨论这个病人的病症。有人熟谙腰部以上的血管与穴位,又有人熟谙腰部以下的血管与穴位,于是对那三百六十道血管和穴位,各自都有看得很准的地方,再选取自己擅长而总能治愈的已有临床病例记下它们,其中施灸和进针百分之百精准的,就属于正确的;不精准的,就都属于错误的。把那确能治愈的众多临床病例汇集起来,编成经书,而所治疗的对象也就没有不手到病除的了。

天道制脉,或外或内,不可尽得而知之也。所治处十十治诀,即是其脉会处也①。人有小有大②,尺寸不同③,度数同等,常窞穴分理乃应也④。道书古今积众⑤,所言各异,名为乱脉也;阳脉不调⑥,反治阴脉,使人被咎⑦,贼伤良民,使人不寿。

【注释】

①脉会处:指血管所在的准确位置。《灵枢·玉版》云:"经脉二十八会,尽有周纪。"

②有小有大:此指身材高矮而言。

③尺寸不同:此指经络长短而言。

④窞(dàn)穴:意谓用手摸准按定穴位。窞,小而深的坑。此处指在皮肤表层摸准按定穴位,带有使穴位陷进去、显出来之意。

《素问·气穴论》云:“气穴三百六十五,以应一岁……凡三百六十五穴,针之所由行也。”分理:谓区定肌理。

⑤道书:指方技书。

⑥阳脉:指经脉中的阳经,包括手足三阳经、督脉、阳维脉、阳跷脉等。《灵枢·脉度》云:“阳脉荣其府(六腑)。”

⑦被咎:蒙受不幸之意。以上所云,属于宗教偏见。古医经《素问·阴阳应象大论》早已指出,善用针者,从阴引阳,从阳引阴,以右治左,以左治右,以我知彼,以表知里,以观过与不及之理。另有专篇《缪刺论》详论其术。

【译文】

天道让人生成全副血管,有的分布在皮肤表层,有的分布在皮肤深处,没办法全部精确地掌握住它们。但施灸和进针百分之百能把疾病治愈的地方,也就是那血管所在的准确位置。世人的身材有高有矮,血管的长短各不相同,但一日之内气血在不同时辰流注到的部位却完全一样,总去按定穴位使它陷进去、显出来,区定出肌理,于是就准确应合了。方技医书从古至今积聚得很多,所讲的医理医术彼此不同,这就叫做搅乱人体经络系统,阳脉出问题,反而去治阴脉,使人蒙受不幸,戕害和伤残善良的百姓,让人获享不到天年。

脉乃与天地万物相应,随气而起①,周者反始,故得其数者,因以养性,以知时气至与不也,本有不调者安之。古者圣贤,坐居清静处,自相持脉②,视其往来度数至不便③,以知四时五行得失,因反知其身衰盛,此所以安国、养身、全形者也,可不慎乎哉!

【注释】

①气:指四时五行之气。

②持脉:切脉,号脉。

③不便:指感到失常的地方。

【译文】

人体全副血管正与天地万物相应合,随同四时五行气在流转,循环一圈又返归到初始状态重新来,所以掌握住其中定律的人,便据此涵养本人的心性,去测知时气到来与否,在根基方面出现不顺适的情形就让它安平下来。古代的圣贤在清静的处所置身端坐,自行切脉,察视那循环不已的一日之内气血在不同时辰流注到的部位,遇到失常的地方,就由此了解到四季和五行运转的得失,趁势反转来又知晓自身的衰盛,这正属于安定国家、养护身心、保全形体的道术,对它能不慎之又慎吗?

人惑随其无数灸刺①,伤正脉②,皆伤正气③,逆四时五行,使有灾异;大人伤大④,小人伤小⑤,尽有可动、遥不居其处者⑥,此自然之事也,是故古圣贤重之。圣帝王居其处,候脉行度,以占知六方吉凶。此所谓,以近知远,以内知外也,故为神要道也⑦。

【注释】

①无数:意谓不合经脉流注度数。

②正脉:即保持正常脉搏跳动的血管。

③正气:指皇天所秉持的纯正阳气和大地所秉持的纯正阴气。《素问·举痛论》云:"正气留而不行,故气结矣。"《灵枢·小针解》谓:"神、客者,正邪共会也。神者,正气也;客者,邪气也。"

④大人:圣人在位者。指以帝王为首的最高统治集团的核心成员。

⑤小人：即普通民众。本经卷八十九《八卦还精念文》云："天道万端，在人可为。……大人为之，其国太平；小人为之，去祸招福。"

⑥"尽有"句：此言出现阴阳失调错位的现象。

⑦神要道：神妙的紧要道法。以上所云，透露出医与政通的思想。《汉书·艺文志·方技略序》云："论病以及国，原诊以知政。"

【译文】

世人迷惑不解，轻易就随同气血不合经脉流注度数进行针灸，结果损伤正脉，又都伤害到天地正气，违逆四季和五行，导致灾异产生；身居官位的人，损伤就大；普通老百姓，损伤就小，但都存在真会遥相感动、阴阳失调错位的情况，这正属于本来就那样的事象，所以古代的圣贤对此高度重视。圣明的帝王置身在宫殿，切脉并察视那气血流注的度数，用来占测了解天地四方的吉凶状况。这就是所谓的正是由近处知晓远方，由内部知晓外界，所以就构成神妙的紧要道法。

神祝文诀第七十五

【题解】

本篇篇题《敦煌目录》作“神呪决”。无论“神祝”抑或“神呪”，均谓神咒，亦即天神所独用的咒语。这类咒语在篇中被推尊为“常神圣要语”、“天上神本文传经辞”。它被道士窃听后，用以治病，遂成“救急之术”即口念咒语化解突发性危难病症的法术。篇中依照治愈率的高低，将该法术分为三等，各与帝王、大臣、庶民相对应，统一奉作“召神真道”。究其实，不能说其中不含有精神疗法的某些合理成分在内。它和草木方、生物方、灸刺法以及丹书吞字，共同构成了本经道教医术的基本框架和主体内容，然而一以贯之者，乃系对医事医术的神格化曲解，即对天神、地精、人鬼在医疗活动中所起决定作用的渲染与强调，诚可谓大谬不然，荒唐至极，但这也恰恰为早期道教医药学特色之所在，尽管不必苛求，亦应摘瑕去垢。

天上有常神圣要语①，时下授人以言②，用使神吏应气而往来也③。人民得之，谓为神祝也④。祝也，祝百中百，祝十中十。祝是天上神本文、传经辞也⑤。

【注释】

①常神:指等级、阶位、名号各有所属的天界诸神。即下文所称之"真神"、"中神"、"人神"。圣要语:神圣紧要的专用秘语。

②人:指寄居在人体各部位、诸器官内并起主宰作用的人格化的精灵与神灵。如五脏神之类。本经壬部称:"神者居人心阴,精者居人肾阴,鬼者居人肝阴。"

③神吏:指统属于天界的诸色神灵。本经卷五十六至六十四《阙题》(六)云:"神也者,皇天之吏也。"

④神祝:即神咒。古代将用祝祷符咒治病的方术称作祝由,神祝即属此类。《素问·移精变气论》谓:"往古人居禽兽之间,动作以避寒,阴居以避暑,内无眷慕之累,外无伸官之形,此恬憺之世,邪不能深入也。故毒药不能治其内,针石不能治其外,故可移精祝由而已。"《灵枢·贼风》云:"先巫者因知百病之胜,先知其病之所从生者,可祝而已也。"后世把医术分为十三科,仍保留祝由科。即:大方脉、小方脉、妇人、伤寒、疮疾、针灸、眼、口齿、咽喉、接骨、金镞、按摩、祝由。

⑤本文:最原始的天文秘字。传经辞:传授天经的用语。

【译文】

天上制有众神专用的神圣而又紧要的秘密咒语,众神常按固定日期下凡,把那秘密咒语授付给人体内的神灵与精灵,好让诸多神吏顺应时气往来出入。民间百姓偷听到它,把它称为神咒。所谓咒,是说给一百个人念咒,这一百个人就都病体痊愈;给十个人念咒,这十个人也都病体痊愈。咒语属于天上神灵所掌握的原始文辞,传授天经的用语。

其祝有可使神伭为除疾[1],皆聚十十中者,用之所向无不愈者也。但以言愈病,此天上神谶语也[2],良师帝王所宜用也。集以为卷[3],因名为祝谶书也,是乃所以召群神使之,故十愈也。十九中者，真神不到中神到[④]，大臣有也。十八中者，人神至[⑤]，治民有也[⑥]。此者，天上神语也，本以召呼神也，相名字时[⑦]，时下漏地，道人得知之，传以相语，故能以治病。如使行人之言[⑧]，不能治愈病也。

【注释】

①伭(xián)：恨怒不可解之意。

②谶(chèn)语：预示且必验的秘语。

③集以为卷：意为汇编成写本经卷。道书以缣帛为书写材料，故称"卷"。

④中神：指地神。

⑤人神：即身中神。本经乙部《以乐却灾法》称："夫人神乃生内。"又卷四十二《四行本末诀》谓："人神者，皆受之于天气。"又癸部《是神去留效道法》云："人不卧之时，行坐言语，分明白黑，正行住立，文辞以为法度，此人神在也。"

⑥治民：治下之民。即平民百姓。

⑦相名字：彼此呼唤对方名号。

⑧行：口念之意。

【译文】

那些咒语有的能叫神灵怒不可遏而为世人赶走疾病，就全属于把十个病人聚到一起而十个病人都咒到病除，用到哪里就哪里没有不病体痊愈的。仅就使人病体痊愈来说，这正是天上神灵的灵验秘语，专归授道明师和帝王享用它。把它汇集成经卷，随即被特称为咒谶书，这正用来宣召群神，驱使群神去行动，所以就百分之百地使人病体痊愈。治愈率在百分之九十的，属于天神不到地神到，专归大臣享用它。治愈率在百分之八十的，属于人体体内的神灵被招到，专归平民百姓享用它。这三类咒语，均为天上神灵的用语，原本是用来呼唤神灵的，而在彼此呼唤时，时常泄露到地上，道人得以窃听到，就相互传授来念咒，所以能靠它给人治病。如果让谁口念世人编造的话语，就不能把病给治好。

夫变事者[①]，不假人须臾。天重人命，恐奇方难卒成，大医失经脉[②]，不通死生重事，故使要道在人口中，此救急之术也。欲得此要言，直置一病人于前，以为祝本文[③]。又各以其口中密秘辞前言，能即愈者，是真事也；不者，尽非也，应邪妄言也，不可以为法也。

【注释】

①变事者：指突发性的危难病症。

②大（tài）医：官名。掌宫廷医事。此处用来泛指医师。大，“太”的古字。失经脉：犹言误诊。

③祝本文：此处等于说“活靶子”。

【译文】

突发性的危难病症，不给人留片刻延误的工夫。皇天最看重世人的性命，唯恐奇妙的医方在仓促间找不到，医师会误诊，不具备处置死生这种大事的本领，所以就让要道掌握在世人的口中，构成救急的道术。打算获取到这方面的紧要咒语，那就特地把一个病人安顿在面前，当作念咒除疾的活靶子。再分别让每个施治者拿自己口中掌握的秘密咒语来到这个病人身边向他念，确实能立刻病愈的，就属于真咒语；否则一律不是什么咒语，而是邪妄的谰言胡话，决不能把它奉为可以习用的法术。

或有用祝独愈而他傍人用之不决效者[①]，是言不可记也[②]，是者鬼神之长[③]，人自然使也，名为孤言，非召神真道也。人虽天遥远④,欲知其道真不是与非,相应和若合符者是也⑤,不者非也。

【注释】

①"或有"句:此言咒禁之术的特殊运用者。意谓惟有此人念其咒语方可生效,其他道士再念此人所念咒语无不失灵。

②言:指咒语。

③鬼神之长:意为念咒独验者天生便具备统率鬼神的资格。

④人虽天遥远:此五字中"虽"当作"离"。形近而讹。

⑤符:古代用来发兵、传令的凭证、信物。分别以金、玉、铜、竹、木为材料制成,体积较小,双方各执一半,合之以验真假。

【译文】

有时只有这个人一念咒偏偏就能把疾病给治好,可其他人再念此人所念的咒语却都失灵,但对此人所念的咒语却不可记录下来,因为此人天生便具备统率鬼神的资格,他那咒语带有凡夫俗子自然而然就能驱使鬼神的固有效能,特被称作孤零零纯属一个人的言辞,并不是宣召神灵的真道。世人尽管距离皇天很遥远,但要明了他那道法真切与否,究竟正确还是荒谬,其中能与皇天像兵符那样相应合的,就都属于前者,否则就都属于后者。

葬宅诀第七十六

【题解】

本篇所谓“葬宅”，犹言阴宅，乃就家族墓地如何选址而发，属于风水术的组成部分之一。篇中言称：墓地存在“大生地、逆地、消地”之分，而择定的方法则以撒下劣种反生优等植物、点播良种反生衰恶植物为转移；葬书具有“地阴宝书文、地阴宝记、地乱书、百姓害书”之别，而区辨的标尺则以恰同五行化的二十五家坟区相应验的百分比为进退。其间透泄着五祖气终、转世重生的观念，盈溢着《太平经》本诀堪称“占阴覆文”的自诩成分。

葬者，本先人之丘陵居处也①，名为初置根种宅地也②。魂神复当得还养其子孙③，善地则魂神还养也，恶地则魂神还为害也。五祖气终④，复反为人⑤，天道法气⑥，周复反其始也⑦。

【注释】

①丘陵：指坟墓。《春秋说题辞》谓：“丘者，墓也。”《释名·释丧制》云：“丘，象丘形也。陵亦然也。”《风俗通义》曰：“陵者，天生自然者也。”今王公坟垄称陵。

②根种(zhǒng):老根和种苗。指家族的本源和根基所在。

③魂神:即灵魂,魂魄。此处带有祖先鬼魂之意。在《太平经》编著者看来,魂神附着人体则人生,离开人体则人死。本经卷三十六《事死不得过生法》云:“夫人死,魂神以归天,骨肉以付地腐涂。”又卷四十七《上善臣子弟子为君父师得仙方诀》称:“家中先死者,魂神尚不乐愁苦也,食而不求吉福,但言努力自爱于地下。”

④五祖:指父、祖父、曾祖父、高祖父、高祖父之父。

⑤复反为人:犹言转世。

⑥法气:谓效法元气。

⑦周:指元气在全年内完成一整轮化育万物的流转过程。复反其始:即从头再来。详参本经卷四十《分解本末法》、卷一百二《经文部数所应诀》所述。

【译文】

葬地原本是自家祖先和前辈人坟墓所在的地方,特被称作首次设布下自家老根和种苗的宅地。死者的魂神反转来还应养护本家族的子孙,如果属于风水宝地,魂神就会反转来做养护;如果属于晦气恶地,魂神就会反转来兴祸殃。五代祖先的气运形成一轮,就又重新转世成为人,这正源于天道效法元气,循环一轮还要返归到它那初始的状态。

欲知地效,投小微贱种于地[①],而后生日兴大善者,大生地也[②];置大善种于地[③],而后生日恶者,是逆地也[④];日衰少者,是消地也[⑤]。以五五二十五家家丘陵效之[⑥],十十百百相应者,地阴宝书文也[⑦];十九相应者,地阴宝记也[⑧];十八相应者,地乱书也[⑨],不可常用也;过此而下者,邪文也,百姓害书也。欲知其审,记过定事[⑩],以效来事,乃后真伪分别,可知吾书犹天之有甲[⑪],地之有乙[⑫],万世不可易也。

【注释】

①小微贱种:指植物的劣等种籽。

②大生地:意为能使本家族异常兴旺的宝地。诸如子孙繁衍、好运俱来等。

③大善种:指植物的珍贵种籽。

④逆地:意为造成本家族事事朝相反方向持续恶化而趋于败落的不祥之地。

⑤消地:意为导致家族归于消亡、不复存在的凶险之地。

⑥五五二十五冢:指体质、禀赋以及姓氏同五行、五音(宫商角徵羽)相配从而确定其生克关系的人家。参见本卷《移行试验类相应占诀》所述。冢:坟墓。《春秋说题辞》谓:"冢者,种也。种、墓也罗倚于山,分卑尊之名者也。"《释名·释丧制》云:"冢,肿也,象山顶之高肿起也。"

⑦地阴宝书文:地属阴,故标示以"阴"字;"宝"谓宝物,喻其贵重。"阴宝"之预测察勘的准确性和灵验度为百分之百,则堪称"书文"。"书文"特指经书之文。此即"地阴宝书文"的涵义所在。

⑧地阴宝记:在汉代,"记"为解释经典的文字。如《礼记》,当时从属于《礼经》(《仪礼》),非如后世跻身儒家经典之列。此处之"记",因其预测察勘的准确性和灵验度为百分之九十,亦低于经即低于"书文",故名之为"地阴宝记"。

⑨地乱书:乱谓据以预测察勘,尚有百分之二十的准确性和灵验度不得而知。惟其如此,故名之为"地乱书"。

⑩过定事:往昔确凿无疑的事例。

⑪天之有甲:甲为十天干第一位。属阳干,主生。故出此语。本经五十六至六十四《阙题》(六)谓:"甲,阳也,主生。"

⑫地之有乙:乙为十天干第二位。属阴干,主养。故出此语。本经卷五十六至六十四《阙题》(六)谓:"乙,阴也,主养。"又癸部《和

合阴阳法》称："自甲有乙。"《史记·律书》谓："乙者，言万物生轧轧也。"《释名·释天》云："乙，轧也，自抽轧而出也。"

【译文】

要想弄清葬地的实况，把那劣等的植物种子播撒在一块地里，而等生出以后，眼看着一天比一天长势好，果实又丰硕，这就属于能使本家族异常兴旺的宝地；把那珍贵的植物种子播撒在一块地里，而等生出以后，眼看着一天比一天长势差，这就属于会叫本家族事事朝相反方向持续恶化而趋于败落的不祥之地；如果眼看着一天比一天枯萎减少，这就属于导致家族归于消亡、不复存在的凶险之地。拿人形类属和姓氏配隶各与五行、五音相对应的二十五户人家的坟地进行验核，其中百分之百相应合的，就是地阴宝书文；百分之九十相应合的，就是地阴宝记；百分之八十相应合的，就是地乱书，不能总去信用它；而命中率在百分之八十以下的，纯粹是邪僻的书文，属于给百姓带来祸害的书籍。要想了解那端详，记下往昔确凿无疑的事例，用来验核将来的事情，然后真假就鲜明地区分出来了，由此可以明了我这书文如同皇天有那阳干甲，大地有那阴干乙，永远无法改变。

本根重事，效生人处也，不可苟易而已[①]。成事□□[②]，邪文为害也，令使灾变数起，众贤、人民苦之甚甚。故大人小人[③]，欲知子子孙孙相传者，审知其丘陵当正，明其故，以占来事，置五五二十五丘陵，以为本文[④]，案成事而考之。录过以效今[⑤]，去事之证以为来事[⑥]。真师宜详[⑦]，惟念书上下，以解醉迷[⑧]，名为占阴覆文[⑨]，以知祖先，利后子孙，万世相传，慎无闭焉。

【注释】

①苟易:随便对待、草率处理之意。

②成事□□:此句原缺二字。成事,汉代惯用语。即旧有事例。

③大人小人:犹言尊贵者与卑贱者。

④本文:此处等于说实体模型。

⑤录:甄别之意。

⑥去事:往事。

⑦真师:真道明师。

⑧醉迷:因酒醉而迷糊不清。形容迷惑、迷乱之深。

⑨占阴覆文:意为占测陵墓之事而事必应验的宝贵经文。本卷《去邪文飞明古诀》云:"覆者,乃谓占事则应,行之则应至。"

【译文】

自家老根所在构成重大事体,属于验定活人会怎么样的地方,决不能随便对待、草率处置就算完事了。旧有事例表明,邪文给人造成祸害,致使灾异频繁出现,众贤士和平民百姓对此都感到极度苦痛。所以尊贵者与卑贱者要想知道子子孙孙能递相传衍的办法,就应详审地懂得自家坟墓要选得正,闹清以往的事情,用来占测将来的事情,设置下人形类属和姓氏配隶各与五行、五音相对应的二十五户人家的坟地,当作葬书的实际模型,查照以往的事情予以考索。甄别以往的事情,用来验核当今的事情,把以往的事情作为将来事情的例证。真道明师应当详审地精思我这书文的前后论断,用来解开令人特迷惑的地方,把它特称为占阴覆文,以便了解祖先,对后世子孙有利,万世相传,切莫封锁它。

诸乐古文是非诀第七十七

【题解】

本篇所谓“诸乐”，系指五声、八音、十二律所构成的音乐体系而言；“古文”则将上古以来的全部书文悉数包罗在内了；“是非”即对音乐和古文分别进行区辨，定其正确与谬误的分水岭或试金石。围绕这一目标，篇中突现音乐能与天地四方、四时五行、气态气流、神灵精鬼、瑞应奇物等恰相感应的质性，具有和阴阳、知微言、辨善恶、占吉凶的独特作用，在此基础上宣明：“举音”、“调乐”、“集声”果真致使天神地祇和瑞应奇物作出回应者，即为“是”，否则悉“非”。据此又强调宜用三分损益法调正和确定弦律，锐意招揽音乐人才，并进一步申说举贤授能的政治主张。篇中对“古文”则以执持根本、守行真道为衡量标准，定其“是非”。依照各与根本、真道应合度的高低，分作“十十文”即十等书文，依次冠之以“太阳文”、“太阴文”、“中和文”诸名目，强调“太阳文”乃属“道之纲”的载体，必加行用的首选，并提出了从所记事体、所用术语、所含意旨、所具效用而验其异同、归于一揆的“毕定”诸文群书法，倡导精思事象、深得要意的治学求道术。

诸乐者①，所以通声音，化动六方八极之气②。其面和③，则来应顺善④；不和，则其来应战逆。夫音声各有所属，东西南北[5]，甲乙丙丁[6]，二十五气各有家[7]。或时有集声[8]，相得成文辞[9]。故知声，聆声音，以知微言[10]，占吉凶。

【注释】

①诸乐：指五声“宫、商、角、徵、羽”即五个音级；十二律“黄钟、林钟、太簇、南吕、姑洗、应钟、蕤（ruí）宾、大吕、夷则、夹钟、无射（yì）、仲吕”即十二个高度不同的标准音。八音“金、石、土、革、丝、木、匏、竹”即八类乐器。下文有“舞乱”语，则舞蹈亦包括在内。

②化动：感召引动。六方：上下四方。八极：八方极远之地。本经壬部云：“夫音，非空也，以致真事，以虚致实，以无形身召有形身之法也。”“乐声，正天地阴阳五行之语言也。听其音，知天地情，四时五行之气和以不（否），知尽矣。”

③面：指特定方位。和：相适合、相一致之意。

④应：指作出的回应。顺善：顺适吉善。本经卷一百十三《乐怒吉凶诀》、卷一百十五至一百十六《某诀》（《敦煌目录》作《音声儛曲吉凶》）谓，春动角音，上则引动岁星心星，下则引动东岳，气则摇少阳，音则动木行，神则摇勾芒，禽则动苍龙，位则引青帝，神则致青衣玉女。其他四音亦各有感召的具体对象。

⑤东西南北：此就整个空间而言。依次与角音、商音、徵音、羽音相对应。

⑥甲乙丙丁：此就全年时间而言。甲乙代表春季，春季其音为角，律中太簇、夹钟、姑洗；丙丁代表夏季，夏季其音为徵，律中仲吕、蕤宾、林钟。二者于此指代时序。时序中秋季则其音为商，律中夷则、南吕、无射；冬季则其音为羽，律中应钟、黄钟、大吕。《吕氏春秋·十二纪》、《礼记·月令》、《淮南子·时则训》中记载，孟春、仲春、季春之月，其日甲乙。孟夏、仲夏、季夏之月，其日丙

丁。丙丁为天干第三位与第四位，分属阳支和阴支。《史记·律书》谓："丙者，言阳道著明，故曰丙。丁者，言万物之丁壮也，故曰丁。"《释名·释天》云："丙，炳也，物生炳然，皆著见也。丁，壮也，物体皆丁壮也。"

⑦二十五气：指五行在四季和季夏六月王、相、休、囚、废五气的总和。王，代表旺盛。相，代表强壮。休，代表退休。囚，代表困囚。废，代表死亡。如春季木王，则火相、水休、金囚、土死。其余类推。参见本经卷一百十五至一百十六《某诀》(《敦煌目录》作《音声儛曲吉凶》)所述。家：喻指交感会合处。

⑧集声：指大合乐。即歌乐与众声俱作。据《仪礼·乡饮酒礼》载，其程序包括授瑟、工歌、笙间奏、间歌、合乐等。

⑨相得成文辞：意为乐曲与歌诗融汇成高度和协完美的统一体。诗可入乐，故出此语。《毛诗大序》云："情发于声，声成文，谓之音。……故正得失，动天地，感鬼神，莫近于诗。"

⑩微言：精微深远之言。指天地欲对世人宣讲的话语。

【译文】

人间音乐是用来沟通自然界的声音、感召引动六方八极的气流的。能与某个方位相一致，那个方位就前来做出顺适吉善的回应；不相适合，就前来做出违逆争斗的回应。音声各自具有归属的对象，波及东西南北，响彻春夏秋冬，五行在不同方位和季节呈现出的王、相、休、囚、废合计二十五气各有与之相应的交感会合处。有的还在特定时日举行大合乐演奏演唱活动，形成乐曲与诗歌协和完美的统一体。所以熟悉音乐，通过聆听音乐，便能知晓天地要对世人宣讲的话语，占测出吉凶来。

举音与吹毛律相应①，乃知音弦声，宫商角徵羽，分别六方远近，以名字善恶云何哉②！精者③，乃能见其精神来对事也④。故古者圣贤，调乐所以感物类，和阴阳，定四时五行。

阴阳调，则其声易听[⑤]；阴阳不和，乖逆错乱，则音声难听[⑥]。弦又当调，宜以九九次其丝弦[⑦]，大小声相得，思之不伤人藏精神也[⑧]。不调则舞乱，无正声，音不可听，伤人藏精神也，故神祇瑞应奇物不来也。故得其人能任、长于声音者[⑨]，然后能和合阴阳化也。

【注释】

①吹毛律：指音律学上的候气方法。即把初生芦苇的苇膜烧成灰末，塞在律管内，到某一节气，和它相应律管内的灰末便会自行飞动起来。如到农历五月，塞在太簇管内的灰末飞动起来，即称之为"律中太簇"。律中犹言律应。

②名字善恶：意为使用恰切的术语对善恶事象做出区分和概括来。

③精者：指精通音乐的人士。

④精神：指天地山川和万物之精灵与神灵。参见本经卷一百十五至一百十六《某诀》(《敦煌目录》作《音声儛曲吉凶》)所述。

⑤易听：悦耳动听之意。

⑥难听：刺耳难耐之意。

⑦"弦又"二句：此言理应采用三分损益法调正和确定弦律。弦律的发明者为西汉以讲论占候术闻名于世的今文《易》学家京房。所谓"九九"，系指标准音器竹制律管黄钟。九在古代被看做纯阳之数，象征天统，为万物之始，遂以其自乘积八十一分(按九十分尺计算)即八寸一分作为代表阳气初生之黄钟的长度(一说黄钟管长为百分尺的九寸)。将此列作基准，递次减增三分之一，用来计算十二律其他诸律的长度，便称为三分损益法。如黄钟下生(阳生阴为下生)林钟，八十一分减去三分之一即乘以三分之二，则林钟管长五十四分；林钟上生(阴生阳为上生)太簇，五

十四分加上三分之一即乘以三分之四，则太簇管长七十二分。似此求得的十二律律管长度不同，用它们吹出的标准音也高度不同。以之确定宫商角徵羽五声音阶，若以黄钟律为宫音即音阶的起点，则其他各声用何律便可随之而定。十二律与五声的关系，属于音调与一组音阶的关系，据此即构成乐音的调式。

⑧人藏精神：指五脏神。本经乙部《以乐却灾法》和《悬象还神法》谓其为青、赤、白、黑、黄童子。卷七十二《斋戒思神救死诀》和《五神所持诀》则称："此四时五行精神，入为人五藏神，出为四时五行神精。其近人者，名为五德之神，与人藏神相似；其远人者，名为阳历，字为四时兵马。"

⑨"故得其人"句：指八能之士。《易纬通卦验》卷上云："人主致八能之士，或调黄钟，或调六律，或调五声，或调五行，或调律历，或调阴阳，政德所行，八能以备。"《乐纬叶图征》称："八能之士，常以日冬至成天文，日夏至成地理，作阴乐以成天文，作阳乐以成地理。"

【译文】

演奏音乐恰恰同律管候气相应合，于是便明了音弦声，宫商角徵羽，区分出六方远近，确定该用哪种恰切的术语对善恶事象做出辨析和概括来。对音乐造诣极深的人，能叫那些与它产生感应的各种精灵与神灵闪现出来，来到面前对证事情。所以古代的圣贤，通过调理音乐，用来感召各类事物，协和阴阳，稳定住四季和五行。阴阳协调，那音乐就悦耳动听；阴阳不和竟违逆错乱，那音乐就刺耳难耐。弦律又应调正，最适宜采用三分损益法把弦律调正和确定下来，高音和低音搭配得恰当，精思它们就不会伤害寄居在人体五脏内的精灵与神灵。对弦律不予调正，就会乐舞淆乱，没有纯正的乐音，曲调简直不堪入耳，直接伤害寄居在人体五脏内的精灵与神灵，所以天神地祇和作为吉祥兆应的奇异宝物也就不前来做出回应。因而确实能择取到精通音乐、胜任其职的人，然后便能调和阴阳，施布教化。

以何知之也？为之神明来应，瑞应物来会[①]，此其人也；不者，皆乱音，不能感动，故不来也。故凡事者，当得其人若神[②]，不得其人若妄言。得其人，事无难易，皆可行矣；不得其人，事无大小，皆不可为也。是故古圣贤重举措[③]，求贤无幽隐，得为古[④]。得其人则理，不得其人则乱矣。

【注释】

①会：一起来到之意。

②若神：灵妙如神。

③举措：谓任用。语本《论语·为政》。措，安置。《尚书·尧典》载帝舜举用大禹等二十二人担任要职，即为其例。

④得为古：意为够得上古代施用真道的盛举。

【译文】

根据什么便能知道确为胜任的人选呢？掌管和演奏音乐，神明前来应合，代表吉祥兆应的宝物一起来到，这就属于胜任的人选；否则就都搅乱音声，做不到遥相感动，所以就不前来应合。因而任何事情，都应获取到合适的人选而灵妙如神；获取不到合适的人选，就全像胡诌一通的虚浮玩艺。获取到合适的人选，事情不分难易，都能施行开来；获取不到合适的人选，事情不分大小，一样也落不到实处。所以古代的圣贤重视官员的任用，求取贤才达到没有谁再愿意做隐士的地步，才够得上古代施用真道的盛举。获取到合适的人选，就会实现大治；获取不到合适的人选，就会造成大乱了。

古文众多[①]，不可胜书。以一事况十[②]，十况百，百况千，千况万，万况亿，亿况无极，事各自有家类属[3]。皆置其事本文于前，使晓知者执其本[4]，使长能用者就说之[5]，视其相应和，中者皆是也[6]；不应又不中者，悉非也。欲知古圣人文书道审不也，此比若呼人，得其姓字者皆应[7]，鬼神亦然；不得姓字不应，虽欲相应和，无缘得达，故不应也。

【注释】

①古文：指上古以来的各类著作。

②况：比照。

③家：喻范畴、畛域。

④晓知者：指理论造诣精深的人。

⑤长能用者：指富有实践经验的人。

⑥中(zhòng)者：指不谋而合又切中根本和要害的说法。

⑦姓字：即姓名。

【译文】

上古以来的各类著述太多了，简直记述不过来。拿一宗事比照十宗事，拿十宗事比照一百宗事，拿一百宗事比照一千宗事，拿一千宗事比照一万宗事，拿一万宗事比照一亿宗事，拿一亿宗事比照无数宗事，所有这些事各自都有本身所属的范畴和畛域。将各类事的原始论述全都摆在面前，先让理论造诣精深的人执持住根本所在，再让富有实践经验的人专就根本所在进行解说，察看彼此间的应合情况，但凡切中根本和要害的说法，就都属于正确的；不相应合又不切中根本和要害的说法，就都属于荒谬的。打算判定古代圣人的文书所讲道法真确与否，这就好比招呼人，叫出他那姓名的，就都会应答，鬼神也不例外；叫不出他那姓名的，就谁也不会应答。尽管希望彼此间一呼一应，可却没有那来由能使双方沟通，所以就不会应答。

故古者名学为往精[1],精者,乃精念其事象可宜[2],复思其言也。极思惟此,书策凡事毕矣。书卷上下众多,各有事,宜详读之,更以相足[3],都得其意,已毕备。不深得其要意,言道无效事[4],故见变不能解[5],阴阳战斗。吾书乃为仁贤生,往付有德,有德得之,以为重宝[6];得而不能善读,言其非道,故不能乐其身,除患咎也。

【注释】

①往精:意谓主动去究寻多方面的外在表现和深层的意蕴。

②事象:事物的类象。

③足:参证汇总之意。

④效事:谓在实际事务上大见成效。

⑤见(xiàn)变:降现灾异。

⑥重宝:贵重的宝器。《老子·六十二章》谓:"道者,万物之奥,善人之宝。"

【译文】

所以古代把学习叫做前往精求,所谓精,是指精念那事物的类象确属妥当恰切,再去思索有关的论断。只在这上面极尽精思,书文和所有的事体就都彻底闹清了。书卷上下内容繁多,各有指向的特定事体,应当仔细研读它们,进一步相互参证汇总,掌握住全部的意旨,也就一样不缺了。未能深深获取到那要意,就宣称真道在实际事务上收不到成效,所以天地降现灾异就无法解除,阴阳一直在颠倒争斗。我这道书正是为仁德贤明的人士而出示的,前去付归给具有道德的君主的,具有道德的君主得到它,要把它当成治国的贵重宝器来行用;已经得到却不能很好地研读它,声称它并不属于真道,因而就不能使自身欢乐,去除掉祸害。

夫大道将见，其如无味乎[①]？用之不可既乎[②]？众贤原之，可以和刚柔，穷阴阳位乎[③]？诸文书毕定，各得其所，不复愦愦乎[④]？恶悉去矣，上帝大乐[⑤]，民无祟乎[⑥]？泽及小微[⑦]，万物扰扰，不失气乎？复反于太初[⑧]，天地位乎[⑨]？邪文已消，守元炁乎？

【注释】

①无味：意谓极其平常。《老子·三十五章》云："道之出口，淡乎其无味。"

②既：穷尽。《老子·三十五章》云："用之不足既（用它却用不完）。"

③阴阳位：指阴阳在空间分布的位序。本经卷六十九《天谶支干相配法》有"天地八界分别阴阳位"之说。

④愦愦（kuì）：昏暗的样子。

⑤上帝：指第一流的帝王。

⑥祟：指鬼神施加的祸害。

⑦泽：恩泽。小微：指微不足道的物体。

⑧太初：元气始萌，谓之太初。亦即天地未分前的混沌状态。言其气广大，乃为万物之本始，故名。

⑨天地位：意谓天地归于稳定的状态。

【译文】

大道眼看要显现，它就好像没什么味道吧？可真行用它，却永远用不完吧？众贤士推究它，可以使刚柔协调一致，叫阴阳位序无所缺失了吧？各种文书全部梳理整合好，各得其所，不再对它们感到昏乱了吧？邪恶一律去除了，第一流帝王极其欢乐，平民百姓没有殃害了吧？恩泽施布到最微小的物体，万物纷纷纭纭，不再丧失生气了吧？又返回到太初阶段，天地稳定下来了吧？邪文已经消逝，只管守行元气了吧？

一者[①]，道之纲；二者[②]，道之横行[③]；三者[④]，已乱不可明也。吾道即甲子乙丑[⑤]，六甲相承受[⑥]，五行转相从[⑦]，四时周反始[⑧]。

【注释】

①一者：指天之阳气及其表现形态。

②二者：指地之阴气及其表现形态。

③横行：意谓分叉。本经卷一百三《虚无无为自然图道毕成诫》云："天道行一，故完全也；地道行二，与鬼神邻也。"

④三者：指人之中和气及其表现形态。本经乙部《修一却邪法》称："故守一者延命，二者与凶为期，三者为乱治。"又癸部《分别形容邪自消清身行法》云："守三不如守二，守二不如守一。深思此言，得道深奥矣。"

⑤甲子乙丑：指代历法。即天正、地正。甲子谓以夏历十一月为岁首的周历，乙丑谓以夏历十二月为岁首的殷历。本经卷一百十九《三者为一家阳火数五诀》云："今甲子，天正也，日以冬至，初还反本。乙丑，地正也，物以布根。"

⑥六甲：指六十甲子中的甲子、甲戌、甲申、甲午、甲辰、甲寅，各为六旬之首。相承受：意谓后者必定接续前者。

⑦转相从：指五行相生相克的法则。即：木生火，火生土，土生金，金生水，水生木；水胜火，火胜金，金胜木，木胜土，土胜水。

⑧周反始：指四季交替推移、循环往复的定律。以上所云，均系突现《太平经》所述道法的不可逆转性和不可违背性。

【译文】

那个代表皇天阳气的"一"，正是真道的纲领；那个代表大地阴气的

“二”，正是真道的分叉；那个代表人间中和气的“三”，已经陷入混乱而无法辨明了。我那真道也就构成天正和地正，如同六甲递相接续，如同五行相生相克，如同四季依次交替再循环，绝对不可逆转又不可违背。

书卷虽众多，各各有可纪，比若人一身，头足转相使。一字适遗一字起①，贤者次之以相补②，合其阴阳以言语，表里相应如规矩③。始诵无味有久久，念之不解验至矣④，灾害去身神还聚，人自谨良无恶子⑤。名之为无刑罚、道化美极也⑥。明案吾文以却咎，奸祸自止民自寿，原未得本无终始⑦。

【注释】

①一字适遗(wèi)一字起：意为每个字恰恰给每个字来着意拟列。谓遣词造句各有深意在内。字，主要指术语和特定概念。遗，给予。起，拟列。本卷《去浮华诀》云：“欲得知凡道文书经意，正取一字如一竟。”恰可与此转相发明。

②次：梳理编列。

③规矩：校正圆形与方形的两种工具。此处借喻相切合的程度。

④解：通“懈”，松懈，懈怠。

⑤恶子：犹恶少。即品行恶劣的年轻男子。

⑥道化：谓用真道所施布的教化。

⑦原未得本无终始：此七字中“未”当作“末”。形近而讹。

【译文】

书卷尽管数量众多，但各卷有各卷需要记述的事体，这就好比人的整副身躯，头部和脚部转相支使。每个字恰恰给每个字来着意拟列，贤士予以梳理编列并互作印证和补充，用那言辞来调理好阴阳，表里像圆规重迭、方矩复合那样相应合。开始诵读似乎没味道，可时间一长，精思它毫不懈怠，效验也就全显现了。灾害从身边去除掉，神灵返回到体内来聚集，世人自行就良善谨顺，不存在恶子少年了。特被称作没有刑罚、真道教化达到最美好的境地了。明晰地遵照我这书文来消除灾殃，奸伪的祸患便自行止息，众百姓自行个个寿命长，推究末节获取到那根本，永远没有循环到头的时候。

十十相应，太阳文也①；十九相应，太阴文也②；十八相应，中和文也③；十七相应，破乱文也；十六相应者，遇中书也④；十五相应，无知书也⑤，可言半吉半凶文也；十四中者，邪文也；十三中者，大乱文也；十二中者，弃文也⑥；十一中者，迭中文也⑦。十十中者以下⑧，不可用，误人文也，随伤多少，还为人伤，久久用之不止，法绝后灭门。此十十文也⑨。

右却邪而致正文法⑩。

【注释】

①太阳文：即天文。太阳，最旺盛的阳气。

②太阴文：即地文。太阴，最旺盛的阴气。

③中和文：即人文。中和，太阳气和太阴气的交合体。

④遇中书也：此四字中“遇”字《太平经钞》作“过”。于义为长。过中，谓在中等以上。中指十分之五。

⑤无知书：根本没有独到见解的书文。知，指独到见解。

⑥弃文：亟应摒弃不用看的书文。

⑦迭(yì)中文：本身便在亡佚范围之内随它去的书文。迭，通“佚”，亡佚，散佚。《太平经钞》“迭”正作“佚”。

⑧十十中者以下：此六字中“十十”《太平经钞》作“十七”。义胜，

当从。

⑨十十文：此系对上列十等书文所做的综括语。

⑩“右却邪”句：此句系对本卷共计十一“诀”之内容主旨所作的总体概括与揭示。邪，指各篇中所列举和指斥的事项及表现形态。

【译文】

百分之百相应合，这就属于皇天的书文；百分之九十相应合，这就属于大地的书文；百分之八十相应合，这就属于人间的书文；百分之七十相应合，这就属于残破混乱的书文；百分之六十相应合，这就属于稍微超过中等的书文；百分之五十相应合，这就属于根本没有独到见解的书文，也可以称作吉善和凶险一半对一半的书文；百分之四十相应合，这就属于邪恶的书文；百分之三十相应合，这就属于严重败乱的书文；百分之二十相应合，这就属于亟应摒弃不用看的书文；百分之十相应合，这就属于本身便在亡佚范围之内随它去的书文。对那些处于百分之百相应合以下的书文，不能行用它们，因为它们全是给世人带来贻害的书文，随同它们本身能造成多少伤害，反转来一行用就给世人造成很多伤害，长久行用而不废止，按法则便会断绝后代，满门消失。这正是上列十等书文的概况。

以上为却邪而致正文法。

卷五十一　丙部之十七

校文邪正法第七十八

【题解】

本篇所谓“校”，意为考校、核定。“文”，则指古今众文诸书而言。“邪正”，系对众文诸书之内容性质和类属的判定。篇中断言：但凡行用结果“致善者”，悉为正文；但凡行用结果“致恶者”，俱属邪文。有鉴于斯，篇中列示了正文由“守理元气”蜕变到邪文“相欺”的“六转”之迹，提出了执本驭众、以一驾万、类聚合观、择要互补、集议试行、行看效应的校核方法，此即标题中“法”之底蕴所在。进而特将该法提升到治国施政“谋及下者，无遗算，无休言，无废文”的高度予以播扬，且用十九句韵语全面显示该法施用后必获的奇效，从中透露出《太平经》编著者急于建立统一的道教理论体系的愿望。不容忽略的是，篇中关于真人名“纯”者思善、学道、得寿的自述，对本经所标举的至要道功，颇有典型示例的意味。本篇与卷四十一《件古文名书诀》、卷五十《去浮华诀》、卷九十一《拘校三古文法》可相参证。

纯稽首战栗再拜①。“子复欲问何等哉？”“纯今见明师正众文诸书②，乃为天谈也。吾恐核惊③，不知可先后当以何能正得此书实哉④？”“子欲乐得其实者，但观视上古之圣辞⑤，中古之圣辞⑥，下古之圣辞⑦，合其语言，视其所为⑧，可知矣。复视上古道书、中古道书、下古道书⑨，三合以同类相召呼⑩，复令可知矣。”

【注释】

①纯：学道真人的名字。战栗：浑身吓得发抖。形容其恭顺的程度。

②正：矫正，审正。谓去伪存真，却邪归正，使之整齐划一。

③悏（hài）：愁苦。

④实：指真切的内容，正确的论断。

⑤上古：指天皇、地皇、人皇所谓三皇时代。圣辞：出自圣人的文辞。

⑥中古：指以黄帝为首的五帝时代。

⑦下古：指夏商周以下的历史时期。

⑧所为：指付诸实施的情形与效果。

⑨道书：演述道法的书籍。

⑩“三合”句：意谓通过归类而将三古道书上下贯通，融为一体。召呼，谓互做印证，予以归并。

【译文】

真人纯敬行跪拜大礼恭顺得浑身直发抖。“你又想询问什么事情呢？”“弟子纯如今看到明师您审正各种文辞和图书，正在代替皇天宣达话语。我恐惧愁苦又惊奇，不知道从头至尾通过什么方法便能审正这些图书而获取到其中的真切论断呢？”“你想获取到其中的真确论断，只须观阅察视上古时期的圣人文辞，中古时期的圣人文辞，下古时期的圣人文辞，聚合它们的说法，察视它们付诸实施的情形与效果，就能做出判定了。再察视上古时期的道书，中古时期的道书，下古时期的道书，把它们按照同一类属进行归并，互做印证，加以贯通，又能让你做出判定了。”

“今凡书文，尽为天谈，何故其治，时乱时不平？愿闻之。”“然。能正其言，明其书者，理矣；不正不明，乱矣。正言详辞必致善①，邪言凶辞必致恶。今子难问不止，会乐欲知之。欲致善者，但正其本，本正则应天文②，与圣辞相得，再转应地理③，三转为人文④，四转为万物，万物则生浮华⑤，浮华则乱败矣。

【注释】

①详辞：美好吉祥的文辞。详，通“祥”，吉祥。

②天文：指由日月星所组成的天象。《周易·贲·彖传》谓：“刚柔交错，天文也。”本经卷四十八《三合相通诀》谓：“天法，凡事三并力同心，故天以三光为文，三光常相通共照，无复绝时也。”又卷六十九《天谶支干相配法》称：“故文生于东，明于南。故天文者，赤也；赤者，火也。”既与“天文”相应合，则隐指其“本”纯正的道经或者说“天经”。本经卷七十三至八十五《阙题》（五）谓：“修积真道，道者，天经也。天者好生，道亦好生，故为天经。”

③转：谓被引申发挥或加工改造。地理：指由水、土、石构成的地貌。本经佚文云：“地理者，三色也，谓水土石。”既与“地理”相应合，则隐指初步离本而低一等的德经或者说“地经”。本经卷七十三至八十五《阙题》（五）谓：“修积德者，地经也。地者好养，德亦好养，故为地经。”

④人文：指讲论仁义等伦理纲常的书文或者说“人经”。本经卷七十三至八十五《阙题》（五）谓：“修积和而好施与者，为人经。和气者相通往来，人有财亦当相通往来，故和为人经也。”

⑤浮华：枝叉花朵。既已如同万物“生浮华”，则“浮华”隐指离本已远的文书，即讲论礼乐政刑的典籍。

【译文】

“如今所有的书文，都在代替皇天宣达话语，为什么国家的治理却时而大乱，时而不太平呢？希望听一听这方面的教诲。”“好的。能使那些说法变纯正，使那些图书得到辨明，也就大治了；不变纯正，未能辨明，也就大乱了。纯正的主张和吉祥的文辞，必定会招来美好的结果；邪僻的主张和凶险的文辞，必定会招来险恶的结果。如今你一个劲儿地诘难质问，终归高兴闹清这症结所在。希望得到美好结果的人，就应只管去端正那根本，根本端正了，就应合天象，与圣人的文辞相一致；再经过引申发挥，就应合那地理了；进一步经过加工改造，就变成人文了；继续添枝加叶，就变成万物了，万物生出枝叉花朵，一生枝叉花朵，那就混乱衰败了。

“天文圣书时出[①]，以考元正始[②]，除其过者置其实[③]，明理凡书，即天之道也。得其正言者，与天心意相应；邪也致邪恶气，使天地不调，万物多失其所，帝王用心愁苦，得复乱焉，故当急为其考正之。

【注释】

①时出：指河出图、洛出书之类。其中尤以汉代谶纬所编造者为多。

②考元：考求本原。正始：端正初基。

③过者：指浮华文饰那套理论和做法。置：措置，设布。

【译文】

“天文圣书经常降示，目的是让世人去考求本原，端正初基，摒除浮华文饰那套玩艺，设布好真实的事体，辨明并梳理校定各种图书，归就皇天的真道。获取到那些纯正主张的人，就与皇天的心意相切合；而信从邪说，就招来邪恶气，使天地不协调，万物大多失去自身生存的固定处所，帝王用心总是愁苦不堪，再度形成大乱的局面，所以应当火速为他考订审正这些图书。

"今念从古到今文书，悉已备具矣，俱愁其集居而不纯[①]，集厕相乱[②]，故使贤明共疑迷惑，不知何从何信，遂失天至心[③]，因而各从其忤是也[④]。使与天道指意微言大相远[⑤]，皆为邪言邪文书此邪[⑥]，致不能正阴阳，灾气比连起，内咎在此也[⑦]。吾见子问之，积眷眷不忍，故反覆为子具道其意，疾疏吾辞[⑧]，自深思念之。夫凡事者，得而不能专行，亦无益也；若能行之，除大谪也[⑨]。夫天文乱，欲乐见理[⑩]，若人有剧病，故乐见治也。"

【注释】

①集居：共存并立之意。

②集厕：会聚交织之意。

③至心：谓最高的意旨。

④忤：乖谬。

⑤指意：即旨意。

⑥书：载录。

⑦内咎：深层的罪责。亦可解作：天地在内心对世人所积聚的痛恨与罪罚。

⑧疾疏：迅速理解掌握之意。

⑨大谪：指上天的严厉惩罚。

⑩见理：意为得到矫正和梳理。

【译文】

“如今计算起来，从古到今的书文已经全部齐备了，可都让人愁虑它们共存并立而不纯正精粹，会聚交织而彼此淆乱，因而致使贤明的人士共同疑虑又辨不清是非，不知道究竟应该信从哪一种，于是丧失掉皇天的最高意旨，随即便各自信从那本属乖谬的书文了。导致与天道意旨和精微论说背离得异常遥远的根由，都来自邪言邪文载录那套邪僻的玩艺，造成阴阳无法理顺，灾气接连兴起，深层罪责正集中在这上面。我看你前来询问这宗事体，一直保持专注而不想放下的态度，所以就反反复复为你详尽解说那要意，你要迅速理解掌握我那文辞，自行深深精思它。世上任何事情，了解掌握后却不能执著地去实行，那也没有什么收效；果真能去实行它，就会解除皇天对世人的严厉惩罚。天文已被搅乱了，本身也高兴得到矫正和梳理，这就好比人患重病，因而高兴得到医治。”

“何以乎哉？”“然。子自若愚耳，诚无知乎？剧病不以时治也，到于死亡；天文不治正，至于大乱。四时为其失气[①]，五行逆战[②]，三光无正明[③]，皆失其正路，因而毁败。人民云乱，皆失其居处，老弱负荷[④]，夭死者半，国家昏乱迷惑，至道善德隔绝，贤者蔽藏，不能相救，是不大剧病邪？故当力正之。

【注释】

①失气：谓节气颠倒失常。

②逆战：谓打乱相生相克的固有次序。

③无正明：谓发生日蚀、月蚀、恒星不发光、流星飞布、彗星出现等现象。参见本经卷四十三《大小谏正法》、卷八十六《来善集三道

文书诀》、卷九十二《三光蚀诀》所述。

④负荷：背负肩扛。形容逃亡的悲惨景象。

【译文】

“为什么竟会这样呢？”“好的。看来你仍旧愚昧罢了，你确实没有一点儿悟性吗？严重的疾病不及时医治，就会恶化，直至死亡；天文得不到校理审正，就会演变到极为淆乱的地步。春夏秋冬由此而节气颠倒，五行由此而自相打乱生克的次序，日月星辰由此而不再正常照耀，一律失去了各自的正路，随即毁败。平民百姓像乌云搅动那样骚乱不安，全都丧失了自己的家园，老弱四处逃亡，早早死去的人多达一半，整个国家一片昏乱又迷惑不解，最高真道和吉善仁德被隔绝开来，贤能的人士隐形遁迹，根本无法去拯救，这还不是最为严重的疾病吗？所以就该大力矫正它。

“今愚人日学游浮文[①]，更迭为忤，以相高上[②]，不深知其为大害，以为小事也，安知内独为阴阳天地之大病乎哉？天下不能相治正者，正此也。夫神祇有所疾苦，故使子来反复问之也。见书宜旦夕宿夜，深惟思其要意，不可但自易[③]，不为皇天重计也。今帝王无所归心，其咎甚大。吾今虽与子相对二人而谈，以为小事，内乃为皇天是正语议[④]，不敢苟空妄言[⑤]，其咎在吾身，罪重不可除也。神祇之谪人，不可若人得远避而逃也。子敢随吾轻辞便言[⑥]，若俗人陈忤相高上也[⑦]？”“唯唯。不敢也。见天师言，且恢且喜，诚得尽力，冀得神祇之心[⑧]，以解天下忧，以安帝王，令使万物各得其所，是吾愿也。”

【注释】

①游浮文：游移飘浮的文辞。

②高上：争胜比高低之意。

③自易：自我轻慢。

④是正：订正。

⑤苟空：谓实无根据而权且糊弄一番。

⑥轻辞便言：意为任意胡诌瞎吹一通。

⑦陈忤：意为陈述本属乖谬的那套玩艺。

⑧冀：希求，希望。

【译文】

"如今愚昧的世人天天学习游移飘浮的那类文辞，轮番形成乖逆的势态，用来争胜比高低。不明白这是大祸害，却认为纯属小事，怎么能知道天地阴阳在心里恰恰把它当成最可痛恨的事情呢？天下做不到递相治理和矫正，原因正在这里。天神地祇内心怀有痛恨的事情，所以就驱使你前来反复做询问。见到我这篇书文以后，你要从早到晚、夜以继日地只管深深精思那要意，决不能自我轻慢，不替皇天认真做筹划。如今帝王不清楚该把心念投注在哪里，这样带来的祸患就非常大。我和你眼下虽然两个人在面对面交谈，看起来像是小事，其实我心里正是在为皇天把人间的言辞议论搞正确，决不敢实无根据却暂且瞎糊弄，随意乱讲一通，乱讲一通的罪过正落在我身上，罪过深重得死有余辜。天神地祇惩治人，决不像官府惩治人而人还能逃往远处躲避。你敢跟我任意胡诌瞎吹一通，像俗人那样陈述本属乖谬的那套玩艺来争胜比高低吗？""是是。弟子决不敢这样做。看到天师的讲说，弟子既愁苦又高兴，确实会竭尽全力，力求获取到天神地祇的心意，去解除天下的忧愁，去安定帝王，致使万物各得其所，这正是弟子的心愿。"

"子愿何一独善，不可复及也？""然。吾所以常独有善意者，吾学本以思善得之，故人悉老终，吾独得在，而吾先人子孙尽已亡，而吾独得不死。诚受厚命①，惭于仓皇②，无以自效，报之复之也。常思自竭尽力，不知以何效哉！见天地不调，风雨不节，知为天下大病，常怜之。今得神人言，大觉悟，思尽死以自效于明天③，以解大病，而安地理，固以兴帝王，令使万物各得其所。想以是报塞天重功，今不知其能与不哉？愿复乞问不及于明师。”

【注释】

①厚命：谓皇天赐寿的厚恩。本经卷七十一《致善除邪令人受道戒文》亦有学道真人自述云："吾亲尝中如此矣，几为剧病，后癫疾自止得愈，遂得数千岁。"两相对照，均属侈言，但从中可见学道真人确对长生不死孜孜以求。

②仓皇：匆促急迫的样子。形容其为回报皇天重恩而不知如何是好的情境。

③明天：盛明的皇天。

【译文】

"你这心愿为什么偏偏那样地良善，无法有人能再赶得上呢？""是的。我自己常常怀有良善的心愿，是因为我那点儿学问本来是通过精思良善才得来的，所以人们全都衰老死去了，唯独我还活着；我的上几辈和子孙们也都去世了，唯独我还不死。这正蒙受到皇天赐给寿命的厚恩，而我却惭愧得不知如何是好，拿不出什么来甘愿效劳献力，报答皇天。因而总想自觉竭尽全力去做，可却不清楚通过什么真能做好。看到天地不协调，风雨不按时来到，心里明白这是天下面临的大病痛，经常哀怜它。如今得到神人的教诲，就更彻底觉悟了，只想拼尽性命专为盛明的皇天甘愿效劳献力，以便解除皇天对世人的极度憎恨，安定住地理，从根本上使帝王兴盛起来，让万物各得其所。内心只想通过这样的行动去报答皇天的重大功德，可眼下还不知道能否达到目的，希望再向明师请求询问还不懂的那些事体。”

“善哉！子之言也。今见子言，吾尚喜，何言天哉？吾书□□[①]，万不失一也。子但努力勿懈而理之，是可以复天功，不复疑也。帝王行之，尚且立得其力，何况于子哉！吾连见子之言，吾不敢余力也[②]。吾虽先生，志不及子也。今俱与子共是天地[③]，愿与子共安之。吾欲不言，恐得重过于子，反得重谪于天。子更详聆之，复为子反复悉分别道之。

【注释】

①吾书□□：此句原缺二字。

②余力：谓对真道有所保留而不传授。

③是天地：意为让天地感到做得对。

【译文】

“你这番话讲得太好了！如今看到你所讲的这一切，连我都感到很高兴，哪里还用再去说那皇天呢！我那道书绝对不存在任何差错，你只管不懈怠，努力梳理它，这就能够报答皇天的功德，没有任何疑问了。帝王行用它，尚且立刻还会得到它那功效，更何况对你呢！我接连看到你的表态，我决不敢再对真道有所保留而不传授。我虽然生在你前面，可志向却比不上你。如今和你共同要让天地感到做得对，乐意和你一起使天地安稳下来。我打算不做讲说，恐怕对你犯下严重的罪过，反转来会从皇天那里受到重重的惩罚。你再竖起耳朵仔细听，我为你反复作区分来完整讲说它。

“正文者[①]，乃本天地心，守理元气。古者圣书时出，考元正字[②]，道转相因[③]，微言解[④]，皆元气要也。再转者，密辞也[⑤]；三转成章句也[⑥]；四转成浮华；五转者，分别异意[⑦]，各司其忤[⑧]；六转者，成相欺文。章句者，尚小仪其本也[⑨]。过此下者，大病也。乃使天道失路，帝王久愁苦，不能深得其理，正此也。

【注释】

①正文：指纯正的道经经文。本经卷九十一《拘校三古文法》云：“夫正言、正文、正辞，乃是正天地之根而安国家之宝器、父母也，而天下凡人万物所受命也。”“俗人言此可耳，不能善也，而按行之，反与天相应，灾日除去者，即正文、正言、正辞也。”

②正字：意谓端正道经原文的意旨。字即经文，主要指为阐明真道而使用的术语或特定概念。本经卷四十八《三合相通诀》谓：“今者太平气且至，当实文本元正字，乃且得天心意也。”

③转：递次。因：承袭。

④解：解释晓喻。

⑤密辞：人为地给转密加详的文辞。

⑥章句：汉代所创制的一种分章逐句解说经文与经义的体式。如今传东汉赵岐所撰《孟子章句》之类。此处用以借喻细碎繁琐的文辞。

⑦分别异意：意为各自形成一家言。

⑧司：主守，执持。

⑨仪：奉为法则之意。

【译文】

“那些纯正的书文，正表现在依据天地的心意，守持并理顺元气。

古代神圣的书文时常降示，对它考索本原，端正原文的意旨，于是真道递次前后承袭，微妙深远的言辞得到解喻，全都属于元气的纲要所在。再经过引申发挥，那就属于人为地给转密加详的文辞了；三转以后，又成为细碎繁琐的文辞了；四转以后，又成为虚浮不实的文辞了；五转而成的文辞，便各自形成主观武断的一家之说，分别抱定恰与正文违逆的地方死死不放了；六转而成的文辞，纯粹就构成相互欺诈的文辞了。其中细碎繁琐的文辞，多少还奉守根本；在这类文辞以下的，就全属大祸害了。竟使天道失去正路，帝王长久愁苦，不能深切获取到治理的成效，原因正在这里。

“子幸欲报天恩，复天重功，天者，不乐人与其钱财奇伪之物也①，但乐人共理其文，不乱之耳。今吾见睹子初来学之时。以为子但且问一两事而去，何意乃欲毕天道乎！吾言而不正天道②？略可见睹矣。子乐欲正天地，但取微言，还以逆考③，合于其元④，即得天心意，可以安天下矣。

【注释】

①奇伪之物：指金玉玩好等各种奢侈品。详参本经卷三十六《守三实法》所述。

②正天道：谓使天道变端正。

③逆考：揣度与考索。《孟子·万章上》云：“以意逆志，是为得之。”

④元：基元，本初。

【译文】

“你有幸渴望报答天恩，对等地答谢皇天的重大功德，可皇天并不喜欢人们向它奉献什么钱财和奢侈物品，只高兴人们共同校理它那文书，不搅乱它那文书罢了。如今我观看并体察你刚来学道的时候，原以为你只凑合着询问一两件事就走了呢，怎么也没想到你竟要穷尽天道呀！我那讲说能不让那天道变端正吗？从中可以大略看出并体察出来了。你乐意让天地变端正，只管取用精微深远的言辞，转过头来细加揣度和考索，与那基元相切合，也就获取到天地的心意，可以安定天下了。

“拘校上古、中古、下古之文①，以类召之②，合相从③。执本者一④，人自各有本事⑤；凡书文，各自有家属⑥。令使凡人各出其材⑦，围而共说之，其本事字情实⑧，且悉自出，收聚其中要言，以为其解，谓之为章句，得真道心矣。可谓为解天之忧，大病去矣，可谓除地之所苦矣，可谓使帝王游而得天心矣，可谓使万物各得其所矣。

【注释】

①拘校：汇集校理。

②以类召之：谓按内容类别做出区定和归并。上文有云：“三合以同类相召呼。”

③合：谓聚合于各类之下。相从：谓在聚合过程中将属于某类的诸家诸书可取之论进行系统排比和编列。本经卷九十一《拘校三古文法》云：“因以类相从相补，共成一善辞。”

④执本者：谓执持住根本所在的那个地方。一：意为只有一个，只有一处。即始终不可离本。

⑤人：指众人，诸家。本事：指围绕根本所在而各自立说的来源与根据。

⑥家属：指学派的归属。家谓对同类事象事理能从特定角度做出解说的某一学术派别。本经卷四十一《件古文名书诀》云：“以类聚之，各从其家。”本卷《去浮华诀》列有天文、地理、堪舆等“七

处"即七家。

⑦材：指各自所擅长、所精通的方面。

⑧本事字：即解说本原问题的具体文字。情实：实情、真义或真相。

【译文】

"汇集校理上古时代、中古时代、下古时代的书文，都按内容类别做出区定和归并，再在各类之下进行聚合，聚合中把诸家诸书可取之论加以系统排比和编列。执持住根本所在的地方，那就只能有一处，而众人自行对根本所在做阐发又有各自立说的来源与根据；只要是书文，当然就有各个学派的实际归属。于是让大家亮出他们所擅长、所精通的那个方面，聚集在一起共同讨论它，有关解说本原问题的具体文字所应认定的真义，也就眼看着自行全都显现出来了。然后收集汇聚其中的切要说法，把它作为最终的解释，特称为章句，也就获取到真道的主旨所在了。可以称得上化解皇天的忧愦，大病痛去除了；可以称得上排除大地所感到疾苦的东西了，可以称得上使帝王游乐而获取到天心了，可以称得上使万物各得其所了。

"是者，万不失一也。吾见子之言□□[①]，知为天使，吾不敢欺子也。今欺子，正名为欺天，令使天不悦喜，反且减吾年，名为负于吾身，又上惭于皇天，复无益于万民，其咎甚大。子努力记之，但记吾不敢有遗力也。"

【注释】

①吾见子之言□□：此句原缺二字。

【译文】

"像这样去做，绝对不会出现任何差错。我看到你所讲的那番话，就知道你在受皇天驱使来问事，我决不敢欺哄你。眼下欺哄你，恰恰就被称作欺骗皇天,致使皇天不高兴,反而减少我的寿命,还被称作对我自身造成拖累,往上又愧对皇天,对万民也没什么补益,这种罪过特别深重。你要努力记住它,只管记住我决不敢有力不全使出来。"

"唯唯。见师言也,心中恐骇。既为天问事,不敢道留止也[①],犹当竟之耳。师幸原其不及,示告其难易,故敢具问其所以。今文书积多,愿知其真伪。""然。故固若子前日所问耳[②]。十百相应者,是也;不者,皆非也。治而得应者,是也;不者,皆伪行也。欲得应者,须其民臣皆善忠信也。"

【注释】

①道留止:意为半途而废。

②故固:仍旧不变之意。

【译文】

"是是。看到天师的讲说,心中倍感恐惧。既然是为皇天询问事体,那就不敢半途而废,还应坚持到底。天师幸而体谅弟子对这宗事体闹不清楚,开示并告知那难易所在,因而再敢深入询问其中的缘由。如今文书积累得相当多,希望知道它们的真伪情况怎么样。""好的。仍旧像你前些时候所询问的那样罢了。百分之百相应合的,就属于真确的;否则全是荒谬的。施治获取到效应的,就属于真确的,否则全是虚假的行径。真想获取到效应,那就有待他手下的民众和臣僚个个都变得良善忠实讲诚信。"

"何以言之?""然。子贤善,则使父母常安,而得其所置[①];妻善,则使夫无过,得其力;臣善,则使国家长安;帝王民臣俱善,则使天无灾变,正此也。子宁解耶?不解耶?

行，吾今欲与子共议一事：今若子可刺取吾书[②]，宁究洽达未哉[③]？”

【注释】

①置：安顿。指赡养。

②刺取：择取。

③究：穷尽。洽：周遍。达：通晓。

【译文】

“根据什么这样讲呢？”“好的。做儿子的贤能良善，就会使父母长久平安，得到良好的赡养；做妻子的很良善，就会使丈夫不产生过失，发挥出他的才干；做臣僚的很良善，就会使国家长久安宁；帝王、民众和臣僚全都良善，就会使皇天不降现灾殃祸害，这也就是那缘由所在。你到底解悟没解悟呢？近前来，我眼下想和你共同讨论一件事：如今像你这样乐意择取我这书文做研读，可究竟对它穷尽、周遍、通晓了吗？还是远未达到这种程度呢？”

“小子童蒙[①]，未得其意。”“子试言之，吾且观子具解不。”“今若愚生意，欲悉都合用之，上下以相足，仪其事[②]，百以校千，千以校万，更相考，以为且可足也；不者，恐不能尽周古文也。”“然。子今言真是也。子前所记吾书不云乎？以一况十，十况百，百况千，千况万，万况亿，正此也！”

【注释】

①童蒙：幼稚愚昧。语出《周易·蒙》卦。此系自谦之辞。

②仪其事：意谓确立起事象事理的准绳。

【译文】

“弟子我幼稚无知，尚未获取到要义所在。”“你先试着说一说，我再看你到底闹明白没闹明白。”“现下照愚生想来，打算把古今书文全部汇集起来加以验合选用，对上下内容互做印证和补充，确立起事象事理的准绳，用一百种来校核一千种，用一千种来校核一万种，迭相考求，总觉得这样做还差不多可以达到齐备的地步；不然的话，恐怕无法使古文全部轮个遍。”“好的。你刚才所讲的太对了。你以前记下的我那书文不是说过吗？用一宗事比照十宗事，用十宗事比照一百宗事，用一百宗事比照一千宗事，用一千宗事比照一万宗事，用一万宗事比照一亿宗事，讲的正是这个意思啊！”

“唯唯。愿闻其校此者，皆当使谁乎？”“各就其人而作。事之明于本者，恃其本也①；长于知能用者②，共围而说之。流其语③，从帝王到于庶人，俱易其故行，而相从合议。小知自相与小聚之，归于中知；中知聚之，归于上知；上知聚之，归于帝王；然后众贤共围而平其说④，更安之⑤。是为谋及下者，无遗算⑥，无休言⑦，无废文也⑧。

【注释】

①恃：依仗，仰赖。

②知：谓领悟能力、理解水平。

③流：传布，播扬。

④平：意为衡量。

⑤更安：重新确定之意。

⑥遗算：失算或失策的地方。算，计策，计谋。

⑦休言：指半截话。

⑧废文：无用的书文。

【译文】

“是是。希望听一听校理这些书文的人，都应让谁来参加呢？”“分别针对每个人的特长来运作。对事象本原了然于胸的人，要让他们把本原牢牢执守住；在领悟能力上很强又能施用的人，要让他们共同坐在一起进行解说。传布他们的说法，从帝王一直到平民百姓，全都改变以往的行为，一级接一级地展开讨论。稍有领悟能力的人自行与同类人聚集评议，把结果报告给较有领悟能力的人；较有领悟能力的人再聚集评议，把结果报告给特有领悟能力的人；特有领悟能力的人再聚集评议，把结果报告给帝王；然后众位贤士共同坐在一起衡量那些说法，重新予以确定。这就够得上有事便同下面商量，没有失算失策的地方，没有半截话，没有无用的书文。

“小贤共校聚之①，付于中贤②；中贤校聚之于大贤③；大贤校聚之，付于帝王。于其□□成理文④，是之无误，真得天心，得阴阳分理⑤，帝王众臣共知其真是⑥，乃后下于民间，令天下俱得诵读正文。

【注释】

①小贤：稍略贤明的人。

②中贤：中等贤明的人。

③大贤：特别贤明的人。

④于其□□成理文：此句原缺二字。成理文，意为足可形成天下大治的书文。

⑤分理：指原本划定的范围界限。

⑥真是：真实正确。

【译文】

“稍略贤明的人共同校核又聚集评议，把结果交付给中等贤明的人；中等贤明的人共同校核又聚集评议，把结果交付给特别贤明的人；特别贤明的人共同校核又聚集评议，把结果交付给帝王。对那些足可形成天下大治的书文，确定它们绝对正确无误，真正获取到了皇天的心意，切合阴阳原本所划定的范围界限，帝王与众位臣僚共同认定这的确属于真实正确的书文，然后颁行到民间，使全天下都得以诵读纯正的书文了。

“如此，天气得矣①，太平到矣，上平气来矣，颂声作矣②，万物长安矣，百姓无言矣，邪文悉自去矣，天病除矣，地病亡矣，帝王游矣，阴阳悦矣，邪气藏矣，盗贼断绝矣，中国盛兴矣③，称上三皇矣④，夷狄却矣，万物茂盛矣，天下幸甚矣，皆称万岁矣⑤。子无闭塞吾文⑥！”

【注释】

①天气：指职在施生的皇天太阳盛气。得：顺畅之意。

②颂声：歌颂赞美的声音。

③中国：古以华夏中原地区为中国。

④上三皇：指天皇、地皇、人皇。

⑤万岁：即万年。极言世人享寿之长。意谓个个成了老寿星。

⑥闭塞：谓私自扣押，拒不传布。

【译文】

“做到这样，皇天阳气就顺畅了，太平局面就来到了，最盛明的太平气就降临了，歌颂赞美的声音就响起了，万物就永久安生了，百姓就没有怨言了，邪文全部自动消失了，皇天对世人的怨恨化解了，大地对世人的憎恶消除了，帝王整天只管游乐了，阴阳感到喜悦了，邪气藏伏起来了，盗贼断绝了，中国兴盛了，号称上三皇了，边区部族退走了，万物茂盛了，天下幸运到极点了，人人都高喊我可成为老寿星了。你千万不要扣押我这篇书文！”

“唯唯。不敢蔽匿也[1]。既受师辞，诚报归之。匿之恐为重罪，成事也。”“善哉，子之言也。已得天心，子名为已报天重功。”“唯唯。诚得退归闲处[2]，思其至意，不解懈也[3]。”“行去矣，勿复疑也。”

右考文诀。

【注释】

①蔽匿：谓擅自藏匿，秘而不传。

②闲处：指清静的修炼处所。

③不解懈：意谓不晓得什么是懈怠。解，知晓，明白。

【译文】

“是是，决不敢擅自藏匿。已经领受了天师的训诫，那就确实把它付归给帝王。擅自藏匿恐怕会犯下重罪，这是有例可援的。”“你这表态真是太好了。已经获取到天心了，你可以称作已经报答皇天的重大功德了。”“是是。果真得以回到修炼的处所，只去精思其中的最高意旨，根本就不晓得什么是懈怠。”“回去吧，不要再有什么疑心的了。”

以上为考文诀。

卷五十二 丁部之一

胞胎阴阳规矩正行消恶图

【题解】

《太平经》丁部经文,今存五分之二略强。本篇则为原经佚文,由《合校》本辑校者据《太平经钞》配补而成。其篇题出自《经钞》,《敦煌目录》则作《胞胎阴阳图诀》。原文带图,图为十二重,已佚。所谓"胞胎阴阳规矩",系指位居食气方术之上乘的"胎息"养生法及其所寓示的阴阳自然天道而言。"正行消恶",则谓端正心性,归于"和弘",积德积善,慎无妄行,从而免却凶害丧亡。篇中采用韵语形式,强调"道乃万物之师",守气行道通神,方能内以治身,外以消灾,"老还返少"得长生。着眼于此,又申张了"饮血为盟"的传道威仪。

神人语真人①:内子已明也②,损子身③,其意得也,其外理自正④。瞑目内视,与神通灵⑤,不出言,与道同⑥,阴阳相覆天所封⑦。长生之术可开眸⑧,子无强肠宜和弘⑨,天地受和如暗聋⑩。

【注释】

①神人:对授道天师的尊称。语:告诫。

②内:与下文"外"相对而言,指腹内,内心。明:谓腹中洞照。

③损子身：减损七情六欲之意。《老子·四十八章》谓："为道日损。"

④外理：谓处理外界一应问题或事务。

⑤神：指人体内外众神灵。通灵：沟通意念之意。

⑥同：默契、合一。

⑦相覆：意为一阴一阳相得互用。本经乙部首篇云："道无奇辞，一阴一阳，为其用也。"封：封授。本经壬部称，天封人以道，使寿。

⑧开眸(móu)：张目，睁眼。意谓洞察一切。眸，眼珠、瞳仁。

⑨强肠：喻横暴。《老子·五十五章》谓："心使气曰强。"和弘：平和广大。

⑩如暗聋：本经卷十八至三十四《阙题》(二)谓："天地不语而长存，其治独神；神灵不语而长仙，皆以内明而外暗，故为万道之端。"

【译文】

神人告诫真人说：内心你已经很明彻了，就要继续减损七情六欲，获取到了那要意所在，处理外界事务自然就会端正。合上眼睛往体内作察视，意念就与神灵相互沟通；一个字也不说出口，就与真道相契合；阴阳和谐又互用，这正来自上天的授付。长生的道术可以洞察那一切，你千万不要任从自己的性子来，理应平和广大。天地承受那平和，就像什么也看不见、听不到一般。

欲知其意胞中童①，不食十月神相通②。自然之道无有上③，不视而气宅十二重④。故反婴儿则无凶⑤，老还反少与道通。是故画像十二重，正者得善，不肖独凶⑥。

【注释】

①胞中童：指尚在母体内的胎儿。

②不食十月：指妊娠期。本经辛部云："请问胞中之子，不食而取

气。在腹中，自然之气；已生，呼吸阴阳之气。守道力学，反自然之气；反自然之气，心若婴儿，即生矣。随呼吸阴阳之气，即死矣。"此属胎息养生术，即以调理自身内气循环为主，使呼吸吐纳绵绵，不用口鼻，守神于内，若胎儿在母腹中，故名胎息。胎息在汉代已臻极致。参见《后汉书·王真传》李贤注。

③自然之道：意为随顺天然情态的那种修炼方式。

④气宅：本经佚文有云："古者上真睹天神食气，象之为行，乃学食气。真神来助其为治，乃游居真人腹中也。古者真仙之身，名为真人室宅耳。"十二重：疑指十二地支所代表的空间方位和月令，用以显示元气的流转分布和阳进阴退、阴进阳退的交替循环过程。或与汉代《易纬》十二消息卦有关。参见本经癸部《以自防却不祥法》及丙部《分解本末法》所述。

⑤婴儿：喻指柔和无欲的状态。《老子·十章》谓："专（结聚）气致柔，能婴儿乎？"《老子想尔注》云："婴儿无为，故合道。"本经辛部曰，人能守道力学，返自然之气则生。得真道者，乃能内气外不气，以此内气养其性，然后能返婴儿复其命。

⑥不肖：子不似父曰不肖。此处指邪恶的人。

【译文】

要想了解那要意，就该懂得那胎儿，十个月不吃不喝却与神灵相融通。吐纳先天元气而同天然情态相切合的道术属于第一等，不东瞧西望而元气流驻的室宅连成十二道。因而返归到柔和无欲的状态，就没有任何的凶险；由老年返回到少年，这才与真道紧相连。所以绘制图像十二层，纯正的人就得到吉庆，邪恶的人就必定逢凶。

天道常在，不得丧亡，状如四时周反乡。终老反始，故长生也。子思其意无邪倾①，积德累行道自成②。才不如力③，道归其人，苟非其人，道不虚行④。夫道若风，默居其傍，用之则有，不用则亡。

【注释】

①邪倾：邪僻不正。

②累行：积累善行之意。

③才不如力：意谓禀赋出众不如竭力践行真道。

④“苟非”二句：语出《周易·系辞下》。苟，如果，倘若。

【译文】

天道永远存在，不会消失灭亡，那情状就像四季交替循环又返归到春季东方。人到老年快去世了，可却返回到刚刚降生的那种状态，所以才叫做长生。你要精思这要意，决不可邪僻不端正；积聚德业，积累善行，真道自动就修成。天赋出众比不上大力去践行，真道只会落在合适之人的头上；如果不是那合适的人，真道决不会无缘无故就向他靠拢。真道就像微风，默默地散布在世人的身旁，行用它就出现，否则就不存在。

贤者有里①，不肖有乡②，死生在身常定行③。天无有过，人自求丧，详思其意，亦无妄行。天与守道力行故长生④，人不肯为故死倾⑤。记吾戒子，道传其人则易行。古者圣贤传道，饮血为盟⑥。天道积重，愚人反轻。

【注释】

①里：古代基层行政单位，东汉则以百户为一里。《论语·里仁》：“子曰：‘里仁为美（居住处须有仁德才好）。’”

②乡：汉以十里或十亭为一乡。此处指归宿，即本经卷三十五《兴善止恶法》所说的阳衰阴起之乡、向衰之地。

③定行：谓专一行善。详参本经卷四十二《四行本末诀》所述。

④与：赞许，认同。

⑤倾：倾覆，败毁。

⑥饮血为盟：犹歃血为盟。本属战国以前诸侯会盟定约的主要方式，此处既出此语，则可证至迟在东汉后期，它已被引为道教的科仪之一。古医经《素问·三部九候论》有云："歃血而受，不敢妄泄。"本经卷九十四至九十五《阙题》(一)则谓："道不饮血，无语要文。"晋葛洪《抱朴子》之《明本篇》、《勤求篇》则承《太平经》，述之尤详。

【译文】

贤良的人具有美好的依托，邪恶的人具有凶险的归宿，死生取决于人自身，就要永远一门心思做善事。上天并不存在什么过错，是人自找丧命的恶果，仔细思索这要意，切莫随便去乱干胡来。上天赞许守持真道并大力去践行的人，所以他们就长生；世人不肯这样做，因而就败毁加死亡。牢牢记住我对你的告诫，真道传授给合适的人才容易推行开。古代的圣贤传授那真道，都要口蘸牲血立下盟誓。天道贵重又贵重，愚昧的人反而把它看得轻。

道乃万物之师也，得之者明，失之者迷。天地虽广大，不遗失毫厘，贤知自养，比与神俱语①。是乃阴阳之统②，天地之枢机也③。古者圣贤深知之，故以自表④，殊天道之要也⑤，内以治身，外以消灾。不当为之，乃与天地同忧⑥！

【注释】

①比：臻及之意。俱语：面对面交谈。本经乙部《调神灵法》云："故圣人能守道，清静之时，旦食诸神皆呼与语言，比若今人呼

客耳。”

②阴阳之统：指职在施生的天统和职在养长的地统。统，统系。

③枢机：喻指关键处和玄妙处。

④表：意谓用行动来证明。

⑤殊：突出、凸现之义。要：纲要。

⑥同忧：本经卷五十三《分别四治法》谓：“天地人民万物，本共治一事，善则俱乐，凶则俱苦，故同忧也。”

【译文】

真道是万物的师长，获取到它就明彻，丧失掉它就迷惑。天地尽管那样广大，可却遗漏不掉最细微的东西。贤能明智的人自己养护好自己，直至达到和神灵一起对语。这正是阴阳的统系，天地的关键处和玄妙处。古代的圣贤深深明了这一点，所以自己就用行动来证明，以便凸现那天道的纲要所在，在内部用来修养好自身，在外部用来消除掉灾殃。还不该照这样做，与那天地一同忧虑吗？

卷五十三　丁部之二

分别四治法第七十九

【题解】

据《敦煌目录》，本篇排列顺序应作“第八十”而非“第七十九”。其所谓“分别”，意为条分缕析，严加辨别。“四治”则谓取法天治和地治，抑或效仿人治和蚑行万物治。此系针对封建时代至关重要的君臣关系问题而发。篇中反复强调：君象天治，则应父事和师事群臣尤其是深明道德“密策、秘言圣文”的贤臣，如此便能“太平、老寿”；君象地治，则应友事群臣，如此尚可“中平”，稍长寿；君象人治，只会把群臣视为少小之辈，必定造成“小乱、寿减少”；君象蚑行万物治，势必要将群臣看做犬马草木，无疑招致“大乱”而且死无期数。既然乱生致使皇天引为大患，故遣“神真圣人”出示《太平经》这样的“神文”，代传天言。在本篇，宗教神权借助国之“安危”、人之寿夭来针砭皇权专制并直欲跃居皇权之上的企图，溢于言表。至于敦促朝廷鼓励吏民通上三道行书，也列示了“日以察阳，月以察阴，星以察中央”的法象依据。

真人纯稽首战栗[①]：“吾今欲有所复问，非道事也。见明师言事，无不解诀者[②]，故乃敢冒慚复前，有可问疑一事。”“何等？平行，吾即为子说矣。”“夫帝王之仕大臣[③]，皆当老，少子本非治世人也[④]。”

【注释】

①纯：学道真人的名字。稽首：古代以头着地的最重跪拜礼。

②解诀：疏通而得出定论。诀，通“决”。

③仕：委任。

④少子：年轻人。治世人：治理国家的人才。

【译文】

真人纯敬行跪拜大礼，恭顺得浑身在发抖，说道：“现下我又有打算询问的事情，可这并不是学道的人本应做出的举动。看到明师讲论事情，没有不疏通并做出定论的，所以才敢不顾羞惭，再向前来，询问一宗心里存有疑问的事情。”“到底是什么事情呢？慢慢讲来，我立刻就为你解说它。”“帝王委任大臣，都应选用年纪大的人，年轻人本来就不是治理国家的人才。”

“何为问此哉？”“吾见天气①，间者比连不调②，或过在仕臣失实，令使时气不调③，人君不明，灾害并行，道人亦伤④。今天地三光，尚为其病⑤，故无正明⑥，道士于何自逃，独得不伤？故吾虽得独蒙天私久存⑦，常不敢自保。初少以来⑧，事师问事⑨，无能悉解之者。今不冒惭重问于天师，解诀其要意，恐遂无复以得知之也。恩唯明师既加，不得已为弟子说其所不及。”

【注释】

①天气：犹言时气。

②间者：近来。比连：接连。

③时气：谓时令节气的流转变化。本经卷一百十五至一百十六《某诀》(《敦煌目录》作《音声儛曲吉凶》)云：“时气者，即天地之所响

(向),所兴为也。时气者,正天之时气也。"

④道人:有道之人,即身怀方术者。下文"道士",义与此同。本经卷一百十七《天咎四人辱道诫》称:"天上亦尊贵善道人,言其可与和风气,顺四时,承五行,调风雨,助日月星宿为光明也,而使万物兴也。"

⑤病:引以为忧之意。

⑥无正明:谓发生日蚀、月蚀、恒星不发光、流星飞布、彗星出现等现象。参见本经卷四十三《大小谏正法》、卷八十六《来善集三道文书诀》、卷九十二《三光蚀诀》所述。

⑦天私:意谓上天的独特恩惠。

⑧初少:刚刚懂事时。

⑨事师:拜师,从师。

【译文】

"你出自什么原因要问这种事情呢?""我看到近来时气接连不顺适,也许过失就出在委任大臣不符合实际,才导致时气不顺适,君主不英明,灾害一起发作,身怀道术的人也受到伤害。如今天地日月星还把这当成忧患,所以就没有正常的照耀状态,身怀道术的人能在哪里自我逃避而唯独受不到伤害呢?因而我虽然独自蒙受上天的恩惠长久生存,可却总也不敢自己担保最终到底会怎么样。从刚一懂事的时候起,我就拜随师长询问事情,但却没有能够做出详尽透彻地解说的。如今要是不冒羞惭重新来向天师询问,彻底弄清那要意,恐怕就再也没办法能够了解它们了。恩情既然已经全靠明师施加了,不得已请为弟子讲解他还闹不清楚的问题。"

"善哉!子之言也。今旦见子之言①,吾知太平之治已到矣。然,吾且悉言之,子随而详记之。夫治者,有四法:有天治,有地治,有人治,三气极然后跂行万物治也②。"

【注释】

①今旦：今朝。

②三气：谓由元气分化而成的天之太阳气、地之太阴气、人之中和气。

【译文】

“你这番话说得太好了！今朝看到你这番话，我就知道太平的大治景象已经来到了。好的，我马上完整地讲说这个问题，你跟在后面详尽地把它记下来。治理天下计有四种方法：有天治，有地治，有人治，天地人这三气达到极限以后，也就是蚑行万物治了。”

“愿闻其意。”“天治者，其臣老，君乃父事其臣①，师事其臣也②。”“夫臣乃卑，何故师、父事之乎哉？”“但其位者卑下，道德者尊重。师、父事之者，乃事其道德，当与其合策而平天下也③。地治者，友事其臣④，若与其同志同心也。地者阴顺，母子同列⑤，同苞同忧⑥，臣虽位卑，其德而和，和平其君之治⑦。

【注释】

①父事：意谓像对父亲那样对待。古传周武王即以太公吕望为师尚父。《诗经·大雅·大明》云：“维师尚父，时维鹰扬。”毛亨传：“尚父，可尚可父。”

②师事：意谓像对师长那样对待。《礼记·文王世子》谓：“师也者，教之以事而喻诸德者也。”“昔者周公摄政，践阼而治，抗世子法于伯禽，所以善成王也。”

③合策：共同筹划之意。

④友事：意谓像对朋友那样对待。古传周文王有四友，即南宫适、

散宜生、闳夭、太颠。《战国策·燕一》载:“(郭隗对燕昭王曰):帝者与师处,王者与友处,霸者与臣处,亡国与役处。”《太平御览》引《春秋后语》称:“楚庄王曰:吾闻诸侯择师,王者择友,霸者自足而群臣莫之若者亡。”《韩诗外传》卷五曰:“智可以砥行,可以为辅弼者,人友也。……故上主以师为佐,中主以友为佐。”马王堆汉墓帛书《黄帝四经·称》云:“帝者臣,名臣,其实师也;王者臣,名臣,其实友也;霸者臣,名臣也,实宾也;危者臣,名臣也,其实庸也;亡者臣,名臣也,其实虏也。”

⑤母子:指臣民。臣为母,民为子。参见本经卷四十八《三合相通诀》所述。

⑥同苞:共生之义。或疑苞当作“胞”。

⑦和平:使其和顺均平之意。

【译文】

“希望听一听这方面的具体涵义。”“所谓天治,是说手下大臣年纪高,君主就应该像对待父亲那样来对待手下的大臣,像对待师长那样来对待手下的大臣。”“大臣地位本来比君主低下,为什么要像对待师长、对待父亲那样来对待他们呢?”“他们只是地位低下,可他们怀有的道德却尊贵重要。像对待师长、对待父亲那样来对待他们,恰恰是尊奉那道德,时常与他们共同筹划而使天下太平。所谓地治,是说应像对待朋友那样来对待手下的大臣,表现出自己作为君主而与他们志向一致、用心相同。大地阴柔温顺,母亲和儿子站在一起,共同生存,一起忧虑。大臣虽然比君主地位低下,但他们的德行能够做到和顺,可以使自己君主的治理和顺均平。

“人治者,卑其用,臣少小小,象父生其子,子少未能为父作策也①,故其治小乱矣。跂行万物并治者,视其臣子若狗若草木②,不知复详择臣而仕之,但遇官壹仕③,名为象人无知也。""何故乎哉?""象人者,财象人形[4],苟中而已[5],不为君计也,故善争之也[6]。

【注释】

①作策:出谋划策之意。

②视其臣子若狗若草木:语本《老子·五章》:"天地不仁,以万物为刍狗;圣人不仁,以百姓为刍狗。"

③一仕:意谓一古脑儿悉予任用。

④财:通"才",仅仅。

⑤苟中:内心苟且偷荣之意。

⑥争:谓争权夺势,争名夺利。

【译文】

"所谓人治,是说君主看不起臣僚的作用,把臣僚都当成毛孩子,自己就像父亲把这群毛孩子生下来,可这群毛孩子却没能耐给父亲出谋划策,所以他那治理就逐渐混乱了。所谓蚑行万物并治,是说君主把臣僚统统看成是猪狗和草木,不懂得再去审慎地选拔臣僚,加以任用,而是只要遇到官职空缺,就不管是谁,全都一古脑儿来任用,这被称作看上去像个人似的,实际上却什么都不懂。""为什么这样来作称呼呢?""所谓像人,是说仅仅在外表上有副人胚子,内心只不过是苟且偷荣罢了,根本不去替君主做打算,所以在争权夺势上反而都很精明。

"象天治者,天下之臣,尽国君之师、父也,故父事之,人爱其子[1],何有危时?夫师、父皆能为其子解八方之患难,何有失时也?象地治者,天下之臣,皆国君之友也。夫同志合策,为交同忧患,欲共安其位。地者,顺而承上,悉承天志意,皆得天心,何有不安时乎?

【注释】

①人爱其子:意谓臣僚反过来像爱护儿子一样爱护国君。

【译文】

“效法天治的,天下臣僚就全都形同国君的师长和父亲,所以像对待父亲那样来对待臣僚,臣僚反过来也会像爱护儿子那样来爱护国君,这哪里还有什么危急的时候呢?师长和父亲都能够为自己的儿子解除八方的祸患危难,这哪里还有什么亡失的时候呢?效法地治的,天下臣僚就全都形同国君的朋友。同一志向,共同筹划,形成友谊,共同忧患,一起打算使自己国君的宝座坐安稳。大地顺从并承奉上天,而臣僚全都承奉上天的意愿,全都获取到天心,哪里还有什么不安稳的时候呢?

“象人治者,得中和之气[①],和者可进可退难知。象子少未能为父计也,欺其父也。臣少,未能为君深计,故欺其君也。少者生用日月少,人学又浅[②],未有可畏,故欺也。故其治小乱矣。象跂行万物治者,跂行者无礼义,万物者少知,无有道德。夫跂行万物之性,无有上下,取胜而已[③],故使乱败矣。

【注释】

①中和之气:由天之太阳气同地之太阴气交合而成者。

②人学:人所应该具备的学问。

③取胜:压倒或战败对方。此用动植物物竞天择来比喻臣僚争斗。

【译文】

“效法人治的,获取到中和气,而中和既可以进,又可以退,难以预料。这就如同毛孩子还不能替父亲出主意,想办法,可却反过来会欺骗自己的父亲。而臣僚被看成是毛孩子,也就不能替君主作长远打算,所以就欺骗自己的君主。由于毛孩子生下来还活的时间很短,学问又肤浅,觉得没有什么值得畏惧的东西,所以就敢欺骗。因而国家的治理也就逐渐混乱了。效法蚑行万物治的,则是一切动物原本就都没有礼义,任何植物原本就都没有知觉,它们压根就不具备道德。再加上动物和植物的习性,天生就没有上级和下级的区分,不是你战胜我,就是我战胜你而已,所以就造成国家混乱败亡了。

"象天治者,仁好生,不伤;象地治者,顺善而成小伤①;象人治者,相利多欲,数相贼伤②,相欺怠③;象蚑行万物而治者,终无成功,无有大小,取胜而已。观此之治,足以知天气上、下、中、极未失④。治欲乐第一者,宜象天;欲乐第二者,宜象地;欲乐第三者,宜象人;欲乐第四者,宜象万物。象天者独老寿,得天心;象地者小不寿,得地意;象人者,寿减少;象万物者死,无时无数也⑤。

【注释】

①小伤:指难以避免的伤害现象。如植物入秋必枯萎之类。

②贼伤:残伤,虐杀。

③欺怠:欺诈怠慢。

④极:指最末位。未失:准确无误之意。

⑤无时无数:没有固定的时日和期限。数谓期限,即天寿一百二十岁之类。

【译文】

"效法天治的,仁德又喜好化生,决不伤害什么;效法地治的,顺从又良善,但会构成不可避免的一些伤害;效法人治的,互相都想得到利益,欲望越来越会膨胀,彼此屡屡虐杀伤残又相互欺骗和怠慢;效法蚑行万物治的，永远也不会成功，无论大小，只是我战胜你、你战胜我罢了。考察这四种治理方法，就足以准确地了解到时气的上、下、中等和最末的那种状态了。所以治国乐意位居第一等的，就应当效法上天；乐意位居第二等的，就应当效法大地；乐意位居第三等的，就应当效法人类；乐意位居第四等的，就应当效法万物。而效法上天的，就会独自寿命长，获取到了天心；效法大地的，就会寿命稍微短一点儿，获取到了地意；效法人类的，就会寿命减少；效法万物的，那就只有死亡，而且不存在固定的时日和期限。

“象天者，三道通文[①]。天有三文，明为三明，谓日月列星也。日以察阳，月以察阴，星以察中央[②]，故当三道行书，而务取其聪明。书到为往者[③]，有主名而已[④]，勿问通者为谁。象地者，二道行书。象人者，一道行书，尚见苟留[⑤]。象跂行万物者，才设言[⑥]，复无文书也。”

【注释】

①三道通文：谓官吏、邑民、行人应诏献呈意见书。详见本经丙部《三合相通诀》、己部《来善集三道文书诀》所述。

②中央：指阴阳的交会处。

③往：批复之意。

④主名：指善恶当事人。

⑤苟留：谓拖延不处理。

⑥才设言：意谓仅仅做些口头上的敷衍。

【译文】

“效法上天的，就让官吏、邑民、来往行人分别向朝廷献呈意见书。因为天有三种文彩，光明由三处构成，这就是太阳、月亮和众星辰。太阳用来察照阳处，月亮用来察照阴处，众星辰用来察照阴阳的交会处，所以应从三条途径来让世人献呈意见书，务必要择取有助于君主了解和掌握天下动态的事情。意见书献呈上来以后要做出批复，只记下善恶当事人也就行了，不必再追查献呈者是谁。而效法大地的，也就只会从两条途径来让世人献呈意见书罢了。效法人治的，更只会从一条途径来让世人献呈意见书，还会拖延不处理呢。效法蚑行万物的，充其量仅仅做点儿口头上的号召而已，根本就不会再有什么意见书献上来。”

“今是者，天使如是邪？人自为之邪？”“时运也[1]。虽然，帝王治将太平，且与天使其好恶而乐，象天治；将中平者，象地治；将小乱者，法人治；将大乱而不理者，法蚑行万物治。”“此何故乎哉？今当以何救之？”“然，天将兴之，瑞应文琦书出，付与之，令使其大觉悟而授之。将衰者，天匿其文不见，又使其不好求之。”

【注释】

①时运：时势运会。

【译文】

“如今这四种治理方法和状况，是皇天叫它们这样的吗？还是世人自己造成的呢？”“这是由时运所决定的。尽管如此，帝王的治理将要太平，就会得到上天的赞许，让他喜好吉善而万分喜悦，效法那天治；将要既不太平也不混乱，就会效法那地治；将要稍略混乱，就会效法那人治；将要大乱而无法收拾，就会效法那蚑行万物治。”“这是为什么呢？如今应当凭借什么去救助它呢？”“好的，上天准备让他兴起，作为吉祥兆应来显示的宝文神书就问世，付归给他，让他彻底觉悟并向他传授。眼看着要衰亡的，上天就把那神文藏匿起来而不降示，又让他不喜欢去求取。”

“贤臣者，但得老而已邪？”“不也。老者，乃谓耆旧老于道德也[①]，象天独常守道而行，不失铢分也，故能安其帝王。老而无一知，亦不可仕也。”

【注释】

①耆(qí)旧：年高而久负声望的人。老：熟悉之意。

【译文】

“朝廷贤臣仅仅得到年纪大的人就行了吗？”“决不是这样。所谓老，是说年高望重的人对道德特熟悉，能够效法皇天，总是持守真道来行动，丝毫也不差，所以就能使帝王安定。年纪很大却什么也不懂得，同样不能让他担任官职。”

“其师、父事之云何？友之云何？子之云何？其万物之云何哉？”“父事之者，乃若子取教于严父也，乃若弟子受教于明师也，当得其心中密策秘言圣文，以平天下，以谢先祖宗庙[①]，以享食之。其德以报天重功，故能得天下之心，阴阳调和，灾害断绝也。其友事者，以忠信相与合策，深计善恶难易。其子事者，必若父有伏匿之事[②]，不敢以报其子；子有匿过[③]，不敢以报其父母，皆应相欺，以此为阶也[④]。其万物者，大乱无数[⑤]。夫物者，春夏则争生，秋冬则争死，不复相假须臾也[⑥]。”

【注释】

①谢：报答，酬谢。宗庙：古代帝王祭祀祖宗的处所，凡七庙，按辈分排列。

②伏匿：故意隐瞒。

③匿过：谓不可告人的勾当。

④阶：阶梯。喻指起因、起始。

⑤数：定律之意。

⑥假：借给。此处为容让之意。

【译文】

“像对待师长、对待父亲那样来对待臣僚，究竟应该怎么做呢？像对待朋友那样对待臣僚，又究竟应该怎么做呢？像对待毛孩子那样来对待臣僚，情况又是如何呢？像对待万物那样来对待臣僚，情况又是如何呢？”“像对待父亲那样来对待臣僚，就如同做儿子的从严父那里领受教诲，如同当弟子的从明师那里承受教导，应当获取到他们心中掌握的密策、秘言和圣文，来使天下太平，来向祖先宗庙做报告，祭祀并请他们享用祭品。君主的德业已经报答皇天佑助的重大功德了，因而就能获得到天下的人心，阴阳协和，灾害断绝。像对待朋友那样来对待臣僚，就是凭借臣僚的忠良、君主的诚信来彼此共同筹划，深深考虑好坏结果与难易程序。像对待毛孩子那样来对待臣僚，必定会像做父亲的有故意要隐瞒的事情，不敢把它告诉给儿子；做儿子的有不可告人的勾当，不敢把它告诉给父母，结果全都够上相互欺骗，由此成为往下恶劣发展的起点。像对待万物那样对待臣僚，就非常混乱，没有任何定律可言。因为万物在春季和夏季就都争着生长，到秋季和冬季就都争着死亡，不再给对方一丝一毫的容让。”

纯再拜：“所问多，过诚重，甚不宜，诚有过于师。吾又且不敢匿此文也，见而不行之，恐得过于皇天，吾今当于何置此书哉[①]？”“子既问之，子为力特行，逢能通者与之[②]，使其往付归有德之君。帝王象之，以是为治法，必且如神矣。得而不能深思用之，天亦不复过子也。”“唯唯。不敢逆师言。”“然，吾言亦不可大逆也。此乃天地欲平，而出至道③，使子远来具问此法。天使吾谈，传辞于子，吾亦不空言也。天不欲言而吾言，无故泄天之要道④，吾当坐之⑤。子得吾言，而往付归，亦无伤无疑。吾告子至诚，天乃更与帝王厚重，故戒之也。天之运也⑥，吉凶自有时，得而行之者，吉不疑也。”

【注释】

①置：处置。指传授对象方面的问题。

②通者：谓传递人。与：传示，授予。

③至道：最高真道，至高无上之道。

④要道：指近在胸心、散满四海的真道。详见本经卷六十八《戒六子诀》所述。

⑤坐：受惩罚。

⑥运：指时运际会。

【译文】

真人纯连拜两次又询问说：“弟子问事太多，罪过确属深重，特别不应该，真真对天师犯下了罪过。可我又决不敢藏匿起这篇经文，已经见到却不去传布它，恐怕会对皇天犯下大罪，我如今应当把这篇书文在哪里做出处置呢？”“你既然已经询问过了，你就要下大力量专门去传布它，遇到确能传递的人就授付给他，让他前去付归给具有道德的君主。帝王取法它，把它作为治国的大法，必定会像神灵那样灵验了。帝王得到它却不能深思来行用，上天也不会再怪罪真人你了。”“是是。弟子决不敢违逆天师的话语。”“好的，我的话语也决不可以严重违逆。因为这正是天地要人间太平，才出示最高的真道，驱使你从老远的地方来详细询问这大法。皇天让我做宣讲，把这文辞传授给你，我也不是毫无根据地来乱讲。皇天不打算宣讲而我却宣讲，无故泄露皇天的切要真道，我会受到惩罚的。你得到了我所讲论的东西，前去付归，也不会遭到伤害的，对此不必再疑虑了。我嘱告你，诚信到了极点，而皇天转而同帝王感情最深厚，所以才告诫你。皇天的时运际会，是吉是凶注定就有到来的那一天，获取到真道而去行用的人，肯定会吉庆。”

“谨问行者人姓字为何谁乎①？”“然，天之授万物，无有可私也，问而先好行之者，即其人也。大道至重，不可以私任，行之者吉，不行者疑矣②。”

【注释】

①行者人姓字：指具体行用的哪一位帝王。

②疑：意谓结果怎么样就很难断定了。

【译文】

“弟子恭谨地想问真能行用的帝王具体是哪一位呢？”“好的，皇天对万物赋予生命，并没有什么偏爱，访求而最先又喜好并行用的人，也就是那个最合适的人。大道贵重极了，不能依凭偏爱谁就把它授付给谁，行用它的人肯定特吉庆，拒不行用它的人，结果到底会怎样也就很难断定了。”

“谨更问天地何睹何见，时者欲一语言哉①？”“实有可睹见，不空言也。天以安平为欢②，无疾病③，以上平为喜④。故使人民皆静而无恶声，不战斗也，各居其所，则无病而说喜，则天言而不妄语也⑤。若今使阴阳逆斗，错乱相干⑥，更相贼伤，万物不得处其所，日月无善明，列星乱行⑦，则天有疾病，悒悒不解⑧，不传其言，则病不愈。故乱则谈，小乱小谈，大乱大谈。是故古今神真圣人为天使[⑨]，受天心，主当为天地谈语。天地立事以来，前后以是为常法，故圣人文，前后为天谈语，为天言事也。”

【注释】

①时：定期。语言：指向世人作出反应，表明态度。

②安平：平安。

③无疾病：意谓天对世人没有憎恶的情绪。

④上平：太平。

⑤妄语：意谓随便就垂示兆象，示警谴告。

⑥干：侵凌，凌犯。

⑦乱行：谓脱离固有的运行轨道或既定的天体位置。

⑧悒悒(yì)：忧闷不乐。

⑨为天使：意谓受皇天派遣。

【译文】

“弟子恭谨地想再问一下：天地察知到什么又看到了什么，偏要定期向世人表明态度呢？”“实际上真有察知和看到的东西，决不凭空就向世人表明态度。皇天把人间安定平和当成欢乐，就不会产生憎恶的情绪，又把天下太平当成喜悦。所以国家能让人民全都清静，没有凶恶的声音，不相互争斗，各居其所，皇天就对世人不感到可憎却感到高兴，而皇天发话也不是随便就垂示兆象示警谴告。至于像当今这样，竟使阴阳关系错乱，违逆战斗，彼此凌犯，递相虐杀伤残，万物没办法生存在各自的既定空间内，太阳和月亮没有明亮的照耀景象，众星辰偏离了运行的轨道或原定的天体位置，而皇天也就产生对世人的憎恨了，而且忧闷不乐，化解不掉，此刻再不传达它的话语，病痛就无法痊愈了。所以人间一乱，皇天就要发话，小乱就温和地发话，大乱就严厉地发话。因此古今神明纯真的圣人接受皇天的派遣，承顺皇天的心意，履行代替天地传达话语的职责。天地定立起人间的事体以来，前后都把这作为固定不变的准则，所以圣人的文辞，也都是前后代替皇天传达话语，专为皇天讲论事体。”

“言谈皆何等事也？”“在其所疾苦。文失之者为道质[①]，若质而不通达者为道文，疾其邪恶者为道正善也，使其觉悟。”

【注释】

①文：文彩。此处谓礼乐制度。道：讲说，言称。质：与文相对，即朴野，指返本归真。

【译文】

“代天传语都讲的是什么事体呢？”“在于皇天所引为病痛的东西。在文彩上产生了弊端的，就向他讲说质朴；如果归向质朴却行不通的，就向他讲说文彩；痛恨那邪恶行径的，就向他讲说正直和良善，使他觉悟。”

“今天地至尊自神[①]，神能明，位无上，何故不自除疾病，反传言于人乎？”“天地者，为万物父母，父母虽为善，其子作邪，居其中央，主为其恶逆，其政治上下逆之乱之，父母虽善，犹为恶家也。比若子恶乱其父，臣恶乱其君，弟子恶乱其师，妻恶乱其夫，如此则更相贼伤大乱，无以见其善也。天地人民万物，本共治一事，善则俱乐，凶则俱苦，故同忧也；向使不共事，不肯更迭相忧也。是故天地欲善而平者，必使神真圣人为其传言，出其神文，以相告语，比若帝王治欲乐善，则有善教，今此之谓也。子欲乐知天心，以报天功[②],以救灾气[③],吾书即是也。得之善思念之,夫天心可知矣。"

【注释】

①神:神奇,神妙。本经乙部《阙题》(二)谓:"故天地不语而长存,其治独神。"又卷九十八《为道败成戒》云:"是故天之为象法也,乃尊无上,反卑无下,大无外,反小无内,包养万二千物,善恶大小,皆利祐之,授以元气而生之,终之不害伤也。故能为天,最称神也,最名无上之君也。"

②天功:谓上天创生一切的功德。

③灾气:指天灾人祸并行的惨烈景象。

【译文】

"如今天地最为尊贵,自身又神妙,而神妙就能明彻,加上地位至高无上,为什么不亲自解除引为病痛的东西,反而让人代替自己传达话语呢?""天地是万物的父母,父母尽管做善事,可他们的儿子却干坏事,占据在中间,专门做出恶逆的行为,须知在家政治理方面,上下违逆败乱它,父母尽管良善,可还是一户坏人家。这就好比做儿子的很歹恶,搅乱他的父亲;做臣下的很歹恶,搅乱他的君主;做弟子的很歹恶,搅乱他的师长;做妻子的很歹恶,搅乱他的丈夫,这样下去,就递相虐杀伤残,乱成一团,没有哪个地方能看出良善来。天地人民万物,原本共同料理同一宗事,事吉善就全都感到欢乐,事凶险就一起觉得愁苦,所以才共同忧虑它;假设不共同治理同一宗事,就不肯轮番地彼此忧虑它。因而天地想叫人间变得吉善又太平,就必定让神明纯真的圣人替它们传达话语,出示那神文,来相互传告,这就好比帝王希望政治美好,就颁布美好的教令,如今所说的,也就正是这个意思。你高兴了解到天心,去报答皇天的功德,去消除那灾祸凶气,我那书文恰恰就是行动的指南。得到它要好好地精思专念,天心也就可以了解到了。"

“唯唯。不敢忽，愿师复重敕一两言。”“然。夫善恶各为其身，善者自利其身，恶者自害其躯。子既有畅善意[①]，乃忧天地疾病，王者不安，其功极已大矣。但详思之，子行善，极无双，勿复止伤之也[②]。使念善顺常若此。”“唯唯。不敢懈怠也，不敢懈怠。”

右忿别治所象安危法[③]。

【注释】

①畅善：使吉善宣播流布之意。

②复止：谓中途而废。

③右忿别治所象安危法：据标题，此九字中“忿”当作“分”。

【译文】

“是是，弟子决不敢忽略，希望天师再重新训示一两句话。”“好的。做善事或者干坏事，都是各自为了自身，做善事的人会自己使自己有利，干坏事的人会自己戕害自己的躯体。你既然怀有使良善宣播流布的心愿，竟能忧虑天地引为病痛的东西和帝王不安平的现状，功劳就已经大到极点了。只管仔细思索这个问题，你行善达到了无以伦比的地步，千万不要再停止下来，这样是会受到伤害的。要让专念良善和顺从常规永远都像现在这个样子。”“是是。不敢懈怠，不敢懈怠。”

以上为分别治所象安危法。

卷五十四　丁部之三

使能无争讼法第八十一

【题解】

本篇所谓“争讼”，系指吏民冤结、不禁仰面向皇天忿然做申辩和诉讼的社会常见现象而言。篇中认为，造成这种社会现象的根源，在于帝王任非其人，署非其职，反而强人所难，重责严惩。其结果，非仅上下相欺相残贼，而且灾变连起，祸乱迭生。为清除这“大害之根、危亡之路”，篇中提出三条对策：因人天性与特长，通过试用和试用中出现的“阴阳瑞应”来署职授事；鼓励天下通上三道行书，主记灾异，使君臣民“通气”；倚重道德之士而慎用刑罚。其间贯穿着“重生致寿”的思想和“承天顺地感神祇”的说教，也含有为道徒打开入仕之门的用意，且不乏对东汉统治者刻剥诛求民众的讥斥。至于篇中关于文字起源及其隐没重现的悬测，显然是替“天出券文”即《太平经》这等神书，寻找并列示历史上的神学依据。

“吾所问积多，见天师言事，快而无已，其问无足时，复谨乞一两言。”“平行。”“今吾愿欲得天地阴阳、人民跂行、万物凡事之心意，常使其喜善无已，日游而无职无事，其身各自正，不复转相愁苦，更相过责，岂可得闻乎哉？”“子今且言，何一绝快殊异[①]！可问者，何一好善无双也！然，若子所问，犹当顺事，各得其心，而因其材能所及，无敢反强其所不能为也。如是，即各得其所欲；各得其欲，则无有相愁苦者也，即各得其心意矣，可谓游而无职事矣[②]。

【注释】

①绝快：痛快淋漓之意。

②职事：职务，职业。

【译文】

“弟子我询问的事情加在一起太多了，看见天师讲论事情，感到痛快得无法抑制住，那询问也就随之没有满足的时候，因而再恭谨地乞求一两句话。”“慢慢讲来。”“如今我盼望获取到天地阴阳、普通百姓、动物植物和所有事情的心意，使它们永远喜好良善，没有止息的时候，每天光是游乐，无事可做，各自都修养好自身，不再转相愁苦，轮番责难怪罪，恐怕在这方面能够听到天师的指教吧？”“你刚才这番话，为什么竟是那样地酣畅淋漓呢！乐意询问的东西，又为什么竟是那样地喜好良善无人可比呢！好的，像你所询问的事情，答案还应当是随顺事情本身，分别切合他们的心愿，依据每个人的才能决定他该干什么，决不敢倒过来去强迫他必须做他本来做不到的事情。像这样来做处理，也就使他们各自实现了自己的愿望；而使他们各自实现了自己的愿望，也就没有转相愁苦的事情了，这就获取到他们的心意了，可以称得上整天游乐而无事可做了。

“天地之间，常悉使非其能[①]，强作其所不及[②]，而难其所不能[③]。时睹于其不能为，不能言，不怜而教之，反就责之，使其冤结[④]，多忿争讼[⑤]。民愁苦困穷，即仰而呼皇天，诚冤诚冤，气感动六方[⑥]，故致灾变纷纷，畜积非一，不可卒除[⑦]，为害甚甚，是即失天下之人心意矣。终反无成功，变怪不绝，太平之气何从得来哉？故不能致太平也，咎正在此。虽欲名之为常平⑧，而内乱何从而得清其治哉？子今问之，欲深知其审乎！

【注释】

①使非其能：意为驱使力不胜任的人去承担某项任务或工作。使，驱使，任使。

②强作：威逼完成。不及：指根本做不到的事情。

③所不能：包括缴纳沉重的赋税和担负繁重的徭役在内。

④冤结：谓冤气聚结，不得宣泄。

⑤多忿争讼：意谓不禁怒向皇天控告。

⑥六方：上下四方。

⑦卒：后多作“猝”，一下子，猛可地。

⑧常平：永远太平。

【译文】

“在天地之间，常常有人驱使力不胜任的人去承担某项任务，威逼他必须做好他原本就做不到的事情，还责怪他未能取得对他来说绝对取不到的效果。明明经常看到这些人做不了，说不出，可却不怜悯他们，不教导他们，反而偏让他们做，偏让他们说，并且怪罪他们，致使他们冤气聚结，大多怒向皇天做控诉。众百姓愁苦困顿，陷入绝境，就会仰面呼叫皇天，大喊实在冤枉啊实在冤枉，于是冤气感动上下四方，所以就招来各种各样的灾变，积聚起来多得很，没办法一下子去除掉，造成的危害特深重，这也就是失去了天下的人心了。局势一直在恶化，没有成功的希望，灾异持续不断绝，太平气会从哪里能降临呢？所以无法实现太平，过错正在这上面。尽管总想把国家说成永远太平，但内乱会从哪里清除掉，使那政治变清明呢？如今你询问这件事，打算深切了解它那端详吗?

“天地之性,万物各自有宜,当任其所长,所能为;所不能为者,而不可强也。万物虽俱受阴阳之气,比若鱼不能无水游于高山之上,及其有水,无有高下,皆能游往;大木不能无土生于江海之中。是以古者圣人明王之授事也①,五土各取其所宜②,乃其物得好且善而各畅茂,国家为其得富,令宗庙重味而食③,天下安平,无所疾苦,恶气休止,不行为害。

【注释】

①授事:谓安排事项,分派任务。

②五土:指东方青土、南方赤土、西方白土、北方黑土、中央黄土。各与五行相配属。又称五色土。

③重味:谓祭品丰盛。

【译文】

“天地的本性是,万物各自具有它本身能适应的方面,应当发挥它们的长处,叫它们做力所能及的事情;凡属根本做不到的事情,就不要强迫它们去做。万物虽然都禀受阴阳二气而充满活力,但像鱼儿,就无法做到没有水却能在高山上游动;等到有了水,无论高处还是低处,它都能游到那里;而高大的树木,也无法做到没有土却能在江河湖海中生长。所以古代的圣人和英明的帝王安排事项,对五方五色土分别取用适合植物生长的那类土质,于是每种植物得以各自生长良好又茂盛,国家由此而富足,致使宗庙祭品丰盛,只管让祖先来享用,天下也安定太平,没有让人感到痛苦的事情,恶气随之止息,不再造成凶害。

“如人不卜相其土地而种之①,则万物不得成,竟其天年[②]，皆怀冤结不解，因而夭终[③]，独上感动皇天。万物无可收得，则国家为其贫极，食不重味，宗庙饥渴，得天下愁苦，人民更相残贼，君臣更相欺诒[④]，外内殊辞，咎正始起于此。是者尚但万物不得其所，何况人哉！天下不能相治正，正由此也。此者，大害之根而危亡之路也，可不慎哉？可不深思虑之胸心乎？

【注释】

①卜相：占验察视。

②竟其天年：谓植物完成自身的生长过程。

③夭终：指植物因土质不良而半途萎缩枯死。

④欺诒(dài)：欺骗。

【译文】

"如果人们不占验察视土地怎么样就随手种下植物，万物就没办法成熟和完成各自的生长过程，全都怀有聚结的冤情，得不到申理，因而中途就萎缩枯死，偏偏要往上感动皇天。万物绝收，国家就由此贫困到极点，祭品只有一种，宗庙显得又渴又饿，致使天下愁苦，平民百姓递相残伤虐杀，君主和臣僚轮番彼此欺骗，在嘴上和心里说的都不一样，祸患正从这里萌生出来。这还仅仅是万物不得其所，更何况人呢！天下不能够递相整治和矫正，正是由于这个原因。这可真是大害的根源和危亡的道路，能不对它加小心吗？能不在胸中和心里对它进行深思吗？

"故古者大圣大贤将任人，必先试其所长，何所短，而后署其职事，因而任之；其人有过，因而责之，责问其所长，不过所短。是者不感天也[①]，反为习进此家学[②]，因而慎之，故能得天下之心也。令后世忽事[③]，不深思惟古圣人言，反署非其职，责所不能及，问所不能睹；盲者不睹日，瘖者不能言[④]，反各趣得其短，以为重过，因而罪之，不为欲乐相利祐，反为巧弄，上下迭相贼害，此是天下之大败也。

【注释】

①不感天：意谓不使皇天做出谴责性的感应来。

②家学：指由本家族世代相传的学业或专门技艺。如测天术、农艺园艺等。

③令后世忽事：此五字中“令”当作“今”。形近而讹。

④瘖(yīn)者：哑巴。

【译文】

“所以古代的大圣人和大贤人准备任用哪个人，必定要首先验核他的长处及短处，然后安排他的具体职务，依此途径来进行任用；他若出现过失，也依此途径来责问他，但只责问他确有能力应该办好的事情，并不怪罪他力不胜任的事情。这样做，就不会使皇天产生谴责性的感应，反而促使被任用的人熟习并提高自家的专长，更谨慎地履行职责，所以就能获取到天下的人心了。如今后来出生的人却轻率行事，不去深思如何按照古代圣人的论断去办，反而安排职务不恰当，责问他根本做不到的事情，追究他根本看不见的漏洞；盲人压根就瞧不见太阳，哑巴压根就说不出话来，反而分别催逼他们去做力不能及的事情，完不成就认为是重大的过失，因而惩办他们，不去倡行互利互助，反而倡行奸巧和玩弄手段，上下迭相虐杀伤害，这正是天下大毁败的做法。

“自古者诸侯太平之君，无有奇神道也[①]，皆因任心能所及[②]，故能致其太平之气，而无冤结民也。祸乱之将起，皆坐任非其能[③]，作非其事，职而重责之。其刑罚虽坐之而死[④]，犹不能理其职务也。灾变连起，不可禁止，因以为乱败。吉凶安危，正起于此。是以古者将为帝王选士，皆先问视，试其能，当与天地阴阳瑞应相应和不[5]。不能相应和者，皆为伪行。”

【注释】

①奇神道：奇异神妙之道。

②心能：心智与才能。

③坐：由于，因为。其与下文“坐之而死”之“坐”，字义迥别。

④坐：判罪。

⑤当与天地阴阳瑞应相应和不：《尚书·尧典》载，尧在禅位于舜之前，先命舜推行德教，又让舜进入山麓森林接受烈风雷雨的考验。此即这里所云“相应和”之一例。不，同“否”。

【译文】

“自古以来，诸侯太平国君并没有什么奇异神妙的道法，全都因为贯彻力所能及的任用原则，所以就招来太平气，没有冤情聚结的百姓。祸乱将要兴起，全都出自能力达不到，却偏要他去承当；事情办不到，却偏要他去完成。把这规定为职责所在必须做好，否则便重重惩罚他。然而刑罚尽管给他定下死罪，他也仍旧履行不了他那硬被扣在头上的职务。灾变接连降现，无法让它止息住，随后发展成大乱凶败。国家的吉凶安危，正从这里产生出来。所以古代在为帝王选任官员以前，全都首先进行询问察视，验核具体人选的实际才能，看他是否能与天地阴阳的吉祥兆应相应合。不能相应合的人，全都属于行为奸诈的人。”

“其相应和奈何？”“大人得大应[1]，小人得小应[2]。风雨为其时节[3]，万物为其好茂[4]，百姓为其无言[5]，鸟兽跂行为其安静[6]，是其效也。故治乐欲安国者，审其署置。夫天生万物，各有材能，又实各有所宜，犹龙升于天，鱼游于渊，此之谓也。

【注释】

①大人：圣人在位者。指以帝王为首的最高统治集团的核心成员。大应：罕见的吉祥兆应。

②小人：指一般官吏。小应：常见的吉祥兆应。

③时节：按时令节气而必至必降之意。汉代谶纬有八风三十六雨的说法。详见《春秋说题辞》所述。

④好茂：茁壮茂盛。

⑤无言：谓自然而然地从事一切日常活动。《老子·二章》云："圣人处无为之事，行不言之教。"

⑥安静：谓对人类不造成任何伤害。

【译文】

"那种相应合的情况又是怎样的呢？""身居高官显职的人，就该得到罕见的吉祥兆应；作为普通的官吏，就该得到一般的吉祥兆应。风雨为他们按照节气适时到来，万物为他们长得茁壮茂盛，百姓为他们自然而然地从事一切日常活动，鸟兽和一切用脚行走的动物为他们原地栖息，这才是那效验。所以施行治理乐意使国家安定的人，就要慎重地对待自己如何委任官吏的事情。皇天降生下万物，各自具有本身的材质和能力，实际上又各自具有自己所能适应的方面，这就好比龙会跃升到天空中，鱼儿能在深水中游动，讲的也正是这个意思。

"夫治者，从天地立以来，乃万端。天变易，亦其时异，要当承天地得其意，得其所欲为也。天者，以三光为书文记[①]，则一兴一衰，以风为人君[②]。地者，以山川阡陌为文理[③]，山者吐气[④]，水通经脉[⑤]，衰盛动移崩合，以风异为人臣[⑥]。人者，以音言语相传，书记文相推移。万物者，以衰盛而谈语，使人想而知之。

【注释】

①以三光为书文记：本经卷四十八《三合相通诀》谓："天法，凡事三并力同心，故天以三光为文，三光常相通共照，无复绝时也。"又卷六十五《王者赐下法》云："故三光为文，日最大明。"三光即日月星。

②以风为人君：意谓上天通过风的变化对人间帝王发布指示。按照阴阳五行和汉代谶纬的说法，立春则有条风到来，需要赦免轻罪犯人，释放牢狱囚徒；春分则有明庶风到来，需要厘订疆界，整治田畴；立夏则有清明风到来，需要拿出钱帛，聘问诸侯；夏至则有景风到来，需要封授有功德的人；立秋则有凉风到来，需要报谢土地之功，祭祀四方诸神；秋分则有阊阖风到来，需要申明象征性的示辱刑罚，整修仓库；立冬则有不周风到来，需要营筑宫室，修缮城郭；冬至则有广莫风到来，需要判决死罪，执行狱刑。统称之为顺八风行八政。详见《淮南子·天文训》、《易纬通卦验》、《白虎通义·八风》。三书所述八政，略有出入。

③阡陌：南北曰阡，东西曰陌。文理：文辞义理。

④山者吐气：《春秋元命苞》谓："山者，气之苞，所以含精藏云，故触石而出。"

⑤水通经脉：《河图括地象》称，昆仑山地下有八柱三千六百轴，互相牵制，而名山大川，则孔穴相通。

⑥以风异为人臣：意谓大风拔木等异常现象构成臣僚专权或图谋不轨的预兆。此类说法出自京房《易传》。详见《汉书·五行志》所述。

【译文】

"国家治理的方法从天地分立以来，达到上万种。皇天发生变动，那个时世也随之不同，总之应当承顺天地，获取到它们的心意，获取到它们乐意做的事情。皇天把日月星作为书文要记，一兴一衰，就通过风的变化来对人间帝王发布指令。大地把山川阡陌作为书文义理，山峦吐泻精气，河流疏通经脉，一衰一盛，或动或移，崩裂聚合，就通过风的异常表现来显示臣僚不轨行为的征兆。人类凭借声调和言语彼此传达思想与感情，通过书文要记来递相移动传续。万物依仗自身的长势好坏来表达自己要讲的话语，使世人产生联想并理解它。

"人者在阴阳之中央，为万物之师长①，所能作最众多，象神而有形②，变化前却③，主当疏记此变异④，为其主言。故一言不通，则有冤结；二言不通，辄有杜塞⑤；三言不通，转有隔绝；四言不通，和时不应⑥，其生物无常；五言不通，行气道战⑦；六言不通，六方恶生；七言不通，而破败；八言不通，而难处为数家⑧；九言不通，更相贼伤；十言不通，更相变革⑨。故当力通其言也。"

【注释】

①"人者"二句：此系宣示人在自然界中所占据的固有地位和应起的作用。阴阳：指天地。

②象神：人灵如神之意。

③前却：进退。

④疏记：分条记载。

⑤杜塞：阻塞。

⑥和时：指四季正常交替循环的状态。

⑦行气：五行之气。道战：谓违背五行生克关系而出现的异常现象。如木害金，火害水之类。参见《春秋繁露》卷十四《治乱五行篇》所述。

⑧难处为数家：意谓众百姓难以再按八方分布定居而各自依旧独立存在。

⑨变革：谓改朝换代。

【译文】

“世人生存在天地的中间，是万物的师长，所能办到的事情最繁多，灵敏如神而有形体，能够进退变化，应当负责逐项记录下天地阴阳的灾异现象，为自己的君主做禀报。所以一句话不沟通，就会出现聚结的冤情；两句话不沟通，就会产生阻塞的现象；三句话不沟通，反转来就形成隔绝的情况；四句话不沟通，四季的交替就不能准时地到来，致使万物的生长无法保持正常的状态；五句话不沟通，五行之气就在中途被打乱相生相克的固有次序；六句话不沟通，六方就险恶涌生；七句话不沟通，就残破毁败；八句话不沟通，众百姓就很难再按八方分布定居而各自依旧独立存在；九句话不沟通，就递相虐杀伤残；十句话不沟通，就轮番改朝换代了。所以应当下大力量使人们要说的话语能够反映上来。”

“古者无文[①]，以何通之?”“文乃当起[②]，但中止天地者[③]。几何起，几何止，但后世不睹之耳。中古三皇[④]，当无文而设言[⑤]，下古复有[⑥]。天地之气，一绝一起，独神人不知老所从来[⑦]，经历多故，知其分理内当有文[⑧]，后世实不睹，言其无有。”

【注释】

①文：指文字。

②起：发明，产生。

③中止天地：意为又被天地所隐没。

④中古三皇：指传说中的伏羲氏、神农氏、燧人氏时代。

⑤当：适逢。设言：以言施教。《孝经钩命决》称："三皇设言民不违。"又云："三皇无文。"本经卷四十八《三合相通诀》谓："中古皇无文，不三相通，以何能安之乎？""天运使其时人直质朴，其人皆怀道而信，又专一，但流言相通，人人各欲至诚信，思称天心，乃无一相欺者也。故君臣民三，并力同心相通，故能相治也。"

⑥下古：指以黄帝为首的五帝时代。古传仓颉造字，其为黄帝史官。

⑦神人：本经所拟设的神仙等级序列中一等正牌神仙的专称。

⑧分理：谓自身的职守。本经卷四十二《九天消先王灾法》谓："大神人职在理天。"

【译文】

"古代没有文字，当时依靠什么来上下沟通呢？""文字正该发明出来，只是产生以后又被天地所隐没了。究竟产生了多少次，又被隐没了多少回，只是后代人根本看不到罢了。中古三皇，恰恰赶上了文字被隐没的时候，只是靠传话来施行教化，到下古，文字又出现了。天地之气一绝一起，只有神人才不晓得年老是从什么时候来到的，历世长久，饱经风霜，所以在他们的自身职守内，知道文字，后代人实际上看不到，所以就声称他们那里并没有文字。"

"何故时有文，时无乎哉？""天气且弊，人且愚薄不寿，不能有可刻记①，故敕之以书文②，令可传往来，以知古事。无文且相辩讼③，不能相正，各自言是，故使有文书。此但时人愚，故为作书④，天为出券文耳⑤。"

【注释】

①刻记：谓结绳记事。

②敕之以书文：敕谓颁赐。书文犹言文字。

③辩讼：打官司。

④作书：创造文字之意。

⑤券文：意为如同契约般切合有效、足可为凭的天书神文。券，契据。道教有左契、右契之说，见《老子想尔注》所述。

【译文】

"为什么一个阶段有文字，一个阶段又没文字呢?""时气眼看着要凋敝，世人眼看着变得愚昧浅薄寿命短，不会再有什么事通过结绳的方式记下来，所以就把文字颁赐给世人，让他们能够把过去的事情传下来，以便了解古事。没有文字时还有人在打官司，但双方很难相互质正，只能各说各的理，所以就让世人有文字了。这只是因为当时的人们太愚昧，所以就给他们制定出文字来，皇天也由此为他们出示足可用作凭证的神文了。"

"见师言，已知之矣。愿闻今通气当云何?""但三道通行八方之书[1]，民吏白衣之言[2]，勿苟留。急者以时解之[3]，不急者随天地万物，须七月物终[4]，八月而莿视[5]，九月而更次[6]，十月而不归[7]。三年上书而尽信诚者，求其人而任之。此人乃国家之良臣，聪明善耳目，因以视聆[8]，不失四方候也[9]。帝王得之，曰安而明[10]，故当任之。"

【注释】

①三道通行八方之书：谓官吏、邑民、行人从全国各地应诏献呈意见书。

②白衣：指尚未做官的读书人。

③急者：指事关人命的重大举报事项。

④物终：意谓植物达到了成熟状态。

⑤蕑(jiān)视：此二字据《三通相合诀》当作“简视”。简视即阅视。阅视的内容，则为善恶之多少。

⑥更次：谓梳理完毕。

⑦不归：此二字据《三通相合诀》当作“下归”。下归即批转回去。以上程序，乃系根据三正即天正、地正、人正(周历、殷历、夏历)的交错推移来安排的。详见《三通相合诀》、卷一百十九《三者为一家阳火数五诀》所述。

⑧聆：听取。

⑨候：谓对情况作出准确的推测与判断。

⑩曰：当做“日”字，形近而讹。

【译文】

“看到天师的讲说，弟子已经明白是怎么一回事了。希望再听一听如今上下通气应当如何做?”“只管从三条途径让各地普遍向朝廷献呈意见书，对民众、官吏以及民间读书人的意见不要拖延不处理。对事关人命的重大举报要及时予以批复，一般的举报就随顺天地万物的定律，等到七月份万物基本成熟，八月份再进行阅视，九月份梳理完毕，十月份批转下去。在三年里连续上书而内容全都属实的，要找到这个人，给他官做。这种人正属于国家的良臣，是使帝王掌握天下情况的好帮手。对他的意见书加以观视听取，就能够对天下四方的动态做出准确的推测与判断了。帝王得到这种人，就会一天比一天安定又贤明，所以应当任用他们。”

“其任之云何乎?”“必各问其能所及，使各自疏记所能为，所能分解①，所能长②，因其天性而任之，所治无失者也。

故得天下之欢心，其治日兴，太平无有刑，无穷物[3]，无冤民，天地中和，尽得相通也，故能致寿上皇[4]。

【注释】

①分解：区辨化解。

②长：统领。

③穷物：灭绝的东西。

④上皇：天之神子曰上皇。参见本经卷九十六《守一入室知神戒》所述。

【译文】

"任用他们又该怎样做呢？""一定要询问他们的才干所能胜任的职务，让他们各自分项写出所能做的事情，所能区辨化解的问题，所能统领的东西，按照他们的天性来加以任用，这样就不会在履行职责中出现差错了。所以帝王由此也就获取到了天下的欢心，他那治理一天比一天兴盛，太太平平，没有动用刑罚的时候，没有灭绝的事物，没有遭受冤屈的百姓，天地人间无处不融通，因而能把寿命延长到皇天神子那样的地步。

"所以寿多者，无刑不伤，多伤者乃还伤人身[1]。故上古者圣贤[2]，不肯好为刑也；中古半用刑[3]，故寿半；下古多用刑[4]，故寿独少也。刑者，其恶乃干天[5]，逆阴阳，畜积为恶气，还伤人。故上古圣贤不重用之者，乃惜其身也。中古人半愚，轻小用刑，故半贼其半。下古大愚，则自忽用刑[6]，以为常法，故多不得寿，咎在此。

【注释】

①还伤人身：本经宣扬一种观点：杀伤人等于自杀伤。详见丙部

《分别贫富法》所述。

②上古：指天皇、地皇、人皇所谓三皇时代。

③中古：指以黄帝为首的五帝时代。

④下古：指夏商周以下的历史时期。本篇述文字之有无存没，乃称“中古三皇”，亦涉及“下古”，实与此处具体所指，存在出入。

⑤干：触犯，凌犯。

⑥自忽用刑：意谓把用刑看得很随便。即任意用刑。

【译文】

“寿命长久的原因，在于没有刑罚，不加伤害，伤害多的话，反过来恰恰是使自身受伤害。因而上古时代的圣贤，从心里不喜好施用刑罚；中古在一半的情况下施用刑罚，所以那时的帝王就享有一半年寿；下古在多数情况下都施用刑罚，所以这时的君主就偏偏享寿很短。刑罚这玩意儿，它那狠毒劲儿正触犯到皇天，违逆阴阳，积聚起来就形成恶气，反过来就伤害那用刑的人。所以上古圣贤不看重也不动用它，正是为了爱惜自己的躯体。中古人变得愚昧劲儿在头脑中占到了一半的程度，开始轻微地施用刑罚，所以有一半人就遭到了天杀。下古人变得满脑子都是愚昧，就自我轻视，随意大动刑罚，还把它作为常用准则来奉行，所以大多数人就尽享不了天年，过错正出在这上面。

“读此书者，宜反复之，重之慎之，死生重事，不可妄也。夫子贤明者，为父计；臣贤明者，为君深计。子不贤，不肯为父深计；臣不贤明，不肯为君计。是少年者①，即是其人身邪；其人邂逅吉凶者②，流后生③。此格法也④。

【注释】

①少年者：短命的人。

②邂逅：突然遇上。

③流后生：殃及后代之意。

④格法：成法，常法。

【译文】

“研读我这篇书文的人，应当翻来覆去地观看，保持慎重的态度，死生是头等大事，决不可以胡来。当儿子的很贤明，就会为父亲多作打算；做臣僚的很贤明，就会为君主深深作考虑。当儿子的不贤明，就不肯为父亲深深作考虑；做臣僚的不贤明，就不肯为君主多作打算。这表明，凡是短命的人，他自身无疑就邪恶；突然遇上凶殃的人，必定会殃及子孙后代。这是固定不变的法则。

“是故上古圣帝王将任臣者，谨选其有道有德、不好杀害伤者，非为民计也，乃自为身深计也。故得天地心意，举措如与神俱[①]，此之谓审举得其人、而得人力之君也。如此乃感神祇[②]，乃后天上真神爱之，因而独寿也。好用刑，乃与阴气并[③]。阴者杀，故不得大寿。天之命[④]，略可睹可知矣，天地人所疾恶同耳。”

右得天地人民万物欢心、国兴家安、天下无争讼者。

【注释】

①举措：安排，任用。语本《论语·为政》。

②神祇：神谓天神，祇谓地神。本经癸部《还神邪自消法》云：“太阳，天气，故称神。形者，太阴，主祇，包养万物，故精、神藏于腹中，故地神称祇。”又卷一百十一《善仁人自贵年在寿曹诀》称：“主知人鬼者，有道之家其去者，得封为鬼之尊者，名为地灵祇，亦得带紫艾青黄。”

③并：处在同列之意。

④天之命：意谓皇天让人活多久。

【译文】

“所以上古圣明的帝王在任命臣僚以前，都谨慎地选取那些有道有德，不喜好诛杀、戕害、残伤的人，这并不是在为百姓作考虑，而是在为自身深深地作打算。所以获取到天地的心意，任用官吏就如同和神灵在一起共做决定，这才称得上是慎重对待任用大事而获取到合适人选并得到他们帮助的君主。像这样就能感动天神地祇，然后天上真神爱护他，因而独自一人寿命长。喜好施用刑罚，正与阴气处在同列。阴性的东西喜好诛杀，所以也就获取不到长寿。皇天让人活多久，大致可以从中看出来并了解到了，因为天地和人类所痛恨的对象完全相同。”

以上为得天地人民万物欢心、国兴家安、天下无争讼者。

卷五十五　丁部之四

力行博学诀第八十二

【题解】

本篇所谓“力行博学”，意谓大力践行，广泛学习，实则特指精读熟记《太平经》，深思全书至要意旨，全力以赴地坚持传布道法而言。篇中言之凿凿地做出承诺说，只要这样做，做起来像皇天运转而不止，如百川流聚成江海，就能长寿永生。而对“疑道”行径，则斥之为“自穷”之路。

“今大命可知与未乎[①]？”“虽然可知矣，见明师比言，大迷惑已解，唯加不得已，愿复丁宁之[②]。”“然，吾道可睹意矣。得书读之，常苦其不熟，熟者自悉知之；不善思其至意[③]，不精读之，虽得吾书，亦无益也。得而不力行，与不得何异也？见食不食，与无五谷何异[④]？见浆不饮，渴犹不可救。此者，非能愁他人也，还自害，可不详哉！故圣人力思，君子力学，昼夜不息也，犹乐欲象天转运而不止，百川流聚乃成江海。

【注释】

①大命：谓长寿永生。

②丁宁：即叮咛。

③至意：最高的真道意旨。

④五谷：五种谷物。通常指麻、黍、稷(高粱)、麦、豆。在多数情况下则被用作谷物或常见食物的通称。

【译文】

"迄今对怎样才能长寿闹明白还是没闹明白呢?""尽管已经闹明白了，然而看到明师接连的教诲，大迷惑已经得到化解，只是求知的欲望有增无减，希望明师再对弟子多加嘱告。""好的，看来我那真道可以让人觉察出意旨所在了。得见道书阅读它，常常是最怕对它不精熟；精熟了，自然就会全部掌握它；不认真仔细地思索它那最高的意旨，不精读它，尽管得到了我那道书，也没有什么益处。得到它却不大力去践行，与没得到又有什么两样呢？看到食物却不吃它，这与没有五谷杂粮又有什么不同呢？看到米浆却不喝它，仍然没办法缓解口中的干渴啊。诸如此类的举动，并不会使别人感到愁苦，反过来恰恰是害了自己，对此能不审慎处置吗？所以圣人就只管去极力精思，君子就只管去极力学习，昼夜而不止息，并且乐意像皇天运转那样永不停止，像各条河流奔流汇聚那样形成江海。

"子慎吾言，记吾已重诫，子其眷眷心[①]，可睹矣。为善与众贤共之，慎无专其市[②]。夫市少人，所求不得。故人不博学，所睹不明，故令使见其真道，不得其要意。不信道，则疑不笃乎[③]？各在此[④]，人之所以自穷者也。故当深惟思其意，以令自救辅也。"

右对寿命指[⑤]。

【注释】

①卷卷心:指学道传道的至诚心意。

②慎无:切莫。专其市:独此一家买卖。喻专擅真道,秘不传授。市,贸易市场。

③笃:特重之意。

④各在此:此三字中"各"当作"咎"。咎,祸患。

⑤对:回答,对答。指:通"旨",主旨,意旨。

【译文】

"你要谨慎对待我的话,牢牢记住我已经提过的特别重要的诫语,你那至诚的学道心意也就能够让人看出来了。做善事要与众贤人共同去做,切莫把传布真道控制在自己一个人的手里。须知集贸市场上人很少,所要买卖的东西就得不到。所以人不博学,所能察看出来的东西就不明彻,因而即使让他看到了真道,也领悟不出那其中切要的意旨。不信从真道,他那疑虑不就太重了吗?祸患正出在这上面,而这也是人们自行陷入绝境的缘由。所以应当只管深深思索求取那要意,以便能自己去救助自己。"

以上为对寿命指。

知盛衰还年寿法第八十三

【题解】

本篇所谓“知”，意为预测、先知。“盛衰”，兼指世人寿禄和国运政局两方面而言。“还年寿”，乃是对“真道神书”所独具的至高效应的集中概括。以此为支点，篇中宣明：真道神书包容着“天昌延命”的“期数”，既殊难强求，又因人而出，并且深远神妙，绝对不可违抗，也无法禁止和闭藏。要想得其“祐助”，必须极力加以践行。践行之后，则大人足以平国，中士可为良臣，小人亦能脱身。通篇借“寿证”，意在使全社会特别是帝王成为《太平经》的信奉者。为此又亮出了上天垂象论和人命三品说。

天之授事①，各有法律②。命有可属③，道有可为出，或先或后，其渐豫见④。比若万物始萌于子⑤，生于卯⑥，垂枝于午⑦。成于酉⑧，终于亥⑨。虽事豫见，未可得保也。事各有可为，至光景先见⑩，其事未对⑪，豫开其路。天之垂象也⑫，常居前，未常随其后也。

【注释】

①授事:意谓授付人间诸事体。

②法律:常规定律之意。

③命:指人命三品。详见下文所言。

④渐:指迹象。语本《周易·渐卦》。豫见:即预现。见,“现”的古字,显现,降现。

⑤子:十二地支第一位。此处代表坎卦所居的正北方位和冬至所在的十一月。

⑥卯:十二地支第四位。此处代表震卦所居的正东方位和春分所在的二月。

⑦午:十二地支第七位。此处代表离卦所居的正南方位和夏至所在的五月。

⑧酉:十二地支第十位。此处代表兑卦所居的正西方位和秋分所在的八月。

⑨亥:十二地支最末位。此处代表乾卦所居的西北方位和立冬所在的十月。

⑩光景:犹言征兆、兆象。

⑪对:对应,兑现。

⑫垂象:垂示征象。

【译文】

上天对世人授付人间所面临并亟需解决的诸多事体,分别具有常规定律。其中寿命各有乐意归属的等级,真道在确有值得做的时候才降示,有时早一些,有时晚一些,但它那征兆都会预先显现出来。这就如同万物在北方和冬至所在的十一月开始萌生,在东方和春分所在的二月冒出地面,在南方和夏至所在的五月长满枝叶,在西方和秋分所在的八月成熟,在西北和立冬所在的十月枯萎。尽管如此,事情已经预先显现出征兆来了,可还不能就确保那个样。事情原本各有自身值得做的地方，以至于预先显现出征兆来，但事情本身尚未兑现，所谓征兆也只是预先开示一下途径罢了。上天垂示兆象，永远走在前面，未尝到事情结束之后才显现。

得其人而开通[①]，得见祐助者是也；不开不通，行之无成功，即非其人也。以是为明证，道审而言，万不失一也。但是其人，明为其开，非其人则闭。审得其人，则可以除疾，灾异自消，夷狄自降[②]，不须兵革，皆自消亡。

【注释】

①开通：谓对真道心开意通。

②夷狄：古代对边疆少数民族的蔑称。自降：主动归降。

【译文】

得遇某个人，而他对真道一下子就心开意通，确被真道所保佑救助，这个人就属于和真道有缘的人；对真道心不开，意不通，行用起来没有成效，这个人就不是学道的材料。把这作为明显的证据，专就真道来准确地做判断，就不会出现任何差错。只要确属那合适的人选，真道就豁亮地为他敞开；不是合适的人选，真道就闭藏不显现。确实获取到了合适的人选，就能够去除掉疾病，灾异自动消亡，边区部族也自动归服，不借助武力，都会自动消亡。

万物之生，各有可为设张[①]，得其人自行，非其人自藏。凡事不得其人，不可强行；非其有，不可强取；非其土地，不可强种，种之不生，言种不良，内不得其处，安能久长？六极八方[②]，各有所宜，其物皆见，事事不同。若金行在西[③]，木行在东[④]，各得其处则昌，失其处则消亡。故万物著于土地乃生[⑤]，不能著于天；日月星历反著于天，乃能生光明。夫道如此矣，故有其人，星在天，时有明；堕地反无光[⑥]，即非其处也，故乱常。道有可为出，不妄行，是其人则明，非其人则不可行。夫道，乃深远不可测商矣[⑦]，失之者败，得之者昌。

【注释】

①设张：设布张列。

②六极：上下四方。

③金行：五行之一，以五方配五行，西方属金。

④木行：五行之一，以五方配五行，东方属木。

⑤著(zhuó)：依附，附着。

⑥堕地反无光：此谓陨石之类。

⑦测商：测知。

【译文】

万物的降生，各自确有值得做的地方才设布张列，获取到那合适的人选，自动就兴盛；不是那合适的人选，自动就藏伏。任何事情获取不到那合适的人选，就无法硬行去干；东西不归他所有，就无法硬行夺取；不是那适宜的土地，就无法硬行耕种，耕种了也长不出来，这是说种下去不适宜，内部没找到恰当的处所，怎么能够长久呢？六极八方各自具有适合万物的条件，但各个地方的物品全都显现出来，事事又不一样。比如金行位居西方，木行位居东方，各在各的方位上就吉昌，离开了原来的方位就消亡。所以万物附着在土地上才能生长，决不会附着在天上；反过来太阳、月亮和星辰只有附着在天上，才能放射出光辉。真道也就像这个样子罢了，所以有那合适的人选，星辰在天上就时常闪光，坠落到地上反而就无光了，也就是不在它原来的位置上了，因而就搅乱了常规定律。真道在确有值得做的时候才降示，不会随便兴行，确属那合适的人选，它就大放光明；不是那合适的人选，它就无法兴行。真道正深远得无法测知，失去它的人就败亡，得到它的人就吉昌。

欲自知盛衰，观道可著[①]，神灵可兴也，内有寿证候之[②]，以此万不失一也，此乃神书也。还年之期，其道至重，何可不思？故传之仁贤明，试使行之以自命[③]。是其人，应当并出[④]，贤知并来，神书并至，奇方自出[⑤]，皆令欢喜，即其人也，以此为效。不如此言，或但先见，非可得行也，当遗后来。道不妄出也，实有可之，但问其人，令使自思。道之可归，亦不可禁，亦不可使，听其可之，观其成功，道不可空。虽然，夫才不如力，力不如为而不息也。夫天下之事，皆以试败[⑥]，天地神灵皆试人，故人亦象天道而相试也。得见善者，其命已善矣；其见恶者，命已疑矣[⑦]。自古到今，不至诚动天[⑧]，名为强求，或亦遂得之。强求不得，真非其有也，安可强取？其事以不和良[⑨]，乖忤错乱[⑩]。

【注释】

①著：降临之意。

②寿证：长寿还年的证象。

③自命：意谓自身延寿。

④应：指吉祥的兆应。

⑤奇方：如本经丙部所列《草木方》、《生物方》之类。

⑥败：意谓真相毕露。

⑦疑：不固定之意。

⑧至诚：指极其真挚诚恳的心意和行动。本经卷九十六《忍辱象天地至诚与神相应大戒》云："夫至诚者名为至诚，乃言其上视天而行，象天道可为；俯视地而行，象地德而移。念天地使父母生长

我,不欲乐我为恶也,还孝之于心乃行。”

⑨和良:平和纯良。

⑩乖忤:抵触,违逆。

【译文】

要想自行了解盛衰,观察真道确能降临,神灵可以兴用,内心就会有那长寿还年的证象让人做出占验来。凭借这一点就不会出现任何差错,这正是神书。使人恢复到年轻时的状态,有关这方面的真道极为贵重,哪里能够不对此思索求取呢?所以就要传授给仁德、贤良、明智的人,让他们试加行用来延长自身的寿命。的确是那合适的人选,吉祥兆应就同时显现,贤能明智的人就一起到来,神书就一并降示,奇方就自动出现,让世人都感到欢喜,把这作为验核的标准,就证明他是那合适的人选。如果不像上面所讲的那样,就表明真道也只是偶或显示一下预兆,并非叫他真去施用,而是要留给后人。真道绝对不随便降示,实际上存在着认可的对象,只看那个人怎么样,让他自行去精思。真道乐意归付给谁,既阻止不了,又指使不了,只能让它乐意付归给谁就付归给谁,但真道又观看他所成就的功业,决不允许毫无效应。尽管如此,天赋相当高却比不上大力去践行,大力去践行却比不上永久坚持不懈。天下的事情,都通过验核而真相毕露,天地和神灵全都对人进行验核,所以世人也效法天道而彼此验核。被天地看好的人,他那性命就已经长久了;被天地憎恶的人,他那性命就已经不确定了。从古到今,不至诚感动皇天,这被称作强求,有人即便侥幸得到了,也会得而复失。强求是强求不来的,事实上并不归他所有,怎么可以硬行索取呢?这种事情因为不平和,不纯良,已经陷入违逆错乱了。

人命有三品[①],归道于野,付能用者;不能用者,付于京师,投于都市,慎无闭绝,后世无子。传书圣贤及与道士[②],无主无名,付能用者。道自有可之,不可各人,可附言语[③],

犹若大木归山，水流归海，不可禁止也。天性使然，顺之者昌，逆之者败亡。神书欲出，亦不可闭藏，得其人必自扬，不得其人暗聋盲[4]，身则不悦，目中无光。精读此策文，乐也夫央[5]。天昌延命之期数[6]，皆在此中也。

【注释】

①三品：三个等级。指上寿一百二十岁，中寿八十岁，下寿六十岁，分别应合太阳气、太阴气、中和气所定之命。详参本经乙部《解承负诀》、癸部《盛身却灾法》所述。又辛部经文复称头等寿命一百三十岁，二等寿命一百二十岁，三等寿命一百岁；己部《经文部数所应诀》后附遗文又云天寿一百二十岁，地寿一百岁，人寿八十岁，霸寿六十岁，仵寿五十岁，则与此处“三品”说出入甚大。

②道士：指身怀方术的人。

③附言语：指神灵予以秘密嘱告。参见本经卷一百十一《有心人思慕与大神相见诀》、《有心之人积行补真诀》所述。

④不得其人暗聋盲：此就当代帝王而言，含有威吓成分在内。

⑤乐也夫央：意为其乐广大。也夫，语气词连用，无实义。央，大。

⑥期数：指气运定数。汉代《春秋佐助期》称，君臣和，得道协度（符合法度），则日月大放光明，上下俱昌，延年益寿。

【译文】

人的寿命存在着三个等级，把真道留归在山野，授付给确能行用的人；山野没有确能行用的人，就传付到京师，投置在京师的热闹市场上，切莫擅自扣押住它，那会让人断子绝孙。把书文传授给圣贤以及身怀道术的人，这并没有什么具体的个人，只是授付给确能行用的人。真道自身就有乐意付归的对象，但也不落实到各个人的头上，一经选定谁，就有神灵进行秘密嘱告。这就如同高大的树木必定生长在山上，河水都流入大海，根本没办法禁止住。皇天的本性让真道这个样，顺从它的人就吉昌,违逆它的人就败亡。神书自动要降示,也无法把它封锁和藏匿起来。获取到合适的人选,它必定会自行播扬;不是那合适的人选,他就昏暗得跟聋子、瞎子一个样,身体还会不舒适,眼睛里更无光。精读这篇经文,就会天下大乐。皇天让他兴盛和延长寿命的气运定数,全都在这里面。

太平之气,皆已见焉;民慈爱谨良[①],皆以出焉;贤圣明者,皆已悦焉;殊方奇文,皆已付焉;勉行无懈,以自辅焉;明王圣主,皆以昌焉;夷狄却除,皆以去焉;万民幸甚,皆以无言,天寿已行[②],不复自冤,老以命去[③],少者遂全。书传万世无绝,子孙相传,日以相教,名为真文万世无易[④],令人吉焉。道以毕就[⑤],便成自然,有禄自到[⑥],无敢辞焉。大人得之以平国,中士得之为良臣,小人得之以脱身[⑦]。

右通道意是非之策文[⑧]。

【注释】

①谨良:谨顺良善。

②天寿:即上文所说的人命三品。

③老以命去:尽享天年得善终之意。

④易:改变。

⑤毕就:意谓全部修炼成功。

⑥禄:指命中注定的福禄。

⑦脱身:谓免于祸灾。

⑧道意:真道的奥义妙旨。

【译文】

天下太平的盛气,已经全都降现了;老百姓慈祥仁爱又谨顺良善,已经全都表现出来了；贤人圣人和明智的人，已经全都喜悦了；奇异的神文仙方，已经全都付归了；勉力行用不懈怠，拿来自我做救助了；英明的帝王和神圣的君主，已经全都昌盛了；边区部族退走清除，已经全都离去了；万民幸运到极点，已经全都默默劳作了，皇天赐予的寿命已经尽享到头，不再自己感到冤枉了，老年人个个得善终，年轻人个个得保全。我这书文流传万世不断绝，各家各户的子孙代代相传，天天拿它来相互教诲，这被称作真文万世无改变，使人吉庆。真道已经全部修炼成功，也就构成自然而然的境地了，命里注定的福禄自动就会降临，没必要做辞让。帝王和大臣得到它，用来使国家变太平；中等人士得到它，让自己成为贤良的臣僚；普通百姓得到它，用来躲避开灾殃。

以上为通道意是非之策文。

卷五十六至六十四　丁部五至十三

阙题一

【题解】

本经卷五十六至六十四，原有丁部经文十五篇，已全部缺失。《合校》本据《太平经钞》配补区定，统标《阙题》。本篇所存文字，其内容与《敦煌目录》卷五十六所列《与神约束诀》、卷五十七《历术分别吉凶诀》，大致对应。篇中以短命和长寿为悬照物，借助想象中的“上古之人”敬神求生的举措，一来极力宣扬天庭与神灵对世人命运的主宰作用和行为善恶的监察职能，要求世人完全拜倒在天威与神威之下，做“要道”的虔诚奉行者；二来通过历法论述“木火相荣”的养生之道和“阴阳相薄”的自然定律，强调“寂静”成道，标举“有德”乃可奏收计时器为之一改常规的奇效，并将重生延命的思想注入历法的“候算”之中。古代天文学如何被早期道教为我所用，于此可见端倪。

应天理、上下和合、天灾除、奸伪断绝谶本文①。上古之人，皆心开、目明、耳洞②，预知未然之事。深念未然，感动无情③，卓然自异，未有不成之施④。所言所道，莫不笃达⑤，不失皇虚之心⑥。思慕无极之智、无极之言⑦，知人寿命进退长短，各有分部⑧，常以阴阳合，得消息上下⑨，中取其要⑩，与众神有约束[11],但各不得犯天地大忌,所奉所得,当合天意。

【注释】

①"应天理"句:本句十七字颇似对全篇内容主旨所作的概括说明,当置篇末。天理,皇天的治理。谶(chèn)本文,指绝对灵验的预言式的经典原始文字。诡为隐语、预决吉凶谓之谶。

②耳洞:意为听得深透。

③无情:指日月星辰及山川万物等。

④施:谓其所赢得的上天恩赐。

⑤笃达:至诚明达。

⑥皇虚:指至高神天君。天君积气而无形,故称其为皇虚。本经壬部第二十四条经文称:"天君者,则委气,故名天君,尊无上。"

⑦无极:指长生得成神仙,上见无极之天,下见无极之地,傍行见无极之境。详参本经卷一百十四《某诀》(《音声儛曲吉凶》)所述。

⑧分部:指上天在人生前为之注定的生死簿和虔诚修道获得的不同天报。

⑨消息:细加揣摩之意。阳退阴进曰消,阴退阳进曰息。上下:谓阳升阴降,阳降阴升。

⑩中:指阴阳交合变动的协调状态。要:大要,关键。

⑪众神:指人体内外诸神灵。

【译文】

应天理、上下和合、天灾除、奸伪断绝谶本文。上古时代的人们全都想得明白,看得清楚,听得深透,预先就了解将来的事情。深深考虑将来,感召引动日月星辰和万物,自身表现得十分突出,也就没有得不到的上天恩赐。平常所讲论的一切,无不至诚明达,不背离最高天神天君的心意。思慕那长生成仙的明智举动和神灵为此嘱告的秘密话语,深知世人寿命的增减与长短各有既定的归属,常常通过阴阳交合变动的情况，去仔细揣摩阳升阴降、阴升阳降的结果，择取到二者形成协调状态的关键所在，与本人身体内外众神灵定有约束彼此行为的条款，只是各自不准触犯天地的大忌，所奉行的东西及其所产生的结果，都应当符合皇天的心意。

文书相白[①]，上至天君，天君得书，见其自约束分明，乃后出文，使勿自怨，中直自进[②]，不白自闻[③]，声音洞彻，上下法则[④]，各不失期[⑤]。恐有不及[⑥]，未曾有不自责，时常恐有非，见督录[⑦]，神相白，未曾懈，有过见退用[⑧]。故重复语敕，反复辞文，宜不违所言。是天之当所奉承，神祇所仰，皆如法，常不敢息。恐有不达，所受非一[⑨]，皆当开心意，恐违期。神有尊卑，上下相事[⑩]，不如所言，辄见疏记[⑪]。忧心恻恻[⑫]，常如饥渴欲食。天君开言，知乃出教，使得相主，文书非一，当得其意，后各有信[⑬]。

【注释】

①文书：指众神记录世人善恶的举报书和世人奏请天庭除厄的祈告辞。前者即下文所谓“督录”、“疏记”，后者则称“上章”。本经卷一百十一列有《大圣上章诀》专篇。白：禀告。

②中(zhòng)直：谓符合要求，确能名列神仙簿籍。

③不白自闻：谓天君预知一切。

④法则：遵照执行之意。

⑤期：指约定的条款。

⑥不及：谓与条款尚有差距。

⑦见督录：意为被众神记录在案。

⑧有过见退用：即被取消神灵的资格与身份。

⑨所受：指所接受的教令。

⑩事：谓统领与隶属。

⑪疏记：分条记录过恶之意。

⑫恻恻：形容惨痛的样子。

⑬信：指天报。以上两段文字，当属《与神约束诀》的内容。

【译文】

神灵和世人把文书分别向天庭奏报，往上转到了天君手中，天君得到文书，看到他们自相约束得十分明晰，于是随后把文书批复下去，让他们不要最终自己感到怨恨，谁能符合要求登仙成神，自然就会登仙成神。即使不禀告，天君也自行预知一切，所下命令洞彻内外，从上到下全都遵照执行，各自不背离约定的条款。世人唯恐和条款还存在着差距，未曾有过不自我督责的时候，时时刻刻担心出现过错，被神灵记录在案，而神灵分头向天庭做禀报，未曾有过懈怠的时候，出现差错就被取消神灵的身份。所以重复告诫训饬，再三强调辞文，应当不违背所讲的一切一切。这是皇天认为应当奉行承用的事情，也是神灵所仰赖的东西，全都按这规定去做，时刻也不敢止息。唯恐出现领悟不深的地方，所接受的教令又并非一条，都要动脑子弄清它，唯恐违背约定的条款。神灵具有尊卑等级，上下递相统领和隶属，不按这些话去做，就被逐条记录下来。忧心万分惨痛，时时刻刻就像饥渴要得到饮食那样。天君于是发话，既能全弄清楚，那就出示教令，让神灵和世人彼此奉守，文书并不仅仅是一种，应当悟出其中的意旨，最后分别会得到天庭的回报。

上古之人，失得来事①，表里上下，观望四方四维之外②，见其纪纲③。岁月相推，神通更始④，何有极时？星数之度⑤，各有其理⑥，未曾有移动，事辄相乘⑦，无有复疑，皆知吉凶所起，故置历纪⑧。

【注释】

①失得来事：谓对未来之事思忖得失。

②四维：又称四隅。指东北方、东南方、西南方、西北方。《淮南子·天文训》依次称之为报德之维、常羊之维、背阳之维、蹄通之维。

③纪纲：丝缕头绪曰纪，网上总绳曰纲。喻指事物的统领部分。此处谓阴阳之位的划分和四季的区定。本经有天地八界说，详见卷六十九《天谶支干相配法》所述。

④神通：谓神灵随时令节气与人交结。更始：周而复始之意。

⑤星数之度：指星辰在天空中恰与人间相对应的固定分布位置。

⑥各有其理：谓对世人分别进行监视察看。

⑦乘：发挥作用之意。

⑧历纪：指历法纲要。

【译文】

上古时代的人们对未来的事情能思忖得失，由表面到里层，从上边到下边，观察到四方四隅以外，看出那纲纪所在来。岁月递相推移，神灵周而复始随同节气时令与人交结，哪里有到尽头的时候呢？星辰在空中分布开来，各有各的监察对象，从未出现过变动，有事就递相发挥作用，没有什么再值得怀疑的，全都由此明了吉凶的来源，所以就设置历法的纲要。

三百六十日，大小推算[①]，持之不满分数[②]，是小月矣[③]。春夏秋冬，各有分理[④]，漏刻上下[⑤]，水有迟快[⑥]，参分新故[⑦]，各令可知，不失分铢。各置其月，二十四气前后[⑧]，箭各七八[⑨]；气有长日[⑩]，亦复七八，以用出入。祠天神地祇[⑪]，使百官承漏刻期[⑫]，宜不失；脱之为不应，坐罪非一[⑬]。故使昼夜有分，随日长短，百刻为期，不得有差。

【注释】

①大小：指大尽法和小尽法。

②分数：指一个朔望月的长度为 $29\frac{43}{81}$ 日。

③小月：朔望月的长度变化于二十九和三十日之间，若按三十天计算，即为大月；按二十九天计算，即为小月。二者交替采用，便可避免朔的时刻即新月逐月推迟或逐月提前的错乱现象，保证朔必发生在每月初一。

④分理：指划定的范围界限。

⑤漏刻：古代最重要的计时器之一。漏指漏壶，利用其滴水多寡来计量时间。刻指刻箭，即在漏壶中插入一根标竿，称之为箭，箭上刻有一条条横划，表示日以下的时间单位。箭底部托有箭舟，浮于水面。水流出或流入壶中时，箭下沉或上升，借以指示时刻。

⑥水有迟快：谓出水流速频率随同壶中水的多少而发生变化。水多则流速快，水少则流速慢。

⑦参分新故：参，通“三”。三分，指一日百刻，昼夜各长多少刻又有规定。即以太阳的出没为标准，冬至日昼漏四十刻，夜漏六十刻；夏至日昼漏六十刻，夜漏四十刻；春分、秋分则昼夜漏均为五十刻。此句亦可解作：将二十四节气的每一节气，分为三候。如立春，初候为东风解冻，次候为蛰虫始振，末候为鱼上冰。古代历法，五日谓之候，三候谓之气，六气谓之时，四时谓之岁。这样一年便有四时，二十四气，七十二候，三百六十日。新故：指物候变化。

⑧二十四气：即二十四节气。前后：谓将每一节气划分为前后两

段。如此，则凡四十八气，一气平均为七天半。

⑨箭各七八：《周易乾凿度》注云："太史司漏刻者，每气两箭。"每气谓二十四节气中的一个节气，则凡四十八箭，而每箭即为七天或八天。七八，指具体天数而言。

⑩长日：从冬至到夏至，昼渐长，称长日。

⑪祠：祭祀之意。

⑫承漏刻期：如汉制举行五郊迎气之礼，均规定自夜漏未尽五刻开始。

⑬坐罪：获罪。指受到神灵的惩罚。

【译文】

一年三百六十天，按大尽法和小尽法作推算，推算起来不够一个朔望月的长度，就把它定为小月了。春夏秋冬各有划定的范围界限，漏壶刻箭上下浮动，水多就流速快，水少就流速慢，按物候变化对一日百刻昼夜各分多少刻都做出规定，分别让每个人都了解掌握住，不差分毫。分别设定具体月份，二十四节气又每一节气划成前后两段，每段一箭，一箭就是七天或八天；在节气中存在着白天时间长的日子，也定为七天或八天，以便人们活动。祭祀天神地祇，责成百官遵守漏刻的规定时间，应当十分准时；不准时就属于不应合神灵，受到神灵的惩罚也就不止一样。所以要使白天和黑夜具有明确的区分，随着白天所占时间的长短，把百刻作为标准，决不允许出现误差。

有德之国，日为长，水为迟，一寸十分[①]，应法数[②]。今国多不用，日月小短，一刻八九[③]，故使老人岁月，当弱反壮[④]，其年自薄，何复持长时？如使国多臣[⑤]，枢机衡舒迟[⑥]，后生蒙福，小得视息[⑦]，不直有恶[⑧]，复见伐矣[⑨]。

【注释】

①一寸十分：指一寸划成十个刻度。

②法数：谓上天既定的数目。

③一刻八九：此乃特就改百刻为一百二十刻而发。此制始于西汉哀帝建平二年(前5年)，仅实行两个月。新莽再度使用，不久亦废止。

④当弱反壮：意谓年龄本应低反而却平白增高了。即未真正获享长寿之福。

⑤臣：指道德之臣。

⑥枢机衡：指北斗七星。其中第一星至第四星，分别名为天枢、天璇、天玑、天权，合称璇玑。第五星至第七星，分别名为玉衡、开阳、摇光，合称玉衡。舒迟：谓运转速度平缓放慢。本经卷一百十二《有过死谪作河梁诫》谓："无德之国，天不救护，机衡急疾，日月催促少明。有德之国，机衡为迟，日月有光。"

⑦视息：视谓视觉，息谓呼吸。即生命尚存之意。

⑧直：身当之意。

⑨见伐：被杀伐。星占家把北斗第四星又称作伐星，第五星又称作杀星，认为伐星掌天理，伐无道；杀星掌中央，助四旁，杀有罪。

【译文】

具有道德的国家，白天为它变得时间长，漏刻的滴水速度为它变得缓慢，一寸划成十个刻度，这才符合上天既定的数目。如今国家大多却不采用，硬把每天和每个月变短了，一刻才到原来的八、九成，所以致使老人的年龄本来应该低反倒凭空增高了。竟把年龄自己给自己硬往高里算，还能靠什么真享长寿了呢？如果真让国家拥有很多身怀道德的臣僚，北斗星的运转速度就会平缓放慢，后来出生的人蒙受到吉福，便能稍略多活一些时日，自身不陷入邪恶中去。陷入邪恶的话，就又遭到北斗星的诛杀了。

惟天地之明，为在南方，巳午同家[①]，离为正目[②]，当明堂之事[③]。日照明，以南向北，阳气进退，亦不失常[④]，阴阳相薄[⑤]，以至子乡[⑥]，寒温相直[⑦]，照彻自然，甚可喜。

【注释】

①巳午同家：巳午为地支第六位与第七位，分别代表东南方与正南方。巳之本义，乃谓四月阳气毕布，万物已经定型，形成文彩。午之本义，乃谓五月阴气冒出地面而与阳气相忤逆，万物则垂枝布叶。巳为偶位，属阴支；午为奇位，属阳支；二者配五行，均为火行，故曰“同家”。

②离：八卦之一。位居南方，象征日，代表火行。正目：谓离卦居于四正卦的统领地位。四正指东南西北四个正位，其中震卦位于东，离卦位于南，兑卦位于西，坎卦位于北。依次配春夏秋冬，各主春分、夏至、秋分、冬至。

③明堂：天帝布政之宫。指东方七宿中的心宿。《太平经》编著者播扬当时盛行的汉为火德说，认为心宿为火为王者，犹若日出于东而位在南方。详参卷六十九《天谶支干相配法》所述。

④常：指阳气从六月至十月逐渐衰退，入藏地下，重新凝结。详参本经卷四十四《案书明刑德法》所述。

⑤薄：通“搏”，搏斗。

⑥子乡：子为地支第一位，子乡则为其所代表的正北方和十一月冬至，乃系坎卦所居之位。此时阴极生阳，阳气在地下开始滋生。

⑦直：相对之意。指阴生于午（夏至），阳生于子（冬至），子午相对，构成冬夏寒暑的分界线。

【译文】

天地最光明的位所，处在南方，巳位和午位都属于火行，而离卦又是八卦中四正卦的统领者，担负着天界明堂发号施令的职事。太阳照耀天下，由南向北，阳气的进退也不失去常规定律，阴阳彼此搏斗，一直到达子位所代表的开始再度循环的起点上。子位和午位恰相对应，构成冬夏寒暑的分界线，照彻自然，让人感到特别喜悦。

生养之道①，少阳太阳②，木火相荣③，各得其愿，是复何争？表里相承，无有失名④，上及皇耀⑤，下至无声⑥，寂静自然，万物华荣，了然可知，不施自成⑦，天之所仰，当受其名⑧。

【注释】

①生养：化生与养长。

②少阳：不甚旺盛的阳气，散布在春季和东方。太阳：最旺盛的阳气，散布在夏季和南方。

③木火：指木行与火行。相荣：木为东方，主生；火为南方，主养。木生火，火倚木，故曰“相荣”。荣，荣盛。

④失名：指违逆生养之道的罪名。

⑤皇耀：指日月星辰。

⑥无声：指水土山石。

⑦施：指上天的防禁教戒。成：谓成道长生。

⑧当受其名：意为名列真仙簿籍。

【译文】

化生与养长的真道在于少阳气和太阳气、木行和火行递相使万物荣盛，各自得到本身所渴望的结果，这还要去争夺什么呢？从外表到骨子里递相顺承，没有违逆生养之道的罪名，往上直到日月星辰，往下直到水土山石，虚寂清静，归复自然，万物繁荣昌盛，这是非常明白地可以想象到的。皇天不施布有关防禁的教戒，他自行就成道长生，这正是皇天所仰赖的，一定会把他的姓名登列在神仙簿籍上。

机衡所指，生死有期。司命奉籍簿数通[①]，书不相应[②]，召所求神[③]，簿问相实[④]，乃上天君。天君有主领所白之神[⑤]，不离左右。其内外见敬，亦不敢私承[⑥]，所上所下[⑦]，各不失时。太阴司官[⑧]，不敢懈止。

【注释】

①司命：指命曹，即天庭所设置的掌管世人生死的机构。籍簿：据本经庚部八至九经文所述，有所谓世人未生预著其岁月日时的长寿之籍、善人之籍、死籍，众神记录世人善恶功过的簿册等。数通：好几道。指正副本。

②书不相应：指神灵上报的举告文书存在不符之处，即少记、多记之类。

③所求神：指对世人负有监保之责的神灵。详参本经卷一百十一《善仁人自贵年在寿曹诀》所述。

④簿问：意谓对照善恶簿册做勘验。

⑤主领所白之神：指天庭大神。属特级神仙，为至高神天君的辅佐，如同人间宰相或帝王的太子。本经丙部《九天消先王灾法》谓："其无形委气之神人，职在理元气。"又壬部第十六条经文称："上皇神人之尊者，自名委气之公，一名大神，常在天君左侧，主为理明堂文之书，使可分别。曲领大职。"佚文又有云："大神比如国家忠臣，治辅公位，名为大神。"

⑥私承：意为按私意做处置。

⑦所上：指让善人升天供职。所下：指让恶人入土受审。

⑧太阴司官：指天庭所设置的司法机构和供职其中的神灵。本经卷一百十二《七十二色死尸诫》和《有过死谪作河梁诫》谓，太阴法曹，掌理罪状，按轻重减人寿命，直至收取形骸，考问魂神。

【译文】

北斗星所指向的空间方位，标志着世人生死具有固定的期限。司命神掌管着好几道善恶文书和生死簿籍，如果神灵举报的情况和天庭预先就掌握的情况对不上号，就要把负责举报的神灵宣召上来，对照簿册文书进行验核，得出结果，上报给天君处置。天君手下有专门对所禀报的情况负责处置的大神，不离天君左右。大神在内外都受到尊敬，但也不敢按私意做出处置，让谁升天成神，叫谁入土受审，各自都不错过半点儿期限。阴曹地府的供职官员，都不敢懈怠休息。

正营门阁①，恐自言事，辄相承为善，为要道，牒其姓名②，得教则行③，不失铢分。上古之时，有智虑，无所不照，无所不见，受神明之道，昭然可知，亦自有法度，不失其常。

【注释】

①正(zhēng)营：即怔营。惶恐不安的样子。门阁：门指天门，阁指天君存贮内簿包括仙籍神策在内的金室。详参本经卷一百一十《大功益年书出岁月戒》所述。

②牒：通报之意。

③教：指天君和大神的教令。

【译文】

在天门、金室前惶恐不安地追求登仙成神，唯恐自我表白犯忌讳，就递相承顺做善事，守行切要的真道，被神灵将姓名通报上去，领受到教令就执行，不差分毫。在上古时期，世人具有明智的选择，没有什么不明察的，也没有什么看不到的，承受神验的真道，非常明晰地能了解和掌握住它，也自行具有法度，不偏离那常规定律。

从太初已来[①],历有长短[②],甚深要妙[③]。从古至今,出历之要[④],在所止所成[⑤]。辄以心思候算[⑥],下所成所作,无不就并数[⑦],相应绳墨[⑧]。计岁积[⑨],日月大分为计[⑩]。

【注释】

①太初:元气始萌,谓之太初。亦即天地未分前的混沌状态。言其气广大,乃为万物之本始,故名。

②历:历法。太初无历法,此系虚构。

③要(yāo)妙:精深微妙。

④要:纲要。迄于东汉,世行历法主要为古六历(黄帝历、颛顼历、夏历、殷历、周历、鲁历),西汉太初历,三统历,东汉四分历。

⑤所止:指日月运行所抵达的位置。所成:指四季所形成的次序。

⑥候算:占测推算。

⑦就:切合之意。并数:指连带合并之数。本经卷九十三《国不可胜数诀》谓:"岁月数独十二,尚五岁再闰在其中也。"此应天地并数,故十二月反并为一岁,尚从闰其中。

⑧绳墨:木工画直线用的工具。以喻应验度丝毫不差。

⑨计岁积:谓推算上元积年。上元为制定历法的理想总起点,积年是从上元起算、积到某时的年数。在东汉,上元积年由带有神秘性的高位数字构成。

⑩日月大分为计:谓求定上元的标准。即某年有十一月甲子那天,不仅恰好是夜半朔旦冬至,而且日月五星在同一个运行位置上,呈现出"合璧连珠"的吉利天象。大分,指行度,即运行位置。以上八段文字,当属《历数分别吉凶诀》的内容。

【译文】

从太初以来,历法有对每天每月的长短规定,特别地精深微妙。从古代到当今,颁行历法的纲要在于日月运行的位置度数和四季的形成次序。于是就动用心思占测推算,颁布一年四季十二个月和每个月应当从事的各项活动,无不切合天地的并合之数,同它保持一致,丝毫都不差。推算上元积年,把日月五星在同一个运行位置上作为依据。

阙题二

【说明】

本篇经文和原题已佚,《合校》本据《太平经钞》予以配补。《敦煌目录》卷五十七,列有《禁酒法》篇题,与本篇内容相符。篇中列举天下纵酒的六大危害,归结为"水令火行",有伤"阳化",又据土克水这条五行相克的原理,提出"笞杖谪"亦即肉刑与使役刑并用兼施的禁断对策,从而为全社会奉行"大道"开辟坦途。

今天地且大乐岁①,帝王当安坐而无忧,民人但游而无事少职②。五谷不复为前③,无有价直④。天下兴作善酒以相饮⑤,市道尤极⑥,名为水令火行⑦,为伤于阳化⑧。

【注释】

①大乐岁:盛明安乐的太平年景。

②少职:谓很少被征集调发。

③五谷不复为前:意谓只有丰收,没有荒歉。

④无有价直:谓粮价极贱。直:价格。

⑤善酒:美酒。

⑥市道:指集市和路旁等热闹场所。

⑦水令火行：水指五行中的水行。本经卷六十九《天谶支干相配法》谓，酒乃水之甘良者和浆饮最善者，气属太阴，为水之王。火指火行，代表太阳之气（最旺盛的阳气），象征君主。行，犹言跟着转。东汉盛行汉为火德说，而按五行相克的关系，则水克火，故而此处把纵酒名为“水令火行”。

⑧阳化：谓帝王以道化民。

【译文】

如今天地要降给人间盛明安乐的太平年景，帝王正该安稳坐定而没有忧虑，民众只应游乐而无事可做，很少被征集调用。只有丰收，没有荒歉，粮价贱极了。可目前整个天下都在酿造美酒来彼此猛喝，在集市和路旁等热闹场所更达到了无以复加的地步，这被特称为水行让火行跟着它转。对帝王用真道教化百姓极有危害。

凡人一饮酒令醉，狂脉便作①，买卖失职，更相斗死，或伤贼；或早到市，反宜乃归②；或为奸人所得，或缘高坠③，或为车马所克贼④。推酒之害万端，不可胜记。

【注释】

①狂脉：谓神经兴奋，血管膨胀。作：发作。即撒酒疯。《灵枢·论勇》云：“酒者，水谷之精，熟谷之液也。其气慓悍，其入于胃中则胃胀，气上逆，满于胸中，肝浮胆横。当是之时，固比于勇士，气衰则悔与勇士同类，不知避之，名曰酒悖也。”

②反宜：违反常规。指夜深或数日才回家。

③或缘高坠：谓跌死。缘，从。

④或为车马所克贼：谓出车祸而被撞死或轧伤。

【译文】

世人只要一喝酒，喝醉后就会大耍酒疯，买卖失去本分，轮番斗殴致死，或者伤残虐杀；有的从早晨来到集市，夜深或隔好几天才回家；有的被奸恶的人所算计，有的从高处掉下去跌死，有的被车辆马匹撞死或轧伤。推究酒水的危害，简直太多了，连记述都记述不过来。

念四海之内，有几何市？一月之间，消五谷数亿万斗斛[①]，又无故杀伤人，日日有之。或孤独因以绝嗣，或结怨父母置害[②]，或流灾子孙。县官长吏[③]，不得推理[④]，叩胸呼天，感动皇灵[⑤]，使阴阳四时五行之气乖错，复旱上皇太平之君之治[⑥]，令太和气逆行。盖无故发民令作酒[⑦]，损废五谷，复致如此之祸患。

【注释】

①斛(hú)：容量单位。十斗为一斛。

②置害：被设圈套谋害之意。

③县官：汉称天子为县官。此处泛指各级官府。

④推理：审讯判罪之意。

⑤皇灵：即皇天。皇天有灵，故称。

⑥旱：使其油煎火燎之意。上皇：最盛明。

⑦发：诱导之意。

【译文】

想那四海以内该有多少处集市？一个月里会耗掉五谷杂粮数亿斗、数万斛，又无故杀人伤人，天天在发生。有的是独生子而由此绝户，有的与父母结下仇怨而设置圈套加以谋害，有的给子孙留下灾殃。各地官员审判不过来，众百姓捶击胸口呼天喊冤，结果感召引动皇天，使阴阳四时五行气违逆错乱，又使盛明太平的君主治理油煎火燎，导致太和气倒转回去。无缘无故就诱导百姓让他们酿酒，不单单耗费粮食，还会招来这样严重的祸患。

但使有德之君，有教敕明令，谓吏民言，从今已往[①]，敢有市无故饮一斗者，笞三十[②]，谪三日[③]；饮二斗者，笞六十，谪六日；饮三斗者，笞九十，谪九日。各随其酒斛为谪，酒家亦然，皆使修城郭道路官舍[④]。所以谪修城郭道路官舍，为大土功也。土乃胜水[⑤]，以厌固绝灭[⑥]，令水不过度伤阳也。水，太阴也[⑦]，民也，反使兴王[⑧]，伤损阳精[⑨]，为害深矣。修道路，取兴大道，以类相占，渐置太平。

【注释】

①从今已往：自今而后。

②笞：肉刑之一。即打板子。三十：此缘自然基数同天地人各相组配而为言。本经卷九十一《拘校三古文法》云："夫数者，起于一，十而终。""[笞十者，以谢于天]；笞十者，以谢于地；笞十者，以谢于帝王。天地人各十，合这为三十也。"下文所谓"六十"、"九十"，则随倍数而增。

③谪：使役刑之一。即发配服苦役。

④城郭：内城曰城，外城曰郭。

⑤土乃胜水：此据五行相克为说。

⑥厌固：意为压服禁遏住天然受制之物。厌，通"压"。

⑦太阴：最旺盛的阴气。

⑧王：旺。指占统治地位。此系汉代五行休王说的专用术语。

⑨阳精：火行之精。本经辛部第十五节经文称："夫阳精为神，属天，属赤。"

【译文】

只该请那具有道德的君主，颁布正式的教化诏令，对官吏和众百姓讲明：从今以后，胆敢有在集市上无故饮酒一斗的人，责打三十大板，并服苦役三天；饮酒两斗的人，责打六十大板，并服苦役六天；饮酒三斗的人，责打九十大板，并服苦役九天。分别依据每个人饮酒达到的数量进行惩罚，卖酒的人也照此处置，全让他们去修筑城墙、道路和官署房屋。之所以发配他们去修筑城墙、道路和官署房屋，目的是增大土行的功效。土行正克制住水行，正去禁遏住天然的受制物，使它灭绝，致使水行不能过度地损害阳火。水行代表最旺盛的阴气，象征着普通老百姓，反而让它们兴盛，占据统治地位，就会损害伤残火行的精灵，造成的危害简直太深了。修筑道路，还象征着兴用守行大道，按类属去彼此占验，逐渐步入太平的局面。

《要修科仪戒律钞》卷十四《饮酒缘》引《太平经》云①：真人问曰："天下作酒以相饮，市道元据②。凡人饮酒洽醉③，狂咏便作，或即斗死，或则相伤贼害，或缘此奸淫，或缘兹高堕，被酒之害，不可胜记。念四海之内，有几何市，一日之间，消五谷数亿万斗斛，复缘此致害，连及县官，或使子孙呼嗟，上感动皇天，祸乱阴阳，使四时五行之气乖反。如何故作狂药④，以相饮食，可断之以否？"

【注释】

①云：自此以下三段文字，乃系《合校》本附存的以资参考的他书所引经文。

②元据：意谓占满人。

③洽：指酒兴甚浓。

④狂药：对酒的贬称。

【译文】

《要修科仪戒律钞》卷十四《饮酒缘》征引《太平经》说：真人发问说："天下酿酒来彼此对着猛喝，集市和路旁热闹的地方简直占满了人。人们只要喝得酒兴特浓直至大醉，就狂喊乱叫，有的就立即斗殴而死，有的就相互残伤虐杀，有的由此而奸淫，有的由此而摔死，酒给人们造成的危害，简直记述不过来。想那四海以内该有多少处集市，一天里竟耗掉粮食数亿斗、数万斛，还由此招来灾殃，给官府增添许多麻烦，有的让人子孙呼天喊冤，往上感召引动皇天，给阴阳带来祸乱，致使四时五行气违逆错乱。为什么要特意制作这种让人发狂的破药，来彼此对着猛喝，对它能否禁断呢？"

神人曰："善哉！饮食，人命也[①]。吾言或有可从，或不可从。但使有德之君教敕，言从今以往，敢有无故饮酒一斗者，笞二十[②]，二斗杖六十[③]，三斗杖九十，一斛杖三百。以此为数，广令天下，使贤人君子，知法畏辱，必不敢为其中。愚人有犯即罚，作酒之家亦同饮者。"

【注释】

①人命：意为世人性命的来源。

②笞二十：此三字中"二"当作"三"。

③杖：肉刑之一。即杖击。

【译文】

神人回答说："你这问题提得太好了！吃的和喝的东西，这是世人性命的来源。我的主张有的认为对而听从，有的认为不对也得听从。只管请具有道德的君主发布教化的命令，讲明从今以后，胆敢有无故饮酒达到一斗的人,责打三十大板;达到两斗的人,杖击六十下;达到三斗的人,杖击九十下;达到十斗的人,杖击三百下。把这作为惩罚的尺度,广泛传令天下,使贤人君子知道法律惩处,害怕出丑,必定不敢在喝酒圈里跟着喝。普通老百姓有违犯规定的,立即就予以惩罚,酿酒的人家也和饮酒的人同样处置。”

真人曰:“或千里之客,或家有老弱,或祠祀神灵①,如何?”神人曰:“若千里君子,知国有禁,小小无犯,不得聚集;家有老疾,药酒可通。”

【注释】

①祠祀:祭祀。

【译文】

真人又询问说:“有的是远方客人来到了,有的是家中有老弱病人,有的是要祭祀神灵,这又该怎么办呢?”神人回答说:“若是远道而来的君子,知道国家有禁令,象征性地喝一点儿也就行了,不能够聚集在一起痛饮;家中有老弱病人,药酒可以去病。”

阙题三

【说明】

本篇经文和原题已佚，《合校》本据《太平经钞》予以配补。《敦煌目录》卷五十八，题曰《上下失治法》，与本篇内容有相近之处。篇中由天地阴阳"相爱相治"，推及人间君臣、父子、师弟子固应"并力同心"，并对维系或背离这种关系准则的各自表现与结局，作了程序化的说明，统括在"天法常格"之下。不容忽略的是，篇中道出了《太平经》的编著宗旨在于："上为皇天陈道德，下为山川别度数，中为帝王设法度。"

考天地阴阳万物，上下相爱相治，立功成名，使心治一家，使人不复相憎恶，常乐合心同志，令太和之气日自出，而大兴平，六极同心，八方同计，所治者若人意①，莫不皆响应而悦者。本天地元气②，合阴阳之位③，邪恶默然消去，乖逆者皆顺，明大灵之至道④，神祇所好爱。

【注释】

①若：顺适。

②元气：化生宇宙万物的无形实体。本经卷五十六至六十四《阙

题》(六)称:“元气,阳也,主生。”又卷九十八《核文寿长诀》谓:“天道广从,无复穷极,不若一元气与天持其命纲也。”

③阴阳之位:指天地八界。详参本经卷六十九《天谶支干相配法》所述。

④大灵:指先于天地而存在的元气混沌状态。

【译文】

考察天地阴阳万物上下彼此爱护,递相治理,建立功业,成就美名,使内心都像治理同一个家庭那样,让世人不再你憎恶我,我憎恶你,常常高兴心往一处使,志向相同,致使太和盛气每天都自动降现出来,异常兴盛太平,六极全都一条心,八方都做同一种谋虑,所治理的事情顺应人们的意愿,没有一地不全都响应又感到欢悦的。这种局面其实来自天地的元气,符合阴阳的位序,邪恶无形中消除离去,专好违抗的人都变得顺服,深明元气混沌状态下的最高真道,被天神地祇所喜爱。

吾乃上为皇天陈道德,下为山川别度数①,中为帝王设法度②。中贤得以生善意③,因以为解除天地大咎怨④,使帝王不复愁苦,人民相爱,万物各得其所,自有天法常格在不匿⑤。

【注释】

①度数:指地理方位及其阴阳属性、象征意义、与天与人的对应关系等等。

②法度:指效法天地的一整套施政兴国的原则与措施等。

③中贤:一般的贤人贤士。

④大咎怨:指天地对世人的憎恶与怨恨,其表现形式为灾异不绝又日益严重。

⑤常格：不可改变的准则。

【译文】

我正是往上为皇天陈说道德，往下替山川区定方位，在中间给帝王设立法度。一般的贤士得以涌生出做善事的愿望，随后去解除天地极为憎恶怨恨的事情，使帝王不再愁苦，百姓相互爱护，万物各得其所，自有皇天准则和常法存在而藏匿不起来。

古者圣帝明王，重大臣，爱处士①，利人民，不害伤；臣亦忠信不欺君，故理若神。故贤父常思安其子，子常思安乐其父，二人并力同心，家无不成者；如不并力同心，家道乱矣②，失其职事③，空虚贫极，因争斗分别而去，反还相贼害。亲父子分身血气而生，肢体相属如此④，况聚天下异姓之士为君、师、父乎？故圣人见微知著，故重戒慎之。

【注释】

①处士：隐居不仕的人。指身怀道术者。

②家道：成家之道。指家庭赖以成立与维持的规则和道理。《周易·家人》谓："父父，子子，兄兄，弟弟，夫夫，妇妇而家道正。"

③职事：职务，职业。此处意为日常该做的事情。

④属：连结之意。

【译文】

古代的圣帝明王重视大臣，喜爱身怀道术的人，替民众谋取利益，不伤残杀害；臣僚也忠良诚实，不欺骗君主，所以国家的治理就灵妙如神。因而贤良的父亲常常考虑使儿子平安，儿子也常常想到让父亲欢乐，两个人并力同心，家业就没有建立不起来的；如果不并力同心，家道也就败乱了，丧失掉日常该做的事情，一无所有，贫困到极点，随即争斗，分家离去，反转来又彼此伤害虐杀。亲父子把身躯血气分成两部分来先后降生，四肢躯体彼此相连结，可也竟是这个样子，何况聚集起天下姓氏不同的人士形成君主、师长、父亲呢？所以圣人见微知著，因而对此引起高度警戒，慎重予以处理。

夫师，阳也，爱其弟子，导教以善道①，使知重天爱地，尊上利下；弟子敬事其师，顺勤忠信不欺。二人并力同心，图画古今旧法度②，行圣人之言，明天地部界分理③，万物使各得其所，积贤不止，因为帝王良辅，相与合策，共理致太平。如不并力同计，不以要道相传，反欲浮华外言④，更相欺殆⑤，逆天分理，乱圣人之辞，六极不分明，为天下大灾。帝王师之，失其理法，反与天地为大仇，不得神明意，天下大害者也。

【注释】

①善道：吉善的真道。

②图画：筹谋策划。

③部界：区域，界域。

④外言：外学之论。指儒家等学派的主张。

⑤欺殆：欺诈，欺骗。

【译文】

师长属于阳，爱护自己的弟子，拿吉善真道来教导他们，使他们懂得尊重皇天，爱护大地，尊崇帝王，有利百姓；而弟子恭敬地侍奉自己的师长，谨顺勤勉又忠实诚信不欺诈。师生并力同心，筹谋策划古今已有的法度，倡行圣人的主张，辨明天地界限和治理范围，使万物各得其所，积累贤德不止息，随后成为帝王的优秀辅臣，共同一致谋划，一起使国家治理达到太平。如果师生不把力气往一块使，不共同做筹划，不拿切要真道相传授，反而想拿浮华那一套和外学理论迭相欺诈，违逆皇天划定的范围界限，搅乱圣人的学说，六极都区定不清，就造成天下的大灾殃。帝王奉从那套玩艺，失掉治国的法则，反而与天地结下大仇怨，获取不到神明的意旨，这就成了天下的大祸害了。

阙题四

【说明】

本篇经文和原题已佚,《合校》本据《太平经钞》予以配补。《敦煌目录》卷五十九,题曰《阴阳施法》,卷六十又有《观物知道德诀》。这两个标题同本篇所存文字,内容大略相合。篇中运用阴阳数理,解说人体的发育阶段和不同阶段上生殖机能的变化与发挥状况,成为全经兴国广嗣之术的一部分。由阳施阴化、天生地养的自然之法出发,篇中倡言万物各存精、神,共上朝天,由此拟设出因物大小、任其顺适生长、自我容身和“往来通流”的“五道”——大道、中道、小道、麄道与毛道,强调大道包容其他四道,只能张布而不可收缩。其旨归,则在以此“天禁”,来敦促帝王兴用“主生”之道和“主养”之德。

人生备具阴阳①,动静怒喜皆有时②。时未牝牡之合也③,是阴阳当主为生生之效也④。天道三合而成⑤,故子三年而行⑥。三三为九⑦,而和道究竟⑧,未知牝牡之合,其中时念之⑨,未能施也⑩。

【注释】

①人生备具阴阳:意谓人从出生就完全具备阴阳各种要素及其属

性与特质。因古代认为人禀阴阳精气而生，故有是语。

②动：属阳。静：属阴。怒：属阴。喜：属阳。时：指固定的时段和期限。

③牝(pìn)牡之合：即男女交合。此处谓婴儿降生时尚无性行为但却具有性本能。

④生生：化生不绝。指人类的繁殖传衍。

⑤三合：指元气上凝成天，名为一；下凝成地，名为二；上天下地，阴阳相合施生人，名为三。参见卷七十三至八十五《阙题》(三)所述。

⑥子：男孩。行：指独立行走。

⑦九：阳数之极。

⑧和道究竟：谓身体初步发育健全。和道为天道始于一、成于三、终于九的过程。究竟，完结。

⑨中：内心。时念：意谓产生了性冲动。

⑩施：指成熟的性能力。以上所云，本于《老子·五十五章》。

【译文】

人从一出生就完全具备阴阳的各种要素及其属性与特质，动静喜怒都有固定的时段和期限。婴儿降生后还没有性行为但却具有性本能，这是阴阳职在使人类繁殖传衍的证明。天道经过三方面的聚合而形成，所以小男孩到三岁就会自由地独立行走。三三为九，而这个年龄已经初步发育健全，但还不懂得男女交合，可是内心却有朦胧的性冲动，然而尚未具备成熟的性能力。

天数五，地数五，人数五[①]。三五十五[②]，而内藏气动[③]。四五二十[④]，与四时气合而欲施，四时者主生，故欲施生。五五二十五[⑤]，而五行气足，而任施[⑥]。五六三十而强[⑦]，故天使常念施，以通天地之统[⑧]，以传类[⑨]。会三十年而免[⑩]，老当衰，小止闭房内[11]。天下蚑行之属，人象天地纯耳，其余不能也。

【注释】

①“天数”三句：天、地、人各有五行（木火土金水）之气，彼此递相对应，故其数俱为五。

②三五十五：谓男子年当十五岁。

③内藏：指五脏。依照五行说，肝属木，心属火，脾属土，肺属金，肾属水。

④四五二十：谓男子年当二十岁。

⑤五五二十五：谓男子年当二十五岁。

⑥任施：任从交配之意。即性能力已达强劲状态。

⑦五六三十：谓男子年当三十岁。强：谓性欲旺盛。

⑧统：统系。即男子属天统，女子属地统。

⑨类：指种族世系。

⑩会三十年：犹言到六十岁。免：意谓交配行为已非事在必行。

⑪房内：指夫妻行房。《白虎通义·五行》谓：“年六十闭房，何法？法六月阳气衰也。”

【译文】

天数为五，地数为五，人数为五。三五一十五岁，这个年龄段五脏内气已经涌动起来了。四五二十岁，这个年龄段已经同春季的少阳气、夏季的太阳气、秋季的少阴气、冬季的太阴气相汇合而渴望交配了。因为四时气职在化生，所以渴望交配生下后代。五五二十五岁，这个年龄段五行气已经充盈了，随时都能进行交配。五六三十岁，这个年龄段性欲特旺盛，所以上天让人常想交配，以此来沟通天统、地统，来传衍种族世系。到六十岁时，已经进入交配可以作罢的阶段了。老年体力会衰弱，就只能逐渐停止交配行为，不再夫妻同房了。在天下用脚行走的这类动物中，顶数人效仿天地最纯正，其余动物是做不到的。

故天地一日一夜，共闰万二千物[1]，尽使生。夜则深[2]，昼则燥[3]，深者阴也，燥者阳也，天与地日共养此万二千物具足也[4]。天之法，阳合精为两[5]。阳之施，乃下入地中，相从共生万二千物。其二千者，嘉瑞善物也[6]。

【注释】

①闰：通“润”，滋润。万二千物：此系《太平经》编著者用术数推导出来的世界物种总数目。本节文字又称其中有二千物属于嘉瑞善物。其理据则与“万二千国”相同，即一年为十二个月，扩大千倍即得此数。参见本经卷三十五《分别贫富法》、卷九十三《国不可胜数诀》所述。

②深：谓体内滋润。

③燥：谓外部照晒。本经卷三十六《三急吉凶法》谓：“须得昼夜，一暴一阴，昼则阳气为暖，夜则阴气为润，乃得生长，居其处，是其合阴阳也。”

④具足：一物不缺之意。

⑤阳合精：阳精与阴精融合。为两，指构成对立双方的新的统一体。本经卷一百十七《天乐得善人文付火君诀》谓：“两为一合。”

⑥嘉瑞善物：美好祥瑞的珍贵生物。指芝草之类。以上三段文字，当属《阴阳施法》的内容。

【译文】

所以天地总有一个白天，一个黑夜，共同滋润一万两千种生物，使它们全部生长起来。黑夜就往它们体内滋润，白天又得到外部照晒，滋润属于阴，照晒属于阳，皇天与大地每天共同养育这一万两千种生物，一样也不缺啊！皇天的法则是，阳精与阴精融合，构成双方的新的统一体。阳精的施化，正往下进入地底下，而阴精迎就它，共同化生这一万两千种生物。其中的两千种，属于美好祥瑞的珍贵生物。

夫万二千物，各自存精神①，自有君长②，当共一大道而行，乃得通流。天道上下，往朝其君，比若人共一大道，往朝王者也。万二千物精神，共天地生，共一大道而出，有大有中有小。何谓也？乃谓万二千物有大小，其道亦有大小也，各自生自容而行。故上道广万步为法③，次广千步为法，其次广百步为法，其次广十步为法，其次广一步为法。凡五道，应五方④，当共下生于地，共朝于天，共一道而行。是以大道广万步，容中道千步、小道百步、氂道十步、毛道一步⑤。

【注释】

①精神：谓起主宰作用的人格化的精灵和神灵。

②自有君长：指神龟为甲壳动物君长之类。详参本经卷九十三《方药厌固相治诀》所述。

③广：东西为广。指宽度。步：六尺为步。法：规制。

④五方：东西南北中。其中东属木行，西属金行，南属火行，北属水行，中属土行。

⑤氂(lí)道：细道。毛道：极细之道。

【译文】

一万两千种生物，各自在体内寄居着精灵与神灵，天然就生出了每类生物中的君长，应当在同一条大道上往来，这才能够融通流转起来。天道决定了各类生物上上下下要前去朝见自己的君长，这就好比世人沿着同一条大道前去朝见帝王。一万两千种生物的精灵与神灵，都是由天地降生下来的，都在同一条大道上出现，但又有大、中、小的区别。请问这话讲的是什么意思呢？这是说一万两千种生物存在着大与小，所以它们的道路也有大与小，各自自我生长、自我容身而往来。所以大道把宽度六万尺作为规制，其次把宽度六千尺作为规制，再其次把宽度六百尺作为规制；接下来把宽度六十尺作为规制，最后把宽度六尺作为规制。共计五种规制的道路，与东西南北中五个方位相对应，那就应当一起在下面从地里生长出来，共同到皇天那里去朝见，共同在同一条大道上行进。因此大道宽六万尺，容纳了中道六千尺和小道六百尺、蹇道六十尺以及毛道六尺。

物有大小，各自容往来。凡乃上受天之施，反下生施地，出当俱上朝天也，故大道但可张①，不可妄翕也②。翕之辄不相容，有不得生者，或有伤死。不得生出者令人绝无后代，伤者伤人，死者杀人。古者圣人不敢废绝大道者，睹天禁明也③。

【注释】

①张：张布。

②翕（xī）：收缩。

③天禁：上天的禁忌。

【译文】

万物存在着大小，各自自我容身而往来。只要是从上面禀受皇天的阳气施注，反而在地下化生的生物，冒出地面后全都应当往上面去朝见皇天，所以大道只可以张布，决不能胡乱就收缩。收缩就彼此不容让，会出现生长不出来的，有的会遭受伤害和死亡。而出现生长不出来的，会使世人绝户，没有后代；出现受伤害的，也会使世人受伤；出现死亡的，也会使世人被杀。古代的圣人不敢废除断绝大道，原因就在于明晰地看出了上天的禁忌。

子以何天道得伤？道者，天也，阳也，主生；德者，地也，阴也，主养。万物多不能生，即知天道伤矣；其有不生者，即知天克有绝者矣[1]。一物不生一统绝[2]，多则多绝，少则少绝，随物多少，以知天统伤。夫道兴者主生，万物悉生；德兴者主养，万物人民悉养，无冤结[3]。

【注释】

①天克：犹言天杀、天灭。

②统：指物种。

③冤结：冤气聚结之意。以上三段文字，当为《观物知道德决》的内容。

【译文】

你们根据什么能知道天道遭到伤害了呢？真道代表皇天，属于阳，职在施生；大德代表地，属于阴，职在养长。万物大多数生长不出来，就能明了天道已经遭到伤害了；世人中有让万物得不到生长的，就能明白皇天要对他诛杀并叫他断子绝孙了。一种生物不出生，也就一个物种被灭绝，数量多就灭绝的多，数量少就灭绝的少，随同生物的多少，就可以知道天统受到没受到伤害。真道兴行的，就职在施生，万物就全部生长出来；大德兴行的，就职在养长，万物和民众就全部得到养长，没有冤气聚结在胸中。

阙题五

【说明】

本篇经文和原题已佚，《合校》本据《太平经钞》配补。《敦煌目录》卷六十中，列有《书用丹青决》，卷六十一题曰《天子皇后政决》，乃与本篇所言基本接近。篇中一则通过对《太平经》装帧设计和书写特点的自我表述，宣明其传布“太阳仁政之道”的象征意义。二则突现帝王皇后分别为天地之子、天地之心的至尊地位，由此敦促“二人”法天效地，案行施生之道与包养之德，并以“灾变连起”，为其失行之警。这主要是对东汉中后期女主专权的神学反拨。

吾书中善者①，使青为下而丹字②。何乎？吾道乃丹青之信也③。青者生④，仁而有心⑤；赤者太阳⑥，天之正色⑦。吾道太阳仁政之道⑧，不欲伤害也。

【注释】

①吾：原作“五”。据《后汉书》卷三十《襄楷传》李贤注引改。善者：指重要精微的论断。

②使青为下而丹字：指《太平经》的装帧形式与书写特点。本经为帛书写本，帛取青白色（月白），上面打有朱红界划即竖格，以青

绢包头(犹现今书画卷的"护首"),用红色来写标题。即《襄楷传》所云:"皆缥白素、朱介、青首、朱目。"

③丹青之信:丹青为两种颜料,即丹砂和青雘。因其不易褪色,故取譬而曰信。信,真确,真实。

④生:化生。以五色配五行,青属木,木主生,故言。

⑤仁:以人伦五常配五行,仁属木。按照五行相生的关系,则木生火,而火为心,故曰"仁而有心"。

⑥赤者太阳:意谓赤色为火行的象征物。本经卷六十九《天谶支干相配法》云:"天常谶格法,以南方固为君也。故日在南方为君也,火在南方为君,太阳在南方为君。"太阳指最旺盛的阳气,散布在南方与夏季,属火行。

⑦天之正色:本经卷六十九《天谶支干相配法》谓:"外苍象木,内赤象火,是为天之正色。"

⑧太阳仁政:意为职在施生并养长人民万物。以上整段文字,当属《书用丹青决》的内容。

【译文】

我这部道书中的重要而又精妙的论断,全都用青绢作护首,下面用红色来写标题。为什么这样做呢?因为我那真道正是像丹青那样真确。青色象征着化生,仁爱又有丹心;红色是火行的代表,属于皇天的正色。我那真道,正是火行仁政的真道,根本就不想伤害任何东西。

天子者,天之心也;皇后者,地之心也。夫心者,主持正也[①]。天乃无不覆[②],无不生,无大无小,皆受命生焉,故为天。天者,至道之真也,不欺人也,万物所当亲爱。其用心意,当积诚且信,但常欲利不害,不负一物,故为天也。夫帝王者,天之子,人之长,其为行,当象此。夫子者,当承父之教令严敕[③],案而行之,其事乃得父心志意,可为良家矣[④]。如不承父教令,其家大小不治,即为贫家矣。财反四去,常苦不聚,其事纷纷,灾变连起,大得愁苦,过在此矣。古者帝王将行,先仰视天心,中受教,乃可行也。

【注释】

①持正:执持纯正之意。本经癸部《神人真人圣人贤人自占可行是与非法》云:“心者,五藏之主,主即王也。王主执正。”

②覆:覆盖。

③严敕:严厉的训诫。敕为自上告下之词。汉代凡尊长告诫后辈或下属皆称敕。

④良家:和美的家庭。

【译文】

人间天子代表着天心,皇后代表着地心。心的作用在于持守纯正。皇天无不覆盖,无不化生,无论大小事物,全都从皇天那里禀受本命才降生出来,所以才成为皇天。皇天是最高之道的真实化身,决不欺骗人们,属于万物应当亲近爱护的对象。它那用心,从来就诚信再诚信,时刻光想对万物有利而不加害,所以才成为皇天。帝王是皇天的儿子,世人的首长,他做出举动,应当效法皇天这一切。做儿子的,应当承顺父亲的教令和严厉的训诫,查照并加以实行,事情才会符合父亲的心愿和希望,可以组成美好的家庭了。如果拒不承顺父亲的教令,全家也就从大人到孩子都得不到管教,变成贫困的家庭了。财产反而流散到各处去,常常为聚集不起来而愁苦,烦心事左一件、右一件出现,灾殃接连发生,乃至造成极大的愁苦,过错就出在这上面了。古代的帝王准备采取什么措施,都首先仰视天心,在自己心中承受教令,然后才可以去施行。

夫皇后之行，正宜土地。地乃无不载[1]，大小皆归，中无善恶，悉包养之[2]。皇后乃地之子也，地之心也。心忧凡事，子当承象母之行，若母乃为孝子[3]。夫天地之与皇后相应者，比若响之与声，于其失小亦小，失大亦大，若失毫发之间。以母不相得志意，古者皇后将有为，皆先念后土[4]，无不包养也，无不可忍[5]，无不有常[6]，以是自安，与土心相得矣。若失之，则灾变连起，刑罚不禁，多阴少阳，万物不茂，过在此。夫是二人正行者[7]，则神真见[8]，真道出，贤明皆在位，善物悉归国[9]。

【注释】

①载：承托。

②包养：容纳养护之意。

③若：顺从之意。

④后土：对大地的尊称。本经乙部《安乐王者法》云："土者不即化，久久即化，故称后土。"

⑤忍：容忍。详参本经卷九十六《忍辱象天地至诚与神相应大戒》所述。

⑥常：指阳尊阴卑的准则。

⑦二人：即帝王与皇后。

⑧神真：神人与真人。

⑨善物：祥瑞之物。以上两段文字，当属《天子皇后政决》的内容。

【译文】

皇后的行为，正需要顺合大地。大地无不托载，大小事物都处在它上面，其中无论良善还是邪恶的事物，对它们全都予以容纳养护。皇后是大地的女儿，是地心。地心忧虑万事，做女儿的就应继承效仿母亲的行为，顺从母亲才是孝敬的女儿。天地与皇后相应合的地方，就像回音应和那原声。在皇后这里过失小，就做出小回应；在皇后这里过失大，就做出大回应，过失和回应的程度，彼此之间不差分毫。鉴于同地母的心意唯恐不一致，古代的皇后打算采取什么行动，都首先忆念后土，没有什么不加以容纳和养护的，也没有什么不加以忍耐的，更没有什么不具有常法成规的，由此而自我安稳，与地心取得一致了。如果偏离了地心，灾变就接连出现，刑罚动用起来收不住，阴气多，阳气少，万物不繁茂，过失就出在这上面。帝王和皇后这两个人，行为纯正的，神人、真人就降现，真道就出示，贤明的人全都在朝廷供职，美好吉祥的物品全都归到这个国家来。

阙题六

【说明】

本篇经文和原题已佚,《合校》本据《太平经钞》予以配补。《敦煌目录》卷六十二至六十四,依次题曰《解天鼋九人决》、《分别九人决》、《求寿除灾决》。这三个篇题同本篇所存文字,在内容上有相近之处。篇中通过列举自然界到社会领域的众多事象,申论阴阳相依存之道和相分离之害,此其一。其二,谱列贤人、圣人、道人、仙人、真人、神人这六等由候补神仙至正牌神仙构成的等级序列,对此六人和特级神仙无形委气大神人以及民人、奴婢所谓九等人,逐等进行法象说明,并为奴婢开示顺君学道、由贱居下流递次成为特级神仙的上行之路。此与本经丙部《分解本末法》、《九天消先王灾法》可相互印证。其三,强调天地之间,"寿最为善",若欲贪寿常生,必须"不敢为非"。

元气,阳也,主生;自然而化[1],阴也,主养凡物。天阳,主生也;地阴,主养也。日与昼,阳也,主生;月星夜,阴也,主养。春夏,阳也,主生;秋冬,阴也,主养。甲丙戊庚壬[2],阳也,主生;乙丁己辛癸[3],阴也,主养。子寅辰午申戌[4],阳也,主生;丑卯巳未酉亥[5],阴也,主养。亦诸九[6],阳也,主生；诸六[⑦]，阴也，主养。男子，阳也，主生；女子，阴也，主养。万物：雄，阳也，主生；雌，阴也，主养。君，阳也，主生；臣，阴也，主养。天下凡事[⑧]，皆一阴一阳，乃能相生，乃能相养。

【注释】

①自然而化：意为按照本然固有的情状与态势来化育。

②甲丙戊庚壬：十天干中的五个单位数，均属阳干。

③乙丁己辛癸：十天干中的五个双位数，均属阴干。

④子寅辰午申戌：十二地支中的六个单位数，均属阳支。

⑤丑卯巳未酉亥：十二地支中的六个双位数，均属阴支。

⑥诸九：指乾卦卦形中的六阳爻。爻为构成卦形的最小单位，分阳爻，阴爻两种，其符号各为“—”“--”，其题名则阳爻用“九”表示，阴爻用“六”表示。诸九，即由下往上数的初九、九二、九三、九四、九五、上九。

⑦诸六：指坤卦卦形中的六阴爻。即由下往上数的初六、六二、六三、六四、六五、上六。

⑧凡事：任何事物。以上所云，可与马王堆汉墓帛书《黄帝四经·称》之阴阳论相参稽，即：凡论必以阴阳大义。天阳地阴，春阳秋阴，夏阳冬阴，昼阳夜阴。大国阳小国阴，重国阳轻国阴。有事阳而无事阴，伸者阳而屈者阴。主阳臣阴，上阳下阴，男阳女阴，父阳子阴，兄阳弟阴，长阳少阴，贵阳贱阴，达阳穷阴。娶妇生子妇，有丧阴。制人者阳，制于人者阴。客阳主人阴，师阳役阴。言阳默阴，予阳受阴。

【译文】

元气属于阳，职在施生；自然而然进行化育属于阴，职在养长万物。皇天属于阳，职在施生；大地属于阴，职在养长。太阳与白天属于阳，职在施生；月亮、星辰和黑夜属于阴，职在养长。春季和夏季属于阳，职在施生；秋季与冬季属于阴，职在养长。十天干中的甲丙戊庚壬属于阳，职在施生；十天干中的乙丁己辛癸属于阴，职在养长。十二地支中的子寅辰午申戌属于阳，职在施生；十二地支中的丑卯巳未酉亥属于阴，职在养长。乾卦的六爻属于阳，职在施生；坤卦的六爻属于阴，职在养长。男子属于阳，职在施生；女子属于阴，职在养长。万物中的雄性属于阳，职在施生；万物中的雌性属于阴，职在养长。君主属于阳，职在施生；臣僚属于阴，职在养长。天下的所有事物，都由一阴一阳所构成，这样才能递相施生，才能递相养长。

一阳不施生，一阴并虚空，无可养也；一阴不受化，一阳无可施生统也。阳气一统绝灭不通，为天大怨也；一阴不受化，不能生出，为大咎[①]。天怨者，阳不好施，无所生，反好杀伤其生也；地所咎，在阴不好受化，而无所出养长，而咎人反伤其养长也。天不以时雨，为恶凶天也；地不以生养万物，为恶凶地也。男不以施生，为断天统[②]；女不以受化，为断地统[③]。阴阳之道，绝灭无后为大凶，比若天地一旦毁，而无复有天地也。

【注释】

①为大咎：据上下文意，此三字中“大”上当脱“地”字。大咎，极为憎恶的对象。

②天统：皇天的统系。男为阳，故属天统。

③地统：大地的统系。女为阴，故属地统。

【译文】

阳有一个方面不施生，阴那个与之相对应的方面就什么都不具备，没有能够养长的东西；阴有一个方面不顺承化育，阳那个与之相对应的方面就没有可以施入化生的统系。阳气有一个统系灭绝而不通，就构成皇天万分怨恨的对象；阴有一个方面不顺承化育，没办法让它生出来，就构成大地极度憎恶的对象。皇天所怨恨的，在于本来属于阳性的事物却不喜好施生，施生不出什么来却反而喜好对那些已经生出来的东西进行杀伤。大地所憎恶的，在于本来属于阴性的事物却不喜好顺承化育，化育不出什么来加以养长，而憎恶世人反而伤残它那应该加以养长的东西。上天不按节气时令来降雨，就是恶凶天；大地不来生长养护万物，就是恶凶地。男子不来施生，纯属断绝皇天的统系；女子不来顺承化育，纯属断绝大地的统系。阴阳之道把灭绝无后作为最凶险的事情，这就好比天地一旦毁灭，就不会再有天地了。

是故圣贤，好天要文也①。天者，众道之精也②。贤者好道，故次圣③；贤者入真道④，故次仙⑤；知能仙者必真⑥，故次真；知真者，必致神⑦。神者，上与天同形合理，故天称神⑧，能使神也⑨。神也者，皇天之吏也。神人者，皇天第一心也。天地之性，清者治浊，浊者不得治清。精光为万物之心明⑩，治者用心察事，当用清明⑪。

【注释】

①天要文：上天降示的重要文书。

②众道：指各类道法，诸种道术。精：意为最精纯的主导方。本经卷九十六《忍辱象天地至诚与神相应大戒》谓："故天者，乃道之真，道之纲，道之信，道之所因缘而行也。"

③次圣：位居圣人行列之意。贤人与圣人在《太平经》构设的神仙等级序列中，属于第六等与第五等，为候补神仙。

④贤者入真道：据上下文义，此五字中"贤"当作"圣"。入真道，意

谓成为道人。道人属本经所构设的神仙序列中的四等正牌神仙。

⑤仙:本经所构设的神仙序列中的三等正牌神仙。本经卷四十《分解本末法》云:“圣而不止,乃得深知真道;守道而不止,乃得仙不死。”语义较此处完整明晰。

⑥真:本经所构设的神仙序列中的二等正牌神仙。

⑦神:即神人。属本经所构设的神仙序列中的一等正牌神仙。

⑧称神:号称神妙之意。神,神妙。本经卷九十二《万二千国始火始气诀》云:“天者为神主,神灵之长也。”

⑨使神:驱使神灵之意。神灵即下文所谓“皇天之吏”。

⑩精光:指精气的光华。

⑪清明:清正明彻。以上三段文字,当为《解天寚九人决》的内容。

【译文】

所以圣贤喜好皇天降示的重要文书,皇天是各类道法的最精纯的主导方。贤能的人喜好真道,因而就位居圣人的行列;圣明的人步入真道成为道人,因而就进一步位居仙人的行列;懂得仙术的人,必定会转入纯真,因而就进一步位居真人的行列;懂得纯真的人,必定会达到神人的高度。所谓神人,往上与皇天结成同样的气化形体,一起施行治理,所以皇天被称为最神妙,他也就能驱使神灵了。神灵是皇天的官吏,神人是皇天的第一心。天地的本性为:轻清的东西治理重浊的东西,而重浊的东西决不能治理轻清的东西。精气的光华表现为万物内心明彻,治理天下的人用心考求事体,也应运用清正明彻来进行。

“今神人、真人、仙人、道人、圣人、贤人、民人、奴婢,皆何象乎?”“然,神人者象天,天者动照无不知[②]。真人者象地,地者直[③],至诚不欺天,但顺人所种不易也。仙人者象四时,四时者变化凡物[④],无常形容,或盛或衰[⑤]。道人者象五行，五行可以卜占吉凶[⑥]，长于安危。圣人者象阴阳，阴阳者象天地以治事，合和万物；圣人亦当和合万物，成天心，顺阴阳而行。贤人象山川，山川主通气[⑦]，达远方，贤者亦当为帝王通达六方。凡民者象万物，万物者生处无高下悉有民[⑧]，故象万物。奴婢者衰世所生[⑨]，象草木之弱服者常居下流[⑩]，因不伸也；奴婢常居下，故不伸也，故象草木。

【注释】

①奴婢：指丧失自由、为主人无偿服劳役的人。其来源有罪人、俘虏及其家属，亦有从贫民家购得者。通常男称奴，女称婢。在东汉特别是建国初期，奴婢数量众多，备受虐待和摧残，成为严重的社会问题。中央政府为此采取了释放奴婢和保障奴婢生命安全的某些措施，以求缓解社会矛盾。故而本经于此特将奴婢列为九等人中最下等予以论述。

②动照：运转照耀之意。

③直：意为平直铺展开来。

④变化凡物：指万物随季节交替而春生、夏长、秋获、冬藏。本经卷一百十六《阙题》(二)云："四时顺行，春乐生，夏乐长，秋乐收，冬乐藏。"

⑤盛：谓春夏时的长势。衰：谓秋冬时的状态。

⑥卜占吉凶：指按五行生克的关系正常与否，来占测人事吉凶。

⑦山川主通气：此据汉代谶纬为说。《春秋说题辞》称，山乃言宣，即合泽布气，调五神。《春秋元命苞》谓，水为元气津液，其义言演，即阴化淖濡，流施潜行。

⑧生处(chǔ)：指生长和所在的位所。

⑨衰世：谓祖父辈命运不济之时。

⑩下流：河流的下游。指地势最低的地方。

【译文】

“现今的神人、真人、仙人、道人、圣人、贤人、民人、奴婢，都象征着什么呢？”“好的。神人象征着皇天，皇天运转和照耀，无所不知。真人象征着大地，大地平直铺展开来，最为诚信，决不欺骗皇天，只管顺从世人播种的作物，决不予以改变。仙人象征着春夏秋冬四季，四季让万物发生变化，没有固定的形状，该兴盛就兴盛，该衰亡就衰亡。道人象征着木火土金水五行，五行可以占测吉凶，在安危处断上独具功效。圣人象征着阴阳，阴阳效法天地来治理事务，使万物处于协调的状态；因而圣人也应当使万物处于协调的状态，成就天心，顺应阴阳而采取行动。贤人象征着山川，山川职在使气畅通，直达远方，因而贤人也应为帝王而使上下四方都畅通。普通的民众象征着万物，在万物生长的地方，无论高处还是低处，都有民众居住，所以他们就象征着万物。奴婢是祖父辈命运不济的时候生下来的，就如同草木中微弱顺从的那部分，经常处在最低处，因而伸不起来；奴婢也经常处在卑下的地位，所以也伸不起来，因而象征着草木。

“故奴婢贤者，得为善人①；善人好学，得成贤人；贤人好学不止，次圣人；圣人学不止，知天道门户②；入道不止，成不死之事，更仙；仙不止，入真；成真不止，入神；神不止，乃与皇天同形，故上神人舍于北极紫宫中也③，与天上帝同象也，名天心神；神而不止，乃复逾天而上，但承委气④，有音声教化而无形，上属天上，忧天上事。神人已下，共忧天地间六合内⑤，共调和，无使病苦也。”

【注释】

①善人:具有普通社会身份的人。与奴婢相对而言。

②门户:喻途径。

③舍:留驻之意。北极紫宫:指北极星所在的紫微垣。又称中宫。星相家视北极五星中最大最亮的那颗星为至高天神,紫宫为其住所。《史记·天官书》载:“中宫天极星。其一明者,太一常居也。”《春秋演孔图》谓:“天皇大帝,北辰星也。含元秉阳,舒精吐光,其星有五,居紫宫中,制驭四方,冠有五采。”

④委气:意为积气而无形。用以指代至高神天君。此处既云“但承委气”,则其身份、地位实指本经所拟设的特级神仙“无形委气神人”而言。见下所述。

⑤六合:上下四方。以上两段文字,当属《分别九人决》的内容。

【译文】

“所以奴婢贤能的,可以成为被取消既定身份的良民;成为良民又喜好学道,可以成为贤人;成为贤人仍然喜好学道而不止息,就进入了圣人的行列;进入圣人行列仍然学道不止息,就能了解掌握天道的途径;进入道人圈内仍然学道不止息,就能完成不死的事功,变成仙人;成为仙人还不止息,就进入真人圈内;成为真人仍不止息,就进入神人圈内;进入神人圈内依旧不止息,就与皇天结成同样的气化形体,所以第一等神人留驻在北极紫宫中,与皇天上帝同一法象,被特称为天心神;成为天心神仍不止息,就又越出皇天往上升,只承顺至高神天君的命令,掌有音声教化却无形体了,高高在上,归属天上,为天上事操劳。从神人以下,全都一起为天地之间、上下四方以内忧虑分心,共同进行调理协和,不让使人感到病痛的事情发生。”

《正一法文太上外箓仪·下人四夷受要箓》引《太平经》曰[①]:奴婢顺从君主,学善能贤,免为善人良民[②],良民善人学不止成贤人，贤人学不止成圣人，圣人学不止成道人，道人学不止成仙人，仙人学不止成真人，真人学不止成大神人，大神人学不止成委炁神人③。

【注释】

①曰：自此以下整段文字乃系《合校》本附存的以资参考的他书所引经文。

②免：谓取消奴婢身份。如《后汉书·光武帝纪下》载："（建武六年）十一月丁卯，诏王莽时吏人没入为奴婢不应旧法者，皆免为庶人。"

③委炁神人：此系《太平经》所构设的神仙等级序列中的特级神仙的专称。其为至高神天君的辅佐，如同人间宰相或帝王的太子。炁，"气"的古字。本经丙部《九天消先王灾法》谓："其无形委气之神人，职在理元气。"又壬部第十六条经文称："上皇神人之尊者，自名委气之公，一名大神，常在天君左侧，主为理明堂文之书，使可分别。曲领大职。"佚文又有云："大神比如国家忠臣，治辅公位，名为大神。"

【译文】

奴婢顺从君主，学习做善事，能够变贤良，就会被取消奴婢身份，成为具有普通社会身份的良民；成为具有普通社会身份的良民继续学道而不止息，就会成为贤人；成为贤人仍旧学道而不止息，就会成为圣人；成为圣人依然学道而不止息，就会成为道人；成为道人继续学道不止息，就会成为仙人；成为仙人还是学道不止息，就会成为真人；成为真人依旧学道不止息，就会成为大神人；成为大神人照样学道不止息，就会成为委气神人。

“愿闻绝洞弥远六极天地之间[①]，何者最善？”“三万六千天地之间[②]，寿最为善，故天第一，地次之，神人次之，真人次之，仙人次之，道人次之，圣人次之，贤人次之。此八者，皆与皇天心相得，与其同意并力，是皆天人也，天之所欲仕也。天内各以职署之[③]，故思虑常相似也，是天所爱养人也。天者，大贪寿常生也，仙人亦贪寿，亦贪生。贪生者，不敢为非，各为身计之。”

【注释】

①绝洞：通透至极。弥远：穷尽边际。

②三万六千：言其广大。古代截竹或用玉为管，依管长短区分声音的高低清浊，以定乐音标准音，遂成六律，名之为黄钟、大蔟、姑洗、蕤宾、夷则、无射。六律既成，进而被奉为“制事立法，物度轨则”的基准乃至“万事根本”（《史记·律书》语）。惟六律之展开，必占时间，故与历法关系尤为紧密，交互为用，即律以候气，历以治时，以律起历，以历明律。《鹖冠子·度万》云：“六六三十六，以为岁式。”即用六律乘以六，便得一年三十六旬即三百六十日。由时间推衍到空间，将一年三十六旬扩大千倍，即成“三万六千天地之间”。质言之，“三万六千”系以“六律”为基准推导而成者。

③天人：有道之人。《庄子·天下》谓：“不离于宗（根本），谓之天人。”

④内：“纳”的古字，收纳，接纳。职：谓神人理天，真人理地，仙人理四时，道人理五行，圣人理阴阳，贤人理文书往来。详见本经卷四十二《九天消先王灾法》所述。以上整段文字，当属《求寿除灾决》的内容。

【译文】

“希望听一听在通透至极、穷尽边际的六极天地之间，要数什么最美好呢？”“在三万六千天地之间，长寿是最为美好的，所以天属第一，地属第二，神人属第三，真人属第四，仙人属第五，道人属第六，圣人属第七，贤人属第八。这八等人物，都与皇天的心愿相一致，与皇天的旨意相吻合，力气往一处使，全都属于有道的人，是皇天乐意封授给天职的对象。皇天收纳他们，分别用天职任命他们，所以思虑总很接近，这是皇天所喜爱并养护的人。皇天是万分贪恋长寿长生的，所以仙人也贪恋长寿，贪恋长生。而贪恋长生的人，就不敢干坏事，各自为自身做打算。”

卷六十五　丁部之十四

断金兵法第九十九

【题解】

本篇所谓“断金兵”，意谓断绝帝王赐臣刀兵的举动和随之而起的尚武好斗的不祥风气。其“法”则为：“五行休王”的定律决不容忽视和违逆。篇中强调，金气占据统治地位，则使具有生化功能的木气绝灭，火气衰乱，而代表阴物的水气便得以强壮，象征女主的土气也会由休退状态转为大盛，再度同金气胜阳伤阳，结果必定是盗贼屡起，兵革数动，奸猾为非，妖臣横行。反之，木气发挥支配作用，火气则日兴大明，金、水、土俱归衰消，结果必定是臣民无不忠信，治得兴平。这种“天之格法券书”，把“五行休王”的循环次序抽象出来，而置其时序于不计，旨在突出火行作为人君之象的主宰地位，宣明兴用“太阳君”火行的道法。其与当时盛行的“汉为火德说”是同步合拍的。

六方真人纯等谨再拜白①：“欲有所问天法②，不敢卒道③，唯皇天师假其门户，使得容言乎？”“道之，勿有所疑也。”

【注释】

①六方真人：系对拜随天师学道传道的六名弟子的统称。又名六

端真人。本经卷一百一《东壁图》绘有六名“受戒弟子”图像，或与六方真人相对应。纯：人名。其他五人，则在本经中均佚其名。白：禀告。

②天法：皇天的道法。

③卒(cù)道：唐突言说之意。卒：后多作“猝”，猛然，突然。

【译文】

六方真人纯等人恭谨地连拜两次才禀报说：“打算询问有关的皇天道法，但不敢唐突地就提出来，只请皇天明师赐给那得以了解的途径，能让我们说一说吗？”“只管讲来，不要有什么疑虑。”

“唯唯。今惟天师乃为帝王解先人流灾承负，下制作可以兴人君而悉除天下之灾怪变不祥之属。今愚生欲助天太阳之气使遂明①，帝王日盛，奸猾灭绝，恶人不得行，盗贼断亡，祅孽自藏②，不复发扬，岂可闻乎？”“善哉！六子之问也。天使诸真人言，诺，君子已遂无忧，小人祅臣不敢作矣③，其胜已出④，灾自灭息矣。今为诸弟子具陈天格法⑤，使不失铢分⑥，自随而记之。”“唯唯。”

【注释】

①太阳之气：最旺盛的阳气。指火行气。

②祅孽：指物类反常的现象。草木之属曰祅，虫豸之属曰孽。

③祅臣：谓邪恶的臣僚。

④胜：降伏之意。

⑤格法：成法，常法。

⑥不失铢分：犹言不差毫厘。铢、分均为重量单位。十二粟为一分，十二分为一铢，十二铢为半两。

【译文】

“是是。如今想来，天师是为帝王解除前代在位者沿袭下来的灾殃承负，下凡制定可以使君主兴盛而全部去除掉天下灾异和不祥现象的法度。现下愚生准备佐助皇天最旺盛的施生阳气，使它达到盛明状态，帝王一天比一天兴盛，奸诈猾巧灭绝，恶人无法干坏事，盗贼断绝消亡，物类反常的现象自行隐灭，不再兴起扩大，恐怕可以听一听这方面的做法吧？”“太好了，你们六个人的发问！这纯粹是皇天在驱使众位真人谈及这桩事。好的，君子已经构成无忧无虑了，小人和奸臣不敢再跳出来捣乱了，降伏他们的东西已经降现了，灾祸自动就灭绝止息了。如今为众位弟子详尽陈说皇天的成法，使它丝毫不差，你们要自行跟在后面记下它。”“是是。”

“然。天法垂象①，上古圣人常象之，不敢违离也。故常厌不祥②，断狡猾，使祆臣不得作者，皆由案天法而为之。欲使阳气日兴，火大明③，不知衰时者，但急绝由金气④，勿使其王也⑤。金气断，则木气得王⑥，火气大明⑦，无衰时也。”

【注释】

①垂象：垂示征象。

②厌：通“压”，遏制，制止。

③火：指五行中的火行。

④金气：金行之气。

⑤王：通“旺”，兴旺。指占据统治地位，发挥主宰作用。

⑥木气：木行之气。

⑦火气大明：按照五行休王说，金王，则火囚（困囚），木死；木王，则火相（强壮），金囚。

【译文】

“好的。皇天的道法每每垂示征象，上古时代的圣人就经常效仿它，不敢违背偏离。所以常常遏制住不祥的物类，断绝狡猾的行径，使奸臣没办法跳出来捣乱，这都是通过查照皇天道法来施行啊！要想使阳气一天比一天兴盛，火行特别盛明，不知道什么是衰败的时候，只管从迅速断绝金行气做起，不要让它占据主宰地位啊！金行气被断绝，木行气就得以发挥统率作用，火行气也非常盛明，没有衰败的时候了。”

“何谓也？”“然。人君当急绝兵，兵者，金类也，故当急绝之故也。今反时时王者赐人臣以刀兵①，兵，金类也，乃帝王赐之，王者王之，名为金王。金王则厌木而衰火②，金王则令甲乙木行无气③，木断乙气则火不明④。木王则土不得生⑤，火不明则土气日兴⑥，地气数动，有祆祥⑦，故当急绝灭云兵类。勿赐金物兵类，以厌绝不祥，此也天厌固⑧，与神无异。”

【注释】

①王者：指帝王。东汉制度规定，恩赐有斧钺、尚书宝剑、具剑佩刀、剑履上殿等。此处即就这一现象而发。

②厌木：克木。金克木，故言。衰火：使火衰微之意。火本克金而金竟反克，故言。

③甲乙：天干第一位和第二位。以天干配五行，则甲乙属木，甲为阳木，乙为阴木。

④木断乙气则火不明：按照五行相生的关系，则木生火，故出此语。

⑤木王则土不得生：按照五行相克的关系，则木克土；依五行休王

说，木王则土死。故出此语。

⑥火不明则土气日兴：依五行休王说，火王则土相；土王则火休（休退）。故出此语。

⑦祆祥：指显示灾异的凶兆。

⑧厌固：意谓压服禁遏顽固死硬之物。详参本经卷九十三《方药厌固相治诀》所述。

【译文】

"这话讲的是什么意思呢？""好的。这是说君主应当迅速断绝兵器，兵器属于金行，所以应当迅速断绝它。可现今帝王却反而经常把兵器赏赐给臣僚，兵器原本就属于金行，帝王竟赏赐这些个东西，纯属身为帝王的人在让它兴旺，这被特称为金行占据统治地位。金行一占据统治地位，就会遏制住木行并使火行衰落；金行一占据统治地位就会使甲乙木行没有生气，木行断了生气，火行就不会盛明。而木行占据统治地位，土行就没办法冒出来；可火行不盛明，土行气就一天比一天兴旺，地气频繁发生变动，就会产生凶兆，所以应当迅速灭绝兵器这类玩艺。不要赐给臣僚金行物品和兵器之类的东西，以便压制住并断绝掉不祥的事情。这属于皇天禁遏住顽固死硬对象的做法，灵验得和神灵没有什么两样。"

"愿闻金兴厌木，何故反使火衰也？""善哉！子之难问，可谓入道矣。真人欲乐知其大效，是故春从兴金兵①，则贼伤甲乙木行，令天青帝不悦②，天赤帝大怒，丙丁巳午不顺③。欲报父母之怨④，令使火行多灾怪变，生不祥祆害奸猾⑤。其法反使火治愦愦云乱⑥，不可乎！大咎在此也⑦。"

【注释】

①从兴：大肆兴用之意。从，通“纵”，放纵。

②青帝：太微垣天区五帝神之一。名曰灵威仰，其于春起受制，主木行。下文“赤帝”，则名赤熛怒，其于夏起受制，主火行。参见《春秋文曜钩》及本经卷九十三《敬事神十五年太平诀》所述。

③丙丁：天干第三位与第四位。巳午：地支第六位与第七位。以干支配五行，则丙丁巳午俱属火。

④父母：五行相生，施生者为父母，受生者为子。木生火，则木为火之父母，火为木之子。本经卷六十九《天谶支干相配法》云：“少阳为君之家，木为火之父母，君以少阳为家，火称木之子。”

⑤“令使”二句：五行说认为，春行夏令，则风雨不时，草木早落，天下大旱，虫螟为害，民多疾疫，山陵无收；夏行春令，则蝗灾大作，暴雨迭至，秀草不实，五谷不熟，百虫时起，谷实剥落，百姓流亡。参见《礼记·月令》和《淮南子·时则训》所述。

⑥愦愦(kuì)：昏暗的样子。

⑦大咎：大祸害。

【译文】

“希望听一听金行兴盛压制住木行，为什么反而能使火行衰落呢?”“太好了，你们这诘难性的发问！可以称得上深入真道里面来了。真人乐意了解那最明显的效验，所以在春季大肆兴用金行武器，就会虐杀伤残甲乙木行，致使天上青帝不高兴，连带着天上赤帝也大怒，丙丁巳午不顺适。出于对木行作为自己父母的怨恨，致使火行降现很多的灾异，生出不祥妖孽和奸猾这类东西。上天既定的法则，反而让火行的治理昏暗不明，像乌云搅动般混乱，这是绝对不行的吧？大祸害正出在这里。”

“善哉善哉！愿闻何故必多祆民臣、狡猾盗贼乎?”“为真人重说，使子察察知之[①]。天之格法，父母见贼者，子当报怨。夫报怨之家，必聚不祥伪佞狡猾少年能为无道者[2]，乃能报怨为反逆也。是故从赐金兵，厌伤木也，火治不可平也。此者，天常格法也，不可以故人也[3]。

【注释】

①察察：分辨得万分明晰的样子。

②不祥：指兵器。《老子·三十一章》谓："兵者，不祥之器。"

③不可以故人：势不由人之意。

【译文】

"太好了！太好了！希望听一听为什么必定会生出许多奸恶的百姓和臣僚以及狡猾的盗贼呢？""为真人再重新做讲说，使你们非常明晰地了解这一点。上天的成法是，父母被人虐杀的，当儿子的必定要报仇。而这户要报仇的人家，必定会聚集起手持兵器、奸伪巧诈、狡猾多端又敢干坏事的一帮臭小子，才能报仇，做出反逆的行径来。所以大肆赏赐金行兵器，会遏制并伤害木行，火行的治理也没办法平和。这是上天固定不变的成法，势不由人。

"六真人以吾言不信，但急断金兵，敢有持者，悉有重罪，即时火灾灭除[1]，其治立平，天下莫不言'善哉'！所以然者，火乃称人君[2]，故其变怪最剧也[3]，其四行不能也[4]。子欲重知其明效，五星荧惑[5]，为变最剧也。此明效也，其四星不能。子慎吾书吾文，天法不失铢分。""唯唯。"

【注释】

①火灾：火行所遭受的灾祸。

②火乃称人君：东汉盛行汉为火德说，故出此语。本经乙部《安乐

王者法》云："故火能化四行，自与五，故得称君象也。"

③变怪：奇异多变之意。

④四行：谓木、金、土、水。

⑤五星：指水、木、金、火、土五大行星。亦即东方岁星（木星）、南方荧惑（火星）、中央镇星（土星）、西方太白（金星）、北方辰星（水星）。《史记·天官书》载："水、火、金、木、填星，此五星者，天之五佐。"《说苑·辨物》云："所谓五星者，一曰岁星，二曰荧惑，三曰镇星，四曰太白，五曰辰星。"荧惑：火星的别称。因火星呈红色，荧荧似火，亮度常有变化，又隐现不定，令人迷惑，故名。

【译文】

"六位真人如果认为我的话不真确，那就只管迅速断绝金行兵器，敢有持带的人全都身犯重罪，火行遭受的灾祸立刻就会灭绝除掉，国家治理马上就会太平，天下没有谁不说'太好了'！之所以如此，是因为火行才称得上是君主，奇异多变最厉害，其他四行根本做不到。你们打算重新了解那明显的效验，五大行星中的火星，形成各种反常现象就最厉害。这就是最明显的效验，其他四星是根本做不到的。你们要慎重对待我那道书，我那经文，皇天的道法是丝毫不差的。""是是。"

帝王戒赐兵器与诸侯①，是王金气也。金气王则木衰，木衰则火不明，火不明则兵起之象。火者君象，能变四时，荧惑为变最效，天法不失铢分。

【注释】

①"帝王"句：自此句以下整段文字乃系《合校》本附存的以资参考的《太平经钞》钞文。

【译文】

帝王要警戒把兵器赏赐给诸侯，因为这是在让金行气占据主宰地位。金行气占据主宰地位,木行就会衰落;而木行衰落,火行就不盛明;火行不盛明,属于战争要兴起的征象。火行是君主的象征,能让四季发生变化;五大行星中的火星,构成各种反常现象最灵验,皇天的道法是丝毫不差的。

"行,为六子重明陈天之法①。故金气都灭绝断,乃木气得大王,下厌土位,黄气不得起②,故春木王、土死也。故惟春则天激绝金气于戊③,故木得遂兴,火气则明,日盛,则金气囚,猾人断绝。金囚则水气休,阴不敢害阳则生,下慎无灾变④。木气王,无金,则得兴用事⑤,则土气死,生民臣忠谨且信,不敢为非也。是天之格法券书也⑥,天地之常性常行。子知之耶?""唯唯。"

【注释】

①天之法:指五行休王的定律。系按五行迭相生而间(隔位)相胜的原理推导而成。如春季木王,则火相,土死,金囚,水休。下文云云,即缘此为说。

②黄气:土色黄,故称其气为黄气。

③激绝:荡激并断绝之意。戊:天干第五位。此处代表中央方位。

④下慎:意为底下人谨慎行事。

⑤用事:当权。谓起主宰作用。

⑥券书:意为如同契约般切合有效、足可为凭的天书神书。券,契据。道教有左契、右契之说,参见《老子想尔注》所述。

【译文】

"近前来,为你们六个人重新陈说辨明皇天的道法。金行气全部灭除断绝,木行气因而就得以完全发挥统率作用,往下克制住土行本位,使黄气没办法兴起，所以春季木行占据主宰地位，土行就死灭。因而只是在春季，皇天把金行气荡激断绝在戊所代表的中央方位上，所以木行得以实现兴旺，而火行气随之盛明，日益雄盛，于是金行气被囚困，奸猾的人断绝掉。金行被囚困，水行气就休退，阴不敢害阳就化生，下面就谨慎而没有灾变。木行气占据主宰地位，没有金行的干扰，就得以兴盛，起到统率的作用，而土行气就死灭，化导出的老百姓和臣僚个个都忠良谨顺而且诚信，不敢为非作歹。这是皇天的成法和足可为凭的神文，也是天地固有的本性和通常的行动。你们清楚这一点了吗？”“是是。”

“行，子已知矣。今复为六子重明天法，使□□[①]。今天下从兵，金气也。又王者或以岁始赐刀兵[②]，或四面巡狩止居[③]，反赐金兵。王者，王也，以金兵赐人，名为王金。金王则水相，金王则害木，水相则害火。西、北，阴也；东、南，阳也；少阴得王[④]，太阴得相也[⑤]，名为二气俱得胜其阳[⑥]。其灾生，下狡猾为非，阴气动则多妄言而生盗贼[⑦]，是天格法也。六子知之耶？”“唯唯。”“然。六真人已知之矣，慎天法。”

【注释】

①使□□：此句原缺二字。

②岁始：即新年伊始。

③巡狩：谓视察各地。

④少阴：不甚旺盛的阴气。即金气。散布弥漫于西方。

⑤太阴：最旺盛的阴气。即水气。散布弥漫于北方。

⑥阳：指与西相对的东方木，与北相对的南方火。

⑦妄言：谓向他人宣称自己要做当朝天子或日后会登仙成神之类。详参本经卷七十一《致善除邪令人受道戒文》、卷一百十四《九君

太上亲诀》所述。

【译文】

"好了,你们已经领悟到了。眼下再为你们六个人重新申明皇天的道法。如今天下纵容兵器泛滥,这原本就属于金行气。再加上帝王有的在新年伊始向臣僚赏赐兵器,有的视察天下四方,在所到之地反而也赏赐兵器。帝王本来是天下的主宰,却拿兵器赏赐人,这被特称为让金行占据统治地位。金行一占据统治地位,水行就强壮;金行一占据统治地位,就伤害木行;而水行一强壮,就伤害火行。西方和北方属于阴,东方和南方属于阳,散布弥漫在西方的金气得以占据统治地位,而散布弥漫在北方的水气就得以强壮,这被特称为二气一起克制住了与它们相对立的阳气。由此引发的灾异于是降现,下面人也狡诈干坏事,阴气搅动就妖言四起又生出盗贼来,这是皇天的成法。你们六个人清楚这一点了吗?""是是。""好的,看来六位真人已经领悟到了,要慎重对待皇天的成法。"

"唯唯。今愿请问:东南阳也,何故为地户①?今西北阴也,反为天门②?""然。门户者,乃天地气所以初生,凡物所出入也。是故东南,极阳也,极阳而生阴,故东南为地户也。西北者,为极阴,阴极生阳,故为天门。真人欲知其效,若初九起甲子③,初六起于甲午④,此之谓也。故天道比若循环,周者复反始,何有解已⑤。其王者得用事,其微气复随而起矣⑥。""善哉善哉!"

【注释】

①地户:指角宿和轸宿所夹峙的天区,位在东南。于《周易》为巽卦之位。

②天门:指二十八宿中奎宿和壁宿所夹峙的天区,位在西北。为乾卦之位。《周易乾坤凿度》称:“圣人画乾为天门,万灵朝会众生成,其势高远。”又引《万形经》云:“天门辟开元气,《易》始于乾。”《素问》卷三十九《五运行大论》谓:“奎壁、角轸,则天地之门户也。”《河图括地象》曰:“天不足西北,地不足东南,西北为天门,东南为地户。天门无上,地户无下。”

③初九:乾卦倒数第一阳爻的爻题。象征阳气始生,潜藏地下。甲子:历元,即历法的起算点,指十一月恰好是夜半合朔冬至的那一天。汉代《易纬》有“阳生于子”的说法。

④初六:坤卦倒数第一阴爻的爻题。象征阴气始生,潜藏地下。甲午:指农历五月夏至之时。汉代《易纬》有“阴生于午”的说法。

⑤解已:化解与止息。

⑥微气:指孕育滋生之气。相当于八卦休王说中的胎气。参见《白虎通义·诛伐》所述。

【译文】

“是是。如今请求再问一下:东南方属于阳,为什么又成为地户呢?如今西北方属于阴,为什么反倒成为天门呢?”“好的。门户是天气地气开始滋生和万物出入的地方,因而东南方属于阳气达到极限的位所,阳极就生阴,所以东南就成为地户。西北方属于阴气达到极限的位所,阴极就生阳,所以西北就成为天门。真人要想了解那效验,就好比乾卦倒数第一阳爻代表阳气在甲子始生,坤卦倒数第一阴爻象征阴气在甲午始生,说的就是这个意思。所以天道就像顺着环形的轨道在旋转,转完一圈又回到起始的状态,哪里有化解和止息的时候。五行中占据统治地位的那一行得以发挥主宰作用,与它对应的孕育滋生之气也就随之萌发了。”“这太好了! 这太好了!”

“复为六真人具陈一事:王者大兴兵,则使木行大惊骇无气，则土得王起[①]；土得王，则金大相；金大相，则使兵革数动，《乾》、《兑》之气作[②]，西北夷狄猾盗贼数起[③]。是者自然法也，天地神灵不能禁止也。故当务由厌断金物，无令得兴行也。”“善哉善哉！见师说天法，知其可畏矣。”“子知畏之，则吉矣。”

【注释】

①土得王起：此系择取五行休王说辗转推导而出者。即：金王，则木死，火囚；水王，则火死，火死化生土，土遂大盛。参见卷六十九《天谶支干相配法》所述。

②乾兑：指位居西北的乾卦与位居正西的兑卦。以八卦配五行，此二卦属金行。

③夷狄：古代对边疆少数民族的蔑称。此处指匈奴、羌、氐等。

【译文】

“再为六位真人详尽陈说一桩事：帝王大规模动用武力，就会使木行万分惊恐惧怕而无生气，土行就得以占据统治地位而兴起；土行起到主宰的作用，金行就特别强壮；金行强壮起来，就会造成战争接连不断，《乾卦》和《兑卦》所代表的西北方和正西方的阴气就弥漫开来，而西北少数部族和狡诈的盗贼也频繁地来捣乱了。这是原本就那样的法则，天地和神灵对它也无力禁止。所以应当务必从遏制、禁断住金行事物做起，不让它们得以兴行。”“太好了！太好了！看到天师讲说皇天的道法，明白这太值得畏惧了。”“你们知道畏惧它，也就吉利了。”

“今皇天明师幸哀其愚蔽，不达于道，乃具为明陈天法。今是独为一君生耶？天下之为法悉如此耶哉？”“然。天以是为常格法。虽然，木行火行，无妄从兴金岳[①]，使钱得数王[②]，盗行以为大害[③]，使治难平也，反使金气得大王，为害甚甚。能应吾天法断之者，立吉矣，治兴，祆臣绝，天法不欺人也。”

【注释】

①金岳：即铜储量丰富的山岳。此就严格控制铸币问题而发。

②钱得数王：本卷《兴衰由人诀》称：“兴用金钱，则金钱王。”

③盗行：谓私铸钱币。

【译文】

“如今皇天明师对弟子们的愚昧昏暗、不明真道幸予哀怜，竟为我们详尽明晰地陈说皇天的道法。可这道法是眼下专为一个君主降示的吗？天下构成法则全都像这样吗？”“好的。皇天把这列为固定不变的成法。尽管如此，作为木行和火行，也不能随便就放纵和兴行从铜山采铜铸钱这类活动，使钱币屡屡得以占据支配地位，以至于私铸钱币风行，构成大害，导致治理难太平，反而让金行气得以充分发挥出主宰的作用，造成祸害深重极了。能够应合我这皇天道法而对它严加禁断的，立刻就吉庆了。治理兴行开来，奸臣灭绝，皇天道法决不会欺骗世人。”

“愿闻天以此为格法意诀。”“然。详哉！六子问事也。然。天地以东方为少阳[①]，君之始生也，故日出东方。以南方为太阳，太阳君也，故《离》为日[②]，日为君；南方[③]，火也，火为君；南方为夏[④]，夏最四时养长，怀妊盛兴处也[⑤]，其为德最大，故为君也。以此为格法。虽然，音为角者[⑥]，并于东方；位为火者[⑦]，并于南方。今太平气盛至，天当兴阳气，故吾见六真人问事，知为天使之，故吾为六真人具说所以兴太阳君之行法[8]，真人慎之。”“唯唯。”

【注释】

①少阳：不甚旺盛的阳气。即木气。散布弥漫于东方。以五方配五行，东方属木。

②离：八卦之一。其卦象象征日。

③南方：以五方配五行，南方属火。

④夏：指仲夏五月。以四季配五行，夏属火。

⑤怀妊：指在地下由阳气于去年农历十一月开始孕育滋生的万物。盛兴：指长得枝繁叶茂的那种状态。

⑥角：五音(五声音阶)之一。大致相当于现代简谱上的3(mi)。以五音配五行，角属木行春音。《汉书·律历志上》云：“角，触也，物触地而出，戴芒角也。”《白虎通义·五行》谓：“角，跃也，言阳气动跃。”

⑦位为火者：指五音中的徵音。大致相当于现代简谱上的5(sol)。徵属火行夏音。《汉书·律历志上》云：“徵，祉也，物盛大而繇祉也。”《白虎通义·五行》谓：“徵，止也，言阳气至极。”

⑧太阳君：即火德之君。

【译文】

“希望听一听皇天把这作为成法的用意方面的定论。”“好的。你们六个人问事太详尽了！好的。天地把东方作为不太旺盛的阳气的散布处所，代表着君王开始化生，所以太阳就从东方升起来。又把南方作为最旺盛的阳气的散布处所，代表着德居火行的君王，所以《离卦》象征着太阳，太阳又代表着君王；南方属于火行，火行是君王；南方与夏季相对应，夏季在四季中养长万物最突出，是使最初在地下胚胎的万物长得枝繁叶茂的重要阶段，它所形成的恩德最广大，所以是君王。皇天正把这作为成法。尽管如此，属于五音中的木行角音，则被东方所合并；配隶火行的徵音，又被南方所合并。如今太平气空前盛明地来到，皇天正该兴行起阳气，所以我看到你们六位真人前来问事，就知道这是被皇天所驱使的，因而我为六位真人详尽地讲说致使火德君主空前兴盛的火行大法，真人要慎重对待它。”“是是。”

王者赐下法第一百

【题解】

本篇所谓"王者赐下法",系指帝王会见臣民时对贤者、饥者、寒者进行恩赐所应掌握的准则及物品而言。篇中强调,见贤者应赐之以道经书文,使其各得养性之道,反过来尊君忧君,效忠于君。为此,又借用《易》象和五行说,创制出一条"文生于东,明于南"的推尊《太平经》的天法。

"今天师辛哀为愚生陈天法悉具①,愿复问一事。今帝王见群臣,下及民人。天法:为人父母②,见其臣,是王者贤子也,故助王者治理天地也。民者,是王者居家不肖子也③,为王者主修田野治生④。见之,会当有可以赐之者;不赐,则恩爱不下加民臣,令赤子无所诵道⑤。当奈何哉?""善哉!真人之言也。然。见贤者赐以文⑥,见饥者赐以食,见寒者赐以衣。"

【注释】

①辛哀:此二字中"辛"当作"幸"。形近而讹。幸哀,敬词。幸而哀

怜之意。

②为人父母：喻指帝王的地位与职责。

③不肖子：子不似父曰不肖。意为民众根本无法与帝王相提并论。

④主修田野治生：意谓通过从事农业生产特为朝廷提供财源。

⑤赤子：指纯正忠诚如初生婴儿的人们。婴儿初生，体为赤色，故言。《老子·五十五章》谓："含德之厚，比于赤子。"诵道：赞诵，传颂。

⑥赐以文：东汉恩赐，有秘书（官廷藏书）、列仙图、道术秘方之类。此处所言和下文当赐何文之论，即缘此而发。

【译文】

"如今天师幸予哀怜，为愚生陈说皇天道法已经完整详尽，希望再询问一桩事情。如今帝王需要召见群臣，再往下直至普通老百姓。按照皇天的准则来说，身为天下人的父母，需要召见自己的臣僚，而臣僚正属于帝王贤能的儿子，所以他们要协助帝王治理天地。普通老百姓则属于帝王家中根本无法与父亲相提并论的儿子，应为帝王从事农耕，为朝廷提供财源。帝王召见他们，终归要有可以赏赐给他们的物品；不赏赐的话，恩德仁爱就不能往下施加到百姓和臣僚的身上，致使忠诚的儿子们没有什么能加以赞颂的地方。对此究竟应当怎么办呢？""太好了！真人这番问话。是的。帝王召见贤能的人要拿书文来赏赐，召见挨饿的人要拿食物来赏赐，召见挨冻的人要拿衣物来赏赐。"

"见贤者何故赐之以文乎？""所以赐以文者，文者生于东[①]，明于南[②]，故天文生东北[③]，故书出东北[④]，而天见其象。虎有文[⑤]，家在寅[⑥]；龙有文[⑦]，家在辰[⑧]，负而上天[⑨]，离为文章在南行[⑩]。故三光为文，日最大明。故文者生于东，盛于南[⑪]。故日出于东，盛于南方。天命帝王，当象天为法，故当赐文，以兴太阳火之行也。日兴火，能分别睹文是与非，文亦所以记天下是非也。""善哉善哉！""行，六真人已知天道，大觉矣。"

【注释】

①文者生于东：文指文彩。东方属木，木色青，故出此语。

②明于南：明谓光明、盛明。南方属火，火色赤焕，故出此语。

③天文：指由日月星构成的天象。《周易·贲·彖传》谓："刚柔交错，天文也。"东北：为阴气所尽、阳气所始、自阴复阳、万物向生的方位。

④书：指真道神书。

⑤虎有文：此三字中"文"下《云笈七签》卷七和《三洞神符记》所引俱有"章"字。虎在古代被视为阴精而居于阳。文指虎皮上的花纹。

⑥家：指藏伏地。寅：地支第三位。代表东北方和农历正月。汉代以十二支配十二种动物，寅则配虎。详见《论衡·物势篇》所述。本经卷一百十一《有德人禄命诀》称："寅为文章，在木之乡，山林猛兽，自不可当。"

⑦龙有文：此三字中"文"下《云笈七签》卷七和《三洞神符记》所引俱有"章"字。龙在古代被视为阳精，潜居阴中而上通。文指龙鳞。《论衡·书解篇》谓："龙鳞有文，于蛇为神。"

⑧辰：地支第五位。代表东南方和农历三月。其于动物，则配龙。

⑨负：谓身负文彩。《周易·乾·九五》爻辞称："飞龙在天。"九五为乾卦倒数第五爻题，于时则为六阳中的农历三月，故上文称"家在辰"。

⑩离：指离卦。文章：文彩鲜明之意。南行：即火行。本经卷六十九《天谶支干相配法》称："南方为章，故正为文章也。章者，大明

也，故文生于东，明于南。故天文者，赤也；赤者，火也。”

⑪盛于南：此三字中“南”下《云笈七签》卷七和《三洞神符记》所引尚有十字：“是知真文初出，在东北也。”

【译文】

“召见贤能的人，为什么要拿书文来赏赐呢？”“拿书文来赏赐，原因是文彩在东方生成，在南方盛明，所以天文在由阴返阳的东北方生成，因而真文在东北方降示，而皇天正显现出它那征象。猛虎有皮上的花纹，藏伏地在代表东北方的寅位；龙有龙鳞形成的花纹，藏伏地在代表东南方的辰位，身带龙纹能飞升到天上，《离卦》便形成鲜亮的文彩，占据南方火行的本位。所以太阳、月亮、星辰组成天象，太阳最为盛明。因而真文在东方生出，在南方盛明。所以太阳从东方升起，运转到南方最盛明。皇天责成帝王，应当效仿皇天奉为法度，所以就该赏赐书文，以便去盛兴起代表旺盛阳气的火行。日益盛兴起火行，就能清晰地分辨出天下书文的是与非，书文也正是记述天下是非的东西。”“这太好了！这太好了！”“回去吧，六位真人已经了解到天道，彻底觉悟了。”

“今皇天明师为天具道法，既无可惜[①]，愿闻赐之当以何文哉？”“详乎！六子为天问事也。然当如此，凡事常苦不□□[②]。然。乐象天法而疾得太平者，但拘上古、中古、下古之真道文文书[③]，取其中大善者[④]，集之以为天经[⑤]，以赐与众贤，使分别各去诵读之，今思其古今要意[⑥]，为化民臣之大义当奈何[⑦]，因以各养其性，安其身。如此者，大贤儒莫不悦喜也，而无恶意。各得惟念天地之法知之，则令使人上尊爱其君，还惜其躯，深知明君重难得。其中大贤仁者，常恐其君老，分别为索殊方异方[⑧]，还付其帝王，故当赐以道书文。”“善哉善哉！”

【注释】

①既无可愔(yīn):言无不尽之意。愔,静寂无声。

②凡事常苦不□□:此句原缺二字。

③拘:汇集。上古:指天皇、地皇、人皇所谓三皇时代。中古:指以黄帝为首的五帝时代。下古:指夏商周三王时代。

④大善者:指最为精妙的足以实现天下太平的论断。

⑤天经:即道经。天好施生,道亦好施生,故为天经。参见本经卷七十三至八十五《阙题》(五)所述。

⑥要意:切要的意旨。

⑦大义:大道理。

⑧殊方异方:如本经丙部草木方、生物方之类。参见卷四十七《上善臣子弟子为君父师得仙方诀》所述。

【译文】

"如今皇天明师为皇天完整详尽地演述道法,既然言无不尽,希望能听一听应当拿什么样的书文去赏赐呢?""你们六个人为天问事真详细呀!然而也正该这样。好的。愿意效仿皇天道法而迅速实现太平的人,只管汇集起上古、中古、下古的真道文章和图籍,择取其中最为精妙的足以实现天下太平的论断,综括起来编成天经,把它赐给众位贤人,让他们分别回去诵读它,在眼下精思古今的切要意旨,对百姓和臣僚进行化导的大道理究竟该怎样落实到位,随即各自修养本人的心性,保住自己的身躯。做到这样,大贤儒就没有一个人不喜悦的了,根本就不存在邪恶的念头了。各自能够一味地精思天地的法则并了解掌握住它,致使人们往上尊崇敬爱自己的君主,反转来怜惜君主的性命,深深懂得贤明的君主很难再遇到。其中特别贤德仁爱的人,时刻担心自己的君主变衰老,分别为他索取延年益寿的妙方仙方,掉转头交付给自己的帝王,所以就应当拿道经书文做赏赐。""这太好了!这太好了!"

“子已知之矣。今或自易[①]，赐之以兵革金物，归反各思利事[②]，而上导武气，化流小愚民[③]，则使利事生，而兵兴金王，狡猾作，盗贼起。金用事，贼伤木行，而乱火气，是天自然格法[④]。子知之耶?”

【注释】

①自易:谓擅自改变。

②利事:指争权夺利诸事。

③化流:染化延及之意。

④自然格法:意为本然固有的法则。

【译文】

“你们已经完全明白了。可如今有的君主却擅自改变天法，拿兵器这类金行物品来赏赐他们，他们回去后反而各自琢磨争权夺利的事情，在上面这样来宣导武气，就染化延及到愚昧的众百姓，致使争权夺利的事情涌生出来，而兵刃这玩艺一兴用，金行就占据统治地位，狡猾的行径就随之出现，盗贼兴起。金行发挥支配的作用，就会虐杀伤残木行，而且搅乱火行气，这是皇天本然固有的法则，你们明白这一点了吗?”

“唯唯。愿问何不赐之以他文经书?”“然。他书非正道文，使贤儒迷迷[①]，无益政事，非养其性；经书则浮浅[②]，贤儒日诵之，故不可与之也。然同可拘上古圣经善者，中古圣经善者，下古圣经善者，以为文，以赐之。但恐非养性之道，使人不自重而反为文也[③]。然。凡文善者，皆可以赐之，使其诵习象之，化为善也。”“善哉善哉!”“六子已觉之矣。”

【注释】

①迷迷：意谓迷惑得无法超脱。

②经书：指儒家经典。

③文：谓文饰。

【译文】

“是是。希望再问一下：为什么不拿其他的图文或经书做赏赐呢?”“好的。其他的图文并不是纯正真道的图文，会使贤儒迷惑得无法超脱出来，对政事没有什么补益，并非在讲论修养心性；至于儒家的经书，思想内容很肤浅，贤儒也天天在诵读它，所以不能再赐给他们。然而同时也可以汇集起上古圣人经书中确实较好的那部分内容，中古圣人经书中确实较好的那部分内容，下古圣人经书中确实较好的那部分内容，编成文书，去赐给他们。不过却只担心这类文书并非强调修养心性的道法，使人们不自己爱重自己，反而大搞文饰那一套。好的，只要是书文精善的，都可以赐给他们，让他们诵读，照着去做，化为良善。”“这太好了！这太好了！”“看来你们六个人已经对此觉悟了。”

兴衰由人诀第一百一

【题解】

本篇所谓“兴衰由人”，特就“五行休王说”而详加阐发。篇中一则承接上篇，要求帝王对饥者赐食，寒者赐衣，为天下“周穷救急”作出表率，以求获得百姓的感恩回报；二则告诫帝王崇道德，抑刑罚，黜武力，以免出现“阴乘(侵凌)阳，贱乘贵”的局面；三则运用生活常识及历史现象，强调万事万物都随人而兴废，举凡道、德、文、武乃至金钱、财货何者得生“王”气，占据主导地位，完全取决于人，而不必仰赖四时五行之气“王相休囚废”的定律，并断言这也属于“天格法”，由此肯定了人的主观能动作用。

“今天师幸都为愚生言，愿问赐饥者以食，寒者以衣意。”“然。夫饥者思食，寒者思衣，得此心结，念其帝王矣，至老不忘也；思自效尽力，不敢有二心也。恩爱洽著民间[①]，如有所得奇异殊方善道文，不敢匿也，悉思付归其君，使其老寿。是故当以此赐之也，此名为周穷救急。夫贤者好文，饥者好食，寒者好衣，为人君赐其臣子，务当各得其所欲，则天下厌服矣[②]。”“善哉善哉！”

【注释】

①洽著：远近闻名之意。

②厌服：意谓得到满足而归服。厌，满足。

【译文】

“如今天师幸而为愚生一并做讲论，希望再问一下拿食物赐给挨饿的人，拿衣物赐给受冻的人，这两种做法的含义。”“好的。挨饿的人就想得到东西吃，受冻的人就想得到衣服穿，得到这两样物品，就心中牢牢铭记并感念自己的帝王了，到老也不会忘记；反转来会想到自己应主动做报答，不敢再有二心了。由于帝王的恩德仁爱在民间远近闻名，如果真有获取到的奇异仙方和吉善真道的书文，也不敢自己藏起来，都想把它付归给自己的君主，使他长寿。所以就应当拿食物、衣物来赐给他们，这被称作周穷救急。贤能的人喜好书文，挨饿的人喜好食物，受冻的人喜好衣物。身为君主，赏赐自己的臣僚和百姓，也就务必要分别切中他们想得到的东西，于是全天下就都感到满足并且归服了。”“这太好了！这太好了！”

“是以天性：上道德而下刑罚①。故东方为道，南方为德。道者主生，故物悉生于东方；德者主养，故物悉养于南方。天之格法，凡物悉归道德，故万物都出生东南而上行也②，天地四方六阳气③，俱与生物于辰巳也④。子知之耶？”“唯唯。”

【注释】

①上：崇尚。下：贬抑。

②东南：于时为四月。本经壬部谓：“天生万物，春响百日欲毕终。”上行：朝上继续生长之意。

③六阳气：古以乾卦六爻所代表的农历十一月至来年四月渐次上升的阳气为六阳气。

④辰巳：地支第五位与第六位。代表农历三月与四月。

【译文】

“因而皇天的本性是：崇尚道德而贬抑刑罚。所以东方为真道，南方为大德。真道职在施生，所以万物全从东方生长出来；大德职在养长，所以万物全在南方得到养长。皇天的成法是，万物全都归向道德，因而万物在东南方就一律生齐并继续生长，天地四方和升腾到极点的六阳气，共同在代表三月与四月的辰位和巳位上使万物生齐。你们清楚这一点了吗？”“是是。”

“天之法下刑，故西、北，少阴、太阴，为刑祸①。刑祸者，主伤主杀，故物伤老衰于西，而死于北。天气战斗②，六阴无阳③，物皆伏藏于内穴中④，畏刑兴祸，不敢出见。天道恶之下之，故其畜生⑤，悉食恶弃也⑥。是故古者圣人睹天法明，故尚真道、善德、奇文而下武也，是明效也。今刑祸武，生于西、北而尚之，名为以阴乘阳⑦，以贱乘贵。多出战斗，令民臣不忠，无益王治，其政难乎！真人宁知之耶？”“唯唯。”

【注释】

①刑祸：克杀的灾祸。古以秋季、冬季断狱行刑，故称其为刑祸。

②天气战斗：谓阳长阴消、阴进阳退的展开过程。

③六阴：与六阳相对。古以坤卦六爻所代表的农历五月至十月渐次上升的阴气为六阴。无阳：意谓六阳于十月尽伏不出。参见《礼记·月令》“孟春之月”唐孔颖达《疏》。

④内穴：地底下的位所。指万物自十月后皆随阳气入藏地下。详

参本经卷四十四《案书明刑德法》所述。

⑤畜生：谓该宰杀的家畜。

⑥恶弃：指人食剩的腌臜物品。

⑦乘：侵凌。

【译文】

"皇天的常法是贬抑刑罚，所以西方和北方，属于少阴气和太阴气所在的位所，构成刑罚的大祸。刑罚的大祸，职在伤残，职在斩杀，所以万物伤残、衰败在西方，枯死在北方。时气在阴阳搏斗，六阴气到十月升腾到极点，六阳气就尽伏不出，而万物也都跟随阳气藏伏在地底下，害怕刑罚把祸难降临到自己的头上，不敢出来露面。天道憎恶并贬抑刑罚，所以那些该宰杀的家畜，全都吃人剩下的腌臜东西。因而古代的圣人清楚地看出皇天的道法来，所以就崇尚真道、大德和奇异的书文，而把武力放在最末位，这便是明显的证据。如今刑罚大祸和武力都降生在西方和北方，但却崇尚它们，就被称为用阴侵凌阳，拿卑贱侵凌尊贵。结果就产生多种武力争斗，致使百姓和臣僚不忠良，对帝王的治理没有任何好处，而国政也就太难办了吧？真人到底对此明白了吗？""是是。"

"子可谓以觉矣。是故古者圣贤，常尚道德文，常投于上善处①，而兵革战备投于下处。一人独居，则投文于床上，而兵居床下，如是则夷狄自降，盗贼日消灭矣。""善哉善哉！""行，子可谓已知之矣。六子详思吾书意，以付上道德之君，以示众贤，吾之言不负天地贤明也。行去，辞小竟也②。事他所疑，乃复来问之。"

【注释】

①上善处：最显眼的地方。

②小竟：暂且告一段落之意。

【译文】

"你们可以称得上已经觉悟了。因此古代的圣贤经常推重道德方面的文书，总把它放在最显眼的地方，而武器盔甲这类东西，却置于偏僻的地方。单独一个人在居室的时候，就把道德方面的文书放在床上，而把兵器置于床底下，这样做，边区的少数部族就自动归降，而盗贼也一天比一天消失灭亡了。""这太好了！这太好了！""回去吧，你们可以称得上已经闹懂了。你们六个人要仔细思索我这文书的要意，把它授付给具有第一等道德的君主，亮给众贤士观看，我所讲论的这一切，决不会愧对天地和众位贤明。你们回去吧，讲说到此告一段落。有其他闹不懂的事情，就再来询问。"

"唯唯。今六真人受天师严教，谨归各居闲处①，思念天师言，俱有不解，唯天师示诀之。""行言，何等也？""今天乃自有四时之气②，地自有五行之位③，其王、相、休、囚、废自有时④，今但人兴用之也，安能乃使其生气，而王相更相克贼乎？""咄咄，噫！六子虽日学，无益也，反更大愚，略类无知之人，何哉？夫天地之为法，万物兴衰反随人。故凡人所共兴事，所贵用其物，悉王生气；人所休废，悉衰而囚。故人所兴事者，即成人君长师也⑤；人所争用物，悉贵而无平也⑥；人所休废物，悉贱而无贾直也⑦。是故天下人所兴用者王，自生气，不必当须四时五行气也。故天法，凡人兴衰，乃万物兴衰，贵贱一由人⑧。

【注释】

①闲处：指清静的修道处所。

②四时之气：指春之少阳气，夏之太阳气，秋之少阴气，冬之太阴气，以及每季季末后十八日特别是季夏六月后十八日之中和气。换言之，即五行之气。

③五行之位：指东方木，南方火，中央土，西方金，北方水。

④“其王、相”句：此就五行休王说而发。汉代阴阳家宣称，五行之气在一年四季中迭有变代，并借用王、相、休、囚、废来加以描述。王，表示旺盛；相，表示强壮；休，表示休退；囚，表示困囚；废，表示死亡。按照五行生克原理，春则木王，火相，土废，金囚，水休。余可依次类推。

⑤君长师：喻指支配力量。

⑥平：指公平的价码。

⑦贾直：即价值，价格。贾，“价”的古字。

⑧一：完全。

【译文】

“是是。如今我们六位真人承受天师严切的训导，恭谨地回去后，各自在清静的修炼处所精思天师的话语，都出现了闹不懂的地方，只请天师开启并做出定论。”“随即讲来，究竟是什么问题呢?”“如今皇天原本就有四季交替到来的时气，大地原本就有五行的位序，它们之间旺盛、强壮、休退、困囚、死亡的形态原本就有固定的时段，如今只是由世人来兴用的东西，怎么竟使它们能够生发出自身的那股气来，导致旺盛形态和强壮形态递相构成克制和虐杀呢?”“哎呀呀，嘿嘿！你们六个人尽管每天来学道，却没有长进，反而更万分愚昧，近似什么都不懂的人，这可是为什么呢？天地形成它那法则，万物兴盛或衰落反过来都随人而定。所以只要是人所共同兴行的事情，所看重和使用的物品，全都会占据主导地位，生发出它那股气来；相反，由人让它休退、让它灭亡的事情和物品，也全都衰落又困囚。所以人所兴行的事情，就成为人的支配力量；人所争着使用的物品，全都贵重而无公平的价码；而由人让它休退、让它灭亡的物品，却都贱得一文不值。所以天下人所兴用的东西，就占据统率地位，自行生出它那股气来，不是一定要等待四时五行气如何流转。所以皇天的法则是，只要是由人做出兴衰决定来，万物就跟着兴衰，贵贱完全在人。

“是故古者圣人，知天格法不可妄犯也，故上古时人，深知天尊道、用道、兴行道，时道王。中古废不行，即道休囚，不见贵也。中古兴用德，则德王。下古废至德，即德复休囚也。故人兴用文[①]，则文王；兴用武，则武王；兴用金钱，则金钱王；兴用财货，财货王。天下人所兴用，悉王，自生气。其所共废而不用者，悉由凡物，何必乃当须天四时五行王，乃王哉？子学何不日昭昭，而反日益冥冥无知乎[②]？

【注释】

①文：指礼仪等项制度与规范。

②冥冥：懵懂无知的样子。

【译文】

“因而古代的圣人，知道皇天的成法决不可以随意违犯，所以上古时代的人们就深深懂得皇天尊崇真道，施用真道，兴行真道，因而当时真道就占据统率的地位。中古废弃真道而不加以行用，真道便处于休退、困囚的状态而不被珍视。中古兴用德，德就占据主导地位。下古废弃最高之德，德又处于休退、困囚的状态。所以世人兴用文饰那一套，文饰那一套就占据统治地位；兴用武力，武力就占据统治地位；兴用金钱，金钱就占据统治地位；兴用财货，财货就占据统治地位。只要是天下人所兴用的东西，就都会占据统治地位，自行能生出它那股气来。那些被人共同废弃而不再行用的东西，都是由那个东西本身给造成的，何必竟要等待皇天的四时五行该由谁占据统治地位，它才占据统治地位呢？你们学道为什么不是一天比一天明白，反倒一天比一天更懵懂无知呢？

“真人用意，尚如此，夫俗人共犯天禁[①]，言其不然，故是也。今以子况之[②]，人愚独久矣。若真人言中类[③]，吾为天陈法，为德君解承负先王流灾，将有误人不可用者耶？如误，何可案用乎？六子若有疑，欲知吾道大效，知其真真与不，令疾上付贤明道德之君，使其按用之，立与天地乃响相应，是其人明效证验也。今真人尚乃不能深知是：人能使物兴衰进退；俗人比于子，冥冥与盲何异哉？”

【注释】

①天禁：皇天的禁忌。

②况：比况，比照。

③中(zhòng)类：符合一般道理之意。

【译文】

“真人动用心思尚且是这个样子，世俗人共同触犯皇天的禁忌，声称没有那档事，所以也就只能是他们那个样了。如今拿你们来做比照，世人愚昧真是唯独太久了。如果真人所说的却符合一般的道理，那么我为皇天陈述道法，为具有道德的君主解除承负先王的那些流灾，将有贻误世人而不可行用的玩艺吗？如果真地贻误世人，哪里还能查照遵行呢？你们六个人如果存有疑问，而又想了解我那真道的巨大效应，弄清它真确与否，那就让人火速往上付归给具有道德的贤明君主，让他遵照施用，立刻就能像回声应和那样与天地相应合，这正是他属于那合适人选的明显证验。如今真人尚且不能深深明了这条定律：人能使事物兴衰进退；而世俗人同你们相比，昏昧无知的程度又和盲人有什么两样呢?”

“今见天师分别为愚生说之，已解矣。有过不也。”“夫人既学也，当务思惟其要意，勿但习言也而知其意诀，是天地与道所怨也。又学者，精之慎之[①]。”“唯唯。”“行去，记此天政事，可以厌猾祆[②]，勿使德君失政事文也。”“唯唯。”

【注释】

①精：谓精思事象及其义理。

②猾祆：指狡猾的盗贼和奸恶的臣僚。

【译文】

“如今看到天师逐条逐项为愚生做讲说，已经解悟了。犯下罪过，绝对下不为例了。”“作为人，已经在学道了，就应该只管去精思那切要的意旨，不要光是弄熟那些文辞，了解一下那意旨的现成结论，这是天地和真道所怨恨的做法。再者说来，学道要精思它，慎重对待它。”“是是。”“回去吧，牢牢记下这皇天的政事，可以压住狡猾盗贼和奸恶臣僚而不使具有道德的君主把政事处理失当的神文。”“是是。”

三五优劣诀第一百二

【题解】

本篇所谓“三五”，乃系三皇五帝、三王五霸的省称。“优劣”，则指施布道德的广度与深度而言。对三五的评判，从老庄、《管子》到汉代谶纬，都间接或直接地持守后不如前、每况愈下的观点。本篇则续加发挥，不仅依据气化论和古史传说，拟构出一个天地人相对应的新的三五系统，而且按照道德普及面的广狭和影响力的大小，各分上中下三等，区定为九皇十五帝、九王十五霸所组成的“四十八部”；并用《易纬》的宇宙生成图式和万物随元气在八卦框架内生长死灭的过程，来解释皇道、帝道、王道、霸道的嬗递原因；对四十八部“行道长短”，则借“太阳、太阴、中和”三气以及天地人三统论，结合《孝经》谶纬说，予以详尽说明。通篇所持执的这种复古返初的历史观，含有针砭东汉政治现实的客观意义。后世道教兴起的上三皇、中三皇、下三皇之说，亦与本篇结有不解之缘。

“大暗愚日有不解冥冥之生稽首再拜[①]，问一大疑。”“何等也？”“书中比比道‘天上皇气且下’[②]，今讫不知其为‘上皇气’云何哉？[③]”

【注释】

①大暗愚日有不解冥冥之生：此系学道真人极度谦恭的自称。生，即学生、弟子。稽首：古代以头着地的最重跪拜礼。

②比比：处处。上皇气：最盛明的太平正气。

③讫：一直。“上皇气”云何：本经丙部《三合相通诀》对此已有逐字解释。此处复出，且答案不同，系由《太平经》成于众手所致。

【译文】

“万分昏暗愚昧、每天都有闹不懂的事情、简直一无所知的弟子叩头在地，连拜两次，询问一个怎么也搞不清楚的大问题。”“究竟是什么问题呢？”“天师赐给弟子的道书中处处强调‘天上皇气且下’，如今一直不明白‘上皇气’这个字眼到底是指什么说的呢？”

“子乃知深疑此，可谓已得道意矣①。行明听，为真人具陈之。天有三皇②，地有三皇，人有三皇③；天有五帝④，地有五帝⑤，人有五帝⑥；天有三王，地有三王，人有三王⑦；天有五霸，地有五霸，人有五霸⑧。”

【注释】

①道意：真道的奥义妙旨。

②天有三皇：此系本经编著者按其元气分化成天、地、人三大实体的说法，结合人有三皇的古史传说糅合扩展而成，并无确指的对象。下文“地有三皇”，“天”“地”又有“三王”、“五霸”，例均仿此。

③人有三皇：其具体所指对象，在两汉以前，说法颇为歧异。或谓伏羲、神农、黄帝；或谓伏羲、神农、女娲；或谓伏羲、神农、燧人；或谓伏羲、神农、祝融；或谓天皇、地皇、泰皇；或谓天皇、地皇、人皇。在《太平经》中，又有“上古三皇”和“中古三皇”之分。前者

采谶纬说，指天皇、地皇、人皇而言；后者依《白虎通义》，指伏羲、神农、燧人而言。参见卷五十四《使能无争讼法》所述。

④天有五帝：按星占家和谶纬说，太微天区之五帝座，乃系五方天帝，即所谓苍帝（青帝）、赤帝、白帝、黑帝、黄帝，俱为北极星天皇大帝的辅佐。《史记·封禅书》载："天神贵者太一，太一佐曰五帝。"又《天官书》载："衡，太微，三光之廷。其内五星，五帝坐。"《河图》则曰："东方苍帝，神名灵威仰，精为青龙。南方赤帝，神名赤熛怒，精为朱鸟。中央黄帝，神名含枢纽，精为麒麟。西方白帝，神名白招矩，精为白虎。北方黑帝，神名叶光纪，精为玄武。"《尚书帝命验》又谓："五府，五帝之庙。苍曰灵府，赤曰文祖，黄曰神斗，白曰显纪，黑曰玄矩。唐虞谓之五府，夏谓世室，殷谓重屋，周谓明堂，皆祀五帝之所也。"《汉书·郊祀志上》载："（刘邦）入关，问故秦时上帝祠何帝也？对曰：'四帝，有白、青、黄、赤帝之祠。'高祖曰：'吾闻天有五帝，而四何也？'莫知其说。于是高祖曰：'吾知之矣，乃待我而具五也。'乃立黑帝祠，名曰北畤。"《后汉书·祭祀志上·郊》载："其外坛上为五帝位，青帝位在甲寅之地，赤帝位在丙巳之地，黄帝位在丁未之地，白帝位在庚申之地，黑帝位在壬亥之地。"

⑤地有五帝：按阴阳五行说，东方木帝为太皞（伏羲氏），南方火帝为炎帝（神农氏），西方金帝为少昊（金天氏），北方水帝为颛顼，中央土帝为黄帝。即所谓五方神帝。既同太微五帝相通，又与人间三皇五帝相重迭或相出入。《淮南子·时则训》云：五位：东方之极，"太皞、句芒之所司者万二千里"；南方之极，"赤帝、祝融之所司者万二千里"；中央之极，"黄帝、后土之所司者万二千里"；西方之极，"少皞、蓐收之所司者万二千里"；北方之极，"颛顼、玄冥之所司者万二千里"。《汉书·魏相传》载其《采明堂月令奏》称："东方之神太昊，乘震执规，司春。南方之神炎帝，乘

离执衡，司夏。西方之神少昊，乘兑执矩，司秋。北方之神颛顼，乘坎执权，司冬。中央之神黄帝，乘坤艮执绳，司下土。”《后汉书·祭祀志中·迎气》载：“立夏之日，迎夏于南郊，祭赤帝、祝融。……先立秋十八日，迎黄灵于中兆，祭黄帝、后土。……立秋之日，迎秋于西郊，祭白帝、蓐收。……立冬之日，迎冬于北郊，祭黑帝玄冥。”

⑥人有五帝：通常指黄帝、颛顼、帝喾、尧、舜。

⑦人有三王：通常指夏禹、商汤、周文王与武王。

⑧人有五霸：通常指春秋时代的齐桓公、晋文公、秦穆公、宋襄公、楚庄王。

【译文】

“你竟深深知道对此提出疑义，可以称得上已经获取到真道的奥义妙旨了。近前来，竖起两耳仔细听，为真人详细陈说这个问题。天有三皇，地有三皇，人有三皇；天有五帝，地有五帝，人有五帝；天有三王，地有三王，人有三王；天有五霸，地有五霸，人有五霸。”

“何谓也?”“天有三皇若三光，地有三皇若高下平①，人有三皇若君臣民也；天有五帝若五星②，地有五帝若五岳③，人有五帝若五行五藏也④。天有三王若三光，地有三王若高下平，人有三王若君臣民；天有五霸若五星，地有五霸若五岳，人有五霸若五行五藏也。”

【注释】

①高下平：指山峦、低洼地、平原。

②五星：指水、木、金、火、土五大行星。亦即东方岁星(木星)、南方荧惑(火星)、中央镇星(土星)、西方太白(金星)、北方辰星(水星)。

③五岳：指东岳泰山、南岳衡山、中岳嵩山、西岳华山、北岳恒山。

④五藏(zàng)：即五脏。指心、肝、脾、肺、肾。藏，内脏。按照阴阳五行说，则肝属木行，心属火行，脾属土行，肺属金行，肾属水行。

【译文】

“这话讲的是什么意思呢?”“这是讲天有三皇就分别像那太阳、月亮和星辰，地有三皇就分别像那山峦、平原和低洼地，人有三皇就分别像那君主、臣僚和普通百姓；天有五帝就分别像那木星、火星、土星、金星、水星，地有五帝就分别像那东岳泰山、南岳衡山、中岳嵩山、西岳华山、北岳恒山，人有五帝就分别像那木行、火行、土行、金行、水行和肝、心、脾、肺、肾；天有三王就分别像那太阳、月亮和星辰，地有三王就分别像那山峦、平原和水洼地，人有三王就分别像那君主、臣僚和普通百姓；天有五霸就分别像那木星、火星、土星、金星、水星，地有五霸就分别像那东岳泰山、南岳衡山、中岳嵩山、西岳华山、北岳恒山，人有五霸就分别像那木行、火行、土行、金行、水行和肝、心、脾、肺、肾。”

“天师幸哀怜愚生，加不得已，示以天法，愿闻其优劣云何哉?”“善哉，子之难问，可谓得天意，乃入天心，可万万世贯结[①]，著不复去也[②]。然。天之三皇，其优者若日，其中者若月，其下者若星也，其优劣相悬如此矣。地之三皇，其优者若五岳，其中者若平土，其下劣者若下田也[③]，其优劣相悬如此矣。人之三皇，其优者若君，其中者若臣，其下者若民，其优劣相悬如此矣。

【注释】

①贯结：心贯胸结之意。

②著(zhuó)：铭记之意。

③下田：即低洼地。

【译文】

“天师幸而哀怜愚昧的弟子，没有休止地施加教诲，把皇天道法宣示给弟子，希望再听一听他们的优劣到底怎么样呢？”“太好了，你这诘难性的发问，可以称得上获取到天意，切中天心了，能够万万世心贯胸结，铭记而不忘掉了。好的，天上的三皇，其中属于头等的就如同太阳，属于中等的就如同月亮，属于下等的就如同星辰，他们之间的优劣差距就像这个样子了。大地的三皇，其中属于头等的就如同五岳，属于中等的就如同平原，属于下等的就如同低洼地，他们之间的优劣差距就像这个样子了。人间的三皇，其中属于头等的就如同君主，属于中等的就如同臣僚，属于下等的就如同普通百姓，他们之间的优劣差距就像这个样子了。

天有三王谓三光[①]，五霸为五岳，与人地皆同。天之三皇，其优者日，中者月，下者星；地之三皇，优者五岳，中者平土，下者田野；人之三皇，优者君，中者臣，下者民。

【注释】

①“天有”句：自此句以下整段文字乃系《合校》本附存的以资参考的《太平经钞》钞文。

【译文】

天有三王是说像太阳、月亮和星辰，五霸则形同五岳，与人间和大地并无两样。天上的三皇，其中属于头等的就形同太阳，属于中等的就形同月亮，属于下等的就形同星辰；大地的三皇，其中属于头等的就形同五岳，属于中等的就形同平原，属于下等的就形同田野；人间的三皇，其中属于头等的就形同君主，属于中等的就形同臣僚，属于下等的就形同普通百姓。

“天之五帝，其优者比若四分日[1]，有其三也；其中者比若四分月，有其三也；其下者比若四分星，有其三也。地之五帝，其优者比若四分五岳，有其三也；其中者比若四分平土，有其三也；其劣下者比若四分下田，有其三也。人之五帝，其优者比若四分大国，有其三也；其中者比若四分大臣，有其三也；其劣下者比若四分民，有其三也。

【注释】

①四分日：意为将太阳分成四等分。下文“四分”云云，意均仿此。

【译文】

“天上的五帝，其中属于头等的，就好比把太阳划分成四等份，他占有三份；属于中等的，就好比把月亮划分成四等份，他占有三份；属于下等的，就好比把星辰划分成四等份，他占有三份。地上的五帝，其中属于头等的，就好比把五岳划分成四等份，他占有三份；属于中等的，就好比把平原划分成四等份，他占有三份；属于下等的，就好比把低洼地划分成四等份，他占有三份。人间的五帝，其中属于头等的，就好比把大国划分成四等份，他占有三份；属于中等的，就好比把大臣划分成四等份，他占有三份；属于下等的，就好比把普通百姓划分成四等份，他占有三份。

“天之三王，其优者比若四分日，有其二也；其中者比若四分月，有其二也；其劣下者比若四分大星[1]，有其二也。地之三王，其优者比若四分五岳，有其二也；其中者比若四分平土，有其二也；其劣下者比若四分下田，有其二也。人之三王，其优者比若四分大国，有其二也；其中者比若四分大臣，有其二也；其劣下者比若四分民，有其二也。

【注释】

①大星：指星宿中既大且亮者。

【译文】

“天上的三王，其中属于头等的，就好比把太阳划分成四等份，他占有两份；属于中等的，就好比把月亮划分成四等份，他占有两份；属于下等的，就好比把大星辰划分成四等份，他占有两份。大地的三王，其中属于头等的，就好比把五岳划分成四等份，他占有两份；属于中等的，就好比把平原划分成四等份，他占有两份；属于下等的，就好比把低洼地划分成四等份，他占有两份。人间的三王，其中属于头等的，就好比把大国划分成四等份，他占有两份；属于中等的，就好比把大臣划分成四等份，他占有两份；属于下等的，就好比把普通百姓划分成四等份，他占有两份。

“天之五霸，其优者比若四分日，有其一也；其中者比若四分月，有其一也；其下者比若四分大星，有其一也。地之五霸，其优者比若四分五岳，有其一也；其中者比若四分平土，有其一也；其下者比若四分下田，有其一也。人之五霸，其优者比若四分大国，有其一也；其中者比若四分大臣，有其一也；其下者比若四分民，有其一也。此乃天道不远，三五各自反也①。故天有三皇五帝、三王五霸，地亦自有三皇五帝、三王五霸，人亦自有三皇五帝、三王五霸也。”

【注释】

①三五：指三正（三统）和五行。反：同“返”，谓返始归本。本经壬部称：“皇道起于子，帝道起于丑，王道起于寅，霸道起于卯。”

【译文】

“天上的五霸，其中属于头等的，就好比把太阳划分成四等份，他占有一份；属于中等的，就好比把月亮划分成四等份，他占有一份；属于下等的，就好比把大星辰划分成四等份，他占有一份。大地的五霸，其中属于头等的，就好比把五岳划分成四等份，他占有一份；属于中等的，就好比把平原划分成四等份，他占有一份；属于下等的，就好比把低洼地划分成四等份，他占有一份。人间的五霸，其中属于头等的，就好比把大国划分成四等份，他占有一份；属于中等的，就好比把大臣划分成四等份，他占有一份；属于下等的，就好比把普通百姓划分成四等份，他占有一份。这正因天道不会离去太远，三正和五行分别要自动返归到初始状态。所以天上有三皇五帝和三王五霸，大地也自动跟着有三皇五帝和三王五霸，人间也自动跟着有三皇五帝和三王五霸。”

“其何一多也？愿天师分解其诀意①。”“然。夫天、地、人，本同一元气②，分为三体，各有自祖始③。故三皇者，其祖头也；五帝者，其中兴之君也；三王者，其平平之君也；五霸者，是其末穷劣衰、兴刑危乱之气也。故到五霸，乃四分有其一者，天道其统几绝也。过此下者④，微末不能复相拘制⑤，比若大弱不能制强，柔不能制刚，少不能制众。道且大乱，不能复相理，故更以上复起⑥。”

【注释】

①诀意：定论的本意。诀，通“决”。

②元气：化生宇宙万物的无形实体。本经卷五十六至六十四《阙题》（六）称：“元气，阳也，主生。”又卷九十八《核文寿长诀》谓：“天道广从，无复穷极，不若一元气与天持其命纲也。”

③祖始:本初、基始。

④过此下者:意为比五霸更严重的。指战国时代诸侯割据称雄的混乱局势和状态。

⑤拘制:拘禁控制。

⑥更以上复起:意为从三皇状态重新来。《风俗通义·五伯》谓:"盖三统者,天地人之始,道之大纲也。五行者,品物之宗也。道以三兴,德以五成,故三皇五帝、三王五伯至道不远,三五复反,譬若循连环,顺鼎耳,穷则反本,终则复始也。"

【译文】

"他们为什么竟那样多呢?希望天师逐项解说那定论的本意。""好的。天、地、人原本都来自茫茫元气,分化成三个实体,各自具有本身的基始。所以三皇是那个祖头,五帝变成了中兴的君主,三王又成为一般的君主,而五霸更转变成穷途末路、恶劣衰颓、兴用刑罚、危亡败乱那股气的代表。所以演变到五霸,仅仅是划成四等份,他才占有其中的一份,这表明天道的统系几乎断绝了。至于比五霸更严重的战国七雄之类,简直跌到最末端的地步,没办法再相互拘禁控制,这就如同非常弱小的,没办法制服强大的;柔和的,没办法制服刚硬的;数量少的,没办法制服数量多的。天道眼看着陷入大乱,没办法再递相治理,所以要从三皇的那种状态重新来。"

"何谓也?""然。九皇者皆始萌于北,五帝者始生于东,三王者茂盛于南,五霸者杀成于西也①。天生凡物者,阳气因元气,从太阴合萌生②;生当出达③,故茂生于东④;既生当茂盛,故盛于南;既茂盛当成实⑤,故杀成于西。天地阴阳道都周,夫物不可成实,死而已。根种实当复更生,故令阴阳俱,并入天门⑥,合气于乾⑦,更以上始。此天地自然之性也⑧。"

【注释】

①"九皇"四句:九皇系对天三皇、地三皇、人三皇的总称。九皇一词,始见于西汉董仲舒《春秋繁露·三代改制质文》。杀成,杀谓阳气衰减,成指成熟。以上四句和以下整段文字,均系按照汉代《易》学纬书以八卦为框架的宇宙生成和运转图式来解释历史的嬗递过程。王莽代汉后的地皇三年(22),也曾有三皇象春,五帝象夏,三王象秋,五霸象冬的类似说法。本经壬部亦称:"北方为皇之始,东方为帝之始,南方为王之始,西方为霸之始。"

②从:伴同,随从。太阴:最旺盛的阴气。合:交合,交会。太阴于时为冬,即阴历十月至十二月;方位则为西北、正北和东北,属于乾卦、坎卦、艮卦用事的阶段。在此阶段内,阴极生阳,阳气在地下潜伏、萌动、上升,孕育万物。《易纬》称之为阳始于亥,生于子,形于丑。

③出达:谓冒出地面。

④茂生:意为刷刷刷全部长出来。

⑤成实:结成果实之意。

⑥天门:指二十八宿中奎宿和壁宿所夹峙的天区,位在西北。为乾卦之位。详见本经卷六十五《断金兵法》所述。

⑦乾:六十四卦中的首卦。

⑧自然之性:原本如此的质性。

【译文】

"这话讲的是什么意思呢?""好的。九皇全都在北方开始萌动,五帝在东方开始出生,三王在南方变得茂盛,五霸在西方衰减并成熟。皇天使万物生出来,是那阳气借助元气,跟那最旺盛的阴气相交合,生成胚胎;胚胎既已生成,就该冒出地面,所以便在东方刷刷刷全部长出来;已经生长出来了,就该越长越茂盛,所以便在南方变得茂盛了;茂盛已经展现,就该结出果实,所以便在西方衰落并成熟了。天地阴阳的生成之道循行一大圈，而万物在此过程中却硬未结出果实来，那也只有枯死而已。种子结出了果实，就该再度开始新的生命过程，所以又让阴阳二气连在一起，共同进入西北天门，在《乾卦》所在的方位进行交合，从头展开新一轮的大循环。这正是天地的自然本性。”

“善哉善哉！夫天地人，何不共三皇五帝、三王五霸乎①？”“善哉，子之难，得其意。夫天地人分部为三家，各异处。夫皇道者②，比若家人有父也；帝道③，比若家人有母也；王道④，比若家人有子也；霸道者，比若家人有妇也。今三家各异处，岂可共父母子妇耶？是若人分为三家，宁得共父母子妇乎？真人宁晓不？”“唯唯。”“慎之，亦无妄枉难也⑤。天道自有格常法⑥，不可但以强抵触之也⑦，不敢不行驽力⑧。”

【注释】

①共：合并，统一。

②皇道：意为堪称为“皇”的治国平天下之道（原则与方法）。《管子》卷六《兵法》称：“明一者皇。”《列子·仲尼》曰：“三皇，善任因时者。”《黄石公三略》卷中谓：“夫三皇无言而化流四海，故天下无所归功。”《汉书·王莽传下》载地皇三年二月《霸桥灾下书》曰：“夫三皇象春。……皇、王，德运也。”《桓子新论》谓：“三皇以道治。”《春秋运斗枢》曰：“三皇结绳。”《孝经钩命诀》云：“三皇设言民不违。”

③帝道：意为堪称为“帝”的治国平天下之道（原则与方法）。《文子·下德》谓：“帝者体太一。”又《自然》云：“帝者贵其德。”《列子·仲尼》曰：“五帝，善任仁义者。”《管子》卷六《兵法》称：“察道者帝。”《吕氏春秋·先己》云：“五帝先道而后德，故德莫盛焉。”

又《名类》称："帝者同气。"《黄石公三略》卷中谓："帝者体天则地，有言有令，而天下太平，君臣让功，四海化行，百姓不知其所以然，故使臣不待礼赏有功，美而无害。"《汉书·王莽传下》载地皇三年二月《霸桥灾下书》曰："五帝象夏。"《桓子新论》谓："五帝以德化。"《春秋运斗枢》云："五帝画像。"《孝经钩命诀》称："五帝画象世顺机。"《礼纬斗威仪》谓："帝者得其英华。……故帝道不行不能王。"《论语摘衰圣》云："帝不先义尚道德。"

④王道：意为堪称为"王"的治国平天下之道(原则与方法)。《文子·下德》谓："王者法阴阳。"又《自然》云："王者尚其义。"《列子·仲尼》曰："三王，善任智勇者。"《管子》卷六《兵法》称："通德者王。"《吕氏春秋·先己》云："三王先教而后杀，故事莫功焉。"又《名类》称："王者同义。"《黄石公三略》卷中谓："王者制人以道，降心服志，设矩备衰，四海会同，王职不废。虽甲兵之备，而无战斗之患。君无疑于臣，臣无疑于主，国定主安，臣以义退，亦能美而无害。"《汉书·王莽传下》载地皇三年二月《霸桥灾下书》曰："三王象秋。"《桓子新论》谓："三王由仁义。"《春秋运斗枢》云："三王肉刑。"《孝经钩命诀》谓："三王肉刑揆渐加。"《礼纬斗威仪》称："王者得其根核。……王道不行不能霸。"《论语摘衰圣》云："王不先力尚仁义。"

⑤枉难：徒然诘难。

⑥格常法：固定不变的成法。

⑦强：心使气曰强。见《老子·五十五章》。

⑧弩力：即努力。

【译文】

"这太好了！这太好了！为什么不让三皇五帝和三王五霸形成一个整体呢？""你这诘难太好了，获取到了其中的意旨所在。天、地、人分成界域，构成三家，各自独立存在。皇道就好比一家人中有那位父亲，帝道就好比一家人中有那位母亲，王道就好比一家人中有那个儿子，霸道就好比一家人中有那个媳妇。如今三家各自独立存在，难道可以使父亲、母亲、儿子、媳妇搅和在一起吗？这也就如同世人分成三户，竟能让父亲、母亲、儿子、媳妇搅和在一起吗？真人对此到底弄清没弄清呢？""是是。""千万要慎重，不要随便就白白诘难一通。天道本身就具有固定不变的成法，决不能只凭一股意气就去抵触它，不敢不努力去奉行。"

"唯唯。虽每问事，犯天师讳，不问又无缘得知之，欲复乞一言。""平行。""今是有四十八部①，四十八部其行云何哉？""善乎详哉！子之问事也。此行得天心意者，灾变不得起也；失天要道者②，灾变不绝，故使前后万万世更相承负。夫善为君者，乃能使灾咎自伏，消其所；失至要自养之道者③，反使邪气流行，周遍天下，故生是余灾，反为承负之厄会④。"

【注释】

①四十八部：即九皇、十五帝、九王、十五霸总计相加而得出的和数。

②要道：指近在胸心、散满四海的真道。详见本经卷六十八《戒六子诀》所述。

③至要：极其重要。自养之道：指由具有特定内涵和要求的自爱、自好、自亲所构成的养性之道。详参本经卷一百二《经文部数所应诀》后附本经遗文所述。

④厄会：劫厄交会之意。

【译文】

"是是。尽管每次问事，全都触犯了天师的忌讳，可不问却又没有其他途径能够了解到，想再乞求说句话。”“慢慢讲来。”“如今共有这四十八等部界了，四十八等部界中，各自的举措又都怎么样呢？”“你问事真是既切当又精详啊！在他们当中，举措获取到皇天心意的，灾变就根本出现不了；丧失掉皇天要道的，灾变就接连不断，所以就造成前后万万世递相承负的流恶余殃。善于做君主的人，就能让灾变祸殃自动藏伏起来，消失掉它们发作的场所；丧失了至高而又最紧要的自养之道的人，反而使那邪气到处弥漫，遍布整个天下，所以就生出这留存下的灾殃，反而造成承负的劫厄交会惨状。”

“何谓也？”“然。精听吾言。”“唯唯。”“天之上君若日，中者若月，下者若星也；地之上君若五岳，中者若平土，下者若下田也；人之上君若君，中者若臣，下者若民也。有其全者①，其人民万物悉无病平安，无为盗贼欺伪佞者也，天地无灾变，所谓上优有其全者也。其四分有其三者，其三分人平善忠信，其一分伤死，或为盗贼，共为邪恶，变怪多少随此四分一。其四分有其二者，其半人民万物有病，为不信，半人有欺伪之心，其天怪变半。其四分有其一者，其三分者悉病，无实欺为佞，皆为盗贼，无有相利之心，一分者为善耳。天怪前后不绝，不处甲处乙，会不去其部界中也②。”

【注释】

①有其全者：谓划成四等份而全部占有者。

②会：终归，总之。

【译文】

“这是指什么说的呢？”“好的。精心地聆听我那讲说。”“是是。”“皇天的第一等君主就像太阳，中等君主就像月亮，下等君主就像星辰；大地的第一等君主就像五岳，中等君主就像平原，下等君主就像低洼地；人间的第一等君主就像君主，中等君主就像臣僚，下等君主就像普通百姓。那种划成四等份而全部占有的君主，他所统领的民众和万物就全都没有疾病，平平安安，也不存在甘当盗贼以及从事欺诈奸巧活动的人，天地更不降现灾变，这就属于世上常说的最优异而全部占有的那等君主。至于划成四等份却占有其中三份的君主，他所统领的民众就有四分之三的人平和善良又忠诚信实，另有四分之一的人伤病死亡，或者成为盗贼，合伙干那邪恶的勾当，灾异出现多少也随同这四分之一的人而定。那种划成四等份却只占有其中两份的君主，他所统领的民众和万物就有一半得上疾病，干出不诚信的行径，一半人都怀有欺诈奸伪的心思，而上天的灾异也占一半。那种划分成四等份却只占有其中一份的君主，他所统领的民众就有四分之三的人全都患有疾病，没有诚实可言，一味进行欺诈哄骗，全都成为盗贼，不存在彼此利佑的念头，仅有四分之一的人做善事罢了。而上天的灾异前后接连不断，不是降现在甲地，就是降现在乙地，终归不离开他所辖领的区域之内。”

“何故乎？”“善哉！子之言也。是令尽有者，其道德悉及之[①]，德所及者能制之，故尽善，万物都蒙其道德，故平平也[②]。其四分有其三者，其道德不及一分，故一分凶也。其四分有其二者，其半道德不及覆盖，故半凶也。其四分有其一者，德微，财及一分[③]，不及其三分，故三凶也。是故古者圣人帝王欲自知优劣，以此占之，万不失一也。”

【注释】

①及：意为延及推广到。

②平平：平安又平安之意。

③财：通“才”，仅仅。

【译文】

“这是为什么呢？”“你这问话太好了！这属于四等份全部占有的君主，让那道德延及推广到一切人，而道德所延及推广到的地方就能去支配人的行动，所以人们就全都良善，万物也一律蒙受那道德，因而就平安又平安。那种划成四等份却只占有其中三份的君主，他那道德还有四分之一的地方没有延及推广到，所以就存在着四分之一的凶害。那种划成四等份却只占有其中两份的君主，他那道德还有半数的地方没有覆盖在内，所以就存在着一半凶害。那种划成四等份却只占有其中一份的君主，道德就显得太微弱了，仅仅延及推广到四分之一的地方，还有四分之三的地方是空白，所以就存在着四分之三的凶害。因而古代圣人般的帝王，打算自行了解优或劣，依据上列情况做占测，是任何差错也不会出现的。”

“所不及，何故病乎？”“道德不能及无[①]，为无君长，万物无长，故乱而多病，奸猾盗贼不绝也。古者以此占治，以知德厚薄，视其气与何者相应，以此深知治之得失衰盛，明于日月也。”

【注释】

①无：指上文所称无病、无盗贼、无灾变的三无境地。

【译文】

“弟子还有一处闹不懂的地方，也就是为什么会得疾病呢？”“道德不能达到无疾病、无盗贼、无灾变的境地，就属于没有君长还存在，万物没有君长，所以就乱成一团，大多会得上疾病，奸猾小人和盗贼也不断绝。古代依据这一条来占测治理状况，看出道德的厚薄，察视时气与什么事象相应合，凭借它深深了解国家治理的得失与盛衰，就比太阳和月亮还要明朗。”

“善哉善哉！以何救其失乎？”“善哉！今真人以既知天经[①]，当止此流灾承负万物也。”“夫灾以何止之？唯天师教众贤，使得及上皇气。”“然。宜各论真道于究[②]，各思初一[③]，以自治劳病[④]，即其复优，尽令有之矣。”“善哉善哉！”“行，真人戒事。”

【注释】

①天经：指真道。本经卷七十三至八十五《阙题》（五）谓：“天好生，道亦好生，故为天经。”

②究：谓极点，极致。

③初一：本始。即无为而治。

④劳病：喻指苛细纷繁的政治举措。

【译文】

“这太好了！这太好了！凭仗什么去挽救那些偏失呢？”“好哇好！如今真人既然已经了解掌握了天经，就应当去止息住这万物的流灾承负。”“流灾要仰仗什么止息住它？只请天师教导众贤人，使他们得以看到最盛明的太平气。”“好的。应当各自把真道讲论到极致，分别精思本始的状态，去自己救治那纷繁苛细的人为政治举措的大病，也就恢复到优等，使那四等份全部占有了。”“这太好了！这太好了！”“回去吧，真人对此事要引起警戒。”

“唯唯。谨已敬受四十八部戒矣。其行道长短云何哉？”“详乎子问也。”“不敢不详，天道致重，师敕致严，故敢不一二问之也?”“善哉！知为弟子数[①],可以通天道意。然。天道有三:道应太阳、太阴、中和[②]。优者行外,其次行中,其次行内;霸者无道,但假路三王之内道[③],最短。天皇大优者最行外,九皇共一道相次[④],劣者在内,其优者步行而不移,其次微移[⑤],其次微知[⑥];十五帝共一中道也,其优者行外,其次行而知,其劣者行而疾也;三王九人,共一内道骑行[⑦],其次小疾,其劣者驰也。十五霸最假内极路[⑧],其优者若飞行外,其中者若飞而疾,其劣者若矢也[⑨]。真人知之乎?”“善哉善哉!”

【注释】

①弟子数:意为做弟子的规矩。数,本分,规矩。

②道应太阳、太阴、中和:意谓天道适与天、地、人相对应。天为太阳,地为太阴,人为中和,分别属于元气分化而成的实体形态。

③假路:借路行进之意。

④次:排列之意。

⑤移:摇动之意。

⑥微知:谓摇动时尚存些微知觉。

⑦骑行:谓像骑马一样行进。

⑧极路:最狭窄之路。

⑨矢:箭矢。以上所云,系本汉代谶纬为说。《孝经钩命诀》谓:“三皇步,五帝骤,三王驰,五霸鹜,七雄僵。”《论语撰考》称:“考灵差德,知尧步、舜骤、禹驰、汤骛。德有优劣,故日行转疾也。”意为时代越往后,道德越衰微,政刑越急促,而日月的运行也为之做出稳步、小跑、急驰、飞奔的不同反应,由此显出各自的优劣来。本经辛部复称:“夫三皇五帝,各有亲属兄弟;三王五霸,各自有

亲属兄弟，小小分别，各从其类，世兴则高，世衰则下。比若昼夜，相随而起，从阴阳开辟，到今不止。”

【译文】

“是是。已经恭谨地领受四十八等部界的训戒了，他们行用大道的优缺点又是怎样的呢?”“你的提问真详尽啊。”“弟子不敢不详尽。天道极其贵重，师长的训饬极其严切，所以哪敢不逐项来询问呢?”“太好了！你懂得做弟子的规矩，可以知晓天道的要意了。好的。天道具有三类，每类分别同太阳气、太阴气、中和气相对应。优等的君主在外部通行，其次夹在中间通行，再其次挤在里面通行；称霸的君主根本就无路可走，只是从三王的挤在里面的那条道上借路走，最为狭窄。天皇中属于头等的，最宽广地在外部通行，九皇在同一条大道上相排列，属于下等的被挤在最里面。而属于头等的，又稳步前行不摇晃，其次稍微有些摇晃，再其次摇晃起来多少还有点儿知觉；十五帝在夹在中间的同一条道路上相排列，属于头等的，在外部稳步前行，其次走起来还知道做些控制，而下等的走起来就特快了；三王是九个人在挤在里面的同一条道路上，像骑马一样前行，属于中等的，就稍略加快速度；属于下等的，就奔驰起来了。十五霸最拥挤地求借那挤在里面的最狭窄的道路上来通行，属于头等的，在外部像飞一般地朝前奔；属于中等的，像飞一般还要再加快速度；属于下等的，简直就跟箭一样了。真人懂得这些区别了吗?”“讲得太好了！讲得太好了！”

“真人前，子问此事，何一详也哉?”“然。吾初生以来，怪岁一长一短①，日一厚，日一薄②，一前一却③。不及天师问，恐遂不知之，愿闻其意。”“善哉！子之言也。然。厚者④，天之日也；其次厚者⑤，地之日也；其次厚者⑥，人之日也；其最薄者⑦，万物之日也。真人知之耶?”“唯唯。”

【注释】

①岁：谓每年。一长一短：指夏季白天长、冬季白天短的现象。参见《论衡·讥日篇》所述。

②日一厚，日一薄：谓太阳外观大小和光照强弱的变化情形。

③一前一却：指太阳东升西落的历程。

④厚者：指日出东方时的状态。

⑤其次厚者：指日在天空正中时的状态。

⑥其次厚者：指日偏斜时的状态。

⑦其最薄者：指日落西山时的状态。

【译文】

“真人你到前面来。你问这宗事情，为什么竟是那样地详尽呢？”“是的。我从降生到人间以来，总奇怪每年夏季白天长，冬季白天短，太阳在这个时段显得形体大，光线很强烈，到那个时段又显得形体小，光线很薄弱，天天东升又西落。不跟天师做询问，恐怕就总也闹不明白，希望听一听这里面蕴藏的涵义。”“太好了！你这问话。好的。太阳在东方升起，这是朝向皇天的一轮旭日；太阳运行到天空正中，这是照耀大地的一轮烈日；太阳往西偏斜，这是面对世人的一轮斜日；太阳落下山去，这是针对万物的一轮落日。真人对此闹明白了吗？”“是是。”

“行去，勿复竟问。是者，子之私也①，非难为子穷说之也，天下会无以为②，亦无益于帝王承负厄会，百姓之愁苦，故不为子分别道耳，不惜之也③。”“唯唯。多犯天师讳，有大过。”“不谦也，乐欲知天上之事者，有私乃来，为子悉说之。”“唯唯。”“行去。”

右分别九皇十五帝、九王十五霸行度优劣法④。

【注释】

①私:犹言个人问题。

②以为:意谓把这当成事来做。

③惜:吝惜。指有道不传。

④行度:谓日月循轨运行的度数。喻指为政施教所达到的地步及其所引起的天象回应情况。

【译文】

"回去吧,不要再刨根问底了。这属于你个人的问题,并不是为你讲个透彻而感到困难,只是因为天下终归不会把这当成一回事来做它,它对帝王的承负厄会和百姓的愁苦也没有什么补益,所以就不为你细作区分做讲解罢了,并不是还有什么舍不得传授的。""是是。多多触犯了天师的忌讳,真是构成大罪过了。""不必谦恭,乐意知道天上的事情,有个人想问的就只管前来,一定为你详尽地讲说它。""是是。""回去吧。"

以上为分别九皇十五帝、九王十五霸行度优劣法。

卷六十七　丁部之十六

六罪十治诀第一百三

【题解】

本篇所谓“六罪”，是指有道妒道而不传道，有德妒德而不布德，有财吝财而不施舍，有良好天赋却不学真道，有足够能力却不修善德，有充沛体力却游手好闲。所谓十治，则指元气治、自然治、道治、德治、仁治、义治、礼治、文治、法治、武治而言。对于六罪，篇中详列各自的具体表现，分别施加“与天为怨，与地为咎，与中和为仇”的大逆之名，声称必遭“三气”、鬼神大憎，共获自身死灭、殃及后代的极为可怕的下场。与此同时，又开示化六罪为“六大善”的切要途径，冠之以“助天生物，助地养形，助帝王修政化民”的积功之称，断定必得天地鬼神的喜爱“利祐”，获取到居官辅政、常吉远凶、增寿长生、泽流子孙的理想结果。在这正反对照的以“天道之命、地德之敕、仁者之行”为首务的六事禁戒中，暴露了东汉后期贫富悬殊、社会矛盾十分尖锐的严酷现实，也发出了周穷救急、兴办慈善事业的倡议，提出了自食其力、发家致富的主张，更贯穿着仙俗并重、善恶报应的思想。而这一切，又都是以“安君助治”为轴心来旋转的，故对十治，篇中推尊职在施生的元气治，各得其所的自然治，归本返初的道治，谓之为“应天地人谶”；对感化为主的德治和施布恩惠的仁治，则持保留态度；其余五治，尽行打入冷宫。由此要求帝王守本，戒中，弃末，“试用”《太平经》这等大道经。通篇近七千言，其间为帝王开脱“治连不平”的罪责,也跃然纸上。

“真人前。凡平平人有几罪乎?”“平平人不犯事,何罪过哉?”“噫,真人何其瞑冥也[①]!”“愚生不开达[②],初生未常闻人不犯非法而有罪也[③]。”“子言是也,与俗同记,不睹凡人乃有大罪六,不可除也,或身即坐[④],或流后生[⑤]。真人学,乃不见此明白罪,学独不病愦愦耶?”“愚生忽然,不病之也。”“子尚忽然,夫俗人怀冤结而死[⑥],是也。诚穷乎遂无知,然而死讫觉悟[⑦]。天地开辟以来,凡人先曚后开[⑧],何訾理乎[⑨]?”

【注释】

①瞑冥:昏昧。

②开达:开通明达。

③初生:有生以来之意。

④即坐:谓获罪被处死。

⑤流:殃及之意。

⑥冤结:谓冤气聚结,不得宣泄。

⑦死讫觉悟:意为至死方终于觉悟。

⑧曚:愚昧无知。

⑨訾(cī)理:意为对道理挑毛病。訾,通“疵”,过失。

【译文】

“真人你到前面来。普通人总共会有几种罪过呢?”“普通人不犯事,会有哪门子罪过呢?”“嘿嘿!真人为什么竟是那样地昏昧呀!”“愚生不开通也不明达,有生以来还未曾听说过人没干下触犯法律的事情却有罪过。”“你说这种话,真与俗人一般见识,不能察知世人正有六种大罪,死有余辜,有的本人就被处死,有的殃及后代。真人你来学道,竟然看不出这绝对逃不掉的大罪，偏偏在学道上还不把昏昧当成大毛病吗？”“愚生没往心里去，不把它当成大毛病。”“你尚且没往心里去，俗人心怀聚结的冤情而死掉，也就不足为怪了。看来真是走上绝路就什么都不懂了，然而到死才终于觉悟。天地开辟以来，世人都是开始时愚昧无知，到后来才心里开窍，对这种道理还能挑什么毛病呢？”

“愿闻之。”“然。人积道无极，不肯教人开曚求生，罪不除也，或身即坐，或流后生。所以然者，断天生道①，与天为怨。人积德无极，不肯力教人守德养性为谨，其罪不除也，或身即坐，或流后生。所以然者，乃断地养德②，与地为怨。大咎人也③。

【注释】

①生道：化生之道。本经卷四十九《急学真法》云：“道乃能导化无前，好生无辈量。”

②养德：养长的功德。地以养长万物为己任，故称。本经卷四十九《急学真法》云：“夫人有真德，乃能包养无极之名字；夫无德者，乃最劣弱困穷小人之名字也。”

③大咎人：即大罪人。

【译文】

“希望听一听这六大罪。”“好的。作为一个人，积聚真道特别多，可却不乐意教导世人解开蒙昧，求取长生，这就罪该万死，死有余辜，有的本人被处死，有的殃及后代。之所以如此，是因为断绝皇天的施生之道，与皇天结下了仇怨。作为一个人，积累真德特别多，可却不乐意大力教导世人守行真德，修养心性，成为谨顺的人，这就罪该万死，死有余辜，有的本人被处死，有的殃及后代。之所以如此，是因为断绝大地的养育之德，同大地结下了仇怨。这就是大罪人。

“或积财亿万，不肯救穷周急，使人饥寒而死，罪不除也，或身即坐，或流后生。所以然者，乃此中和之财物也①，天地所以行仁也②，以相推通周足③，令人不穷。今反聚而断绝之，使不得遍也。与天地和气为仇，或身即坐，或流后生，会不得久聚也，当相推移④。

【注释】

①中和之财物：中和为阳气与阴气交合而成之气，实即人间。本经卷七十三至八十五《阙题》(三)谓：“天地人三统共生、长、养万物，名为财。”本经辛部经文云：“夫财者，天地之间盈余物也，比若水，常流行而相从。”

②行仁：指向世人提供大自然的恩惠。“仁”之为义，《春秋元命苞》谓：“仁者，情志好生爱人，故其为人以仁，其立字二人为仁。”《乐纬动声仪》称：“仁者好生。”《白虎通义·情性》云：“仁者，不忍也，施生爱人也。”《释名·释言语》云：“仁，忍也，好生恶杀，善含忍也。”本经卷四十九《急学真法》谓：“仁者，乃能恩爱无不包及、但乐施与无穷极之名字。”

③推通：转移流通之意。周足：充足。

④推移：互动共享之意。

【译文】

“有的人积聚起亿万财物，可却不乐意周急救穷，让人冻饿而死，这就罪该万死，死有余辜，有的本人被处死，有的殃及后代。之所以如此，是因为这些财物原本都属于整个人间的财物，是天地用来向世人施布仁惠的东西，以便让世人转移流通，没有陷入绝境的时候。如今反倒聚集在手中把持起来，使它不能够人人有份，这就与天地中和气结下了仇怨，结果有的本人被处死，有的殃及后代，终归没办法长久把持住，理应互动共享的。

“天生人，使人有所知，好善而恶恶也。幸有知，知天有道而反贱道，而不肯力学之以自救，或得长生，在其天统先人之体[①]；而反自轻不学，视死忽然，临死乃自冤，罪不除也，或身即坐，或流后生，令使生遂无知，与天为怨。所以然者，乃天自力行道，故常吉，失道则凶死，虽爱人欲乐善，著道于人身，人不肯力为道，名为无道之人。天无缘使得有道而寿也[②]，乃使天道断绝，故与天为怨也。

【注释】

①在：使其存在之意。天统：三统之首，与地统、人统相对而称。男子禀受天之阳气而生，为天精神，故出此语。参见本经卷三十五《分别贫富法》所述。

②寿：即天年。指皇天为世人在其生前所注定的寿龄。本经分人寿为三类，即：乙部《解承负诀》、癸部《盛身却灾法》所云上寿一百二十岁，中寿八十岁，下寿六十岁；辛部经文所云头等寿命一百三十岁，二等寿命一百二十岁，三等寿命一百岁；己部《经文部数所应诀》后附遗文所云天寿一百二十岁，地寿一百岁，人寿八十岁，霸寿六十岁，仵寿五十岁。

【译文】

“皇天使人降生下来，都让人具有认识事物的能力，喜好良善而憎恨邪恶啊！幸而具有天赋的认识能力，心里清楚皇天存在着真道，但却反而瞧不上真道，不愿意大力去学习它，来自己救自己，或者获得长生，使那属于天统的自家先人的躯体延续存在，反而自行轻视，拒不学道，把死亡看得很平常，临死才觉得自己太冤枉。这就罪该万死，死有余辜，有的本人被处死，有的殃及后代，在那存活于世的时节，竟让自己显得什么都不懂，就与皇天结下了仇怨。之所以如此，是因为皇天正自身大力守行真道，故而永远吉庆，失去真道就逢凶死灭，尽管皇天爱惜世人，想让他们喜好吉善，把真道附着在世人的身上，可世人却不乐意大力守行真道，这就被称作无道之人。皇天在这些人那里没有办法能让他们掌握住真道，尽享天年，于是导致天道断绝，所以就同皇天结下仇怨了。

"人生知为德善，而不肯力学为德，反贱德恶养，自轻为非，罪不除也，或身即坐，或流后生。所以然者，与地相反。地者好德而养，此人忽事①，不乐好德，自爱先人体，与地为咎也。

【注释】

①忽事：轻慢对待之意。

【译文】

"人一生下来，就懂得守德是好事，但却不乐意大力去学习怎样积德，反而瞧不起真德，厌恶养性，自行轻慢，干那坏事，这就罪该万死，死有余辜，有的本人被处死，有的殃及后代。之所以如此，是因为与大地对着干。大地喜好真德而尽到养育的责任，可这类人却轻慢对待，不愿意喜好真德，也不自己爱惜自家先人传下的身躯，这就与大地结下怨恨了。

"天生人，幸使其人人自有筋力①，可以自衣食者，而不肯力为之，反致饥寒，负其先人之体；而轻休其力，不为力可得衣食，反常自言愁苦饥寒，但常仰多财家，须而后生[2]，罪不除也，或身即坐，或流后生。所以然者，天地乃生凡财物可以养人者，各当随力聚之，取足而不穷；反休力而不作之自轻，或所求索不和，皆为强取人物[3]，与中和为仇，其罪当死明矣。此有六大罪，而天憎恶之，其罪不可除也。真人知之耶？”

【注释】

①筋力：体力。

②须：依靠，仰赖。指白吃白喝白拿。

③人物：他人的财物。

【译文】

“皇天使人降生下来，幸而让人人自身都有一副好力气，可以自己去谋求衣食，但却不乐意费力气去真干，反而落个挨饿受冻，辜负了自家先人传下的那副身躯。有的随便就把力气搁起来，不下大力气去谋求衣食，反而经常自称真为挨饿受冻感到愁苦，只是习惯于赖在财物众多的人家里，靠他们给口饭吃，然后才能活在世上。这就罪该万死，死有余辜，有的本人被处死，有的殃及后代。之所以如此，是因为天地正化生出可以养活世人的一切财物，各自应当根据自己的力气来聚集它，获取得很充足，没有不够用的时候；可有人反倒懒得用力气，不去真干而自行轻视天地提供的财物；还有的前去讨吃讨穿，人家不给便耍蛮横，这都属于强取别人的财物，是与人间结下仇怨。他们的罪过应当死去，无疑是明摆着的了。这总计犯有六大罪，皇天憎恶它，它那罪过真真罪该万死，死有余辜。真人清楚这种情况了吗？”

“唯唯。愿闻天师，其为罪何一重也？”“噫！子日益愚，何哉？是乃灭门之罪也[①]，何故言其重乎？”“愚生甚怪之，不知其要意，今唯天师更开示之，令使大觉悟，深知其意，不敢复犯也。”“然。真人言善哉！吾辞将见矣，真人宜自随而力记之。”“唯唯。”

【注释】

①灭门：谓全家人悉被处死。

【译文】

“是是。希望得到天师的教诲：他们构成的罪过为什么竟是那样重呢？”“嘿嘿！你一天比一天更为愚昧，这可是什么原因呢？这都纯属灭门的大罪，你却为什么说它太重呢？”“愚生对这个问题感到特奇怪，不明白那切要的意旨，现下只请天师再予以开示，致使弟子彻底觉悟，深深了解那要意，不敢再违犯。”“好的。真人这番话讲得太好了，我那言辞马上就亮出来了，真人应自行跟在后面努力记下它。”“是是。”

“行，今皇天有道以行生[①]，凡物扰扰之属[②]，悉仰命焉。今大溹道人[③]，或默深知之，著其腹中，不肯力以教人也。夫教人以道，比若以火予人矣，少人来取之，亦不伤其本也；无极人来取之[④]，亦不伤其本。今幸可共之，以教天下之人，助天生物，助地养形，助帝王修正[⑤]；又使各怀道，求生恶死，令使治、助治。人不复犯法为邪凶恶，其心善，则助天地帝王养万二千物[⑥]，各乐长生；人怀仁心，不复轻贼伤万物，则天为其大悦，地为其大喜，帝王为其大乐而无忧也，其功增不积大哉[⑦]！

【注释】

①行生:前往各处化生之意。

②扰扰:纷纭杂乱的样子。

③大渘(róu)道人:身怀柔术的大道人。渘,通“柔”,柔和。《老子》倡导守柔克刚,故称。本经卷一百十七《天咎四人辱道诫》称:“天上亦尊贵善道人,言其可与和风气,顺四时,承五行,调风雨,助日月星宿为光明也,而使万物兴也。”

④无极人:犹言无数人。

⑤修正:修明国政之意。正,通“政”。

⑥万二千物:此系《太平经》编著者用术数推导出来的世界物种总数目。其中有二千物属于嘉瑞善物。其理据与“万二千国”相同,即一年为十二个月,扩大千倍即得此数。参见本经卷三十五《分别贫富法》、丁部《阙题》(四)、卷九十三《国不可胜数诀》所述。

⑦增:通“曾”,竟。

【译文】

“近前来。如今皇天拥有真道去各处化生,纷纷扰扰的万物全都靠它来活命。现下身怀柔术的大道人,有的暗自深深了解并掌握了它,铭记在自己的胸腹内,可却不乐意大力去教导世人。用真道去教导世人,这就好比拿火把来送给人,有少数人来领取,也不会伤害到火种;有无数人来领取,同样不会伤害到火种。如今万幸能够让人共同享有,去教导整个天下的人,协助皇天化生万物,协助大地养育万物的形体,协助帝王修明国政;又使人们各自怀有真道,求取长生,厌恶死亡,让他们修养好自身,协助天地和帝王去施治。人们不再触犯法律,干那邪恶凶险的事情,心地良善,就会协助天地和帝王养护一万两千种动植物,各自乐意长生;人们怀有仁爱的心肠,不再轻易地虐杀和伤残万物,皇天就为他们感到非常喜悦,大地也为他们感到特别高兴,帝王更为他们欢乐到极点,没有忧愁了,这种功绩竟不积累得特大吗?

“夫一人教导,如化百愚人,百人俱归,各教万人;万人俱教,已化亿人;亿人俱教,教无极矣。此之善,上洽天心[1],下洞无极[2],人民莫不乐生为善,帝王游无职[3],又何伤于人而不力相示敕?

【注释】

①洽:切中,符合。

②洞:使其透彻明白之意。

③无职:即无所事事。

【译文】

“一个人施行教导,如果化导好一百个愚昧的人,这一百人全都回去,每人再教化一百人,也就成了一万人;这一万人再按那比例全去施行教化,已经就教化成一亿人了;这一亿人还按那比例全去施行教化,也就教化成无数的人了。这种善举,往上符合天心,往下使无数的人都透彻明白,老百姓没有谁不喜爱长生,去做善事,帝王只是整天游乐,无所事事,这对那个第一个施行教导的人又有什么伤害却不去大力递相开示和训饬呢?

“今人幸蒙先师敕戒,得深怀至道[1],而闭绝不以相教示,使人无所归命,皆令强死冤结[2],名为断天道。人多失道而妄为,天也不得久生,地也不得久养。夫人不得不知道,小人无道多自轻,共作反逆,犯天文地理[3],起为盗贼,相贼伤,犯王法,为君子重忧,纷纷不可胜理。君王旦夕念之,悒悒自愁苦[4],使天地失其正[5],灾变怪不绝,为帝王留负[6]。

吾尚未能悉言，夫断天道，大逆罪过，不可胜记，故财举其纲纪示真人⑦，是非重罪当死明耶？死中尚得有余过，故流后生也。”

【注释】

①至道：最高真道，至高无上之道。

②强死：死于非命之意。

③地理：指由水、土、石构成的地貌。本经佚文云："地理者，三色也，谓水土石。"

④悒悒(yì)：忧闷不乐。

⑤正：指天生地养的常规定律。

⑥留负：留下罪殃之意。

⑦纲纪：网上总绳曰纲，丝缕头绪曰纪。喻指事物的统领部分或要点所在。

【译文】

"如今一个人有幸蒙受到先师的训饬和告诫，得以深深掌握住最高的道法，但却封锁住，不拿它去递相教导和宣示，致使人们没有能把性命托付住的地方，全让他们死于非命，冤情聚结，这就被特称为断绝天道。人们大多失去真道而任意乱来，皇天就没办法长久地化生，大地也没办法长久地养育。作为人，压根就不能不了解真道，而普通老百姓没有真道，大多就自行轻生，共同干那反叛的勾当，触犯天象和地理，聚集起来成为盗贼，相互虐杀残害，触犯王法，给君子造成一层又一层的忧虑，多得整治不过来。君王从早到晚忧虑这种局势，忧闷不乐，自己在那里犯愁，致使天地失去生养万物的常规定律，各种奇异的灾祸接连出现，给帝王留下罪殃。我还没把所有的情形都讲出来，而断绝天道这种大逆的罪过，简直记述不过来，所以仅仅列举那要点，示知给真人。这还不是罪重该当处死明摆在那里的吗？死掉仍旧留有抵不完的罪过，所以还要殃及后代呀！”

“可恢哉[1]！”“真人其慎之矣。唯真人乃知一恢，可谓已得长吉，远凶害矣。”“唯唯。不敢离敕。”“然。子已贤明，知天命矣，必生去死，不复疑也。”

【注释】

①恢（hài）：愁苦。

【译文】

“这太让人愁苦了！”“真人对此要十分加小心。只因真人竟感到让人愁苦，可以称得上已经获取到永久的吉庆，远离那凶害了。”“是是。决不敢偏离天师的训饬。”“好的。你已经变贤明，了解天命了，必定会长生，脱离开死亡了，不必对此再疑虑。”

“今谨以闻天道之命，愿得知地德之敕。”“然。夫地之有大德，专以顺天之道，以好养万物，扰扰之属莫不被恩德养成其中者，是故大溗大德之人，当象此为行。幸蒙先师功力，得怀藏善道无极之德。夫德以教人，比若临大水而饮之也，少人往学德，亦不伤其本；无极之人往学德，亦不伤其本也。如力教教之，皆使凡人知守溗抱德，各自爱养其身，其善者，上可助天养且生长之物，下可助地畜养向成之物[1]，悉并力同心，无有恶意。其中大贤明、心易开示者，乃可化而上，使为君之辅；其中贤者，可为长吏师；其下无知者，尚可为民间之师长[2]，凡人莫不俱好德化而为善者也。为教如是，乃上有益于天，下有益于地，即大化之本根。助帝王养人民，令不犯恶为耶[③]，君子垂拱而无忧[④]。其功著大[⑤]，天地爱之，可移于官也[⑥]。

【注释】

①向成：趋于成熟之意。

②师长：意为榜样、楷模。

③耶：用同“邪”，指邪恶行径。

④垂拱：垂衣拱手。形容天下大治之甚。

⑤著：显赫之意。

⑥移于官：意谓成为天庭的神吏。

【译文】

“如今已经恭谨地听到了天道方面的明命，希望再得知地德方面的训饬。”“好的。大地具有大德，是因为专门顺从天道，喜好养育万物，纷纷扰扰的动植物没有一种不蒙受到恩德，在地上得以生长并成熟的。所以非常柔和、德业盛大的人，都应效仿大地来构成自己的行为。有幸承受先师的功力，得以内心藏有吉善真道和极其广大的真德。而用真德去教导世人，就好比让人面对大水去喝它，有少数人前来学习真德，也不会伤害到水源；有无数人前来学习真德，同样不会伤害到水源。如果大力教导世人，使世人都懂得守行柔术，抱持真德，各自爱惜和养护自己的身躯，其中突出的人往上可以协助皇天养护将要生长起来的万物，往下可以协助大地容纳并养护趋于成熟的万物，全都同心并力，没有歹恶的念头。其中特别贤明、一开示心里就领悟的人，正可以化导成功并进入朝廷，使他们成为君主的辅佐；那些中等贤明的人，可以成为官吏的老师；那些低劣又愚笨的人，尚且可以成为民间的榜样，所有人无不喜好德化而行善事。施行教化达到这般境地，就往上对皇天有补益，往下对大地有补益，这也正是普遍化导的根基。协助帝王养护民众，使他们不介入歹恶干坏事，君子垂衣拱手，没有任何忧愁。首先施布真德教化的人功劳显赫又重大，天地喜爱他，可以把他召到天庭做神吏。

“今则或怀有德广大，而反详愚闭[①]，绝道德之路，不助天养其且生，不助地养其且成，不助帝王和诸民人。今使愚人后生，遂暗无知，白黑不分明，互死不移[②]，遂为小人，不可东西[③]，忽身自轻，相随为非，奸轨畜积[④]，上下不能复相教，冥冥愦愦，无有忌讳，上犯天文，下犯地形。其行逆四时，乱五行，为君子大忧，为小人起害，为贼盗或还以自败，僇其父母[⑤]，因而无世[⑥]。

【注释】

①详：知悉。

②互死：鱼死网破、同归于尽之意。

③可：认同。东：谓生路。西：谓死路。

④奸轨：犯法作乱。轨，通“宄”，在内曰奸，在外曰宄。

⑤僇(lù)：通“戮”，杀戮。指受株连伏法被杀。

⑥无世：家族灭绝之意。

【译文】

“如今却有人身怀广大的真德，反而在对愚昧人实行封锁上想得特周密，断绝道德的门路，不协助皇天养护那将要生出的万物，不协助大地养护那将要成熟的万物，不协助帝王调理好众百姓。如今致使愚昧的人和后来出生的人陷入昏昧，什么也不知道，黑白区分不清，连鱼死网破、同归于尽都不改变，于是成为小人，不认同生路和死路，忽略身家性命，自行轻生，一个跟着一个干坏事，犯法作乱的人越积越多，上下无法再彼此施加教化，对什么都不清楚，没有任何忌讳，往上凌犯天象，往下侵犯地理。诸多行径违逆四时，搅乱五行，成为君子十分忧虑的事情，给小人招来祸害，变成盗贼，有的反转来自我败亡，还使自己的父母受到株连被处死，因而家族灭绝。

“今尚但为真人举其纲纪，见其始①，使众人一觉，自策之耳②。不肯教久德③，名为断绝地之养道。其罪过如此矣，是之为无状④，乃死尚有余罪，故流后生也。真人知之耶？”“可恢哉！可恢哉！”“真人知蚤恢⑤，可谓得且活矣，唯慎之。”

【注释】

①始：根由。

②策：谓像占卦那样做揣摩。

③久德：长久守德之意。

④无状：罪大无可名状。

⑤蚤：通“早”。

【译文】

“现下尚且只为真人列举那要点，看出那根由来，使众人彻底觉悟，像占卦那样自行思量罢了。不乐意教导世人长久守德，这被特称为断绝大地的养育之道。他那罪过就像这个样子了，这纯粹属于罪大无可名状，至死还有抵不完的罪过，所以就要殃及后代呀！真人你明白这一点了吗？”“太让人愁苦了！太让人愁苦了！”“真人早早知道让人愁苦，可以称得上明白此事并存活了，只管慎重对待它。”

“唯唯。谨已受道德之禁，愿闻仁者之行。”“然。夫天地生凡财物，已属于人，使其无根，亦不上著于天，亦不下著于地。物者，中和之有[①]，使可推行[②]，浮而往来，职当主周穷救急也。夫人畜金银珍物，多财之家或亿万种以上，畜积腐涂[③]。如贤知以行施予，贫家乐，名仁而已，助地养形，助帝王存良谨之民。

【注释】

①中和之有：犹言人间所有。

②推行：谓转相流通。

③腐涂；朽烂成泥之意。

【译文】

"是是。已经恭谨地领受了道德方面的禁戒，希望再听一听仁人的行为。""好的。天地化生出所有的财物，已经交付给世人，让它们没有固定的归属，既不往上附着在天上，也不往下附着在地里。财物属于整个人间所拥有，让它们能够转相流通，上下往来，天职应当在于周穷救急。世人积蓄金银和珍贵的物品，而富有的人家有的多达亿万种以上，积压在那里都朽烂成泥了。如果主人仁贤明智，去施行施予，贫困的人家感到特欢乐，由此赢得仁人的名声也就够了，从而去协助大地养护万物的形体，协助帝王使良善谨顺的百姓得以存活。

"夫亿万之家，可周万户，予陈收新，毋疾利之心[①]，德洽天地，闻于远方，尚可常得新物，而腐涂者除去也。其中大贤者，乃日奏上其功于帝王；其中小贤，日举之于乡里[②]。其中大愚人不偿报恩者，极十有两三耳，安能使人大贫哉？

【注释】

①疾利：快速获利之意。

②乡里:汉代地方基层行政组织。百户为里,十里为乡。或谓十里一亭,十亭一乡。一乡辖户达五千者,设立有秩、三老和游徼等职,分掌乡政教化和治安之事。

【译文】

"家财亿万的人家,可以周济一万户贫困的人家,把陈旧的东西给出去,收进新的来,不存在快速获利的心思,恩德切合天地,名声传到远方,还可以时常得到新物品,而朽烂成泥的损失也去除了。其中特别仁贤的人,就天天被人把他那功德上奏给帝王;其中比较仁贤的人,天天被人荐举给乡里。那些得到施予却不偿报恩德的非常愚昧的人,顶多也就十个当中有两三个罢了,怎么能使施予的人变得特别贫困呢?

"为善不止,大贤溸明举之,名闻国中,四海人道之者塞道,明王圣主闻之,见助养民大喜,因而诏取①,位至鼎辅②,因是得尊贵,世世无有解已。尚为大仁,天下少有,上不负先祖,下不负于子孙,天地爱之,百神利之,帝王待之若明友③,比邻示之若父母④。功著天地,不复去也;禄著官位,不复贱也;名著万民,不复灭也。夫仁可不为乎哉!

【注释】

①诏取:下诏聘用。汉代在官员来源上实行察举制和征辟制,朝廷召之曰征,三公以下召之曰辟。

②鼎辅:指三公高位。

③明友:贤明的友人。本经卷五十三《分别四治法》谓:"友事其臣,若与其同志同心也。"

④比邻:近邻。示:通"视",看待。

【译文】

"做善事不止息，其中特别仁贤又柔和明智的人得到荐举，名闻全国，天下人中称颂他的人挤满了道路，英明的帝王和神圣的君主听说后，见他协助朝廷养护救助众百姓，非常高兴，随后下诏征召，位至辅政大臣，由此获取到尊贵，世世代代没有被解职的时候。被人推崇为大仁人，天下少有，往上不愧对祖先，往下不愧对子孙，天地喜爱他，百神利佑他，帝王对待他就如同贤明的朋友，邻居看待他就如同自己的父母。功德显现在天地间，不会再磨灭；尊贵显现在官位上，不会再卑贱；名声显现在万民中，不会再泯灭。如此看来，仁惠可以不去做吗？

"或有遇得善富地①，并得天地中和之财，积之乃亿亿万种，珍物金银亿万，反封藏逃匿于幽室，令皆腐涂。见人穷困往求，骂詈不予②；既予，不即许，必求取增倍也③，而或但一增，或四五乃止，赐予富人④，绝去贫子，令使其饥寒而死，不以道理，反就笑之，与天为怨，与地为咎，与人为大仇，百神憎之。

【注释】

①善富地：犹言风水宝地。详参本经丙部《葬宅诀》所述。

②詈(lì)：责骂。

③增倍：谓放高利贷。

④富人：指有偿还能力的人。

【译文】

"有的人碰到了风水宝地，一古脑儿获得到天地和人间的财物，积聚竟多达亿亿万种，金银珍宝上亿万，反而把它们封藏隐匿在幽暗的密室里，致使全都朽烂成泥了。看到有人穷困前来求助，却骂骂咧咧不借给;借给也不马上就答应,而是一定要让对方加倍偿还,有的加一倍,有的加四倍、五倍才算罢休;而且只借给确有偿还能力的人家,把穷小子全都回绝撵走,致使他们冻饿而死。不按道理办事反而站在尸体旁边耻笑他们,这与皇天结下怨恨,与大地结下憎恨,与世人结下大仇,所有的神灵都憎恶他。

"所以然者,此财物乃天地中和所有,以共养人也,此家但遇得其聚处,比若仓中之鼠,常独足食,此大仓之粟②,本非独鼠有也;少内之钱财③,本非独以给一人也,其有不足者,悉当从其取也。愚人无知,以为终古独当有之④,不知乃万尸之委输⑤,皆当得衣食于是也。爱之反常怒喜,不肯力以周穷救急,令使万家之绝⑥,春无以种,秋无以收,其冤结悉仰呼天,天为之感,地为之动。不助君子周穷救急,为天地之间大不仁人。

【注释】

①共养:即供养。共,通"供"。

②大仓:设在京师的国家粮库。

③少内:汉代皇室、王国和郡主管金钱财物的专设机构。

④终古:永久。

⑤万尸:此二字中"尸"当作"户",形近而讹。委输:指作为赋税而转运到京师的货物。

⑥万家之绝:此四字中"之"当作"乏",形近而讹。

【译文】

"之所以如此,是因为这些财物正归天地和人间所拥有,用它们去供养世人,这户人家只是遇到了它们聚集的地方,就好比粮仓中的老鼠,时常独自能吃个饱,然而京师大粮仓中的粮食,原本就不是唯独老鼠才可享用的;国家金库的钱财,原本也不是唯独供给一个人使用的,那些出现入不敷出的部门,都应到那里去支取啊!愚昧的人什么也不懂,以为永久就该独自一人占有它,不知道这是千家万户作为赋税而转运到京师去的财物,全都应从这里面获取到衣食啊!爱财反而经常对求助的人喜怒无常,不乐意大力去周穷救急,致使千家万户贫乏困绝,春天没种子播种,秋天没庄稼收获,所有冤气聚结起来,全都仰面呼叫苍天,苍天被这呼叫所感应,大地被这冤气所引动。不协助君子周急救穷,纯粹是天地之间极为不仁的家伙。

“人可求以祭祀,尚不给与,百神恶之,欲使无世;乡里祝固①,欲使其死;盗贼闻之,举兵往趋,攻击其门户。家困且死而尽,固固不肯施予②,反深埋地中,使人不睹,无故绝天下财物,乏地上之用,反为大壮于地下③。天大恶之,地大病之,以为大咎。中和之物隔绝日少,因而坐之不足④,饥寒而死者众多,与人为重仇。

【注释】

①祝固:意为狠狠诅咒这一毛不拔的铁公鸡。

②固固:一味坚持之意。

③大壮:意为硬往地里填塞物品,使地增加赘生物。详参本经卷四十五《起土出书诀》所述。

④坐:导致,造成。

【译文】

“人们因要祭祀而来向他求助,可他还是硬不施予,所有的神灵都憎恶他,要让他断子绝孙;同乡本里的人狠狠诅咒这只一毛不拔的铁公鸡,都想叫他快快去见阎王;盗贼听说他拥有钱财,就挥动兵器赶往他家,攻击他家的大门墙院。家里已经变得困顿,眼看要死掉,一切都到尽头了,可仍旧牢牢地不乐意施予,反而把东西深深埋在地底下,让人看不见,无故断绝天下的财物,使地上的用项缺乏,反而给地下硬是塞得膨胀起来。皇天憎恶这号人,大地也把这号人引为大病痛,当成是极度憎恨的对象。人间的财物被隔绝起来,一天比一天减少,因而造成匮乏,冻饿而死的人特别多,由此与世人结下重仇。

"夫天但好道,地但好德,中和好仁,凡物职当居天下地上而通行,周给凡人之不足,反乃见埋,病悒悒不得出见。夫天与地,本不乐欲得财也,天乃乐人生,地乐人养也,无知小人反壅塞天地中和之财[①],使其不得周足,杀天之所生,贼地之所养[②],无故埋逃此财物[③],使国家贫,少财用,不能救全其民命,使有德之君其治虚空。

【注释】

①壅塞:阻塞。

②贼:戕害之意。

③埋逃:意为深埋地下而予以藏匿。逃,藏匿。

【译文】

"皇天只喜好真道,大地只喜好真德,人间只喜好仁惠,所有的物品按照天职本来就应当存留在皇天下面和大地上边,流通周转,补给世人的不足,反而竟被埋藏起来,憋在地下忧闷不乐,没办法露出地面上来。皇天与大地,原本并不希望获取到财物,皇天正是高兴世人都施生,大地高兴世人都养育,无知的小人反而阻塞天地和人间的财物,使它们没办法齐备充裕,截杀皇天所化生的东西,戕害大地所养育的物品,无故让这些财物埋起来不见踪影，致使国家贫乏，缺少财用，不能够营救和保全住百姓的性命；致使具有道德的君主，他那治理虚空无物。

“夫金银珍物财货，作之用人功积多[①]，诚若且劳[②]，当为国家之用，无故弃捐[③]，去之土下，地又不乐得之，以为大病，以为大壮。今愚人甚不仁，罪若此，宁当死不耶？中尚有忽然不知足者，争讼自冤[④]，反夺少弱小家财物，殊不知止。

【注释】

①作：谓打制、编织等。

②诚若且劳：此四字中“若”当作“苦”，形近而讹。

③弃捐：抛弃，废置。

④争讼：意为拼命打官司。

【译文】

“金银珍宝和财货，打制或编织它们所耗费的人力多而又多，确实辛苦又辛劳，应当给国家使用，可却无故把它们白白扔掉，归入地下，地又不高兴得到它们，把这当成是大病痛和赘生物。如今愚昧的人简直不仁到了极点，罪过像这样，到底该不该死掉呢？其中还有人对这等罪过不当一回事，仍不知足，拼命打官司自喊冤枉，反而侵夺贫乏脆弱的小户人家的财物，一丝一毫也不知道罢休。

“吾尚但见真人俫俫[①]，财举其纲，见其始。夫大不仁之人，过积多，不可胜纪，难为财用[②]，真人宜熟思之。故天地中和三气憎之，死尚有余罪，当流后生。真人宁觉知之耶？”“唯唯。可骇哉！吾不欲闻也。”“真人遗此语，天必夺子命。令知觉悟，恶之且活矣，自敕慎事。”

【注释】

①倲倲(dòng):憨愚的样子。

②财用:裁断施用。财,通"裁",裁断。

【译文】

"我还只见真人挺愚暗,仅仅列举那要点,让你看出那端倪来。极其不仁的家伙,罪过积聚得特别多,简直记述不过来。都记述的话,难以形成裁断和施用,真人应当反复思索这个问题。所以天地与中和这三气憎恨他们,即使他们死掉还有抵不完的罪过,正该殃及他们的后代。真人对此到底了解并觉悟了吗?""是是。这简直让人太愁苦了!我都不想再听下去了。""真人留下这句话,皇天必定会夺去你的性命。其实该让人懂得及早觉悟,痛恨这类不仁的家伙,你也就得以活在世上了。你要自己戒饬自己,慎重行事。"

"唯唯。谨已敬受道德仁戒,愿闻有知不好学真道意。""善哉!子之言也。夫天生人,幸得有贤知,可以学问而长生。天之有道,乐与人共之;地有德,乐与人同之;中和有财,乐以养人。故人生乐求真道,真人自来;为之不止,比若与神谋;日歌为善,善自归之;力事众贤,众贤共示教之,不复远也。可以全其身,不负先人之统[①],佗人尽夭终[②],独得竟其天年;人皆名恶,独得为善人,为众人师,闻于远方。内怀真道德仁而有之,助天生物,助地养形,助帝王化民。上师乃可化无极人[③],尽使愚人守道不为非,中师可化万人,小师可化千数百人,致有益于君王,使小人知禁,不犯非匿邪。上感得官,不负祖先,不辱后生。维学若此,宁可不为乎?故古者圣贤,悉以敎学人为大忧,助天地生成,助帝王理乱。此天地之间,善人之称也。

【注释】

①统：谓统系。即家族世系。

②佗人：即他人。佗，同“他”。夭终：早亡。

③上师：第一等师长。

【译文】

“是是。已经恭谨地敬受道、德、仁三个方面的训戒了，希望再听一听具有认识能力却不喜欢学习真道的具体含义。”“你这话说得太好了。皇天使人降生下来，幸而得以具有良好的认识能力，可以通过学习请教而获长生。皇天拥有真道，高兴和世人共同拥有；大地拥有真德，高兴和世人共同拥有；人间拥有财物，高兴去养护世人。所以世人活在世上，乐意去求索真道，真道自动就会修炼成；修炼而不止息，就如同与神灵一起商量事情；天天歌唱做善事，良善就自动归向他；大力侍奉众贤人，众贤人就共同开启教导他，不会再偏离真道。可以保全住自己的身躯，不辜负先人的世系，其他人全都早亡，唯独自己能够尽享天年；别的人都被称为恶人，唯独自己能够成为善人，成为众人的师长，名声传布到远方。内心怀有真道真德与真仁并且掌握住它们，协助皇天化生万物，协助大地养育万物的形体，协助帝王化导众百姓。其中第一等师长可以化导无数的人，致使愚昧的人全都守行真道而不干坏事，中等的师长可以化导上万人，低等的师长可以化导数百上千人，由此对君主很有补益，使普通百姓知道禁忌，不涉足坏事，不隐匿邪恶。往上感动帝王，获取到官位，不辜负祖先，不辱没后代。只有学道才能像这个样子，难道可以不去付诸行动吗？所以古代的圣贤，都把告诫人们要学习作为特别重视的事情，以便协助天地化生和成就万物，协助帝王整顿混乱局面。这正是天地之间够得上善人的专称。

“或有愚人，生而怀愿有知，而不肯力学真道，反好为浮华行以欺人①。为子则欺其父母，为臣则欺其君，为下则欺其上，名为欺天，罪过不除也。或有反好俗事争斗②，相随为非，睹真人之人③，反大笑之，笑之言无以学为，遂令冥冥，愚无可知。又好胜而不可，苛言天地无数④，贤溗无知，恣情而行，上犯天文，下犯地理，出入无复节度⑤，归则不事父母，群愚相与会聚，遂为恶子，为长吏致事⑥，还戮其父母，不能自惟思，因逃亡为盗贼，行害伤杀人，殊不止。此正天所忌，地所咎，帝王所愁苦，百神所憎，父母所穷也。此害人之大灾，绝其先人之统子也。

【注释】

①浮华行：指虚浮不实的行为。

②俗事：谓世俗所兴行的那套玩艺。

③真人之人：意为属于学道行列的人。

④苛言：刻毒宣称之意。数：指奖善惩恶的常法定律。

⑤节度：规矩，分寸。

⑥致事：惹事，生事。

【译文】

“还有一些愚昧的人，生下来怀有志愿，具备认识能力，但却不乐意大力去学习真道，反而喜好做出虚浮不实的那套行为去骗人。当儿子的，就欺骗自己的父母；做臣僚的，就欺骗自己的君主；做下属的，就欺骗自己的上司，这被称作欺骗皇天，罪该万死，死有余辜啊！还有的人反而喜好世俗所兴行的那套玩艺，相互争斗，一个跟着一个做坏事，看到属于学道行列的人，反而放肆地嘲笑他们，嘲笑时说什么没必要把学习真道当成一码事，于是使自己昏昏暗暗，愚昧得什么都不知道。又好胜而不赞同其他任何事物，刻毒地宣称天地根本就没有哪门子奖善惩恶的常法定律，那些号称贤明柔和的人其实什么也不懂；完全任从自己的性情去行事,往上凌犯天象,往下侵害地理,出来进去不再有任何规矩;回到家也不侍奉父母,一帮蠢蛋共同聚集在一起,于是成为一群坏小子,给地方官吏惹是生非,反转来使父母受到株连被处死。但仍不能自己仔细想想这档事,随即逃亡变成盗贼,专干害人事,伤人又杀人,一点儿也不知道止息。这正是皇天所忌恨的目标,大地所痛恨的对象,帝王所愁苦的政务,全部神灵所憎恶的那号人,父母所绝望的事情。这纯属害人的大灾祸,断绝掉自家先人世系的败家子。

“今不力学真道,为行如此,于真人意,宁当死不?死有余罪,流其子孙,尚名为恶人之世、盗贼之后,恶宁流后生不耶?今尚但为真人举其端首①,其恶不可胜记,难为财用,真人宁觉知之耶?真人自慎。”“唯唯。吾甚恢哉!”“子知恢,已去恶矣。”

【注释】

①端首:指首要部分。

【译文】

“如今不大力学习真道,干出的行径竟然像这样,在真人想来,到底该不该死掉呢?死掉还有抵不完的罪过,殃及到他的子孙,子孙还被称作恶人的孽种,盗贼的根苗,这表明作恶到底会不会殃及他的后人呢?现下尚且只为真人列举那首要的部分,不学道导致的恶行简直记述不过来,全记述的话,也难以形成裁断和施用,真人你到底对此了解并觉悟了吗?真人要自己多加小心。”“是是,我真是感到太愁苦了呀!”“你知道愁苦,就已经远离那恶行了。”

“谨已具闻四事,愿后闻其次。”“然。夫天生人,使其具足乃出之[①]，常乐其为道与德仁。人幸有知，可以学德，天地以德养万物，乐人象之，故太古之德人[②]，忍辱象地之养物也[③]。人学为之，则其心意常悦，不复好伤害也；见事而慎之，日而为者善，不复欲为恶也；以类相聚，日益高远[④]，为之积久，因成盛德之人，莫不响应，众人归向之；聚谨顺善不止，因成大深师，其德乃之助天养欲生之物，助地养欲长之物，又好助明王化民，使为谨，不复知其凶恶。

【注释】

①具足：谓人在胞胎中含怀先天元气，业已阴阳皆具，胎体头圆象天，足方象地，四肢象四时，五脏象五行，七窍象日月星等。此说在古医经《灵枢·邪客》以及《淮南子·精神训》、《春秋繁露·人副天数》中述之甚详。参见本经卷三十五《分别贫富法》所述。

②太古：远古。

③忍辱：谓象地母那样含辛茹苦，默默施德兴善。详参本经卷九十六《忍辱象天地至诚与神相应大戒》所述。

④高远：谓志向即所追求的目标高深远大。详参本经卷四十九《急学真法》所述。

【译文】

“已经恭谨地闻听到四宗大事的详尽教诲，希望接下来再听一听第五种大罪。”“好的。皇天使人降生下来，都要让他们具备各种生命元素后才呱呱坠地，时刻高兴他们致力于真道、真德和仁爱。世人有幸具备认识能力，能够学习真德，而天地凭借真德来养护万物，高兴世人也效仿去做，所以上古的德人含辛茹苦，默默效仿大地去养护万物。世人学习并照着去做，他那心意就时常爱悦，不再喜好伤害什么了；碰到事情都保持谨慎态度，天天去这样做，就变得良善，不想再干坏事了；于是按照同属一类人抱成团，日益变得志向高深远大，时间一长，随即成为盛德这等人，众人无不响应，全都归向他；聚集起恭谨、顺从、良善的人，一直不止息，随即成为精通柔术的大师，他那真德发展到协助皇天养护那盼望生出的万物，协助大地养育那盼望成长的万物，又喜好协助英明的帝王化导众百姓，使他们致力谨顺，不再知道什么叫做凶险邪恶了。

“小为德，或化千数百人；大为德，或化万人以上，因使万人转成德师，所化无极；为德不止，凡人莫不悦喜。天地爱之，增其算①，鬼神好之，因而共利祐之。其有功者，乃人君官仕之。德不乐伤害，众人乐之好之，所求者得居常独乐，无欲害之者。此本由学顺善为德，乃到于斯，名闻远方，功著天地，不负祖先，不辱后生。

【注释】

①增其算：对他增加寿龄之意。算为上天在人生前为之注定的寿龄。凡人早亡，享寿未尽，其剩余部分则为余算。余算归天掌握，可转赐他人。故而此处乃有“增其算”之说。本经以一年为一算，与《抱朴子》所称百日一算不同。详见卷一百二《经文部数所应诀》后附遗文及辛部第十三条经文所述。

【译文】

“初步地从事德业，有的会化导成数百上千人；盛大地从事德业，有的能化导成一万人以上，随后使这一万人转成真德师长，所化导的人也就不计其数了；从事德业不罢休，世人没有谁不感到喜悦的。天地喜爱他，给他增加寿龄，鬼神也喜爱他，随后就一起保佑他并对他特有利。那些立下化导功劳的人，君主就给他官做。真德最不喜好伤害，众人对他既高兴又喜爱，心里想做的事情总能让自己在平常感到很快乐，没有想陷害他的人。这原本是从学习顺从和良善而形成德业，才达到了这般地步，名声传播到远方，功绩显现在天地之间，既不辜负自家的祖先，也不辱没本人的后代。

“今人或幸有知，心知善恶而反自轻易，不力学为善德，反随俗愚暗之人为恶，好用气尚武①，辞语常凶，言出而逆，欲以伏人。自言便②，复有便于人者；人自言勇力，复有勇力于人者。故凡天下之事，各有所伏穷③，故可制也。

【注释】

①尚武：崇尚勇力。

②便：谓口才辩给。

③伏穷：意为被降伏而无力进行抵抗。

【译文】

“如今有的人幸好具备认识能力，心里清楚善与恶，但却反而自行轻率简慢，不大力学习怎样做善事，形成德业，反而追随世上愚昧昏暗的人去干坏事，喜好逞用意气，崇尚勇力，辞语经常恶狠狠的，一说话就和人对着来，想借此降伏别人。须知自己挺能说，还有比你更能说的人；自己声称多么有勇力，还有比你更有勇力的人。所以只要是天下的事情，各自都有被降伏而无力做抵抗的对象，因而才能控制住。

“夫大火当起之时，若将不可拘，得水便死①；人为不善，当怒之时，若将不可制也，得狱便穷②；用口若将不拘，得病使降。故夫天地治人，悉自有法尺寸③。人乃有知，不肯好学，反自轻为非，所居为凶④，无爱之者，天地憎之，百神恶之，帝王得愁苦之。此不成善人，自成盗贼，死尚成恶鬼⑤。

【注释】

①死：熄灭之意。

②得狱：被定罪判刑。

③法尺寸：犹言法度。

④居：指处境和归宿。

⑤恶鬼：指天庭对死人所做的一种处置方式。本经卷四十《努力为善法》谓，地下得新死之人，悉问其生前所为，分别归属于乐游鬼、愁苦鬼、恶鬼的名籍之中。又卷一百一《西壁图》绘有恶鬼形象，且云："故前有害狱，后有恶鬼。"

【译文】

"大火正当燃起的时候，看上去好像没办法控制住，可一遇到水就熄灭了；世人干坏事，正当他怒冲冲的时候，看上去好像谁也对付不了，可一定罪判刑也就任何办法都没有了；讲起话来看上去好像怎么也打断不了，可一得病也就闭上嘴巴了。所以天地整治世人，全都自行具有法度。人正具备认识能力，却不肯喜好学习，反而自行轻慢，干那坏事，他那处境和结果绝对好不了，压根就没有喜爱他的人。天地憎恨他，所有的神灵都厌恶他，帝王也对他犯愁。这根本就成不了善人，自行去当盗贼，死后仍被阴曹地府定成恶鬼。

"用力强梁[①]，其死皆不得用道理。人莫不共知之，而自易不为善，污先人之统，负于后生之子，遂见字为凶贼人之类也[②]。人莫肯与其交语，行人不欲与同道。此子何过？承负父母之恶，尚或见谓为盗贼之子，或遂得死亡焉。真人来，人自易，不好学于明师为德，反随小人，过乃如此，宁当死有余罪不乎？"

【注释】

①强梁：凶暴，强横。《老子·四十二章》谓："强梁者不得其死。"

②见字：被称为、被叫作之意。

【译文】

"逞用勇力，蛮横凶暴，这号人都不得好死。人们没有谁不对这种情况一清二楚，可却自行轻慢，不做善事，不当善人，玷污自家先人的血统，给后来出生的儿子留下罪孽，于是儿子被世人呼为凶残贼人的余孽，没有谁愿意同他当面说话，来往的人根本就不想和他在一条路上走。这个孩子可有什么罪过呢？承负父母的罪孽，有的还被称作盗贼的儿子，于是因此而死亡。真人你过来，作为人却自我轻慢，不喜好跟从明师来学习，致力真德，反而追随小人犯下罪过竟成这个样子，到底该不该算是死有余罪呢？"

"可畏哉！天师勿须道，吾念之已苦心痛矣。见人不学，以为小事，安知乃致此乎？""人甚愚①，与俗人相似。人不深计，死有余罪。真人既有功于天地，慎之。""唯唯。""不可自易也。吾尚但举其纲，见其始，不学之恶，不但尽于是也。子得吾书觉悟，自深计之。""唯唯。诚得归，便闲处精之详之。""然是也，学而不精，与梦何异？"

【注释】

①人甚愚：据上下文意，此三字中"人"上当有"真"字。

【译文】

"这太可怕了！天师别再说了，我一想到那种情况，已经苦楚而内心疼痛了。看到世人不学习，原以为是小事情，哪里知道竟会招来这样的恶果呢？""真人你太愚昧了，同俗人没什么两样。人不深深作打算，就死有余罪。真人你对天地既然立有功劳,就要谨慎对待这宗事。""是是。""决不可以自我轻慢。我尚且只是列举那要点,让你看出那端倪来。不学习造成的罪恶,决不仅仅在我所讲的这些事上就全都包括进来了。你得到我这篇书文要觉悟,自行深深作考虑。""是是。回去后,确实就在安静的修炼场所精思它,详察它。""好的。这就对头了,学习却不精思,这和做梦有什么两样呢?"

"唯唯。谨已受吾事之敕[①],愿闻人生有力不为之教。""然。天地共生蚑行,皆使有力,取气于四时而象五行。夫力本以自动举,当随而衣食,是故常力之人,日夜为之不懈,聚之不止,无大无小物,得者爱之。凡物自有精神[②],亦好人爱之,人爱之,便来归人。比若东海爱水,最居其下,天下之水悉往聚,因得为海。

【注释】

①吾事:指学道修德。此为真人天职,故曰"吾事"。

②精神:谓起主宰作用的人格化的精灵与神灵。

【译文】

"是是,已经恭谨地承受到我分内该做事情的训饬,希望再听一听人到世上具有力气却不去使的教诲。""好的。天地一起使动物降生下来,都让它们具备力气,这是从四时那里取来气又效仿五行来运转的。力气本来通过自己使出来才会发挥作用,应当靠它去谋求衣食。所以经常下力气的人,日夜去干不懈怠,聚集财物不止息,无论大东西还是小东西,只要得到就都喜爱它们。而任何东西,天然就有各自的精灵与神灵,它们也喜欢世人喜爱它们;世人喜爱它们,就前来归附世人。这就好比东海喜爱水,位于最低处,整个天下的水就都流往并汇聚到那里，因而得以形成大海。

“君子力而不息，因为委积财物之长家[①]，遂富而无不有，先祖则得善食[②]，子孙得肥泽[③]，举家共利。为力而不止，四方贫虚莫不来受其功，因本已大成，施予不止，众人大誉之，名闻远方，功著天地。常力周穷救急，助天地爱物，助人君养民；救穷乏不止，凡天地增其算，百神皆得来食此家[④]，莫不悦喜。因为德行，或得大官[⑤]，不辱先人，不负后生。

【注释】

①长家：头等人家。即首富。

②善食：指美好的祭品。

③肥泽：谓身体肥壮。

④食：谓前来享用祭品。

⑤大官：汉代以月俸二千石以上者为大官。

【译文】

“君子下力气而不罢休，随即就成为积聚起财物的头等人家，于是变富足，什么东西都有，祖先得到丰盛的祭品，子孙得到茁壮的成长发育，全家共同都吉利。下大力气而不止息，四方贫困的人家没有哪家不前来分享他的功业，由于根基已经牢牢奠定，施予而不停止，众人都极力地称颂他，名声传布到远方，功德显现在天地之间。经常大力周穷救急，协助天地爱护万物，协助君主养护众百姓；救助贫穷困乏的人家而不作罢，天地就都给他增加寿龄，所有的神灵就全都到他家来享用祭品，无不喜悦。由于做出仁德的行为，有的获取到大官位，既不辱没自家先人，也不辜负后代子孙。

“人人或有力反自易，不以为事；可以致富，反以行斗讼[①]，妄轻为不祥之事。自见力伏人，遂为而不止，反成大恶之子。家之空极，起为盗贼，则饥寒并至，不能自禁为奸，其中顿不肖子即饥寒而死[②]。

【注释】

①斗讼：谓靠打官司吃饭。

②中顿：指家道中途困顿、败落。

【译文】

“人人都有一副力气，可有的人反而却自己不看重它，不用它去做事；本来靠它能致富，却反而拿它去靠打官司吃饭，胡乱地就轻易干那不吉利的事情。自从看到勇力能够使人降伏，于是就使用起来而不停止，反而成为最凶恶的坏小子。家中陷入了一贫如洗的境地，就起身成为盗贼，饥寒随后一齐袭来，仍然不能禁止自己去干奸恶事，那些家道中途败落的坏小子也就冻饿而死了。

“勇力则行害人，求非其有，夺非其物，又数害伤人，与天为怨，与地为咎，与君子为仇，帝王得愁焉。遂为之不止，百神憎之，不复利祐也。天不欲盖，地不欲载，凶害日起，死于道旁，或穷于牢狱中，戮其父母，祸及妻子六属[①]，乡里皆欲使其死。尚有余罪，复流后生，或成乞者之后，或为盗贼之子，为后世大瑕[②]。真人前，其过责如此，宁当死有余罪不？”

【注释】

①六属：即六亲。对六亲所包括的具体对象，历来说法不一。《老子·十八章》谓：“六亲不和有孝慈。”晋王弼注：“六亲，父、子、

兄、弟、夫、妇。”

②大瑕：重点非议之意。

【译文】

“靠勇力专去祸害人，求取并非属于自己所有的东西，抢夺并非属于自己所有的物品，又屡屡伤害人，与皇天结下怨恨，与大地结下憎恶，与君子结下大仇，致使帝王很犯愁。接下来仍照样干而不罢休，所有的神灵都憎恨他，不再保佑他也不再对他有利了。皇天不想覆盖他，大地不想托载他，凶害天天降临，结果就死在路旁边，有的在牢狱中丧掉性命，父母也受到株连被处死，祸难延及到妻儿和远近亲戚，本乡同里的人都盼望他快快死去。死去还有抵不完的罪过，又殃及后代，后代有的成为乞丐的接替人，有的成为盗贼的孽种，一上来就被后世人指指点点，非议半天。真人你过来，这类人的过责竟是这样，到底该不该算是死有余罪呢？”

“吾见天师说事，吾甚惊恔心痛[①]，恐不能自愈。”“真人知心痛，将且生活矣。若忽然不大觉悟，子死不久也。慎之，吾言不可犯，犯者身灭矣，非吾杀之也，其行自得之。子亦知之乎？”“唯唯。”

【注释】

①惊恔：惊惧愁苦。

【译文】

“我见天师讲论事情，感到万分惊惧和愁苦，内心疼痛极了，恐怕没办法自行治好它。”“真人知道内心疼痛，将会存活了。如果没往心里去，不彻底觉悟，你临死也就不远了。慎重对待它，我所讲的绝对不能够违犯，谁要违犯就身躯毁灭了，这并不是我诛杀了他，是他那行径自行落得个这样的下场。你对此也闹明白了吗?”“是是。”

“吾为子陈此六事,未能道其万分之一也。贤渘得吾道,宜深思远虑,勿反苟自易,不恕为善也[1]。为力学,想得善,为恶则反乃降人也[2]。各自为身计,此中有六死罪,又有六大善[3],俱象之为身。为其善,必得善也;自易为恶者,日得凶恶子矣。自策自计,莫乐于自恣。慎之思之,惟之念之,贤明之心,必当易开也。道德仁善付有道德之士,凶恶付不深计之子,此格法。

【注释】

①恕:谓以仁爱之心待人。详参《论语·里仁篇》所述。

②降人:被人降伏之意。

③六大善:指讲论六大罪时所言及的正面行为及其善果。

【译文】

“我为你陈说这六桩大事,还没能讲出它们的万分之一来呢!贤明和懂得柔术的人获取到我那真道,应当深思远虑,切莫反倒随便就自我轻慢,把那不用仁爱之心去待人当成是良善。只管大力去学习,一门心思想得到美好的结果,干坏事就反而被别人降伏了。各自要为自身多做打算,这里面既有六大罪,也有与它们相反的六个方面的美好行为和结果,全都取决于自身做得怎么样。做善事,必定会得到美好的结果;自我轻慢而去干坏事的人,一天比一天会落个凶败险恶的坏小子的下场了。自作掂量,自作打算,不要在自我放纵上觉得痛快。慎重地精思这些事情,只管考虑这些问题,贤明人的心窍,必定容易开通。真道、真德和仁爱、吉善付归给具有道德的人士,凶败险恶付归给不深做打算的混小子,这是不可更改的常法。

“能皆象吾书文以自正，则天下无复恶人也。此乃天上太古洞极之道[1]，可以化人，人一知之俱为善，亦不复还反其恶也。上士乐生[2]，可学其真道；大涤大贤，可学其德；好施之人，可学其仁；有知之人，可学其知；有能之人，可学其能；有力之人，可学其力。如能并尽用之，思之熟之，身已远凶恶矣。天地爱之，六方养之，帝王无复事也，乃长游而治。真人亦知之乎？”

【注释】

①洞极：通彻至极。

②上士：最高明的人。

【译文】

“全都能够效法我这书文去自我端正，天下就再也没有邪恶的人了。这正是天上太古洞极之道，可以化导世人，世人一旦了解掌握了它，就全都做善事，也不会再恢复他那邪恶了。最高明的人喜欢长生，可以学习那真道；精通柔术和特别贤明的人，可以学习那真德；喜好施舍的人，可以学习那仁爱；具有认识能力的人，可以学习那能够认识到的事情；具有才能的人，可以学习那才能胜任得了的东西；具有力气的人，可以学习那力气做得到的活计。如果能够把它们合起来都去施用，精思它们，熟悉它们，自身就已经远离凶败险恶了。天地喜爱他，上下四方全都养护他，帝王没有什么事情再需要去处理，长久游乐而天下大治。真人对此也闹明白了吗？”

“大乐至矣[1]，吾甚大喜。”“子可谓乐善知之矣。是故古者贤圣，乃教而不止者，乃睹天禁明，各为身计也。故贤圣之教，辞语满天下也。子独不觉乎？”“善哉善哉！”“是故古者圣贤上士皆悉学，昼夜力学而不止者，亦睹见天地教令明也，故不敢自易为非也，不敢自轻易而不力学也，故得长吉而无害。此诸贤者异士[②]，本皆无知，但由力学而致也；此中诸凶恶人，悉由不力学，自轻自易所致也。吾之为道，吉凶之门户也[③]。子亦岂知之耶？”“唯唯。”

【注释】

①大乐：谓自然界到人类社会所呈现的一种高度协调和谐的理想状态与欢乐景象。详参本经乙部《以乐却灾法》、卷一百十三《乐怒吉凶诀》、卷一百十五至一百十六《阙题》(二)所述。

②异士：卓异的士子。

③门户：比喻出入口。

【译文】

“天下大乐的景象来到了，弟子真是高兴极了。”“你可以称得上喜好良善而懂得这一切了。所以古代的圣贤教化世人而不罢休，原因正在于明晰地看出了皇天的禁忌，各自替自身做打算。因而圣人贤士的教化，辞语满天下。你唯独还没觉察出来吗？”“这太好了！这太好了！”“所以古代的圣贤和高明人全都尽心去学习，昼夜大力学习而不止息，原因也在于明晰地看出了天地的教令，因而不敢自我轻慢去干坏事，不敢自我轻慢而不大力去学习，所以才能够永远吉利，没有凶害。这些贤人和卓异的士子，原来也都是什么也不懂，只是通过大力学习才造成的；而那些凶败险恶的人，全都由于不大力学习，自我轻慢所招致的。我所构成的那真道，正是吉凶的出入口。你恐怕对此也清楚了吧？”“是是。”

“故都举乃以上及其下也[①]。”“何谓也哉？”“噫！子意何不觉也？”“见天师连说，今更眩不自知以何为觉，以何为不觉也。""今使子知行之。真人前,夫天治法,化人为善,从上到下,有几何法哉?""其法万端,各异意。""然真人尚正若此,俗人难觉,迷日久是也。""有过,唯天师。"

【注释】

①都举:通体列举之意。

【译文】

"所以通体列举,正从上面一直排到下面。""这是指什么说的呢?""嘿嘿!你心里为什么还不觉悟呢?""看到天师一连串做讲说,现下转而头晕目眩,自己闹不清该把哪些归入觉悟了,又该把哪些归入还没觉悟。""如今让你了解并去施行它。真人你过来,皇天的治理大法,化导世人成为良善,从上到下总共有多少种呢?""那些大法成千上万,用意各不相同。""然而真人尚且正像这样来看待,俗人真难让他们觉悟,沉迷的时间那么长久,也就不足为怪了。""弟子犯下罪过,只请天师开导。"

"然。助帝王治,大凡有十法①:一为元气治,二为自然治②,三为道治,四为德治,五为仁治,六为义治,七为礼治,八为文治,九为法治,十为武治,十而终也。"

【注释】

①大凡:总共。十法:十种大法。其核心内涵及优劣得失,详参本经辛部第六条经文(《敦煌目录》卷一百二十六题作《九事亲属兄弟决》)、癸部《七事解迷法》所述。

②自然:谓原本固有的情状与态势。

【译文】

"好的。协助帝王治理天下,总共有十种大法:一为元气治,二为自然治，三为道治，四为德治，五为仁治，六为义治，七为礼治，八为文治，九为法治，十为武治，到第十也就到尽头了。”

“何也？”“夫物始于元气，终于武[①]。武者斩伐，故武为下也。故物起于太玄[②]，中于太阳[③]，终死于白虎[④]。故元气于北，而白虎居西，此之谓也。

【注释】

①武：指秋季的肃杀阴气。

②太玄：指阴极生阳的农历冬至所在的十一月和正北方。为水行与坎卦所居之位。玄，黑色。

③中：盛。太阳：指农历夏至所在的五月与正南方。为火行与离卦所居之位。

④白虎：金行之精。此处代表阳衰阴盛的农历秋分所在的八月与正西方。为兑卦所居之位。

【译文】

“为什么这样讲呢？”“万物从元气那里获得萌生，到秋季死于与武力同类的肃杀阴气。武力的作用是斩杀征伐，所以武力属于最末位的事项。因而万物从太阴气所在的北方开始萌生，到太阳气所在的南方长得最茂盛，到金行之精白虎所在的西方枯死。所以元气位居北方，白虎位居西方，说的正是这种情形。

“故天使元气治，使风气养物[①]。地以自然治，故顺善得善，顺恶得恶也[②]。人者，顺承天地中和，以道治，主动道[③]。凡事通而往来，此三事，应天地人谶。过此三事而下者，德、仁为章句[④]。过仁而下，多伤难为意[⑤]。

【注释】

①风气:谓八风和二十四节气。八风指条风,即立春时的东北风;明庶风,即春分时的东风;清明风,即立夏时的东南风;景风,即夏至时的南风;凉风,即立秋时的西南风;阊阖风,即秋分时的西风;不周风,即立冬时的西北风;广莫风,即冬至时的北风。参见《淮南子·天文训》、《史记·律书》及《白虎通义·八风》所述。

②"故顺善"二句:地属阴,好养长,是为"善";又好杀,是为"恶"。两种属性同时在起作用,故其所"顺"结果亦或"善"或"恶"。本经卷一百十五至一百十六《某诀》云:"地者常养而好德。"卷一百十七《天咎四人辱道诫》复云:"故地者主辱杀,主藏。"

③动道:谓返本归真。《老子·四十章》谓:"反(返)者,道之动。"

④章句:汉代所创制的一种分章逐句解说经文与经义的体式。如今传东汉赵岐所撰《孟子章句》之类。此处用以借喻德、仁可对元气治、自然治、道治起到的辅助作用。

⑤多伤难为意:意为义治到武治,多以难为人、伤杀人为其宗旨。

【译文】

"因而皇天让元气施行治理,叫八风二十四节气来养护万物。大地通过自然的固有状态施行治理,所以随顺吉善就得到吉善的结果,随顺凶恶就得到凶恶的结果。人类顺从并承奉天地中和气,凭仗真道施行治理,职在返本归真。任何事情都彼此相通,交互往来,以上这三种治理事体,恰恰与天、地、人相应合。超出这三种治理事体而排在下边的,德治和仁治尚且还像解释经书的章句能起到辅助的作用。超出仁治而更排在下边的,大多是把难为人、伤杀人作为宗旨而已。

"故吾之为道,常乐上本天之性,戒中弃末[①]。天之性也生凡物,本者常理,到中而成,至终而乱。失乱者不可复理,故当以上始也。故天常守本,地守其中一转[②],人者守其下三转,故数乱道也。真人岂已晓知之耶?""唯唯。""子今有疑。""夫随师可言,不敢有疑也。"

【注释】

①弃未:此二字中"未"当作"末"。本经卷九十一《拘校三古文法》有云:"故吾之为道,悉守本而戒中,而弃末。天守本,故吾守本也;天戒中,故吾戒中也;天弃末,故吾弃末也。"

②一转:意为朝下等转变了一次。

【译文】

"所以我构成我那真道,经常乐意往上扣住皇天的本性,警戒中间状态,抛弃末梢。皇天的本性是化生万物,在根基处就常常得到治理,到中间就成就,到最后就混乱了。已经出现偏失和混乱,也就没办法再继续治理了,所以应当从头再开始。因而皇天时刻守持根本,大地却守持那中间状态,这属于朝下等转变了一次;世人守持那末梢,这属于朝下等转变了第三次,所以就轮番搅乱了真道。真人对此恐怕已经明白了吧?""是是。""我看你现下还有怀疑。""一切都依从天师认定的论断,绝对不敢有什么怀疑。"

"真人前。天将祐帝王,以何为明证哉?将利民臣,以何为效乎?""唯天师,今不及。""何也?""数言而不中,多得过,故不敢复言也。""嗛乎[①]?行。""唯唯。然天将祐帝王,予其琦文[②],今可以治[③],用之绝逾[④],与阴阳相应;将利小臣也[⑤],予其良吏[⑥];将利民也,使其生善子。"

【注释】

①嗛:通"谦",谦恭。

②琦文：奇异的天书神文。如河图洛书、赤乌文之类。琦，通“奇”，奇异。本经卷五十三《分别四治法》谓：“天将兴之，瑞应文琦书出，付与之，令使其大觉悟而授之。”

③今可以治：此四字中“今”当作“令”。形近而讹。

④绝逾：指极远之处。

⑤小臣：谓朝廷大臣和地方长官。因臣下在帝王前常常自称小臣，故而此处亦曰小臣。

⑥良吏：优秀的办事人员。此缘汉代内外朝臣有权自署吏员而为言。

【译文】

“真人你到前面来。皇天打算佑助帝王，把什么作为明证呢？准备给民众和臣僚好处，又把什么作为效验呢？”“只请天师教诲，弟子现下闹不清楚。”“你为什么说这话呢？”“几次谈看法，都说不到点子上，落下好多罪过，所以不敢再讲了。”“你是太谦恭吧？只管讲来！”“是是。然而皇天打算佑助帝王，就赐给他瑞应天书，让他能够进行治理，施用到最远的地方，也与阴阳相应合；准备给内外朝臣好处，就为他们派去能干的办事人员；准备给民众好处，就让他们生下好儿子来。”

“真人言是，岂复有奇说耶？而已极[①]。唯天将欲兴有德人君也，为其生神圣，使其传天地谈[②]，通天地意。故真人来为其学也，宜以付谨良之民，觉其心，使其惟思；付上有大德之君也，以示众贤，共晓其意，已解以归百姓；百姓得之，十五相从议之[③]。

【注释】

①极：意谓把问题点透了。

②天地谈：指天地要对世人宣讲的话语。

③十五相从：十人一堆、五人一组之意。

【译文】

“真人说得很对，我哪里还有什么其他的奇异说法呢？你把事情已经点透了。只有皇天打算让具有道德的君主兴盛起来，就为他降生下神士圣人来，让神士圣人传达天地要对世人宣讲的话语，表达天地的心意。所以真人前来从事学习，应当把我这书文传付给谨顺良善的百姓，使他内心觉悟，让他只管精思；前去付归给第一等具有大德的君主，再亮给众贤人看，共同弄懂其中的要意，已经解悟后，再交付给众百姓；众百姓得见后，就十人一堆，五人一组，逐项讨论它。

“治之连不平，非独天地人君也，过乃本一在人；长长自得重过责于皇天后土[①]，皆由一人[②]。时有先学得真道者，不力相化教；大渘幸先知德，力不相化；畜积有财之家，不肯力施为仁；人生有知足以学，而不肯力学求真道以致寿；有能足以学德，以化其身，而不肯力学德以自化；有力不肯力作，自易反致困穷。此有大过六，天人为是独积久。

【注释】

①长长：常常。后土：对大地的尊称。本经乙部《安乐王者法》云：“土者不即化，久久即化，故称后土。”

②一人：意为世间我们这个人类。

【译文】

“国家治理接连不太平，并不单单是天地和君主方面的原因，过错原本正完全出在人身上；常常从皇天后土那里自行受到重大罪过的惩罚，都是由世间我们这个人造成的。常有抢先学习而获取到真道的人，但却不去大力递相教化；精通柔术的人幸而首先了解掌握了真德，但却不去大力递相化导；聚积而拥有大量钱财的人家，但却不乐意大力施舍去实行仁爱；人从生下来便具有认识能力，足以去学习，但却不乐意大力去学习和求取真道来实现长寿；具有才能，足以去学习真德，来修养好自身，但却不乐意大力去学习真德来修养好自己；具有力气，却不乐意使出力气去大干，自我放纵，反而造成困乏贫穷。由此构成六种大罪过，皇天降生下的世人偏偏陷在里面，时间延续得很长了。

“天地开辟以来，更相承负，其后生者尤剧，积众多，相聚为大害，令使天地共失其正，帝王用心意久愁苦而不治，前后不平。天大疾之①，故吾急传天语。自太古到今，天地有所疾苦，悒悒而不通，凡人不得知之，皆使神圣人传其辞，非独我也，真人勿怪之也。

【注释】

①疾：痛恨。

【译文】

“从天地开辟以来，递相承负，那些后来出生的人更为厉害，积累得特别多，聚合到一起，成为大凶害，致使天地共同失去了正常的状态，帝王费尽心思，长久愁苦，可却治理不了，前后不太平。皇天对这种情况非常痛恨，所以我急速传达皇天要对世人宣讲的话语。从远古一直到今天，天地常有感到痛恨和愁苦的事情，闷闷不乐，又得不到沟通，世俗人对此一点儿也不清楚，于是就全派神士圣人传达它们的话语，并不仅仅是我一个人，真人对此不要感到奇怪。

“今吾已去世，不可妄得还见于民间，故传书付真人。真人反得，已去世俗，不可复得为民间之师，故使真人求索良民而通者付之，令趋使往付归有德之君也。敢不往付留难者[1]，坐之也[2]。”

【注释】

①留难：擅自扣压之意。

②坐：谓受天惩罚。

【译文】

“如今我已经登仙成神了，不能胡乱就在民间重新现身，所以传授天书，交付给真人。真人得到后，转而也超凡脱俗了，不能再重新充当民间的师长，所以要让真人物色百姓中既良善又能传达的人，把这书文交付给他，让他赶快前去付归给具有道德的君主。胆敢不付归而擅自扣押住的人，皇天会惩罚他的。”

“何其重也？”“今天当以解病而安帝王，令道德君明示众贤，以化民间，各自思过，以解先人承负之谪，使凡人各自为身计，勿令懈忽，乃后天且大喜，治立平矣。子或怀狐疑，以吾言不大诚信者，吾文但以试为真。所以然者，古文亿亿卷，其治常不能太平也，令贤明渘长独怀狐疑，谓书不然也。夫勇士不试，安知其多力？见文而不试用，安知其神哉？吾受天言，以试真人，自是之后，得凡文书，皆立试之，不得空复设伪言也。

【译文】

“为什么竟是那样严重呢？”“如今皇天正要借助这书文去解除病痛，安定帝王，让具有道德的君主明确地亮给众贤人看，去化导民间，各自思考本人的过失，以便解除掉前辈人承负的罪罚，使世人各自替自身做打算，不要让他们懈怠和忽略过去，然后皇天就会非常高兴，治理立刻就太平了。你对这一点或许还有怀疑，认为我的话不十分真确可靠，但我那书文只通过试用才证明是真确的。之所以如此，是因为古文亿亿卷，可拿它们去施治却常常不能太平，致使贤明人和掌握柔术的人偏偏总是心存猜疑，认为书中讲的不是那么一回事。勇士不对他做比试，怎么会知道他力气大呢？看到天文却不试用，怎么会知道它特别神验呢？我承受皇天的话语，来让真人去试用，从此以后，得到任何文书，都要立即试用它，使它没办法再空泛地布设那套虚假的论说。

“天大疾之，地大苦之，以为大病，诚冤忿恚[①]，因使万物不兴昌，多灾夭死，不得竟其天年，帝王悁悒[②]，吏民云乱，不复相理，大咎在此六罪也。有道妒道，不肯力教愚人；有德妒德，不肯力化愚人；有财畜积而妒财，不肯施予天生凡人，使施之天[③]；有知不肯力学正道以自穷[④]，见教反笑之；有能不肯力学施，见教反骂詈之；有力不肯力作，可以致富为仁，反自易懈惰，见父母学教之，反非之。故敕真人疾见此文，使众贤各自深惟念，百姓自思大过。真人宁晓知教敕耶？”

【注释】

①忿恚（huì）：愤怒怨恨。

②悁（yuān）悒：忧愁郁闷。

③施之天：意谓朽烂而化为乌有。本经卷九十三《阳尊阴卑诀》云：“夫财者会，下财成涂，涂化成粪，粪化成土。”

④正道：指正宗的真道。

【译文】

“皇天万分忌恨，大地万分愁苦，把这当成大病痛，确实感到自身太冤枉又愤怒，便使万物不兴旺不昌盛，大多受灾早死，达不到生长期限，帝王忧愁郁闷，官吏和民众像乌云搅动般混乱，不再递相治理，大祸患就出在这六大罪上。掌握了真道却嫉妒真道，不乐意大力教化愚昧的人；掌握了真德却嫉妒真德，不乐意大力化导愚昧的人；有财物积聚手中却嫉妒财物，不乐意施舍给皇天所生下的人们，却让它埋藏朽烂，化为乌有；天生就具备认识能力，却不乐意大力去学习正宗的真道，以致自行陷入绝境，遇到教诲反倒嘲笑对方；天生就具备才能，却不乐意大力去学习如何施布真德，遇到教诲反倒责骂对方；天生就有力气，却不乐意使出力气去大干，本来可以靠它致富，做出仁爱举动，反而自我放纵，懈怠懒惰，受到父母的教育，让他去学别人，反而认为都不对。所以我责成真人，火速显示这篇书文，让众贤人各自深加思忖，叫众百姓自行掂量大罪过。真人你到底明了教化方面的训饬了吗?”

“唯唯。今神人既为天陈法，何不但得人而已，布于民间，必当以上下乎[①]?”“善哉善哉！今天上极太平气立至[②]，凡事当顺，故以上下也；不以上下，则为逆气。令治不平，但多由逆气不顺故也。真人欲复增之耶?”“不敢也。”“故当以上下，勿复重问。”“唯唯。”“行去慎事，各为身计。此有大过六，天道至严，不可妄为，天居上视人[③]。”

【注释】

①上下：指上文所讲述的付归帝王、再示众贤、复下百姓的程序。

②上极：犹言最顶端或至高点。

③视人：监视世人行动之意。

【译文】

“是是。如今神人既然特为皇天陈布道法,为什么不是只要得到合适的人选就够了,让他们传布到民间去,反而一定要从上面转到下面呢?”“你这提问太好了,太好了!如今皇天达到最顶端的太平气立刻就要降临,任何事情都应顺适,所以要从上面转到下面;不从上面转到下面,就纯属逆气。致使国家治理不太平,大多只因逆气不顺适的缘故。真人想让它再加重吗?”“弟子不敢。”“所以应当从上面转到下面,不必再问了。”“是是。”“回去吧,要慎重对待此事,各自为自身多做打算。这里面有六大罪过,天道极为严厉,决不可以随意乱来,皇天高高在上,正在监视世人。”

“唯唯。愿复更请问一言:凡人已得要道要德,当于何置之①?”“当上以付其君。”“何必当以付之也?”“夫要道乃所以安君也,以治则得天心;夫要德所以养君,以治则得地意。实知之而不肯奏上,皆为不敬②,其罪不除。”

【注释】

①置:归向何处之意。

②不敬:此系汉代重罪之一。指不敬皇帝。依律则处死刑。

【译文】

“是是。希望再请求询问一句话:世人已经获取到切要的真道和切要的真德了,应当把它们归向哪里呢?”“应当献上去,付归给自己的君主。”“为什么一定要付归给他呢?”“因为切要的真道是用来安定君主的,依仗它去治国就会获取到天心;切要的真德是用来养护君主的,依仗它去治国就会获取到地意。确实了解并掌握了它们却不乐意奏呈献上,都属于大不敬之罪,罪该万死,死有余辜。”

"何其重也?""观子之事,植辞如无一知者[①]。夫为子乃不孝,为民臣乃不忠信,其罪过不可名字也。真人乃言何一重者,等也[②]。真人之学,何不日深反日向浅哉?""甚愚生实不睹。""子尚言不睹,夫俗人蔽,隐藏其要道德,反使其君愁而苦愚暗,咎在真道德蔽而不通也。又要道,乃所以称天也;要德,乃所以称地也。愚人乃断绝之,天憎之,地恶之,其过不除也。真人幸独为天所私得寿[③],而学反未尽,乃及天禁,宜事者慎之。""唯唯。"

右天教合和、使人常吉远凶之经。

【注释】

①植辞:措词。指特就问题发表看法。

②等:谓与不孝、不忠、不信之罪等同无别。

③私:赏给特殊待遇之意。本经卷一百二《经文部数所应诀》后附遗文云:"天受人命,自有格法。天地所私者三十岁,比若天地日月相推,有余闰也,故为私命。"

【译文】

"为什么竟是那样严重呢?""察看你现下的情形,措词就好像什么都不懂似地。作为儿子,竟不孝顺;作为百姓和臣僚,竟不忠诚信实,这种罪过简直定不出什么罪名来呀!真人竟说为什么竟是那样严重,这和不孝不忠不信罪过等同。真人的学问,为什么不日益深广反倒日益滑向肤浅呢?""万分愚昧的弟子确实看不出来。""你尚且说看不出来,可见世俗人昏昧,隐藏起切要的真道与真德,反而使自己的君主忧愁并为本人愚昧昏暗感到苦恼,过错正出在真道真德被遮蔽而未传到上面。再者说来,切要的真道是符合皇天心意的东西,切要的真德是符合大地愿望的东西。愚昧的人竟然断绝它们,皇天就憎恨他,大地就厌恶他,他那罪过死有余辜。真人万幸独自蒙受到皇天的特殊待遇，获享长寿，可学道反而未至极限，还会触犯到皇天的禁忌的，致力学道的人对此要慎之又慎。”“是是。”

以上为天教合和、使人常吉远凶之经。

卷六十八　丁部之十七

戒六子诀第一百四

【题解】

本篇所谓“戒”，意为训诫。“六子”，则指拜随天师求道传道的六名真人而言。通篇在形式上属于天师行前所降示的诫语。诫语所强调的是，体认道意，把守根抱本、浑沌如胎儿的内修方术放在首位，冀收以内制外之效。为此又严敕“从上到下”通读详思《太平经》，以知“神心”和“天真道”的“大要”所在。篇中关于“玄真、顺真、初真、太真、少真、幽真”的胪列，则表明真人这一神仙等级在《太平经》中又是按照上下四方，构成其内部层次的。

吾将去有期[①]，戒六子一言。夫道乃洞[②]，无上无下，无表无里，守其和气[③]，名为神[④]。子近求则大得，远求则失矣。故古君王善为政者，以腹中始起，真能用道，治自得矣。动不失其法度数[⑤]，万物自理，近在胸心，散满四海，古者圣人名为要道[⑥]。治乐欲无事，慎无失此，此以绳正贤者[⑦]，今重丁宁以晓子。

【注释】

①去：离去。谓转往他处授道。期：指动身的日期。本经卷四十六《道无价却夷狄法》云："吾发已有日矣。"

②洞：洞彻通透之意。

③和气：谓太和之气。即天之太阳气、地之太阴气、人之中和气的统一体。本经卷四十八《三合相通诀》云："气者，乃言天气悦喜下生，地气顺喜上养。气之法，行于天下地上，阴阳相得，交而为和，与中和气三合，共养凡物。三气相爱相通，无复有害者。气者，主养以通和也。"

④神：神妙之意。

⑤法度数：即法则规矩。

⑥要道：最紧要的道法。以上所云，系对道家体道之论的发挥。《老子·十五章》谓，道是精妙深玄的，体道之士沉静恬淡，好似深湛的大海。《淮南子·原道训》进一步说，道可施布四海，扩散开来，能够掌握天地变化的枢机。

⑦绳正：衡量矫正。

【译文】

我眼看要离去，已经定下日期了，现在告诫你们六个人一句话。真道正洞彻通透，没有上限，也没有下限，没有表层，也没有里层，守行那太和之气，就被称为神妙。你们在近处求索就会大有收获，往远处去求索也就一无所获了。所以古代善于施政的君主，从自己腹中开始做起，真能行用真道，治理就自动实现太平了。任何举动都不偏离那法则规矩，万物自行得到治理，近在胸心，散满四海，古代的圣人把这称作要道。治国希望达到天下无事，就切莫丧失这要道，这要道要拿去衡量矫正贤明人。现下重新叮咛，用来叫你们搞明白。

子六人连日问吾书道，虽分别异趣[①]，当共一事[②]。然舌能六极周[3]，王道备[4]，解说万物，各有异意[5]，天地得以大安，君王得以无事。吾书乃知神心，洞六极八方，自降而来伏，皆怀善心无恶意。

【注释】

①分别异趣：意为各就具体问题而发，旨趣有所不同。趣，旨趣。

②一事：指内以治身，外以消灾。

③舌：喻指论证之词。六极：上下四方。周：周遍。

④王道：意为称王天下的道法。

⑤异意：指不同的具体结论。

【译文】

你们六个人连日前来询问我那经书所演述的真道，尽管各就具体事项特作阐发，旨趣有所不同，但都应归结在内以治身、外以消灾这宗大事上。然而论说的文辞能够遍及上下四方，使王道大备；解说万物各有不同的具体结论，天地这才得以十分安宁，君王得以无事可做。我那道书正深知神灵的心愿，洞彻六极八方，都会自动前来归降和顺服，一律怀有善良的心地，不存在邪恶的念头。

其要结[1]，近居内[2]，比若万物，心在里，枝居外。夫内兴盛，则其外兴，内衰则其外衰。故古者皇道[3]，帝王圣人欲正洞极六远八方[4]，反先正内，以内正外[5]，万万相应，亿亿不脱也。以外正内者，万失之也。

【注释】

①要结：最关键之处。《老子·二十七章》谓："善结，无绳约而不可解。"

②近：摆在首位之意。居内：犹言居心，存心。《淮南子·原道训》称："大道坦坦，去身不远，求之近者，往而复反。"

③皇道：最盛明的真道。

④六远：犹言六极。即上下四方。

⑤以内正外：此系对《淮南子·原道训》"以中制外，百事不废"之说的改造与发挥。

【译文】

我那真道最关键的地方，是把存心摆在首位。这就好比万物，物心在里面，枝叶长在外边。内心兴盛，外部就兴盛；内心衰颓，外部就衰颓。所以古代最盛明的真道，帝王圣人准备用它端正那通透至极的六远和八方，反而都首先端正自己的内心，用自己的内心去端正外部，万万种事物无不应合，亿亿种情况决不失脱。而用外部来端正自己内心的，就处处对不上号。

故古者大圣教人深思远虑[①]，闭其九户[②]，休其四肢，使其浑沌[③]，比若环无端，如胞中之子而无职事也[④]，乃能得其理。吾之道，悉以是为大要，故还使务各守其根也。

【注释】

①大圣教人：此四字《太平经钞》作"圣人之教帝王也"。

②九户：九窍。即阳窍七：双目、两耳、二鼻孔、一口；阴窍二：大、小便处。

③浑沌：这里指进入元气未分的迷蒙状态。以上所云，意本《庄子·大宗师》和《在宥》篇。

④胞中之子：未出生的婴儿。《老子·二十章》谓："如婴儿之未孩（未笑）。"

【译文】

所以古代的大圣人，教导帝王要深思远虑，锁闭住自身的九窍，不让四肢乱动弹，使它们进入元气未分前的迷蒙状态，就好比圆环没有起头的地方，又像母腹内的胎儿什么事情都不需要做，这才能够实现天下大治。我那真道，全都把这作为纲要，所以掉转来又务必使人各自持守住根本。

夫天将生人，悉以真道付之物具①，故在师开之、导之、学之，则可使无不知也。不闿其门户②，虽受天真道，无一知也。比若婴儿生，投一室中，不导学以事，无可知也。所以人异者，但八方异俗，故其知学不同也。若能一人学③，周流表里，尽知之矣。

【注释】

①物具：指生命元素备具的人体。

②闿(kǎi)：开示，开启。门户：喻途径。

③一人学：意为像同一个人那样来学习。

【译文】

皇天在使人降生下来以前，全把真道付托在他那完整的躯体内了，所以在于师长开启他、教导他，让他来学习，这样就能使他没有任何不懂的事情了。若不向他指示途径，尽管承受了皇天所预先赋予的真道，仍旧什么也不懂。这就好比婴儿生下来以后，把他放在一间屋子里，不拿事情开导他，让他学习，他就不会懂得任何东西。所以世人各不相同，只因八方习俗不同，故而他们懂得怎样去学习也不同。如果能够像同一个人那样来学习，也就从表面到里层弄个通透搞个遍，全都了解掌握住了。

吾将远去，有所之①，当复有可授，不可得常安坐，守诸弟子也。六人自详读吾书，从上到下，为有结不解子意者，考源古文以明之②。上行者玄真知之③，下行者顺真知之，东者初真知之，南者太真知之，西者少真知之，北者幽真知之。

【注释】

①之：至。

②考源：从本源上加以考索之意。古文：指三古道经神文。详参本经卷九十一《拘校三古文法》所述。

③玄真：当为六弟子中大弟子的道号。在本经中，六弟子合称六方真人或六端真人，则下文所谓顺真、初真、太真、少真、幽真，当依次各有所侧重。真人被本经列为神仙系统的第三等级，职在理地。丙部《乐生得天心法》说，真人命属昆仑。庚部《不忘诫长得福诀》又称，昆仑之墟有真人，上下有常。据此，则真人又按上下四方构成其内部层次。本经卷一百《东壁图》绘有六名“受戒弟子”图像，或与六方真人相对应。

【译文】

我将要到远处去，有那该到的地方，还会遇到确实可以把真道传授给他的人，没办法总是安坐在这里，守候着众位弟子了。你们六个人自行详尽地研读我那经书，从上到下，遇有理解起来感到困难的地方，就要从本源上考索三古道经神文来弄清它。涉及到皇天的，玄真真人会懂得；涉及到大地的，顺真真人会懂得；涉及到东方的，初真真人会懂得；涉及到南方的，太真真人会懂得；涉及到西方的，少真真人会懂得；涉及到北方的，幽真真人会懂得。

夫道乃大同小异，故能分别阴阳而无极。化为万一千五百二十字①，中和万物小备，未能究天地阴阳绝洞无表里也。故但考其无②，举其纲，见其始，使可仪而记③。记古记今，其要乱自同神圣所记④，犹重规合矩⑤，虽相去亿亿万年，比若相对而语也。故可为，为天地常经，为阴阳作神道⑥。

【注释】

①万一千五百二十字：此字数系就一种特定的事象而言，由天师制成，旨在说明无极天道的一个侧面。倒过来以其数位相加，即2（十位）+5（百位）+1（千位）+1（万位），适为9，乃阳数之极。本经卷四十七《上善臣子弟子为君父师得仙方诀》云："天下所好，善恶义等而用意各异，故道者，大同而小异。一事分为万一千五百二十字，然后天道小耳，而王道小备。"

②无：与"有"相对，指天地万物的本原。《老子·首章》称："无，名天地之始；有，名万物之母。"《四十章》又谓："有生于无。"

③仪：奉为法则之意。

④要（yāo）乱：校正异说之意。要，校正。乱，指淆乱真道的异说。

⑤重规合矩：犹言万分切合。规，校正圆形的工具。矩，校正方形的工具。

⑥神道：灵验如神之道。

【译文】

真道正大同小异，因而能够区分阴阳而永无尽头。每种事象写成一万一千五百二十个字，人间和万物就大略都包括进来了，但还不能穷尽天地阴阳通透至极而无表面和里层之分的那番规模与气象。所以只须考索本原，列举纲要，显出端倪，使它们能被奉为法则而得以记述下来。无论记述古代还是记述当今，校正那些淆乱真道的异说自然就会与神士圣人所记述的不矛盾，如同圆规重叠、方矩复合那样毫无偏差，尽管彼此距离亿亿万年，也好像面对面作交谈。所以能把每种事象写成一万一千五百二十个字，成为天地不可改变的法则，替阴阳创制下灵验如神的真道。

勿怪吾书前后甚复重也。所以复重者，恐有失之也。又天道至严，既言不敢不具通[①]，不通名为戋道[②]，为过剧，吾诚哀之。此虽复重，比若上古圣人，中古圣人，下古圣人，皆异世而生，其辞相因，复重而说，更以相考明，乃天道悉可知，此之谓也。行矣，吾有急行，重慎持天宝[③]，传付其人。

右戒六弟子。

【注释】

①具通：详尽、通贯。

②戋(cán)道：使道残缺被阉割。戋，通“残”。

③天宝：上天的宝器。喻指《太平经》这等大道经。《老子·六十二章》谓：“道者，万物之奥，善人之宝。”

【译文】

不要对我那经书前后重复得太厉害而感到奇怪。重复的原因在于，唯恐出现遗漏的地方。再者说来，天道极为严切，已经作讲论了，就不敢不详尽又通贯，不通贯就叫做使真道变残缺，构成的罪过特深重，我对此确实感到太哀痛了。这部经书尽管存在着重复现象，但也就像上古时代的圣人、中古时代的圣人和下古时代的圣人，全都在不同的时代而降生，他们的言辞递相承袭，反复予以强调说明，转而彼此作出考辨与宣明，天道这才可以完全掌握住，说的也正是这个意思。回去吧，我这里要赶紧上路，你们要看重并谨慎地持守住这皇天的宝器，传付给合适的人选。

以上为戒六弟子。